Günther K. Weiße

NATO-Intelligence

**Das militärische Nachrichtenwesen im
Supreme Headquarters Allied Powers Europe (SHAPE)
1985-1989**

Günther K. Weiße

NATO-INTELLIGENCE

Das militärische Nachrichtenwesen im
Supreme Headquarters Allied Powers Europe (SHAPE)
1985-1989

ibidem-Verlag
Stuttgart

Bibliografische Information der Deutschen Nationalbibliothek
Die Deutsche Nationalbibliothek verzeichnet diese Publikation in der Deutschen Nationalbibliografie; detaillierte bibliografische Daten sind im Internet über http://dnb.d-nb.de abrufbar.

Bibliographic information published by the Deutsche Nationalbibliothek
Die Deutsche Nationalbibliothek lists this publication in the Deutsche Nationalbibliografie; detailed bibliographic data are available in the Internet at http://dnb.d-nb.de.

∞

Gedruckt auf alterungsbeständigem, säurefreien Papier
Printed on acid-free paper

ISBN-13: 978-3-8382-0563-2

© *ibidem*-Verlag
Stuttgart 2013

Alle Rechte vorbehalten

Das Werk einschließlich aller seiner Teile ist urheberrechtlich geschützt. Jede Verwertung außerhalb der engen Grenzen des Urheberrechtsgesetzes ist ohne Zustimmung des Verlages unzulässig und strafbar. Dies gilt insbesondere für Vervielfältigungen,
Übersetzungen, Mikroverfilmungen und elektronische Speicherformen sowie die Einspeicherung und Verarbeitung in elektronischen Systemen.

All rights reserved. No part of this publication may be reproduced, stored in or introduced into a retrieval system, or transmitted, in any form, or by any means (electronical, mechanical, photocopying, recording or otherwise) without the prior written permission of the publisher. Any person who does any unauthorized act in relation to this publication may be liable to criminal prosecution and civil claims for damages.

Printed in Germany

Inhaltsverzeichnis

1. **Einführung und Vorwort** 13
   1.1 Einführung 13
   1.2 Vorwort 14
   1.3 Das "Supreme Headquarters Allied Powers Europe – SHAPE" und seine Errichtung im Jahre 1951 18
2. **Die militärische Lage in Europa von 1984 bis 1989** 31
   2.1 Die Streitkräfte der NATO in der Central Region 31
   2.2 Die Landstreitkräfte der NATO in der Central Region 34
      2.2.1 Der Bereich Ostseezugänge/Jütland - LANDJUT Rendsburg 34
      2.2.2 Der Bereich Northern Army Group – NORTHAG Mönchengladbach 34
      2.2.3 Der Bereich Central Army Group – CENTAG Heidelberg 35
   2.3 Die Spezialeinsatzkräfte der West-Alliierten in der Central Region 37
      2.3.1 Spezialeinsatzkräfte der United States Army Europe (USAREUR) . 37
      2.3.2 Die britischen Spezialeinsatzkräfte im Norden der Bundesrepublik 38
      2.3.3 Die französischen Spezialeinsatzkräfte im Süden der Bundesrepublik 39
   2.4 Spezialeinsatzkräfte anderer NATO-Partner auf deutschem Territorium seit 1990 40
   2.5 Die Stay-Behind-Organisation – SBO (GLADIO) der NATO in Europa bis 1990 40
   2.6 Die Anschläge in Luxemburg und die Tueurs du Barbant – Die Mörder von Brabant 43
   2.7 Die Luftstreitkräfte der NATO in der Central Region 44
      2.7.1 Das Supreme Headquarters Allied Powers Europe – SHAPE und seine Rolle in der Luftverteidigung 46
      2.7.2 Allied Air Forces Central Europe – AAFCE 46
      2.7.3 Die Second Tactical Air Force – TWOATAF 47
      2.7.4 Die Fourth Tactical Air Force – FOURATAF 47
   2.8 Das integrierte Luftverteidigungssystem "NATO Air Defense Ground Environment" – NADGE 48
3. **Die Streitkräfte des Warschauer Paktes im Vorfeld der NATO und deren geplante strategische Kriegsschauplätze.** 55
   3.1 Die Kräfteordnung des Warschauer Paktes gegenüber der NATO 1985-1989 56
      3.1.1 Der TVD Nordwest 56
      3.1.2 Der TVD West 57

3.1.3 Der TVD Südwest 57
3.1.4 Der TVD Süd 58
3.2 Die strategischen Reserven der sowjetischen Streitkräfte 58
    3.2.1 Die sowjetischen strategische Raketenkräfte – PRO (Protivno Raketnaja Obrana) *Voiska* 59
    3.2.2 Die strategischen Luftstreitkräfte der Sowjetunion – DA (Dalnaja Aviatsia)' 59
    3.2.3 Die sowjetischen Luftverteidigungskräfte – VVO (Voenno Vosduschnaja Oborona) Heimatluftverteidigung – PVO (Protiv Vosduschnaja Oborona *Strany*) 60
    3.2.4 Die Front- und Armeefliegerkräfte – VVF (Voenno Vosduchnikh Flot) 62
    3.2.5 Die Marineluftstreitkräfte – AWMF (Awiazija Wojenno-Morskogo Flota) 63
    3.2.6 Die Lufttransportverbände – VTA (Vosduschniy Transport Aviatsia) 63
3.3 Die Bedrohung der NATO durch den Warschauer Pakt 63
    3.3.1 Die Entwicklung der Bedrohungsszenarien von 1951-1989 64
    3.3.2 Planungen im Rahmen von PINCHER/HALFMOON/OFF TACKLE/FORWARD Strategy der Westalliierten 64
    3.3.3 Das Kirst-Szenario 64
    3.3.4 Die Liddell-Hart-Studie 65
    3.3.5 Die geplante Neutralisierung des US-amerikanischen Frühwarnsystems – der Spionagefall "Frucht" 65
    3.3.6 Die de Maizière-Studie aus dem Jahre 1974 66
    3.3.7 Der Plan "UDAR" des Warschauer Paktes 67
    3.3.8 Die militärpolitische Analyse "Entscheidung in Deutschland" 67
    3.3.9 Das Hackett-Szenario - Der Dritte Weltkrieg August 1985 68
    3.3.10 Das François-Scénario 1980 70
    3.3.11 Der Close-Bericht 1981 71
    3.3.12 Der sowjetische Plan "POLJARKA" 72
    3.3.13 Der Ebeling-Bericht 1986 72
3.4 Dokumente des Military Committee der NATO 1985-1989 ... 72
3.5 Die Bedrohung der NATO zu Mitte der achtziger Jahre 73
3.6 Die Bedrohungssituation gegen Ende der achtziger Jahre 74
    3.6.1 Die Fronten der ersten strategischen Staffel der WP-Landstreitkräfte in der DDR, Westpolen und der CSSR 74
    3.6.2 Das Kommando der Westfront mit (Westgruppe der Truppen – WGT) 75
3.7 Die Fronten der zweiten strategischen Staffel der WP-Landstreitkräfte gegenüber der Central Region 77
    3.7.1 TVD-Mittel-/Westeuropa 77
    3.7.2 Führung 2. Strategische Staffel (Nord) 77

3.7.3 Führung 2. Strategische Staffel (West) 77
3.7.4 Führung 2. Strategische Staffel (Süd) 78
3.8 Die Fern-, Front- und Armeefliegerkräfte des Warschauer Paktes gegenüber der Central Army Group – CENTAG 78
3.9 Die Fliegerkräfte der Nordgruppe der Truppen – NGT in Polen 79
3.10 Die sowjetischen Frontfliegerkräfte der 16. Frontluftarmee in der DDR 80
3.11 Kampfhubschrauberregimenter der WGT in der DDR 81
3.12 Das Kommando Luftstreitkräfte/Luftverteidigung der Nationalen Volksarmee – NVA 81
3.13 Die Front- und Militärtransportfliegerkräfte (LSK) der Nationalen Volksarmee 82
3.14 Das Luftraumüberwachungs- und Jägerführungssystem auf dem Territorium der DDR 83
3.15 Die Führungsorganisation der Luftverteidigung im "Diensthabenden System – DHS" 84
3.16 Die Fliegerabwehrraketentruppen auf dem Territorium der DDR 84
3.17 Die Frontfliegerkräfte der Zentralen Gruppe der Truppen (ZGT) in der CSSR 85
3.18 Die Luftstreitkräfte und Luftverteidigung der CSSR 85
3.19 Die Frontfliegerkräfte der Südgruppe der Truppen (SGT) in Ungarn 85
3.20 Übungen des Warschauer Paktes und der NATO bis 1989 86
3.20 Synoptische Übersicht der wichtigsten Übungen des Warschauer Paktes und der NATO in der Central Region bis 1990 90
3.21 Die Warschauer-Pakt-Stabs- und Kommandoübung "MASZOWSZE" im Jahre 1963 97
3.22 Die Stabsübung "ASTRA" der Armeegruppe West im Jahre 1964 98
3.23 Die Warschauer-Pakt-Großübung SCHILD/TARCZA 88 99
    3.23.1 Die Ausgangslage der Übung Schild/TARCZA 99
    3.23.2 Operationelle Zusammenfassung Nummer 1 für die Periode vom 25. Mai 08:00 Uhr bis 02. Juni 08:00 Uhr 100
    3.23.3 Feindlagezusammenfassung Nummer 1 vom 02. Juni 1988, 08:00 Uhr 102
    3.23.4 Operationelle Zusammenfassung Nummer 2 für die Periode 02. Juni, 08:00 Uhr bis 06. Juni, 08:00 Uhr 103

3.23.5 Feindlagezusammenfassung Nummer 2 für die Periode vom
02. Juni, 08:00 Uhr bis 06. Juni, 19:00 Uhr 104

3.23.6 Politisches Hauptdirektorat der polnischen Armee –
Informationszusammenfassung Nummer 1 vom 02. Juni 1988,
08:00 Uhr 105

3.23.7 Erkenntnisse der NATO zu möglichen militärischen Optionen
des Warschauer Paktes in der Central Region 106

3.25 Erkenntnisse nach dem Ende der DDR über die tatsächlichen Kriegsplanungen des Warschauer Paktes für die Central Region 107

3.26 Planungen der DDR für die Besetzung West-Berlins 112

3.27 Der geplante nukleare Präventivschlag des Warschauer Paktes gegen Westeuropa für den Kriegsfall 113

4. Die Aufklärungsfähigkeiten von NATO und Warschauer Pakt in Mitteleuropa 115

4.1 Die Aufklärungsfähigkeiten der West-Alliierten in Mitteleuropa 117

4.2 Die Nachrichtengewinnung der NATO-Partner in der Bundesrepublik Deutschland 121

4.3 Die Fernmelde- und Elektronische Aufklärung (Signals Intelligence) der West-Alliierten in Mitteleuropa 123

4.4 Die alliierten Militärverbindungsmissionen in Deutschland .. 130

4.5 Die nationale Nachrichtengewinnung durch die Bundeswehr und den Bundesnachrichtendienst – BND 131

4.6 Die Spezialeinsatzkräfte der West-Alliierten und der Bundeswehr in der Bundesrepublik 141

4.7 Erfolge der westlichen Nachrichtendienste bei der Gewinnung hochrangiger Quellen im ehemaligen Ostblock 143

4.8 Die Aufklärung des NATO-Potenzials durch die Nachrichtendienste des Warschauer Paktes 144

4.9 Die Hauptverwaltung Aufklärung (HVA) des Ministeriums für Staatssicherheit – MfS 146

4.10 Der Bereich Aufklärung (BA) der Nationalen Volksarmee 149

4.11 Die funktechnische Aufklärung des Operationsgebietes durch die Hauptabteilung III (HA III – Spezialfunkdienste des SFD des MfS) und den Zentralen Funkdienst (ZFD) der Nationalen Volksarmee 154

4.12 Informationsquellen der HA III (SFD) des MfS 155

4.13 Der Zugriff auf westliche Datensysteme durch die HA III des MfS 1989 im Rahmen des Projekts "Wertigkeit" 156

4.14 Die Erfassung des Amateurfunk- und CB-Funkverkehrs
   durch die HA III des MfS 160
   4.14.1 Die Funkabwehr und Vorbereitungen der HA III des MfS
      für den Spannungsfall 160
4.15 Die Aufklärung des NATO-Fernmeldesystems durch den
   Zentralen Funkdienst der Nationalen Volksarmee
   (ZFD/FuAR 2) und die HA III des MfS 167
4.16 Die Aufklärung der NATO-Übungen WINTEX/CIMEX und
   ABLE ARCHER durch den Zentralen Funkdienst (ZFD)
   der NVA 169
   4.16.1 Die NATO-Übung ABLE ARCHER 1988: Erfassung im
      UKW-Bereich 20-80 MHz 169
   4.16.2 NATO-Übung E IRON HAMMER 1988 170
   4.16.3 NATO-Übung WINTEX/CIMEX 1989 170
4.17 Die Operation "РЯН - RYAN" des sowjetischen
   Nachrichtendienstes 175
4.18 Die Bewertung der Aufklärungsbemühungen der östlichen
   Nachrichtendienste bis 1990 177

5. **Die politischen Gremien und die militärische
   Kommandostruktur der NATO zwischen 1985 und 1989 .. 181**
   5.1 Der Nordatlantikrat – North Atlancic Council 181
   5.2 Der Generalsekretär der NATO und sein nachgeordneter
      Bereich 182
   5.3 Der NATO International Staff in Brüssel 183
   5.4 Der "International Military Staff – IMS" der NATO
      in Brüssel 185
   5.5 Die Befehlsbereiche der NATO in Europa 186
      5.5.1 Der alliierte Kommandobereich Europa –
         Allied Command Europe – ACE 186
      5.5.2 Allied Command Europe – ACE 187
      5.5.3 Die Central Army Group – CENTAG 188
      5.5.4 Das Northern European Command – NEC 189
      5.5.5 Der Commander Alllied Air Forces Central Europe – COMAAFCE .. 189
      5.5.6 Der Commander in Chief Allied Forces Southern Europe –
         CINCSOUTH 190
      5.5.7 Das Allied Command Channel – ACCHAN 191
      5.5.8 Die Verstärkungskräfte der Vereinigten Staaten für die
         Verteidigung Europas – Return for Germany – REFORGER ... 191
   5.6 Auftrag und Gliederung des Supreme Headquarters Allied
      Powers Europe – SHAPE 192
      5.6.1 Die Stabsabteilungen im Supreme Headquarters Allied Powers
         (SHAPE) 193

5.6.2 Die "Nationalen Militärischen Repräsentanten" und
"Militärmissionen" bei SHAPE bis 1989 195

5.6.3 Die Zusammenarbeit im Stab und mit nachgeordneten
Kommandobehörden in den Kommandobereichen
Europa Nord, Mitte und Süd 197

5.6.4 Der Sonderstab "LIVE OAK" bei SHAPE und die "Berlin-
Contingencies" der West-Alliierten bis 1990 213

5.6.5 Das SHAPE-Kommunikationssystem 237

5.6.7 Die Nachrichtenbearbeitung in der SHAPE Intelligence Division
– der Indication & Warning (I&W) Process der NATO bis 1990 ... 240

5.7 Die Gliederung und Aufgaben der SHAPE Intelligence Division
1985 – 1989 241

5.7.1 Basic Branch 243

5.7.2 Combat Applications Branch 243

5.7.3 CI & Security Branch 245

5.7.4 Policy & Requirements Branch 245

5.8 Die Informations-(Nachrichten)Quellen der SHAPE
Intelligence Division 246

5.8.1 Die tägliche Nachrichtenbearbeitung in der SHAPE Intelligence
Division 248

5.8.2 Der ACEREP Weekly Intsum der SHAPE Intelligence Division 255

5.8.3 Die Lageführung und Briefings der SHAPE Intelligence Division .. 256

5.8.4 Die Zusammenarbeit der Intelligence Division mit anderen
Stabselementen bei SHAPE 258

5.9 Die Spionageabwehr – Allied Command Europe Counter
Intelligence – ACE-CI 261

5.10 Die Allied Command Europe Counterintelligence Activity
– ACE CI ACTIVITY der US-Army Europe – USAREUR 262

5.11 Das Sicherheitssystem des Allied Command Europe – ACE . 269

5.11.1 Das SHAPE Security Supplement zur ACE-DIRECTIVE 70-1 274

5.12 Die personelle und materielle Ausstattung des SHAPE-
Kriegshauptquartiers (SHAPE Primary War Headquarters) 274

5.13 Vorbereitung der Lagevorträge 279

5.13.1 Ablauf und Gliederung der Lagevorträge 279

5.14 Die Informationsverarbeitung bei NATO-Großübungen 281

5.15 Das "War Headquarters Information Dissemination and
Display System – WHIDDS" bei SHAPE 283

5.16 Die Fernmeldesicherheit (Allied Command Europe
Communications Security – ACE COMSEC) bei Übungen 286

5.17 Die Kommunikationsverfahren im Frieden und bei Übungen 289

- **6. Das NATO Airbone Early Warning Force Command Headquarters - NAEW-FC HQ, 1985 bis 1989 .... 293**
  - 6.1 Das Social Life beim NAEW-Force Command 299
  - 6.2 Die Intelligence & Security Section des NAEW-FC HQ 304
  - 6.3 Die NATO E-3A-Component Geilenkirchen, Auftrag und Gliederung 329
  - 6.4 Die Forward Operating Bases – FOB der NAEW-Force 331
- **7. NATO-Übungen 1983-1989 .... 333**
  - 7.1 Die NATO-Großübung "CONFIDENT ENTERPRISE" der Übungsreihe "AUTUM FORGE" im Jahre 1983 333
  - 7.2 Stabsrahmenübungen bei SHAPE: SHAPE EXCERCISE - SHAPEX/HILEX 334
  - 7.3 Übung ABLE ARCHER 1985 bei SHAPE 334
  - 7.3 Übung ABLE ARCHER 1987 bei SHAPE 335
  - 7.4 Übung WINTEX CIMEX 1987 bei SHAPE 337
  - 7.5 Die Übung WINTEX/CIMEX 1989 bei SHAPE: WINTEX/CIMEX 1989 Phase I (April 1989) 338
  - 7.6 WINTEX/CIMEX 1989 Phase II 340
  - 7.7 Die Taktischen Überprüfungen (Tactical Evaluations) bei assignierten Truppenteilen der NATO 340
  - 7.8 Die Übung "ARDENT GAMBIT" des NATO Airbone Early Warning Force Headquarters im Jahre 1988 344
  - 7.9 Der Ablauf der Übung "ARDENT GAMBIT 1988" 346
  - 7.10 Die Übung NAEW-FC-HQ – EXERCISE ARDEN GAMBIT 1989 351
- **8. Resümee 353**
- **Register 357**
- **Literaturverzeichnis [Auswahl] 367**

"Vigilia Pretium Libertatis"[1]

1. Einführung und Vorwort

1.1 Einführung

Die vorliegende Arbeit soll die völkerverbindende Bedeutung[2] der militärischen Zusammenarbeit auf allen Ebenen in einem großen internationalen militärischen Stab und die internen Arbeitsabläufe innerhalb eines NATO-Hauptquartiers beschreiben. Insbesondere die im Bereich des "Militärischen Nachrichtenwesens – Intelligence" beim Supreme Headquarters Allied Powers Europe (SHAPE) im Zeitraum von 1985 bis 1989 gemachten Beobachtungen sollen aus persönlichem Erleben geschildert werden. Damit soll aber auch das Verständnis für die heute noch wesentlich komplizierter gewordenen militärischen Abläufe vertieft werden. Das Werk basiert vorwiegend auf eigenen Erfahrungen des Autors vor Ort zur damaligen Zeit, frei zugänglichen Quellen[3] sowie

---

[1] Wachsamkeit ist der Preis der Freiheit. Wahlspruch im SHAPE-Wappen. Zitiert nach: Davis, Brian: Uniformen und Abzeichen der NATO-Geschichte und Organisation, S. 182, Stuttgart 1991.

[2] Einen beachtenswerten Beitrag aus der Feder des damaligen Major i. G. Johann Adolf Graf von Kielmannsegg zu Auslandsverwendungen deutscher Soldaten enthält: "Der deutsche Soldat im Ausland", in: Jahrbuch des Heeres Folge 3, Darmstadt 1971.

[3] "SHAPE possesses a large number of historical records going back to the beginning of the headquarters in 1951, but almost all of this material exists solely in the form of microfilm reels which remain highly classified because SHAPE does not have the authority to declassify all of the documents on the reels (many come from the member nations). As a result, there is no public reading room at SHAPE. Access to the classified microfilm reels is therefore limited to researchers from the historical offices of the member nations' ministries of defence/armed forces possessing the necessary security clearance and working on an official project. Research on the early history of NATO and SHAPE must therefore be done at the Archives of NATO Headquarters in Brussels, which does have a public reading room. For more information see the NATO Archives website at http://www.nato.int/archives." Allerdings hat die NATO seit 2011 eine Reihe bisher hochsensitiver Dokumente freigegeben, die im Internet verfügbar sind. http://www.acus.org/natosource/nato-releases-top-secret-contingency-plans-berlin-crisis 1961. Auch das National Security Archive Washington hat eine Reihe bisher nicht zu-

Informationen damals Beteiligter. Es ist nicht die Absicht des Autors, ein Werk mit quellenkritischem, wissenschaftlichen Anspruch oder eine militärpolitische Analyse vorzulegen. Auf die politischen Hintergründe und Zusammenhänge wird nur dort Bezug genommen, wo dies zum Verständnis der Entwicklung erforderlich erscheint. Aus naheliegenden Gründen wird auf die Nennung der Namen Beteiligter verzichtet, außer es handelt sich um Personen der Zeitgeschichte. Noch immer schutzwürdige Vorgänge und Sachverhalte können naturgemäß nicht offengelegt werden. Allein der Autor ist für den Inhalt des vorgelegten Werkes verantwortlich. Die im Werk vertretenen Ansichten und Bewertungen reflektieren ausschließlich die Auffassungen des Autors, für die er auch die Verantwortung übernimmt. Sicherlich hat sich auch bei SHAPE seither viel geändert, nachdem Staaten aus dem ehemaligen Warschauer Pakt der NATO beigetreten sind. So möge der Leser das Werk als historische Reminiszenz eines überaus interessanten Zeitabschnitts betrachten.

1.2 Vorwort

Die North Atlantic Treaty Organization – NATO konnte im Jahre 2009 auf eine über sechzigjährige, wechselvolle Geschichte zurückblicken. In dieser Zeit mit krisenhaften Entwicklungen und ernsthaften Krisen zeigte sich die NATO als Garant freiheitlicher Werte und hat wohl, auch auf Grund ihrer Existenz und militärischer Präsenz und Fähigkeiten, wesentlich zur politischen und militärischen Stabilität in Europa beigetragen. Gleichwohl unterschiedliche Interessenlagen einzelner NATO-Mitgliedstaaten in der Vergangenheit gelegentlich zu Irritationen im Bündnis führten, hat sich das Bündnis insgesamt bewährt. Unbestritten haben die Politik und der militärische Einfluss der Vereinigten Staaten von Amerika die Entwicklung der NATO entscheidend mitgeprägt. Der Austritt Frankreichs aus der militärischen Allianz im Jahre 1966 hat die weitere Entwicklung innerhalb der NATO für die folgenden Jahre wesentlich beeinflusst. Im Jahre 2009 zeichnete sich allerdings eine Rückkehr Frankreichs in die militärische Kommandostruktur der nun erweiterten NATO ab, die ihren vorläufigen Abschluss in der Übertragung eines hohen NATO-Dienstpostens an einen französischen Admiral gefun-

---

gänglicher Dokumente zu "ABLE ARCHER 83" und "WINTEX/CIMEX 83" veröffentlicht. Siehe hierzu die Literaturübersicht im Anhang.

den hat. Dies wird die künftige Entwicklung der Allianz, insbesondere auch unter dem Einfluss der neuen Mitglieder in Ost- und Südosteuropa neuerlich entscheidend prägen. Mit den asymmetrischen Bedrohungen, denen sich die Allianz seit 2001 ausgesetzt sieht, ist auch eine Neuorientierung der NATO verbunden, die sich bereits in Organisationsänderungen der politischen und militärischen Struktur der NATO manifestiert hat und noch längst nicht abgeschlossen[4] ist. Inwieweit die umfassenden Bemühungen um Unabhängigkeit der Europäischen Union von den Entscheidungsgängen der NATO und letztendlich der USA im Rahmen der "Gemeinsamen Außen- und Sicherheitspolitik – GASP"[5] von Erfolg gekrönt werden, erscheint fraglich, da hier parallele Strukturen zur NATO aufgebaut werden sollen, die sich auf die NATO-Allianz kontraproduktiv auswirken und zu unnötiger Belastung wichtiger nationaler militärischer und wirtschaftlicher Ressourcen führen werden, die besser in die bereits bestehende Struktur der NATO eingebracht werden sollten. Da die geplanten europäischen Kräfte[6] für ihre Auftragsdurchführung auch in Zukunft auf die Strukturen und Unterstützung der NATO, hier insbesondere im Bereich des Fernmelde- und des Nachrichtenwesens[7], angewiesen bleiben, stellt sich die grundsätzliche Frage, ob und in welchem Umfang derartige zusätzliche Strukturen überhaupt erforderlich sind und nicht auf bereits bestehende Strukturen der NATO zurückgegriffen werden sollte. Mit der Reorganisation der Streitkräfte Russlands ab 2009 und ihrer angekündigten Modernisierung, insbesondere im Bereich der taktischen, operativen und strategischen Nuklearwaffen erwächst dem Bündnis ein wieder ernstzunehmendes, mögliches Gegenüber. Auch hat die durch die russische Führung angekündigte künftige zeitweilige Präsenz der russischen strategischen Luftwaffe in der westlichen Hemisphäre noch nicht absehbare Konsequenzen für die Strategie der Allianz in dieser Region. Zudem ist die Modernisierung der russischen Seestreitkräfte noch nicht endgültig abgeschlos-

---

[4] Dies wird auch in der neuen NATO-Strategie vom Herbst 2010 deutlich.
[5] Vergleiche auch: Europäische Politische Zusammenarbeit (EPZ) auf dem Weg zu einer gemeinsamen Außen- und Sicherheitspolitik (GASP), Auswärtiges Amt, Referat Öffentlichkeitsarbeit, 9. überarbeitete Auflage, Bonn, 1992.
[6] Entsprechende Zweifel sind auf Grund der angespannten Wirtschaftslage auch in Europa angebracht. Siehe hierzu auch: Wosolobe, W. GenMaj.: Neue Herausforderungen für GASP und ESVP, in: Truppendienst-Bundesheer-, Nummer 309 (3/2009) S. 213, Wien, 2009. Generalleutnant Wosolobe, Angehöriger des österreichischen Bundesheeres, ist seit Anfang Juni 2013 "Director General – DG" des Europäischen Militärstabes (EUMS) in Brüssel (Truppendienst-Spezial 2/2013, Wien).
[7] Hier im Sinne von Nachrichtengewinnung und Aufklärung (NG&A) – Intelligence.

sen, so dass künftig wieder mit deren Präsenz in strategisch bedeutsamen Seegebieten[8] gerechnet werden kann. Durch die Aufnahme der drei baltischen Staaten in das Bündnis könnte es in einer krisenhaften Entwicklung an der Ostgrenze der NATO zur direkten Konfrontation zwischen NATO-Streitkräften und russischen Truppen kommen, deren Folgen in einer Krise auch nicht annähernd abgeschätzt werden können. Die gegenwärtige stabile politische Führung Russlands könnte durchaus in ferner Zukunft durch eine weniger berechenbare Führung ersetzt werden, deren Aspirationen in Bezug auf Westeuropa und Anrainerstaaten in Zentralasien gegenwärtig noch nicht endgültig abgeschätzt werden können. Dies kann künftige, mögliche Konflikte um wichtige Rohstoffe an der Peripherie der NATO einschließen. In Regionen an den Flanken der NATO können in absehbarer Zeit Konflikte um den lebenswichtigen Rohstoff Wasser und andere Rohstoffe erwartet werden, die einen nicht unbeträchtlichen Einfluss auf politische und militärische Entscheidungen der Allianz haben werden. Die bereits bestehenden Konfliktherde im Irak, im Nahen Osten, in Westafrika und in Afghanistan binden militärische Kräfte der Allianz und verursachen Kosten in nicht unbeträchtlicher Höhe. Eine kurzfristige Lösung dieser Konflikte kann jedoch nicht erwartet werden. Die asymmetrische Bedrohung der Staaten der Allianz durch den weltweiten Terrorismus, Schurkenstaaten und Gruppierungen der internationalen organisierten Kriminalität wird eher zunehmen. Zu einem weiteren Problem für Westeuropa können ungehemmte Migrationsbewegungen, insbesondere aus wirtschaftlich unterentwickelten Staaten Afrikas, werden. Daneben verfügen mittlerweile auch Schwellenstaaten über Technologien zur Herstellung von biologischen, chemischen und Nuklearwaffen, mit deren Einsatz in einem künftigen, sich ausweitenden lokalen Konflikt gerechnet werden kann. Nicht zuletzt die "Kritischen Infrastrukturen" hochentwickelter westlicher Industriestaaten können zu Zielen terroristischer Gruppierungen oder staatlichen/halbstaatlichen Organisationen werden, wie dies in jüngsten Konflikten (Baltikum und Georgien) erkennbar wurde. Die russische Führung verstärkt offen und verdeckt ihre hegemonialen Ansprüche, insbesondere in unmittelbaren Anrainerstaaten Russlands, so dass hier auch künftig mit politisch motivierten

---

[8] Russland wird ab Sommer 2013 wieder mit einem Flottenverband im Mittelmeer, zu dem möglicherweise auch nuklear angetriebene Unterseeboote gehören werden, präsent sein.

Konflikten gerechnet werden muss. Die anwachsenden Anstrengungen Chinas um die Modernisierung seiner Streitkräfte[9], einschließlich der umfassenden Fähigkeiten des Informationskrieges, werden in Zukunft eine bedeutende Rolle im asiatisch-pazifischen Raum spielen, der auch für Westeuropa von eminenter wirtschaftlicher Bedeutung ist. Der steigende chinesische Einfluss im pazifischen Raum und in Afrika ist unübersehbar und könnte in der Folge entsprechende Auswirkungen auch auf Westeuropa gewinnen. Die Vereinigten Staaten befinden sich derzeit in einer Phase der Re-Orientierung[10] und ziehen bedeutende militärische Kräfte aus Europa ab. Künftig werden die US-Streitkräfte vorwiegend auf US-Territorium stationiert sein. Ob und inwieweit die Vereinigten Staaten künftig ihre Präsenz im pazifischen Raum verstärken werden, ist noch nicht endgültig abzusehen. Gleichwohl wird auch erkennbar, dass die Vereinigten Staaten zunehmend Interesse an der Entwicklung in Afrika zeigen. Daher sollte die Allianz alle Möglichkeiten sowohl auf politischem als auch militärischem Gebiet nutzen, um ihren Einfluss als friedenserhaltendes Bündnis zu festigen und als militärischer Machtfaktor, zumindest an der Peripherie Europas, zu wirken und damit zum Erhalt des Friedens in dieser Region beitragen. Ob das Bündnis künftig über Fähigkeiten zu weltweiten Interventionsoperationen verfügen sollte, ist besonders kritisch zu hinterfragen. Damit einhergehend sollten die europäischen Bündnispartner ihren Einfluss auf politische und militärische Entscheidungen in der NATO verstärken, um so auch Europa im Bündnis ein stärkeres Mitspracherecht bei politischen und militärischen Entscheidungen der NATO zu garantieren. Denn nur so kann auf der politischen Ebene eine Identifikation mit den Werten und Zielen der NATO im Bündnis langfristig gesichert werden. Nationale Partikularinteressen sollten in einem derartigen Bündnis auch in Zukunft keinen Platz finden. Auch ist die Rolle der europäischen Mili-

---

[9] Vergleiche hierzu: ANNUAL REPORT TO CONGRESS–Military and Security Developments Involving the People's Republic of China 2012, Office of the Secretary of Defense, Washington, D. C., May 2013. Nicht minder bedeutend ist die neue Verteidigungsdoktrin der VR China vom Frühjahr 2013, die unter dem Titel: The Diversified Employment of China's Armed Forces in Peking veröffentlicht wurde.

[10] Siehe hierzu: The US-Army Capstone Concept (Tradoc Pam 525-3-0) vom 19. Dezember 2012, S. 4, Assumptions. Wie durch budgetäre Zwänge die künftige Militärpolitik der Vereinigten Staaten beeinflusst wird, ist aus den Haushaltsentwürfen der Vereinigten Staaten ersichtlich. Vergleiche hierzu auch: Defense Budget and Choices, Department of Defense, Washington D. C., January 12. Ergänzend dazu: Sustaining US-Global Leadership: Priorities for 21th Century Defense, Department of Defense, Washington D. C., January 2012.

tärorganisation für die Zukunft besonders kritisch zu prüfen, da mit ihr Strukturen in Konkurrenz zu den seit Jahren in mancherlei krisenhaften Situation bewährten NATO-Strukturen geschaffen werden sollen, welche die ohnehin schon belasteten Verteidigungsbudgets der EU-Staaten noch zusätzlich belasten. Auch zeigt sich, dass die gegenwärtige EU-Militärorganisation mit dem Military Staff (EUMS) den Ansprüchen in asymmetrischen Konflikten aller Art möglicherweise nicht gewachsen sein wird.

1.3 Das "Supreme Headquarters Allied Powers Europe – SHAPE" und seine Errichtung im Jahre 1951

Die Geschichte des Supreme Headquarters Allied Powers Europe von seiner Aufstellung im Jahre 1951 in Versailles bei Paris bis heute nachvollziehen zu wollen würde den Rahmen dieses Werkes sprengen. Deshalb wird im weiteren Verlauf nur auf für das Hauptquartier entscheidende Ereignisse eingegangen werden. Für die Zeit von 1985 bis 1989 kann der Autor auf eigene Erfahrungen und Erlebnisse als Angehöriger des NATO Airborne Early Warning Force Command Headquarters, das SHAPE angegliedert war und noch ist, zurückgreifen. Das NAEW-FC HQ war und ist in mannigfacher Weise mit dem Betrieb des Hauptquartiers verbunden. Das Schwergewicht der Schilderungen soll jedoch auf dem Gebiet der Bearbeitung des "Militärischen Nachrichtenwesens – Intelligence" im Hauptquartier liegen, da sich hier umfassende dienstliche Berührungspunkte des Autors ergaben. Das Hauptquartier[11] wurde 1951 zwischen Versailles und St. Germain-en-Laye bei Paris errichtet. Zum ersten Supreme Commander Allied Powers Europe – SACAEUR wurde im Jahre 1950 der amerikanische General Dwight D. Eisenhower[12] bestimmt. Die Funktion des Deputy Supreme Commander Allied Powers Europe übernahm der britische Field Marshal Viscount Montgomery of Alamain[13], der sich durch seine Erfolge bei der Führung der

---

[11] Dem Supreme Headquarters Allied Powers Europe unterstanden zu dieser Zeit folgende NATO-Kommandobehörden: Alliierte Landstreitkräfte Norwegen, Oslo, Alliierte Landstreitkräfte Dänemark, Kopenhagen, Alliierte Luftstreitkräfte Europa Nord, Sandvik, Alliierte Seestreitkräfte Europa Nord, Oslo, Alliierte Streitkräfte Europa Nord, Oslo, Alliierte Streitkräfte Europa Mitte, Fontainebleau.
[12] Am 2. April 1951 übernahm General Eisenhower mit Erlass des "Grundsatzbefehls Nr. 1" die Kommandogewalt über alle NATO-Streitkräfte in Europa.
[13] Zu den Erfahrungen des britischen Feldmarschalls in der NATO und insbesondere auch mit den militärischen und politischen Vertretern der Bundesrepublik vergleiche: Montgomery B. L., Memoiren, S. 568 – 612, München 1958.

8. Britischen Armee[14] gegen die Achsenstreitkräfte in Nordafrika einen Namen gemacht hatte. Den Posten eines Stellvertretenden Obersten Befehlshabers Luftstreitkräfte übernahm der britische Air Chief Marshal Sir Hugh Sanders. Zum Stellvertretenden Obersten Befehlshaber Seestreitkräfte wurde der französische Admiral Lemmonier ernannt. Bereits im Mai 1952 übernahm der amerikanische General Mathew B. Ridgeway[15] die Funktion des SACEUR, ihm folgte bald darauf im Jahre 1953[16] der amerikanische General Alfred B. Gruenther. Am 9. Mai[17] 1955 trat die Bundesrepublik Deutschland dem Nordatlantischen Bündnis[18] bei. Am gleichen Tage machten die "Deutschen Militärischen Bevollmächtigten" unter Führung von Generalmajor H. Speidel in Zivilkleidung bei SHAPE ihren Antrittsbesuch und wurden von General Gruenther dem damaligen SACEUR und General Lehr, dem Vertreter des französischen Verteidigungsministeriums, empfangen. Wenig später, allerdings erst nach einer protokollarisch bedingten Verzögerung, wurde auch die deutsche Nationalflagge[19] im Hauptquartier formell gehisst. Im November 1956 übernahm der amerikanische General Lauris Norstad den Posten des SACEUR, bis dieser im Januar 1963 durch General Lyman L. Lemnitzer ersetzt wurde, der bis Juni 1969 amtieren sollte. Am 7.März 1966 richtete der französische Staatspräsident Gene-

---

[14] Die 7. gepanzerte Division (7th Armoured Division) der 8. Britische Armee trug die Bezeichnung "Desert Rats – Wüstenratten". Die 8. Armee nahm an der Schlacht um El Alamein, an der Invasion in der Normandie und an den Endkämpfen um Deutschland teil. Feldmarschall Montgomery nahm im Mai 1945 in der Lüneburger Heide die Teilkapitulation deutscher Truppen im Nordwesten entgegen und bewahrte diese damit vor sowjetischer Gefangenschaft.

[15] Zu diesem Zeitpunkt verließ General Eisenhower die NATO, um den Wahlkampf um die Präsidentschaft in den Vereinigten Staaten zu führen.

[16] In diesem Jahr wurden die Kommandobereiche der NATO reorganisiert. Soweit erforderlich wird im weiteren Verlauf des Werkes auf die weitere Entwicklung der NATO-Kommandostruktur in Europa eingegangen.

[17] Andere Quellen geben den Tag des Beitritts der Bundesrepublik zur NATO mit dem 9. Mai 1955 an. Am 5. Mai 1955 erfolgte jedoch das Inkrafttreten des Deutschland-Vertrages und damit auch die Aufhebung des alliierten Besatzungsstatuts. Vergl. hierzu: 30 Jahre Bundeswehr, S. 48, Mainz 1985,

[18] Der erste deutsche militärische Repräsentant (National Military Representative – NMR), Brigadegeneral Johann-Adolf Graf von Kielmansegg, trat seinen Dienst im Sommer 1955 bei SHAPE in Bois de Marly bei Rocquencourt an. Zur Vorgeschichte des deutschen militärischen Beitrages zur NATO vergleiche: Krüger, D: Das Amt Blank, Freiburg 1993, hier insbesondere Kapitel X., das die deutschen Überlegungen und politischen wie auch militärischen Hintergründe enthält. Siehe dazu auch: Teuber, R.: Die Bundeswehr 1955-1995, Norderstedt 1996, sowie besonders: Wiggershaus, Dienstgruppen und westdeutscher Verteidigungsbeitrag S. 166, Boppard 1982.

[19] Eine eingehende Beschreibung der Verhältnisse bei SHAPE nach dem Einzug des deutschen Kontingents im Jahre 1955 enthält der Beitrag von Oberstleutnant i. G. M. Schwerdtfeger in: Jahrbuch der Bundeswehr 1958, S. 23-28, Wiesbaden, 1957.

ral de Gaulle ein Schreiben an Lyndon B. Johnson, dem damaligen Präsidenten der Vereinigten Staaten, in dem er den vollständigen Rückzug[20] der französischen Streitkräfte aus der Militärorganisation der NATO ankündigte. Am 29.März 1966 kündigte Frankreich an, dass die NATO-Unterstellung der französischen Truppen am 1. Juli 1966 enden werde und die alliierten Einrichtungen der NATO in Frankreich bis zum 1. April 1967 geräumt werden müssten. Am 21. Juni 1966 stimmte das belgische Parlament der Verlegung von SHAPE aus Frankreich nach Belgien zu. Am 13. September 1966 wurde die Errichtung des neuen Hauptquartiers bei Casteau in einem Außenbezirk von Mons, südwestlich von Brüssel, beschlossen. Am 26. Oktober 1966 beschloss der Nordatlantikrat die Errichtung des neuen NATO-Hauptquartiers in Brüssel. Mit einer Entschließung des NATO Defense Planning Committees (DPC) wurde die Verlegung des bisher in Washington amtierenden Military Committees (MC) der NATO nach Brüssel in die Wege geleitet. Nach umfangreichen Bauarbeiten in Casteau nördlich von Mons konnte das neue Hauptquartier für SHAPE am 31. März 1967 in Dienst gestellt werden. Dessen Baukosten wurden damals auf etwa 60 Millionen Deutsche Mark geschätzt. Es befindet sich auf dem Gelände eines ehemaligen belgischen Munitionsdepots[21] und verfügte am Anfang über 18 Gebäude. In der Anfangsphase war das Hauptquartier für die Aufnahme von etwa 1200 Militärpersonen[22] ausgelegt. Bald darauf wurden auch die Gebäude der zum Hauptquartier gehörenden Wohnsiedlung "SHAPE

---

[20] Zum Problem des Aufenthalts französischer Truppen auf dem Territorium der Bundesrepublik, die auch über nukleare Kapazitäten verfügten, siehe: Central Intelligence Agency, Directorate of Intelligence-Office of Current Intelligence-The NATO Problem: French Forces in Germany, OCI Nr.: 0805/66, 18. April 1966 (Approved for Release SEP 2000).

[21] An der südwestlichen Ecke des damaligen Munitionsdepots (heute an der vom Hotel Amigo zu SHAPE führenden Straße) wurden zwischen 1914 und 1918 durch deutsche Truppen standrechtliche Erschießungen belgischer Zivilpersonen durchgeführt. Der Hinrichtungspfahl befindet sich heute im Musée de Guerre in Mons: Zur Geschichte von Mons vergl.: Dumont, G. H. Belgique, Bruxelles et Pays wallons, S. 141 ff., Paris 1958.

[22] Eine umfassende Beschreibung der Verhältnisse im Hauptquartier nach der Verlegung nach Mons findet sich bei: Kraus, F. W., Korvettenkapitän, SHAPE: Militärische Integration im Bündnis -Entwicklungen in der NATO und Folgen der französischen Initiative, in: Jahrbuch des Heeres 1, Darmstadt 1967 sowie im Beitrag von Brigadegeneral a. D. H. Liebeskind (Deutscher NMR bei SHAPE 1977-1982): Die Arbeit deutscher Heeresoffiziere in internationalen Stäben dargestellt am Beispiel SHAPE, in: Jahrbuch des Heeres 9, S. 71–79, München 1982. G Liebeskind zitiert hier eine Interpretation der NATO, die auch bei SHAPE in den achtziger Jahren noch geläufig war. Demnach bedeutete die Abkürzung: NATO - *No Action, Talks Only*. Dies kann nur aus dem angelsächsischen Verständnis für Selbstironie und Humor abgeleitet werden und entsprach natürlich nicht der Wirklichkeit zu dieser Zeit. Im Übrigen entspricht seine Schilderung den in den Jahren 1985 bis 1989 bei SHAPE vorgefundenen Verhältnissen.

Village" bezugsfertig. Dass die Ansicht des Hauptquartiers[23] prägende Hauptgebäude mit 2 Stockwerken, das den Stab beherbergt, wird als "Main Building" bezeichnet und trägt die Nummer 101. Es verfügt über die mit den Buchstaben A – K bezeichneten Flügel, die sich um zwei geschlossene Innenhöfe gruppieren. In dem Innenhof zwischen C-, D- und E-Flügel (Wing) befindet sich der K-Flügel (K-Wing), in dem ab 1984 das Hauptquartier der NATO-Frühwarnflotte[24] eingerichtet wurde. In dem durch die A-, B-, G- und F-Flügel (Wing) gebildeten Innenhof befand sich in den achtziger Jahren der "H-Wing", in dem sich das "Supreme Headquarters Operations Centre – SHOC" und die "Emergency Action Unit – EAU" befanden. Vorgelagert vor dem Gebäude 101 befindet sich das Gebäude 102[25], in dem sich frei zugängliche Einrichtungen wie eine Cafeteria[26], die Bank, das Petrol Office, es diente dem Verkauf der steuerbefreiten Benzinkupons, die belgische Post, die Post der US-Army, die britische und kanadische Post sowie der Fri-

---

[23] Gegenüber dem Hauptgebäude des Stabes befindet sich auf der anderen Straßenseite das "Restaurant Le Médicis". Hier fand am Morgen des 22. August einer der ersten Schusswechsel zwischen britischer Kavallerie (C Squadron 4t^h Royal Irish Dragoon Guards) und deutschen Kürassieren (Kürassier-Regiment von Driesen, Westfälisches Nummer 4, Münster) im Raume Mons statt. (Coombs, R.: Before Endeavours Fade, S. 108, London 1983 & Friedag, B.: Führer durch Heer und Flotte 1914, S. 110, Krefeld 1974). Das Werk von R. Coombs enthält eine Vielzahl von Hinweisen zu Kämpfen an der Westfront von 1914-1918 und beschreibt Gedenkstätten des Krieges von 1914-1918. Zahlreiche Schautafeln und Realstücke im Musée de Guerre in Mons enthalten auch eine umfassende Beschreibung der Kämpfe im Zweiten Weltkrieg im Raum Maubeuge-Mons-Valenciennes. Entlang der französisch-belgischen Grenze im Raum Valenciennes-Maubeuge befinden sich noch eine Reihe von Befestigungsanlagen der Maginot-Linie.
[24] NATO Airborne Early Warning Force Command Headquarters (NAEW FC HQ)
[25] Hier wirkten die mit dem SHAPE-Wappen versehenden Fußabstreifer für den Eintretenden besonders irritierend, kennt man das angelsächsische Gespür für das Formalien.
[26] Diese Cafeteria wurde von Eingeweihten mit dem Spitznahmen "Greasy Spoon – Fettiger Löffel" belegt. Erstaunlicherweise trug ein Restaurant in Bonn in der Nähe der Ermekeil-Kaserne, in dem Angehörige des damaligen Amtes Blank, dem späteren Bundesministerium für Verteidigung (BMVtdg), in den fünfziger Jahren häufig ihr Mittagsmahl einzunehmen pflegten, die gleiche Bezeichnung (Kobe, G. Der Wind kam von Westen, Würzburg 1974). Der Fairness halber muss aber betont werden, dass sowohl Angebot als auch der Service zu dieser Zeit als außergewöhnlich gut und preiswert bezeichnet werden konnten und daher die Bezeichnung aus heutiger Sicht keinesfalls gerechtfertigt war. Auch die belgische "Messe Continental" erfreute sich ob ihrer guten Küche eines besonders guten Rufes innerhalb der europäischen SHAPE-Community, da auch Familienangehörige diese Messe nutzen konnten. Häufig trafen sich dort in einem bunten Gemisch der Nationen Soldaten mit ihren Angehörigen zum Mittagessen. Auch das Frühstück in der "Conti-Mess" war besonders reichhaltig. Die Küche des "Top Graders-Club", einer nur höheren Unteroffizieren vorbehaltenen Einrichtung, konnte sich durchaus mit guten Hotels messen. Nach Dienstschluss war die Bar des "Top Graders-Club" häufig Treffpunkt einer international zusammengesetzten Gesellschaft. Bingo-Turniere und andere Veranstaltungen erfreuten sich dabei regen Zuspruchs. Auch fanden dort Bälle und andere Festlichkeiten statt, u. a. auch Hochzeitsfeiern, deren Ausstattung meist von den Wünschen der Veranstalter abhing.

seur, ein Zeitungs- und Andenkengeschäft und nicht zuletzt der große Saal (SHAPE-Auditorium) befand, in dem häufig Pressekonferenzen stattfanden und der auch zur Einweisung der Neuankömmlinge und ihrer Familien (Newcomer) diente. Auch befand sich im Gebäude 101 der BBL-Travel-Service, ein Reisebüro für die Buchung dienstlicher und privater Reisen. Im Eingangsbereich befand sich auf der rechten Seite das SHAPE Police Desk, das von der internationalen SHAPE Police und der belgischen Gendarmerie besetzt war. Im Gebäude 102 befanden sich auch die Büros des SHAPE Provost Marshal, der für die Sicherheit des Hauptquartiers die Verantwortung trug. Der Zugang zur SHAPE Restricted Area (Gebäude 101[27]) erfolgte über einen ebenerdigen Verbindungsgang zwischen Gebäude 102 und 101, an dessen Ende sich der international besetzte Sperrzonenposten der SHAPE-Police befand, der alle ein- und ausgehenden Stabsangehörigen kontrollierte. Zutritt wurde nur Personen gewährt, die im Besitz eines SHAPE Entry Passes waren oder als begleitete Besucher mit einem Visitors-Pass Zutritt erhielten. Gelegentlich wurden dort beim Betreten oder Verlassen auch mitgeführte Behälter und Taschen kontrolliert. Zum Zutritt zur "H-Wing", der innerhalb der Sperrzone nochmals gesondert durch einen internationalen Posten abgesichert war, war ein gesonderter Ausweis erforderlich. Nordwärts, hinter dem Main Building, befand sich ein geheimnisumwittertes Gebäude mit der Nummer 104, das den Sonderstab "LIVE

---

[27] Später, nach Fertigstellung des SHAPE Command Centre – SCC (Bunker) wurde ein unterirdischer Versorgungsgang zwischen dem nordwärtigen Teil des Main Building und dem SCC errichtet. Allerdings kontrollierte die SHAPE-Police auch den Zugang zum SCC, für den ein "Bunker-Pass" benötigt wurde. Am Eingang zum Bunker befand sich eine Schleuseneinrichtung, die mit einer Vorrichtung zur Löschung magnetischer Datenträger ausgerüstet war. Im Juli 2010 begannen bei SHAPE die Planungsarbeiten für die Errichtung des "NATO Special Operations Headquarters")). Bereits im August 2008 hatte die NATO zur Unterstützung der Special Operations der NATO unter US-amerikanischer Führung das zunächst mit 149 Dienstposten ausgestattete NATO Special Operations Forces Coordination Centre aufgestellt. Bis Mitte 2012 war es in der Kasernenanlage von US-EUCOM in Stuttgart untergebracht und wird durch einen US-General, der dem SACEUR direkt unterstellt ist, geführt. Danach erfolgte die Verlegung des Hauptquartiers nach Casteau in das SHAPE-Areal. Im Juni 2010 erfolgte die Ausschreibung zur Errichtung des ständigen Hauptquartiers des "NATO Special Operations Forces Coordination Centre (NSCC) Admin Headquarters SHAPE NATO" bei SHAPE in Mons/Belgien. Mittlerweile ist diese Einrichtung auch fertig gestellt. Zum Auftrag des NSCC HQ gehören die Führung von Spezialkräften der NATO-Nationen im Einsatz sowie die Entwicklung von Führungsfähigkeiten und Kommunikationsmöglichkeiten für Special Operation Forces der NATO im Einsatz. Gegenwärtig betreibt das NSCC HQ eine international besetzte "SOF Fusion Cell – Führungs- und Auswertezelle" zur Unterstützung der ISAF-Special Operations vor Ort in Afghanistan. Siehe auch: http://www.aco.nato.int/page208301014.aspx NATO Special Operations Forces Coordination Centre (NSCC) Admin Headquarters SHAPE NATO, Mons, Belgium.

OAK" beherbergte, der zwar im Hauptquartier untergebracht, dem SACEUR aber auf einem gesonderten Befehlsstrang direkt unterstellt war. Für einen Besucher von SHAPE besonders beeindruckend war, wenn dieser das Main Building durch den Haupteingang betrat, die rege Betriebsamkeit im Eingangsbereich, besonders durch die Vielzahl unterschiedlich uniformierter Militärpersonen unterschiedlicher Ränge und Dienstgrade und Zivilpersonen. Eine allgemeine militärische Grußpflicht innerhalb des Main Buildings bestand zwar nicht, gleichwohl es für einen militärischen Besucher außer Frage stand, einen vorbeieilenden General, der durchaus unterschiedlicher Nationalität sein konnte, militärisch zu grüßen. Hatte sich der neu zu SHAPE versetzte Militärangehörige nach einiger Zeit in das Leben im Main Building eingelebt und erste Kontakte zu seinen "Fellow Shapians" geknüpft, verlor sich auch die anfängliche Scheu vor der ungewohnten internationalen Umgebung recht bald. Hier konnte es auch schon einmal vorkommen, das sich der Betreffende beim Warten im Friseursalon in Gesellschaft des SACEUR[28] befand, der auch den Friseursalon aufsuchte, nur begleitet von einem meist grimmig blickenden Leibwächter des SACEUR Security Detachments, dessen rechte Jackenseite sich verdächtig ausbeulte, was auf eine mitgeführte Waffe zum Schutz des SACEUR schließen ließ. Es verstand sich von selbst, in diesem Falle dem SACEUR den Vortritt zu lassen. Vom Vorgänger General Galvins war bekannt, dass dieser den Friseur ausschließlich in seine Amtsräume gebeten hatte. Ein beliebter Treffpunkt zum Meinungsaustausch war die der Cafeteria angeschlossene Bar, in der zwischen 11.00 Uhr und 13.00 Uhr meist reger Verkehr und ein geradezu babylonisches Sprach- und Uniformgewirr herrschte. Gleichwohl die "Lingua Franca" innerhalb des Hauptquartiers englisch war, wurde natürlich von den frankophonen Stabsangehörigen französisch gesprochen. Soldaten und Familienangehörige anderer Nationalitäten verständigten sich, wenn sie unter sich waren, in ihrer jeweiligen Heimatsprache. Interessant war auch, dass sich insbesondere bei den Angehörigen der Stäbe der jeweiligen Nationalen Militärischen Repräsentanten um die Mittagszeit nationale Gruppierungen bei den Malzeiten bildeten. Andere Stabsangehörige nahmen das Mittagsmahl[29]

---

[28] General John Galvin
[29] Generale (Flag Officers) verfügten im Main Building im Raum 202 des A-Wing über eine eigene Messe (SACEURS-Mess), wie auch in der Area 300 eine British Mess und American/Canadian Mess verfügbar waren.

meist mit ihren Kameraden unterschiedlicher Nationalität gemeinsam ein. Besonders elegant wirkte auch ein weiblicher Adjutant[30] des französischen Kontingents bei SHAPE. Dies galt auch für die weiblichen Angehörigen der Royal Navy, die den charakteristischen "Tricorne Hat" der WRENS[31] trugen. Auch wurde die Cafeteria häufig für Feiern, die aus unterschiedlichen Anlässen stattfinden konnten, genutzt. An Zahltagen verteilte auch dort ein Vertreter einer südeuropäischen Nation die "Paychecks" an die bei SHAPE[32] eingesetzten Soldaten seines Landes. Häufig wurden hier auch "Welcome and Farewell-Parties" von den jeweiligen Abteilungen des Stabes ausgerichtet, an denen die Abteilungsangehörigen und, wenn vorgesehen, auch die Ehefrauen teilnahmen. Allerdings handelte es sich hier nicht um Veranstaltungen im "formellen" Sinn. Diese wurden meist im SHAPE Officers Club, der sich auch auf dem SHAPE-Gelände befand, oder im SHAPE Top Graders Club für die höheren Ränge der Unteroffiziere veranstaltet. Mannschaftsdienstgrade verfügten über einen eigenen Club, der als "IC – International Community Club" bezeichnet wurde. Auch wurden in der Haupteingangshalle, der "Main Entrance" im Gebäude 101, häufig Zeremonien aus nationalen und internationalen Anlässen abgehalten. Waren formelle Anlässe zu erwarten, wurde vor dem Haupteingang des Gebäudes der rote Teppich zum Empfang ausgerollt, während sich die SHAPE Honour Guard unter Führung eines italienischen Carabiniere-Hauptmannes in Paradeuniform mit Federbusch und Degen, assistiert von einem britischen Warrant-Officer mit zeremoniellen Stock (Swagger Stick, nicht zu verwechseln mit dem Pace Stick, der ausschließlich der Vorbereitung bei Paraden dient), formierte. War der Anlass wichtig genug, stand auch eine militärische Kapelle zur Begrüßung bereit. Bei protokollarisch weniger bedeutsamen Anlässen kam die "SHAPE-Band", ein Zusammenschluss musikliebender Stabsangehöriger in unter-

---

[30] Adjutant entspricht dem Dienstgrad Stabsfeldwebel der Bundeswehr.
[31] Woman's Royal Naval Service – WRNS, im allgemeinen Sprachgebrauch "WRENS" genannt. Tricorne Hat – Dreispitz.
[32] Nach einem "on dit" aus anglo-amerikanischen Kreisen zu dieser Zeit, sollte die Abkürzung "SHAPE" für ***S**upreme **H**olidays **at** **P**ublic **E**xpenses* stehen. Dies traf aber mit Sicherheit für einen Großteil der SHAPE-Angehörigen nicht zu. Insbesondere machten sich die langen Dienstzeiten, auch bis in den späten Freitagnachmittag hinein, bemerkbar. Ein geflügelter Spruch am Freitagmorgen machte damals die Runde: *TGIF – Thank God, it is Friday*. Üblicherweise begann der Dienst im Hauptquartier gegen 08.00 Uhr und endete, nur von einer kurzen Mittagspause unterbrochen, meist nicht vor 17.00 Uhr. Nicht selten mussten zeitkritische Aufträge erfüllt werden, die auch ein längeres Verbleiben im Arbeitsbereich erforderlich machten.

schiedlicher nationaler Uniformierung unter Stabführung eines amerikanischen Unteroffiziers, zum Einsatz. Bei gesellschaftlichen Veranstaltungen innerhalb des Hauptquartiers wurde schon eine Trennung zwischen den Dienstgradgruppen erkennbar, die allerdings bei Veranstaltungen auf Abteilungsebene weniger streng gehandhabt wurde. Über das "Social Life" innerhalb des Hauptquartiers soll an anderer Stelle weiter berichtet werden. Eine nicht weniger wichtige Rolle spielten die Einrichtungen, die sich in anderen Bereichen von SHAPE befanden. So in der Industrial Area (100) das SHAPE Housing Office mit dem "Supreme Headquarters In and Out Processing Service – SHIPS", dem ersten Anlaufpunkt eines Neuankömmlings bei SHAPE. Nicht zu vergessen die "Vehicles Registration"[33] und das "Security Pass Office" sowie das "Ration Card and TDY[34] – Pass Office", in dem die Rationskarten für die steuerfreie Abgabe von "Rationed Items" an die SHAPE-Angehörigen und ihre Familien ausgegeben wurden. Wichtig war auch das "Belgian ID Cards und Weapons Registration Office"[35], in dem die belgische Aufenthaltsbewilligung[36] für Familienangehörige ausgestellt wurde. In der Area 400 befanden sich Einkaufs- und sonstige Versorgungseinrichtungen. In der Area 300 befanden sich die nationalen militärischen Dienststellen und Unterkünfte der jeweiligen Nationen sowie der Sender des "American Forces Network – AFN", der das Gebiet von SHAPE mit einem Radio- und Fernsehprogramm[37] versorgte. Die Area 500 umfasste

---

[33] Private Fahrzeuge der SHAPE-Angehörigen erhielten zu dieser Zeit jährlich wechselnde Kennzeichen, die aus einem Schild in roter Grundfarbe und der Zahlen- und Buchstabenkombination in weißer Schrift bestanden. Dienstfahrzeuge von SHAPE erhielten Schilder mit weißer Schrift auf schwarzer Grundfarbe, bestehend aus der Buchstabenkombination CHB und einer Folgeziffer. Die Kombination sollte wohl für *Casteau Headquarters Belgium* stehen. Für die Teilnahme am Straßenverkehr in Belgien erhielten Inhaber nationaler Führerscheine einen gesonderten SHAPE- Führerschein.

[34] TDY – Temporary Duty – Dienstreisen

[35] Die Registrierung erfolgte nach den Bestimmungen der SHAPE – Directive 100 – 4 "Control of Privately Owned Weapons". Es galt das zu dieser Zeit das relativ liberale belgische Waffenrecht.

[36] Carte de Sejour (galt nur für Familienangehörige). Der Status der ausländischen zivilen Angehörigen wie auch der des Soldaten richtete sich nach den Bestimmungen des "Status of Forces Agreements", in dem die Rechtsstellung festgelegt war.

[37] Ab 1984 wurde der Bereich von Mons und die Umgebung schrittweise an das im Aufbau befindliche belgische Kabelfernsehnetz angeschlossen. War ein Kabelanschluss nicht vorhanden, musste auf terrestrische Fernsehprogramme unterschiedlicher Normen (PAL und SECAM) zurückgegriffen werden. Bei ungünstiger Versorgung waren dabei aufwändige Antennenanlagen erforderlich. Empfangen werden konnten die belgischen Fernsehprogramme (französisch und flämisch) sowie die französischen Fernsehprogramme, allerdings nur in der SECAM-Norm sowie der aus SHAPE sendende Fernsehsender des "American Forces Network-AFN", dieser allerdings nur in der US-Fernsehnorm NTSC. Mitte der neunziger Jahre löste sich das Problem durch die vermehrte Verfügbarkeit von satelliten-

die Einkaufszentren einschließlich des "Rationed Items Store – RIS", in der hochsteuerbare Waren wie Alkohol, Tabak und Zigaretten gegen Vorlage der Rationskarte[38] abgegeben wurden. In der Area 700 befanden sich die SHAPE-Schuleinrichtungen. Die Area 600 war das Wohngebiet der Unteroffiziere und Mannschaften, soweit es diese nicht vorzogen, sich außerhalb des Hauptquartiers zivil in der engeren und weiteren Umgebung einzumieten. Daneben befand sich auch die Wohnsiedlung der belgischen bei SHAPE eingesetzten Gendarmen. Die Area 800 umfasste den Bereich des "Officer Family Housing". Die Bewohner waren meist in Doppelhaushälften untergebracht. Höhere Offiziere erhielten aber auch Einzelhäuser[39]. Die Area 900 beherbergte den SHAPE Officers Club. Das gesamte Gelände von SHAPE war eingezäunt und konnte nur an bestimmten Stellen betreten oder befahren werden, die meist nicht kontrolliert wurden. Mit dem Anwachsen der terroristischen Bedrohung wurde der gesamte Verkehr nach und aus SHAPE sehr strengen Kontrollen, meist durch die SHAPE Police und die belgische Gendarmerie, unterworfen. Der Bereich des "Main Building" und die angrenzenden Parkplätze waren innerhalb des Hauptquartiers nochmals durch einen Drahtzaun abgesichert. Der Zugang wurde durch einen Posten der SHAPE Police kontrolliert. Innerhalb des Hauptquartiers überwachte die SHAPE Police den fließenden und ruhenden Verkehr und führte auch Geschwindigkeitsmessungen durch, die meist zunächst zu einer mündlichen Verwarnung führten. In besonders schweren Fällen erhielt der Fahrer ein "Ticket" und wurde an den zuständigen "Nationalen Militärischen Repräsentanten – NMR" gemeldet, der seinerseits entsprechende Disziplinarsanktionen verhängen konnte. Den militärischen Ordnungsdienst innerhalb SHAPE versah der Provost Marshal mit seiner International SHAPE Police, die nationale Polizeihoheit verblieb bei der belgischen Gendarmerie. Diese verfügte auf dem SHAPE-Areal auch über ein eigenes Dienstgebäude gegenüber dem Main Building. Der in der Nähe gelegene Flugplatz Chievres wurde dem Hauptquartier zugeordnet und beherbergt seither Einrichtungen der US-Streitkräfte

---

gestützten Fernsehprogrammen, die auch im Großraum Mons empfangen werden konnten.

[38] ACE Directive 60-53 Tax Exemptions and Customs Clearance Procedures (NU) 30-11-1987. Die Rationen standen jedem volljährigen Mitglied eines bei SHAPE befindlichen Haushalts zu.

[39] Durch einen höheren deutschen Offizier in einem informellen Gespräch scherzhaft als "Château Plastique" apostrophiert.

und wird bis heute auch als Flugplatz für den SACEUR genutzt. Bei Übungen wurde das Gelände in der Vergangenheit auch für die Errichtungen eines Ausweichhauptquartiers (Alternate War Headquarters – AWHQ) mit der Bezeichnung "FASTBREAK" genutzt. Zwischen 1985 und 1988 wurde auf dem Gelände des Hauptquartiers in Casteau/Maizieres auch ein Tiefbunker errichtet, der später nach Fertigstellung das "SHAPE War Headquarters – Kriegshauptquartier"[40] beherbergen sollte. Mit der Errichtung von SHAPE wurde durch die belgische Regierung für den jeweils amtierenden Supreme Allied Commander Europe – SACEUR im "Chateau Gendebien"[41] an einer der Ausfallstraßen von Mons eine Residenz errichtet. Es handelt sich hierbei um ein Gebäude im Stil des 17. Jahrhunderts, das nach Zerstörungen in den letzten Tagen des Krieges renoviert wurde. Dort befindet sich seither die offizielle Residenz des SACEUR. Das bis heute von den Angehörigen des Stabes von SHAPE getragene Abzeichen wurde am 5. Oktober 1951 durch den ersten SACEUR, General Dwight D. Eisenhower, genehmigt und kann wie folgt beschrieben werden:

> "Zwei goldfarbene gezogene Schwerter vor einem Schriftband mit dem Spruch 'Vigilia Pretium Libertatis – Wachsamkeit ist der Preis der Freiheit'. Zwei Olivenzweige unterhalb des Schriftbandes verdeutlichen das Streben der alliierten Mächte nach Frieden, während die Schwerter die Notwendigkeit bewaffneter Stärke zur Erhaltung dieses Friedens symbolisieren. Die Stellung der Schwerter ergibt ein 'A', das für die Allianz steht. Innerhalb des Spruchs und hinter den Schwertern hebt sich ein zwölfzackiger Palmwedel vom olivfarbigen Grund ab. Er steht für die ersten zwölf Vertragsstaaten der Nordatlantischen Allianz und soll durch seine Anordnung Strahlen der Hoffnung darstellen. Die Symbole liegen auf einem dunkelgrünen Wappen, dass als Schild die schützende Aufgabe von SHAPE verdeutlicht. Seine Farbe steht für die friedfertige Natur Europas."[42]

Daneben trug das bei den unterschiedlichen nationalen Elementen bei SHAPE eingesetzte Personal eigene Brustabzeichen[43]. Für einen zu

---

[40] SHAPE Command Centre - SCC
[41] In der Amtszeit von General Galvin fanden dort auch Empfänge des SACEUR und seiner Gattin für das SHAPE-Personal, quer durch alle Ränge und Dienstgradgruppen ohne Ansehen der Nation, das durch die entsprechende Abteilung von SHAPE zur Teilnahme vorgeschlagen worden war, statt. Die Veranstaltungen verliefen stets sehr zwanglos (Working Dress) und zeigten den damaligen SACEUR-General Galvin als großzügigen und charmanten Gastgeber, der auch das persönliche Gespräch mit seinen Gästen suchte. Dabei kamen ihm auch seine guten deutschen Sprachkenntnisse zustatten. Allerdings hatte ein deutscher Teilnehmer den Begriff "Working Dress" wohl nicht richtig interpretiert, da er zum Empfang im "Luftwaffengesellschaftsanzug mit allen Orden und Ehrenzeichen im Original" erschien.
[42] Davis, B. L.: Uniformen und Abzeichen der NATO, S. 182, Stuttgart 1991.
[43] Siehe hierzu auch: Wels, P., Beumer, D. A. A.: NATO-Insignia, Peter A. Wels, EG Weesp, 1993.

SHAPE versetzten Soldaten, gleichgültig welcher Nationalität, ergaben sich eine Reihe von Problemen, die vordringlich gelöst werden mussten. Zunächst bestand das größte Problem darin, eine angemessene Bleibe zu finden. Hier wirkte das SHAPE Housing Office unterstützend und stand dem Neuankömmling beratend zur Seite. Aus einer Vielzahl von Angeboten, die im Housing Office verfügbar waren und die grundlegende Angaben zur Lage, Ausstattung und dem Mietpreis enthielten, konnte der "Newcomer" sich die für ihn passenden Angebote heraussuchen. Als hinderlich konnte sich die Sprachbarriere erweisen, da die meisten Vermieter nur französisch sprachen. Aber auch hier vermittelte das Housing Office die entsprechenden Kontakte und unterstützte die Verhandlungen. Bei der Unterkunftssuche konnte der Neuankömmling häufig Überraschungen erleben. In einem Fall befand sich die Heizungsanlage eines in Aussicht genommenen Hauses in einem Gartenhäuschen in einiger Entfernung vom Gebäude. Die nur mäßig isolierten Heizungsrohre verliefen in etwa 30 cm Tiefe durch den Garten in das Haus. Hier war anzunehmen, dass der Garten auch im Winter schneefrei blieb. In Anbetracht des zu erwartenden Heizölverbrauchs für die Heizung des Hauses im Winter, wurde davon Abstand genommen, dieses Haus zu mieten. In einem anderen Falle erwies sich das angebotene Haus als ein Chateau aus dem 17. Jahrhundert. Die einzige Heizungsmöglichkeit bestand aus einem überdimensionierten Kamin mit der Ausdehnung 3 x 2 Meter. Auch hier musste wegen der zu erwartenden hohen Kosten für die Heizung von der Anmietung Abstand genommen werden. Diese Beispiele ließen sich beliebig fortsetzen. Aber war endlich ein passendes Haus gefunden, musste auch darauf geachtet werden, ob das in Aussicht genommene Haus auch über eine alternative Heizungsmöglichkeit für den Winter verfügte, da das Stromversorgungssystem im unpassenden Moment ausfallen konnte. Aber hier war aber auch darauf zu achten, dass der Schornstein regelmäßig gereinigt wurde, da zu dieser Zeit eine Reihe von Kaminbränden zu beobachten war. Dies war meist auf nur sporadische Reinigung der Kamine durch die Bewohner zurückzuführen. Meist wurden Kaminbrände dadurch gelöscht, dass die örtliche Feuerwehr die Spritze durch die obere Schornsteinöffnung einführte. Dies war meist mit einer Überschwemmung des darunter liegenden Gebäudes verbunden. War auch dieses Problem geklärt, ergab sich die Frage nach der Warmwasserversorgung. Diese wurde meist durch eine Therme, die durch außerhalb des Gebäudes befindliche Gasflaschen versorgt wurde, gelöst. Auch hier war auf Betriebssicherheit des Systems zu achten. Nicht zu vergessen die elektrischen Versorgungseinrichtungen des in Aussicht genommenen Hauses, die nicht immer der deutschen VdE-Norm entsprachen. Wichtig war auch, den Vermieter in angemessener Nähe zu finden, was sich bei kleineren Problemen häufig als Vorteil erwies. Stimmte die Chemie zwischen Vermieter und Mieter konnte es zum Vertragsabschluss kommen. Auch hier waren spezifische Bestimmungen des belgischen Rechts zu beachten, insbesondere die Verpflichtungen des Mieters aus dem belgischen Nachbarschafts- und Schadensersatzrecht. Nicht zuletzt war auch die Lage des Hauses von Bedeutung, da es sich bald zeigte, dass Einbrüche bei SHAPIANERN häufig vorkamen. Insbesondere während der Weihnachts- und Urlaubszeit fanden häufig Einbrüche statt. In einem Fall fuhr vor dem Haus eines deutschen Offiziers ein Möbelwagen vor. Den Nachbarn teilten die "Spediteure" mit, sie hätten den Auftrag, das Haus des Offiziers "umzuziehen". Die Nachbarn schöpften keinen Verdacht, die "Spediteure" konnten die Einrichtung des Hauses ungestört verpacken und davonfahren. Als der Offizier aus dem Urlaub zurückkehrte, fand er sein Haus vollständig ausgeräumt vor. Auch konnte die Suche nach einer angemessenen Unterkunft für Gäste von privaten Anlässen durch die Gastgeber zu Missverständnissen bei der Auswahl einer geeigneten Lokalität führen. In einem Fall, der Suche nach einer angemessenen Umgebung für eine Hochzeitsfeier und Unterbringung der Gäste an der von Mons nach Tournai führenden Straße, die über eine Reihe von kleineren Hotels oder Pensionen zu verfügen schien, ergab sich im Gespräch mit der "Patronne", das dieses Haus anderen Zwecken diente und für eine Hochzeitsfeier wohl nicht der geeignete Rahmen zu sein schien. Dies galt auch für die übrigen Etablissements entlang dieser Straße. Glücklicherweise fand sich später in Stambrughes ein von zwei Schwestern geführtes kleines Hotel in einer alten Villa mit dem Namen "Vert Gazon", dessen Küche und Ambiente überzeugten.

2. Die militärische Lage in Europa von 1984 bis 1989

2.1 Die Streitkräfte der NATO in der Central Region[44]

Den Aufbau der NATO-Streitkräfte und deren Kommandostruktur zwischen 1949 und 1980 schildern zu wollen, würde den Rahmen dieser Arbeit sprengen, deshalb soll nur auf die Besonderheiten für den Zeitraum von 1984 bis 1989 eingegangen werden, soweit dies zum Verständnis der Abläufe im Supreme Headquarters Allied Powers Europe und der Central Region erforderlich erscheint. Die politischen und militärischen Rahmenbedingungen werden, soweit für SHAPE bedeutsam, in die Betrachtung einbezogen. Besondere Probleme für die Streitkräfte der NATO, die zum großen Teil im Frieden nicht lagegerecht für einen möglichen Einsatz disloziert waren, ergaben sich aus der geographischen Asymmetrie für die Heranführung von Verstärkungskräften aus den USA in einer möglichen Krise. Ein weiteres Problem zu dieser Zeit ergab sich aus dem Zeitbedarf[45] für eine mögliche Mobilisierung, die von politischen Entscheidungen[46], sowohl in der NATO als auch bei den beteiligten Nationen, abhängig war. Ebenfalls als sehr problematisch erwies sich die Frage, mit welcher politischen und militärischen Gewichtung mögliche Indikationen[47] für einen Aufmarsch der Warschauer-

---

[44] Gleichwohl der Verantwortungsbereich von SHAPE Europa vom Nordkap bis zur Türkei umfasste, sollen hier nur die in der "Central Region" eingesetzten Kräfte betrachtet werden. Dies soll auch für den Einsatz der Marine in der Ostsee, den Ostseezugängen und der Nordsee gelten, da deren Behandlung den Rahmen dieser Arbeit sprengen würde. Dies gilt gleichermaßen für die "Allied Mobile Force-AMF", deren Auftrag sich auf den Schutz der Flanken der NATO bezog und daher hier auch nicht weiter betrachtet werden soll.

[45] Vergleiche: de Maiziere, U.: Verteidigung in Europa-Mitte, Abschnitt C. 4 – Warnzeiten, S. 24, München 1975.

[46] Vergleiche hierzu: Handel, M.: Military and Non-Military Surprise, in: Godson, R. (Ed): Intelligence Requirements for the 1980's: Analysis and Estimates, S. 85ff, Washington 1980. In diesem Beitrag werden die Schwierigkeiten, die sich aus möglichen Signalen vor Beginn einer möglichen Auseinandersetzung ergeben können, beispielhaft geschildert. Nicht minder problematisch ist die Akzeptanz einer nachrichtendienstlichen Bewertung (Assessment) auf politischer und militärischer Ebene, da diese vielfach eine bereits vorgefasste Meinung vertritt.

[47] Die Gewinnung von Nachrichten zur Indikation möglicher bedrohlicher Absichten des Warschauer Paktes hing wesentlich von den Fähigkeiten und Möglichkeiten der jeweiligen nationalen Nachrichtendienste der NATO-Partner ab, da die NATO über keine eigenen Fähigkeiten zur Nachrichtengewinnung im klassischen Sinne verfügte und sich zur Bewertung auf die, von den jeweiligen nationalen Nachrichtendiensten zur Verfügung gestellten Informationen stützen musste. Siehe hierzu auch Abschnitt 2. 5 dieses Kapitels. Dass sich trotz eindeutiger Indikationen eine Krise jederzeit zu einem Konflikt ausweiten kann, musste auch die britische Regierung im Falklandkonflikt auf schmerzliche Weise erfahren. Vergleiche hierzu: Eddy/Linklater/Gillman: The Falklands War, S. 32, London 1988 und Hastings, M. /Jenkins, S.: Battle for the Falklands. S. 35, 50, 57, 60, 65, 90, 179, 252, 322, 330. Hier sind eklatante Fehlleistungen der politischen Seite (Foreign Office – FO) bei der Bewertung von Indikationen für eine argentinische Invasion der Falkland-Inseln

Pakt-Streitkräfte bei den Partnern in der Allianz in die Lagebeurteilung durch die zunächst zuständigen nationalen Gremien einfließen und welche politischen und militärischen Folgerungen die Allianz daraus ziehen würde. Dieser Prozess der Indikationsgewinnung[48] fußte auf einer Reihe von unterschiedlichen Faktoren, die, gegeneinander abgewogen, erst ein einigermaßen schlüssiges Lagebild ergaben. Inwieweit derartige Schlüsse auf nationaler Ebene berücksichtigt wurden, hing nicht zuletzt wesentlich von den Vorstellungen und der Politik der jeweiligen nationalen Entscheidungsträger ab. Auch erwies sich von entscheidender Bedeutung, wie stark der Einfluss der jeweiligen nationalen Nachrichtendienste[49] auf die Entscheidungsfindung durch die jeweilige Regierung war. Auch das Durchsetzungsvermögen der nationalen Entscheidungsträger und deren Vertreter auf höchster NATO-Ebene und die unterschiedlichen nationalen Interessenlagen[50] der übrigen Partner

---

erkennbar, wie dies auch in einem späteren Bericht einer Untersuchungskommission des britischen Unterhauses deutlich wird. Gleichwohl das britische Joint Intelligence Committee – JIC über ausreichende und fundierte Informationen, insbesondere aus eigenen Signals Intelligence (SIGINT)-Erkenntnissen und auch befreundeter Dienste (die NSA aus einer Erfassungsstelle in Chile, der BND aus der HF-Erfassungsstelle KASTAGNETTE bei Husum) verfügte, konnte das JIC seinen Einfluss nicht geltend machen, um zu einer realistischen Bewertung der Situation durch die politische Seite zu gelangen.

[48] Welche gravierenden Folgen Fehleinschätzungen der Situation, insbesondere durch die politische Seite haben können, zeigte sich auch bei Ausbruch des Yom-Kippur-Krieges zwischen Israel und Ägypten bzw. Syrien am 6. Oktober 1973. Der israelischen politischen Führung lagen bereits frühzeitig entsprechende Informationen vor, die auf einen baldigen Beginn der Kampfhandlungen hindeuteten, die aber nicht beachtet wurden, was wohl aus einem Gefühl der Überlegenheit auf Seiten der israelischen Politik beruhte (Tolmein a. a. O. S. 24) Vergleiche auch: der Wüstenkrieg, S. 38 a. a. O.

[49] Vergleiche hierzu: Zentrale Dienstvorschrift 2/11– Der militärische Nachrichtendienst in Kommandobehörden und Stäben (VS-NfD)

[50] Dies lässt sich auch gut auf die Situation beim Einmarsch sowjetischer und Truppen des Warschauer Paktes in die damalige CSSR am 21. August 1968 übertragen. Hier hätte sich durchaus eine bedrohliche Situation für die Bundesrepublik Deutschland an deren Ostgrenze ergeben können, wenn die WP-Truppen, wenn auch nur unbeabsichtigt, die Grenze zu Bayern überschritten hätten. Diese Einschätzung wurde offenbar von der NATO nicht geteilt, da, soweit bekannt, keine diesbezüglichen Alarmierungsmaßnahmen ausgelöst wurden. Eine weitere Deutung für das Verhalten der NATO in dieser kritischen Situation könnte ein Telefongespräch zwischen Breschnew und dem damaligen US-Präsidenten Lyndon B. Johnson zwei Tage vor dem Beginn der Invasion gewesen sein, in dem Breschnew dem US-Präsidenten versichert haben soll, dass sich die militärischen Maßnahmen nicht gegen die USA und die NATO richten würden. Vergleiche hierzu: Adams, J.: Secret Armies, S. 68, London 1988. Möglicherweise ist dieses Gespräch über das "Rote Telefon", das zu dieser Zeit über die Erdefunkstelle der Deutschen Bundespost in Raisting bei Weilheim geschaltet war, geführt worden. Dass die Bundeswehr zur Sicherung wichtiger Einrichtungen der FmEloAufkl im Grenzraum zur CSSR später Kräfte des deutschen Heeres einsetzte und hierzu einige nationale Alarm-Maßnahmen des "Military Vigilance-Systems" (Böhnisch, G.: Meine Zeit als Hammer, Spiegel – Wehrdienst im Kalten Krieg, Redaktion einestages v. 1.8.2008) auslöste, hätte mögliche Übergriffe im Grenzraum nicht verhindern können. Die zur Grenzsicherung an der Landesgrenze zur CSSR eingesetzte US-Army (2nd Armored Cavalry Regiment - 2nd ACR (US) aus Bayreuth – Bindlach) hatte bereits am 21. August ihre Kräfte im Grenzraum verstärkt. Im Übrigen wurde die Nachrichtengewinnung durch das Military Intelligence Corps – MIC der US-Streitkräfte und die

in der Allianz bestimmte maßgeblich die Bewertung derartiger Indikationen. Nicht zuletzt hätten auch großangelegte Verschleierungs- und Täuschungsmaßnahmen[51] des möglichen Gegners auf politischer und militärischer Ebene die Entscheidungsfindung durch die NATO nachhaltig beeinflussen können. Auch waren Verpflichtungen einiger NATO-Partner ein wesentliches Element für Entscheidungen auf höchster Ebene, wie die Kuba-Krise[52] im Jahre 1962 bereits gezeigt hatte, und die einen nicht zu unterschätzenden Einfluss auf Entscheidungen der NATO-Gremien hatten. Auch zeigte sich schon zu Beginn der achtziger Jahre, dass die Fernmeldeverbindungen[53] der NATO höchst anfällig waren und dringend einer Modernisierung bedurften. Auch häuften sich zu Anfang der achtziger Jahre Fehlalarme[54] im nordamerikanischen Luftverteidigungssystem NORAD, die häufig auf Systemfehler zurückzuführen waren, aber ungewollt zur Auslösung eines Nuklearkrieges hätten führen können.

Bayerische Grenzpolizei wie auch durch den deutschen Zoll in diesem Raum verstärkt. Dies galt auch für den Grenzraum zur DDR in Nordbayern. Auch der damalige Bundesgrenzschutz verstärkte seine Überwachungs- und Aufklärungstätigkeit im Grenzraum zur DDR und CSSR. Vergleiche hierzu: Schmidt, H- J.: An der Grenze der Freiheit, S. 148, Coburg 1999. Auch soll ein Brigadekommandeur im II. Deutschen Korps seiner Brigade den Befehl zum Beziehen der GDP-Räume im Raum Weiden in Grenznähe erteilt haben. Dem Vernehmen nach wurde er später gemaßregelt. H. J. Schmidt beschreibt aus eigenem Erleben des Bundesgrenzschutzes an der innerdeutschen Grenze als auch an der Grenze zur CSSR. Seine Ausführungen illustrieren die damalige, dramatische Lage im Grenzbereich zur DDR und CSSR und machen auch deutlich, welche Bedeutung der Einsatz der US-Armored Cavalry-Einheiten zu dieser Zeit hatte.

[51] Ein gutes Beispiel hierfür sind die Täuschungs- und Irreführungsmaßnahmen auf irakischer Seite vor Beginn des ersten Golfkrieges 1991, die zu einer eklatanten Fehlinterpretation der irakischen Absichten in Bezug auf Kuwait durch die US-amerikanische Administration führte. Vergleiche: Watson/George/ Tsouras/Cyr: Military Lessons of the Gulf War, IV. Specific Military Factors, 9., Hopple, G. W: Indications and Warning (I&W) and Intelligence Lessons, S. 146-56, London 1991 und Summers H. G. Jr.: A Critical Analysis of the Gulf War, Kapitel 8. a. a. O. Auch hatte die HA III (Spezialfunkdienste des MfS) für den Kriegsfall die Lahmlegung der SIGINT- Einrichtungen und der wichtigsten militärischen und zivilen Kommunikationsmöglichkeiten im Operationsgebiet des MfS (Central Region) geplant. Siehe hierzu: BStU Zentralarchiv-MfS HA III AR 8 – 6506-HA III/12 Streng Geheim v. 19. 03. 1984: Konzeption zur Erarbeitung, Aktualisierung und den Einsatz nachrichten-taktischer Aufgaben für den Spannungsfall-Spannungsfallkonzeption. Hiernach waren alle wesentlichen Objekte im Operationsgebiet *(Bundesrepublik und anderswo)* karteimäßig zu erfassen und später dafür entsprechende Kategorien für Lähmung und Zerstörung zu erarbeiten (Spannungsfallkartei der HA III des MfS). Allerdings wird nicht ersichtlich, welche Kräfte des MfS oder der NVA hierfür vorgesehen waren.

[52] Vergleiche: Daniel, J. /Hubbell, J. G. Als der Westen schlief, Bern 1963.
[53] Lee, C.: The Final Decade, a. a. O. S. 83.
[54] Lee, C.: The Final Decade, a. a. O. S. 86.
[55] Das MfS war auch über die Bedrohungsbewertung durch die NATO bestens unterrichtet. Vergleiche hierzu: BStU Nr.: 00024: Ministerium für Staatssicherheit Streng geheim, Nr.: 92/82 v. (Datum unleserlich): Information über Gegnererkenntnisse zur Operationsplanung und Aufklärung der Streitkräfte des Warschauer Vertrages. Auf 4 Seiten wird hier die Einschätzung einer möglichen Operationsplanung des Warschauer Paktes durch die

2.2 Die Landstreitkräfte der NATO in der Central Region

Um einer Bedrohung[55] durch Kräfte des Warschauer Paktes in Zentraleuropa zu begegnen und Bündnissolidarität zu demonstrieren, waren die Großverbände der NATO-Landstreitkräfte[56] im Bereich Allied Forces Central Europe – AFCENT wie folgt disloziert.

2.2.1 Der Bereich Ostseezugänge/Jütland - LANDJUT Rendsburg

Dänische Kräfte: Jyske-Division
Deutsche Kräfte: 6. Panzergrenadierdivision, Heimatschutzbrigade 51

2.2.2 Der Bereich Northern Army Group – NORTHAG[57] Mönchengladbach

Niederländische Kräfte: 41. (NL) Panzerbrigade[58]
Deutsche Kräfte: I, (GE) Korps, Münster[59]

NATO beschrieben. Diese Bewertung entsprach den damaligen NATO-Erkenntnissen über einen möglichen Gegner.

[56] Vergleiche hierzu: Wiener, F.: Die Armeen der NATO-Staaten, Wien 1984. Jedoch unterstanden die französischen Truppen in Deutschland nationalem französischem Kommando. Einen guten Überblick über den Aufbaus deutscher Streitkräfte erlaubt auch: Clement/Jöris: 50 Jahre Bundeswehr, S. 20 f, Hamburg-Berlin-Bonn 2005.

[57] Nördliche Begrenzung des Einsatzraumes: Die Elbe, der Bereich nordwärts der Elbe sollte durch Kräfte des COMLANDJUT verteidigt werden. Der Stab NORTHAG, vorwiegend mit britischen Militärs besetzt, begann in den sechziger Jahren mit Vorbereitungen für die operative Tiefenaufklärung in seinem Gefechtsstreifen, der Aufklärung bis zu einer Tiefe von bis zu 500 km auf dem Territorium der DDR und Polens vorsah. Beteiligt an diesen Planungen war das britische Special Air Service Regiment, 23rd Special Air Service Regiment - SAS, eine Reserveeinheit der britischen Territorial Army. Angehörige dieser Einheit übten oft im erwarteten Einsatzraum westlich der IDG und nutzten dafür eine Basis in Paderborn. Daneben waren diese Kräfte auch für die Vorbereitung und den Einsatz von in US-amerikanischer Verwaltung befindlichen ADM (Atomic Demolition Munitions) vorgesehen. Das Projekt trug die Bezeichnung "CLIPEUS". Auch hatte BAOR/NORTHAG bereits seit den fünfziger Jahren umfangreiche Lähmungs- und Zerstörungsmaßnahmen, insbesondere in seiner "Rückwärtigen Kampfzone – REAR COMBAT ZONE" vorgesehen, um die im Angriffsfalle erwarteten sowjetischen Kräfte an Flussübergängen zu verzögern. Offenbar war auch hier der Einsatz deutscher SBO-Kräfte unter britischer Anleitung vorgesehen. Im Rahmen der Übung "BADGERS LAIR" wurde im Jahre 1973 im Raum Soltau der Einsatz britischer Fernspähtrupps geprobt. Dabei wurde der Funkverkehr der britischen Spezialkräfte durch SIGINT-Kräfte der britischen Rheinarmee (BAOR-British Army on the Rhine) überwacht und konnte mühelos gepeilt werden. Dies führte zu einer Revision der geplanten Fernmeldeverfahren für den Einsatz hinter den feindlichen Linien und der Einführung neuer Fernmeldegeräte. (Aldrich a. a. O. S. 112). Daneben wurden die Fähigkeiten der britischen, bei NORTHAG eingesetzten SIGINT-Kräfte verstärkt. Für die Einleitung von Alarmierungs- und Mobilisierungsmaßnahmen im Bereich NORTHAG veranschlagte der Stab mindestens 48 Stunden Vorwarnung. Allerdings war die Führung der BRIXMIS nicht gänzlich überzeugt, sowjetische Angriffsvorbereitungen rechtzeitig entdecken zu können (Aldrich a. a. O. S. 105). Die Nachrichtenoffiziere bei NORTHAG rechneten in einer Krisensituation mit bis zu 250 Intelligence Reports (INTREPS) pro Stunde. Die Bearbeitung dieser Lagemeldungen hätte die Nachrichtenoffiziere sicherlich bald an deren Leistungsgrenzen gebracht.

[58] Sowie US-Kräfte in Divisionsstärke, die im Rahmen REFORGER als Verstärkungskräfte im Krisenfall herangeführt werden sollten. (2nd Armored Div (US), später geplant: 3rd US Corps (Im Zuge der Entwicklungen in Mitteleuropa Ende 1989 wieder aufgegeben).

Britische Kräfte: I. (UK) Corps[60]

2.2.3 Der Bereich Central Army Group – CENTAG[61] Heidelberg

Belgische Kräfte: I. (BE) Korps, Köln[62]
Deutsche Kräfte: III. (GE) Korps, Ulm[63]
US-amerikanische Kräfte: V. (US) Corps, Frankfurt[64], VII. (US) Corps, Stuttgart[65]

---

[59] 1., 3., 7. (GE) PzDiv sowie 6., 11. (GE) PzGrenDiv sowie Lw- Verbindungsstab beim Korpsstab.
[60] Stab BAOR, 1., 3. und 4. (UK) PzDiv sowie das britische Kontingent in Berlin.
[61] Nordwärtige Begrenzung entlang einer Linie südlich Kassel, südwärtige Begrenzung Landesgrenze zu Österreich und der Schweiz.
[62] 16. (BE) Division, Neheim-Hüsten.
[63] 10. (GE) PzDiv, 4. (GE) PzGrenDiv, 1. (8.) (GE) GebDiv, 1. (GE) LLDiv sowie Lw-VerbStab beim Korps.
[64] USEUCOM/ USAREUR/7th US ARMY/US-Berlin-Brigade (Nicht NATO-Unterstellt) (8th (US) InfDiv. 3rd Armored Div (US) 11th Armored Cavalry Regiment (US), 3rd Support Cmd (US). Der Inhalt des GDP des V. US Corps war dem Ministerium für Staatssicherheit bekannt. Vergleiche hierzu: BStU 000126: Ministerium für Staatssicherheit, Streng Geheim Nr. 662/82 v. 16. Dez 1982., Information über militärische Planungen der US und der NATO für den Einsatz des V. Armeekorps/USA in Spannungszeiten und im Krieg Teil 1. Die Information enthält auf 144 Seiten den übersetzten und kommentierten General Defense Plan – GDP des V. US- Korps Frankfurt für die Verteidigung des Bereiches südwärts Kassel bis zur Nahtstelle mit dem Verteidigungsstreifen des VII. US- Korps bei Hof. Dieser wie auch andere Pläne, wurden offenbar durch einen pensionierten, in Bad Kreuznach lebenden US-Soldaten an den ungarischen ND weitergeben, der diese seinerseits dem MfS übergab. Der Verräter wurde 1988 enttarnt und erhielt durch ein deutsches Gericht eine lebenslange Freiheitsstrafe.
[65] 3rd InfDiv(US), 1st InfDiv(Fwd.)(US), 2nd Armored CavRgt (US), 2nd Armored Division (Fwd.) (US). Daneben verfügte die 7th Army (US) über eine Reihe von Armeetruppen, so u. a.: 95th Ordnance Brigade 5 (US) für die Verwaltung und den Einsatz von nuklearer Sondermunition (u. a. Atomic Demolition Munitions – ADM.) ADM sollten im Kriegsfalle durch ihre Auslösung für den Gegner wichtige Geländeteile und Einrichtungen sperren bzw. zerstören. Im Bereich des 2nd US ACR – Armored Cavalry Regiment (Oberfranken ostwärts Bayreuth) war der Einsatz von ADM zur Verzögerung angreifender WP-Kräfte geplant. Das Regiment wurde nach 1990 in die USA zurückverlegt und ist zwischenzeitlich als Stryker Brigade Combat Team nach Vilseck südlich von Grafenwöhr zurückgekehrt (K-ISOM Nummer 6/2010 S. 40 f., Nürnberg 2010). Auch erwog die US-Seite, den Fernsehsender Ochsenkopf zu sprengen um durch die Sprengung eine Engstelle über die Bundesstraße 303 bei Bischofsgrün zu schaffen. Auch der radioaktive Fall Out bei einer nuklearen Bodendetonation wurde als Sperrfaktor erwogen. Vergleiche hierzu: ENGINEER HANDBOOK, United States Infantry School, S. 138 – 140, Fort Benning 1971. Grundsätze für den Einsatz von ADM waren in der US-Heeresdienstvorschrift Field Manual (FM) 5-26 festgelegt. Ihr Einsatz sollte im Rahmen der in den GDP/EDP (Ground Defense Plan/EDP-Emergency Defense Plan) festgelegten Sperrplanung erfolgen. Das Engineer Handbook enthält auch das Muster einer, aus 5 Teilen bestehenden "Orders to the Demolition Guard Commander" in der akribisch die Verfahren für die Auslösung derartiger ADM festgelegt waren. Der Befehl zur Auslösung sollte per Funk über gesonderte Funkverbindungen, dem "Cemetery Network " übermittelt werden. Diese Funkverbindungen wurden durch den Zentralen Funkdienst (ZFD) der NVA in Dessau permanent überwacht. Die South European Task Force – SETAF (Ein Sonderverband zur Unterstützung unkonventioneller Kampfführung an der Südflanke der NATO in Vicenza), Support Operations Task Force – SOTFE - ein Sonderstab für unkonventionelle Kriegsführung in Europa in Mainz, 10th Spe-

Kanadische Kräfte: Canadian Forces Europe – CFE, Lahr[66]
Französische Truppen (nicht der NATO unterstellt)[67]

Die sich Ende 1989 abzeichnenden Veränderungen auf politischem und militärischem Gebiet in Europa blieben auch für die Landstreitkräfte der NATO nicht ohne Folgen[68]. Allerdings ist hier nicht der Platz, die sich nun nach der Wiedervereinigung Deutschlands abzeichnenden Folgen für die Strategie der NATO in Mitteleuropa nachzuzeichnen. Mit der Aufstellung des Allied Command Europe Ready Reaction Corps – ARRC ab 1990 in Mönchengladbach begann eine Transformation der NATO-Kommandostruktur und damit auch der NATO, die mit der Aufnahme neuer Mitglieder und deren Integration in die NATO-Kommandostruktur noch lange nicht abgeschlossen ist. Eine weitere Zäsur für die NATO bedeutete der Beginn des "Ersten Golfkrieges"[69] am 17. Januar 1991,

---

cial Forces Group, früher Bad Tölz (seit den achtziger Jahren in Stuttgart), 66th Military Intelligence Brigade (66th MI-Bde.), Stuttgart. Vergleiche auch: Weiße, G. Geheime Funkaufklärung in Deutschland, Stuttgart 2005

[66] Canadian Mechanised Battle Group (CMBG), Lahr

[67] Französische Kräfte in Deutschland in Stärke von 3 Divisionen, deren Einsatz zur Unterstützung der NATO im Kriegsfall von der Entscheidung des französischen Regierung abhängig war: Es befanden sich 1984 folgende französische Großverbände auf deutschem Hoheitsgebiet: Etat Major Forces Françaises en Allemagne-EMFFA, II. (FR) Korps, 1., 3., 5. (FR) PzDiv sowie das französische Kontingent in West-Berlin. Die französischen bodengebundenen taktisch/operativen Nuklearkräfte (PLUTON, HADES) wurden in der Folge grenznah im Osten Frankreichs in den Räumen Couvron (Ziele im belgisch- französischen Grenzraum entlang der Linie Tournai-Charleroi-Dinant), Suippes (Ziele im Raum Dinant-Charleroi), Mally (Ziele im Raum Luxemburg), Oberhoffen bei Haguenau (Ziele in den Räumen Kaiserslautern-Mannheim- Karlsruhe – Stuttgart - nördlicher Schwarzwald) und Fougerais bei Belfort (Ziele in den Räumen südlicher Schwarzwald bis nordwärts Freiburg im Breisgau), stationiert. Vergleiche hierzu: Thelerie, Initiation al la Force de Frappe Française, S. 124 -129, Paris 1997. Auf die strategischen Nuklearwaffen Frankreichs soll in diesem Zusammenhang nicht weiter eingegangen werden, da ihr Einsatz ausschließlich von nationalen französischen Interessen bestimmt gewesen wäre. Vergleiche hierzu: Beauffre: Abschreckung und Strategie, Berlin 1964. Das Werk vermittelt tiefe Einblicke in das französische Denken über den Einsatz von Nuklearwaffen zu dieser Zeit und kann als französische Antwort auf die Nuklearstrategie der USA betrachtet werden. Vergleiche auch: Differenzierte Abschreckung in: Truppendienst 27. Jahrgang 1988, S. 324 – 326, Wien 1988. Nach einer Studie der USA mit dem Titel "Discriminate Deterrence" konnte die NATO nicht auf eine glaubwürdige konventionelle Abschreckung verzichten. Unverzichtbares war demnach in diesem Zusammenhang auch das" Follow On Forces- FOFA-Concept " der Vereinigten Staaten und der NATO.

[68] Noch zur Jahreswende 1988/1989 verfügte die Bundeswehr in ihrem damaligen V-Umfang über mehr als 1. 3 Mio. Reservisten. (Frank, H.: Bye, bye Landesverteidiger!, Loyal Nr.: 10/2010, Bonn 2010).

[69] Einen umfassenden Überblick zu den politischen und militärischen Hintergründen des "Ersten Golfkrieges" enthält: Watson/George/Tsouras/Cyr: Military Lessons of the Gulf War, London 1991. Die politischen und militärischen Hintergründe des ersten Golfkrieges und die Entscheidungsprozesse in der US-amerikanischen Administration unter Präsident Bush sen. werden sehr anschaulich in dem Werk von B. Woodward beschrieben (Woodward, B. Die Befehlshaber, S. 283ff. Köln 1991). Viele der damals handelnden Ak-

dessen Erfahrungen noch lange in der NATO nachwirken, die aber hier nicht weiter betrachtet werden sollen.

2.3 Die Spezialeinsatzkräfte der West-Alliierten in der Central Region

Sowohl die Vereinigten Staaten, Großbritannien und Frankreich verfügten bis 1990 über Kontingente von Spezialeinsatzkräften auf westdeutschem Boden.

2.3.1 Spezialeinsatzkräfte der United States Army Europe (USAREUR)

Die US-Armee unterhielt in Deutschland die 10th Special Forces Group (Airborne)[70]. Die Einheit wurde im Jahre 1991 aus taktischen Gründen wegen der Nähe zu Headquarters USEUCOM nach Stuttgart in die Panzerkaserne nach Böblingen verlegt. Wenig ist über die Aktivitäten dieser Einheit bekannt. Auch in Berlin waren Kräfte der Special Forces im Rahmen der US-Berlin Brigade bis zu deren Abzug 1990 präsent. Soweit bekannt, führte die 10th SFG in den Jahren 1985 bis 1989 Übungen mit Sondereinheiten anderer NATO-Partner in Norwegen, Spanien, Dänemark, Italien, Belgien, Deutschland, Großbritannien, Portugal, Kanada, Frankreich, Luxemburg und Österreich durch. In den Übungen CASINO GAMBIT 1/88 und FLINTLOCK 88 wurden "militärische und paramilitärische Operationen (Widerstandsoperationen, Subversion, Zieleinweisung, Offensivaktionen und Nachrichtengewinnung in einem feindbesetzten, politisch sensitiven Land) geübt. In den Übungen "ALPINE FRIENDSHIP" und "HAY MOUNT" wurden mit Beteiligung deutscher Kräfte Infiltrationstechniken, Kommunikationsverfahren, luftgestützte Versorgungsverfahren sowie Kommandooperationen und Guerilla-Bekämpfung geübt. Soweit bekannt, haben Elemente der 10th US-Special Forces Group auch an Übungen der 23. SAS (TA) im Norden Deutschlands teilgenommen. Der Kommandeur der US-Streitkräfte (US Army European Commander – USEUCOM) ist auch verantwortlich für

---

teure fanden sich in der neuen Regierung unter G. W. Bush wieder und spielten eine nicht unbedeutende Rolle in den Aktionen in Afghanistan und im zweiten Golfkrieg.

[70] Es kann davon ausgegangen werden, dass die 10th SFG auch an der Auslösung von ADM im Rahmen der "Barrier-Pläne" des EDP – Emergency Defense Plans / General Defense Plan - GDP des V. US Corps Frankfurt und des VII. US. Korps Stuttgart eingebunden waren. Diesbezügliche Planungen waren dem Autor aus dem VII. US Corps Stuttgart für den Bereich der "Vorderen Kampfzone" ostwärts von Bayreuth bekannt.

den Einsatz der US-Special Forces in seinem Kommandobereich. Als Führungsinstrument für "Special Operations" verfügt USEUCOM heute über das (US) Special Operations Command Europe in Stuttgart, dem die 1/10th Special Forces Group, die Naval Special Warfare Unit (NSW Unit 2 (Navy Seals) sowie die 352nd Special Operations Group und ein Signals Detachment unterstehen. Das früher bei USEUCOM dislozierte NATO Special Operations Headquarters (NSHQ) wurde zwischenzeitlich zu SHAPE nach Mons in Belgien verlegt.

2.3.2 Die britischen Spezialeinsatzkräfte[71] im Norden der Bundesrepublik

Soweit bekannt, waren auch bis 1990 keine britischen Spezialeinsatzkräfte[72] auf dem Territorium der Bundesrepublik ständig stationiert. Im Rahmen von Übungen der britischen Rheinarmee (British Army on the Rhine – BAOR) und der Northern Army Group (NORTHAG) wurden Kräfte des 23 Special Air Service Regiments (23rd SAS), einem Reserveverband der britischen Territorial Army (TA) für Aufgaben der "unkonventionellen Kriegführung" eingesetzt und haben möglicherweise auch in den Reihen der "BRIXMIS" (britische Militärverbindungsmission beim Oberkommandierenden der Gruppe der Sowjetischen Truppen in Deutschland – GSTD) gedient. Offenbar waren Kräfte der 23rd SAS auch für Fernaufklärungsmissionen im Kriegsfall hinter den sowjetischen Linien vorgesehen. Bis zum Eintreffen der 23rd SAS auf dem Luftwege sollte bei BAOR eine hochmobile Special Reconnaissance Squadron (SRS) des Royal Armoured Corps (RAC) die Aufklärung übernehmen. Auch war an den Einsatz von Teilen der 23rd SAS im Rahmen von Lähmungsmaßnahmen aller Art gedacht. Hierbei wurde auch der Einsatz von Atomic Demolition Munitions (ADM) durch britische Kräfte geplant. Allerdings befanden sich diese ADM in Friedenszeiten unter US-amerikanischem Gewahrsam. Britische Pläne zur Entwicklung eigener ADM (PROJECT CLIPPEUS) wurden offenbar aus politischen Gründen später aufgegeben. Insgesamt verfügte BAOR in den sechziger

---

[71] Vergleiche hierzu auch: Aldrich, R. J.: Intelligence within BAOR and NATO´s NORTHERN ARMY GROUP, The Journal of Strategic Studies Vo. 31 No 1, 89-122 February 2008
[72] Während des Ungarnaufstandes scheint der britische MI-6 (Secret Intelligence Service noch in Österreich aktiv gewesen zu sein. Auch die Kuba-Krise 1962 hat offenbar entsprechende britische SBO-Planungen für Österreich angestoßen. Vergleiche: Blasi /Schmidl/Schneider: B-Gendarmerie, Waffenlager und Nachrichtendienste, S. 152 FN 48 Wien, 2005

Jahren möglicherweise über bis zu 25 Spezialisten für den Einsatz von ADM im Bereich NORTHAG. Ob und in welchem Umfang auch der britischen Special Boat Squadron – SBS, einem maritimen Sonderverband für Kommandoeinsätze aller Art, vorzugsweise in Küsten- und Flussregionen, für Einsätze in Norddeutschland eingeplant war, kann auf Grund fehlender Quellen noch nicht abschließend beantwortet werden. Allerdings rechneten die Planer bei NORTHAG[73] seit den fünfziger Jahren auch mit einer geheimen Streitmacht bewaffneter Zivilisten im Kriegsfall, die für Aufklärungs- und Sabotagemissionen eingesetzt werden sollten. Ob es sich bei diesen Kräften um Angehörige der deutschen, vom BND initiierten SBO-Organisation[74] gehandelt haben könnte, ist ungewiss. Bei der Signals Intelligence in den siebziger und achtziger Jahren zeigte sich bald, dass die britischen SIGINT-Kräfte (4th Signals Regiment, Royal Signals) im Bereich NORTHAG wegen der rigiden sowjetischen und ostdeutschen Funkdisziplin bald an ihre Grenzen stießen.

2.3.3 Die französischen Spezialeinsatzkräfte im Süden der Bundesrepublik

Teile des in Langenargen am Bodensee stationierten 13eme Regiment Dragons Parachutistes (13. R.D.P), eine Fernspäheinheit der französischen Armee, spielte wohl nie die Rolle einer Führungsorganisation für französisch inspirierte Stay-Behind-Operationen im Kriegsfall im Süd-

---

[73] Die NORTHAG – Planer hofften bei einer erwarteten Vorwarnzeit von 48 Stunden für einen Angriff des Warschauer Paktes in ihrem Verantwortungsbereich, die Vorbereitungen für eine grenznahe Verteidigung abschließen zu können. Anmerkung des Autors: Selbst bei eine Warnungsphase von 48 Stunden hätten die politischen Konsultationen in Brüssel und bei den beteiligten Regierungen in diesem Zeitraum wahrscheinlich nicht abgeschlossen werden können. Damit hätten Maßnahmen die "COUNTER SURPRISE – ALARMSYSTEMS STATE ORANGE (Angriff innerhalb der nächsten 36 Stunden) oder STATE SCARLET(Angriff innerhalb der nächsten Stunde) nicht zeitgerecht ausgelöst werden können. In einem derartigen Fall hätte der Deutsche Bundestag vermutlich den "Verteidigungsfall" formal verkündet. Einer offiziellen Verkündung bedurfte es nicht bei einem bereits begonnenen Angriff, damit wäre der "V-Fall" automatisch, zumindest für die damalige Regierung der Bundesrepublik Deutschland eingetreten. Die einschränkenden Bestimmungen der "Notstandsgesetze" wären damit auch in Fortfall gekommen.

[74] Welcher westlichen Gruppierung die, im Jahre 1974 durch das MfS im Raum Aschersleben sichergestellte Funkanlage britischer Herkunft zuzuordnen ist, kann auch heute nicht mehr festgestellt werden. Allerdings schien es sich bei diesem Funkgerät um ein relativ altes Gerät zu handeln (Vermutlich schon seit über 10 Jahren stillgelegt), dessen Sendequarze fehlten. Daher vermutete die HA III des MfS, dass sich hier ein Mitarbeiter eines britischen Dienstes eines obsoleten Funkgerätes entledigt hatte. Allerdings kann mit Sicherheit davon ausgegangen werden, dass es sich hier nicht um ein SBO-Gerät handelt. (BStU MfS HA III 15248).

westen der Bundesrepublik, gleichwohl es häufig mit anderen Spezialeinheiten der Bundeswehr und NATO an Übungen beteiligt war. Die in Langenargen stationierte Einheit wurde wohl schon in den achtziger Jahren wieder nach Frankreich verlegt. Nach einer Zwischenstationierung in Dieuze, Departement Moselle wurde diese 2011 an ihren endgültigen Standort Matignas sur Jalle, Departement Gironde, verlegt. In Deutschland ist diese Einheit, soweit bekannt, seither nicht mehr offiziell an Übungen beteiligt gewesen.

2.4 Spezialeinsatzkräfte anderer NATO-Partner auf deutschem Territorium seit 1990

Bei gelegentlichen Übungen deutscher Spezialeinsatzkräfte in Deutschland, das Kommando Spezialkräfte KSK in Calw soll hier unberücksichtigt bleiben, nehmen auch Spezialeinsatzkräfte anderer Nationen teil, jedoch sind Informationen darüber stets vage und meist nicht zu verifizieren. Dies gilt auch für die zunehmende Vernetzung polizeilicher Spezialeinsatzkräfte und deren Übungen, sowohl in Deutschland[75] als auch im benachbarten Ausland.

2.5 Die Stay-Behind-Organisation – SBO (GLADIO) der NATO in Europa bis 1990[76]

Die auf Initiative des US-Nachrichtendienstes bereits Anfang der fünfziger Jahre entstandenen Stay-Behind-Organisationen (SBO), meist von den nationalen Nachrichtendiensten getragen, sollten bei einem sowjetischen Angriff und der Besetzung von Teilen Westeuropas nach dem Vorbild des britischen "Special Operations Executive – SOE" während des Zweiten Weltkrieges im deutsch besetzten Europa den Kampf gegen den Aggressor aufnehmen, Nachrichten gewinnen, Sabotage-Operationen durchführen und alliierten Flugzeugbesatzungen und entflohenen alliierten Kriegsgefangenen helfen. Nachdem die NATO die Verteidigung West-Europas übernommen hatte, wurde sie in die Aktivitäten der nationalen Stay-Behind-Aktivitäten eingebunden. Dem Ver-

---

[75] Siehe hierzu die Ausgaben des deutschen Magazins K-ISOM – International Special Operations Magazine, (www.k-isom.com) das regelmäßig über Spezialeinsatzkräfte aus aller Welt berichtet.

[76] Stay Behind Organizations (SBO), auch als "GLADIO" bezeichnet. Im Stab von SHAPE wurde dieses Thema, soweit dem Autor bekannt, nicht berührt.

nehmen nach soll das Clandestine Planning Commmittee – CPC[77] unter der Aufsicht von SHAPE dabei eine wesentliche Rolle gespielt haben. Stay-Behind-Strukturen entstanden bereits Anfang der fünfziger Jahre in folgenden NATO-Staaten: Belgien, Frankreich, Dänemark, Deutschland[78], Griechenland, Niederlande, Norwegen, Portugal, Türkei, Großbritannien. Auch in nicht-NATO-Staaten wurden ähnliche Strukturen für den Fall einer sowjetischen Invasion geschaffen: Österreich[79],

---

[77] Allerdings finden sich in den Jahren 1985 bis 1989 keine Hinweise auf ein Clandestine Planning Committee in den, dem Autor vorliegenden, nicht klassifizierten Organisationsübersichten (SHAPE ORGANIZATION CHART(S) 1985, 1986, 1987, 1988 und 1989), des Hauptquartiers Auch die Telefonbücher (Telephone Directories) aus diesem Zeitraum enthalten keine diesbezüglichen Hinweise. Möglich ist jedoch, dass die SBO-Aktivitäten innerhalb der NATO durch das NATO Security Committee (NSC) unter Leitung des Directors NSC im NATO Special Committee gesteuert wurden. Das Special Committee, in dem alle NATO-Nationen vertreten waren, tagte mit jährlich wechselndem Vorsitz und war das beratende Gremium des North Atlantic Council *"on matters of espionage and terrorist and related threats which might affect the Alliance"* (NATO HANDBOOK 2001 S. 298-299). Hier konnten ohne großes Aufsehen zu erregen, die sehr delikaten SBO-Angelegenheiten behandelt werden. Dies wäre bei SHAPE, einem relativ kleinen Stab, vergleicht man sich mit dem IMS in Brüssel, nicht möglich gewesen ohne die Presse auf den Plan zu rufen. Auch das für 1995 noch nachgewiesene "Alerts Committee" der NATO mag in die SBO-Bemühungen mit eingebunden gewesen sein.

[78] Dem Vernehmen nach hatte der US-Nachrichtendienst auch weitere Waffen- und Versorgungslager für eine offenbar parallele "Stay Behind Organisation - SBO" in Deutschland angelegt. Ob allerdings die deutschen Behörden Kenntnis hatten, kann auf Grund der Quellenlage auch heute noch nicht abschließend bewertet werden. Siehe hierzu: Blasi/Schmidl/Schneider: B-Gendarmerie, Waffenlager und Nachrichtendienste, S. 144 und FN 17. In einer Dokumentation von PHOENIX mit dem Titel: History: Die Geheimpläne des Kalten Krieges (PHOENIX, 03. 06. 2013, 20. 15 Uhr) äußert sich D. Ganser zu den SBO-Aktivitäten in Deutschland. Nach einer Auskunft der Bundesregierung (BT 12/890 v. 07. 01. 1991)betrug der personelle Umfang der deutschen BND-SBO-Organisation Ende der fünfziger Jahre etwa 75 hauptamtliche Mitarbeiter, der Bestand an nachrichtendienstlichen Verbindungen betrug bis zu 500 Personen. Im Jahre 1981 wurden im Zuge der polizeilichen Ermittlungen zum Oktoberfest-Attentat in München 1980, 33 Waffen-und Sprengstoffdepots in Norddeutschland aufgefunden, die neben automatischen Waffen 14. 000 Patronen, 50 Panzerfäuste, 258 Handgranaten sowie 156 kg Sprengstoff enthielten. Leider sind die Listen der sichergestellten Waffen, der Munition und sonstigen Gegenstände nicht verfügbar. Die Presse vermutete damals Verbindungen zu rechtsradikalen Kreisen, die aber bis heute nicht geklärt werden konnten, da sich der damals Beschuldigten einen Tag vor seiner Einvernahme in seiner Einzelzelle erhängt hatte. Bekannt ist, dass Anfang der fünfziger Jahre in Deutschland eine weitere Reihe von Gruppierungen existierten, deren Verbindungen zu Nachrichtendiensten nicht ausgeschlossen werden können.

[79] Noch während der alliierten Besetzung Österreichs wurden durch die Nachrichtendienste der West-Alliierten (USA und Großbritannien) in deren Besatzungszonen geheime Waffenlager eingerichtet. Über französische Aktivitäten ist bislang nichts bekannt. Ob dies mit stillschweigender Kenntnis hoher österreichischer Stellen geschah, muss angenommen werden. Allerdings lässt der Inhalt der in den sechziger und neunziger Jahren geborgenen Lager den Schluss zu, dass diese Ausrüstung für im Besetzungsfall einzusetzende Special-Forces der West-Alliierten und deren österreichische Unterstützer gedacht war. Vergleiche: Blasi /Schmidl/Schneider: B-Gendarmerie, Waffenlager und Nachrichtendienste, Wien, 2005. Aufschlussreiche Einzelheiten zum Inhalt der Lager und zum

Schweiz[80], Schweden[81], Spanien, Finnland und Zypern. Eine Ausbildungsgrundlage und Handlungsanweisung für die SBO-Organisationen bildete die US-amerikanische "TOP SECRET" eingestufte Felddienstvorschrift "Field Manual 30-31 B – Stability Operations - Intelligence Special Fields" vom 10. März 1970[82]. Die SBO-Organisationen der NATO, insbesondere die SBO-Organisation des BND, stand bis zur Wende unter permanenter Beobachtung durch die Hauptabteilung III (Spezialfunkdienste) des Ministeriums für Staatssicherheit[83]. Durch "Innenquellen" der HVA des MfS im BND war die HA III stets über die technische Entwicklung und Verfahren des BND zur Führung eigener Agenten und SBO-Mitarbeiter, insbesondere in dem zur damaligen Zeit noch für die Agenten-Kommunikation noch bedeutsamen "Kurzwellenbereich", unterrichtet. Eigene, aus der Erfassung[84] der BND-Verkehre gewonnenen Erkenntnisse rundeten das Bild ab.

Zeitpunkt deren Errichtung finden sich auch in: Rauschensteiner (Hrsg.), Sorry guys, no gold, HGM Wien, 1998

[80] Interessante Details zur schweizerischen Widerstandsorganisation enthält der Bericht "Vorkommnisse im EMD - Bericht der parlamentarischen Untersuchungskommission; 90. 022 vom 17.11.1990" ab S. 175 bis 231. Vergleich hierzu auch: Matter, M.: P-26 – Die Geheimarmee die keine war, Baden, 2012 sowie die Fernsehdokumentation des Schweizer Fernsehens SF1 zu diesem Thema unter dem Titel: In geheimer Mission v. 16. Dezember 2009. http://www.srf.ch/player/video?id=136127bb-65ef-4278-8618-93fb28 00d5a3 (abgerufen am 29.05.2013)

[81] Vergleiche hierzu: Ganser/Deland, NATOS's Secret Army in Neutral Sweden, JIPSS Vol. 4, No. 2/2010 S. 20, Graz, 2010

[82] Allerdings kann nicht gänzlich ausgeschlossen, dass es sich hierbei um eine Fälschung des damaligen sowjetischen Nachrichtendienstes KGB handelt, da Regierungsstellen der Vereinigten Staaten auf Anfrage deren Existenz bisher kategorisch verneint haben.

[83] Aber auch der Zentrale Funkdienst (ZFD), frühere FuAR 2 in Dessau beschäftigte sich nachhaltig mit derartigen Ausstrahlungen.

[84] BStU – MfS HA III 15248: Abteilung III-Leiter-, Stellungnahme zur Einschätzung der operativen KW-Funkverbindungen (GVS MfS 067A/145/75)STRENG GEHEIM v. 18.01.1976) an Generalleutnant Wolf. Die Stellungnahme bezieht sich sowohl auf EloKa-Potenzen des Westens, als auch auf die Qualität der operativen Kurzwellenfunkverbindungen westlicher Dienste. Nicht zuletzt werden der "Funkbeobachtungsdienst des BGS", die Fernmeldesektoren der Luftwaffe als auch Einrichtungen des Funkkontrollmessdienstes der Bundespost und des BND betrachtet. Nach einer internen Aufstellung des BND aus dem Jahre 1975, welche die HVA durch seine Innenquelle im BND beschaffen konnte, verfügte der BND zu dieser Zeit über 99 Agentenfunkverbindungen, 48 zweiseitige Führungsfunkverbindung zu Residenturen und 89 SBO-Funkverbindungen (BStU-MfS HA III 15248-Abt III Leiter- STRENG GEHEIM –III/2194 v. 19.03.1976). Wie aus weiteren, überkommenen Unterlagen der HA III ersichtlich, wurde zumindest der Funkverkehr der BND-SBO durch die HA III ab etwa 1980 vollständig unter Kontrolle gehalten. Dies hätte für die SBO im Einsatzfalle die komplette Enttarnung der Organisation und ihrer Mitarbeiter auf Bundesgebiet und damit möglicherweise auch ihre Gefangennahme bedeutet. Aber auch die Kommunikationskanäle anderer westlicher Nachrichtendienste wurden durch die HA III bis zur Wende unter Kontrolle gehalten. Nicht zuletzt konnten häufig Inhalte der westlichen Agentenkommunikation entschlüsselt und mitgelesen werden. Siehe hierzu: Normative

2.6 Die Anschläge in Luxemburg und die Tueurs du Barbant – Die Mörder von Brabant

In den Jahren von 1980 bis 1982/1983 wurden in Luxemburg eine Reihe von Sprengstoffanschlägen gegen Strommasten verübt, deren Urheber erst jetzt im Jahre 2013 anlässlich eines Prozesses in Luxemburg[85] ermittelt werden konnten. Auch hier wird angenommen, dass die Urheber der Anschläge in den Reihen der damaligen luxemburgischen GLADIO-Organisation zu suchen sind. Da der Prozess noch andauert, können auch keine verlässlichen Angaben über die mutmaßliche Täterschaft der Angeklagten, zwei ehemalige Polizeibeamte mit Verbindungen zum Nachrichtendienst, gemacht werden. Allerdings sah sich die Bundesregierung veranlasst, basierend auf einer Kleinen Anfrage[86] im Deutschen Bundestag, eigene Ermittlungen zu einer möglichen Verwicklung des Bundesnachrichtendienstes in diese Angelegenheit anstellen zu lassen. Auch hat die Bundesregierung als Antwort auf eine Kleine Anfrage im Bundestag aus dem Jahre 1991[87] erklärt, dass die deutsche, dem BND unterstehende SBO-Organisation zum Jahresende 1991 endgültig aufgelöst wird (wurde). Auch in Belgien erschütterten in den Jahren 1982, 1983 und 1985 eine Reihe von zum Teil blutigen Überfällen auf Supermärkte, Geldtransporter und Waffengeschäfte die Öffentlichkeit. Die Taten wurden unter dem Begriff "Tueries du Brabant" bekannt. Deren Urheber wurden in den Reihen des belgischen GLADIO-Ablegers vermutet. Insgesamt wurden bei den Überfällen der "Tueurs du Brabant" 28 Menschen getötet und 22 Personen verletzt. Die Beute der Täter konnte bis heute nur annähernd beziffert werden und soll mehr als 5 Millionen belgische Franc betragen haben. Auch ein Untersuchungsausschuss des belgischen Parlaments konnte die Fälle nicht abschließend klären. Auch für die in Mons und Umgebung lebenden "Shapianer" waren die Vorfälle besonders besorgniserregend, da sich einige Überfälle auf Supermärkte in der engeren Umgebung von Mons ereigneten und nicht auszuschließen war, dass man selbst Opfer eines derartigen Überfalls beim Einkauf werden konnte. Die allgemeine Sicherheitslage in und um SHAPE zu dieser Zeit war ruhig, abgesehen

---

des MfS Abt XI/ später als ZCO dem Innenministerium der DDR unterstellt, sowie BStU – HA III – Leiter "Sachstandsbericht über eine spezielle Agentenart des BND" v. 6.11.1984
[85] Junge Welt: Juncker und der Terror vom 08.05.2013
[86] Deutscher Bundestag Drucksache 17/13214 – Kleine Anfrage - vom 23. April 2013
[87] Deutscher Bundestag Drucksache 12/890 – Kleine Anfrage – vom 01.07.1991

von gelegentlichen Einbrüchen[88] bei den Angehörigen von SHAPE, die in Mons und Umgebung lebten, und der nicht ganz unbegründeten Furcht vor Anschlägen der Irish Republican Army – IRA auf britische Einrichtungen bei SHAPE und Rheindalen, dem BAOR-Hauptquartier bei Mönchengladbach.

Da der Komplex "Stay Behind Organisationen" der NATO/GLADIO so umfassend ist, muss hier auf die inzwischen erschienene Literatur verwiesen werden, da eine weitere Bearbeitung dieses speziellen Themas den Rahmen der vorliegenden Arbeit sprengen würde. Abschließend soll auf die Veröffentlichungen von G. Ganser zu diesem Thema hingewiesen werden.

2.7 Die Luftstreitkräfte der NATO in der Central Region

Mit dem Ausscheiden Frankreichs[89] aus der militärischen Integration der NATO im Jahre 1966 war auch im Bereich der Luftverteidigung in Süd-Südwestdeutschland eine Lücke durch den Abzug französischer Luftverteidigungskräfte[90], insbesondere bei den Flugabwehrraketen-Verbänden (Raum westwärts der Linie Koblenz-Friedrichshafen) entstanden, die durch andere Kräfte der NATO gefüllt werden musste. Bis Ende der siebziger Jahre war die Lücke geschlossen, gleichwohl Frankreich seither noch passiv an der Luftverteidigung der NATO in Zentraleuropa partizipieren konnte. Insbesondere erhielt die französische Luftverteidigung immer noch Informationen aus dem NATO-Luftverteidigungssystem. Die Luftverteidigung der NATO wurde in den

---

[88] Hier empfahl sich ein gutnachbarlicher Kontakt zu einem belgischen, bewaffneten Nachbarn, der die Wohnung oder das Anwesen bei Abwesenheiten der Bewohner im Auge behielt. Ein in der Nachbarschaft des Autors gelegener Bauernhof wurde von Unbekannten während der Vormittagsstunden, als die Bewohner nicht anwesend waren, auf Wertsachen durchsucht und die aufgefunden Gegenstände geraubt. Auch häuften sich in den Abendstunden Anrufe von "Teppichhändlern", die vorgeblich Angebote machten. Aber in Wahrheit nur feststellen wollten, ob sich Bewohner im Anwesen befanden.

[89] Allerdings hatte Präsident de Gaulle in einem Handschreiben an den amerikanischen Präsidenten Lyndon B. Johnson am 7. 3. 1966 deutlich gemacht, das Frankreich "an der Seite seiner Verbündeten kämpfen würde, für den Fall das einer von ihnen Gegenstand eines nicht herausgeforderten Angriffes wäre" (Kahn, H. W.: Die Russen kommen nicht, Seite 250, Fn 98).

[90] Vergleiche: Central Intelligence Agency-Intelligence Memorandum: The NATO-Problem: French Forces in Germany, Appendix 1, OCI-N° 805/66, 18. April 1966: Frankreich verfügte in seiner Luftverteidigungsorganisation über die: SOC/CRC Lyon, SOC/CRC Contrexville, SOC/CRC Doullens. Der französische Haupt – Luftverteidigungsrechtsstand befand sich verbunkert in Taverny in der Nähe von Paris. Von hier aus wurden auch die französischen Nuklearkräfte geführt.

sechziger Jahren unter dem Kommando des SACEUR integriert als gemeinsame Aufgabe der NATO-Partner eingerichtet[91]. Mitte der achtziger Jahre verfügte die NATO in der Central Region über folgende Luftangriffs- und Verteidigungsverbände, die durch den "Commander Allied Air Forces Central Europe" in einem integrierten Gesamtsystem geführt wurden. Die NATO-Kommandobehörde "Allied Air Forces Central Europe – AAFCE" in Ramstein verfügte über verbunkerte Führungsstellen und führte bereits im Frieden aus diesen Stellen im 24-Stunden-Dauerdienst. Für den Einsatz waren AAFCE die 2. Alliierte Taktische Luftflotte – "2nd Allied Tactical Air Force" – TWOATAF in Rheindahlen bei Mönchengladbach und die 4. Alliierte Taktische Luftflotte – "4th Allied Tactical Air Force" – FOURATAF in Heidelberg unterstellt. Ab 1982 nach Aufstellung der NATO Airborne Early Warning Force, mit Stab in Casteau bei Mons bei SHAPE, Main Operating Base – MOB Geilenkirchen bei Aachen[92] und dem Zulauf der ersten NATO Airborne Early Warning Systems – NAEW (BOEING E-3A SENTRY) nach Geilenkirchen ab 1983 verfügte die NATO erstmals über ein luftgestütztes Frühwarnsystem[93] zur Luftverteidigung. Auch Großbritannien beabsichtigte, sich an diesem Programm mit einem eigenen System, der BAE NIMROD[94],

---

[91] Vergleiche: Eimler, E. GenLt, InspLw. Die NATO-Luftverteidigung unter Besonderer Berücksichtigung des Bereiches Europa Mitte in: Elektronik in der Luftverteidigung, S. 9-16, Koblenz 1984 und Werther, M. & Schmidt, R.: 50 Jahre Einsatzführungsdienst der Luftwaffe, München 2010. Eindrucksvoll beschreibt H. von Knobloch, ein ehemaliger Offizier der Luftwaffe die Probleme der Luftverteidigung Deutschlands in seinem Werk: Bundesluftwaffe Intern-Aufbau-Wandel-Einsätze, Stuttgart, 2008.

[92] Später sollten noch vorgeschobene Basen (Forward Operation Base- FOB/Forward Operating Location – FOL) in Norwegen (FOL Oerland), Italien (FOB Trapani), Griechenland (FOB Prevezza) und in der Türkei (FOB Konya) errichtet werden. Aus politischen Gründen wegen der speziellen Verpflichtungen Norwegens gegenüber der damaligen Sowjetunion wurde die Basis Oerland nur als "Forward Operating Location-FOL" bezeichnet. Daraus ergaben sich auch Einschränkungen für den Einsatz der NATO-E-3A im norwegischen Luftraum. Auch war an der Errichtung einer zusätzlichen Basis in Portugal gedacht. Diese Absicht wurde aber aus verschiedenen Gründen nicht verwirklicht.

[93] Die NATO E-3A war nicht als "Nachrichtengewinnungsplattform" vorgesehen. Weitere Einzelheiten siehe: Das NATO Airborne Early Warning Force Command Headquarters, Kapitel 8 dieses Buches.

[94] Technische Probleme und Schwierigkeiten führten schließlich dazu, das die britische Seite später auch das, nach britischen Vorstellungen modifizierte Systeme der Boeing E-3 Sentry beschafft. Das Projekt NIMROD, auch als "NIMWACS" apostrophiert, wurde eingestellt. Bis zum Zulauf der Systeme E-3 wurde als Interimslösung die Systeme NIMROD. R. 1 P, MR. 2P und "AVRO SHACKLETON AEW. 2 (MR2 und MR. 3) " als Seeaufklärer Betrieb gehalten. Eine AVRO SHACKLETON, eine Weiterentwicklung der AVRO LANCASTER aus dem Zweiten Weltkrieg, stürzte Mitte der achtziger Jahre aus ungeklärten Gründen während eines Patrouillenfluges ostwärts Schottlands über der Nordsee ab. Alle Besatzungsmitglieder, darunter auch ein Offizier der RAF, der beim NAEWFC-HQ Dienst tat, fanden dabei den Tod. Ab 1984 betrieb die NAEW- Force auch eine Basis auf dem briti-

zu beteiligen. Die NATO verfügte in den achtziger Jahren über ein integriertes Kommando- und Führungssystem, das wie folgt für taktische und operative[95] Luftkriegsoperationen gegliedert war.

2.7.1 Das Supreme Headquarters Allied Powers Europe – SHAPE und seine Rolle in der Luftverteidigung

Supreme Headquarters Allied Powers Europe – SHAPE mit seinem Gefechtsstand SHOC (Supreme Headquarters Operations Centre) für den SACEUR, der die "Operational Control" über die integrierte Luftverteidigung der NATO innehatte.

2.7.2 Allied Air Forces Central Europe – AAFCE

Allied Air Forces Central Europe – AAFCE[96] in Ramstein mit verbunkerten Führungsstellen im Hunsrück. Der COMAAFCE war für die Luftverteidigung in der Central Region verantwortlich. Dem COMAAFCE[97] waren die beiden taktischen Luftflotten (TWOATAF und FOURATAF) in der Central Region unterstellt.

---

schen Flugplatz Waddington, der später die Heimatbasis der britischen AWACS-Flotte (AEW. 1) ab Juli 1991 werden sollte. Auch Frankreich hat das E-3A SENTRY System später in nationaler Regie beschafft.

[95] Da es nicht zur Aufgabe der NATO gehörte, sich auf einen möglichen strategischen Luftkrieg vorzubereiten, soll dieser Aspekt hier auch nicht weiter betrachtet werden. Gleichwohl der Einsatz von NATO - Luftreitkräften im Rahmen der Air-Land Battle (Follow On Forces Attack Concept-FOFA) operativ-strategische Bedeutung hätte gewinnen können (Siehe hierzu auch die Ausführungen im Abschnitt 2. 3 Bedrohung). Zur Problematik der Luftverteidigung, insbesondere eines neutralen Staates in der zentralen Region Europas siehe auch: Luftverteidigung in den 80er und 90er Jahren. Allgemeine Schweizerische Militärzeitschrift, Frauenfeld 1981, hier besonders das Kapitel: Taktisch-technische Prognose der Luftbedrohung 1990-2010. . Auch die Republik Österreich verfügte in den achtziger Jahren noch nicht über ausreichende Fähigkeiten zum Neutralitätsschutz des österreichischen Luftraumes. Dies sollte sich erst durch die Einführung des Flugzeugmusters Saab DRAKEN OE ändern.

[96] Der Befehlsbereich des COMAAFCE umfasste den Luftraum über der Bundesrepublik Deutschland, den Niederlanden, Belgiens, Luxemburgs und mit entsprechenden nationalen Vorbehalten, den Luftraum Frankreichs. Die Luftverteidigung über Großbritannien (UK Air Defence Region – UKADR – SOC/CRC Buchan, SOC/CRC Boulmer, SOC/CRC Neatishead) und die Luftverteidigung im Norden (Dänemark: SOC/CRC Vedbaek), (Norwegen: SOC/CRC Reitan, SOC/CRC Maakeroey) sowie Teile Schleswig-Holsteins und im Süden (Italien 2 Regionale Operations Centre-ROC, 10 CRC, Griechenland (1 SOC, 2CRC, 4 CRP, 2 MRP) sowie die Türkei (2 SOC, 3 CRC, 5 CRP, 4 MRP, 2 ARP) sollen hier nicht weiter betrachtet werden. Dies gilt auch für Spanien und Portugal. Später sollte auch unter Führung von AAFCE in der Nähe Kaiserslauterns das Elektronische Übungszentrum "POLYGONE" errichtet werden, das auch heute noch in Betrieb ist. Siehe hierzu auch: http://www.manfred-bischoff.de/

[97] Der COMAAFCE nahm auch in "Doppelhutfunktion" die Führung sämtlicher, in Europa stationierter Kräfte der US Air Force war. Das Hauptquartier der US Air Force in Europe – USAFE befand sich ebenfalls im Ramstein und wurde später mit dem HQ FOURATAF in Ramstein zusammengelegt.

2.7.3 Die Second Tactical Air Force – TWOATAF

Das HQ TWO ATAF bestand aus einem Stab[98] am Friedensstandort in Rheindalen bei Mönchengladbach. Daneben verfügte das HQ TWOATAF zur Führung der unterstellten Luftwaffenverbände[99] in der Luftverteidigung über ein Air Defence Operations Centre – ADOC (Luftverteidigungsgefechtsstand) in Maastricht sowie zwei Sector Operations Centres – SOC 1[100], Brockzetel SOC 2[101] in Uedem bei Goch. Für die Führung von Luftunterstützungsoperationen der unterstellten Jagdbomber- und der Flugkörpergeschwader waren Allied Tactical Operations Centres – ATOC eingerichtet. Bei der TWOATAF bestand ein ATOC in Kalkar.

2.7.4 Die Fourth Tactical Air Force – FOURATAF

Dem HQ FOURATAF in Heidelberg waren unterstellt: SOC 3 Boerfink (COPPERING) und das SOC 4/ATOC Meßstetten (SWEET APPLE) sowie weitere Combat Reporting Centres[102]. Das HQ FOURATAF führte neben des Verbänden der USAFE (3rd US Air Force – Mildenhall/UK[103], 16th US

---

[98] Einen guten Überblick über die Zusammensetzung des Stabes erlaubt: HQ Second Allied Tactical Air Force-2-F-15-203, Terms of Reference of HQ TWO ATAF POSTS (NU) aus dem Jahre 1989.

[99] U. a. Kräfte der Royal Air Force Germany – RAFG auf den Plätzen: Brüggen, Gütersloh, Laarbruch, Wildenrath und Berlin-Gatow (nicht NATO-unterstellt) mit unterschiedlicher Belegung durch Jagd – und Aufklärungsverbände der RAF aus dem Mutterland. Deutsche, der NATO unterstellte Verbände belegten im Bereich der TWOATAF folgende Plätze: Nörvenich, Büchel, Pferdsfeld, Rheine-Hopsten, Jever, Husum, Oldenburg, Leck, Wunstorf, Hohn, Ahlhorn, Wittmund. Kräfte der niederländischen Luftwaffe waren auf folgenden Plätzen stationiert: Volkel, Twente, Eindhoven, Gilze-Rijen, Leuwaarden, Soesterberg. Niederländische Fliegerabwehrraketenverbände waren in der Bundesrepublik in den Räumen: Blomberg, Stolzenau und Hesepe disloziert.

[100] SOC 1 Brokzetel (FLYFISH) führte die unterstellten Combat Reporting Centres – CRC: Nieuw Milligen (BAND BOX), Brokzetel (ROUND UP), Visselhövede (SILVER CORK), Breekendorf (BUGLE) sowie weitere Tactical Control Sites -TCS Angegliedert war dem SOC 1 auch die zivile LS- Warndienst-Verbindungsstelle 21 mit Verbindung zu den Warnämtern 1, 2 und 3.

[101] Dem SOC 2 (MANDRILL) waren unterstellt: CRC Glons (EFFLUX), Uedem (CRAB TREE), Erndtebrück (LONE SHIP), Auenhausen (BACK WASH) sowie die TCS 601, 602, 603. sowie der LSWDVerbSt 51 zur Versorgung der LSWarnÄ 5 und 6.

[102] SOC 3 (COPPERING) führte das CRC Boerfink (HARD TIRE) mit RRP Auenhausen. Angegliedert war auch die LSWD-VerbSt 71 zur Versorgung der LSWarnÄ 6 und 7. SOC 4 Meßstetten (SWEET APPLE) mit den CRC Lauda (STRAW BASKET) mit dem RRP Döbraberg, CRC Freising (COLD TRACK) mit RRP Großer Arber. Angegliedert war auch die LSWD-VerbSt 81 zur Versorgung der LSWarnÄ 8, 9 und 10 mit Informationen zur Luftlage im Verteidigungsfall.

[103] Die 3rd USAF verfügte in Großbritannien über folgende Basen: RAF Alconbury, Upper Heyford, Lakenheath, Bentwaters und Woodbridge, ebenfalls mit unterschiedlicher Belegung durch Kräfte der USAF aus den Vereinigten Staaten (Continental United States-CONUS)

Air Force – Torrejón[104], 17th US Air Force – Sembach)[105] auch deutsche[106] und belgische[107] Luftangriffs-, Verteidigungs- und Luftaufklärungsverbände.

2.8 Das integrierte Luftverteidigungssystem "NATO Air Defense Ground Environment" – NADGE[108]

Der Luftraum entlang der innerdeutschen Grenze (IDG) und der Landesgrenze zur CSSR war in Zonen eingeteilt. Die Grenze stellte die ostwärtige Begrenzung der Air Defense and Identification Zone - ADIZ, die parallel zur Grenze in unterschiedlicher Tiefe verlief, dar. Ihr schloss sich die US Air Force Europe Buffer Zone[109] an, die parallel in unterschiedlicher Tiefe zur ADIZ verlief. Sowohl in der ADIZ als auch in der USAFE-Buffer-Zone war der Einsatz deutscher Luftwaffenkräfte in Friedenszeiten an die Genehmigung der USAFE/RAFG für jeden einzelnen Flug gebunden. Einfliegende unbekannte Luftfahrzeuge wurden ausschließlich von Flugzeugen der USAFE oder RAFG[110] abgefangen.

---

[104] Die US Air Force zog sich in den achtziger Jahren schrittweise aus Spanien zurück.

[105] Die USAFE/7th US Air Force verfügte zu dieser Zeit in der CR über die Plätze: Ramstein, Bitburg, Hahn, Spangdahlem, Zweibrücken, Soesterberg/NL, Rhein-Main (Frankfurt) Wiesbaden-Erbenheim sowie Berlin - Tempelhof mit wechselnder Belegung durch Kräfte der USAF.

[106] Verbände der deutschen Luftwaffe, die der FOURATAF unterstellt waren, belegten zu dieser Zeit folgende Plätze: Lager-Lechfeld, Memmingen, Fürstenfeldbruck, Bremgarten, Landsberg und Neuburg/Do. Wie auch im Bereich der TWOATAF verfügte die Luftwaffe daneben für den Kriegsfall über ein System von Ausweichflugplätzen sowie Start- und Landebahnen auf entsprechend vorbereiteten Autobahnabschnitten. Die Plätze der deutschen Heeresflieger sind hierbei noch nicht berücksichtigt. Auch war ein Abschnitt im Bereich des Meckenheimer Kreuzes der Autobahn bei Bonn als Notflugplatz für das Bundesministerium der Verteidigung (BMVg) vorbereitet. Auch auf anderen Autobahnteilstücken waren derartige Ausweichplätze für den Krisenfall vorbereitet.

[107] Die COMFOURATAF unterstellten belgischen Luftwaffenverbände waren allerdings auf belgischen Plätzen disloziert: Florennes, Bierset, Kleine-Brogel. Daneben waren Kräfte der belgischen Raketenabwehr (Nike- Hercules) in den Räumen Grefrath-Xanten-Kapellen sowie im Raum Düren stationiert.

[108] Dieses System wurde hauptsächlich von den vier Fernmelderegimentern der Luftwaffe: FmRgt 31 Meßstetten, FmRgt 32 Birkenfeld, FmRgt 33 Goch und FmRgt 34 Schleswig betrieben. Ende der achtziger Jahre erfolgte eine Um Gliederung zum Radarführungsregiment. Die zum gleichen Zeitpunkt verfügte aus dem Radarführungsregimentern vorgesetzten Radarführungskommandos (RaFüKdo 1 Goch und RaFüKdo 2 Meßstetten, später nach der Wiedervereinigung Deutschlands wurde in Fürstenwalde das RadarFüKdo 3 aufgestellt), sollte nicht lange Bestand haben. Mit Aufstellung der Luftwaffenkommandos Nord Kalkar und LwKdo Süd in Meßstetten wurden die Radarführungskommandos 1 und 2 aufgelöst. An ihre Stelle traten die Radarführungsregimenter 1-3.

[109] Die Tiefe der USAF - Buffer Zone betrug etwa 50 km und verlief parallel zur westwärtigen Begrenzung der Air Defense Identification Zone-ADIZ.

[110] Diese Flugzeuge befanden sich im "Quick Reaction Alert-QRA" und konnten innerhalb von vier Minuten starten. Daneben befanden sich auch andere nuklear bewaffnete Flugzeuge

Daran schlossen sich der HAWK und NIKE-Gürtel an. Das System der integrierten NATO-Luftverteidigung bestand aus einem Gürtel von Flugabwehrraketenstellungen entlang der innerdeutschen Grenze westlich der Linie Kiel-Hannover-Kassel-Frankfurt-Nürnberg-München in einer Tiefe von etwa 40 km von Kiel bis zum Dreiländereck bei Hof, danach der deutsch-tschechischen Grenze bis zum Dreiländereck Süd ostwärts Freyung im Bayerischen Wald folgend. Diese Stellungen verfügten über Flugabwehrraketen zur Abwehr von in tiefen und mittleren Höhen anfliegender gegnerischer Flugzeuge (Improved Hawk Belt – IHAWK- Belt[111]):Dieser Gürtel konnte im Bedarfsfall zusätzlich durch mobile HAWK-Stellungen der Truppenluftabwehr bzw. zum Schutz wichtiger Objekte verstärkt werden. Daran anschließend zog sich der Nike-Gürtel, dessen Feuereinheiten ab 1986 durch das System PATRIOT ergänzt wurden, parallel von Kiel bis in den südostbayerischen Raum. Dieses System sollte den Raumschutz gegen hochfliegende Luftfahrzeuge des möglichen Gegners sicherstellen. Bis Ende der achtziger Jahre wurde dieses System durch im Bereich der Grenze vorgelagerte und ausgebaute Stellungen des radargestützten Tieffliegermelde- und Leitdienstes der deutschen Luftwaffe mit Radargeräten[112] ergänzt. Der bisher eingesetzte visuelle Tieffliegermeldedienst (Auge und Ohr) hatte damit seine Bedeutung verloren und wurde sehr bald eingestellt. Die Luftraumüberwachung und Jägerführung wurde durch eine Kette von Radarstellungen sowohl entlang der Grenze als auch im Hinterland sichergestellt. Die Radarstellungen (Remote Reportings Posts – RRP) als auch die Gefechtsstände (SOC/CRC) wurden im 24-Stunden-Dauerdienst in unterschiedlichen Bereitschaftsstufen betrieben. Zum NADGE-System[113] gehörten zu dieser Zeit mindestens 84 Radarstellungen. Die gewonnenen Luftlagedaten[114] wurden im Echtzeit-Verfahren an die

---

der USAF, der RAFG und der deutschen Luftwaffe im QRA. Diese hatten im Rahmen einer "STRIKE OPTION" allerdings andere Aufträge.

[111] Improved Home All the Way Killer – IHAWK
[112] Reichweite: In Abhängigkeit vom Aufstellungsort etwa 30 km. Es wurden Jedoch auch schon Ziele in einer Entfernung von mehr als 100 km erfasst, wenn das System hoch genug aufgestellt war. Allerdings konnten sich langsam bewegende Ziele (bis etwa 80 km/h) nur unter Schwierigkeiten erfasst werden.
[113] Die Bundesrepublik wertete ihre Systeme später zum German NATO Airdefense Ground Environment – GEADGE auf. Auf die Behandlung technischer Einzelheiten kann hier verzichtet werden.
[114] Diese Daten wurden durch weitere Daten aus der zivilen Luftraumüberwachung ergänzt. Aus diesem System erhielten auch die zivil besetzten und verbunkerten "LS-Warnämter I - IX" des "Zivilen Bevölkerungsschutzes" ihre Luftlagedaten, die diese an die "LS-

Control and Reporting Centres (CRC) und an die Sector Operations Centres (SOC) und die Air Defense Operations Centres (ADOC TWOATAF) sowie an die Air Tactical Operation Centres (ATOC)[115] weitergeleitet und ergaben damit die aktuelle Luftlage, sowohl über eigenem Gebiet als auch im Luftraum des angrenzenden Warschauer Paktes. Um die begrenzte Reichweite der bodengebundenen Radarsensoren zu ergänzen führte die NATO ab 1982 das luftgestützte Airborne Warning and Control System – AWACS ein. Mit diesem System war es erstmals möglich, die Tiefe des Luftraumes über dem Gebiet des Warschauer Paktes bis zu einer Entfernung von wenigstens 500 Kilometern zu überwachen, wenn die NATO-E-3A in Grenznähe[116] eingesetzt wurde. Auch konnten mit diesem System tieffliegende Hubschrauber eines möglichen Angreifers erfasst und verfolgt werden. Die NATO-E-3A verfügte daneben auch über Kapazitäten zur Jägerführung. Die Sector Operations Centres koordinierten die Luftverteidigungsmaßnahmen in ihrem Sektor und bedienten sich dabei der Control and Reporting Centres, die für die Führung der Luftverteidigungsoperationen in ihrem Sektor verantwortlich waren. Zur Bekämpfung einfliegender feindlicher Luftangriffs-Kräfte war der schwerpunktmäßige Einsatz von Jagdfliegerkräften vorgesehen. Im Kampf befindliche eigene Bodentruppen sollten durch Jagdbomberkräfte unterstützt werden. Größere feindliche Kräftegruppierungen sollten durch den Einsatz der eigenen Flugkörper-

---

Warnstellen" weitergaben, sofern diese aktiviert waren. Vergleiche auch: Kremer, B. Die Kunst zu überleben, München 1966 sowie: Selbstschutz im Verteidigungsfall, BVS Köln, 1981. Die vorhandenen Anlagen sind heute zum großen Teil stillgelegt oder gänzlich aufgegeben.

[115] Mitte der neunziger Jahre sollten die ATOC in Kalkar und Meßstetten zu multinational besetzten Combined Air Operation Centres – CAOC umgegliedert werden, der Betrieb des CAOC Meßstetten wurde aber bereits zwischen den Jahren 2005 – 2007 wieder eingestellt wurde. Das internationale Personal der CAOC wurde von den entsendenden Nationen zurückgezogen.

[116] Das von der Bundesluftwaffe Mitte der achtziger Jahre geplante System "Luftgestütztes, abstandsfähiges Primäraufklärungssystem – LAPAS" sollte der nationalen Fernmelde- und elektronischen Aufklärung dienen. Es gelangte jedoch wegen der nach der Wiedervereinigung entstandenen neuen politischen und militärischen Lage und aus anderen Gründen, nicht zur Einführung. Es sollte durch das bis Mai 2013 in Einführung begriffene System "EUROHAWK UAS" ersetzt werden. Mit dem Abbruch der Beschaffung des EUROHAWK wird die Bundeswehr eine Fähigkeitslücke in der luftgestützten Fernmelde-und elektronischen Aufklärung aufweisen. Ob das mit Beteiligung der Bundeswehr noch in Beschaffung durch die NATO befindliche System "GLOBAL HAWK- Allied Ground Surveillance - AGS" ebenfalls abgebrochen wird, ist derzeit (Mai 2013) noch offen. Siehe auch: Der Spiegel Nr. 23/2013, S. 18-20 und "Die Bundeswehr" Ausgabe 5/2013, S. 34-36.

kräfte[117], die auch über nukleare Einsatzmittel verfügten, erfolgen. Es ist hier nicht der Platz, die Luftverteidigung und ihre Verfahren in aller Ausführlichkeit zu behandeln, deshalb muss auf die zu diesem Thema erschienene umfangreiche Literatur[118] verwiesen werden. Dies gilt auch für die Gliederung und Dislozierung der Radarführungsverbände der deutschen Luftwaffe, auf die sich die NATO-Luftverteidigung in der Bundesrepublik hauptsächlich abstützte. Die Bodentruppen der NATO in der Central Region verfügten über organische, mobile Bestandteile der Feldflugabwehr, über die hier aus naheliegenden Gründen auch nicht berichtet werden soll. Daneben verfügten die Streitkräfte der Bundesrepublik, Frankreichs, Großbritanniens und der Vereinigten Staaten über eine Vielzahl von elektronischen Sensoren, sowohl an der innerdeutschen Grenze als auch an der Landesgrenze zur Tschechoslowakei, für die Nachrichtengewinnung mit elektronischen Mitteln. Ergänzt wurde die erdgebundene Erfassung von elektronischen Signalen mit Hilfe fliegender Sensoren, sowohl im Luftraum der Central Region, als auch über der Ostsee und den Luftkorridoren nach Berlin. Die drei westlichen Alliierten unterhielten in West-Berlin dazu noch umfangreiche Einrichtungen zur elektronischen Aufklärung. Für die Wahrnehmung nationaler Aufgaben begann die deutsche Luftwaffe in den achtziger Jahren mit dem Aufbau eigener Führungsfähigkeiten, in dem sie im Bereich der Luftwaffengruppe Nord bzw. Süd jeweils einen "Luftwaffenunterstützungsgefechtsstand" – LwUGefSt[119] aufstellte. Die Aufgabe

---

[117] Die Bundesrepublik verfügte zu dieser Zeit über zwei Flugkörpergeschwader: FKG 1 (PERSHING 1A) in Geilenkirchen und FKG 2 (PERSHING 1A) in Landsberg am Lech, deren nukleare Einsatzmittel sich aber stets in US-Verwaltung befanden, die aber in das NATO-Verteidigungssystem integriert waren und zu den ständigen Aufklärungszielen des Zentralen Funkdienstes (ZFD/FuAR2 Dessau) der NVA gehörten.

[118] Vergleiche auch: Jarosch, H-W.: Die Rolle von Luftstreitkräften in: Truppenpraxis Nummer 8/1981 sowie: Elektronik in der Luftverteidigung (Forum der Deutschen Gesellschaft für Wehrtechnik und der HSBw München, 14./15.06.1983).

[119] German Air Force Combat Support Centre – GAFCSC. Hier wird deutlich, dass die politische und militärische Führung der Bundesrepublik nationalen Einfluss auf die Führung der integrierten Luftverteidigung der NATO in der Central Region nehmen wollte. Das GAFCSC verfügte über die übliche Stabsgliederung (Arbeitsgebiete A1 bis A6, San-Dst, Verwaltung, Geophysiker, einen Gefechtsstand sowie eine Führungsgruppe unter Führung des Kommandeurs der jeweiligen Luftwaffengruppe sowie die unterstellten Divisionskommandeure. Der Arbeitsbereich A5 wurde durch die Verwaltung wahrgenommen, aber nicht als solcher bezeichnet. Später sollten aus dem GAFCSC und umgegliederten Luftwaffendivisionskommandos die Luftwaffenkommandos Nord und Süd aufgestellt werden, denen aber nur eine kurze Existenz beschieden war. Beide Kommandobehörden wurden im Zuge der Reorganisationsmaßnahmen innerhalb der Luftwaffe nach der Wiedervereinigung, Anfang der neunziger Jahre ersatzlos aufgelöst. Mit der Herstellung der vollen Souveränität Deutschlands wurden die alliierten Anteile aus den SOC/CRC bis auf meist sym-

dieser Gefechtsstände bestand in der Führung der den Luftwaffengruppenkommandos (Nord/Süd) unterstellten Luftwaffendivisionen sowie nachgeordneter Verbände dieser Divisionen. Dabei Erhöhen, Halten und Wiederherstellen der Einsatzbereitschaft, insbesondere der Kampfverbände der deutschen Luftwaffe. Feststellen und Beurteilen der Gesamtlage der Kommandobehörden der Luftwaffe im regionalen Zuständigkeitsbereich. Melden zusammengefasster Lageübersichten aus dem regionalen Zuständigkeitsbereich an das Hauptquartier Höherer Kommandobehörden der Luftwaffe (HQHöhKdoBehLw.) sowie logistische Unterstützung der Luftwaffenkräfte im unterstellten Bereich und Zusammenarbeit mit entsprechenden NATO-Kommandobehörden und Dienststellen. Wahrnehmung nationaler territorialer Aufgaben. Unterstützung alliierter Streitkräfte und eigener Teilstreitkräfte im Rahmen entsprechender nationaler Weisungen des Hauptquartiers der Höheren Kommandobehörden der Luftwaffe. Mit den sich ab den Jahren 1989/1990 abzeichnenden politischen Entwicklungen in Europa und der im Jahre 1990 erfolgten Herstellung der staatlichen Einheit Deutschlands musste die Verteidigungspolitik der NATO auf eine neue, den veränderten Rahmenbedingung Rechnung tragende Grundlage gestellt werden. Daher verabschiedeten die Regierungschefs der in der NATO zusammengeschlossenen Staaten im November 1991 ein neues strategisches Konzept[120], das den politischen und militärischen Veränderungen in Europa Rechnung trug und zu tiefgreifenden Veränderungen in der Allianz führte, die bis heute noch nicht abgeschlossen sind. Mit der "Rome Declaration on Peace and Cooperation[121]" wurden die Weichen für eine vertiefte Kooperation, sowohl auf politischem als auch militärischem Gebiet, auch mit nicht der NATO angehörenden Staaten[122], ge-

---

bolische Restbeteiligung zurückgezogen. Durch die Fortentwicklung der Technik (Digitalisierung der Luftverteidigung) ist mit einer weiteren Zentralisierung der Luftverteidigung in Deutschland zu rechnen. Dies wird wohl auch zur Stilllegung weiterer, derzeit noch im Betrieb befindlicher SOC/CRC führen. Eine Reihe von SOC/CRC und damit auch die verbliebenen CAOC, mit Ausnahme des CAOC Kalkar sind bereits, seit Mitte der neunziger Jahre geschlossen.

[120] The Alliances Strategic Concept, NATO OFFICE OF INFORMATION AND PRESS, BRUSSELS, 1991

[121] Rome Declaration on Peace and Cooperation, NATO OFFICE OF INFORMATION AND PRESS, Brussels, 1991

[122] Später, im Jahre 1997 sollte noch eine "Grundakte über Gegenseitige Beziehungen, Zusammenarbeit und Sicherheit zwischen der NATO und der Russischen Föderation " abgeschlossen werden, die Konsultationen in einem "Ständigen gemeinsamen NATO- Russland Rat" vorsahen. (Vorläufige, nicht amtliche Übersetzung, BMVg – Presse – und Informationsstab, Bonn 1997)

stellt. Allerdings zeichneten sich bereits jetzt kommende Konflikte in Europa ab, auf deren Bewältigung sich die Partner in der Allianz vorbereiten mussten. Die United States Air Force entwickelte bereits im Jahre 1992 unter dem Motto "Global Reach – Global Power"[123] Konzeptionen für einen weltweiten Einsatz von Luftstreitkräften. Hier wurden die frischen Erfahrungen der USAF aus dem Verlauf des ersten Golfkrieges verarbeitet und bildeten damit das Gerüst für künftige Luftkriegsoperationen von Koalitionsstreitkräften. Darauf folgend veranstaltete COMAIRSOUTH vom 9. – 11. Juni 1992 in Neapel unter Beteiligung von Fachleuten aus den Kommandobereichen AAFCE (TWOATAF, FOURATAF), AIRSOUTH (FIVEATAF, SIXATAF, HTAF), HQUSAFE, AFSOUTH, NAVSOUTH, STRIKFORSOUTH sowie französischer Experten ein "Air Campaign Seminar", in dem Leitlinien[124] für die künftige Ausbildung des internationalen Stabspersonals für "Luftoperationen – Air Campaigns" im "Alliierten Kommandobereich Europe (ACE)" vorgestellt wurden. Dass diese Leitlinien wie auch das neue "Operationelle Konzept für die Verteidigung von Allied Command Europe"[125] in den nun bald folgenden Balkan-Einsätzen der NATO umgesetzt wurden, ist wahrscheinlich. Mit der Aufstellung des "Reaction Forces (Air) Staff" der NATO unter deutscher Federführung ab 1990 in Kalkar begann auch im Bereich der Luftverteidigung der NATO in der Central Region ein neuer Abschnitt, der zu tiefgreifenden Veränderungen sowohl auf Seiten der NATO als auch in der deutschen Luftwaffe führte und dessen Auswirkungen auch noch heute bestimmend sind. Allerdings war dem RFAS[126] kein langes Leben beschieden. Mitte der neunziger Jahre wurde dieser Stab in ein "Joint Air Power Competence Centre[127]" der NATO um gegliedert. Teile seines deutschen Personals wurden in den im Jahre 2003 neu aufgestellten Gefechtsstand der deutschen Luftwaffe, der für das "Air Policing"[128] im deutschen Luftraum zuständig sein würde, übernommen. Daneben betreibt die deutsche Luftwaffe seither in

---

[123] Department of the Air Force – An Airman's View of Modern Warfare – WASHINGTON, DC. 5 Jun 1992 (UNCLASSIFIED)
[124] Hier wurden auch die Erfahrungen bei den Luftkriegsoperationen während der Operation "DESSERT SHIELD" verarbeitet und entsprechend umgesetzt.
[125] COMAIRSOUTH, Annex C –The Way ahead (NU), ohne Datum
[126] Zeitgleich wurde mit dem RFAS auch ACE Reaction Planning Staff – ARFPS bei SHAPE in Mons aufgestellt, der später im Rahmen der Transformation der NATO- Kommandobehörden in die Organisation von SHAPE integriert werden sollte.
[127] Zu den Aufgaben des JAPCC siehe "Record of Discussions from the NATO-Space Workshop", 22. April 2008, NATO UNCLASSIFIED (NU).
[128] Nationales Lage- und Führungszentrum Sicherheit im Luftraum

Kalkar das "Kommando Operative Führung der Luftstreitkräfte[129]". Später errichtete die NATO in Kalkar ein Combined Air Operation Centre – CAOC, das auch über eine mobile, schnell verlegefähige Komponente, das "Deployable Combined Air Operations Centre" verfügt. Mit dem ersten Einsatz deutscher Marinekräfte in der Adria 1992 zur Überwachung des von der UNO verhängten Embargos gegen Jugoslawien hatte sich auch die politische und militärische Situation in Mittel- und Südeuropa grundlegend verändert. Die sich aus der Entwicklung auf dem Balkan ergebenden politischen und militärischen Folgen führten zu ersten kriegsmäßigen Einsätzen der NATO unter deutscher Beteiligung, auf die hier aus systematischen Gründen nicht mehr weiter eingegangen werden soll. Eine zusammenfassende Darstellung der Luftwaffeneinsätze über dem Balkan in dieser Phase enthält das Werk von Walter Jertz[130]. Bereits Anfang der neunziger Jahre waren, bedingt durch die geänderte politische und militärische Lage, große Veränderungen in der Organisation[131] der NATO zu erwarten, die hier aus systematischen Gründen nicht weiter behandelt werden sollen. Auch die Bundeswehr musste sich nun den neuen Herausforderungen stellen. Damit begann ein Transformationsprozess[132] der deutschen Streitkräfte, der die Struktur der Bundeswehr nachhaltig beeinflusste und der noch lange nicht abgeschlossen ist und auch in der Zukunft zu noch weiteren, tiefgreifenden Veränderungen führen wird.

---

[129] http://www.bmvg.de/portal/a/bmvg/kcxml/04, Einsicht am: 20.08.2009
[130] Jertz, W. (Brigadegeneral) : Im Dienste des Friedens - Tornados über Bosnien, Bonn 1997
[131] Military Committee - MC 317 (Final), NATO FORCE STRUCTURES FOR THE MID 1990 AND BEYOND (NU) 16 Dec 1991. Dieses Dokument, wie auch das Papier "The Alliance's Strategic Concept" vom November 1991 zeigte schon die Umrisse der neuen NATO-Struktur.
[132] Vergleiche hierzu: Bestandsaufnahme – Die Bundeswehr an der Schwelle zum 21. Jahrhundert, BMVg Bonn, 1999. Entsprechende Veränderungen zeigten sich bereits Anfang der neunziger Jahre, als begonnen wurde, die Bundeswehr auf Grund der Vorgaben der 2+4 Verhandlungen und Auflösung der NVA neu zu strukturieren.

3. Die Streitkräfte des Warschauer Paktes im Vorfeld der NATO[133] und deren geplante strategische Kriegsschauplätze

Ging die politische und militärische Führung der Sowjetunion[134] noch in den fünfziger Jahren davon aus, bei einem möglichen Konflikt mit den Vereinigten Staaten und ihren Partnern in großem Umfang schon zu Beginn der Feindseligkeiten durch den Einsatz von Nuklearwaffen[135] militärische Erfolge zu erringen, hatte sich die Situation zu Mitte der achtziger Jahre grundlegend verändert. Zu dieser Zeit hatten die sowjetischen Streitkräfte eine Gliederung eingenommen, die es ihnen erlaubte, an vielen Fronten eingesetzt zu werden. Hierzu wurden nach geografischen Regionen eingeteilt, so genannte "Kriegsschauplätze – Teatr Woennikh Deistvii (TVD)" [136] "geplant. In den Planungen der sowjetischen Streitkräfte waren folgende Kriegsschauplätze vorgesehen.

Der westliche Strategische Kriegsschauplatz – TV – West, HQ Kiew
Nördlicher (nordwestlicher) Kriegsschauplatz[137] –TVD Nord: HQ Petrosavodsk
Nordwestlicher TVD: Schweden, Norwegen, Finnland, Norwegische See, Ostsee und Ostseezugänge
Arktischer OTVD[138]: Barents- und Grönland-See mit angrenzendem Nordmeer

---

[133] Der TVD Fernost wird bei den Betrachtungen hier nicht berücksichtigt, gleichwohl Kräfte aus diesem Bereich nach entsprechender Vorbereitungszeit auch in anderen TVD als Verstärkungskräfte eingesetzt werden konnten.
[134] Einen guten Überblick zu den Absichten der Sowjetunion und der sich daraus ergebenden Entwicklungen und der Doktrin des Streitkrafteinsatzes erlaubt: Dahm, H.: Abschreckung oder Volkskrieg, S. 59, sowie die in diesem Werk enthaltene Dokumentation, hier insbesondere Dok: 215, Strukturelle Entwicklung der Sowjetischen Streitkräfte ab 1945, sowie Anhang 1, Nr. 226, Beginn der nuklearen Umrüstung, sowie Dok: 2, Sowjetunion Nr.: 246, Sowjetische Militärstrategie.
[135] Vergleiche hierzu: Schulte, L.: Verteidigung im Frieden, S. 17, Frankfurt am Main, 1968
[136] Nationale Volksarmee (NVA) – Militärlexikon, S. 232, Berlin (Ost) 1961, Soviet Military Power, Washington 1987
[137] Die damalige sowjetische Bezeichnung lautete: Schauplatz von Kampfhandlungen (Blattner, K.: Langenscheidts Taschenwörterbuch, S. 116, Berlin 1964), dem gegenüber bezeichnet das Militärwörterbuch der NVA den TVD als "Kriegsschauplatz", vergl.: Militärwörterbuch Russisch-Deutsch, S. 626, Berlin (Ost) 1979.
[138] Okeanskich Teatr Woennikh Deistvii - OTVD

Westlicher Kriegsschauplatz – TVD West: HQ Legnica (Liegnitz)
Westlicher TVD: Zentraleuropa, Ostseezugänge, Nordsee, Großbritannien, Spanien, Portugal.
Atlantischer OTVD: Nordatlantik, Nordsee, Norwegensee.

Südwestlicher Kriegsschauplatz – TVD Südwest: HQ Winitsa
Südwestlicher TVD: Italien, Balkan, Adria, westliche Türkei, Teile des Mittelmeeres, Dardanellen, westliche Hälfte des Schwarzen Meeres.

Der südliche Kriegsschauplatz- TVD Süd: HQ Taschkent
Südlicher TVD: Ostteil der Türkei, Naher und Mittlerer Osten, östliches Mittelmeer, östliches Schwarzes Meer und angrenzende Gebiete.

Der fernöstliche Kriegsschauplatz - TVD Fernost: HQ Irkutsk
Pazifischer OTVD, OTVD Indischer Ozean.
Dieser Kriegsschauplatz umfasste alle Gebiete ostwärts des Ural.

3.1 Die Kräfteordnung des Warschauer Paktes gegenüber der NATO 1985-1989

Ende der achtziger Jahre verfügte der Warschauer Pakt über folgende Kräfte[139], die sowohl in der Central Region als auch an der Nord- und Südflanke der NATO sowie im Nordatlantik, der Nordsee, dem Mittelmeer, der Adria und im Schwarzen Meer eingesetzt werden konnten.

3.1.1 Der TVD Nordwest

12 Divisionen[140] mit 1400 Kampfpanzern, 3130 Schützenpanzern, 2000 Artilleriegeschützen unterschiedlichen Kalibers, 100 taktischen Boden-Boden-Raketen sowie 160 Kampfflugzeuge. Die sowjetische Nordflotte verfügte über 1 Flugzeugträger der Kiew/Moskwa-Klasse[141], mehr als

---

[139] Soviet Military Power, Washington 1987, The Military Balance 1988-1989, London, 1988.
[140] Eine sowjetische Motorisierte Schützendivision (MotSchtz) verfügte über einen Personalbestand von 14.500 Soldaten, 290 Panzer, etwa 181 Schützenpanzer, 126.152 mm- und 122 mm-Haubitzen, 18 Mehrfachraketenwerfer sowie zur Truppenluftabwehr Systeme S-60, ZSU 57-2 sowie 117 Panzerabwehrsysteme. Die sowjetische Panzerdivision (PzDiv) verfügte über einen Personalbestand von 11.760 Soldaten, 328 Panzer, 17 Aufklärungspanzer, 165 Schützenpanzer, 18 Mehrfachraketenwerfer sowie die Truppenluftabwehrsysteme (S-60, ZSU 57-2, ZSU 23-4) und 9 Panzerabwehrsysteme. Die Divisionen der Warschauer-Pakt-Staaten waren meist ähnlich gegliedert. Vergleiche: FM 30-40 Handbook on Soviet Ground Forces, Washington 1975, The Military Balance 1988-1989, London 1988, Wiener, F. Die Armeen der Warschauer Pakt Staaten, München, 1979.
[141] KIEW-Klasse: Flugzeugträger (ADMIRAL GORSHKOW, KIEW, MINSK, NOWOROSISK), (YAK – 36 FORGER), MOSKWA-Klasse: U-Jagdkreuzer mit Anti-Submarine-Warfare

75 große Kampfschiffe, 88 weitere Kampfschiffe, 95 Hilfsschiffe, 133 Unterseeboote unterschiedlicher Klassen, 1 Marineinfanteriebrigade sowie mehr als 440 Flugzeuge der Marinestreitkräfte.

3.1.2 Der TVD West

63 sowjetische, 29 nicht-sowjetische Divisionen, 19.460 sowjetische, 11.500 nicht-sowjetische Panzer, 16.000 sowjetische, 6.600 nicht-sowjetische Artilleriesysteme, 580 sowjetische, 290 nicht-sowjetische Boden-Boden-Raketensysteme, 2.000 sowjetische, 1.600 nicht-sowjetische taktische Kampfflugzeuge. Die sowjetische "Baltische Rotbanner Flotte" in der Ostsee verfügte über mehr als 43 große Kampfschiffe, 98 kleinere Kampfeinheiten, 45 Hilfsschiffe, 48 Unterseeboote unterschiedlicher Klassen, 1 Marineinfanteriebrigade und 282 Kampfflugzeuge der Marineluftwaffe. Die Seestreitkräfte der DDR (3 Fregatten der KONI-Klasse, 16 Korvetten der PARCHIM 1 & 2 Klasse sowie weitere Hilfsschiffe und 25 Su 22 FITTER Erdkampfflugzeuge) und Polens (1 Zerstörer der KASHIN MOD Klasse, 1 Korvette der KASZUB Klasse, 4 Unterseeboote sowie weitere Hilfsschiffe und 45 MIG 17 FRESCO Erdkampfflugzeuge, 10 IL 28 BEAGLE und 5 MIG 17 FRESCO Aufklärer) waren in die operative Planung des TVD West mit eingebunden.

3.1.3 Der TVD Südwest

29 sowjetische, 24 nicht-sowjetische Divisionen, 7.700 sowjetische, 5.300 nicht-sowjetische Panzer, 5.400 sowjetische, 5.500 nicht-sowjetische Schützenpanzer, 5.900 sowjetische, 4.100 nicht-sowjetische Artilleriesysteme, 200 sowjetische, 150 nicht-sowjetische taktische Boden-Boden-Raketensysteme sowie 860 sowjetische und 750 nicht-sowjetische taktische Kampfflugzeuge. Die sowjetische Schwarzmeerflotte verfügte über 1 Flugzeugträger der Kiew/Moskwa[142]-Klasse, 76 große Kampfschiffe, 74 weitere Kampfschiffe unter-

---

(ASW)-Hubschraubern. (Die Flotten der Welt – Weyers Flottentaschenbuch, 58. Jahrgang, Koblenz, 1986 sowie: Miller, D.: Die Seestreitkräfte der Welt, S. 102-103, Zürich, 1993. Anmerkung: Die Träger wurden nach dem Zerfall der Sowjetunion und Aufnahme in die russische Marine umbenannt. Zwei der Träger wurden später außer Dienst gestellt und in die VR China verkauft. Im Jahre 1990 wurde der Träger "TIFLIS"; später ADMIRAL KUSNETZOW, in Dienst gestellt. Siehe hierzu auch die Dokumentation über den Verbleib der KIEW (Archiv Weiße # 64).

[142] Bei der Moskwa-Klasse (Träger MOSKWA und LENINGRAD) handelte es sich um einen, mit Landedeck und U-Jagd-Hubschraubern ausgerüsteten U-Jagd-Kreuzer.

schiedlicher Klassen, 63 Hilfsschiffe, 35 Unterseeboote sowie 1 Marineinfanteriebrigade und 468 Flugzeuge der Marineluftwaffe. Die im Mittelmeer eingesetzte "Soviet Mediterranean Squadron –SOVMEDRON[143]" bestand üblicherweise aus 40–45 Schiffen, darunter häufig ein Flugzeugträger, außerdem 2 Kreuzer, 2-3 Zerstörer, 3 Fregatten, 1 –2 Landungsschiffe, 2 Minensucher sowie 23-25 Hilfsschiffe. Für Seeaufklärungseinsätze, meist mit IL-38-MAY, konnte sich die SOVMEDRON[144] in den Jahren 1984–1989 auf Flugplätze in Libyen und Syrien abstützen. Die Aufklärung wurde durch sowjetische Aufklärungsschiffe[145], die in der Nachbarschaft der 6. US-Flotte oder anderer NATO-Flottenverbände kreuzten, verdichtet. Auch verfügte die SOVMEDRON zu dieser Zeit über geschützte Liegeplätze vor den Küsten von Libyen und Syrien. Häfen dieser Länder konnten auch durch die sowjetische Marine genutzt werden.

3.1.4 Der TVD Süd

Der TVD Süd verfügte über: 30 Divisionen, 5.400 Panzer, 9.100 Schützenpanzer, 5.600 Artilleriesysteme, 185 taktische Boden-Boden-Raketensysteme sowie 700 taktische Kampfflugzeuge. Die zum TVD Süd gehörende Kaspische Flottille bestand aus 5 größeren Kampfschiffen, 29 kleineren Kampfschiffen sowie 7 Hilfsschiffen.

3.2 Die strategischen Reserven der sowjetischen Streitkräfte

An strategischen Reserven verfügte die Sowjetunion zwischen 1984 und 1989 über 20 Divisionen – davon 7 Luftlandedivisionen[146] (7. Gd. im Baltikum, 76. Gd. Pskow, 98. Gd. Odessa, 103. Gd. WEISSRUSSLAND, 104. Gd. MB TRANSKAUKASUS, 5. Gd. Turkestan, 106. Gd. Moskau) in den Militärbezirken Moskau, Ural und Wolga, 4.600 Panzer,

---

[143] Die Einheiten der SOVMEDRON (SOVIET MARITIME MEDITERRANEAN SQUADRON) ergänzten sich aus Einheiten der Nordflotte bzw. Schwarzmeerflotte, die regelmäßig im Rahmen des "Interfleet Exchange" ausgetauscht wurden. Die Passage von Einheiten der Schwarzmeerflotte musste im Rahmen der "Turkish Straits Declaration" nach der "Konvention von Montreux " bei den türkischen Behörden angemeldet werden und durfte nur bei Tageslicht erfolgen. Für die Rückführung galt das gleiche Verfahren. Vergleiche: Güclü, Y.: Regulation of the Passage through the Turkish Straits, in: Perceptions-Journal of International Affairs, March-May 2001, Vol. VI – Number 1.
[144] Soviet Military Power, S. 128, Washington 1987
[145] Auxillary General Intelligence – AGI unterschiedlicher Klassen (Moma, Mayak u. a.) sowie sowjetische, zivil bemannte Trawler mit spezifischer Antennenausrüstung.
[146] Vergleiche auch: Quarrie, B. S. 98-100

3.800 Schützenpanzer, 4.170 Artilleriesysteme, 120 taktische Boden-Boden-Raketensysteme sowie zusätzlich 150 taktische Kampfflugzeuge, die westlich des Urals verfügbar waren.

3.2.1 Die sowjetischen strategische Raketenkräfte – PRO (Protivno Raketnaja Obrana) *Voiska*

Die strategischen Raketenkräfte der Sowjetunion mit einem Personal-Bestand von 298.000 Soldaten waren in 6 Raketenarmeen gegliedert und verfügten 1988/1989 über mehr als 1.386 Startsysteme (SS-11[147]/SS-13/SS-17, SS-18, SS-19, SS-24, SS-25) Interkontinentaler Ballistischer Raketen[148]. Im Rahmen der Verhandlungen zu den "Intermediate Nuclear Forces – INF" zwischen der UdSSR und den USA wurden mehr als 680 Startsysteme für ballistische Mittel- und Kurzstreckenraketen (IRBM / MRBM[149]) durch die sowjetische Seite aus dem Dienst genommen und vernichtet. Die strategischen Raketentruppen verfügten über etwa 28 Stellungen zum Abschuss von interkontinentalen ballistischen Flugkörpern[150].

3.2.2 Die strategischen Luftstreitkräfte der Sowjetunion – DA (Dalnaja Aviatsia) [151,152]

Die strategischen Luftstreitkräfte waren in Strategischen Luftarmeen gegliedert, die wie folgt zugeordnet waren:
- Strategische Luftarmee Moskau für interkontinentale Einsätze[153],
- Strategische Luftarmee Legnica/Polen und Smolensk für Einsätze des TVD-West,
- Strategische Luftarmee Winitsa für Einsätze des TVD-Südwest,
- Strategische Luftarmee Irkutsk für den TVD-Fernost,

---

[147] SS – Surface to Surface (Boden-Boden-Flugkörper)
[148] Intercontinental Ballistic Missiles – ICBM, vergleiche: The Military Balance 1988-1989, S. 34, London 1988. Die Systeme waren hauptsächlich in der westlichen und südwestlichen UdSSR disloziert. In ihrem Wirkungsradius befanden sich große Teile Westeuropas, Nordafrikas und Asiens. Mobile Abschussplattformen (SCALEBOARD und SS-23) konnten Ziele in einem Radius, der sich von Südnorwegen über Irland, Großbritannien, Südwestfrankreich, Oberitalien bis über Österreich nach Westpolen erstreckte, erreichen.
[149] IRBM – Intermediate Range Ballistic Missiles/MRBM-Medium Range Ballistic Missiles
[150] Lee, C.: The Final Decade, S. 47, London, 1981
[151] Die Luftstreitkräfte wurden allgemein als Voenno Vosduschnije Sil – VVS bezeichnet.
[152] Früher auch als "Fernfliegerkräfte" bezeichnet. Auch war die Bezeichnung "ADD- Aviatsia Dalnaja Deistva - Fliegerkräfte der Fernen Bestimmung" gebräuchlich.
[153] Flugplätze: Rjasan, Priluki, Engels, Mosdok, Uzin/Ukraine und Semipalatinsk vergleiche: Peacock, L: Die Luftstreitkräfte der Welt, S. 88, Zürich, 1992

Insgesamt verfügten die Strategischen Luftarmeen zu dieser Zeit über einen Bestand von 170 Tu-95 BEAR A/B/G/H, 5 Mya BISON sowie eine unbekannte Anzahl von Tu-166 (160) BLACKJACK. Daneben waren eingesetzt: 178 Tu-26 BACKFIRE B/C, 272 Tu-16 BADGER, 120 Tu-22 Blinder sowie 450 Su-24 FENCER[154]. Zur strategischen Aufklärung verfügten die Luftarmeen insgesamt über: 16 Tu-16 BADGER, 40 MIG 25 FOXBAT B/D sowie 40 Su-24 FENCER D. Für luftgestützte "Elektronische Gegenmaßnahmen – Electronic Countermeasures (ECM)" standen 100 Tu-16 BADGER H/J/K sowie 40 YAK 28 BREWER zur Verfügung. Die Flugplätze der Strategischen Luftstreitkräfte wurden durch Kräfte der Heimatluftverteidigung im Rahmen des "Diensthabenden Systems – DHS" auch durch eigene Luftverteidigungskräfte in Stärke von 205 Jagdflugzeugen (MiG-21 FISHBED, MiG-23 FLOGGER B/G und Su-27 FLANKER) geschützt. Zur Reichweitenverlängerung bei Langstreckeneinsätzen verfügten die Luftarmeen über 75 Tankflugzeuge (Mya-4 BISON, Tu-16 BADGER (Tankerversion), Il-76 mod. MIDAS).

3.2.3 Die sowjetischen Luftverteidigungskräfte – VVO (Voenno Vosduschnaja Oborona) Heimatluftverteidigung – PVO (Protiv Vosduschnaja Oborona *Strany*)[155]

Die sowjetischen Luftverteidigungskräfte waren in 5 Luftverteidigungsarmeen gegliedert und verfügten über etwa 100 Abschusseinrichtungen zur Abwehr ballistischer Flugkörper (Antibalistic Missiles – ABM) der Typen GALOSH/GALOSH mod./GAZELLE. Die Luftverteidigungskräfte (APVO)[156] verfügten zu über 900 MiG 23-FLOGGER B/G, 405 MiG-25 FOXBAT E, 225 MiG-31 FOXHOUND, 405 Su-15 FLAGON A/D/E/F, 90 Su-27 FLANKER, 60 YAK 28-FIREBAR, 50 Tu-28P FIDDLER B. Zur Führung luftgestützter Luftverteidigungsoperationen verfügten die Luftverteidigungskräfte über mindestens 21 Tu-126 MOSS und 9 Il-76 MAINSTAY als fliegende Frühwarn- und Jägerleitsysteme. Daneben stützte sich die Luftverteidigung auf verbunkerte Führungsstellen[157] in den Luftverteidigungsbereichen ab. Die raketengestützte Luftverteidigung konnte auf ein System von etwa 1.200 Komplexen der Flugabwehr zurückgreifen, die mit den Systemen SA-1, SA-2, SA-3, SA-5

---

[154] Die FENCER (Suchoj-SU-24) konnte auch in der Nuklearrolle eingesetzt werden.
[155] Früher auch als "Landesluftverteidigung" bezeichnet
[156] APVO – Armija Protiv Vosduschnoij Oboronij – Luftverteidigungsarmee (LVA)
[157] Der Luftverteidigungs-Gefechtsstand für den TVD-West befand sich in Minsk.

(130 Komplexe, dabei auch im Bereich der WGT in der DDR und der ZGT in der CSSR), SA-10 (etwa 100 Komplexe, dabei auch zum Schutz Moskaus und im Fernen Osten) ausgestattet waren. Die Luftverteidigung der damaligen Sowjetunion verfügte über ein überaus komplexes Frühwarnsystem, das sich auf Over the Horizon Backscatter – OTHB – Radarsysteme (Kiew, Komsomolsk, Nikolayev/Amur) abstützen konnte. Daneben betrieb die Luftverteidigung auch Fernerfassungsradarsysteme zur Ortung Ballistischer Flugkörper in: Baranowitschi und Mukachewo (Ukraine), Skrunda (Weißrussland), Olenogorsk (Kola-Halbinsel), Krasnojarsk, Lyaki (Kaukasus), Sary-Shagan (Kasachstan), Pechora (Ural), Mishlevka (Irkutsk), sowie 11 Anlagen der Systeme HEN HOUSE/DOG HOUSE,CAT HOUSE und TRY ADD mit einer Erfassungsreichweite von wenigstens 6.000 km. Für die Verteidigung Moskaus waren zusätzlich die Systeme PILLBOX – phasengesteuertes Radarsystem und FLAT TWIN/PAWN SHOP für die Feuerleitung des Systems GALOSH (SH-11/SH-08) in Betrieb. Zur weltweiten Überwachung verfügte die Sowjetunion zudem über mindestens 9 Satelliten[158] zur Frühwarnung vor dem Einsatz von Interkontinentalraketen durch die USA. Weitere 5 Satelliten erfüllten andere Überwachungs- und Frühwarnaufgaben. Daneben betrieb die Sowjetunion mindestens 6 Systeme zur weltweiten satellitengestützten elektronischen Aufklärung. Die Heimatluftverteidigung in der Sowjetunion umfasste bis 1990 zehn Luftverteidigungsbezirke[159]. Zum Schutz vor angreifenden Flugzeugen der NATO-Luftwaffen wurde im Vorfeld ein System von Fliegerabwehrraketenstellungen (Blauer Gürtel) errichtet. Im Diensthabenden System (DHS) wurden Radar-Frühwarnstellungen, Jägerleitstellungen und Führungsstellen betrieben, welche die Luftabwehr in ihrem Zuständigkeitsbereich (Zonen) zu koordinieren hatten. Die Luftabwehr wurde durch ein System von Fliegerabwehr-Raketenstellungen im Vorfeld (Surface-to-air missiles – SAM) ergänzt. Daneben verfügte die sowjeti-

---

[158] Dass die damaligen sowjetischen Systeme auch nicht fehlerfrei arbeiteten, wurde erst nach der Auflösung der Sowjetunion bekannt. Am 26.09.1983 stufte der damalige Oberstleutnant S. J. Petrov der sowjetischen Luftwaffe im Luftverteidigungsgefechtsstand in der Nähe Moskaus einen vom System (KOSMOS 1382) gemeldeten Abschuss von Interkontinentalraketen der USA als Fehlalarm ein und verhinderte damit eine Reaktion der sowjetischen Luftverteidigung. Damit hat er einen möglichen atomaren Schlagabtausch zwischen der Sowjetunion und den USA verhindert.
[159] LV-Bezirke: Moskau (Zentraler LV-GefSt), Leningrad, Krim (Odessa), Baku, Astrachan, Alma-Ata, Omsk, Komsomolsk, Wladiwostok, Minsk. Dazu die LV-Bezirke: DDR, Polen, CSSR (2 LV-Bezirke), Ungarn.

sche Gruppe der Sowjetischen Streitkräfte GSTD, später Westgruppe der Truppen – WGT, und die DDR wie auch die CSSR über ein komplexes System zur Elektronischen Aufklärung der NATO an der innerdeutschen Grenze und an der Landesgrenze Bayerns zur CSSR. Ergänzt wurde dieses System durch luftgestützte Aufklärungssensoren der sowjetischen Luftwaffe und der Luftstreitkräfte der NVA (An-26 CURL im Rahmen der Operation "RELAIS"), die regelmäßig Erfassungsflüge auf festgelegten Kursen entlang der Grenze zur Bundesrepublik durchführten.

3.2.4 Die Front- und Armeefliegerkräfte – VVF (Voenno Vosduchnikh Flot)

Die sowjetischen Frontfliegerkräfte waren Ende 1989 in 16 Luftarmeen[160] auf Militärbezirksebene und Gruppen der Streitkräfte[161] gegliedert. Für den Einsatz standen insgesamt mehr als 4.400 Kampfflugzeuge, davon 2.500 Jäger/Jagdbomber (MiG-1 FISHBED, MiG-27 FLOGGER, Su-17 FITTER, Su-24 FENCER, Su-25 FROGFOOT) zur Verfügung. An Jagdflugzeugen verfügten die Luftarmeen (Frontluftarmeen) über mehr als 1.900 Jagdflugzeuge der Muster Mig-21 FISHBED, MiG-23 FLOGGER, MiG-25 FOXBAT und MiG-29 FULCRUM. Zur Aufklärung konnten die Luftarmeen mehr als 400 Aufklärungsflugzeuge, darunter MiG-25 FOXBAT D, MiG-21 FISHBED, YAK-28 BREWER, Su-17 FITTER einsetzen. Für die Elektronische Aufklärung[162] und Elektronische Kampfführung[163] waren 100 Luftfahrzeuge, darunter YAK-28 BREWER E sowie IL-18 COOT A/B, An-26 CURL B, An-12 CUB C, IL-14 CRATE ECM, MiG-25 FOXBAT D, Tu-16 BADGER E/F/K (ELINT) und Tu-16 BADGER H/J (ECM)[164] verfügbar. Die Frontfliegerkräfte wurden durch die jeweiligen Stäbe der Frontluftarmeen geführt.

---

[160] 1. Frontluftarmee (FLA) Minsk, 13. FLA Leningrad, 15. FLA Odessa, 16. FLA Zossen/DDR, 17. FLA Kiew, 30. FLA Kaliningrad, 34. FLA Tiflis, 37. FLA Legnica/Polen, 57. FLA Lwow, u/i FLA Raum Moskau, 6 u/i FLA im Bereich des TVD Fernost (u/i – un-identifizierte)
[161] So verfügte die Nordgruppe (NGT), die Westgruppe (WGT), die Zentralgruppe (ZGT) und die Südgruppe (SGT) über eigene Fronfliegerkräfte (Frontluftarmeen).
[162] Signals Intelligence - SIGINT
[163] Electronic Warfare – EW, Electronic Counter Measures – ECM, Electronic Counter Counter Measures – ECCM
[164] Auch dürften sich noch YAK-25 FLASHLIGHT (ECM) im Bestand befunden haben.

3.2.5 Die Marineluftstreitkräfte – AWMF (Awiazija Wojenno-Morskogo Flota)[165]

Die Marineluftstreitkräfte waren in vier Flotten-Luftarmeen[166] gegliedert und verfügten insgesamt über mehr als 400 Bomber und Aufklärer, darunter 180 Tu-26 BACKFIRE, 180 Tu-16 BADGER sowie 40 Tu-22 BLINDER. Die Aufklärungsfähigkeiten, auch gegen entfernt liegende Landziele, wurden ergänzt durch 65 Tu-142 BEAR F, 59 IL-38 MAY (Seeaufklärer) sowie 12 Be-12 MAIL.

3.2.6 Die Lufttransportverbände – VTA (Vosduschniy Transport Aviatsia[167])

Die Lufttransportverbände verfügten zwischen 1985 und 1989 über mehr als 600 Transportflugzeuge (An-12, CUB IL-76 CANDID, An-22 COCK, An-124 CONDOR) und konnten bei Bedarf auf andere, der Luftwaffe unterstehende Transportfliegerkräfte (1.400 Transportflugzeuge der Muster Tu-134 CRUSTY, Tu-154 CARELESS, An-12 CUB, An-24 CONDOR, An-26 CURL, Il-14 CRATE) zurückgreifen. Zusätzlich konnte bei Bedarf zusätzliche Lufttransportkapazität aus den Beständen der staatlichen Luftfahrtlinie Aeroflot, die über mindestens 1.800 geeignete zivile Luftfahrzeuge (darunter An-12 CUB und IL-76 CANDID) verfügte, abgerufen werden. Der halbjährlich stattfindende Truppenaustausch im vorderen Bereich (DDR, Polen, CSSR und Ungarn) wurde in den achtziger Jahren vorwiegend im Lufttransport durchgeführt.

3.3 Die Bedrohung der NATO durch den Warschauer Pakt

Von Anbeginn standen die Streitkräfte der NATO in unmittelbarer Nachbarschaft zum Warschauer Pakte und waren einer Bedrohung ausgesetzt, die sich an den wechselnden Möglichkeiten der sowjetischen und der Streitkräfte des Warschauer Paktes orientierte. Seit den vierzi-

---

[165] Gleichwohl der Marine unterstehend, konnte die Marineluftstreitkräfte mit ihren Fernaufklärern die Aufklärung durch die Strategische Luftwaffe ergänzen.
[166] Baltische Rotbanner-Flotte (Baltiski Flot), Nordflotte (Severny Flot), Schwarzmeerflotte (Tschernomorski Flot) und Pazifik Rotbanner-Flotte. (Tychookenanski Flot), vgl.: NVA-Kalender 1971, Berlin (Ost) 1976. Die sowjetischen zum Abschuss von nuklearen Flugkörpern ausgestatteten strategischen U-Boote wurden u. a. durch ein Langwellen-Funksystem (Very Long Frequencies – VLF) geführt, deren Sender sich in Minsk - Kudma, Archangelsk und Chabarowsk befanden und, entsprechende Empfangssysteme voraussetzend, auch in Westeuropa gehört werden konnten.
[167] Voenno Transportnaja Aviatsia – VTA. FN: 78 – 80 Quelle: Nationale Volksarmee-Militärlexikon, Berlin (Ost), 1961

ger Jahren wurden auf Seiten der NATO unterschiedliche Bedrohungsszenarien diskutiert, auf die hier etwas näher eingegangen werden soll:

3.3.1 Die Entwicklung der Bedrohungsszenarien von 1951-1989

In den fünfziger, sechziger und siebziger Jahren wurden meist unter Ausschluss der Öffentlichkeit unterschiedliche Bedrohungsszenarien entwickelt, die auf die jeweilige politische und letztlich auch militärische Interessenlage in der NATO zugeschnitten waren und selten zu konkreten Ergebnissen hinsichtlich der Planung von künftigen NATO-Operationen führten. Da viele dieser Pläne der interessierten Öffentlichkeit und der Forschung noch nicht zugänglich sind, muss die Öffnung der Archive in West und Ost abgewartet werden, um darüber abschließend berichten zu können. Aus der Fülle der bekannt gewordenen Szenarien und Untersuchungen sollen hier nur einige Beispiele vorgestellt werden.

3.3.2 Planungen im Rahmen von PINCHER/HALFMOON/OFF TACKLE/FORWARD Strategy der Westalliierten

In den vierziger und fünfziger[168] Jahren gingen die Planer der NATO davon aus, dass es den sowjetischen Truppen möglich sein würde, in einem großangelegten Angriff binnen kürzester Zeit an den Rhein vorzustoßen und die Kanalküste zu gewinnen und danach bis zur französischen Atlantikküste vorzustoßen.[169]

3.3.3 Das Kirst-Szenario

Ende der fünfziger Jahre wurde in deutschen Kreisen, allerdings offenbar ohne Beteiligung der Öffentlichkeit, von militärischen Fachleuten

---

[168] Auch die deutsche Seite hatte schon sehr frühzeitig, obgleich diese noch nicht über eigene Streitkräfte verfügte, Gedanken zur Verteidigung Westeuropas formuliert. Vergleiche: Heusinger, A.: Verteidigung Westeuropas, in: Von Himmerod bis Andernach, S. 227 (Bulletin Nummer 201 des Bundespresseamtes v. 21. 10. 1953), Bonn 1985, siehe auch: Fett. K.: Der Militärausschuss – Arbeitsgebiete und deutsche Mitglieder, Paris 14. Februar 1953 in: Von Himmerod bis Andernach, a. a. O. S. 101 –105, Bonn 1985, siehe auch: Krieger/Weber a. a. O. S. 241. Vergleiche auch: Militärischer Experten- Ausschuss: DENKSCHRIFT über die Aufstellung eines deutschen Kontingents im Rahmen einer internationalen Streitmacht zur Verteidigung Westeuropas, v. 09.10.1950 (Himmeroder Denkschrift), herabgestuft am 27. 08. 1958 auf VS-NfD).
[169] 30 Jahre Bundeswehr, a. a. O., S. 79. Hierzu hatte sich bereits im Jahre 1950 auch der damalige General a. D, A. Heusinger, als Angehöriger der Auswertung der Organisation Gehlen in entsprechenden Studien, wenn auch nicht öffentlich, geäußert. Vergleiche: Krieger/Weber, a. a. O., Fußnote 18, S. 241.

und Politikern ein mögliches Szenario[170] diskutiert, nachdem es den Truppen des Warschauer Paktes gelingen konnte, nach dem überraschenden Ausbruch einer Krise zunächst mit konventionellen Kräften einschließlich des Einsatzes von Luftlandekräften bis in das Herz der Bundesrepublik vorzustoßen. Die NATO musste wegen des Ersteinsatzes von nuklearen Gefechtsfeldwaffen durch den Warschauer Pakt ebenfalls Nuklearwaffen einsetzen. Nach sechs Tagen, so die Annahme dieses Szenarios, war Mitteleuropa durch den Warschauer Pakt besetzt. Danach erfolgte ein nuklearer Schlagabtausch zwischen den beiden damaligen nuklearen Großmächten USA und der Sowjetunion, dessen Ergebnis in der völligen Zerstörung Europas bestand.

3.3.4 Die Liddell-Hart-Studie

Ende der fünfziger Jahre stellte der weltweit anerkannte britische Militärfachmann Liddell Hart seine Studie "Abschreckung oder Abwehr"[171] vor, in der er seine Gedanken zur Verteidigung in Mitteleuropa formulierte. Hierbei kam er zu dem Schluss kommt, dass ein in Mitteleuropa nuklear geführter Krieg keinen Sieger kennen wird. Hart zeigt im Anschluss seiner Ausarbeitung Alternativen zur nuklearen Verteidigung Europas auf, die jedoch zu dieser Zeit aus politischen Erwägungen keine Beachtung fanden.

3.3.5 Die geplante Neutralisierung des US-amerikanischen Frühwarnsystems – der Spionagefall "Frucht"[172]

In den sechziger Jahren erhielt ein deutscher, damals in der DDR lebender Chemiker Hinweise auf Planungen der sowjetischen Seite,

---

[170] Kirst, H. H.: Keiner kommt davon, Berlin 1957. Ein überaus beklemmendes Szenario, das jedoch die damaligen Möglichkeiten beider Seiten durchaus umfassend und realistisch berücksichtigt hatte. Ob es von interessierten Kreisen in Deutschland inspiriert war, kann auch heute noch nicht mit Bestimmtheit ausgeschlossen werden.

[171] Liddell Hart, B., H.: Abschreckung oder Abwehr, Teil IV. und V., Wiesbaden 1960. Vergleiche auch: Kremer, B.: Die Kunst zu überleben. Das Werk vermittelt eine Einschätzung der Bedrohungslage Mitte der sechziger Jahre aus der Perspektive der Zivilverteidigung der Bundesrepublik.

[172] Giftwolken – dort wäre die Hölle los. Der Spionagefall Frucht. Fünfteilige Artikelserie. In: Der Spiegel. Hefte 24/1978 bis 28/1978. Offenbar haben die von F. gelieferten Informationen das Drehbuch zu dem US-Film, der Mitte der achtziger Jahre entstanden ist: Weltkrieg 3 - Vision des Schreckens, inspiriert, da hier ebenfalls eine Frühwarnstation der US Air Force im hohen Norden, allerdings durch einen Innentäter, lahmgelegt und damit der Angriff durch sowjetische luftgelandete Spezialkräfte gegen das Pipeline-System im hohen Norden ermöglicht wurde. Das im Film geschilderte Szenario war sehr realistisch, soweit dies die politischen Rahmenbedingungen zu dieser Zeit (Reagan Administration) betraf, blieb allerdings ergebnisoffen.

durch Modifikation von Nervenkampfstoffen, die gegen US-amerikanische Luftverteidigungseinrichtungen im Norden Kanadas (NORAD-Frühwarnstellungen) eingesetzt werden sollten, diese für mindestens 12 Stunden zu lähmen und die USA aus der Luft anzugreifen. Im Jahre 1967 offenbarte sich der Wissenschaftler den US-Behörden, dabei wurde er von einem Konfidenten in der DDR an das MfS verraten, später durch ein Gericht der DDR zu einer lebenslangen Freiheitsstrafe verurteilt und im Rahmen einer Austauschoperation gegen einen Funktionär der chilenischen kommunistischen Partei ausgetauscht.

3.3.6 Die de Maizière-Studie aus dem Jahre 1974

General U. de Maizière verfasste im Jahre 1974 im Auftrag der Westeuropäischen Union eine Studie[173], in der er sich mit u.a. auch mit der Bedrohung der NATO-Streitkräfte in Europa Mitte auseinandersetzt. In seinen Betrachtungen geht er von der Möglichkeit aus, dass der Warschauer Pakt, das strategische Überraschungsmoment ausnutzend, zu dieser Zeit in der Lage war, aus dem Stand die Central Region[174] angreifen zu können. Auch er misst den Vorwarnzeiten überragende Bedeutung zu. Gleichwohl verzichtet General de Maizière auf ein detailliertes Szenario für eine mögliche kriegerische Auseinandersetzung zwischen dem Warschauer Pakt und der NATO in der Central Region. Allerdings legt er in dieser Arbeit die Schwächen des Verteidigungsdispositivs der NATO und damit auch die Probleme der zeitgerechten Heranführung von Verstärkungskräften, insbesondere Kräfte aus den Vereinigten Staaten (REFORGER) dar.

---

[173] de Maizière, U., General a. D.: Verteidigung in Europa Mitte, München 1975. Offenbar wollte die damalige sowjetische Führung Einfluss auf Entscheidungsprozesse im Zusammenhang mit dem Rücktritt des damaligen Bundeskanzlers Willy Brandt aus Anlass der Guillaume-Affäre nehmen. Soweit bekannt hatte Leonid Breshnew zur Rettung der Kanzlerschaft von Willy Brandt auch an eine militärische Intervention in der Bundesrepublik gedacht. Dies ergibt sich aus dem Statement eines damals beteiligten KGB-Angehörigen. (Vergleiche hierzu: Der Kniefall des Kanzlers, Arte, 01.12.2011, 20.15 Uhr)

[174] de Maizière, U., a. a. O., S. 25, vergleiche hierzu auch die Gedanken von General J. Steinhoff zu diesem Thema: Steinhoff, J.: Wohin treibt die NATO-Probleme der Verteidigung Westeuropas, Hamburg 1976.

3.3.7 Der Plan "UDAR" des Warschauer Paktes

Im Jahre 1976 wurde ein offenbar aus dem Jahre 1972 stammender sowjetischer Operationsplan, der fortan als "Plan UDAR"[175] in der westlichen Öffentlichkeit diskutiert wurde, durch eine Presseveröffentlichung bekannt. Dem Plan lag die Annahme zugrunde, der Warschauer Pakt könne unter hauptsächlicher Beteiligung der NVA in einem überraschenden Schlag[176] gegen die NATO-Central Region ohne wesentliche Gegenwehr Teile des Territoriums der Bundesrepublik Deutschland besetzen, um anschließend Verhandlungen[177] zu erzwingen. Ähnliche Manöver mit unterschiedlichen Ausgangslagen wurden auch noch in späteren Jahren durch die GSTD[178] und die NVA durchgeführt. Auch wurde in den achtziger Jahren bekannt, dass Kräfte des Warschauer Paktes, wohl an einem Flugplatz in der damaligen CSSR, der in Anlage und Ausdehnung dem Flugplatz "Lager Lechfeld" entsprach, die überraschende Inbesitznahme diese Flugplatzes im Rahmen einer Luftlandeoperation mit Luftunterstützung geübt haben sollen.

3.3.8 Die militärpolitische Analyse "Entscheidung in Deutschland"

Zwei junge Generalstabsoffiziere der Bundeswehr legten im Jahre 1978 eine militärpolitische Studie unter dem Titel "Entscheidung in Deutschland"[179] vor, in der sie sich kritisch mit der militärpolitischen Lage der NATO in Europa auseinandersetzten. Allerdings verzichten die Autoren auf ein Szenario eines möglichen Einsatzes der NATO zur Verteidigung.

---

[175] In der Übersetzung: Schlag, Stoß (Militärwörterbuch russisch – deutsch, S. 516, Berlin (Ost) 1979). Ob ein Plan mit der Bezeichnung "GROM- Gewitter" tatsächlich existent war, ist noch nicht endgültig geklärt.

[176] Vergleiche hierzu die Ausführungen von Oberst Sawkin in: Grundprinzipien der operativen Kunst und der Taktik, S. 319-315, Berlin (Ost) 1974. Unter Bezugnahme auf Frunse führt Sawkin aus, dass "der Angriff Vorteile hinsichtlich des Ergreifens der Initiative, der Herbeiführung der Überraschung und der Unterdrückung des Willens beim Gegner hat". Nach dem Verständnis von Sawkin hat die "Kernwaffe die Rolle und Bedeutung der Überraschung beträchtlich gehoben".

[177] Möglicherweise bestimmte dieser Plan westliche Überlegungen zur "Faustpfandtheorie" des Warschauer Paktes, über die auch noch in den achtziger Jahren gelegentlich in militärischen Kreisen diskutiert wurde.

[178] GSTD - Gruppe der Sowjetischen Truppen in Deutschland, später GSSD, danach WGT.

[179] Hubatschek/Farwik – Entscheidung in Deutschland – Warschauer Pakt contra NATO, eine militärpolitische Analyse, Berg am See 1978. Auch heute noch anerkennenswert der Mut beider Autoren, mit einem derartigen Werk an die Öffentlichkeit zu treten. Zu dieser Zeit amtierte Hans Apel als Verteidigungsminister. Einer der Autoren sollte später noch Brigadegeneral und Amtschef des Amtes für Nachrichtenwesen (ANBw) der Bundeswehr in Ahrweiler werden.

In ihrer Schlussbetrachtung regen beide Autoren eine Reform der NATO mit dem Ziel, u.a. die Rüstungsanstrengungen zu vereinheitlichen, an. Außerdem sollten die NATO-Mitgliedsstaaten die Bedrohung durch den Warschauer Pakt realisieren und diese Bedrohung zum Maßstab ihrer Politik machen. Nicht unerwähnt bleiben sollen auch die politischen Auseinandersetzungen der Jahre 1977-1978 innerhalb der NATO um die Einführung einer "Neutronenwaffe"[180], welche die Kriegsführung revolutioniert hätte. Diese Waffe wurde wohl wegen erheblicher Widerstände der damaligen Bundesregierung nicht eingeführt.

3.3.9 Das Hackett-Szenario - Der Dritte Weltkrieg August 1985

Mit dem Erscheinen des vom britischen General Sir John Hackett inspirierten Werkes "The Third World War – August 1985[181] " im Jahre 1978 wurde der interessierten Öffentlichkeit erstmals deutlich gemacht, welche Folgen ein möglicher Konflikt zwischen NATO und dem Warschauer Pakt, selbst wenn er konventionell ausgetragen würde, für Europa haben würde. Das in diesem Werk vorgestellte Szenario ging von der Annahme aus, dass sich die allgemeine Lage nach Konflikten im Mittleren Osten und Afrika und Unruhen in Polen verschärft hatte. Zusätzlich wurde Jugoslawien von Kräften des Warschauer Paktes militärisch be-

---

[180] Aquino, M. A. Ph.D.: The Neutron Bomb, San Francisco 1982. In den siebziger und achtziger Jahren wurde in Fachkreisen auch über den Einsatz einer Nuklearwaffe über Europa bei Beginn einer großangelegten Aggression durch die damalige Sowjetunion diskutiert. Ein derartiger Einsatz hätte die elektronischen Systeme der NATO durch die Wirkung des "Nuklearen Elektromagnetischen Pulses" einer Kernladung zu großen Teilen außer Funktion gesetzt.

[181] Hackett, Sir John, General: The Third World War – August 1985, London 1978. General Hackett war nach einer Verwendung als Deputy Chief of General Staff zuletzt Commander British Army of the Rhine (COMBAOR) und Commander Northern Army Group (COMNORTHAG) in Deutschland im Range eines britischen Vier-Sterne-Generals. Es ist anzunehmen, dass dieses Werk, das in Zusammenarbeit mit weiteren hochrangigen, ungenannten Persönlichkeiten aus Militär und Politik entstanden ist, die Auffassungen führender Kreise der NATO über einen möglichen Konflikt mit dem Warschauer Pakt zu Ende der siebziger Jahre reflektiert. General Hacketts Auffassungen zu diesem Thema wurden durch einen weiteren Band: The Third World War - The Untold Story aus dem Jahre 1982 nochmals vertieft. Möglicherweise sollte hier auch der Beweis geführt werden, dass ein konventioneller Konflikt zwischen NATO und Warschauer Pakt in Europa zu Gunsten der NATO hätte ausgehen können. Das Werk besticht durch seine unmittelbare Nähe zur Realität, soweit dies die Streitkräfte der NATO, deren Dispositionen und Führungs- sowie Einsatzverfahren betrifft. Auch der Warschauer Pakt ist überaus realitätsnah dargestellt. Auf alle Aspekte des Werkes eingehen zu wollen verbietet sich allerdings allein schon aus Platzgründen. Allerdings finden sich viele Parallelen zu seinem Werk in den Szenarien der NATO-Kommando-Stabsrahmenübungen "WINTEX/CIMEX" der NATO in den Folgejahren bis 1989 wieder. Teile dieser Szenarien wurden wohl im damaligen Amt für Studien und Übungen der Bundeswehr in Bensberg erstellt.

setzt. Die nun folgenden Verhandlungen zwischen der Sowjetunion und den Vereinigten Staaten blieben ohne konkretes Ergebnis. Darauf folgend verstärkte der Warschauer Pakt seine Kräfte gegenüber der Central Region und begann seinen Angriff gegen das Territorium der Bundesrepublik entlang entsprechender Stoßlinien aus der nördlichen DDR gegen die Ostseezugänge im Raum Flensburg, die norddeutsche Tiefebene mit Ziel Hannover. Aus dem Thüringer Balkon griffen WP-Kräfte mit Stoßrichtung Luxemburg an. Aus dem westböhmischen[182] Raum griffen Kräfte des Warschauer Paktes mit Stoßrichtung Straßburg und in Richtung München an. Ein weiterer Stoßkeil des Warschauer Paktes griff über Österreich kommend in Richtung oberitalienische Tiefebene an. Unterstützt wurden diese Angriffe durch den massierten Einsatz der Warschauer-Pakt-Frontfliegerkräfte sowohl gegen Ziele in der Central Region als auch gegen Großbritannien. Am ersten Kampftag konnten die WP-Kräfte bis zu einer Linie Bremen-ostwärts Hannover-ostwärts Kassel-Schweinfurth-Bamberg-Raum-ostwärts Nürnberg und etwa 120 km ostwärts München vordringen. Am vierten Kampftag hatten die Truppen des WP die Maas im Raum Maastricht erreicht. Kassel, Würzburg und München wurde durch Truppen des WP besetzt. Am elften Kampftag wurden die nördlichen Niederlande sowie der Raum Duisburg besetzt. Paderborn wurde eingenommen, Frankfurt am Main stand kurz vor dem Fall. Stuttgart wurde durch Truppen des WP direkt bedroht und stand kurz vor der Einnahme. Im Süden hatten die Truppen des Warschauer Paktes Vorarlberg erreicht und standen kurz vor der Einnahme von Bregenz. Die NATO-Kräfte konnten die Lage in der Central Region stabilisieren, da die Truppen des Warschauer Paktes durch Angriffe der NATO-Luftwaffen aus der Central Region auf die rückwärtigen Versorgungseinrichtungen des Warschauer Paktes gänzlich von ihrem Nachschub abgeschnitten wurden. Im Szenario hatte die Central Region den Angriff mit konventionellen Mitteln abwehren können. Danach folgten Verhandlungen zwischen der NATO und dem Warschauer Pakt.

---

[182] Das eine derartige Annahme bereits Ende der dreißiger Jahre Eingang in die damalige deutsche militärische Verteidigungsplanung fand, ist bei Generalfeldmarschall Erich von Manstein in seinem Werk: Aus einem Soldatenleben, S. 230, Bonn 1958 nachzulesen. Auch Helmut Schmidt hat sich zur Bedrohung Europas durch die Sowjetunion in seinem Werk "Eine Strategie für den Westen" a. a. O., S. 28 f. umfassend geäußert.

3.3.10 Das François-Scénario 1980

Mit Beginn der achtziger Jahre änderte sich jedoch das Bild. Im Jahre 1980 veröffentliche ein französischer Generalstabsoffizier unter dem Pseudonym "François"[183] ein Werk, von dem angenommen werden kann, dass es der "offiziösen" Bewertung der strategischen und operativen Möglichkeiten des Warschauer Paktes in einem Konflikt durch die französische Regierung entsprach. Aus Sicht des französischen Autors konnte der Warschauer Pakt, günstige politische und militärische Umstände voraussetzend, mit einer großangelegten konventionellen Blitzkriegsoperation die Bundesrepublik unter Einsatz von massierten Luftlandekräften gegen Schlüsselräume wie Frankfurt am Main, dem Ruhrgebiet und dem Einsatz seiner Luftwaffe, die Abschreckungsstrategie der NATO unterlaufend, die Bundesrepublik schnell durchquerend, bald vor der französischen Grenze Stellung beziehen. Da, so der Autor, der Warschauer Pakt in Mitteleuropa und an den Flanken der NATO vollendete Tatsachen geschaffen hatte, auch in Skandinavien und Oberitalien wie auch in Griechenland wurde gekämpft, war eine Patt-Situation entstanden, auf die der zu Hilfe gerufene Präsident der Vereinigten Staaten, wollte er nicht den Bestand der Vereinigten Staaten durch einen Nuklearangriff der Sowjetunion riskieren, nicht mit dem Einsatz von Nuklearwaffen zu Gunsten Europas reagieren konnte.

---

[183] François: Wenn die Russen angreifen, Stuttgart 1980. Es ist anzunehmen, dass die französische Regierung, ohne deren Billigung dieses Werk hätte nicht veröffentlicht werden können, damit politische Interessen verfolgt hat, um eine erneute Diskussion innerhalb der NATO über den Wert eines nuklearen Schutzschildes durch die USA anzustoßen. Denn zu dieser Zeit verfügte Frankreich über eine eigene, wenn auch vom Umfang geringere, nukleare Abschreckungskapazität, die sich in eigener nationaler Verfügung befand. Zu dieser Zeit wurden in militärischen Fachkreisen Szenarien diskutiert, die vor dem Beginn einer großangelegten sowjetischen Angriffsoperation den Einsatz von Nuklearwaffen über Westeuropa durch die Sowjetunion zur Erzeugung eines Nuklearen Elektromagnetischen Impulses zur elektronischen Blendung der Führungsorganisation, insbesondere der Luftverteidigung der NATO vorsahen. EMP- gehärtete Führungsanlagen waren damals nur in beschränkter Anzahl verfügbar. Auch heute (2013) lebt diese Diskussion wieder auf. Vergleiche hierzu: The Electromagnetic Bomb - a Weapon of Electrical Mass Destruction http://www.globalsecurity.org/military/library/report/1996/apjemp.htm Eine auch zur damaligen Zeit durchaus seriöse Analyse der sowjetischen Möglichkeiten, die allerdings für die NATO ungünstige Umstände voraussetzte.

3.3.11 Der Close-Bericht 1981

Im Jahre 1981 legte der belgische General Robert Close ein zumindest in Fachkreisen viel beachtetes Werk [184] zum Zustand der NATO und zu den politischen und militärischen Schwächen ihrer damaligen Strategie vor. Neben anderen Erkenntnissen kam General Close zu dem Schluss, dass die NATO zu dieser Zeit in Mitteleuropa nicht über ausreichend konventionelle Kräfte verfügte, der Einsatz von taktischen nuklearen Gefechtsfeldwaffen durch die NATO sich als riskant erweisen würde und mit einem Einsatz von strategischen Nuklearwaffen in der Anfangsphase eines Krieges in Mitteleuropa durch die USA nicht gerechnet werden könne. Die geringe Tiefe des NATO-Operationsraumes im Bereich CENTAG und das Zeit-Raum-Kalkül beeinträchtigen entsprechende Operationen der NATO in der Anfangsphase eines militärischen Konflikts. Bereits seit August 1976 hatten sich die Vorwarnzeiten der NATO nach einer Bewertung durch den damaligen SACEUR, General A. Haig, dramatisch verkürzt. Nicht minder problematisch wurde durch General Close die Mobilisierung und Heranführung zusätzlicher Verstärkungskräfte der NATO für die Central Region bewertet. Auch reichten nach seiner Auffassung die Mittel in der Central Region für eine Verteidigung[185] dieses Bereiches aus dem Stand nicht aus. Aus seiner Bewertung folgend, schlug General Close für die NATO umfassende Reorganisationsmaßnahmen und einen Strategiewechsel mit dem Ziel einer schnellen, grenznahen und panzerabwehrstarken konventionellen Abwehrstrategie der NATO vor, um den Einsatz von taktischen Nuklearwaffen schon in der Anfangsphase nach Möglichkeit zu vermeiden. Nach Auffassung von General Close war der Faktor Zeit und die Menge des für die grenznahe Verteidigung verfügbaren Personals und Materials das entscheidende Kriterium, um die Panzerspitzen des Warschauer Paktes bereits an der innerdeutschen Grenze[186] konventionell zu zerschlagen. Die Umsetzung der Vorschläge von General Close erwies sich innerhalb der NATO vor allem aus politischen und finanziellen Gründen wohl als nicht durchführbar. Allerdings schien auch die Politik nicht gewillt, derartige Veränderungen zu veranlassen.

---

[184] Close, R. General: Das Ungleichgewicht des Schreckens, Wien 1981. Vermutlich war dieses Werk als französische Antwort auf das von General Sir John Hackett im Jahre 1978 vorgelegte Werk gedacht.
[185] Close, R. General: Das Ungleichgewicht des Schreckens, S. 163, Wien 1981
[186] Close, R. General: Das Ungleichgewicht des Schreckens, S. 166, Wien 1981

3.3.12 Der sowjetische Plan "POLJARKA"

Wenig wurde in der Öffentlichkeit bekannt über die sowjetische Planung im Zusammenhang mit dem Plan "POLJARKA". Offenbar war in diesem Plan für den Kriegsfall auch die Besetzung Österreichs geplant, wie ein ehemals tschechoslowakischer Oberstleutnant[187] der Luftstreitkräfte in einem Leserbrief an eine süddeutsche Zeitung im Januar 1985 enthüllt hatte. Nach den sowjetischen Planungen sollten die Truppen des Warschauer Paktes nach Beginn der Feindseligkeiten den Rhein in fünf Tagen erreichen.

3.3.13 Der Ebeling-Bericht 1986

Generalmajor a.D. W. Ebeling veröffentlichte im Jahr 1986 sein Werk "Schlachtfeld Deutschland"[188], in dem er, aus den Stärkeverhältnissen zwischen NATO und dem Warschauer folgernd, ein alternatives Verteidigungsmodell für die Verteidigung der Central Region entwickelte. Auch General Ebeling ging bei seinen Überlegungen von der Annahme eines überraschenden Angriffs des Warschauer Paktes gegen die Central Region aus. In seinem Szenario erreicht der Warschauer Pakt innerhalb von 8 Tagen die französische Kanalküste.

3.4 Dokumente des Military Committee der NATO 1985-1989

Auch die NATO hat, meist im Jahresabstand, die Bedrohung durch den Warschauer Pakt an Hand "NATO agreed Intelligence" bewertet und diese Bewertungen in MC-Dokumenten festgehalten. Diese Dokumente stehen der Öffentlichkeit auch heute noch nicht zur Verfügung. Auch in

---

[187] Truppendienst, 24. Jahrgang 1985, S. 191, Wien 1985. Umfassende Einzelheiten zum Kenntnisstand des Westens über die sowjetischen Landstreitkräfte enthält das Field Manual – FM 100-2-1, The Soviet Army – Operations and Tactics des US-Verteidigungsministeriums aus dem Jahre 1984.

[188] Ebeling. GenMaj. a. D.: Schlachtfeld Deutschland – Vernichtung oder Überleben, Friedberg 1986. General Ebeling befehligte zuletzt als Generalmajor die 11. Panzergrenadierdivision der Bundeswehr in Oldenburg. Auch hier ist besonders anerkennenswert, dass sich General Ebeling einer derartigen Problematik angenommen und sich dazu öffentlich geäußert hat. Dieses Werk stellt, auch heute noch, einen Höhepunkt nationaler Überlegungen zur Verteidigung der Central Region dar, der wohl leider aus bündnispolitischen Rücksichten der deutschen Seite nicht die Beachtung gefunden hat, die er verdient hätte.

absehbarer Zeit ist wohl nicht mit der Freigabe derartiger Dokumente durch die NATO zu rechnen.[189]

3.5 Die Bedrohung der NATO zu Mitte der achtziger Jahre

Trotz erkennbarer Veränderungen im sowjetischen strategischen Denken Anfangs der achtziger Jahre gingen die militärischen Planer der sowjetischen Streitkräfte immer noch davon aus, das ein Krieg gegen die NATO "von der ersten Stunde an unter Einsatz aller Waffengattungen, ohne zeitliche und räumliche Begrenzung sowie ohne Unterschied zwischen Front und Hinterland" zu führen ist. Die militärische Führung der sowjetischen Streitkräfte war überzeugt, dass "sie genügend Mittel haben, um den Krieg auch nach einem ersten Schlag bis zum Endsieg führen zu können". Das Ziel dabei wäre nicht nur ein Sieg über den Gegner, um ihn an der Fortsetzung der Kampfhandlungen zu hindern, sondern seine völlige Vernichtung[190]. Zu dieser Zeit bewertete eine Reihe von westlichen Regierungen die Angriffsfähigkeiten der sowjetischen Streitkräfte sehr unterschiedlich. Dies hatte beträchtlichen Einfluss auf die von der NATO zu planenden Maßnahmen[191] für einen grundsätzlich nicht auszuschließenden überraschenden Angriff des Warschauer Paktes gegen die NATO in der Central Region. Es ist hier nicht der Platz, um auf die Hintergründe des NATO-Doppelbeschlusses und dessen politischen und militärischen Folgen einzugehen[192]. Dass ein möglicher Konflikt zwischen dem Warschauer Pakt und der NATO

---

[189] Vergleiche hierzu: Parallel History Project (PHP) Editorial Note http://www.php.isn.ethz/ch/collections/col-natomilplans/ednote.cfm?, abgerufen am 10.09.2009 Allerdings liegen aus dem Bestand des ehemaligen Ministeriums für Staatssicherheit Übersetzungen entsprechender NATO-Dokumente mit Kommentaren der Anmerkungen der Auswertung der HVA vor.

[190] Gosztony, P.: Die Rote Armee, S. 360, München 1983

[191] Dazu gehören auch Überlegungen westlicher Militärkreise unter Führung der USA, bei einem sowjetischen Angriff "Neutronenwaffen" zu dessen Abwehr einzusetzen. Als Folge politischer Überlegungen stellte sich die deutsche Bundesregierung Ende der siebziger Jahre gegen einen Einsatz derartiger Waffen. Vergleiche hierzu: Aquino, M. A.: The Neutron Bomb, San Francisco, 1982. Ob der Einsatz einer derartigen Waffe im Irak-Krieg erfolgte, ist allerdings zweifelhaft, vergleiche hierzu: Did U. S. use neutron bomb in Battle of Baghdad? http://www.workers.org/2007/world/neutron-bomb-0510/

[192] Anmerkung: Die sich abzeichnenden großen politischen und militärischen Umwälzungen zu Ende der achtziger Jahre wurden bei SHAPE, bedingt durch die auch zu dieser Zeit noch fordernde tägliche Routine, auf allen Ebenen nur am Rande wahrgenommen. Dies ist auch unschwer aus den zu dieser Zeit erschienenen Beiträgen in der "offiziösen" Publikation von SHAPE, der "Community Life", erkennbar. Zum Beispiel: SHAPE Community Life Vol. 20 N° 6, 27th March 1987. Vergleiche auch: Clement/Jöris: 50 Jahre Bundeswehr, S. 28 -34, Hamburg/Berlin/Bonn 2005. Dieses Werk enthält umfassende Informationen zum NATO-Doppelbeschluss aus deutscher Sicht.

zunächst konventionell beginnen könnte, hat Otto Heilbrunn bereits Mitte der sechziger Jahre in seinem Werk "Konventionelle Kriegsführung im Nuklearen Zeitalter[193]" beschrieben. Er wurde in seiner Ansicht auch von General a.D. Heusinger[194] bestätigt, der das Geleitwort zu diesem Werk schrieb. Interessante alternative Vorschläge zur Sicherheitspolitik enthält das Werk von Wettig[195]. Diese konnten aber auf Grund der politischen Gegebenheiten nicht umgesetzt werden.

3.6 Die Bedrohungssituation gegen Ende der achtziger Jahre

Zu Ende der achtziger Jahre verfügte der Warschauer Pakt gegenüber der Central Region über militärische Kräfte, die wie folgt gegliedert waren:

3.6.1 Die Fronten der ersten strategischen Staffel der WP-Landstreitkräfte in der DDR, Westpolen und der CSSR[196]

Kommando der Nordfront mit: 1. Polnische Armee Bydgoszcz mit 8., 12., 16. und 20. polnischer MotSchtzDiv[197]
- 5. Armee (NVA)[198] Neubrandenburg mit 1. Potsdam-Eiche und 8. MotSchtzDiv Schwerin sowie die 9. PzDiv Karpin/Eggesin. Im Mobilmachungsfall sollten für die 5. Armee zusätzlich aufgestellt werden: 19. MotSchtzDiv Burg-Waldfrieden und 20. MotSchtzDiv Eggesin.u/i Kampfhubschrauberregiment mit 120 Mi-8 HIP, Mi-24 HIND D/E

---

[193] Heilbrunn, O.: Konventionelle Kriegführung im Nuklearen Zeitalter, Frankfurt/Main 1967
[194] General Heusinger hatte als Generalinspekteur der Bundeswehr bereits im Jahre 1957 in einem Vortrag vor den Innenministern der Länder darauf hingewiesen, dass die Stärkung der konventionellen Abwehrkraft der NATO unbedingt erforderlich sei. (BMVg FüS I 3, Adolf Heusinger, ein deutscher Soldat im 20. Jahrhundert, S. 286 ff., Bonn 1987) Zur Rolle General Heusingers, sowohl in der Organisation Gehlen als auch beim Aufbau der Bundeswehr, vergleiche: Krieger/Weber (Hrsg.), Meyer, G.: Spionage für den Frieden, S. 225-246, München/Landsberg 1997
[195] Wettig, G.: Alternativen der Sicherheit, Konzepte und Modelle, BMVg FüS I 3, Bonn 1986. Eine sehr akademische Diskussion über Fragen der Sicherheit, die auch die möglichen militärischen und politischen Intentionen der Sowjetunion zu dieser Zeit berücksichtigt.
[196] Die Südgruppe der Truppen – SGT in Ungarn, die aus einem Armeestab sowie 2 sowjetischen Panzer- und 2 MotSchtzDiv sowie organischen Luftwaffenteilen bestand, soll hier nicht weiter betrachtet werden.
[197] Die polnische Luftlandebrigade wie auch die amphibische Brigade dürften im Kriegsfall auch für Sondereinsätze im Bereich BALTAP vorgesehen gewesen sein.
[198] Die 5. Armee sollte im Mobilmachungsfall aus dem Militärbezirk V Neubrandenburg aufgestellt werden. Vergleiche auch: Kopenhagen, W.: Die Landstreitkräfte der NVA, Stuttgart, 2003

3.6.2 Das Kommando der Westfront mit (Westgruppe der Truppen – WGT)[199]

Das Kommando der WGT verfügte über:
34. ArtDiv (USR) Potsdam, 6. GdMotSchtzBrig (USR) Berlin-Karlshorst, 2 u/I Raketenbrigaden, 6 u/i Flugabwehrraketenbrigaden[200]

- 20. GdArmee (USR) Eberswalde mit 35. MotSchtzDiv (USR) Krampnitz, 90. GdPzDiv (USR) Bernau
- 1. GdArmee (USR) Dresden mit 11. GdPzDiv (USR) Dresden, 20. GdMotSchtzDiv (USR) Grimma, 9. PzDiv (USR) Riesa, 20. PzDiv (NGT).
- 2. GdPzArmee Fürstenberg (USR) mit 94. GdMotSchtzDiv (USR) Schwerin, 207. MotSchtzDiv (USR) Stendal, 16. GdPzDiv (USR) Neustrelitz, 21. MotSchtzDiv (USR) Perleberg.
- 3. Stoßarmee Magdeburg (USR) mit 7. GdPzDiv (USR) Dessau-Roßlau, 12. GdPzDiv (USR), Neuruppin, 47. GdPzDiv (USR) Hillersleben, 10. GdPzDiv (USR), Alten Grabow,
- 8. GdArmee (USR) mit 79. GdPzDiv (USR) Jena, 39. GdMotSchtzDiv (USR) Ohrdruf, 57. GdMotSchtzDiv (USR) Naumburg, 27. GdMotSchtzDiv (USR) Halle
- 3. Armee (NVA) Leipzig[201] mit 4. MotSchtzDiv Erfurt, 7. PzDiv Dresden und 11. MotSchtzDiv Halle. Im Mobilmachungsfalle soll-

---

[199] Eine Truppenübersicht der damaligen GSSD Ende der siebziger Jahre enthält: Nawrocki, J.: Bewaffnete Organe in der DDR, S. 186 –187. Durch westliche Analytiker wurde die Bedrohung der Central Region durch sowjetische Spezialkräfte als sehr real eingeschätzt. Dabei wurde davon ausgegangen, dass die sowjetische Streitkräfte bereits lange vor dem Beginn krisenhafter Entwicklungen Stützpunkte für Spezialeinsatzkräfte im Operationsgebiet errichtet haben könnten, die unmittelbar vor Beginn einer Krise unauffällig hätten verstärkt werden können. Bei Ausbruch von Feindseligkeiten würden diese Spezialkräfte in der "Rückwärtigen Kampfzone" der NATO mit dem Ziel eingesetzt, dort Verbindungen zu unterbrechen und allgemeine Verwirrung zu stiften. Zu den Zielen weiterer Spezialkräfte würden die nuklearen Einsatzmittel der NATO, Führungsstellen und wichtige zivile Einrichtungen gehören, deren Funktionsfähigkeit für die NATO als überlebenswichtig betrachtet werden. Vergleiche hierzu: Campell, E. E. Capt USAF: The Soviet Spetsnatz Threat to NATO.

[200] Diedrich/Ehlert/Wenzke: Handbuch der bewaffneten Organe der DDR, S. 622, Augsburg 2004.

[201] Die 3. Armee, die im Verteidigungsfall aus dem Militärbezirk III aufgestellt werden sollte, verfügte über einen gut ausgebauten Gefechtsstand in der Dübener Heide bei Leipzig, der auch heute noch, dank eines rührigen Vereins, besichtigt werden kann und offenbar noch über die Originalausstattung verfügt. Vermutlich sollte von hier die 3. NVA-Armee im Kriegsfall im Verbund mit Kräften der WGT gegen den Raum um Mainz geführt und eingesetzt werden. Zu den Bunkeranlagen in der DDR vergleiche: Best, S.: Geheime Bunkeranlagen in der DDR, Stuttgart 2003 sowie Kopenhagen, W: Die Landstreitkräfte der NVA, Stuttgart 2003.

ten im Bereich der 3. Armee (NVA) zusätzlich folgende Mobilmachungsdivisionen (MOB-Div) aufgestellt werden: 6. MotSchtzDiv Weißkeisel, 10. MotSchtzDiv Schneeberg/Erzgebirge sowie 17. MotSchtzDiv Delitzsch. Daneben verfügte die damalige DDR über präsente paramilitärische Kräfte (Betriebskampfgruppen, Volkspolizei, Bereitschaftspolizei, Transportpolizei, Grenztruppen der DDR[202] u. ä. Formationen) in Stärke von etwa 92.500 Mann. Hierbei ist das Wachregiment des Ministeriums für Staatssicherheit in Stärke von 7.000 Mann noch nicht berücksichtigt[203]. Auf spezielle Sondereinheiten wie die Fallschirmjäger, Aufklärungsverbände der NVA und amphibische Kräfte der Volksmarine wird gesondert eingegangen. Dies gilt auch für die Kräfte des Funkelektronischen Kampfes der sowjetischen Westgruppe der Truppen, der Nationalen Volksarmee und der Tschechoslowakischen Volksarmee (CVA).

3.6.3 Das Kommando Südwest (ZGT)

Das Kommando Südwest mit der Zentralen Gruppe der Truppen – ZGT (USR) in Milovice verfügte über 28. MotSchtzKorps (USR), 31. PzDiv (USR), 30. GdMotSchtzDiv (USR), 18. GdMotSchtzDiv (USR), 48. GdMotSchtzDiv (USR), 15. GdPzDiv (USR, Militärbezirk – MB-Ost (CVA) Trencin mit 13. und 14. PzDiv (CVA), Militärbezirk – MB-West (CVA) Tabor mit

- 1. Armee (CVA) Pribram bestehend aus: 2., 19. und 20. MotSchtzDiv (CVA) sowie 1. PzDiv (CVA).
- 4. Armee (CVA) Pisek mit 4. und 9. PzDiv (CVA) sowie 3. und 15. MotSchtzDiv (CVA)

Das CVA-Luftlandebataillon in Holesov dürfte für Sondereinsätze vorgesehen gewesen sein.

---

[202] Vergleiche hierzu: Lapp, P. J.: Frontdienst im Frieden - Die Grenztruppen der DDR, Koblenz, 1987.
[203] The Military Balance 1988-1989, S. 49, London, 1988

3.7 Die Fronten der zweiten strategischen Staffel der WP-Landstreitkräfte gegenüber der Central Region

3.7.1 TVD-Mittel-/Westeuropa

Strategische Reserve des TVD-Mittel-/Westeuropa:
7. GdLLDiv (USR) Kaunas-Jonava, 76. (77?) GdLLDiv (USR) Pskov, 98. GdLLDiv (USR) Kishinev, 103. GdLLDiv (USR) Witebsk, 104. GdLLDiv (USR) Kirovabad, 105. GdLLDiv (USR)[204], 106. GdLLDiv (USR)Tula [205].

3.7.2 Führung 2. Strategische Staffel (Nord)

1. GdArmee (USR) Kaliningrad mit: 1. PzDiv (USR), 40. GdPzArmee (USR), 26. GdMotSchtzDiv, 6. GdMotSchtzDiv (USR), 3. Armee (POL) mit 1. MotSchtzDiv (POL), verstärkt durch noch zu mobilisierende Kräfte.

3.7.3 Führung 2. Strategische Staffel (West)

- 6. Armee (USR) Petrosawodsk mit 54. und 131. MotSchtzDiv (USR)
- 30. GdArmee (USR) Wyborg mit 45. und 64. GdMotSchtzDiv. (USR)
- 27. Armee (USR) Archangelsk mit 69., 77. und 111. MotSchtzDiv (USR)
- 1. GdArmee (USR) Chernigov mit 41. GdPzDiv (USR), 25. und 72. GdMotSchtzDiv (USR) sowie 47. MotSchtzDiv (USR)
- 6. Armee (USR) Dnepopetrovsk mit 22. PzDiv (USR), 42. GdPzDiv (USR)
- 20. GdPzArmee (USR), 75. GdPzArmee (USR)
- 2. Armee (POL) Wroclaw mit 4., 5., 10. und 11. MotSchtzDiv (POL)
- 5. GdPzArmee (USR) Bobruysk mit 8. GdPzDiv (USR), 29. und 193. PzDiv (USR) sowie u/i MotSchtzDiv (USR)

---

[204] Die 105. GdLLDiv war in Afghanistan im Einsatz, soll später aber aufgelöst worden sein. Ihr Verbleib ist daher ungewiss. Zusätzlich verfügten die sowjetischen Landstreitkräfte zu dieser Zeit auch über 6 Luftlandebrigaden, deren Unterstellung unter die Führung der LL-Kräfte damals zu erwarten war. Vergleiche: Schofield, C. Inside the Soviet Army Kapitel 9, London 1991.

[205] Zwei sowjetische, nicht näher bezeichnete sowjetische Luftlandedivisionen waren dem TVD West bereits im Frieden zugeordnet.

- 7. PzArmee (USR) Borisov mit 3. und 37. GdPzDiv (USR), 34. PzDiv (USR)
- 28. Armee (USR) Grodno mit 6. GdPzDiv (USR), 46. PzDiv (US), u/i PzDiv (USR) sowie 50. GdMotSchtzDiv (USR) .

3.7.4 Führung 2. Strategische Staffel (Süd)

- 14. Armee (USR) Tiraspol mit 59. GdMotSchtzDiv (USR), 86. GdMotSchtzDiv (USR), 118. und 180. MotSchtzDiv(USR)
- 8. PzArmee (USR) Zhitomir mit 30. GdPzDiv (US), 23. und 50. PzDiv (USR)
- 13. Armee (USR) Rovno mit 51., 97. und 161. GdMotSchtzDiv (USR)
- 38. Armee (USR) Ivano-Frankovsk mit 17., 70., 128. GdMotSchtzDiv (USR) sowie 146. MotSchtzDiv (USR)

3.8 Die Fern-, Front- und Armeefliegerkräfte des Warschauer Paktes gegenüber der Central Army Group – CENTAG

Das Oberkommando des TVD-West in Legnica (Liegnitz) verfügte über folgende präsente Fliegerkräfte, die im Kriegsfall sofort gegen den Allied Forces Central Europe – AFCENT, gegen die Ostseezugänge (Baltic Approaches – BALTAP) und gegen die Britische Luftverteidigungsregion (UK-Air Defence Region – UKADR) eingesetzt werden konnten.

37. Frontluftarmee Legnica[206] (Liegnitz) mit folgenden Flugplätzen[207]:

Kolobrzeg (Kolberg), Zagan (Sagan), Szprotawa (Sprottau), Osla (Aslau), Brzeg (Brieg)[208], Tukkums, Cherniakhovsk.

---

[206] Die 37. FLA verfügte über folgende Einsatzmuster: 225 Su-24 FENCER in der Nuklearrolle sowie 5 IL -20 COOT A für die luftgestützte Fernmelde- und elektronische Aufklärung (Signals Intelligence - SIGINT).

[207] Im NATO-Sprachgebrauch als Main Operating Bases – MOB bezeichnet. Daneben verfügte der Warschauer Pakt im gesamten vorderen Bereich über eine Vielzahl von Ausweich- und Auflockerungsplätzen (Deployed Operational Bases – DOB, Nuclear Contingency Bases - NCB), die je nach Lage im Übungs- und Krisenfall aktiviert werden konnten. Damit stellte die Aktivierung/Belegung von sonst nicht genutzten Flugplätzen, insbesondere im vorderen Bereich des Warschauer Paktes, eine der ersten Indikationen für den Beginn von Übungen oder im Krisenfall, für den Aufmarsch der sowjetischen und WP-Kräfte dar.

[208] Ende der achtziger Jahre unternahmen Aufklärer (MiG 25 FOXBAT B/D) aus Brzeg häufig auch Aufklärungsflüge, die über Wroclaw (Breslau) – Babimost - Choina - Sniatowo an die Ostseeküste zu einem Punkt 12^0 Ost-55^0 Nord führten. Danach flogen die Aufklärer

Luftarmee Smolensk[209] mit folgenden Flugplätzen:
Smolensk, Tartu, Soltsy, Anisovo, Orscha Minsk, Baranovichi, Bobruysk, Gomel-Pribytki[210], Stryvy, Sambor, Ivanovo-Frankovsk, Kolomyya, Lutsk, Shitomir, Ovruch, Shitomir-Skomoroki, Nezhin, Priluki, Belaya-Tserkov, Poltava.

Luftarmee Winitsa[211] mit folgenden Flugplätzen:
Winitsa, Bobrovichi, Dobno, Shitomir, Stara-Konstantinov, Gorodok, Chortkov, Mirgorod, Blagoyevo.

3.9 Die Fliegerkräfte der Nordgruppe der Truppen – NGT in Polen

Die Fliegerkräfte der NGT (Sowjetische Frontfliegerkräfte[212] aus den Militärbezirken Weißrussland, Baltikum und dem MB Karpaten und die polnischen Luftstreitkräfte) konnten sich auf eine Reihe von bereits im Frieden ausgebauten und zeitweise belegten Flugplätzen in Polen abstützen. Dazu gehörten die Flugplätze: Gdynia, Lebien, Swiatowo, Kolobrzeg, Darlowo, Slupsk, Cewice, Gdansk, Pruscz, Malbork, Orneta, Ketryzin, Goleniow, Shardzko, Pienieznika, Borsk, Broczyno, Miroslawiecz, Nadarzyce, Debrzno, Szymany, Stargard, Pila, Bydgoscz, Choina, Poznan-Lawica, Poznan-Krzesiny, Powidz, Babimost, Modlin, Warszawa, Bemowo, Warszawa-Okecie, Minsk-Mazowieck, Biala-Podlaska, Sochazew-Bielice, Leznica-Wielka, Nowe-Miastow, Lask, Spala-Glinnik, Deblin-Irena, Radom-Sackow, Zagan, Szprotawa, Wroclaw, Brzeg, Kamien-Slaski, Zendek, Balice, Rudniki, Mielec, Rzesow-Jasionka sowie mindestens 57 Feldflugplätze, die nur bei Übungen und Manövern belegt wurden. Daneben waren in Polen zwei sowjetische Kampfhubschrauberregimenter mit 120 Mi-8 HIP/Mi-24 HIND auf den Flugplätzen

---

parallel zur Ostseeküste bis auf die Höhe von Lebien, wendeten dort und flogen auf dem gleichen Weg zurück nach Brzeg (Brieg).
[209] Die Luftarmee Smolensk verfügte über folgende Kräfte: Tu-95 BEAR A/B/G/H, Mya-4 BISON, Tu-26 BACKFIRE, Tu-16 BADGER, Tu-22 BLINDER
[210] Hier waren auch vordere Teile der Luftarmee Moskau stationiert.
[211] Die Luftarmee Winitsa verfügte über folgende Kräfte: Tu-95 BEAR A/B/G/H, Mya-4 BISON, Tu-26 BACKFIRE, Tu-16 BADGER, Tu-22 BLINDER. Beide Luftarmeen verfügten für die strategische Aufklärung über Luftfahrzeuge des Musters Tu-16 BADGER, für die taktisch/operative Aufklärung verfügten die Luftarmeen über MiG-25 FOXBAT B/D. Beide Luftarmeen konnten für die elektronische Niederhaltung der NATO-Systeme mehr als 100 Tu-16 BADGER sowie YAK-28 BREWER E bereitstellen.
[212] Im Frieden waren der NGT keine sowjetischen Frontfliegerkräfte ständig zugeordnet. Allerdings verlegten Fronfliegerkräfte aus den angrenzenden sowjetischen Militärbezirken bei Übungen und Manövern häufig auf polnische Plätze.

Szprotawa und Legnica stationiert. Die polnischen Seestreitkräfte verfügten zur Luftunterstützung über 45 MiG 17 FRESCO sowie zur Aufklärung über 10 IL-28 BEAGLE sowie 5 MiG-17 FRESCO. An Hubschraubern verfügten die Seestreitkräfte über 10 Mi-2 HOPLITE, 10 Mi-4 HOUND sowie 15 Mil-14 HAZE und 5 Mi-8 HIP. Die polnischen Luftstreitkräfte verfügten Ende 1988 über 360 MiG-21 FISHBED, 40 MiG-23 FLOGGER sowie über 35 MiG-21 RF FISHBED zur Aufklärung. Zur Luftnahunterstützung konnten die polnischen Luftstreitkräfte über 225 Luftfahrzeuge der Muster Su-7 FITTER A, Su- 20/22 FITTER sowie MiG-17 FRESCO (LIM-6) einsetzen. An Hubschraubern verfügten die polnischen Luftstreitkräfte über 130 Mi-2 HOPLITE, 40 Mi-8 HIP, 8 Ka-26 sowie 30 Mi-24 HIND. Daneben waren für Luftnahunterstützungseinsätze bis zu 300 Ausbildungsluftfahrzeuge der Typen MiG-21 FISHBED, Su-7 FITTER und anderer Muster verfügbar.

3.10 Die sowjetischen Frontfliegerkräfte der 16. Frontluftarmee in der DDR

Die 16. FLA[213] mit Gefechtsstand in Zossen verfügte über:
- 931. GdAufklFlgt Werneuchen[214]
- 61. GdFlgKorps Wittenberg
- 71. GdJgdFlgKorps Wittstock
- 6. GdJgdFlgDiv (USR) Merseburg mit:
- 31. GdJgdFlgRgt Falkenberg
- 85. GdJgdFlgRgt Merseburg
- 296. JgdFlgRgt Altenburg
- 16. JgdFlgDiv (USR) Ribnitz-Damgarten mit:
- 33. JgdFlgRgt Wittstock
- 733. JgdFlgRgt Damgarten
- 787. JgdFlgRgt Finow
- 126. JgdFlgDiv (USR) Zerbst mit:
- 35. JgdFlgRgt Zerbst

---

[213] Bis April 1968 trug diese die Bezeichnung 24. Luftarmee. Die Belegung der Plätze durch Einheiten der sowjetischen Luftwaffe wechselte häufig, daher können die o. a. Truppenbezeichnungen nur einen Anhalt für die Belegung Mitte der achtziger Jahre darstellen.

[214] Die SIGINT-Aufklärer COOT A der 16. FLA waren vermutlich in Werneuchen oder Sperrenberg stationiert. Möglicherweise verfügte auch der in Zerbst stationierte sowjetische Luftwaffenverband über luftgestützte Plattformen zur Störung westlicher Radar- und Kommunikationssysteme. (Statement eines ehemals in Zerbst stationierten sowjetischen Kampffliegers in: Die Höllenjäger von Zerbst, MDR 2013)

- 73. GdJgdFlgRgt Köthen
- 833. JgdFlgRgt Jüterbog
- 105. JagdBomberFlgDiv (USR) Großenhain mit:
- 106. GdJgdBoFlgRgt Brand/Briesen
- 497. JgdBoFlgRgt Großenhain
- 559. JgdBoFlgRgt Finsterwalde
- 125. JagdBomberFlgDiv (USR) Rechlin mit:
- 19. GdJgdBoFlgRgt Rechlin-Lärz
- 20. GdJgdBoFlgRgt Gross-Dölln
- 730. JgdBoFlgRgt Neuruppin

Die folgenden Einsatzplätze belegten: Dammgarten, Mirow, Wittstock, Templin, Neuruppin, Finow, Werneuchen, Zerbst, Jüterbog, Brand, Köthen, Finsterwalde, Falkenberg, Welzow, Großenhain, Merseburg, Allstedt, Brandis, Altenburg, Gross-Dölln[215].

3.11 Kampfhubschrauberregimenter der WGT[216] in der DDR

Die Westgruppe der Truppen – WGT in der DDR verfügte um die Jahreswende 1988/1989 über 5 Kampfhubschrauberregimenter mit 100 Mi-8 HIP C/E sowie 250 Mi-24 HIND D/E zur Luftnahunterstützung der Bodentruppen sowie 25 Mi-8 HIP ECM für Störeinsätze und 20 weitere Hubschrauber für Transporteinsätze. Die Kampfhubschrauberregimenter waren auf folgenden Plätzen stationiert: Parchim, Stendal, Templin, Cochstedt, Mahlwinkel, Oranienburg, Allstedt, Hassleben, Weimar-Nohra, Altenburg und Dresden-Hellerau.

3.12 Das Kommando Luftstreitkräfte/Luftverteidigung[217] der Nationalen Volksarmee – NVA

Strausberg-Eggersdorf mit:
- Transportfliegergeschwader 44
- Zentraler Gefechtsstand 14 Strausberg

---

[215] Ende 1988 verfügte die 16. Frontluftarmee in der DDR über 360 Su-17 FITTER Su-24 FENCER, Su-25/28 FROGFOOT, MiG-25 FOXBAT, MiG-23 FLOGGER, MiG-29 FULCRUM. An Jagdflugzeugen konnten die 16. FLA 315 MiG-21 FISHBED MiG-23 FLOGGER, MiG-25 FOXBAT, MiG-29 FULCRUM einsetzen. Zu Aufklärungseinsätzen konnten die 16. FLA auf 40 Su-17 FITTER H sowie MiG-25 FOXBAT zurückgreifen. Für SIGINT/ELINT-Einsätze standen 20 YAK-28 BREWER zur Verfügung.
[216] Westgruppe der Truppen.
[217] Unterstützungselemente sind hier nicht berücksichtigt.

- Fliegerausbildungsgeschwader 15 Rothenburg
- Fliegerausbildungsgeschwader 25 Bautzen
- Transportfliegerausbildungsstaffel 45
- Hubschrauberausbildungsgeschwader 35

1. Luftverteidigungsdivision mit:
   - JagdFlgGeschw 1 Holzdorf
   - JagdFlgGeschw 3 Preschen
   - JagdFlgGeschw 7 Drewitz[218]
   - JagdFlgGeschw 8 Marxwalde (Neuhardenberg)
   - FlaRakRgt 31 Straßgräbchen/Kamenz
   - 41. FlaRakBrig Ladeburg/Bernau
   - 51. FlaRakBrig Sprötau/Sömmerda
   - FuTechnBtl 31, 41, 51, 61

3. Luftverteidigungsdivision mit:
   - JagdFlgGeschw 2 Trollenhagen
   - JagdFlgGeschw 9 Peenemünde
   - FlaRakRgt 13 Parchim
   - FlaRakRgt 23 Stallberg/Pasewalk
   - 43. FlaRakBrig Sanitz
   - FuTechnBtl 22, 33, 43

3.13 Die Front- und Militärtransportfliegerkräfte (LSK) der Nationalen Volksarmee[219]

- JaBoGeschw 37 Drewitz
- JaBoGeschw 77 Laage
- MarFlGeschw 28 Laage
- TrspFlgStff 24 Dresden[220]
- TrspHsGeschw 34 Brandenburg-Briest
- TaktAufklFlgStff 47 Preschen
- TaktAufklFlgStff 87 Drewitz [221]

---

[218] Das JG 7 Drewitz wurde im Sommer 1989 aufgelöst.

[219] Versorgungs- und Ausbildungseinrichtungen der LSK/LV der NVA werden hier nicht berücksichtigt. Vergleiche dazu: Kopenhagen, W.: Die Luftstreitkräfte der NVA, Stuttgart, 2002

[220] Der Transportfliegerstaffel 24 in Dresden war auch eine Antonov-An-26 CURL zugeordnet, die für den Zentralen Funkdienst der NVA (ZFD) und das Ministerium für Staatssicherheit (MfS – Hauptabteilung III) für luftgestützte Funkaufklärungseinsätze (Operation RELAIS) über der DDR und der Ostsee eingesetzt wurde.

[221] Ende 1989 verfügten die Luftstreitkräfte der NVA über 330 Kampfflugzeuge der Muster MiG-23 BN FLOGGER, Su -22 FITTER, MiG-21 RF, /F/MF/PF/U FISHBED sowie eine Anzahl

Daneben verfügte die NVA über Kampfhubschraubergeschwader (KHG) Mi-24 HIND zur Luftnahunterstützung der Bodentruppen, die wie folgt disloziert waren:
- KHG 35 "Lambert Horn" Brandenburg-Briest
- KHG 5 "Adolf von Lützow" Basepohl-Stavenhagen

Die Seestreitkräfte der NVA verfügten ebenfalls über ein Marinehubschraubergeschwader (MHG) 18 "Kurt Bartel" in Parow, das mit Mi-8 T HIP und Mi-14 HAZE ausgestattet war.

3.14 Das Luftraumüberwachungs- und Jägerführungssystem auf dem Territorium der DDR[222]

Die Luftraumüberwachung und Führung von Luftverteidigungskräften im Rahmen der Luftverteidigung des Warschauer Paktes wurde durch das "Diensthabende System – DHS" sichergestellt. Zum DHS gehörten die Luftraumüberwachung, die Jägerleitung und die bodengebundenen Fliegerabwehrraketenkräfte, die im 18 bzw. 24-Stunden-Dienst eingesetzt wurden. Zur Luftraumüberwachung wurden an abstrahlungs- und empfangstechnisch günstig gelegenen Stellen Radarstellungen errichtet, die wie folgt disloziert waren:
- **Nordteil der DDR (Zone Nord)** Puttgarten, Saal, Elmenhorst, Schlagresdorf, Banzin, Grebbin, Basepohl, Pragsdorf, Karenz, Rohlsdorf, Altensalzwedel, Müncheberg.
- **Südteil der DDR (Zone Süd)** Athenstedt, Hinsdorf, Schönewalde, Dahme, Kreuzebra, Breitungen, Dielsdorf, Steinheid, Brennersgrün, Gleina, Neustadt, Meißen, Striesow, Döbern, Taubendorf, Sdier, Steinbach.

Die mit den Radarsensoren gewonnenen Luftlageinformationen wurden zeitverzugslos an die Luftverteidigungsgefechtsstände übertragen und bildeten dort die Grundlage für die Lagebeurteilung. Rückwärtige Führungsgefechtsstände befanden sich in Cölpin 3. LV-Div (NVA) sowie in Kolkwitz 1. LV-Div (NVA). In Fürstenwalde befand sich der Zentrale Gefechtsstand der NVA Luftverteidigung[223].

---

von Schulmaschinen der Muster YAK-18, L-29, L-39, Z-226 u. a. Vergleiche hierzu: Kopenhagen, W.: Die Luftstreitkräfte der NVA, Stuttgart, 2002
[222] Zur materiellen Ausstattung der NVA Luftstreitkräfte vergleiche: Kopenhagen, W.: Die Luftstreitkräfte der NVA, Stuttgart, 2002.
[223] Siehe hierzu auch: Kalina/Reifgerste: 15 Jahre Funktechnisches Bataillon 61 (1976-1991), DokFiZBw, DokNr.: RB 5392

3.15 Die Führungsorganisation der Luftverteidigung im "Diensthabenden System – DHS" [224]

Die NVA-LV verfügte über den Zentralen Gefechtsstand in Strausberg, dem Gefechtsstände[225] in Neubrandenburg (Flugmeldezentrale) und Cottbus (Flugmeldezentrale) unterstellt waren. Den Gefechtsständen (Flugmeldezentralen) waren nachgeordnete Gefechtsstände (Unterflugmeldezentralen) in Grebbin, Rövershagen, Pudagla, Pragsdorf, Müncheberg, Holzdorf, Striesow und Döbern unterstellt. Die nachgeordneten Gefechtsstände (Unterflugmeldezentralen) wurden durch die vorgelagerten Radarsensoren (Frühwarnung[226] und Jägerleitung) aus grenznahen Stellungen (s.o.) mit Luftlageinformationen versorgt. Daneben tauschten die Gefechtsstände ihre Informationen mit den Gefechtsständen der WGT in Zossen (Funk-Rufname ALDAN) und dem Luftverteidigungsgefechtsstand in Minsk sowie mit dem LV-Bezirken Polen und CSSR aus.

3.16 Die Fliegerabwehrraketentruppen auf dem Territorium der DDR

Die Fliegerabwehrraketentruppen auf dem Territorium der DDR und der CSSR waren nicht wie bei der NATO in Riegeln angeordnet, sondern schützten wichtige Räume, in denen die Fliegerabwehrraketen – Fla-Rak-Kräfte – nach taktisch-operativen Gesichtspunkten angeordnet waren. Im Nordteil der DDR an der Küste waren dies Stellungen in den Räumen: Kirchdorf, Kühlungsborn, Nienhagen, Hinrichshagen, Rövershagen, Sanitz, Gubkow, Bart, Krummenhagen, Lancken, Neuenkirchen. Im nördlichen Teil der DDR waren die Stellungen der FlaRak-Kräfte wie folgt disloziert: Consrade, Tramm, Parchim, Ziegendorf, Steffenshagen, Neubrandenburg, Burg Stargard, Eichhof, Altwarp, Eggesin, Uhlenkrug, Weggum. Im Bereich um Berlin waren Stellungen der FlaRak wie folgt eingerichtet: Schönermark, Fehrbellin, Kraatz, Beetz, Klosterfelde, Rüdnitz, Prötzel, Brück, Fürstenwalde, Reichenwalde. Der südwestliche Teil der DDR wurde durch Stellungen geschützt, die wie folgt disloziert waren: Dietersdorf, Blankenburg, Sprötau, Erfurt, Eckolstädt, Remda, Weißenfels, Hohenmölsen. Der südöstliche Teil der DDR

---

[224] N. N. Die Luftstreitkräfte der Nationalen Volksarmee, VS-NfD v. 30. 08. 1990
[225] Im NATO-Sprachgebrauch FILTER Centre– FC bzw. SUB FILTER Centre – SFC
[226] Frühwarnung – Early Warning – EW, Jägerleitung – Ground Controlled Interception – GCI

wurde durch FlaRak-Stellungen in den Räumen: Cottbus, Großräschen, Groß-Döbern, Jacobsthal, Straßgräbchen und Großröhrsdorf abgedeckt.

3.17 Die Frontfliegerkräfte der Zentralen Gruppe der Truppen (ZGT) in der CSSR

Die Frontfliegerkräfte der ZGT mit Stab in Milowice bestanden aus 2 Jagdbomberregimentern und 4 Jagdregimentern, die auf den Flugplätzen Mimon, Milovice und Sliac stationiert waren und über Luftfahrzeuge der Muster MiG-27 FLOGGER D, MiG-23 FLOGGER B und Su-17 FITTER H. verfügten. Zusätzlich konnte die ZGT zwei Kampfhubschrauberrgimenter (KHR) mit zusammen 100 Mi-8 HIP und Mi-24 HIND D/E einsetzen.

3.18 Die Luftstreitkräfte und Luftverteidigung der CSSR

Die Luftstreitkräfte der CSSR verfügten über 4 Jagdbomberregimenter mit insgesamt 180 Luftfahrzeugen der Muster Su-7 BM, MiG-23 BN, MiG-21, Su-25 sowie 3 Kampfhubschrauberregimenter mit insgesamt 45 Mi-24 HIND sowie Kampfzonentransportkräfte mit 75 Mi-8 HIP, 60 Mi-2 HOPLITE sowie 20 Mi-1 HARE. Die Luftverteidigungsorganisation war ebenfalls in das "Diensthabende System – DHS" des Warschauer Paktes integriert und lehnte sich an die regionale Gliederung der CSSR-Landstreitkräfte an. Frühwarnstellungen und andere Sensoren befanden sich an der Grenze zu Bayern. Fliegerabwehrraketenstellungen waren vorwiegend im Objektschutz an Schwerpunkten disloziert. Die Streitkräfte der CSSR betrieben auch eine Organisation zur Funkaufklärung[227] gegen die NATO, die offenbar sehr erfolgreich war.

3.19 Die Frontfliegerkräfte der Südgruppe der Truppen (SGT) in Ungarn

Wenngleich die SGT keine direkte Bedrohung der NATO darstellte, musste deren Einsatz gegen das neutrale Österreich im Krisenfall in Betracht gezogen werden. Die Frontfliegerkräfte der SGT mit ihrem Hauptquartier in Budapest verfügten Ende 1988 über 2 Jagdbomberregimenter, die mit 90 Su-17 FITTER, Su-24 FENCER ausgerüstet waren.

---

[227] Die Webseite von Manfred Bischoff enthält umfassende Informationen zu diesem Komplex, vergleiche: www.manfred-bischoff.de.

An Jagdkräften verfügte die SGT über 180 Kampfflugzeuge der Muster MiG-21 FISHBED, MiG-23FLOGGER sowie MiG 29 FULCRUM. Für Aufklärungseinsätze konnten 20 Su-17 FITTER K sowie YAK-28 BREWER eingesetzt werden. Die ungarischen Luftstreitkräfte verfügten Ende 1988 über insgesamt 135 Kampfflugzeuge sowie 40 Kampfhubschrauber, die in einer Luftdivision zusammengefasst waren und durch diese auch geführt wurden. An Jagdkräften verfügte die ungarische Luftwaffe über 90 MiG-21 FISHBED und 45 MiG-23 M FLOGGER, die in 3 Jagdregimentern organisiert waren. Zur Luftaufklärung konnte eine Staffel mit 10 Su-22 FITTER eingesetzt werden. Daneben verfügte die ungarische Luftwaffe über 40 Kampfhubschrauber Mi-24 HIND, 25Mi-8 HIP sowie 25 Ka-26 HOODLUM sowie 5 Mi-2 HOPLITE. Auch das Territorium Ungarns war in das "Diensthabende System" der Luftverteidigung des Warschauer Paktes mit einbezogen.

3.20 Übungen des Warschauer Paktes und der NATO bis 1989

Besondere Bedeutung für die Bewertung der jeweiligen militärischen Fähigkeiten gewann die Auswertung der Übungen beider Seiten durch die jeweiligen militärischen Aufklärungs- und Nachrichtendienste der beiden Blöcke. So führten die sowjetischen Streitkräfte beginnend im Jahre 1961 bis 1982 im Vorfeld der NATO insgesamt 125 Großübungen[228] mit unterschiedlicher Truppenbeteiligung durch. Daneben liefen mit unterschiedlicher Intensität Kommando- und Stabsübungen, Truppenübungen, Luftverteidigungsübungen unter Beteiligung des Generalstabes in Moskau, Flottenübungen sowohl im Nordmeer, dem Nordatlantik als auch im Mittelmeer und eine Vielzahl kleinerer Übungen mit Truppenbeteiligung. Das Problem für die westliche Aufklärung bestand darin, frühzeitig zu erkennen, ob es sich bei diesen Aktivitäten lediglich um den Aufbau einer Übungsorganisation auf Seiten des Warschauer Paktes handelte, die ausschließlich Stäbe in das Übungsgeschehen einschloss, oder ob auch entsprechende Truppenbewegungen und logistische Aktivitäten erkennbar wurden. Nicht zuletzt auch der Aufbau entsprechender Fernmeldeorganisationen erlaubte eine erste Einschätzung der Gefährdung durch die Nachrichtenstäbe *(Intelligence)* der NATO. Kritisch waren immer die Phasen der Truppenrotation im Frühjahr und

---

[228] Soviet Command, Control, Communications, Signal, Washington, December 1985

Herbst, wenn die sowjetischen Wehrpflichtigen meist auf dem Luftwege ausgetauscht wurden. Denn nie konnte mit letzter Sicherheit ausgeschlossen werden, dass diese auch zurückgeführt wurden und nicht die Kräfte der Sowjetarmee im Vorfeld der NATO verstärkten. Bedeutsam waren auch die Aktivierungen von Ausweichgefechtsständen der luftgestützten Führungssysteme des Generalstabes in Moskau und der Heimatluftverteidigung. Wenn in diesem Szenario zusätzlich Einflüge der strategischen Bomberkräfte aus dem innersowjetischen Raum, gekoppelt mit Einsätzen hochfliegender Aufklärungsflugzeuge – High Altitude, High Speed Recce Missions[229] – stattfanden und zeitgleich auch noch eine großangelegte Luftverteidigungsübung unter Teilnahme der Kräfte der Heimatluftverteidigung, der Frontluftarmeen und der Strategischen Luftwaffe stattfanden. Auch die großangelegten Übungen des Warschauer Paktes, insbesondere in der damaligen DDR und CSSR unter Beteiligung der Truppe mit entsprechendem Aufmarsch der Kräfte in den westlichen Landesteilen und dem Einsatz der Luftwaffe erforderten eine umfassende Aufklärung durch die nationalen Aufklärungskräfte der in der Central Region eingesetzten Truppen der NATO. Auch die Militärverbindungsmissionen der alliierten Mächte (US-amerikanische, britische und französische) in Potsdam, die sowjetischen in Frankfurt (US-Verantwortungsbereich), Bünde (britischer Verantwortungsbe-

---

[229] Die Einflüge mit Tu-22 BLINDER, Tu-22/26 BACKFIRE, MiG 25 FOXBAT erfolgten meist aus dem westlichen sowjetischen Raum in Richtung der Grenze zur Bundesrepublik auf unterschiedlichen Kursen und endeten meist erst kurz vor der innerdeutschen Grenze. Wenn die Kurse auf westliche Seite verlängert wurden, befanden sich meist an den Endpunkten Anlagen und Einrichtungen der NATO-Luftverteidigung. Es kann daher davon ausgegangen werden, dass diese Einsätze Angriffe auf die NATO-Luftverteidigung mit nuklearen Abstandswaffen (Stand Off) simulieren sollten. Auch über dem Nordatlantik fanden derartige Einsätze der sowjetischen Marineluftwaffe, meist mit Tupolew Tu-95 BEAR, statt, die bis kurz vor die Küste der Vereinigten Staaten und Kanadas führten. Daneben führte die sowjetische Marineluftwaffe großräumige maritime Aufklärungseinsätze über dem Nordatlantik von Stützpunkten auf der Halbinsel Kola, Kuba und aus Westafrika über angrenzenden Seegebieten mit Tu-95 BEAR durch. Dabei konnte diese auf den Stützpunkt Conakry abstützen. Vergleiche: The Significance of Soviet Tu-95 BEAR Deployments in West Africa, in: CIA released Documents, created 4/1/1977, abgerufen: 30.10.2009. Über dem Mittelmeer wurden ähnliche Missionen zur Überwachung der 6. US-Flotte und anderer NATO-Marinestreitkräfte durchgeführt. Da die 6. US-Flotte einen Nuklearauftrag hatte, gewann die Überwachung dieser Flottenkräfte für die damalige sowjetische Marineführung besondere Bedeutung. Auch über dem Seegebiet vor der norwegischen Küste führte die sowjetische Marineluftwaffe entsprechende Aufklärungseinsätze durch. Vor wichtigen Einrichtungen der NATO an der Küste waren in der Regel sowjetische elektronische Spähschiffe (AGI) auf Station. Marineverbände der NATO wurden auf See von diesen schwimmenden Aufklärungsplattformen ebenfalls beschattet. Ergänzend führt die Marineluftwaffe der sowjetischen Nordflotte meist Aufklärungsflüge mit An-12 CUB entlang der norwegischen Küste und über die Ostsee durch.

reich) und Baden-Baden (französischer Verantwortungsbereich) waren in die Nachrichtengewinnung[230] in ihrem jeweiligen Bereich eingebunden. Auch die vielen Übungen auf Seiten der NATO, Stabsrahmenübungen wie WINTEX/CIMEX[231], ABLE ARCHER[232], großangelegte Luftwaffenübungen wie COLD FIRE oder Übungen mit Verstärkungskräften wie REFORGER waren stets Anlass für Aufklärungsbemühungen der Nachrichtendienste des Warschauer Paktes. Besonderes Augenmerk legten die Nachrichtendienste des Warschauer Paktes unter Führung des KGB und der GRU auf Indikationen für Vorbereitungen eines überraschenden Nuklearschlages der Vereinigten Staaten und/oder der NATO gegen die Sowjetunion und den Warschauer Pakt. Die Operation der sowjetischen Seite begann im Jahre 1981 und trug die Bezeichnung "RYAN[233]" und scheint bis Anfang der neunziger Jahre fortgeführt worden zu sein. Zu dieser Zeit besaßen die sowjetischen Nachrichtendienste eine Quelle[234] in der NATO, die offenbar in die Operation RYAN mit

---

[230] Vergleiche hierzu auch: Schlomann, F. W.: Was wusste der Westen, Aachen, 2009

[231] Die HVA des MfS verfügte auch über eine Quelle in der Druckerei des Luftwaffenamtes in Köln-Wahn, die alle in Wahn gedruckten Unterlagen zu der Übung WINTEX/CIMEX von 1980 bis 1988 an die HVA weitergegeben hat. Damit war die Gegenseite umfassend über die Übung und deren Einlagen informiert. Nicht zuletzt die umfassende Weitergabe von echten Alarmunterlagen der Bundeswehr an die HVA durch P. hätte im Verteidigungsfall die Operationsführung der NATO in der Central Region nachhaltig beeinträchtigt und zu schwerwiegenden Folgen führen können. Eine Aufstellung der durch P. an die HVA weitergebenen Unterlagen findet sich bei: Richter W.: Der militärische Nachrichtendienst der Nationalen Volksarme, S. 338-346, 2. Auflage, Frankfurt am Main, 2004.

[232] Die Stabsrahmenübung ABLE ARCHER fand unter Führung von SHAPE stets im Herbst des Jahres statt, in dem im Frühjahr die NATO-weite Übung WINTEX/CIMEX stattgefunden hatte. Es handelte sich hierbei um die Fortsetzung des WINTEX/CIMEX-Szenarios, teilweise unter Beteiligung von Regierungsstellen mit dem Ziel, die "Nuclear Release – Procedures (Nukleares Freigabeverfahren für den fiktiven Einsatz von Nuklearwaffen durch die NATO) zu simulieren. Auch hier stand die sowjetische Seite damals vor dem Problem, eine Unterscheidung zwischen "echten" Maßnahmen und Übungsmaßnahmen auf Seiten der NATO zu treffen. Dies wird am Beispiel der Übung ABLE ARCHER im Jahre 1983 deutlich, an der hohe britische, US-amerikanische und deutsche Regierungsstellen beteiligt waren und in deren Vorfeld umfangreiche kryptierte Fernmeldeverkehre der NATO durch die Funkaufklärung der WP-Staaten erfasst wurden, jedoch nicht gelöst werden konnten. Soweit heute bekannt, hatte die sowjetische Seite umfangreiche Alarmmaßnahmen einschließlich der Bereitschaft sowjetischer Nuklearträger angeordnet. Siehe hierzu auch: Andrew, C. & Gordievsky, O.: KGB The Inside Story, S. 488 – 507, 524-525, 2. Auflage, London 1990 &. Andrew, C. & Mitrokhin, V.: The Sword and the Shield – The Mitrokhin Archive and the Secret History of the KGB, S. 213-214, 219, 392-393, 433, 457, London 1999 sowie: Intelligence and Security Committee –The Mitrokhin Inquiry Report, HMSO London, 2000.

[233] РЯН – Ракетное Ядерное Нападение – Raketen – Nuklear – Angriff (Langenscheidt Taschenwörterbuch, 5. Auflage, Berlin, 1964)

[234] Rainer R., Decknamen TOPAS, RUBIN, SAPHIR wurde durch das Ministerium für Staatssicherheit (HVA) bereits im Jahre 1968 angeworben. Auf Grund seiner akademischen Vorbildung gelang es ihm 1977, eine Anstellung in der Politischen Abteilung des Internationnal Staff der NATO in Brüssel zu erlangen. Später war er in die Verhandlungen der NATO

eingebunden war und die sowjetische Seite mit umfassenden Informationen zu wichtigen NATO-Entscheidungen nahezu zeitverzugslos versorgen konnte. Überdies konnten sich die Nachrichtendienste des Warschauer Paktes zusätzlich auf eine Vielzahl von Quellen im Operationsgebiet abstützen, die entsprechende Informationen lieferten. Nicht zuletzt die "Technische Aufklärung" (Funk- und Funktechnische Aufklärung[235]) durch die Dienste des Warschauer Paktes lieferte umfassende Informationen für die Lagebeurteilung durch die Stäbe des Warschauer Paktes. Nicht zu übersehen ist allerdings die obsessive Suche der sowjetischen Seite nach Indikationen für einen überraschenden nuklearen Erstschlag durch die Vereinigten Staaten ab 1981. Dies war möglicherweise auch zurückzuführen auf die politische und militärische Rhetorik der damaligen US-Administration. Nicht zuletzt hatten auch die Dienste der "Technischen Aufklärung" des Warschauer Paktes den ständigen Auftrag, nach Indikationen für einen überraschenden Kernwaffenschlag

---

zur "Strategic Defense Initiative - SDI" eingebunden und verfügte offenbar über umfassende Zugänge zu klassifizierten Akten der NATO. Ein Höhepunkt seiner Verratstätigkeit war erreicht, als es R. gelang, das NATO COSMIC TOP SECRET Dokument MC 161 an die HVA weiterzugeben. Vergleiche hierzu: BStU: 000248, Ministerium für Staatssicherheit, Streng Geheim Nr.: 280/89 v. 12. 06. 89: Auskunft über Erkenntnisse des Gegners zur Militärpolitik und zu Streitkräfte- und Rüstungsentwicklungen des Warschauer Vertrages. Das MC 161 enthielt die Einschätzung der militärischen Fähigkeiten des Warschauer Paktes aus Sicht der NATO und wurde jährlich überarbeitet. Auch führte R. zeitweise den Vorsitz der "Current Intelligence Group - CIG" der NATO, die für die Bewertung der eingehenden nachrichtendienstlichen Informationen und deren Weitergabe an NATO-Stäbe und die Nachrichtendienste der NATO-Mitgliedsstaaten verantwortlich war. So verfügte die HVA, deren Auswertung in Berlin durch zusätzliches Personal des KGB aus Moskau verstärkt worden war, über eine gewiss einzigartige Möglichkeit, zeitnah und umfassend über die Planungen der NATO unterrichtet zu werden. Ob R. durch seinen Verrat mitgeholfen haben könnte, einen Dritten Weltkrieg verhindert zu haben, kann nicht abschließend bewertet werden, da die Nachrichtendienste des damaligen Ostblocks, allen voran das KGB, die GRU und die HVA des MfS sowie der BA der NVA über eine Vielzahl weiterer unterschiedlicher teilweise qualitativ hochwertiger Quellen verfügt haben dürfte. Vergleiche hierzu: Herbstritt/Müller-Enbergs, a. a. O., S. 62. Demnach soll der BA der NVA im Operationsgebiet im Jahre 1985 über 93 "agenturische Mitarbeiter" sowie 1.374 DDR-Bürger verfügt haben, die als Hilfskräfte (Kurier, Instrukteur, Werber und Aufklärer) eingesetzt waren. Zu Rupp siehe auch: Kenner, R. (Pseudonym): Ein DDR-Agent im Allerheiligsten der NATO in: Journal for Intelligence, Propaganda and Security Studies (JIPSS), Vol. 3, No.: 1 2009, Graz 2009. Offenbar hatte das MfS auch SHAPE penetriert und besaß dort eine Quelle. (Knabe, H. a. a. O. S. 434). Eine aufschlussreiche Aufstellung der Zielobjekte der HVA des MfS enthält das Dokument 21 im Anhang zu Knabe, H.: Westarbeit des MfS, S. 518 f.

[235] Hierbei spielten die Hauptabteilung III (Spezialfunkdienste) des MfS und der Zentrale Funkdienst (ZFD) der NVA eine nicht unbeträchtliche Rolle bei der Erfassung elektronischer Signale aller Art an der Nahtstelle der Blöcke in Deutschland. Rupp (TOPAS) soll insgesamt 1.043 Informationen an die HVA weitergegeben haben, von denen 629 Meldungen durch die HVA als besonders wertvoll klassifiziert wurden. Zu weiteren Quellen der HVA vergleiche: Herbstritt/Müller-Enbergs, a. a. O., S. 60-63 und Knabe, H., a. a. O., S. 58 f.

der NATO zu suchen. Die wichtigsten Übungen des Warschauer Paktes und der NATO sind in der nachfolgenden Übersicht enthalten.

3.20 Synoptische Übersicht der wichtigsten Übungen des Warschauer Paktes und der NATO in der Central Region bis 1990[236]

Von - bis	Bezeichnung der Übung[237]	Von - bis	Bezeichnung der Übung
		26.02.-13.03.84	NATO-Übung WINTEX/CIMEX 85
25.01.85	Tagung des NVR der DDR, Auswertung der NATO-Übung AUTUM FORGE 1984		
15.05.85	Indienststellung des Aufklärungsschiffes JASMUND der Volksmarine		
31.05.85	Tagung des NVR der DDR. Auswertung der NATO-Übung WINTEX/CIMEX 85		
01.07.-05.07.85	KSÜ BORDKANTE 85 mit Teilen 1. MSD Raum: CALBE-HALDENSLEBEN-LUCKENWALDE-ORANIENBURG		
22.08.-29.08.85	KSÜ JUG-85 im Raum: GOTHA- KLINENT-HAL-PLAUEN-MEININGEN-DRESDEN unter Beteiligung 4. MSD, 11. MSD, 7. PD, US IV und Operativgruppe GK Süd sowie Kräften der GSSD. Einsatz u.a. von 351 Funk- und Richtfunkstationen der NVA und GSSD.		
28.08. - 15.09.85	Taktische Übung ELBE-85 der Flieger- und FlaRak-Kräfte der NVA-LSK. Einsatz der Luftverteidigungskräfte der NVA-LSK mit automatisierter Führung der Flieger- und der FlaRak-Kräfte. Verlegungen und Gefechtsschießen (MiG 21) in der UdSSR.	22.08.-20.11.85	Beginn der NATO-Manöverserie AUTUM FORGE[238] mit insgesamt 21 Teilübungen unter Beteiligung von 5 Armeekorpsen, 15 Divisionen, davon 7 PzDiv, 1.300 Kampfflugzeugen, 1.200 HS, 190 Kampfschiffen. Schwerpunkt der Übungen in Niedersachsen "TRUTZIGE

---

[236] Die Vereinigten Staaten, ihre Partner und die NATO führten in der Zeit von 1984 bis 1988 mehr als 128 militärische Großübungen (Major Military Exercises) sowohl in Europa als auch anderen Weltgegenden durch. Quelle: CRISIS MANAGEMENT Centre (CMC), NSC: RECORDS, 1981. file:///Box 90934, Washington, D.C. (Mai 2013). Der Warschauer Pakt führte im Zeitraum von 1984 bis 1998 mindestens 22 weitere Übungen, darunter Großübungen wie DRUSHBA, JUG, SOJUS und andere durch: Quelle, bplaced
[237] Quelle: Froh, K.: Chronik der NVA, Berlin 2010.
[238] Die NATO führte sowohl während der Übungsserie "AUTUM FORGE" als auch während des Jahres Übungen unter unterschiedlichen Bezeichnungen durch. So beispielsweise: TEAM WORK, NORTHERN WEDDING, OCEAN SAFARI, DISPLAY DETERMINATION, SAFE PASS, TRADE DAGGER, Übungen mit dem Suffix ...GATE und Übungen anderer Kommandobehörden, so z. B. NAEW-FORCE mit der Übung: ARDENT GAMBIT. Die Übungen WINTEX/CIMEX und ABLE ARCHER, SHAPEX (Vergleiche hierzu auch: ANNEX A zu APP-3-SUBJECT IDENTIFIER CODE-SIC (NU)) wurden durch SACEUR/SHAPE geleitet.

			SACHSEN" (12.-21.09.) mit 3.500 Kettenfahrzeugen, 250 HS und 500 Flugzeugen. Entfernung der NATO-Kräfte zur IDG zwischen 200 und 10 km.
03. - 10.09.85	Mehrstufige operativ-taktische Übung DRUSHBA-85 unter Teilnahme von Verbänden der NVA, GSSD und der polnischen Armee unter Beteiligung des Oberkommandierenden der StrKr der WVO; MdSU KULIKOW, AG SIWICKI und AG HOFFMANN.		
09. - 13.09.85	Mehrstufige taktisch-operative Übung "HERBSTWIND-85" der Volksmarine der DDR unter Beteiligung von Kräften der Marineflieger, Küstenverteidigung und Marinestoßkräfte unter Führung des StvMin f. Nat-Vertdg. der DDR.		
26.03. - 08.04.86	Gemeinsame taktisch-operative LV-Übung der WVO-Staaten "GRANIT-86" unter Teilnahme der Kräfte der Truppenluftabwehr der NVA und des "Westlichen Kriegsschauplatzes (TVD-West) Leitung: Oberkommandierender des TVD-West, MdSU OGARKOW, die Führung der Truppenluftabwehr übernahm der Oberkommandierende der WVO, MdSU KULIKOW.		
07.- 09.04.86	Grenzsicherungsübung der GrenzBrig Küste, dabei Einsatz von 20 Grenzaufklärern der Grenzbataillone.	15.04.86	SPRINGEX-86[239]-Übung der NAEW-Force im Luftraum über dem Mittelmeer.
09.- 24.06.86	Amphibische Übung der Landungskräfte der verbündeten Ostseeflotten unter Führung des Chefs der polnischen Seekriegsflotte im Raum PEENEMÜNDE-BALTIISK–SWINEOJUSCIE mit 96 Kampfschiffen, 3 U-Booten, 80 Flugzeugen und Hubschraubern sowie amphibischen Kräften in Stärke von 950 Mann und Teilen eines MSB mit 250 Mann.		
25.07.- 02.08.86	Gemeinsame taktisch-operative Übung "DRUSHBA-86" der NVA, GSSD und der polnischen Armee im Raum TRZEDIEN-SWIETOSZOW-ZAGAN-WEDRZYN und GROSNO ODRZANSKIE mit Entwicklung einer Angriffsoperation unter Einsatz von Kernwaffen zur Zerschlagung der gegnerischen Angriffsspitzen.		

---

[239] In den Nachtstunden des 15.04.86 griffen Kräfte der US Air Force, aus Großbritannien kommend, Libyen an. Der SACEUR befand sich zu diesem Zeitpunkt bei US EUCOM in Stuttgart. Er hatte SHAPE am Vorabend gegen 18:00 Uhr Ortszeit mit dem Hubschrauber verlassen.

		19.08.-07.11.86	Beginn der NATO-Manöverserie "AUTUM FORGE-86" unter Beteiligung von 300.000 Soldaten, 4.000 Panzern, 2.000 Flugzeugen, beginnend im Bereich AFNORTH. Daran anschließend im Bereich CENTAG die Bundeswehr-Großübung "FRÄNKISCHER SCHILD III. DEU Korps Koblenz mit 2. PzGrenDiv, 5. PzDiv, 12. PzD. In die Übung eingebunden sind Kräfte 56. FArtBrig (US) "EXERCISE GARBON ARCHER" mit PERSHING-2.
20.-29.08.86	Beginn der Übung "DRUSHBA-86" unter Beteiligung der 9. PD (NVA), der GSSD und der polnischen Armee im Raum: EISENHÜTTENSTADT-GARDELEGEN-CALBE- ROTHENBURG und den TrÜbPl LIEBEROSE, HEIDEHOF, JÜTERBOG, ALTENGRABOW und MAGDEBURG unter Beteiligung der Feldführung MB V (NVA), GT der DDR, Kräfte der GSSD sowie das KHG-5 der NVA. Darin eingebunden ist die Übung der Luftstreitkräfte "ZEITSIGNAL-86" mit 268 Einsätzen der Frontfliegerkräfte im Übungsraum.		
15.-20.09.86	Beginn der Marineübung "START-86" zum Schutz der Seeverbindungen in der Spannungszeit und im Krieg. Diese Übung war basiert auf den Vorgaben der Übung "OKEAN-83".		
23.-30.03.87	Erste gemeinsame Truppenübung des MB V (NVA) und der GSSD im Raum GARDELEGEN-MAGDEBURG-LÜBBENAU-BRANDENBURG unter Führung des Oberkommandierenden der GSSD. An den Übungen waren Kräfte der GSSD in Stärke von 23.000 Mann sowie 1.500 Angehörige der NVA (MSR-9, MSR-1 sowie 500 Panzer, 250 gepanzerte Fahrzeuge sowie 50 Kampf- und 70 TrSP-HS beteiligt. Die Frontfliegerkräfte flogen 190 Einsätze zur Unterstützung.		
10.-12.06.87	Zweiseitige operativ-taktische Übung "SYNCHRON-87" der Vereinigten Flotte der WVO unter Teilnahme von Einheiten der sowjetischen "Baltischen Flotte" und der polnischen		

	Seekriegsflotte und der Volksmarine der DDR. Zur Überwachung der zur Beobachtung der Übung eingesetzten NATO-Marinekräfte wurden 62 Flugzeuge bzw. Hubschrauber und 22 Schiffe eingesetzt.		
12.06.-01.07.87	Zweiseitige operativ-taktische Übung der 1. LVDiv (NVA), ELBE-87 mit Übungen im Luftraum der DDR und Gefechtsschießen in der UdSSR.		
26.-31.06.87	Gemeinsame Truppenübung "RÄDERWERK - 87" unter Führung der 2. GdPzArmee (GSSD), der 8. MSD der NVA im Raum GARDELEGEN-MAGDEBURG-TEMPLIN-NEUSTRELITZ-WITTSTOCK. Teilnahme von Beobachtern aus 22 Signaturstaaten des "VBM-Vertrages".		
31.08.-05.09.87	Gemeinsame Truppenübung "ZYKLUS-87" unter Führung des Chefs MB V (NVA). Übungsraum: SCHWERIN-NEUBRANDENBURG-TANGERMÜNDE-RATHENOW sowie die TrÜbPl WITTSTOCK und KLIETZ. Teilnehmer: 94. GMSD (URS), 8.MSD (NVA). Teilnahme von 20 Beobachtern aus KSZE-Staaten.	26.08.-16.11.87	NATO-Übungen der Serie "AUTUM FORGE 87" unter Teilnahme von 300.000 Mann, 12.000 Gefechtsfahrzeugen, darunter 2.500 Kampfpanzer, 1.500 Flugzeuge sowie 310 Schiffe und Boote. Die Übungsräume der NATO näherten sich teilweise bis 5 km an die IDG und der Grenze zur CSSR.
06.-14.09.87	Operativ-taktische Übung "SOJUS-87" auf dem Territorium der DDR, der CSSR und der VR Polen. Leitung: Oberkommandierende der WVO, MdSU KULIKOW. Ziel der Übung: Durchführung von strategischen Operationen auf dem westlichen Kriegsschauplatz (TVD-West). Beteiligt sind auf Seiten der NVA: Führungsorganisation der LV, 3. LVDiv, MFG-28, JG-9 und NR-14.		
05.02.88	Sitzung des NVR der DDR. Bericht des Leiters des BA der NVA zu Erkenntnissen aus den Herbstübungen der NATO AUTUM FORGE 87.		
14.-19.02.88	Kommando- und Stabsübung "SEWER-88" unter Leitung des Chefs der Landstreitkräfte der NVA. Übungsräume: ROSTOCK-SCHWERIN-LÜBTHEEN-WITTSTOCK-PASEWALK und der Insel RÜGEN unter Einbeziehung der TrpÜbPl WITTSTOCK und LÜBTHEEN. Teilnehmer: MB V (NVA), 8. MSD, 9. PD, 5. RakBrig, LSK/LV, Volksmarine der NVA, GT der NVA sowie die 94. GdMSD (USR). Ziel der Übung: Konventioneller Einsatz von Streitkräften nach der		

	neuen Militärdoktrin der WVO aus dem Jahre 1988.
15.03.88	Schulung leitender Kader auf dem GefSt des FRBr 41 (Ladeburg) in Anwesenheit des Befh der Truppen der LV der WVO, AG TRETJAK.
20.- 26.03.88	Truppenübung "BLEIGLANZ-88" des MB V. Übungsraum: EGGESIN-WITTSTOCK-STENDAL-KLIETZ. Übungsteilnehmer: 9. PD (NVA), Übungsziel: Führung des Verteidigungsgefechts der PzDiv der zweiten Staffel der Armee.
08.- 15.04.88	Gemeinsame operativ-taktische Übung "DRUSHBA-88" des MB III der NVA. Übungsraum: GARDELEGEN-MAGDEBURG-POTSDAM-HAVELBERG und den TrÜbPl KLIETZ, MÜHLBERGE, ALTENGRABOW sowie den Elbeabschnitten STORKAU und KEHNERT. Teilnehmer: 4. MSD (NVA), 7. PD (NVA), 11. MSD (NVA), Pi-Kräfte, NB-40 (NVA), LStRgt-40 (NVA), Teilen des THG-34 (NVA), 7. GdPzDiv (USR), 3. GdArmee (USR), Teile der 5. PD (POL). Ziel der Übung: Konventionelle Verteidigungsoperationen
15.- 28.04.88	Gemeinsame Truppenübung der GSSD und Teilen des MSR-18/11 der NVA. Übungsraum: TREUENBRIETZEN-JESSEN-COTTBUS. Teilnehmer: MSR 18/11.MSD (NVA). Ziel der Übung: Einsatz eines MSB als taktische Luftlandeeinheit im Verlaufe von Verteidigungsoperationen.
20./ 21.04.88	Gefechtsübung der 1. und 3. LVDiv der NVA unter der Bezeichnung "BILANZ-88". Ziel der Übung: Führung von Gruppenschlägen gegen Objekte in der Tiefe des Territoriums des Gegners, Durchbrechen der gegnerischen Luftverteidigung.
05.- 08.06.88	Mehrstufige Front-Kommandostabsübung unter der Bezeichnung "SCHILD-88/TARCZA-88" unter Leitung des polnischen Verteidigungsministers. Übungsraum: Nördliches und westliches Territorium der VR Polen. Übungsteilnehmer: Streitkräfte der Sowjetunion, Polens, der CSSR und der DDR, etwa 14.500 Angehörige der NVA. Übungsziel: Entschlussfassung zur Abwehr eines Aggressors. Beteiligt: alle Verteidigungsminister der WVO-Staaten.
05.- 08.06.88	Kommando-Stabsübung "WETTKAMPF-88" der NVA-Mobilmachungsdivisionen im Raum BURG und KARPIN.
08.- 14.08.88	Gemeinsame Kommando- und Stabsübung "DRUSHBA-88" unter Leitung des Stellver-

	treters des Oberkommandierenden der GSSD, GL KOSLOW. Übungsraum: BURG-LÜBBENAU-LUCKENWALDE. Teilnehmer: Kräfte der GSSD, der polnischen Armee und der 11. MSD (NVA). Die NVA entsendet mehr als 14.000 Soldaten zu dieser Übung. Eingebunden in die Übung "DRUSHBA-88" ist die Übung "SCHACH-MEISTERSCHAFT-88" der AufklKp des MSR-16 und des PR-11 der NVA. Ziel der Übung: Durchführung der Aufklärung in Vorbereitung des Einsatzes einer MSD im Krieg.		
		31.08.-22.09.88	Beginn der NATO-Manöverserie "AUTUM FORGE 88" mit der Marineübung TEAMWORK88" im Ostatlantik. Teilnehmer: Mehr als 200 Überwasserschiffe der NATO-Marinen, 16 U-Boote, 340 Flugzeuge. Die Bundesmarine nimmt mit den MFG 2, 3 und 5 an den Übungen teil. Die Bundesmarine entsendet 81 Schiffe zur Übung. Gleichlaufend führt die Bundeswehr die Übung "LANDESVERTEIDIGUNG 88" als erste Großübung des Territorialheeres nach Einführung der "Heeresstruktur 4" unter Führung des TerrKdo Süd, Mannheim durch.
25.11.88	Tagung des NVR der DDR. Auf der Tagesordnung standen u.a.: Bericht über die Schlussfolgerungen aus der Herbstübungsserie "AUTUM FORGE 88" der NATO sowie das Stationierungsabkommen der sowjetischen Streitkräfte in der DDR.		
01.12.88	Kommandeurwechsel im FuAR-2 DESSAU, das zu diesem Zeitpunkt die Bezeichnung "Zentraler Funkdienst – ZFD" der NVA erhält.		
		24.02.-09.03.89	Übung "WINTEX/CIMEX 89" der NATO[240]

---

[240] Vergleiche hierzu: Schlacht von gestern: Der Artikel enthält umfassende Hintergrundinformationen zu dem Einfluss der deutschen Seite auf die militärischen Planungen und Abläufe, die für diese Übung unter Verantwortung des damaligen SACEUR, General Galvin vorgesehen waren. (Schlacht von gestern, Der Spiegel 29/1989 S. 23 f).

3.- 15.04.89	Taktische Truppenübung "ZYKLUS-89" der 8. MSD (NVA) und der 1. MSD (NVA). Übungsraum: GARDELEGEN-WITTENBERG-STERNBERG-WAREN-MIROW, STACKLITZ-SEEHAUSEN einschließlich der TrÜbPl KLIETZ und LETZLINGER HEIDE. Teilnehmer: MSR-27, 28, 29 (NVA) sowie PR-8 (NVA). Erstmals Teilnahme von Offizieren der Bundeswehr als Beobachter der Übung.		
04.07.89	Kommando- und Stabsübung "LEKTOR-89" der 1. und 3. LVDiv (NVA). Übungsziel: Abwehr eines ersten überraschenden Schlages.		
16.05.- 09.06.89	Taktische Übung "ELBE-89" der 3. LVDiv der NVA mit dem Ersteinsatz gemischter Raketengruppierungen sowie taktischer Ausbildung unter Bedingungen des elektronischen Kampfes.	12.06.89	Großangelegter NATO-Alarm[241]
21./ 22.06.89	Luftverteidigungsübung "ZENITH-89" der 1. LVDiv der NVA im Verbund mit der LV-Organisation der GSSD.		
29.06.89	Umbenennung des bisherigen GSSD in "Westgruppe der Truppen-WGT"		
15.09.89	Letzte Kommandoübergabe im LStRgt 40 "Willi Sänger"		
03.- 05.10.89	40. Tagung des Militärrates der Vereinigten Streitkräfte der WVO in Warschau.		
13.11.89	Eingang eines Fernschreibens des Stabschefs der WGT mit Klarstellungen in Bezug auf den Status der alliierten Militär-Verbindungsmissionen in Berlin im MinfNat-Vtdg der DDR.		
24.09.90	Unterzeichnung des Protokolls über die Herauslösung der NVA aus den Streitkräften der Warschauer Vertragsorganisation. (WVO), Rückgabe der Spezialausrüstung und Chiffriertechnik sowjetischen Ursprungs		

---

[241] Vermutlich war es keine Verkettung unglückseliger Umstände in der SHAPE EMERGENCY ACTION UNIT (EAU) unter Führung eines US Captains, so wurde später kolportiert, die ausgerechnet in den Vormittagsstunden (gegen 11:00 Uhr Ortszeit) am 12. Juni 1989 zur Auslösung eines NATO-Alarms führte, als sich der damalige sowjetische Staatschef M. Gorbatschow bereits im Anflug auf Köln/Bonn befand. Offenbar war auch der britische DSACEUR, Sir John Akehurst, nicht informiert. Weder der damalige deutsche Deputy Supreme Allied Commander Europe-DSACEUR, General Eimler, noch der deutsche Deputy Chief of Staff Operations SHAPE, GenLt. Malecha, sahen offenbar Anlass zur Intervention bei General Galvin. Allerdings intervenierte später der damalige Generalinspekteur der Bundeswehr, der sich gerade anschickte, zum Empfang des sowjetischen Staatschefs zu fahren, bei General Galvin. Der bereits laufende Alarm wurde danach ohne weitere Erklärung durch SHAPE "abgeblasen". Ein auch aus heutiger Sicht ungewöhnliches Unternehmen, wenn man die strikte Befehlsstruktur bei SHAPE in Rechnung stellt (Schlacht von gestern, Der Spiegel 29/1989 S. 23 f und eigene Beobachtungen des Autors bei SHAPE zu dieser Zeit). Vergleiche zur Stellenbesetzung: SHAPE STAFF DIRECTORY(NU) 1. August 1989.

	in der NVA an die sowjetische Seite. Dies galt auch für Dokumente der WVO, die zurückzugeben oder in gegenseitigem Einvernehmen zu vernichten waren.		
25.09.90	Mitteilung der WGT an das Ministerium für Abrüstung und Verteidigung über die Aufhebung der Verantwortung für die Luftverteidigung des DDR-Territoriums durch die WGT. Ab 25.09.90 war die WGT ausschließlich für die Luftverteidigung ihrer auf dem Territorium der DDR stationierten Kräfte verantwortlich. Der Vertreter des ZGS der LSK/LV im Gefechtsstand der WGT-LV war zu diesem Zeitpunkt abzuberufen		
03./ 04.10.90	Übernahme des Kommandos über die NVA durch die Bundeswehr.		

3.21 Die Warschauer-Pakt-Stabs- und Kommandoübung "MASZOWSZE"[242] im Jahre 1963

Die im Jahre 1963 durchgeführte Warschauer-Pakt-Stabs- und Kommandoübung "MASZOWSZE" basierte auf den für den Kriegsfall ausgearbeiteten Plänen des Warschauer Paktes, wie dies Unterlagen aus dem Archiv des polnischen Generalstabs in Warschau belegen. Die Übungslage sah den Einsatz von 86 Interkontinentalraketen mit nuklearen Gefechtsköpfen gegen die USA sowie 86 Nuklearwaffen gegen das westliche Zentraleuropa vor. Im Gegenzug rechneten die Planer des Warschauer Paktes mit dem Einsatz von 55 Nuklearwaffen durch die NATO gegen die Kräfte der 2. Strategischen Staffel des Warschauer Paktes, die sich in Polen formierten. Im Rahmen eines nuklear unterstützten Angriffs gewannen NATO-Kräfte die Räume Wismar und Eisenach. Der Warschauer Pakt setzte nun zur Verteidigung 61 Nuklearwaffen gegen die NATO-Aufmarschräume ein. Im Gegenzug bekämpfte die NATO die Kräfte des Warschauer Paktes mit dem Einsatz von 36 Nuklearwaffen. Im weiteren Verlauf der fiktiven Kämpfe zwischen Warschauer Pakt und der NATO setzten beide Seiten mehr als 400 Nuklearwaffen ein. Die Planer des Warschauer Paktes rechnen mit dem Tod von mehr als 380.000 Soldaten und Zivilsten sowie der Verwundung von mehr als 890.000 Soldaten und Zivilpersonen in der Anfangsphase des Krieges. Für die Gesamtverluste veranschlagten die Planer des Warschauer Paktes 1.3 Millionen Tote und 3 Millionen Verwundete auf Seiten des War-

---

[242] The National Security Archive, Electronic Briefing Book No. 14, Washington (abgerufen 15. Mai 2013).

schauer Paktes. Auf Seiten der USA wurden die Anzahl der getöteten auf 33 Millionen Menschen geschätzt. Die wirtschaftliche und industrielle Basis war durch die Kernwaffenschläge der NATO weitgehend zerstört, wie dies aus einer beigegebenen Abbildung ersichtlich wird.

3.22 Die Stabsübung "ASTRA" der Armeegruppe West im Jahre 1964[243]

Wie die im Militärhistorischen Archiv Prag aufgefundenen Unterlagen belegen, wurde im Rahmen der Übung "ASTRA", die im Jahre 1964 stattfand, der umfassende Einsatz nuklearer Waffen durch den Warschauer Pakt geübt. Hierbei waren die Absichten des Oberkommandierenden für den echten Kriegseinsatz wie folgt: "Durch den Ersteinsatz nuklearer Kampfmittel durch die Armeegruppe (Front) West in einer Tiefe bis zu 500 Kilometern sollen die gegnerischen Kräfte einschließlich ihrer nuklearen Einsatzmittel zerschlagen werden, um damit Vorteile für einen unmittelbaren eigenen Folgeangriff zu schaffen. Gewöhnlich werden die zu erreichenden Ziele der Armeegruppe unmittelbare Ziele und längerfristige Ziele beinhalten. Angriffe werden täglich auf Ziele zwischen 50 und 100 Kilometern vorgetragen. Die Breite des Angriffsstreifens der Armeegruppe kann in Abhängigkeit vom Gegner zwischen 150 bis 250 Kilometer betragen. Der Angriff wird entlang der Achse Hradec-Kralove-(Königgrätz)-Pilsen-Nürnberg geführt und soll am fünften Tag nach Angriffsbeginn die Kontrolle des Raumes Fulda-Würzburg-Schwäbisch Hall-Feuchtwangen- Schweinfurt durch eigene Kräfte sicherstellen. Der unmittelbare Folgeangriff soll entlang der Hauptstoßlinie Nürnberg-Karlsruhe-Lunéville erfolgen und die dort befindlichen Kräfte der NATO im südwestlichen Teil der Bundesrepublik zerschlagen. Am neunten Tag der Operation wird die Armeegruppe die totale Kontrolle über den Raum Metz-Nancy-Strasbourg und Saarbrücken ausüben. Für die Operationen der 14. Armee sind der Einsatz von 41 nuklear bestückten Raketen und der Einsatz von 23 Raketen mit chemischen Gefechtsköpfen geplant. Die Flugplätze Eichstädt, Schwäbisch-Gmünd, Schwäbisch Hall und Giebelstadt werden angegriffen. Die NIKE-HERCULES Stellungen der NATO in Bamberg, Nürnberg und Donauwörth werden zerstört. Angegriffen werden auch der Gefechtsstand

---

[243] The National Security Archive, Electronic Briefing Book No 14, Washington, (abgerufen 01. Mai 2013)

Heilbronn, Heereskräfte der US-Armee und der Bundeswehr. An Nuklеareinsätzen waren geplant: 4 Nuklearschläge gegen die 12. Panzerdivision der Bundeswehr (Veitshöchheim), 2 Nuklearschläge gegen die 4. Panzergrenadierdivision der Bundeswehr (Regensburg) sowie 2 Nuklearschläge gegen die 24. Division[244] und 10. Mechanisierte (damals Panzergrenadierdivision der Bundeswehr mit Stab in Sigmaringen). Auch Nürnberg und Stuttgart sollten als Verwaltungszentren nuklear angegriffen werden."

3.23 Die Warschauer-Pakt-Großübung SCHILD/TARCZA 88[245]

Im Folgenden soll die Übung SCHILD-88 des Warschauer Paktes an Hand der dem Polnischen Institut für Nationale Erinnerung vorliegenden Originalunterlagen beschrieben werden. Das Dokument ist in die Abschnitte:
- Operationelle Zusammenfassung Nummer 1 für die Periode vom 25. Mai 08:00 Uhr bis 02. Juni 08:00 Uhr,
- Feindlagezusammenfassung Nummer 1 vom 02. Juni 1988, 08:00 Uhr
- Operationelle Zusammenfassung Nummer 2 für die Periode 02. Juni 08:00 Uhr bis 06. Juni 08:00 Uhr,
- Feindlagezusammenfassung Nummer 2 für die Periode vom 02. Juni, 08:00 Uhr bis 06. Juni, 19:00 Uhr,
- Politisches Hauptdirektorat der polnischen Armee – Informationszusammenfassung Nummer 1 vom 02. Juni 1988, 08:00 Uhr

gegliedert und war im Original als "GEHEIM" eingestuft.

3.23.1 Die Ausgangslage der Übung Schild/TARCZA

In der Ausgangslage beschreibt das Szenario die politischen Hintergründe auf Seiten von BLAU[246]. Dabei wird davon ausgegangen, dass

---

[244] Bei der 24. Division kann es sich um eine doppelt stationierte US-Division handeln, deren Stab und eine Brigade damals in Göppingen stationiert waren.
[245] "ЩИТ"; Blattner /Orschel, Langenscheidts Taschenwörterbuch Russisch-Deutsch, S. 425, Berlin 1964
[246] Quelle: Cold War International History Project (CWIHP), www.cwhip.org by permission of the Woodrow Wilson International Centre for Scholars, Virtual Archive: Military Exercise SHCHIT-88: GENERAL STAFF OF THE POLISH ARMED FORCES, 0800 2 JUNE SECRET, Copy No. 4 (Polish Institute for National Remembrance (IPN) (IPNBU1408/2, June 2, 1988. Übersetzung aus der polnischen in die englische Sprache durch CWIHP. Im Doku-

die Militärs von BLAU mit den Entspannungsbestrebungen der blauen Regierungen nicht einverstanden sind und daher die Einsatzbereitschaft der Nuklearstreitkräfte von BLAU erhöht haben. Darauf hat "ROT" (in diesem Fall der Warschauer Pakt) ebenfalls die Einsatzbereitschaft seiner Streitkräfte erhöht. Die Erhöhung der internationalen Spannungen hat in Polen zur Unruhe unter der Bevölkerung und zu Spannungen mit der Regierung geführt.

3.23.2 Operationelle Zusammenfassung Nummer 1 für die Periode vom 25. Mai 08:00 Uhr bis 02. Juni 08:00 Uhr

In Übereinstimmung mit der ansteigenden Bedrohung durch BLAU hat ROT einen verdeckten Aufmarsch ausgewählter Kräfte und die Einstellung aller Ausbildungsmaßnahmen veranlasst. Truppen auf Übungsplätzen wurden in ihre Heimatgarnisonen beordert. Bereits auf Kriegsstärke befindliche Einheiten setzen ihre Ausbildung auf Übungsplätzen fort. Pionierkräfte beginnen mit dem Beziehen ihrer Einsatzräume zur Unterstützung des Aufmarsches. Die der 3. Front unterstehenden Stäbe der 2., 3., 6. und 8. Armee beginnen mit der Einrichtung von Feld-Gefechtsständen in ihren Aufmarschräumen. Zusätzlich wurden durch die Industrie Flugzeuge und Hubschrauber zugeführt und einsatzbereit gemacht. Ab 26. Mai wurde für alle Truppenteile eine 24-Stunden-Bereitschaft befohlen. Die Luftverteidigungskräfte befinden sich in voller Einsatzbereitschaft. Die übrigen Stäbe und Truppen befinden sich mit reduziertem Ablösungsbetrieb in Bereitschaft. Grenztruppen und Truppen der "Inneren Sicherheit" haben die Überwachung der Grenzen, Häfen und Flugplätze verstärkt. Der Oberkommandierende des westlichen TVD hat mit der Direktive vom 25. Mai 1988 die Durchführung einer Verteidigungsoperation auf Frontebene befohlen. Darauf bereiten sich die 2., 3., 6. und 8. Armee, unterstützt von Pionierkräften, auf eine Verteidigungsoperation in der "Haupt-Verteidigungszone" vor. Die polnischen Streitkräfte (Heer, Luftwaffe und Marine) sind mobilisiert und in ihren Einsatzräumen kriegsbereit. Die 2. Armee der Nationalen Volksarmee richtet sich im Streifen südwärts von SZECHIN und BARLINEK zur Verteidigung ein. Für die Nationale Volksarmee (NVA) der DDR begann die Übung DRUSHBA auf dem Übungsplatz DRAWSKI

---

ment werden die Streitkräfte der NATO durchgängig als "BLAU", der Warschauer Pakt hingegen wird als "ROT" bezeichnet.

POMORSKI am 25. Mai 1988 mit der Zuführung der 19. und 30. MotschtzDiv. Beide Einheiten werden verlegt und beginnen nun mit den Verteidigungsvorbereitungen im Raum DZIWNÓW-KOLOBRZEG. Die 2. MotSchtzDiv der 6. sowjetischen Armee bezog ab 25. Mai verdeckt ihren Verfügungsraum im Sektor ZAGAN-PIENSK. Die 1. sowjetische PzDiv und die 4. sowjetische MotschtzDiv haben Verfügungsräume in der Nähe von ZAGAN bezogen. Am 25. Mai wurde die 3. Armee der tschechoslowakischen Volksarmee (VCA) auf Kriegsstärke gebracht und begann mit der Verlegung in den Verfügungsraum SLUBICE-GUBIN. Anschließend wurde die Ausbildung auf dem Übungsplatz WEDRZYN fortgesetzt. Die 32. MotSchtzDiv (CVA) und die 43. MotSchtzDiv (CVA) wurden ebenfalls auf Kriegsstärke gebracht und setzten ihre Übungen am Friedensstandort fort. Auf Befehl des Chefs des polnischen Generalstabs wurden große Teile des polnischen Heeres, darunter Raketentruppen und Kräfte der Luftverteidigung, mobilisiert und anschließend in Verfügungsräume oder auf Übungsplätze verlegt. Die 21. PzDiv (POA) übte auf dem Übungsplatz ORZYSZ. Die 12. Küstenverteidigungsbrigade (POA) befindet sich in ihrem Einsatzraum. Die zusätzlich mobilisierte 41. MotSchtzDiv (POA) befindet sich im Aufmarsch. Zusätzlich begannen Aufklärungskräfte und Kräfte der Funk- und Funktechnischen Aufklärung an den vorderen Grenzen ihrer Einsatzräume mit der Aufklärung. Spezialeinsatzkräfte beginnen mit der "grenznahen" Aufklärung an den Grenzen zu "BLAU". Die Luftaufklärung an der polnischen Westgrenze und in küstennahen Gewässern wurde verstärkt. Kräfte der "Nuklearen, biologischen und chemischen Aufklärung" intensivieren ihre Ausbildung. Zehn Prozent der Kräfte der "Nuklearen, biologischen und chemischen Aufklärung" befinden sich in Bereitschaft. Kräfte der "aufklärenden Artillerie" beziehen vorbereitete Beobachtungsstellen in ihren Gefechtsstreifen. Für den 2. Juni 1988 sind weitere Zuführungen von Kräften, insbesondere Raketenkräfte und Artillerie, vorgesehen. Raketenkräfte[247] haben bereits Bereitstellungsräume (um WEGORZEWO, WRONKI, SWIEBODZIN, RUDNA) bezogen. Die Luftwaffe verlegte bis zum 2. Juni 1988 auf vorgeschobene Basen, betrieb "Luftgestützte Gefechtsstände" und hielt diese in Bereitschaftsstufe 2. Ausweichflugplätze und Notlandeplätze (Straßen- und Auto-

---

[247] Offenbar war in der Übung der Übungs-Einsatz von mindestens 4 nuklearen Gefechtsköpfen vorgesehen.

bahnteilstücke) wurden aktiviert. Die Munitionsbestände auf den Einsatzbasen wurden ergänzt. Die Luftverteidigungskräfte befinden sich seit 2. Juni 1988 in Alarmbereitschaft. Die Luftverteidigungskräfte der 8. Armee sind einsatzbereit. Am 02. Juni 1988, 08:00 Uhr wurde bei Landstreitkräften und der Luftverteidigung Frequenzwechsel auf allen Frequenzen durchgeführt. Die Fliegerabwehrraketenkräfte der Luftverteidigung befinden sich mit Masse in der Einsatzbereitschaftsstufe 2, einige Verbände noch in Stufe 3. Mittlerweile wurden zusätzliche Pionierkräfte mobilisiert und in ihre Einsatzräume verlegt. Am 1. Juni wurden die frontnahen Messstellen der Nuklearen, biologischen und chemischen Aufklärung aktiviert. Der Aufmarsch der Fernmeldeeinheiten und der Aufbau entsprechender Kommunikationsnetze (Funk, Troposphären-Funk und Satellitenverbindungen) sind abgeschlossen. Technische und Versorgungstruppen befinden sich in ihren Einsatzräumen. Der logistische Aufmarsch und die Versorgung sind abgeschlossen. Die "Kombinierte Baltische Flotte" unter dem Kommando des Befehlshabers der sowjetischen "Baltischen Rotbanner-Flotte", bestehend aus Einheiten der sowjetischen Baltischen Rotbanner-Flotte, der polnischen Seekriegsflotte und der Volksmarine der DDR wurden ergänzt und erhielten der Auftrag, die Küsten zu verteidigen. Die Übung begann mit einer Angriffsübung, wurde mit einer Minenräumübung und anderen Verbandsübungen fortgesetzt und endete am 5. Juni 1988. Die Aufklärungskräfte der "Kombinierte Baltische Flotte", bestehend aus Aufklärungsschiffen, Flugzeugen und Funk- und Funktechnischen Landstationen, haben die Aufklärungskräfte der NATO im Übungsgebiet ständig überwacht. Besonderes Augenmerk wurde auf die Überwachung westlicher U-Boote im Übungsgebiet gelegt. Am 30. Mai 1988 wurden die "Inneren Truppen" Polens mobilisiert und zu Überwachungsoperationen eingesetzt. Die polnischen Grenztruppen wurden für die Zeit der Übung dem Frontbefehlshaber der 3. Front unterstellt.

3.23.3 Feindlagezusammenfassung Nummer 1 vom 02. Juni 1988, 08:00 Uhr

Ziffer I. dieser Zusammenfassung schildert die politischen und militärischen Rahmenbedingungen bei BLAU, die zum Ansteigen der Spannung zwischen BLAU und ROT geführt haben. Die Autoren des Szenarios verweisen in dieser Ziffer auch auf wirtschaftliche Interessen von

BLAU, die zur Erhöhung der Spannungen beigetragen haben. Nicht zuletzt hat die erkennbar erhöhte Übungsfrequenz bei BLAU zu einem weiteren Anstieg der Spannungen geführt. Ziffer II beschreibt einige militärische, technische und ökonomische Aspekte auf Seiten von ROT, die zum Verständnis der damaligen Situation für die Teilnehmer an dieser Übung offenbar erforderlich schienen. Insbesondere wird auf die Reorganisationsmaßnahmen in den Landstreitkräften bei ROT Bezug genommen, wie auch auf die Modernisierung der Luft- und Seestreitkräfte. Die Ziffer III. dieser Feindlagezusammenfassung beschreibt die Übungstätigkeit der NATO, insbesondere die Zusammenarbeit zwischen den Land- und Luftstreitkräften. Die Ziffer IV. der Feindlagezusammenfassung beschreibt beispielhaft einige Übungen des Warschauer Paktes im Jahre 1988, die im Rahmen der Frühjahrsübungs-Serie des WP stattgefunden haben:

- **VESNA-88**, eine Kommando- und Stabsübung im Raum Leipzig-Halle-Erfurt-Plauen.
- **LABENDYN 2/88**, eine Übung von Teilen der 26. Armee im Raum Neubrandenburg-Waren-Mirow unter Einschluss einer Übung im scharfen Schuss der Raketen- und Artilleriekräfte auf Frontebene im Bereich Luckenwalde-Lübben-Schönewalde.
- **BEREG**, eine Küstenverteidigungsübung im Raum Wismar.
- **VOLANT**, eine Truppenübung mit zwei Parteien im Raum Gryfino.
- **MARYASH-88**, eine Übung mit zwei Parteien im Raum Frankfurt/O.
- **BARER-88**, eine Übung mit zwei Parteien im Raum Cottbus.

Zum Schluss der Ausführungen wird noch darauf hingewiesen, dass BLAU (die NATO) am 1. Juni 1988 die Reduzierung der taktischen Raketen im Mittelstreckenbereich in Europa vorläufig eingestellt hat.

3.23.4 Operationelle Zusammenfassung Nummer 2 für die Periode 02. Juni, 08:00 Uhr bis 06. Juni, 08:00 Uhr

Diese Zusammenfassung beschreibt die Lageentwicklung nach dem Beginn großräumiger NATO-Übungen (BLAU) an den Grenzen zu ROT. Am 6. Juni 1988 erfolgte eine alle Streitkräfte von BLAU einschließende Alarmübung. ROT geht in der Zusammenfassung davon aus, das BLAU jederzeit zum Angriff befähigt ist. Daher wurden die Streitkräfte von

ROT in volle Kampfbereitschaft versetzt. Letzte Verbände von ROT bezogen ihre Einsatzräume.

3.23.5 Feindlagezusammenfassung Nummer 2 für die Periode vom 02. Juni, 08:00 Uhr bis 06. Juni, 19:00 Uhr

Die Zusammenfassung beschreibt in Ziffer I die politische Entwicklung auf der Seite von BLAU. Mehr als 50 Diplomaten von ROT wurden ohne Angabe von Gründen durch die Regierungen von BLAU am 05. Juni 1988 ausgewiesen. Im Gegenzug hat ROT 30 Diplomaten von BLAU des Landes verwiesen. In Ziffer II wird die militärische Lage auf Seiten von BLAU mit Stand 6. Juni 1988, 19:00 zusammengefasst: Operative Manövergruppen (OMG)[248] der Nord-, Zentral- und Südfront wurden aktiviert. Auf dem Übungsplatz CEDYNIA begann die Truppenübung RUBIN-88. Übungsziel ist die Schulung der Entschlussfassung durch die beteiligten Stäbe. Am 04. Juni 1988 begann auf dem Übungsplatz Weisswasser die Übung "CERNY KOT" mit dem Ziel, die Einsatzbereitschaft der unterstellten Truppen zu überprüfen. Im Raum nordwärts von Neubrandenburg wurde ein Fernmeldekopf der 26. Armee eingerichtet. BLAU hat im Raum Lipstadt und Siegen Kräfte zu einer Übung zusammengezogen. Folgende Gefechtsstände wurden eingerichtet: 26. Armee, Raum Neurupping, Raum Dessau, 35. Armee, nordwärts Karl-Marx-Stadt, 36. Armee, nordwärts von Prag, 48. Armee. BLAU hat die Übungsvorbereitungen für die im Bereich der westlichen Ostseezugänge von 07. Juni bis 06. Juli 1988 geplante Übung der NATO-Marinekräfte "SKAGEN-88" abgeschlossen. Die integrierte Luftverteidigung der NATO in der Central Region wurde einer Überprüfung ihrer Einsatzfähigkeit unterzogen. Mehr als 36 Radarstationen der NATO-Luftverteidigung waren an der Übung beteiligt. Einige Luftverteidigungssektoren der NATO halten die Einsatzbereitschaftsstufe 2 (DEFCON 2?). Am 06. Juni 1988 wurden im Warn-Netz der NATO Alarmbefehle übermittelt, die offenbar den Befehl zur Herstellung der vollen Einsatzbereitschaft der NATO-LV[249] enthielten.

---

[248] Die Aktivierung der OMG erfolgte vermutlich als Rahmenleitgruppen der Stäbe ohne Truppe. Siehe hierzu auch: FM 100-2-1, The Soviet Army – Operations and Tactics, Kapitel 4, S. 9.

[249] Offenbar nutzte ROT einige zur gleichen Zeit stattfindende Übungen der NATO zur Anreicherung ihres Szenarios. Ein nicht ganz ungefährliches Unterfangen, da hier "REAL WORLD" und "EXERCISE" leicht vermischt werden konnten.

3.23.6 Politisches Hauptdirektorat der polnischen Armee – Informationszusammenfassung Nummer 1 vom 02. Juni 1988, 08:00 Uhr

Die Informationszusammenfassung beschreibt in Ziffer 1 die politischen Rahmenbedingungen auf der Seite von BLAU. BLAU übt demnach ökonomischen Druck auf ROT aus und intensiviert seine Aufrüstungsanstrengungen. Damit verbunden ist eine maritime Präsenz von BLAU in Seegebieten, die auch für die Marinekräfte von ROT von Bedeutung sind. Ziffer II beschreibt die innenpolitische Situation in Polen, die ernsthafte Störungen des Verhältnisses der Bevölkerung zur Regierung Polens erkennen lässt[250]. Ziffer III beschreibt den inneren Zustand der polnischen Streitkräfte, der als stabil bezeichnet wird. Die politischen Organe in der Armee haben ihre Vorbereitungen für künftige Operationen im Kampfeinsatz verstärkt und bekämpfen Einflüsse der gegnerischen (BLAU) Propaganda. Anmerkung: Die Lektüre des Dokuments lässt erkennen, dass der Warschauer Pakt Ende der achtziger Jahre bestrebt war, die defensive Zielsetzung des Bündnisses zu betonen. Trotzdem diente diese Übung der Erprobung neuer Verfahren, insbesondere auch des Einsatzes der "Operativen Manövergruppen – OMG", die offenbar als Antwort auf die "Follow On Forces Attack – FOFA" der NATO gedacht waren. Eine seriöse Gesamtbewertung dieser und anderer Übungen könnte nur durch den Vergleich mit den Erkenntnissen der NATO aus diesen Übungen getroffen werden. Leider werden die Archive der NATO, insbesondere die Erkenntnisse des militärischen Nachrichtenwesens der NATO aus den Übungen des Warschauer Paktes, auch auf absehbare Zeit der interessierten Öffentlichkeit nicht zur Verfügung stehen. Dies kann auch für die Erkenntnisse der nationalen Dienste gelten, von denen anzunehmen ist, dass diese in den neunziger Jahren vernichtet[251] wurden.

---

[250] Ein für diese Zeit sehr ungewöhnlicher Vorgang.
[251] Soweit bekannt, wurden die als besonders sensitiv geltenden Unterlagen aus der FmElo-Aufkl der Luftwaffe, die sich in Trier befanden, ohne Ausnahme vernichtet. Ähnliches kann sicherlich für die Bestände des Heeres und der Marine gelten.

3.23.7 Erkenntnisse der NATO zu möglichen militärischen Optionen des Warschauer Paktes in der Central Region

In einem im Bestand des Ministeriums für Staatssicherheit aufgefundenen Dokument[252] ging nach den Erkenntnissen des MfS, die diese sicherlich durch potente "Innenquellen" gewonnen hatte, die NATO davon aus, dass auf Seiten des Warschauer Paktes bei Ausbruch von Feindseligkeiten mit dem Auftreten einer "Nordfront" mit der operativen Richtung Nordseeküste und bestehend aus:
- 2. Sowj. GdPzArmee
- Teile der 5. Armee (DDR)
- Kräfte des Pommerschen Militärbezirks (POL) und der
- Vereinten Ostseeflotte

mit Ziel, die Nordseeküste und die Ostseezugänge zu erobern und zu besetzen, zu rechnen sei.

Ferner gingen die Planer der NATO davon aus, dass der WP in der Central Region eine "Westfront", bestehend aus
- 3. Sowjetische Stoßarmee (Magdeburg),
- 3. NVA-Armee
- Eine Division der 20. Sowjetischen Gardearmee,
- 8. Sowjetische Gardearmee (Weimar),
- Kräfte der 1. Sowjetischen Gardepanzerarmee,
- Teile des Schlesischen Militärbezirks (POL),
- Teile des sowjetischen Militärbezirks Weißrussland

sowie Mob-Teile der NVA in einer gesonderten Operation gegen West-Berlin eingesetzt werden konnten. Für den Südwestteil der Bundesrepublik rechneten die Planer der NATO mit der Errichtung einer "Südwestfront" bestehend aus:
- 1. Armee (CVA) mit Stoßrichtung Nürnberg-Ingolstadt, danach die Rheinübergänge,
- 4. CVA mit allgemeiner Angriffsrichtung München, Kräfte der Zentralgruppe der Truppen (ZGT) und Militärbezirk Ost der CVA

Offenbar rechneten die Planer der NATO auch mit der Unterstützung durch das im Südwesten stationierte II. Korps der französischen Armee. **Anmerkung:** Es fällt auf, dass die Planer der NATO bei einem

---

[252] BStU, PagNr.: 0000024, Datum unleserlich, MfS, Streng Geheim Nr. 92/82 Gegnererkenntnisse zur Operationsplanung und Aufklärung der Streitkräfte des Warschauer Vertrages.

Angriff durch den WP in der Central Region mit dem Einsatz relativ schwacher Kräfte auf Seiten des Warschauer Paktes rechneten, da der WP zu dieser Zeit gegenüber der Central Region über weitaus mehr präsente Kräfte verfügte.

3.25 Erkenntnisse nach dem Ende der DDR über die tatsächlichen Kriegsplanungen des Warschauer Paktes für die Central Region

Mit Übernahme der Nationalen Volksarmee der ehemaligen DDR durch die Bundeswehr am 3. Oktober 1990 gelangten eine Vielzahl militärisch bedeutsamer Dokumente[253] der NVA in den Besitz der Bundesrepublik. Allerdings fanden sich, soweit bekannt, darunter keine Originalpläne oder Befehle zur Mobilmachung der NVA und der geplanten Operationsführung des Warschauer Paktes im Kriegsfall. Aus einer Vielzahl von Einzeldokumenten zur Herstellung der Gefechtsbereitschaft und Unterlagen über Übungen auf hoher Ebene, in denen nach Angaben kompetenter ehemaliger Angehöriger der NVA geht hervor, dass Varianten tatsächlicher Kriegsplanungen geübt wurden. Aus den überkommenen Unterlagen und ergänzenden Befragungen ergibt sich für die Kriegsplanung des Warschauer Paktes bis zur Auflösung der NVA folgendes Bild[254]:

Die Streitkräfte des Warschauer Paktes sollten
- Möglichst bald nach dem Beginn eines Krieges in der Lage sein, die strategische Initiative zu gewinnen,
- in der Lage sein, die NATO-Streitkräfte auf deren Territorium zu schlagen,
- einzelne Staaten der NATO aus dem Bündnis heraus zu brechen.

---

[253] Der militärische Nachrichtendienst der NVA konnte seine agenturischen Unterlagen über Quellen im Operationsgebiet offenbar weitgehend vernichten. Vergleiche hierzu: Richter, W.: Der Militärische Nachrichtendienst der Nationalen Volksarmee der DDR und seine Kontrolle durch das Ministerium für Staatssicherheit, S. 290 – 299. Frankfurt am Main, 2004 (2. Auflage), ebenso: Wegmann, B.: Die Militäraufklärung der NVA, S. 612–617, (1. Aufl.), Berlin 2005, sowie Großmann, W., a. a. O., S. 196, sowie Knabe, a. a. O., S. 11.

[254] Siehe hierzu: Bautzmann, G., BG der Bw a. D.: Zu den Kriegsplanungen des Warschauer Paktes in den achtziger Jahren - Darstellung unter Berücksichtigung der Quellenlage nach dem Ende der DDR und ihrer Streitkräfte, in: Österreichisches Jahrbuch für internationale Sicherheitspolitik 1997, Wien. Bautzmann, BG a. D.: 1997 bis 1988 Amt für Militärkunde – AMK (BND), danach bis 1992 Stabsabteilungsleiter BMVg FüS II (Militärisches Nachrichtenwesen) Quelle: Teuber, R.: Die Bundeswehr 1955-1995, S. 16, 23, Norderstedt, 1996.

Für den kontinentalen TVD Mittel-/Westeuropa sah die sowjetische Führung eine komplexe Gesamtoperation[255], deren einzelne Operationen koordiniert ineinander greifen sollten, vor. Geplant war eine umfassende strategische Offensivoperation in drei Stoßrichtungen, dafür waren 60% des verfügbaren Truppenbestandes eingeplant. Unterstützend waren umfassende Einsätze von Diversionskräften[256] in der rückwärtigen Kampfzone der NATO bei Kriegsbeginn geplant. Auch kann davon ausgegangen werden, dass die Luftstreitkräfte des Warschauer Paktes bei Beginn des Krieges in einer umfassenden Luftangriffsoperation die NATO-Luftverteidigung bereits in der Anfangsphase zu zerschlagen beabsichtigten.

- Die "nördliche Operation" unter Einschluss der Nordgruppe der Truppen (NGT) hätte mit Erreichen der dänischen Nordseeküste ihren Abschluss gefunden.[257]
- In der zentralen Westrichtung sollten die Truppen des Warschauer Paktes in der norddeutschen Tiefebene die gepanzerten Kräfte der NATO einkesseln und zerschlagen, um anschließend nach Belgien und Luxemburg durchzustoßen (Luxemburger Richtung). Die als 2. strategische Staffel folgende "Weißrussische Front" sollte bis zur Kanalküste und der Atlantikküste stoßen und danach die Operation beenden.
- In der strategischen Richtung Südwest sollte die 1. strategische Staffel, die durch Kräfte der ZGT und der CVA[258] als "Südwestfront" gebildet wurde, bis zur französischen Grenze vorstoßen. Die 2. strategische Staffel der Südwestfront, die aus Kräften des MB Karpaten bestand, sollte in einer Folgeoperation bis zu den

---

[255] Die grenznahe Bevorratung an Versorgungsgütern des Warschauer Paktes war ausreichend für viele Operationstage (Bautzmann, a. a. O., S. 153)

[256] Vergleiche hierzu auch: Kenner, R.: Soviet Army Spesnaz. The Red Elite from the Hysteria of the 1980 to the Present, JIPSS Vol. 4 No. 1/2010, Graz, 2010

[257] Hier war auf sowjetischer Seite offenbar der Einsatz nuklearer Gefechtsfeldwaffen vorgesehen. Vergleiche: Kläy, D.: Die Schweiz im Spannungsfeld des Kalten Krieges, AMSZ 11/1998. Dies kann auch für sowjetische Operationen gegen Norditalien gelten. Vergleiche hierzu: APA-Meldung Wien v. 06.10.97 - Szenarien des Kalten Krieges sahen Atomschläge gegen Österreich vor. Bei einem Ersteinsatz nuklearer Gefechtsfeldwaffen durch den Warschauer Pakt hätte die NATO mit Gegenschlägen gegen Ziele in Westrussland geantwortet (StS a. D. Rühle in der APA-Meldung v. 06.10.97).

[258] Offenbar hatte der militärische Nachrichtendienst der CVA im geplanten Einsatzraum der CVA in Südwestdeutschland "Schweigenetze" eingerichtet, die im Kriegsfall die vorstoßenden Kräfte der CVA in der rückwärtigen Kampfzone des II. Deutschen Korps durch Unternehmen des verdeckten Kampfes unterstützen sollten. Ob auch das Ministerium für Staatssicherheit in dieser Region entsprechende Vorbereitungen getroffen hat, ist ungewiss.

Pyrenäen vorstoßen. Soweit bekannt, war der Einsatz chemischer Waffen in allen Operationen nicht vorgesehen. Allerdings ging die sowjetische Planung von einem möglichen Einsatz von Nuklearwaffen auf Armee-Ebene aus. Bei Bedarf sah die sowjetische Planung offenbar auch eine Operationsrichtung "Alpen" unter Einschluss Österreichs[259] und der Schweiz[260] vor. Geplant waren offenbar Operationen in Richtung "Linzer Pforte" mit dem Ziel, Kräfte des II. deutschen Korps zu binden, dessen Einsatzraum in Süddeutschland auch die Grenzen zu Österreich und der Schweiz berührten. Eine weitere Option hielt sich die sowjetische Führung mit einem Vorstoß aus der ungarischen Ebene entlang der Donau offen, mit dem Ziel eines Stoßes in Richtung Italien. Hierfür kamen zwei Stoßrichtungen in Betracht: Graz-Klagenfurt-Genua sowie die Bergregion der Tauern. Nach Unterlagen der NVA war auch eine Operation des Warschauer Paktes aus dem Raum Österreich in Richtung Bodensee mit Ziel Basel geplant.[261] Soweit aus den überkommenen Unterlagen der NVA erkennbar, plante die sowjetische Führung für den Kriegsfall in der Central Region eine "umfassende strategische Angriffsoperation" die nur als "großer Schlag" durchgeführt werden konnte"[262]. Nach damaligen westlichen Berechnungen erforderte die strategische Mobilma-

---

[259] Der Nachrichtendienst des österreichischen Bundesheeres (Heeresnachrichtenamt - HNA) hatte 1968 bereits sehr frühzeitig auf eine drohende Invasion der CSSR durch den Warschauer Pakt hingewiesen. Vergleiche hierzu: Kurier, Wien, S. 3 v. 24.08.1998. Offenbar konnte sich die NATO aus politischen Gründen zu entsprechenden Maßnahmen nicht entschließen. Es erscheint aber wenig wahrscheinlich, dass der NATO die Invasionsvorbereitungen vollständig entgangen sein könnten. Eine von Österreich erbetene Garantieerklärung bei einer möglichen Krise wurde durch die US-amerikanische Administration nicht erteilt.

[260] Dass der Bestand der Schweizer Eidgenossenschaft durch eine Invasion des Warschauer Paktes gefährdet war, lässt sich unschwer aus den Planungen des sowjetischen Generalstabs ableiten. Die Schweiz hat auf diese Lage durch Vorbereitungen für den aktiven Widerstand nach einer möglichen Besetzung reagiert, wie dem Bericht der Parlamentarischen Untersuchungskommission aus dem Jahre 1990 zu entnehmen ist: "am 3. Dezember 1956, reichte Nationalrat Jaeckle ein Postulat ein, welches folgenden Wortlaut hatte: *Der Bundesrat wird im Hinblick auf den ungarischen Aufstand gebeten zu prüfen, welche Vorkehren in Organisation und Ausbildung getroffen werden können, um den totalen Volkswiderstand gegebenenfalls über die Feldarmee hinaus aufzunehmen und zu sichern.*" Zitiert nach: 90.022 VORKOMMNISSE IM EMD BERICHT DER PARLAMENTARISCHEN UNTERSUCHUNGSKOMMISSION (PUK EMD) VOM 17. NOVEMBER 1990, S. 176 f. Ein durchaus legitimes Anliegen eines Staates. Dies kann in gewissen Grenzen auch für die übrigen, in NATO- und anderen Staaten errichteten SBO-Formationen gelten, so lange sich diese unter staatlicher Kontrolle befanden.

[261] Kläy, D.: Die Schweiz im Spannungsfeld des Kalten Krieges, AMSZ 11/1998.

[262] Vergleiche Bautzmann, G., S. 153.

chung und der Gesamtaufmarsch der WP-Kräfte gegenüber der Central Region etwa zwei Wochen. Daraus errechneten westliche Stäbe eine Warnzeit von fünf bis zu zwei Tagen[263]. Umfassende Planungen für den Einsatz tschechoslowakischer Streitkräfte im Rahmen der Südwestfront enthält ein Plan[264] des damaligen tschechoslowakischen Verteidigungsministeriums aus dem Jahre 1964. In einer Bewertung, die dem Plan vorranging, gingen die Planer des tschechoslowakischen Verteidigungsministeriums davon aus, dass die Kräfte der NATO in der Central Region, II. Deutsches Korps mit 4. und 10. PzGrenDiv, 12. PzDiv, 1. GebDiv, 1.LLDiv, das VII. US Corps einschließlich der 24. MechDiv und der 4. PzDiv sowie die 1. Französische Armee mit 3. MechDiv und 1. und 7. PzDiv mit Unterstützung von über 900 Kampfflugzeugen sowie taktischer Boden-Boden-Raketen in der Lage waren, mit einen überraschenden Schlag das Staatsgefüge der Tschechoslowakei zu zerstören, den Aufmarsch der Warschauer-Pakt-Truppen im Land und die Heranführung strategischer Reserven auf dem Landweg in das tschechoslowakisch-polnische Grenzgebiet nachhaltig zu stören. Um dieser Gefährdung zu begegnen, sollte die tschechoslowakische Volksarmee im Verband mit der Zentralen Gruppe der Truppen (ZGT) der Sowjetarmee unmittelbar nach erfolgtem Ersteinsatz von Nuklearwaffen[265] gegen die Kräfte der NATO entlang der Linie Würzburg-Erlangen-Regensburg-Landshut zusammen mit der südwärts im Rahmen der 1. Sowjetischen Front eingesetzten 8. sowjetischen Gardearmee (stationiert im Raum Weimar) wohl entlang der Trennungslinie (Marktredwitz–Bayreuth–Nürnberg) zwischen VII. US Corps[266] und dem II. Deut-

---

[263] Anmerkung des Autors: Berücksichtigt man die möglichen politischen Verzögerungen bei Entscheidungen innerhalb der NATO zu dieser Zeit und den dabei auch auftretenden Zeitverzug, hätte die NATO ihre Abwehrbereitschaft erst sehr spät herstellen können. Ob danach noch Verstärkungskräfte aus Übersee und Großbritannien hätten herangeführt werden können, bleibt ungewiss.

[264] Plan of Actions of the Czechoslovak People's Army for War Period (Taking Lyon on the Ninth Day – The 1964 Warsaw Pact Plan for a Nuclear War in Europe and related Documents) – Parallel History Project on NATO and the Warsaw Pact, PHP Publications Series, Washington, D. C. /Zurich May 2000.

[265] Für die Initialphase des Angriffs sahen die Planer den Einsatz von 17 Kernwaffen gegen Kräfte des II. Deutschen Korps, des VII. US Corps und der 1. Französischen Armee in Südwestdeutschland vor.

[266] Kräfte des VII. US Corps (2nd Armored Cavalry Regiment – 2nd US ACR), ein brigadestarker gepanzerter Kampfverband, sollten ab der bayerischen Landesgrenze zur CSSR an Verzögerungslinien das Verzögerungsgefecht gegen die vorrückenden WP-Kräfte füh-

schen Korps angreifen und in Richtung Nürnberg, Stuttgart und München vorstoßen. Die tschechoslowakischen Kräfte sollten am ersten Tage der Feindseligkeiten die Linie Bayreuth-Regensburg-Passau erreichen. Am zweiten Tag sollte die Linie Höchstadt-Schwabach-Ingolstadt-Mühldorf[267] gewonnen werden. Für den dritten Tag war die Einnahme von Mosbach, Nürtingen, Memmingen und Kaufbeuren geplant. Danach sollten sich die Kräfte des Warschauer Paktes neu gruppieren und in Richtung Straßburg-Epinal-Dijon vorstoßen. Am dritten Tag war eine Besetzung österreichischen Territoriums mit Kräften aus dem Raum Budweis geplant, falls sich Österreich nicht neutral verhalten sollte. Der Plan enthält auch umfassende Planungen für den Luftwaffeneinsatz[268]

---

ren. Der Vordere Rand der Verteidigung (VRV) verlief in den siebziger und achtziger Jahren in diesem Raum entlang der Linie Kronach-Kulmbach-Bayreuth-Weiden-Schwandorf und weiter in südwärtiger Richtung.

[267] Im Sommer des Jahres 1967 befahl der Stab Fernmelderegiment 72 in Feuchtwangen im Rahmen der Rückführungsplanung von Personal im Kriegsfall einen "Überlebensmarsch" von der damaligen Einsatzstellung Thurndorf am Rande des Truppenübungsplatzes Grafenwöhr nach Feuchtwangen. Der Auftrag an die Marschgruppe, unter Führung eines Offiziers, lautete, sich vom Angreifer zu lösen und im Fußmarsch unter Mitführung der Handwaffen und der persönlichen Ausrüstung, ausschließlich bei Nacht, abseits möglicher feindüberwachter Straßen, den Regimentsstandort in Feuchtwangen zu erreichen. Die Versorgung erfolgte aus mitgeführten "Einmann-Packungen – EPA" oder dem örtlichem Ankauf von Lebensmitteln. Gerastet wurde abseits der Straßen im Wald während der Tagesstunden. Offenes Feuer durfte nicht entzündet werden. Die Verpflegung wurde mit Hilfe des damals zur persönlichen Ausrüstung gehörenden "Esbit-Kochers" im Kochgeschirr zubereitet. Auch sollten Scheunen oder abgelegene Gebäude nur ausnahmsweise bei schlechter Witterung zum "Unterziehen" benutzt werden, um die Entdeckungsgefahr durch den "Feind" zu minimieren. Im Gegensatz zu anderen Übungen wurden keine Suchkommandos zum Auffinden der Marschgruppe eingesetzt. Die Marschstrecke führte vom Autobahnkreuz Pegnitz durch die Fränkische Schweiz. Die Autobahn Frankfurt-Nürnberg wurde in Höhe Langenzenn westlich von Fürth überschritten. Insgesamt wurden für den Marsch 7 Nächte benötigt. Anmerkung des Autors, der an diesem Unternehmen teilgenommen hat: Wird das Angriffstempo des Warschauer Paktes zu dieser Zeit angemessen berücksichtigt, hätte das Empfangskomitee der "anderen Feldpostnummer" am Regimentsstandort in Feuchtwangen bereitgestanden. Ähnliche Planungen wurden auch noch nach 1968 für das Personal der Sektoren der "Vorderen Erfassung" für den Kriegsfall angestellt. Für den Fall der Räumung der Einsatzstellung auf dem Schneeberg unter Feindbedrohung – die Stellung lag noch vor dem "Vorderen Rand der Verteidigung – VRV", hätte das Personal dem Regimentsstandort im Fußmarsch unter Mitführung wichtiger Platinen aus den Erfassungssystemen – denn die Stellung sollte ja später wieder besetzt werden – durchführen sollen. Eine geplante Rückführung mittels Hubschrauber konnte nicht weiterverfolgt werden, da weder Heer noch Luftwaffe in dieser Lage über genügend Hubschrauber verfügt hätten. Auch ein Aufnehmen der Truppe am Flugplatz Bayreuth- Bindlach durch deutsche Transportflieger und Rückführung im Lufttransport wurde nicht weiterverfolgt. Gleichwohl hatte eine Transall des deutschen Lufttransportkommandos im Jahre 1968 den Platz Bindlach probeweise angeflogen, konnte dort problemlos landen und auch wieder starten.

[268] So sahen die Planungen für den Luftwaffeneinsatz des WP von Tag D+1 bis D+5 mindestens 8 Massenangriffe mit Bombern und Jagdbombern gegen Ziele auf dem Gefechtsfeld

gegen die Einrichtungen der Luftverteidigung und Führungsinfrastruktur auf Seiten der NATO mit dem Ziel, diese frühzeitig zu zerschlagen. Die 22. Luftlandebrigade der CVA sollte am Tag D+4 im Luftlandeeinsatz im Raum Stuttgart abgesetzt werden. Alternativ hierzu war ein Einsatz am Tag D+5 im Raum Rastatt geplant, um die Übergänge über Neckar und Rhein für die nachfolgenden Kräfte des Warschauer Paktes freizuhalten. Ein weiterer Einsatz war am Tag D+6 im Raum ostwärts Mulhouse vorgesehen. Für den Einsatz der tschechoslowakischen Kräfte im Rahmen der Südwestfront waren 12 Gefechtsstände geplant. Der Hauptgefechtsstand sollte im Objekt K-116 in Prag eingerichtet werden. Der Reserve-/Ausweichgefechtsstand des Frontkommandos war in der Nähe des Flugplatzes Dobrany vorgesehen. Wie weit diese Planungen später fortgeschrieben wurden, ist nicht bekannt. Es ist jedoch anzunehmen, dass diese Planungen den sich wechselnden Gegebenheiten, sowohl auf Seiten der NATO als auch auf Seiten des Warschauer Paktes, angepasst wurden[269].

3.26 Planungen der DDR für die Besetzung West-Berlins

Noch in den Jahren 1986, 1987 und 1988[270] probte die Nationale Volksarmee der DDR die Einnahme West-Berlins mit mehr als 35.000 Soldaten, darunter auch das Luftsturmregiment 40 "Willi Sänger" aus Lehnin bei Berlin, 300 Panzern und Luftunterstützung durch 36 Jagdbomber MIG 21. Die Übung trug die Bezeichnung "Bordsteinkante", auch ist die Operation unter der Bezeichnung "Operation Mitte, Operation Stoß oder Operation Zentrum" bekannt geworden. Ziel des fiktiven

---

und in der rückwärtigen Kampfzone (Gefechtsstände u. ä.) der NATO II vor. Deutsches Korps, VII. US Corps und 1. FR-Armee vor. Ab Tag D+6 bis D+8 waren täglich bis zu sechs Massenangriffe gegen die NATO-Kräfte im Südwesten geplant.

[269] Siehe hierzu eine Bewertung durch General (US-Army) William E. Odom: Comment on the 1964 Warsaw Pact Plan, in: Plan of Actions of the Czechoslovak People's Army for War Period (Taking Lyon on the Ninth Day - The 1964 Warsaw Pact Plan for a Nuclear War in Europe and related Documents) – Parallel History Project on NATO and the Warsaw Pact, PHP Publications Series, Washington, D. C./Zurich. May 2000. Von ehemals sowjetischer und DDR-Seite wurde dieser Plan allerdings angezweifelt. Westliche Fachleute bestätigen jedoch nach wie vor seine Echtheit.

[270] Siehe hierzu: Als die DDR West-Berlin überfallen wollte, Tagesspiegel, S. 5, Berlin, 26.05.2002, ergänzend dazu auch die Dokumentation der ARD: "Fall X, Bordsteinkante". Seit 1967 bereitete sich das Ministerium für Staatssicherheit auf den "Ernstfall" vor. Im Rahmen der "Direktive 1/67 – Vorbeugekomplex" sollten im Falle eines Krieges oder bei inneren Unruhen Internierungslager eingerichtet und Verdächtige, deren Listen vorbereitet und ständig aktualisiert wurden, dort in Gewahrsam genommen werden.

Angriffs war Magdeburg. Die Planungen der NVA sahen vor, dass Kräfte der Nationalen Volksarmee im Rahmen einer "Gruppierung Mitte" West-Berlin im Handstreich innerhalb von 24 Stunden besetzen. Ob die Alliierten in Westberlin zusammen mit der West-Berliner Bereitschaftspolizei in der Lage gewesen wäre, sich nachhaltig zu verteidigen, muss offen bleiben. Auch die Präsenz der US-Special Forces im amerikanischen Sektor hätte wohl daran nicht viel geändert. Ob sich die sowjetischen Streitkräfte an der Einnahme West-Berlins beteiligt hätten, ist auch heute noch nicht gänzlich geklärt.

3.27 Der geplante nukleare Präventivschlag des Warschauer Paktes gegen Westeuropa für den Kriegsfall

Wie erst nach der Wende bekannt wurde, betrachtete der Warschauer Pakt einen präventiven, auf Europa begrenzten Erstschlag mit dem Einsatz von mindesten 1.000 Nuklearwaffen als ernstzunehmende Option. Aus Gründen, die der Westen noch nicht kennt, hat die damalige sowjetische Führung auf einen Angriff gegen die NATO verzichtet[271]. Dass die damalige Sowjetunion entschlossen war, im Jahre 1989 gegen jegliches Ausbrechen der DDR aus dem Warschauer Pakt auch militärisch vorzugehen, wird aus einer Äußerung Peter Scholl-Latours[272] klar, der erklärt, dass ihm ein ehemaliger sowjetischer Botschafter erklärt habe, dass die Sowjetunion gegen die DDR habe vorgehen wollen, aber auf Geheiß Michail Gorbatschows diesbezüglich Reaktionen unterbunden wurden. Dass sowohl in militärischen Kreisen der Vereinigten Staaten als auch in der damaligen Sowjetunion noch bis zum Ende der achtziger Jahre weitere bisher weitgehend unbekannt gebliebene Pläne zur Führung eines Nuklearkrieges in Europa entwickelt wurden, wird durch eine Veröffentlichung[273] in den Vereinigten Staaten deutlich.

---

[271] Vergleiche: Rühle, H. & Rühle, M.: Präventiver Nuklearkrieg in Europa, Frankfurter Allgemeine Zeitung (FAZ), Nummer 188, S. 7, v. 13.08.2008. Vergleiche auch Statement Rühle in: ZDF - History: Die Geheimpläne des Kalten Krieges (PHOENIX, 03.06.2013, 20:15 Uhr). Auf dem Flugplatz Büchel in der Eifel sollen nach wie vor noch Kernwaffen der USA für einen Einsatz in Bereitschaft gehalten werden.
[272] Ehrenberg, T.: Was am Ende übrig bleibt, Interview mit Peter Scholl-Latour, in: TV Hören und Sehen, Ausgabe 23/13 v. 31.05.2013.
[273] In einer Dokumentation von PHOENIX mit dem Titel: ZDF - History: Die Geheimpläne des Kalten Krieges (PHOENIX, 03.06.2013, 20:15 Uhr) äußert sich Professor V. Mastny, (The Cold War and Soviet Insecurity) zu den Kriegsplänen beider Seiten für Europa, die unter anderem auch den Einsatz von Nuklearwaffen auf westlicher Seite über Berlin vorsahen.

Dass sowohl der Warschauer Pakt als auch die NATO zu Ende der achtziger Jahre auf Grund der Fortentwicklung konventioneller Waffensysteme auch einen "begrenzten, konventionellen Krieg"[274] in Mitteleuropa noch als Option betrachteten, erhöhte die Kriegsgefahr ungemein. Insoweit hätten die Ereignisse in der damaligen DDR im Jahre 1989 vor der Wende durchaus zum Ausbruch von Feindseligkeiten zwischen dem Warschauer Pakt und der NATO führen können. Nicht ohne Bedeutung für Deutschland war auch der Putsch nationaler, reaktionärer Kreise gegen den damaligen Präsidenten Michail Gorbatschow am 19. August 1991 in Moskau. Russische Truppen standen noch einsatzfähig auf deutschem Boden und zogen erst 1994 endgültig ab. Damit endete die sowjetische Militärpräsenz in Deutschland endgültig am 31. August 1994. Eine sicher nicht ganz hypothetische Frage stellt sich auch heute noch: Wie hätte die NATO auf die Gehorsamsverweigerung der damals noch sowjetischen Truppen auf dem Boden Deutschlands reagiert, wenn sich diese den Putschisten in Moskau angeschlossen hätten und es zu Kampfhandlungen in Deutschland gegen die Bundeswehr und Alliierten gekommen wäre?

Die sowjetische Seite baute demgegenüber ihre Fähigkeiten zur biologischen und chemischen Kriegsführung als Alternative zum Einsatz von Nuklearwaffen aus. Offenbar übte auch die Nationale Volksarmee noch im Jahre 1990 nach Szenarien unter Einschluss des Einsatzes von Nuklearwaffen.

[274] Mastny, V.: The Cold War and Soviet Insecurity, Washington, 1997, siehe auch: Department of State Records, Records of Policy Planning Council 1963-1964, Box 280, file "War Aims" (National Security Archive, Washington, Electronic Briefing Book No. 31) (abgerufen Mai 2013) http://www.foia.cia.gov/sites/default/files/document_conversions/19/2009-09-01.pdf

4. Die Aufklärungsfähigkeiten von NATO und Warschauer Pakt in Mitteleuropa

Dass die Nachrichtendienste beider Seiten in Europa in der Zeit bis 1990 umfassende, fast alle Lebensbereiche berührende Aufklärungsaktivitäten entfaltet hatten, ist nicht erst seit der Wende und der Auflösung des Warschauer Paktes bekannt. Wie umfassend die Dienste der damaligen DDR und der Sowjetunion und andere Dienste des Ostblocks[275] Militär, Politik, Wissenschaft und Wirtschaft in Westeuropa ausgespäht haben, erschloss sich erst, nachdem das Ministerium für Staatssicherheit (MfS) und der Bereich Aufklärung (BA) im Ministerium für Verteidigung und Abrüstung der ehemaligen DDR aufgelöst und die Aktenbestände des MfS der Öffentlichkeit zugänglich wurden. Die Verantwortlichen im Bereich Aufklärung[276] des Ministeriums für Nationale Verteidigung haben es allerdings, offenbar mit Billigung von höchster Stelle, verstanden, wichtige Aktenbestände noch vor Auflösung des Ministeriums zu vernichten. Darunter befanden sich offenbar auch Unterlagen, die Aufschluss über das Quellennetz des Bereiches Aufklärung (BA) im Operationsgebiet gegeben hätten. Teilaktenbestände zu agenturischen Operationen haben sich allerdings, da im MfS verfügbar, erhalten. Auch westliche Dienste[277] waren mit unterschiedlichem Erfolg aktiv in der Nachrichtenbeschaffung im Warschauer Pakt. Naturgemäß war die Gewinnung von Quellen und die Beschaffung von Informationen im Operationsgebiet im Warschauer Pakt für die westlichen Nach-

---

[275] Allerdings ist die Quellenlage in diesem Bereich noch nicht zufriedenstellend, da einige Staaten ihre Archive noch nicht vollständig geöffnet haben.

[276] Eine umfassende Übersicht über die im Bundesarchiv/Militärarchiv verfügbaren Aktenbestände des Ministeriums für Nationale Verteidigung der DDR, hier der Verwaltung Aufklärung (VA), findet sich im Bestand DVW 1, Band Verwaltung Aufklärung des BA/MA. Der Bestand der verfügbaren Akten zur Funk- und funktechnischen Aufklärung der NVA wird ab S. 391 nachgewiesen. Zur Behandlung des operativen Aktenbestandes der Verwaltung Aufklärung des Ministeriums für Verteidigung und Abrüstung der damaligen DDR, die sich 1990 noch im Bestand des MfS befanden, siehe Bemerkungen zu "MfS-Archivbestand 6- Akten der Verwaltung Aufklärung des Ministeriums für Nationale Verteidigung" in: BStU - Archivbestände der Abteilung XII. Demnach wurde ein Großteil der Bestände 1990 an das MinfNatVtdg abgegeben und anschließend auf Weisung vernichtet. Erhalten haben sich bei der BStU etwa 4 laufende Meter mit Treffberichten der Führungsoffiziere der agenturischen Mitarbeiter des BA sowie Auskunfts- und Ermittlungsberichte über Werbungskandidaten des BA. Siehe hierzu auch: Wegmann, B.: Die Militäraufklärung der NVA, S. 612, f. 1. Aufl., Berlin, 2005.

[277] Zur französischen ND-Operation "FAREWELL" siehe: Nart, R.: Operation Farewell in: The Influence of Intelligence Services on Political Decision Making (Studies & Comments 10), Hanns-Seidel-Stiftung, München 2010 und die Fernsehdokumentation im Literaturverzeichnis.

richtendienste mit wesentlich höheren Risiken verbunden, geschuldet dem perfektionierten Überwachungssystem im damaligen östlichen Machtbereich. Bereits Mitte der sechziger Jahre gewann die Gewinnung von Informationen mit Hilfe der Technik für die Dienste beider Blöcke immer mehr an Bedeutung. Intensiviert wurde auf Seiten der Dienste des Warschauer Paktes auch die "agenturische" Aufklärung mit Hilfe von Gewährsleuten, die über gute Zugangsmöglichkeiten in ihrem Bereich im Westen verfügten. Denn nur eine Spitzenquelle[278] im "Apparat des Gegners" ist in der Lage, Informationen aller Art und unterschiedlicher Qualität zu beschaffen, die auf technischem Wege nicht verfügbar sind. Hierzu waren die damaligen Dienste des Ostblocks allerdings auf ein ausgedehntes Netz von unverdächtigen Unterstützern (Instrukteure, Kuriere und sonstiges Personal) im Operationsgebiet angewiesen. Die offene westliche Gesellschaft bot hierbei ein ideales Umfeld. Zumindest für die Mitarbeiter beider Dienste der DDR ergaben sich auch in der Regel keine Sprachprobleme. In den letzten zwanzig Jahren sind eine Vielzahl von Publikationen über die Nachrichtendienste der DDR erschienen, auf die hier aber aus naheliegenden Gründen nicht weiter eingegangen werden kann. Daher soll bei der Beschreibung der Aufklärungsaktivitäten beider Seiten das Schwergewicht auf der "Technischen Aufklärung" mit Hilfe der Fernmelde- und Elektronischen Aufklärung liegen. Später gewann auch die Aufklärung mit Hilfe von Satelliten auf beiden Seiten zunehmend an Bedeutung. Nicht zuletzt die "Militärischen Verbindungsmissionen (Military Liaison Missions – MLM)" der Siegermächte (USA, Frankreich, Großbritannien und der Sowjetunion), akkreditiert beim jeweiligen Oberkommando in den ehemaligen Besatzungszonen, spielten eine bedeutende Rolle bei der Nachrichtengewinnung in ihrem Zuständigkeitsbereich, wie dies erst nach der Freigabe von Unterlagen in britischen und US-Archiven deutlich wurde.

---

[278] Wie durch einen bisher nicht veröffentlichten Bericht der BStU vom Mai 2013 bekannt wurde, haben wohl weit mehr Abgeordnete des Deutschen Bundestages vor der Wende Kontakt zur Hauptverwaltung Aufklärung (HVA) des Ministeriums für Staatssicherheit und anderen Diensten im Ostblock gehabt, wie der Meldung der Zeitung "Die Zeit" zu entnehmen ist. (Zeit online v. 31.05.2013). Auch die Zeitung "Neues Deutschland" hat zu diesem Thema berichtet. (ND v. 31.05.2013)

4.1 Die Aufklärungsfähigkeiten der West-Alliierten in Mitteleuropa

Die militärischen und zivilen Nachrichtendienste der NATO-Mitgliedsstaaten verfügten über entsprechende Möglichkeiten der Nachrichtengewinnung besonders mit Hilfe der "Technischen Aufklärung" (Signals Intelligence – SIGINT) an der Nahtstelle zum Warschauer Pakt – besonders in der Central Region als auch an den Flanken der NATO in Nordwesteuropa, im Mittelmeerraum als auch in der Türkei. Die Bundesrepublik Deutschland mit ihrer gemeinsamen Grenze zur DDR und zur damaligen CSSR bot einen idealen Ausgangspunkt für den Einsatz technischer Aufklärungsmittel. Hier gewannen neben den aufklärenden Diensten der NATO-Partner USA, Großbritannien und Frankreich auch der bundesdeutsche Bundesnachrichtendienst[279] mit seiner "Technischen Aufklärung" und die "Fernmeldeelektronische Aufklärung" der Bundeswehr besondere Bedeutung bei der Gewinnung von Informationen mit technischen Hilfsmitteln. Auf Grund der Quellenlage[280]

---

[279] Viele selbst ernannte Fachleute haben in den letzten Jahren, ohne die tatsächliche Quellenlage mangels eigener Erfahrungen im Nachrichtendienst auch nur annähernd abschätzen zu können, die Aufklärungsfähigkeiten des BND und die daraus gewonnenen Ergebnisse negativ bewertet. Vergessen sollte dabei nicht werden, dass der Dienst in einem für Nachrichtendienste wenig "freundlichen Umfeld" agieren musste. Natürlich muss jeder Nachrichtendienst damit rechnen, dass seine Aktivitäten vom gegnerischen ND mit allen Mitteln konterkariert werden können. Nicht zuletzt auch die Rezeption der eigenen eingebrachten Ergebnisse durch die jeweilige politische Führung stellt einen wichtigen Faktor dar. Auch hier hatte der BND mit ideologisch motivierten Problemen auf Seiten der Politik zu kämpfen. Dass es der HVA des MfS und dem damaligen sowjetischen Nachrichtendienst gelungen ist, im BND Spitzenquellen zu rekrutieren, ist nicht ungewöhnlich, als auch Partnerdienste des BND mit diesem Problem konfrontiert waren.

[280] Vor dem Aufkommen der IT-gestützten Bearbeitung von Lagemeldungen wurden diese meist über geschützte Fernmeldeverbindungen per Fernschreiber an die Bedarfsträger übermittelt, dort verarbeitet und bei nicht mehr bestehendem Bedarf amtlich vernichtet. Dies galt auch für die Erfassungsmeldungen der mit Hilfe technischer Mittel gewonnenen Informationen, die ohnehin nur einem besonders verpflichteten Personenkreis mit der "COMINT INDOCTRINATION" oder der nationalen "Schutzwortverpflichtung" zu Kenntnis gelangen durften und bei nicht mehr bestehender Notwendigkeit ebenfalls alsbald vernichtet wurden. Soweit bekannt, wurden nach der Einstellung der FmEloAufkl gegen die östlichen Nachbarn durch die Bundeswehr ausnahmslos alle in Papierform vorhandenen Unterlagen vernichtet. Restbestände mögen an das Bundesarchiv/Militärarchiv gegangen sein, sind aber auf Grund der nach wie vor geltenden Geheimhaltungsbestimmungen wohl auch auf längere Sicht nicht zugänglich. Gelegentlich finden sich jedoch in den beim BA/MA verfügbaren militärischen Unterlagen Schriftstücke, deren Herkunft aus dem Bereich der "Technischen Aufklärung" erkennbar wird. So beispielsweise das bei Wagner/Uhl, BND contra Sowjetarmee, 3. Auflage, Berlin 2010. Das unter der Nummer 58, Fn. 58 abgebildete Dokument mit der Bezeichnung: Einzelmeldung Luftstreitkräfte, dessen Geschäftszeichen "Bundesnachrichtendienst, III C -7, TgbNr.: 1/71 geheim BRONZE vom 7. Januar 1971 BM" auf seine Provenienz aus der FmEloAufkl hinweist, da derartige Schriftstücke nach den damaligen "Sicherheitsbestimmungen für die Fernmeldeaufklä-

kann auch heute noch nicht mit letzter Sicherheit der Anteil der mit technischen Hilfsmitteln gewonnenen Informationen aus dem Warschauer Pakt beziffert werden. Nach einer ernstzunehmenden Analyse gewinnen die Nachrichtendienste etwa 75% ihrer Informationen aus offenen Quellen, 25% kommen aus verdeckten Quellen[281]. Der Anteil der Informationen, die mit Hilfe der Fernmelde- und elektronischen Aufklärung gewonnen werden, beträgt etwa 75%[282]. Unter den mehr als 100.000 im Jahre 1989 beim Bundesnachrichtendienst bearbeiteten Meldungen sollen sich lediglich 450 Meldungen wichtigen Inhalts befunden haben[283]. Die Vereinigten Staaten verfügten besonders in der Bundesrepublik Deutschland über ein großes Potenzial an nachrichtendienstlichen Fähigkeiten. Zum einen war die Central Intelligence Agency mit einer Station in Berlin vertreten, aus der nachrichtendienstliche Operationen gegen die Staaten des Warschauer Paktes geführt wurden, über deren Erfolge oder Misserfolge auch heute noch nur Mutmaßungen angestellt werden können. Die Führung der CIA-Operationen, sowohl in Deutschland als auch in benachbarten Regionen, erfolgte aus der Zentrale in Bonn und Residenturen in Frankfurt am Main, Hamburg, München, Stuttgart und Köln. Offenbar war es dem MfS mit seiner HVA in den achtziger Jahren möglich, die Strukturen der CIA in Europa fast zur Gänze aufzuklären und einzelne Operationen[284] der CIA zu unterwandern oder gar zu neutralisieren. Die HVA des MfS konnte im "Kampf gegen die westlichen Nachrichtendienste" einige beachtliche Erfolge für sich verbuchen, so die Gewinnung des Warrant

---

rung (SichhBestFmAufklBw)" neben dem Geheimhaltungsgrad mit einem Stempelabdruck in roter Farbe, in diesem Falle mit dem zur damaligen Zeit gültigen Schutzwort "BRONZE" zusätzlich gekennzeichnet sein mussten. Diese Schriftstücke durften nur in einem Dienstbereich für die Fernmeldeaufklärung (DFmA) bearbeitet werden und wurden in einer gesonderten Schutzwort-Registratur aufbewahrt. Zugang erhielten nur Bedienstete bei bestehender dienstlicher Notwendigkeit, einer abgeschlossenen Sicherheitsüberprüfung, damals Stufe 2, und einer Schutzwortverpflichtung. Verschlusssachen dieses Geheimhaltungsgrades wurden auf gesonderten Kurierwegen versandt oder verschlüsselt übermittelt (ELCROVOX, ELCROTEL und ELCROBIT).

[281] Offenbar führte ein westlicher Dienst eine Quelle in Berlin-Ost, die mit Hilfe eines technischen Verfahrens ihre Meldungen über eine normale Telefonleitung nach Westberlin absetzte. Vergleiche hierzu: Information zu Feststellungen im grenzüberschreitenden Telefonverkehr, die auf eine mögliche geheimdienstliche Nutzung hinweisen. (BStU MfS HA III 13732 Bd 2 v. 17.08.1985)

[282] Schmidt-Eenboom, E.: The Bundesnachrichtendienst, the Bundeswehr in the Cold War and After, S. 5, in: Secrets of Signals Intelligence during the Cold War and Beyond, London 2001.

[283] Schmidt-Eenboom, E. a. a. O., S. 5. Diese Zahl sollte relativiert werden, da auch scheinbar unwichtige Randerkenntnisse später durchaus Bedeutung gewinnen können.

[284] Vergleiche hierzu: Eichner/Dobbert, Headquarters Germany, S. 95 ff, Berlin 1997

Officer Hall (RONNY) der US- Army[285], der in der Berlin-Field Station Teufelsberg in der Signals Intelligence des US INSCOM eingesetzt war und der HVA überaus wichtige Unterlagen[286] übergab. Nicht zuletzt die Ausnahmequelle "TOPAS/SAPHIR/RUBIN[287]" der HVA des MfS in der "Politischen Abteilung" des NATO-Hauptquartiers ermöglichte es der HVA in einer kritischen Phase durch das von TOPAS gelieferte Material die Befürchtungen der damals sowjetischen Seite wegen eines möglicherweise im Jahre 1983 unmittelbar bevorstehenden Nuklearschla-

---

[285] Weitere Einzelheiten zu diesem Fall siehe: Eichner/Dobbert, Headquarters Germany, S. 230 ff, Berlin 1997. Vergleiche dazu auch: Hauptabteilung III – Leiter: Stellungnahme zu dem von Hall an die HVA übergebenem Material aus dem Bestand der NSA in: BStU-MfS HA III 13732 Band 2 v. 29. 11. 1984. Auch war Hall wohl in den achtziger Jahren auch in der US-INSCOM-Erfassungsstation Schneeberg bei Bischofsgrün eingesetzt. Zur Erfassungsstellung Schneeberg der USASA vergleiche: Ward, P.: Mortar and Stone, Det. J1 Schneeberg 1951-2004, www.schneebergvets.org. Die Dokumentation zeigt den Abbau der ehemaligen ASA-Erfassungsstellung auf dem Schneeberg im Jahre 1994. Die benachbarte Erfassungsstellung der Luftwaffe (FmSktE/FmRgt 72) ist hingegen an ein bekanntes Kommunikationsunternehmen verpachtet, das dort entsprechende technische Einrichtungen des Mobilfunks betreibt. Die Erfassungstechnik der Luftwaffe in den vorderen Sektoren wurde nach 1994 komplett abgebaut und verschrottet oder an befreundete Dienste abgegeben. Reste hatten sich im Museum des Traditionsvereins der FmEloAufkl der Luftwaffe bei Fernmeldebereich 70 in Trier erhalten und gingen bei dessen Auflösung teilweise in der Kötzting-Sammlung des dortigen Vereins auf oder wurden an andere Interessenten abgegeben. Die historisch bedeutsame und einmalige "AUTA– Präsentation" ging, soweit bekannt, auf besonderen Wunsch des Inspekteurs der Luftwaffe an die dort befindliche 1. Luftwaffendivision nach Fürstenfeldbruck. Ihr Schicksal ist nicht bekannt.

[286] Darunter auch die überaus wichtige "NATIONAL SIGINT REQUIREMENTS LIST - NSRL" der US-Signals Intelligence Community, deren Kenntnis für das MfS und das damalige KGB (KfS) von unschätzbarem Wert gewesen sein muss. Das Werk von Eichner/Dobbert stellt damit den umfassenden Kenntnisstand der HVA über die US-amerikanischen Nachrichtendienste zum Ende der DDR (1989/1990) dar. Der Umfang der im Werk vorgelegten Erkenntnisse des MfS zu diesem Komplex ist überaus erstaunlich und muss auch heute noch überaus nachdenklich stimmen. Auch der Plan CANOPY WING, Einsatz von elektronischen Gegenmaßnahmen durch die NATO im Kriegsfall fiel der HVA in die Hand (Behling, Der Nachrichtendienst der NVA, S. 166) und BStU, MfS HA III 13732, Bd. 2, "Kurzauskunft über ein INSCOM-Dokument zum Projekt CANOPY WING – STRENG GEHEIM – BESONDERER QUELLENSCHUTZ" vom März 1985.

[287] Vergleiche hierzu auch: Kenner, R.: Ein DDR-Agent im Allerheiligsten der NATO, JIPSS Vol. 3 No. 1/2009, S. 133, Graz 2009. Offenbar hatte die HVA auch einen Konfidenten im nationalen US-Bereich bei SHAPE oder der NATO in Brüssel, welcher der HVA den Zeitpunkt des US-Angriffs "ELDORADO CANYON" auf Libyen gemeldet hat, der in der Jurbise, nördlich von Mons, gewohnt haben muss. Da die Einsatzplanung für den Angriff offenbar als "US national Business" betrieben wurde und die US-Seite auch über ausschließlich nationale Kommunikationswege verfügte, muss die Quelle Zugriff auf die nationale Kommunikation der US-Seite gehabt haben. Nicht auszuschließen ist auch, dass die Informationen zu dieser Operation aus der entschlüsselten STU-II Kommunikation der beteiligten US-Stellen stammt. Vergleiche hierzu: Kabus, A.: Auftrag Windrose - Der militärische Geheimdienst der DDR, S. 105, Absatz 3, Berlin 1993. Offenbar verfügten die Nachrichtendienste der DDR über mindestens 7 Gewährspersonen bei oder innerhalb der NATO in Brüssel (Schlomann, F. W., Die Maulwürfe, S. 185), deren Identität bis auf TOPAS offenbar bis heute nicht geklärt werden konnte.

ges[288] der NATO gegen den Warschauer Pakt bei ihrem Partner zu zerstreuen. Trotzdem, so muss auch in der Retrospektive festgestellt werden, waren die militärischen Lageinformationen, die durch die nationalen Dienste in den achtziger Jahren der NATO-Führung (NATO-Intelligence) bereitgestellt wurden, stets aktuell und aussagekräftig. Zu berücksichtigen dabei ist aber auch, dass es in der Weitergabe von Intelligence (Lageinformationen) durch die nationalen Dienste an die NATO durchaus graduelle Unterschiede in der Frequenz und Qualität der Meldungen gab. Zu bedenken ist dabei auch, das die jeweiligen Nationen Informationen meist nur sehr selektiv an die NATO weitergegeben haben. Dies galt insbesondere für Informationen, die mit technischen Mitteln[289] gewonnen wurden, da diese Informationen zunächst einer "Quellenbereinigung" unterzogen wurden, um die Herkunft der Information, auch vor befreundeten Diensten, zu verschleiern. Selbst innerhalb des geschlossenen Regelkreises der "Special Handling De-

---

[288] Die sowjetischen Nachrichtendienste versuchten im Rahmen der Operation "RYAN" mögliche Indikationen für einen nuklearen Erstschlag der NATO gegen die Staaten des Warschauer Paktes frühzeitig zu erkennen. Bezeichnenderweise findet sich in den vom MfS überkommen Unterlagen auch ein Auskunftsbericht "Auskunft über Erkenntnisse des Gegners zur Militärpolitik und zu Streitkräfte- und Rüstungsentwicklungen des Warschauer Vertrages "(Streng Geheim v. 12.06.89 - BStU 000248), in dem offenbar aus einer Lageeinschätzung der NATO aus dieser Zeit zitiert wird. Auch weitere aus den Beständen des ehemaligen MfS überkommenen Unterlagen militärischer Herkunft, z.B. Operationsplan des V. US Corps Frankfurt und weitere Unterlagen höchster Geheimhaltungsgrade lassen den Schluss zu, dass die HVA des MfS über ein gut ausgebautes Quellennetz, sowohl in der Bundeswehr als auch bei der NATO, mit entsprechenden Zugangsmöglichkeiten verfügt haben dürfte. Auch barg offenbar die nukleare Zielplanung der US-Streitkräfte für Europa für die Dienste der DDR keine Geheimnisse, wie aus dem Werk von Neuberger/Opperskalski ersichtlich wird. Ob der Operationsplan des COMAAFCE - 35001 (GDP) der Gegenseite bekannt war, kann auch heute noch nicht abschließend geklärt werden. Dies mag auch für das ACE Manual 80-13-2 (Implementation of the NATO MC 88) gelten. Sollten die im Werk enthaltenen Abbildungen authentisch sein, und es spricht einiges dafür, waren die östlichen Nachrichtendienste sehr genau über die nukleare Zielplanung der NATO in Mitteleuropa orientiert. Vergleiche dazu: Neuberger/Opperkalski: CIA in Westeuropa, Dokument 3: TOP SECRET - NUCLEAR YIELD REQUIREMENTS, VOLUME I, S. 104. Dies kann auch für den ebenfalls im Werk teilweise offengelegten "Barrier Plan" als Anlage zum Operationsplan des V. US Corps, dessen deutsche Übersetzung in nachgelassenen Dokumenten des MfS ebenfalls aufgefunden wurde, gelten. Als sicher kann gelten, dass der HVA der nicht eingestufte Bericht der "Hessischen Stiftung Friedens- und Konfliktforschung" mit dem Titel: ANTITACTICAL MISSILE DEFENSES AND WEST EUROPEAN SECURITY (HSFK-Report 4/1987) vom Oktober 1987 bekannt war. Quelle: DOKFIZ-Bw DokNr.: DD 0452. Auch standen die Funkverbindungen (CEMETERY NETWORK u. a.) der 56. US-Raketenbrigade unter Beobachtung durch die HA III bzw. den ZFD, wie durch ein Schreiben der HA III v. 13. 11. 1984 (BStU HA III 13732 Bd. 2 v. 13. 12. 1984 ersichtlich wird.

[289] Informationen der nationalen Nachrichtendienste, die durch geheime Quellen im Operationsgebiet gewonnen werden konnten, waren auf der militärischen Kommandoebene der NATO und damit auch bei der Intelligence Division von SHAPE nicht verfügbar, soweit dies eigene Erkenntnisse des Autors belegen.

tachments – SHD" innerhalb der NATO galt diese Prämisse. Auch konnte häufig beobachtet werden, besonders bei bevorstehenden Großübungen auf der "anderen Seite", deren Indikationen unübersehbar waren, dass der nationale Meldefluss im "SHD-Regelkreis" versiegte, um später, nach einiger Zeit, wieder anzulaufen. Dies war nur durch das Phänomen des "Austauschs" zu erklären. Erfahrungsgemäß fielen bei derartigen Übungen häufig neue Erkenntnisse an, die mit Hilfe der technischen Aufklärung gewonnen wurden und nun zum Tauschobjekt, auch zwischen befreundeten Diensten wurden. Bei kleineren Nationen innerhalb der NATO fehlten aber auch häufig die technischen Voraussetzungen für eine Nachrichtengewinnung mit technischen Mitteln, oder diese Nationen waren zu weit vom Ort des Geschehens entfernt, um erfolgversprechende technische Aufklärung betreiben zu können.

4.2 Die Nachrichtengewinnung der NATO-Partner in der Bundesrepublik Deutschland

Die Nachrichtengewinnung der militärischen Nachrichtendienste[290] der in der Bundesrepublik stationierten NATO-Partner erstreckte sich meist auf die Abschirmung der eigenen Truppe vor Spionage, Sabotage und Zersetzung[291] in deren Stationierungsräumen. Zur Nachrichtengewinnung an der Innerdeutschen Grenze und der Grenze zur CSSR setzten die britischen Streitkräfte in ihrem Zuständigkeitsbereich (IDG bei Travemünde bis südlich Kassel) den unbewaffneten "British Frontier Service – BFS" zur Grenzüberwachung ein. Ob dieser Dienst vor dem Ausbau der Grenzsperranlagen auf östlicher Seite auch an Schleusungsaktionen beteiligt gewesen ist, kann heute nicht mehr festgestellt werden. Im Verantwortungsbereich der US-Streitkräfte an der innerdeut-

---

[290] Die Aktivitäten der zivilen Nachrichtendienste der NATO-Partner in Deutschland sollen nur insoweit betrachtet werden, als diese Einfluss auf die Nachrichtengewinnung mit militärischem Bezug gehabt haben. Die Aktivitäten sind überdies in der einschlägigen Literatur umfassend dokumentiert. Allerdings meldete ein Doppelagent unter Kontrolle des MfS, dass er seine Aufträge von einem Angehörigen des "MI" (Military Intelligence) der US-Army erhalten haben will. Vergleiche hierzu: BStU – MfS HAIII 153: Hauptabteilung II – Information – Streng Geheim, *ohne Datum*, August 1985: Realisierung der politisch-operativen Maßnahmen der Quelle "Stephan" im Zusammenhang mit "Kegel 028" (*Satellitengesteuerte seismische Sonde des US-Nachrichtendienstes im Raum Frankfurt/Oder*). Anmerkung: Eine weitere Sonde sollte später in der südlichen DDR entdeckt werden.

[291] Herbstritt/Müller-Enbergs weisen in ihrem Werk "Das Gesicht dem Westen zu" darauf hin, dass es wohl der Abteilung IX/C der HVA des MfS gelungen war, die Gegenspionage der Vereinigten Staaten in Europa durch den Einsatz von Doppelagenten zu unterlaufen. Vergleiche hierzu auch: Eichner/ Dobbert, Headquarters Germany.

schen Grenze (IDG) ab dem Bereich südwärts Kassel und an der Grenze zur CSSR ab Dreiländereck in Prex bei Hof bis zum Dreiländereck bei Breitenberg ostwärts Passau setzten die US-Streitkräfte brigadestarke Panzeraufklärungsregimenter mit Stab in Nürnberg und Kassel (Armored Cavalry Regiments) zur Überwachung der Grenze aus sogenannten "Border Posts" ein. Die Überwachung der Grenze erfolgte meist mit motorisierten Streifen, der so genannten "Border Patrol". Auch führten die US-Heeresflieger regelmäßig Grenzüberwachungsflüge[292] im Grenzraum durch. Der damalige Bundesgrenzschutz und die Kräfte des Grenzzolldienstes verdichteten die Überwachung der Grenze zur DDR und CSSR. Auf bayerischem Gebiet wurde die Grenze durch die Bayerische Grenzpolizei, die grenzpolizeiliche und vollzugspolizeiliche Aufgaben im Grenzraum wahrnahm, überwacht. Darüber hinaus unterhielt der US-Military Intelligence Service (US-MI) ein Netz von militärischen, allerdings in Zivilkleidung agierenden "Border Residents", die Verbindungen zu den örtlichen deutschen Dienststellen unterhielten. Ihre Aufgabe bestand in der Nachrichtengewinnung und der ersten Befragung von Flüchtlingen nach deren Grenzübertritt. In der Folge der Ereignisse bei der Besetzung der damaligen CSSR[293] durch sowjetische

---

[292] Allerdings fanden in den achtziger Jahren auch weitere Flüge mit Hubschraubern des Musters UH1D der US-Army, allerdings mit nur sehr schwer identifizierbaren Hoheitsabzeichen, über dem Grenzgebiet statt, die offenbar der Aufklärung des "Diensthabenden Systems (DHS)" der östlichen Luftverteidigung dienten. Gelegentlich konnten auch Hubschrauber des Musters UH-1 D beobachtet werden, deren Farbe sich grundsätzlich vom "subdued OD-Paint" der US-ARMY Hubschrauber unterschied und dem etwas helleren, olivenfarbigen Farbton sowjetischer Hubschrauber glich. Ob Außenlandungen von US-Hubschraubern auf tschechoslowakischem Staatsgebiet zur Abholung westlicher Agenten tatsächlich stattgefunden haben, muss allerdings auf Grund der Quellenlage fraglich bleiben.

[293] In den letzten Jahren freigegebene Dokumente, besonders aus US-amerikanischen Archiven, belegen, dass die westlichen Nachrichtendienste, allen voran die Central Intelligente Agency, die National Security Agency und der deutsche Bundesnachrichtendienst schon sehr frühzeitig Indikationen für einen Einmarsch von Warschauer-Pakt-Truppen in die CSSR erkannt haben und diese Erkenntnisse auch ihren Regierungen weitergegeben haben. Hauptquellen für die Erkenntnisse zu den Vorbereitungen des Warschauer Paktes waren Signals Intelligence – SIGINT, sowohl die USA, Großbritannien als auch Frankreich verfügten über eine Reihe von Erfassungsstationen an der innerdeutschen Grenze und in Berlin, als auch an der bayerisch-tschechoslowakischen Grenze. Auch die Bundeswehr und der Bundesnachrichtendienst waren mit Erfassungsstellen an den Grenzen präsent und meldeten ihre Erkenntnisse, so die am 18. August einsetzende Funkstille auf den meisten Netzen im Warschauer Pakt, an die nationalen Auswertungen. Weitere Erkenntnisquellen waren die US-amerikanische Satellitenaufklärung, Fotoaufklärung in den den Alliierten vorbehaltenen Luftkorridoren nach Berlin und der Einsatz der SR 71 "BLACKBIRD" im Luftraum an der innerdeutschen Grenze. Nicht zuletzt leisteten die alliierten Militärverbindungsmissionen in der DDR einen wesentlichen Beitrag zur Erstellung des Lagebildes. Offenbar war es auch gelungen, westliche Agenten in das Operationsgebiet ein-

und Truppen des Warschauer Paktes im Sommer 1968 gewannen diese Border Residents besondere Bedeutung für die verzugslose Unterrichtung des Militärischen Nachrichtendienstes der US-Armee über Ereignisse im Grenzraum. Soweit bekannt, hatten diese Resident Officers keine Aufträge in Bezug auf Schleusungsoperationen. Ende der siebziger Jahre wurden die "Resident Offices" ausnahmslos geschlossen. Die Aufgaben der Border Residents wurden danach von Personal aus den Military Intelligence Bataillonen wahrgenommen.

4.3 Die Fernmelde- und Elektronische Aufklärung (Signals Intelligence) der West-Alliierten in Mitteleuropa

Die westlichen Alliierten, allen voran die Vereinigten Staaten, Großbritannien und Frankreich, führten vom Territorium der Bundesrepublik umfassende Nachrichtengewinnungsoperationen gegen die Staaten des Warschauer Paktes durch. In der Literatur sind die Bemühungen, insbesondere im Bereich der Nachrichtengewinnung, mit Hilfe von

---

zuschleusen, die ihre Beobachtungen meldeten und damit auch zum Lagebild beitrugen. Dem damaligen Leiter der CIA, Richard Helms, lagen am 20. August 1968 klare Indikationen zu dem zu erwartenden sowjetischen Einmarsch in der CSSR vor. Darüber hat er auch bei einem Treffen mit dem damaligen Präsidenten der Vereinigten Staaten L. B. Johnson am gleichen Tag vorgetragen. Das sowohl die Vereinigten Staaten als auch die europäischen Regierungen nicht reagierten, war den politischen Umständen dieser Zeit geschuldet, wie aus einem Aufsatz von John G. McGinn im Journal of Cold War Stories hervorgeht. Allerdings überschritten wohl einige NATO-Kommandeure ihre Befugnisse, so beispielweise ein britischer Luftwaffenbefehlshaber, der die Auflockerung der ihm zugeteilten Flugzeuge anordnete, um diese vor den Auswirkungen eines möglichen sowjetischen Luftangriffs zu schützen. Auch die an der innerdeutschen und bayerisch-tschechoslowakischen Grenze dislozierten Panzeraufklärungsregimenter der US-Army (Armored Cavalry Regiments – ACR), so z. B. auch das in Bayreuth-Bindlach stationierte 2nd ACR, erhöhten ihren Bereitschaftsstatus. Eine in Bayern stationierte Division der Bundeswehr, vermutlich die damalige 4. Jäger-Division Regensburg, erhielt durch ihren Kommandeur den Auftrag, die Einsatzräume (GDP-Areas) der Division an der bayerisch-tschechoslowakischen Grenze gefechtsbereit, d. h. mit Kampfbeladung, zu beziehen. Die damals in Weiden in der Oberpfalz stationierte Jägerbrigade 10 hat tatsächlich ihre GDP-Räume ostwärts von Weiden im Raum Oberviechtach bezogen, wie dies Zeitzeugen bekunden können. Das geplante Bundeswehrmanöver "Schwarzer Löwe" war schon vorher vorsorglich aus dem Manöverraum an der bayerisch-tschechoslowakischen Grenze in den Raum Münsingen auf der Schwäbischen Alb verlegt worden, um den Warschauer Pakt nicht zu provozieren. Pikanterweise findet sich der Löwe auch im damaligen Wappen der Tschechoslowakei. Vergleiche zu den politischen Hintergründen der Inaktivität der USA und der NATO: McGinn, J. G.: The Politics of Collective Inaction, Journal of Cold War Studies, Vol. 1, No. 3, Fall 1999, Harvard College & Massachusetts Institute of Technology, The CIA and Strategic Warning: The Soviet Led Invasion of Czechoslovakia, CIA, & Cryptologic Almanac 50th Anniversary Series: (U) From Spring, into a Long Winter's Night: The Czechoslovakian Crisis Part One, DOCID: 3519758, National Security Agency.

menschlichen Quellen durch die alliierten Dienste[294] umfassend dokumentiert, so dass in diesem Werke nur über herausragende HUMINT-Operationen berichtet werden soll. Das Schwergewicht der Nachrichtengewinnung durch die Alliierten in der Bundesrepublik lag im Bereich der "Signalerfassenden Aufklärung". Stützpunkte an der innerdeutschen Grenze und an der Grenze zur CSSR boten herausragende Möglichkeiten der Signalerfassung[295] für die westlichen Alliierten und ihre deutschen Partner. Wie bereits erwähnt, wurde das System der Erfassungsstützpunkte durch den in Berlin gelegenen Stützpunkt auf dem Teufelsberg ergänzt. Britische und US-amerikanische SIGINT-Spezialisten der NSA[296], des Intelligence Command – INSCOM der US

---

[294] Auch ein befreundeter Dienst hatte offenbar Probleme bei der Nachrichtenübermittlung mit seinen Mitarbeitern, wie die Auswertung eines Operativvorgangs "HANS" der BV Frankfurt/O. v. 06. 08. 1981 nachweist. Die Sicherheit der Nachrichtenübermittlung per Funk durch die westliche Führungsstelle wird durch den Bearbeiter der BV wie folgt charakterisiert: "Analyse des OTP (One Time Pad) aus dem Vorgang: *"Den Unterlagen sind z. Zt. keine Analysen über die kryptologische Sicherheit zuzuordnen. Meine Analysen ergaben: das OTP (One-Time-Pad-Einmal-Schlüssel) besteht aus 80 Blättern mit je 25 Zeilen und 5 Spalten gefüllt mit Fünfergruppen. Das ergibt 10.000 Fünfergruppen. 80b * 25z * 5s * 5gr = 10. 000 Aus dem Wertebereich von 00000...99999. - Bei der Überprüfung aus kryptologischer Sicht muss kritisch eingeschätzt werden: Ich möchte damit nicht Arbeiten! Begründung: Aus dem o. g. Wertebereich wurden mittels Permutation der Anordnung des Wertebereiches die Fünfergruppen gebildet. Es kommen nur 1% Fünfergruppen doppelt bis vierfach vor! 921 doppelte-, 18 tripple und 1 quad Fünfergruppe. Jede Kenngruppe die aus der Permutationsreihe entfällt verkürzt den Schlüsselbereich und ermöglicht schon nach einigem Nachrichtenaufkommen den Einbruch in den Klartext. Zwar hat der Schlüssel nur 10% des Gesamtumfanges des Wertebereiches. Bekommt eine Dekryptierstelle die verbliebenen OTP in die Hand kann ermittelt werden, welche OTP bereits verwendet wurden. Der Rest ist nur Fleißarbeit eines Computers."* (BV Frankfurt Abteilung II "IMB "WELLE", Frankfurt(O), 06. 08. 81")

[295] In Abhängigkeit von der Aufstellungshöhe des Empfangssystems auf westlicher Seite konnten bei bodengebundenen Systemen, in Abhängigkeit von Frequenz, möglichen Abschattungen durch Gebirge sowie den Funk-Wetterbedingungen, Signale bis zu einer Entfernung zwischen 200-300 km erfasst werden. Fliegende Systeme waren ebenfalls in Abhängigkeit von Frequenz, der Flughöhe und anderer Faktoren (Funkwetter) durchaus bis zu einer Entfernung von 300-500 km erfassbar. Bei Inversionswetterlagen konnten auch kurzfristige Weitverbindungen über 500 km im VHF/UHF-Bereich erwartet werden. Die Erfassung von Kurzwellensignalen im Bereich von 1. 5 MHz bis 30. 0 MHz folgte anderen Gesetzmäßigkeiten. Hier war bei günstigen Ausbreitungsbedingungen weltweite Erfassung möglich. Frequenzen im Bereich zwischen 30.0 und 80.0 MHz konnten meist auch bis zu einer Entfernung bis zu 100 km erfasst werden. Für die Erfassung von Richtfunkverbindungen (VHF –SHF-Bereich) galten besondere Bedingungen. Befand sich die Empfangsstelle direkt im Richtfunk-Strahl, war eine direkte Erfassung möglich. Befand sich die Empfangsstelle nicht direkt in Sende-/Empfangsrichtung, mussten mit hochselektiven Empfangssystemen die Signale aus der Nebenkeule oder die Streustrahlung erfasst werden. Für die Erfassung von Troposphären-Scatter-Verbindungen galten ähnliche Voraussetzungen. Auch hier wurden hochselektive Empfangssysteme zur Erfassung der Streustrahlung eingesetzt.

[296] Dass die National Security Agency – NSA nach wie vor weltweit, besonders aber in Deutschland aktiv ist, beweisen die jüngsten Veröffentlichungen (Juni 2013) zum Thema "PRISM", einem globalen hochgeheimen Kommunikationsüberwachungssystem, dessen

Army, des britischen Government Communications Headquarters – GCHQ und anderer Dienstzweige erfassten aus diesen Stützpunkten den Fernmeldeverkehr des Warschauer Paktes[297] und sonstiger Stellen in der DDR, Polen und der CSSR, soweit dies erfassungstechnisch möglich war. Bedeutsame Troposphären-Scatter-Verbindungen der sowjetischen Streitkräfte in der DDR[298] in die Sowjetunion wurden auch aus weiter westlich gelegenen alliierten Erfassungsstellen erfasst. Ergänzt wurden diese Maßnahmen durch den Einsatz von luftgestützten Erfassungssystemen im Luftraum der Bundesrepublik und über der Ostsee. Wenn erforderlich, wurde die NATO E-3A auch an den Flanken der NATO, z.B. im Luftraum Norwegens, im internationalen Luftraum über

---

Existenz allerdings Fachleuten schon seit längerem bekannt ist. Die aus der weltweiten Kommunikationsüberwachung der NSA gewonnenen Informationen werden im NSA-UTAH DATACentre in Bluffdale verarbeitet. Siehe hierzu: Spiegel-Online v. 08.06.2013. Dies ist nicht das erste US-System zur weltweiten Kommunikationsüberwachung. Eines der Vorgängersysteme mit der Bezeichnung "ECHELON" diente bis in die achtziger Jahre vorwiegend der Überwachung der Satellitenkommunikation: The State of Art in communications Intelligence of automated processing for intelligence purposes of intercepted broadband multilinguale leased or common carrier systems and its applicability to comint targetting and selection including speech recognition, European Parliament, PE 168. 184 Vol, 2/5 (Interception Capabilities 2000) Edinburgh, April 1999. Offenbar gelten auch die alliierten Vorbehaltsrechte in Bezug auf die Sicherheit der in Deutschland stationierten alliierten Truppen nach dem NATO-Truppenstatut, dem Streitkräfteaufenthaltsgesetz, dem 2+4 Vertrag, auf Grund einer "Alliiert-deutschen Verwaltungsvereinbarung" aus dem Jahre 1990 fort und bilden die Rechtsgrundlage für umfassende west-alliierte nachrichtendienstliche Aktivitäten aller Art in Deutschland unter Beteiligung deutscher Stellen. *(telepolis. de" von 130629 Abhören im Adenauer-Deutschland und in Neuland, Markus Kompa Geheimverträge mit den westlichen Siegermächten zur Überwachung sind bis heute in Kraft).* Siehe auch: Weiße, G.: Totale Überwachung, Graz, 2011. Aber auch das britische Government Communications Headquarters – GCHQ ist mit einem Programm "TEMPORA" an der Nachrichtengewinnung mit elektronischen Mitteln beteiligt und tauscht seine Erkenntnisse offenbar mit der NSA aus. Aber auch Frankreich verfügt mit seinen Systemen "LOPSI & ANSSI" über ähnliche Fähigkeiten. Allerdings ist davon auszugehen, dass Frankreich keinen Austausch von Informationen mit der NSA und dem GCHQ pflegt. Im Aktenbestand des ehemaligen MfS bei der BStU befinden sich umfassende Erkenntnisse zu den Aktivitäten der NSA und des GCHQ in Europa und Deutschland, die aber auf Veranlassung des Bundeskanzleramtes auf nicht absehbare Zeit für die Öffentlichkeit gesperrt sind (FOCUS 28/13 S. 28). Vergleiche auch: "SZ" von 9. Juli 2013, Historiker Foschepoth über US-Überwachung: "Die NSA darf in Deutschland alles machen".

[297] Aber auch die Kommunikation in der Bundesrepublik unterlag der Kontrolle durch die Alliierten, wie dies ein Bericht der Zeitschrift "Der Spiegel" belegt. Demnach sollen die Alliierten mehr als 90.000 Telefonanschlüsse in der Bundesrepublik überwacht haben. Aber auch Postsendungen, insbesondere zwischen den deutschen Teilstaaten, wurden durch die Alliierten und deutsche Dienste überwacht. In allen wichtigen Grenzpostämtern wurde die Post einer Stelle des "Bundesverwaltungsamtes" zugeleitet, so auch in Hof an der Saale. Offenbar war diese Stelle sogar noch 1985 in Betrieb, wie private Recherchen in dieser Zeit bestätigen. (N. N. Januar 2013) (Vergleiche Spiegel–Online, Mai 2013).

[298] Die militärische Führung der DDR sollte erst relativ spät zum Einsatz von Troposphären-Scatter-Verbindungen übergehen. Vergleiche hierzu: Diem/Kampe/Kampe/Schubert: Die militärische Sicherheit der DDR im Kalten Krieg S. 112 ff. Hoppegarten/Hönow, 2008

der Ostsee, dem Mittelmeer und angrenzenden Gebieten eingesetzt. Allerdings fungierte die NATO E-3A dabei ausdrücklich nicht als Erfassungsplattform, sondern nur in ihrer Rolle als fliegender Luftverteidigungsgefechtsstand. Manöver der sowjetischen Nordflotte im Atlantik oder der 5. Eskadra (SOVMEDRON) im Mittelmeer wurden ebenfalls durch die NATO-E-3A, die sich auf ein System vorgeschobener Basen[299] abstützen konnte, begleitet. Obschon kein Erfassungssystem der Signals Intelligence, konnten das aktuelle Luftlagebild der NATO E-3A, die in grenznahen Einsatzräumen (Orbits) über der Bundesrepublik flog, die Erkenntnisse über Flugbewegungen, insbesondere bei Luftwaffenübungen (Luftangriff/Luftverteidigung) des Warschauer Paktes, sehr genau aufzeichnen und damit auch Verfahren der Luftangriffs- und Verteidigungsverbände dokumentieren. Auch die Ein- und Ausflüge sowjetischer Lufttransportkräfte konnten so bei der im Frühjahr und Herbst stattfindenden Truppenrotation beobachtet werden. Die Einflüge hochfliegender sowjetischer Aufklärungsmaschinen (High Speed – High Altitude Recce Missions)[300] konnten so ebenfalls beobachtet werden. Später sollte auch die Fähigkeit zur Detektion tieffliegender Hubschrauber die Einsatzmöglichkeiten der NATO-E-3A erweitern. Sowohl die US Air Force als auch die Heeresflieger (Army Aviation) der US-Army führten entlang der innerdeutschen Grenze luftgestützte Erfassung durch. Die Heeresflieger nutzten hierzu das System "GUARDRAIL" oder entsprechend ausgestattete Hubschrauber des Typs UH1-D. Nicht zuletzt auch SIGINT-Flüge und Fotoaufklärung wurden durch die US Air Force bei Flügen in den drei Luftkorridoren nach Berlin regelmäßig durchgeführt. Die Royal Air Force führte gelegentliche Flüge zur SIGINT-Erfassung, sowohl nach Berlin als auch über der Bundesrepublik, durch. Daneben setzte in den achtziger Jahren die US Air Force vermehrt auf Einsätze[301] der SR-71 "BLACKBIRD" über der Central Region. Die Maschinen

---

[299] Main Operation Base (MOB): Geilenkirchen, Forward Operating Location-FOL Oerland /Norwegen, FOB Trapani /Sizilien, FOB- Prevezza /Griechenland und FOB Konya/Türkei sowie RAF Waddington /Großbritannien. Bei Bedarf nutzten die E-3A der NATO auch andere Flugplätze innerhalb der NATO. Die in Portugal Mitte der achtziger Jahre geplante Basis wurde nicht eingerichtet.

[300] Verlängerte man die Flugkurse dieser Maschinen, die meist kurz vor Erreichen der Innerdeutschen Grenze wieder nach Osten abdrehten, zeigten diese häufig in Richtung westlicher, verbunkerter Luftverteidigungsgefechtsstände auf dem Territorium der Bundesrepublik.

[301] Durch den Zentralen Funkdienst der NVA in Dessau konnten diese Missionen relativ früh, bereits beim Anflug über den Atlantik, erfasst werden, da sich die Besatzungen meist auf einer bestimmten Kurzwellenfrequenz 11175 MHz bei der Leitstelle USAF CROUGHTON

flogen häufig in großer Höhe, von der Nordsee kommend, in den Luftraum der Bundesrepublik ein, querten, soweit bekannt, den Thüringer Balkon und flogen danach in westlicher Richtung zurück zu ihrer Basis in Lakenheath/Großbritannien, wo sie auch landeten. Die französischen Streitkräfte verfügten über Erfassungsstützpunkte in Norddeutschland bei Appen nordwärts Hamburg, im Harz und im bayerischen Wald. Die französische Erfassung wurde durch den Einsatz von Hubschraubern an der Grenze und durch Flüge der TRANSALL C160 GABRIEL, sowohl über der Bundesrepublik als auch über der Ostsee, ergänzt. In Berlin unterhielten die französischen Streitkräfte einen Erfassungsstützpunkt auf dem Flughafen in Tegel und in einer nahegelegenen Kasernenanlage. Wenn man Gerüchten glauben will, hatte hier der BND im Rahmen eines "Joint Venture" mit den französischen Partnern ebenfalls einen Stützpunkt. Die Vereinigten Staaten intensivierten im Laufe der achtziger Jahre ihre Aufklärungsbemühungen durch den Einsatz von Aufklärungssatelliten, sowohl zur Fotoaufklärung[302] als auch durch den Einsatz geostationärer Satelliten in relativ niedrigen Umlaufbahnen über Europa und anderen Teilen der Welt zur Erfassung von Signalen aller Art[303] (Radar, Funk, Autotelefon, Telemetrie) und ähnliche Anwendungen. Auch wurden durch Spezialisten der National Security Agency zu

---

AB bei Brackley, Northhantshire/UK melden. Quelle: Mitteilung N. N. aus dem ZFD im Jahre 1990. Daneben waren in Abhängigkeit von der Tageszeit und den Ausbreitungsbedingungen noch folgende Frequenzen durch USAF CROUGHTON im Gebrauch: 4724, 6712, 6739, 8992, 11175, 13200, 15016, 18003 MHz. Es handelte sich hierbei um das damalige USAF GLOBAL HIGH FREQUENCY (HF) SYSTEM (DOD FLIP ENROUTE) zur weltweiten Kommunikation der USAF. Vergleiche auch: Marten/Siebel: Spezialfrequenzliste Ausgabe 1988, Meckenheim 1989. Auch der Funkverkehr der NATO E-3A konnte bereits beim Start in Geilenkirchen durch den ZFD der NVA aus einer Erfassungsstellung im Harz erfasst und ausgewertet werden. Die Ergebnisse wurden umgehend an das "Diensthabende System – DHS" der Luftverteidigung der NVA gemeldet.

[302] Aus dem Jahre 1988 sind Abbildungen bekannt, die eine Übersetzübung sowjetischer Truppen in der Nähe von Dessau zeigen, die auf Grund des Aufnahmewinkels nur von einem Satelliten stammen können. Die Auflösung der Bilder war so gut, dass selbst die Sterne auf den Schulterklappen der die Übung beobachtenden sowjetischen Offiziere erkennbar waren. Möglicherweise stammen diese Aufnahmen auch aus der Fotoaufklärung der USAF in den drei Luftkorridoren nach Berlin, da sich der Wasserübungsplatz der GSSD in der Nähe Dessau/Rosslau befand. (Mitteilung N. N. im Jahre 1988, der diese Abbildungen selbst gesehen hat).

[303] Vergleiche hierzu auch: Richardson, D.: Techniques and Equipment of Electronic Warfare, London 1985. Dieses Werk beschreibt aus offen zugänglichen Quellen den Stand der Signals Intelligence im Jahre 1985. Auch bei Steven Aftergood finden sich umfassende Angaben zu den SIGINT-Systemen sowohl der westlichen Staaten, als auch der damaligen Sowjetunion, vergleiche hierzu: http://www.fas.org/irp/program/core/usss.htm

dieser Zeit vor Wladiwostok[304] verlaufende Seekabel der sowjetischen Marineführung angezapft und die Inhalte der Gespräche ausgewertet. Die US Navy und Royal Navy unternahmen ausgedehnte Erkundungsmissionen im Nordmeer[305] und der Barents-See, deren Ergebnisse ebenfalls in das Intelligence-Lagebild der NATO einfloss. Auch die Royal Navy beteiligte sich an den Aufklärungsmissionen, insbesondere im Seegebiet vor der Kola-Halbinsel, in deren Häfen die Unterseeboote der sowjetischen Nordflotte stationiert waren. Zur Überwachung der Schiffsbewegungen im Nordatlantik[306] wurde ein System von Unterwasser-Geophonen eingerichtet, die so genannte SOSUS-Linie. Das System war in der Lage, Schiffe jeglicher Größe anhand ihrer Signaturen (Schrauben und andere durch den Schiffskörper hervorgerufene Geräusche) zu erfassen, zu klassifizieren und durch entsprechende Ortungsverfahren jederzeit deren Standort festzustellen. Durch weiträumige Seeaufklärung, insbesondere mit Hilfe von Flugzeugen, wurde der Seeraum zwischen Amerika und Europa ständig überwacht. Auf Patrouillenfahrten im Nordatlantik, der Nordsee und in der Norwegen- und Barents-See eingesetzte Unterseeboote der US Navy und der Royal Navy verdichteten das Aufklärungssystem[307] und erweiterten das Lagebild über die Bewegungen der sowjetischen Seestreitkräfte. Auch wurden die Schiffsbewegungen am Ausgang der Ostsee durch Einrichtungen des dänischen Nachrichtendienstes, der US-Naval-Security Group, diese unterhielt bis in die achtziger Jahre eine Erfassungsstelle an der Ostsee nordwärts Todendorf, und durch die Bundesmarine aus einer B-Stelle auf Fehmarn überwacht. Der Einsatz der Nuklearunterseeboote der USA, Großbritanniens und Frankreichs soll hier nicht wei-

---

[304] Über derartige Unternehmen in der Ostsee, im Schwarzen Meer oder vor der Kola-Halbinsel liegen hingegen bisher noch keine Informationen vor.
[305] Besondere Aufmerksamkeit schenkten die Auswerter der NATO der "Greenland-Island-United Kingdom-Enge" (GIUK-Gap), welche die sowjetischen Unterseeboote für Einsätze vor der Küste der Vereinigten Staaten passieren mussten. Mitteilung N. N. SHAPE 1988.
[306] Im Pazifik war ein ähnliches System eingerichtet.
[307] Vergleiche hierzu: Deacon, R.: The Silent War – A History of Western Naval Intelligence, London 1988. Durch den Verrat der "Walker-Gruppe" war es der Sowjetunion möglich, den weltweiten verschlüsselten Kommunikationsverkehr der US Navy im Zeitraum von 1967 bis 1974 mitzulesen. Vergleiche hierzu: Heath, L. J. Major US-Army: AN ANALYSIS OF THE SYSTEMIC SECURITY WEAKNESSES OF THE U. S. NAVY FLEET BROADCASTING SYSTEM, 1967-1974 AS EXPLOITED BY CWO JOHN WALKER, FT. Leavenworth, Kansas 2005 – Approved for public release; distribution is unlimited. Nicht minder umfassend war der Verrat, den Aldrich Ames in der Central Intelligence Agency beging und damit wichtige Quellen der CIA in der damaligen Sowjetunion enttarnte. Siehe auch: Early, P.: Confessions of a Spy -The Real Story of Aldrich Ames, New York 1997. Hierzu siehe auch: Melton: Der perfekte Spion, Walker-Ring, S. 54 f. & Ames: S. 8, 43, 46, 158, 166.

ter betrachtet werden, da er den Rahmen der Arbeit sprengen würde. Dies gilt auch für den Einsatz des Strategic Air Command der US Air Force im Rahmen der nuklearen Abschreckung. Die Central Intelligence Agency der USA setzte wohl Mitte der achtziger Jahre erstmals, soweit bekannt, seismische Sonden[308] zur Überwachung wichtiger militärischer Objekte in der DDR ein. Die Sonden hatten die Aufgabe, Bewegungen schwerer Fahrzeuge, z.B. Panzer oder Lastwagen, zu registrieren und konnten damit eindeutig Aktivitäten an derartigen Objekten nachweisen. Die Sonden selbst wurden durch ein von einem Satelliten gesendetes Signal aktiviert und sendeten ihre Daten im Milli-Sekundenbereich, vermutlich sogar im Frequenzsprungverfahren (393.440 MHz, Sendeimpuls 0.5 bis 0.7 Sekunden, Sendegeschwindigkeit: 10.000 Zeichen/Sekunde) an den vermutlich geostationären Satelliten, der seinerseits die Daten an eine Empfangsstelle, vermutlich direkt in den USA, sendete. Die Daten wurden dort ausgewertet und bildeten damit ebenfalls einen Teil des militärischen Nachrichtenbildes, zunächst der US-Streitkräfte und sicherlich dann auch der NATO. Offenbar führte die CIA oder DIA[309] und möglicherweise auch der BND in den achtziger Jahren in der DDR und anderen Staaten des Warschauer Paktes Mitarbeiter mit Hilfe eines satellitengestützten Funkführungssystems, vermutlich abgestützt auf MARISAT, das in der HA III (Spezi-

---

[308] Vergleiche hierzu eine Niederschrift aus dem Bestand der BStU: BStU *(MfS)* HA III 135 v. 22. 06. 89 (16 Seiten) "Information zu operativ-technischer Untersuchung am System "Kegel", Streng Geheim v. 18.07.89. Die HA III ging allerdings in ihrer Analyse von einem umlaufenden Satelliten aus, der beim Passieren der USA seine Daten an eine dortige Stelle senden würde. Die HA III beschäftigte sich zu dieser Zeit bereits mit der Beobachtung der "Drohnenentwicklung" im Unternehmen "MBB", das wohl entsprechende Erprobungen derartiger Systeme auf dem Truppenübungsplatz BERGEN-HOHNE durchführte. Zu den in der DDR bereits vorhandenen Erfassungssystemen der SAT-Erfassung (Biesenthal -MfS HA III) sowie offenbar zeitweise in Karl-Marx-Stadt (Kopernikus) und Dessau/ZFD war die Errichtung von weiteren 8 SAT-Erfassungssystemen durch das MfS geplant. Offenbar wurde in dieser Zeit auch eine einzelne Sonde auf dem Territorium der damaligen UdSSR gefunden. Die US-Streitkräfte hatten bereits während des Vietnam-Krieges zur Überwachung des Ho-Chi-Min-Pfades und der Versorgungswege der Vietcong in Laos und Kambodscha ein ähnliches System errichtet, das damals bereits in der Lage war, Fußgänger von Fahrzeugen zu unterscheiden und das offenbar mit Erfolg gegen den Vietcong eingesetzt wurde.
[309] Vergleiche hierzu: BStU. MfS HA III – Zentralarchiv – 135: Ministerrat der Deutschen Demokratischen Republik - Ministerium für Staatssicherheit - Der Minister – Schreiben an das Komitee für Staatssicherheit, *"in dem auf die Verstärkung der Agentenfunksendungen, die dem US-Geheimdienst zugerechnet werden"*, hingewiesen wird. In dem Schreiben wird auch über den Fund des Systems "KEGEL" in der DDR berichtet.

alfunkdienste des MfS) unter dem Projektnamen/Deckbezeichnung "PYRAMIDE/KEGEL"[310] bearbeitet wurde.

4.4 Die alliierten Militärverbindungsmissionen in Deutschland[311]

Nicht zuletzt verfügten die drei Westalliierten in Gestalt ihrer beim Oberkommando der sowjetischen Streitkräfte in der DDR akkreditierten Militär-Verbindungsmissionen über ein ausgezeichnetes Instrument der Nachrichtengewinnung. Die Militärverbindungsmissionen der Westalliierten konnten sich innerhalb der DDR außerhalb von Sperrzonen, die durch das Oberkommando der WGT eingerichtet wurden, relativ frei bewegen. Natürlich unterlagen die Militärverbindungsmissionen in der DDR der ständigen Beobachtung durch Kräfte des Ministeriums für Staatssicherheit und Spezialkräfte der sowjetischen Streitkräfte. Gegen Personal der alliierten MVM durften nur Angehörige der damals sowjetischen Streitkräfte tätig werden. Allerdings wurden auch Angehörige des MfS gegen Personal der westlichen MVM tätig, dies soll aber hier nicht weiter betrachtet werden. Im Rahmen ihres Auftrages, auch das soll nicht verschwiegen werden, verletzten die Angehörigen der westlichen MVM häufig Sperrgebiete, teilweise mit fatalen Folgen für einzelne Mitglieder. Im Rahmen der möglicherweise gewollten "Reziprozität" verletzten Angehörige der SMM ebenfalls häufig Sperrgebiete auf dem Territorium der Bundesrepublik, soweit bekannt, allerdings ohne schwerwiegende Folgen. Im Gegenzug hatten die sowjetischen Streitkräfte im Rahmen von Vereinbarungen eigene Militärverbindungsmissi-

---

[310] Vergleiche hierzu auch: Schmidt, A.: Hauptabteilung III: Funkaufklärung und Funkabwehr, BStU, Berlin 2010, Komplex Pyramide, Kegel.

[311] Umfassende Informationen zu diesem Komplex enthalten: Behling: Spione in Uniform - Die alliierten Militärmissionen in Deutschland, Stuttgart/Leipzig 2004, Schlomann, F. – W.: Was wusste der Westen, S. 145 –167, Aachen, 2009. Nicht zuletzt Wagner und Uhl behandeln diesen Komplex umfassend in ihrem Werk: BND contra Sowjetarmee, S. 52 f., 3. Auflage, Berlin 2010. Demnach haben die westlichen Militärverbindungsmissionen im Jahr 1982 3.000 Aufklärungsfahrten (45.161 Stunden), im Jahr 1987 insgesamt 2.314 Aufklärungsfahrten (47.799) Stunden auf dem Territorium der DDR durchgeführt. Damit stellten die Erkenntnisse der westlichen Militär-Verbindungsmissionen einen nicht zu unterschätzenden aktuellen Faktor in der militärischen Lagebewertung durch die West-Alliierten dar. Soweit jetzt bekannt, waren Angehörige der britischen MVM BRIXMIS an der Platzierung seismischer Sonden auf dem Territorium der DDR zu Beobachtung militärischer Bewegungen beteiligt (Aldrich, R. J.: Intelligence within BAOR and NATO's Northern Army Group, S. 104). Der Aufsatz von Aldrich enthält eine Vielzahl von Einzelinformationen zu den Aktivitäten der britischen MVM und der (Nachrichten-)Intelligence-Bearbeitung bei NORTHAG.

onen bei den Oberkommandierenden der damals westlichen Besatzungszonen errichtet, so in Frankfurt für die US-Zone, in Bünde in der britischen Zone und in Baden-Baden, in der französischen Zone. Auch hier wiederholte sich das Katz- und Maus-Spiel, da auch die westlichen Mächte ebenfalls Sperrzonen für das Personal der damals so bezeichneten "Sowjetischen Militärmission – SMM" auf dem Territorium der Bundesrepublik einrichteten. Auch den Behörden der Bundesrepublik standen gegenüber den Angehörigen der SMM keinerlei Eingriffsrechte zu. Dienststellen der Sowjetischen Militärmission in der Bundesrepublik waren gelegentlich in Unterstützungsunternehmen bei der Schleusung von Mitarbeitern eigener Dienste aus der Bundesrepublik in die damalige DDR beteiligt, enthielten sich, soweit heute bekannt, aber sonst jeglicher nachrichtendienstlicher Tätigkeit.

4.5 Die nationale Nachrichtengewinnung durch die Bundeswehr und den Bundesnachrichtendienst – BND[312]

Sowohl die Bundeswehr als auch der Bundesnachrichtendienst[313] gewannen mit Hilfe der "Technischen Aufklärung" als auch durch die

---

[312] Bereits im Jahre 1974 erstellte ein junger, angehender Generalstabsoffizier im Rahmen seiner Jahresarbeit an der Führungsakademie der Bundeswehr in Hamburg ein Studie unter dem Titel: "Die Organisation des Militärischen Nachrichtendienstes der Luftwaffe", in der er eine Reihe von Änderungsvorschlägen zur Aufbau- und Ablauforganisation des Militärischen Nachrichtenwesens der Luftwaffe (MilNwLw) einbrachte. Frühzeitig wies er in seiner Arbeit auch auf die künftig vermehrte Abstützung auf die elektronische Datenverarbeitung im MilNwLw hin. Später sollte er eine hohe Position in der FmEloAufklLw erreichen. Allerdings wurden seine Vorschläge offenbar von der Führung der Luftwaffe nicht in dem erforderlichen Umfang wahrgenommen. Soweit bekannt, beendete er seine Laufbahn als Oberst (FüAkBw Jahresarbeit, RegNr.: 54151/VA 1175).

[313] Ausgewählte Biografien führender Persönlichkeiten in den Nachrichtendiensten beider deutscher Staaten enthält: Krüger/Wagner: Konspiration als Beruf, Berlin 2003. Eine instruktive Beschreibung des Standes der nachrichtendienstlichen Praxis in Deutschland zu Ende der siebziger Jahre enthält das Werk von H. Wiechmann: Geheim - Wozu noch, München 1977. Es beschreibt insbesondere die Einflüsse der Politik auf die Nachrichten- und Abwehrdienste der Bundesrepublik unter dem Eindruck der "Guillaume-Affäre", deren Folgen auch noch in den späteren Jahren erkennbar waren. Vergleiche auch: Wirtz, H.: Der Bundesnachrichtendienst; Lehrforschungsprojekt: Europäische Nachrichtendienste; B. A. Social Science- European Studies; SoSe, Windeck 2004. Einem Bericht der HA III des MfS aus dem Jahre 1985 zufolge soll der BND in dieser Zeit über 65 Mitarbeiter im "sozialistischen Wirtschaftsgebiet" und 33 Mitarbeiter in anderen Staaten verfügt haben, wie die Auswertung des einseitigen BND-Rundspruchdienstes durch die HA III erbrachte. Die HA III ging davon aus, dass mindestens 44 Agenten des BND in der DDR und anderen sozialistischen Staaten aktiv waren (BStU MfS HA III 13732 Bd. 2, PagNr. 0209 f. v. 4.2.1986). Auch der Führungsfunk des US-amerikanischen Nachrichtendienstes aus der Sendestelle Wittlich wurde durch die HA III überwacht, aufgezeichnet und in einigen Fällen auch mitgelesen. Nicht zuletzt gelang der HA III auch der Einbruch in das UKW-Funkfernschreibsystem der belgischen Polizei. Noch im Jahre 1985 wurde durch die HA

Grenzbeobachtung durch den Bundesgrenzschutz, den Zollgrenzdienst und die Bayerische Grenzpolizei und anderen Quellen Informationen über das "Grenzregime" auf der anderen Seite. Auch wurden Reisende, die aus dem damaligen "Kommunistischen Machtbereich" zurückkehrten, nicht selten durch amtliche Stellen über ihre Erlebnisse befragt. Die wenigen Flüchtlinge, denen die Überwindung der Grenze in den achtziger Jahren gelang, wurden durch den BND und befreundete Dienste in "Dienststellen für Befragungswesen" eingehend befragt. Die Ergebnisse dieser Befragungen rundeten ebenfalls das Erkenntnisbild westlicher Dienste und lieferten nicht selten Ansatzpunkte für eigene Operationen auf die hier wegen der noch immer unbefriedigenden Quellenlage nicht weiter eingegangen werden kann. Die Bundeswehr unterlag bei ihren Bewegungen im Grenzraum (1-3-km-Streifen) dem Grenzsicherungserlass des Bundesverteidigungsministeriums, der eine Genehmigungspflicht von Bewegungen von Kräften der Bundeswehr im Grenzraum vorschrieb. Auch war größeren Kolonnen oder Gruppierungen der Aufenthalt im Grenzraum nur mit ortskundiger Begleitung durch Grenzsicherungskräfte erlaubt, um möglichen Grenzverletzungen vorzubeugen. Dabei mussten die taktischen und amtlichen Kennzeichen der Dienstfahrzeuge unkenntlich gemacht werden. Einzelnen Soldaten in Uniform war der Aufenthalt im 1-3-km-Streifen untersagt. Trug der Soldat[314] Zivilkleidung, hatte er die Grenzabsperrungen zu beachten. Die Grenzlagemeldungen der westlichen Grenzüberwachungskräfte flossen mit in die allgemeinen Lagemeldungen des militä-

---

III ein betriebsfertiges Erfassungssystem an die HVA des MfS, die es in ihrem Stützpunkt Steuerung 2 an der Botschaft der DDR in Brüssel einsetzte. Die Nachrichtengewinnung durch den Militärischen Abschirmdienst der Bundeswehr (MAD), das Bundesamt für Verfassungsschutz (BfV), die Landesämter-/Behörden für Verfassungsschutz, den Bundesgrenzschutz und die Polizeibehörden, besonders im Bereich der Spionageabwehr, wie auch die Tätigkeit der Abwehrdienste der NATO-Partner in der damaligen Bundesrepublik soll hier aus methodischen Gründen nicht weiter verfolgt werden.

[314] Dass der Aufenthalt, selbst in Zivilkleidung, im Grenzraum nicht unproblematisch war, ist aus einem Grenzzwischenfall im September 1986 an der damaligen bayerisch-tschechoslowakischen Grenze in der Nähe von Tirschenreuth ersichtlich. Hier hatten tschechische Grenzposten unter bis heute nicht geklärten Umständen einen pensionierten Oberstleutnant der Bundeswehr, der sich privat im Grenzbereich aufgehalten hatte, offenbar 70 m von der Landesgrenze entfernt, auf bayerischem Gebiet, angeschossen und auf tschechoslowakisches Gebiet verbracht. Im Zusammenhang damit wurde ein Flüchtling durch die tschechischen Grenzposten beim Grenzübertritt gestellt, der andere Flüchtling konnte das Bundesgebiet unverletzt erreichen. Vier Tage später ereignete sich ein ähnlicher Zwischenfall ebenfalls im Raum Tirschenreuth bei der Flucht von zwei DDR-Bürgern, die das Bundesgebiet allerdings unverletzt erreichen konnten (Die Zeit v. 29.09.1986 und Archiv der Zeitung "Der Neue Tag, Weiden" aus dem Jahre 1986).

rischen Nachrichtenwesens ein. Einzelne mobile Erfassungstrupps des damaligen Amtes für Nachrichtenwesen (ANBw) führten häufig aus wechselnden Stellungen ebenfalls Erfassungseinsätze im Grenzraum durch. Ergänzt wurden diese Einsätze durch Schwerpunkteinsätze der Bundesstelle für Fernmeldestatistik (BFST), die der damaligen Abteilung 2 des BND, der "technischen Aufklärung", unterstand. Die Fahrzeuge, meist grau lackiert und mit amtlichen Kennzeichen aus Kassel (KS und Folgezahl, Braunschweig BS- und Folgezahl sowie LAU- und Folgezahl) versehen, erfassten Ausstrahlungen auf "Hohen Punkten" entlang der Innerdeutschen Grenze und der Grenze zur CSSR. Diese Fahrzeuge konnten dabei leicht mit den Fahrzeugen der "Wallmeistertruppe" der Bundeswehr, die für die Wartung der für den Ernstfall vorbereiteten Sprengstellen im Grenzbereich zuständig waren, verwechselt werden, da diese Fahrzeuge ebenfalls grau lackiert und mit amtlichen Kennzeichen und einer Folgenummer versehen waren. Die Angehörigen der Wallmeistertruppe trugen bei diesen Einsätzen stets Zivilkleidung. Der Bundesnachrichtendienst war zu dieser Zeit in die Nachrichtengewinnung mit technischen Mitteln im Rahmen der grenznahen Fernmelde- und Elektronischen Aufklärung (FmEloAufkl) zusammen mit den Kräften der FmEloAufkl der Bundeswehr[315] eingebunden und erbrachte einen Großteil der anfallenden Informationen zu den Lageveränderungen auf der Gegenseite. Hierzu hatte der BND eigene Erfassungsstützpunkte entlang der IDG und der bayerisch-tschechoslowakischen Grenze errichtet oder nutzte die grenznahen Erfassungsstellen der Bundeswehr mit. Arbeitsteilig wurden aus den grenznahen Erfassungsstellen des Heeres interessierende Signale aller Art aus dem Heeresbereich, durch die grenznahe Erfassung der Luftwaffe der Flugfunk und die Ausstrahlungen der östlichen Radarsysteme erfasst. Der Bundesnachrichtendienst[316] erfasste im Rahmen der technischen Möglich-

---

[315] Umfassende Informationen zum Aufbau der Elektronischen Kampfführung (EloKa) des deutschen Heeres nach 1945 enthält die vierbändige Dokumentation: Die Fernmeldetruppe EloKa des Heeres in den Jahren 1957-1990, Meckenheim 1995 von Rudolf Grabau, Oberst a. D. der Bundeswehr, einem wichtigen Zeitzeugen und Akteur der Fernmelde- und Elektronischen Aufklärung des deutschen Heeres. Vergleiche auch: Weiße, G.: Die geheime Funkaufklärung in Deutschland 1945-1989, Stuttgart 2005. Insider schätzen, dass in den achtziger Jahren etwa 75% der Informationen des BND aus der technischen Aufklärung stammten (Behling, a. a. O., S. 243).

[316] Auch scheinen zu dieser Zeit andere befreundete europäische Nachrichtendienste in die "Technische Aufklärung" des BND mit eingebunden gewesen zu sein. Der HA III (Spezialfunkdienste) des MfS war die Tatsache der Erfassung der Inhalte des Schmalband-Richtfunknetzes der DDR durch die Technische Aufklärung des BND (TA Abt 2) durchaus

keiten das "Schmalband-Richtfunknetz[317] und andere Ausstrahlungen staatlicher Stellen" in der DDR, soweit dies technisch möglich war. Damit gewann die Erfassung östlicher Richtfunk-Verbindungen und die Auswertung der zu dieser Zeit größtenteils noch nicht verschlüsselten Inhalte überragende Bedeutung für den Bundesnachrichtendienst. Wie aus einer Stellungnahme der HA III zu den "Gegnererkenntnissen (*des Bundesnachrichtendienstes*) über funkelektronische Anlagen militärischen Charakters auf dem Gebiet der DDR, der CSSR und der VR Polen" aus dem Jahre 1976 hervorgeht, hatte der Bundesnachrichtendienst zu dieser Zeit nahezu alle Anlagen und Einrichtung des "Funkelektronischen Kampfes" auf dem Territorium der DDR aufklären und ihren Zweck bestimmen können[318]. Für Überwachung von Kurzwellenfunkverbindungen der Streitkräfte des Warschauer Paktes wurden in Osnabrück (FmRgt 71), Daun (FmStab 94) und Feuchtwangen (FmRgt 72) entsprechende Empfangseinrichtungen errichtet. Für die Peilung von Kurzwellenausstrahlungen[319] aller Art wurde eine gemeinsame Kurzwellenpeilorganisation betrieben. Die Bundesmarine betrieb zu

---

gewärtig. Von Innenquellen im BND hatte das MfS in Erfahrung bringen können, dass für den BND mehr als 40% der Gesprächsinhalte und mehr als 50% der auf Fernschreibkanälen in diesem Netz übermittelten Informationen "von vorrangiger Bedeutung sind (waren)". Durch den BND überwacht wurden vorrangig: Verbindungen des Zentralkomitees der SED, SED-Bezirks- und SED-Kreisparteileitungen, Ministerien, die sowjetische Botschaft, die Wehrbezirks- und Wehrkreiskommandos der NVA und die Dienststellen der Grenztruppen. (BStU-HA III 15248: 1. Stellvertreter des Ministers Genossen GM Zukunft: Auskunftsmaterial über Feindangriffe gegen Richtfunknetze der DDR, VBA/76, STRENG GEHEIM, Berlin, 11. 03. 1976)

[317] Nach Kampe (Die militärische Sicherheit der DDR im Kalten Krieg) wurden wohl ab Beginn der achtziger Jahre nach dem Zulauf von Kryptotechnik die operativ wichtigen Fernmeldeverbindungen in den Netzen der DDR (Kabel, Funk und Richtfunk sowie Troposphären-Funk) fast ausschließlich kryptiert geführt. Lediglich Verbindungen der Parteiorganisation oder anderer ziviler Nutzer konnten später noch im Schmalband-Richtfunknetz der DDR gelegentlich "offen" erfasst werden. (Mitteilung N. N. vom Mai 2013). Hier scheint die Einführung von Verschlüsselungseinrichtungen, wie in o. a. Auskunftsbericht der HA III angekündigt, Wirkung gezeigt zu haben. Ob und inwieweit westliche SIGINT-Dienste in die nun kryptierten Verbindungen eindringen konnten, ist auch noch heute ungewiss. Die Streitkräfte und Nachrichtendienste des Warschauer Paktes verfügten über eine Vielzahl von Krypto-Systemen, deren Behandlung im Rahmen dieses Buches aus systematischen Gründen nicht möglich ist. Daher soll auf die entsprechende Fachliteratur und Quellen im Internet verwiesen werden. Besonders sind hier hervorzuheben: SAS und Chiffrierdienst der DDR; scz.bplaced.net, Jörg Drobick, E-Mail: sasundchiffrierdienst@arcor.de sowie www.manfred-bischoff.de.

[318] BStU–MfS HA III-15248: Stellungnahme zum GVS MfS 089-A38/76 v. 19.03.1976.

[319] Der Führungsfunk (Agentenfunk) des MfS und des Bereiches Aufklärung der NVA hingegen wurde im Rahmen der Amtshilfe durch eine Fernmeldeeinheit des Bundesgrenzschutzes in Swistal-Heimerzheim bei Bonn und aus Außen-Peilstellen erfasst. Später sollte das MfS zur automatisierten Übermittlung von Agentenfunksprüchen mit dem System "Lotto-Tante", einem rechnergestützten synthetischen Sprachgenerierungs-System, übergehen. (Mitteilung N. N. 2011, beiden Herren sei hiermit besonders gedankt.)

dieser Zeit eine stationäre Erfassungsanlage "Turm M" in Pelzerhaken. Ergänzt wurden die stationären Erfassungsmöglichkeiten durch den Einsatz der der Marine unterstellten 1150 BREGUET ATLANTIC SIGINT[320], deren Basis sich in Nordholz befand, und durch den Einsatz seegestützter Messboote der OSTE/TRAVE[321] Klasse, meist in der Ostsee. Der Bundesnachrichtendienst betrieb zur Erfassung "Troposphären-gestützter Scatter-Weitverkehrs-Führungsverbindungen" in Richtung "Sowjetunion – DDR" und in Gegenrichtung entsprechende Erfassungsstellen[322] im westlichen Teil der Bundesrepublik. Der "Funkbe-

---

[320] Die Einführung des als Nachfolger für die BREGUET ATLANTIQUE SIGINT geplanten EUROHAWK wurde im Mai 2013 wegen der Unmöglichkeit, dieses unbemannte System für den europäischen Luftraum zuzulassen, abgebrochen. Damit verfügt die Bundeswehr derzeit über kein luftgestütztes SIGINT-Erfassungssystem. Dies wird zu ernsthaften SIGINT-Erfassungslücken, sowohl bei den Streitkräften als auch im BND, führen und sich möglicherweise auch auf die Planung und Durchführung von künftigen Bundeswehreinsätzen in Krisenregionen auswirken. Damit sind die deutschen Streitkräfte auf absehbare Zeit auf die SIGINT-Unterstützung von Partnernationen angewiesen. Auch das Kommando Strategische Aufklärung der Bundeswehr als früheres "Sensorkommando" und neuerdings " Fähigkeitskommando" verliert damit eine seiner wichtigsten Quellen in der Fernmelde- und elektronischen Aufklärung. Allerdings, so wurde bekannt, soll das von CASSIDIAN (EADS) entwickelte Sensorsystem nun ersatzweise in die LOCKHEED U-2 eingerüstet werden. Eine Goldrand-Lösung für Lockheed, sollte das System tatsächlich zur Einführung bei der Bundeswehr gelangen. Ob eine Einrüstung des Sensor-Systems in einer der verfügbaren Airbus-Muster möglich sein könnte, wird wohl gegenwärtig (Mai 2013) geprüft. Siehe hierzu auch: *"Seit der Außerdienststellung der letzten Breguet 1150 Atlantic SIGINT im Juni 2010 gibt es einen vollständigen Fähigkeitsverlust in der luftgestützten signalerfassenden Aufklärung. Der Bundeswehr stehen damit keine gesicherten, durch eigene luftgestützte signalerfassende Aufklärung gewonnenen Lageinformationen mehr zur Verfügung. Diese Lageinformationen werden zur weltweiten Lagefeststellung im Rahmen der Krisenfrüherkennung und Konfliktverhütung, zur Lagebeurteilung im Rahmen der Krisenvorsorge und zur Unterstützung eigener oder verbündeter Kräfte im Einsatz im Rahmen der Krisenbewältigung benötigt. Sobald sich in einem zukünftigen Einsatz das Bedrohungsspektrum ändert und ein Gegner über moderne Einsatzsysteme verfügt, wird die Fähigkeitslücke prägnant. Sie würde sich gleichermaßen nachteilig auf das eigene Lagebild, die eigene Durchsetzungsfähigkeit sowie den Schutz eigener Kräfte mit einem hohen Risiko für Leib und Leben eigener und verbündeter Soldatinnen und Soldaten auswirken. Mit der Entscheidung, im Projekt EURO HAWK nicht in die Beschaffung der Serie einzutreten und den Flugbetrieb des Full Scale Demonstrators nach Abschluss der Erprobung im September 2013 nicht fortzuführen, besteht die vollständige Fähigkeitslücke SLWÜA fort. Je nach Entscheidung für eine alternative Trägerplattform beträgt dieser Zeitraum mindestens vier weitere Jahre."* (Bundesministerium der Verteidigung, BMVg:, Bericht der Ad-hoc Arbeitsgruppe EURO HAWK, Berlin, 5. Juni 2013, S. 60-61).
[321] Vergleiche auch: Weyers Warships of the World 1982/1983, S. 68, sowie: 50 Jahre Technische Aufklärung Flensburg, FmBer 91 Flensburg, 2006 (CD-ROM). Diese CD-ROM enthält eine beachtenswerte Darstellung der Entwicklung der "Technischen Aufklärung" der Bundesmarine ab 1956.
[322] Ionosphäreninstitut in Breisach: Eine gute Übersicht über die in den achtziger Jahren in der NVA betriebenen Fernmeldesysteme enthält: Kopenhagen, W.: Die Landstreitkräfte der NVA, S. 90 f., deren Aufzählung den Rahmen dieser Arbeit sprengen würde. Auch Fietsch stellt in seinem Werk die Ausstattung der NVA mit Fernmeldegerät umfassend dar. Die Fernmeldeausstattung der NVA, auch im Hinblick auf die verschlüsselte Übermittlung (SAS, WTsch, FIALKA und andere Systeme), stellten die Fm/ELo- Aufklärung

obachtungsdienst" des damaligen Bundesgrenzschutzes führte in Zusammenarbeit mit dem Funkkontroll-Messdienst der Deutschen Bundespost und dessen Überwachungsnetz die Überwachung der Führungsfunkverbindungen der Nachrichtendienste[323] des Warschauer Pak-

---

(SIGINT) der Bundeswehr, des BND und anderer westlicher Partner vor erhebliche Probleme. Inwieweit die westliche Seite in östliche Verschlüsselungs-(Krypto)-Systeme hat eindringen können, ist auch heute noch ein gut gehütetes Geheimnis. Zu den östlichen Krypto-Systemen siehe auch: Normativen des ZCO, BStU Berlin 2009. Allerdings gelang es dem MfS bis 1990 offenbar in eine Reihe westlicher Krypto-Systeme einzudringen und die Schlüssel zu lösen, wie aus den "Normativen des ZCO" ersichtlich wird. Auch der BA des MinfNatVtdg mit seinem ZFD konnte in westliche militärische Schlüsselsysteme eindringen, wie aus den "Funkaufklärungsmerkmalen – A043/1/005 –VVS v. 01. 05. 1990" unschwer für den Fachmann zu erkennen ist. Nicht minder aufschlussreich und bedeutend ist der Inhalt der "Information: Zustand und Veränderung in den Funknetzen und - Richtungen sowie bei den funktechnischen Mitteln der NATO-Streitkräfte im Jahre 1989 – GVS – Nr.: A1 002 088" des Chefs des Informationszentrums der NVA. Bei der Lektüre wird deutlich, wie umfassend und ausgefeilt die Erfassung und Auswertung westlicher elektromagnetischer Ausstrahlungen durch den Zentralen Funkdienst der NVA fast bis zur Auflösung des ZFD erfolgte. Mit der Auflösung des ZFD ging daher leider umfangreiche personelle Expertise verloren. Das im Verdichtungslager Dessau zusammengeführte Material zur "Elektronischen Kampfführung" der ehemaligen DDR fiel zum großen Teil der Vernichtung anheim. Siehe hierzu: Bünte, Die letzten Tage des Zentralen Funkdienstes der Nationalen Volksarmee in Dessau, September 1991 (Archiv E. Klopp, Trier 2005), Schwedtler, B.: Zentraler Funkdienst der Nationalen Volksarmee, Dessau September 1990 (Archiv E. Klopp, Trier 2005). Eingeweihten Kreisen war allerdings bereits lange bekannt, dass die Bundesregierung wichtige Mitarbeiter der ehemaligen ZCO des MfS in ihre Dienste genommen hatte (Förster, A.: Geheimwissen der Stasi genutzt, Berliner Zeitung, Sept. 2010 sowie "GEHEIMDIENSTE" Von Mielke zu Merkel. In einer Geheimoperation überführte die Kohl-Regierung einstige MfS-Kryptologen in den Westen. Sie entwickeln heute geheime Chiffriertechnik für Bundesregierung und NATO. (Spiegel, Heft 39/2010 vom 27.09.10) Zum Fernmeldesystem der NVA vergleiche auch die Dokumentation: Kampe, J.: Wostok. Die Nachrichtenzentrale im Zentrum der militärischen Macht der DDR, Projekt und Verlag Dr. E. Meißler, 15366 Hönow, 2004. Oberst a. D. der NVA Kampe beschreibt hier umfassend die Einrichtung und die Funktionen der Nachrichtenzentrale der NVA bei Strausberg. Sowohl die sowjetischen Streitkräfte in der DDR als auch die NVA und die Parteiorganisation der DDR wie auch das MfS verfügte über ein umfangreiches Netz an verbunkerten "geschützten Führungsstellen" für den Ernstfall. Vergleiche hierzu: Best, S.: Geheime Bunkeranlagen der DDR, Stuttgart 2003.
Umfangreiche Informationen zum Bunkersystem in der damaligen DDR bietet auch die Sendereihe des MDR/RBB "DDR-Geheim" unter Mitarbeit von P. Bergner sowie die Sendungen der Reihe "Geheimnisvolle Orte", die bereits über verschiedene Sendeanstalten (RBB/MDR/PHÖNIX) ausgestrahlt wurden. Besonders umfassende Angaben zum Fernmeldesystem der DDR in den späten achtziger Jahren finden sich in dem Werk "Die Militärische Sicherheit der DDR im Kalten Krieg", hier besonders im von Oberst a. D. (NVA), Dipl.-Ing. Kampe, verfassten Kapitel: Die Nachrichtenstellung der Führung der NVA und der Vereinten Streitkräfte. Wichtige Einzelheiten zu den geschützten Führungsanlagen der Staatsführung und Streitkräfte finden sich in dem von GenMaj. a. D. (NVA) W. Schubert verfassten Beitrag: Wissenschaftlich-technische Anforderungen an Schutzbauten der Nationalen Volksarmee im gleichen Werk. Die Militärische Sicherheit der DDR im Kalten Krieg, Hoppegarten-Hönow, 2008. Auch die NATO verfügte in der Central Region über ein umfangreiches Netz von verbunkerten Gefechtsständen, so z. B. den Bunker ERWIN in der Nähe von Kaiserslautern. Auch die Bundesregierung (Marienthal bei Ahrweiler) wie auch die Landesregierungen verfügten über geschützte Führungsstellen.

[323] Dies galt auch für die Überwachung des Funkverkehrs östlicher Spezialkräfte wie der sowjetischen SPETZNAS. Ob allerdings die satellitengestützten Führungsverbindungen

tes, soweit erfassbar, durch. Auch hat das MfS der DDR an der Innerdeutschen Grenze und in Berlin so genannte "Infrarot-Schleusen" betrieben, die eine entdeckungsfreie Kommunikation über die Grenze hinweg ermöglichten. Eine dieser Vorrichtungen konnte im Rahmen eines Verdachtsfalles im Harz durch die Behörden sichergestellt werden[324]. Soweit heute bekannt, war die "Zentrale für das Chiffrierwesen – ZFChi"[325] in Bonn in die Entschlüsselung östlicher Agentenfunkverkehre mit eingebunden. Auch wurde ein Institut der Universität Bochum sehr frühzeitig durch materielle Unterstützung an der Erfassung sowjetischer Satellitenfunkverkehre beteiligt. Nachdem der BND offenbar eigene Fähigkeiten entwickelt hatte, wurde die Zusammenarbeit[326] wohl in den späten siebziger Jahren eingestellt. Der Bundesnachrichtendienst[327] verfügte wohl zu dieser Zeit (1985-1989) über relativ of-

---

des MfS und des NVA-Bereiches Aufklärung (BA) und des sowjetischen KGB und des sowjetischen militärischen Nachrichtendienstes GRU von den westlichen Diensten zu dieser Zeit bereits erfasst und ausgewertet werden konnten, ist anhand der spärlichen Quellen nicht abschließend zu bewerten. Zu den verwendeten Systeme der östlichen Seite siehe: Meulstee, L./Staritz, R. F.: Wireless for the Warrior, Vol. 4, Clandestine Radio, Ferndown/UK 2004. In späteren Jahren ab etwa 1990 sollte der BND auch zur IT-gestützten Satellitenaufklärung übergehen, wie dies aus Berichten ersichtlich wird (Schiffhauer, N.: Weltempfänger-Testbuch Nummer 10, S. 278, Meckenheim 2001, Schmidt-Eenboom, E.: Empfänglich für Geheimes, ders. Secrets of Signals Intelligence during the Cold War and Beyond, London 2001).

[324] Vergleiche: Schlomann, F. W.: Operationsgebiet Bundesrepublik, Bonn 1985, Abbildung auf S. 161, die eine derartige Vorrichtung zeigt.

[325] Die DDR verfügte bis zur Wende über an relativ hochentwickeltes Chiffrierwesen, wie aus den in den Bestand der BStU überkommenen Unterlagen der Abteilung XI (ZCO) des MfS ersichtlich wird. Ihr gelang auch, in wichtige Datennetze, Schlüsselsysteme und westliche Agentenfunkverbindungen einzudringen (Vergleiche hierzu: Normativen des ZCO aus dem Bestand der BStU, abgerufen Januar 2010). Ob und in welchem Umfange es westlichen Diensten gelang, in Chiffrier- und Schlüsselsysteme der Staaten des Warschauer Paktes einzudringen, wird wohl auch auf absehbare Zeit der Öffentlichkeit unbekannt bleiben müssen. Allerdings gelang es wohl einem südosteuropäischen Nachrichtendienst, Codes und Passwörter der BND-Datenkommunikation zu lösen (Schmidt-Eenboom, Empfänglich für Geheimes, S. 16, Abs. 1).

[326] Schmidt-Eenboom, Secrets of Signals Intelligence, S. 150).

[327] Vergleiche hierzu auch: Müller, P. F. Mueller, M., Schmidt-Eenboom: Gegen Freund und Feind, Hamburg 2002. Diese Werke enthalten einen umfassenden Überblick über die Aktivitäten des Bundesnachrichtendienstes und können als erstrangige Quelle zum BND gelten. Nach offiziösen Angaben verfügte der BND damals, 1991, wohl über bis zu 500 Quellen im Bereich der DDR (Behling, Der Nachrichtendienst der NVA, S. 203). Nach unbestätigten Angaben soll der BND im Laufe der Zeit bis zu 10.000 Quellen in der DDR und möglicherweise Polen und der CSSR verfügt haben (Deutsche Welle (DW-Staff (th)) v. 25.11.2009 sowie Spiegel Online v. 11.05.2013). Der Kenntnisstand der DDR-Nachrichtendienste über den BND in den sechziger Jahren kann aus Mader, J., Die graue Hand abgeleitet werden. Nicht zuletzt das Werk von Charisius/Mader enthält umfassende Einzelheiten zur Organisation des BND sowie der FmEloAufkl der Bundesrepublik und ihrer westlichen Alliierten bis zu Beginn der siebziger Jahre. Bereits seit den siebziger Jahren beschäftigte sich der BND auch mit der Satellitentechnik, um diese Technik für die Nachrichtenübermittlung und Aufklärung nutzen zu können. Allerdings waren dem MfS

fenbar gut etablierte Quellen[328] in der DDR, die im Wesentlichen mit ihrer Meldeerstattung die Erkenntnisse des militärischen Lagebildes abrundeten. Daneben nutzte der BND auch Reisequellen[329], die bei Aufenthalten in der DDR und angrenzenden Staaten entsprechende Informationen sammelten. Allerdings wurden die Bemühungen des BND zur Nachrichtenbeschaffung durch Innenquellen im BND[330], die mit dem Ministerium für Staatssicherheit kooperierten, in seiner Wirksamkeit erheblich beeinträchtigt. Als Hauptquelle der Informationen des BND über die militärische Lage in der DDR und den angrenzenden Ländern kann auch aus heutiger Sicht die "Technische Aufklärung" des BND im

---

die wesentlichen Einzelheiten der BND-Operation "CONCORDIA" (Zusammenarbeit mit Partnerdiensten) spätestens seit 1976 bekannt.

[328] Ein umfassendes Bild der nachrichtengewinnenden Tätigkeit des BND in dieser Zeit zeichnen die Autoren A. Wagner und M. Uhl in ihrem Werk: BND contra Sowjetarmee, Westdeutsche Militärspionage in der DDR, 3. Auflage, Berlin 2010. Aus dem Werk wird ersichtlich, wie umfassend der BND die damalige DDR, insbesondere das Militärpotenzial der sowjetischen Streitkräfte (GSTD) und das der Nationalen Volksarmee (NVA), aufgeklärt hat. Insoweit erscheint der Titel des Werkes – Westdeutsche Militärspionage – dem Wirken des BND und anderer, befreundeter Organisationen nicht angemessen, da die westlichen Dienste "Aufklärung" im Sinne der Definition der damals geltenden Zentralen Dienstvorschrift der Bundeswehr "Der Militärische Nachrichtendienst in Kommandobehörden und Stäben (ZDv 2/11 VS-NfD)", Februar 1966, Nummer 57 betrieben haben. Danach bezeichnet der Begriff "Nachrichtengewinnung" die Gewinnung von Informationen mit offenen und geheimen Mitteln und Methoden (ZDv 2/11 Nr. 73). Die Nachrichtenbeschaffung *(mit geheimen Mitteln und Methoden)* hingegen war zu dieser Zeit und ist es auch noch heute ausschließlich Aufgabe des BND (ZDv2/11 Nr. 75). Wie aus den vom BND freigegebenen und von den Autoren des o. a. Werkes ausgewerteten Unterlagen ersichtlich wird, verfügte der BND über ein stets umfassendes und aktuelles Lagebild über die militärische Lage in der DDR und dem sowjetischen Vorfeld in Polen, der CSSR und in Ungarn. Dies kann auch aus eigenen Erfahrungen des Autors während seiner Zeit bei SHAPE nur bestätigt werden.

[329] Siehe auch: Schlomann, Was wusste der Westen, a. a. O. Interessante Einblicke in die humanitären Bemühungen der Bundesregierung, die nicht selten auch den in der DDR inhaftierten Mitarbeitern des BND zu Gute kamen, erlaubt: Geißel, L.: Unterhändler der Menschlichkeit, S. 236 f., Stuttgart 1991.

[330] Dr. G. Gast in der Auswertung, Spuhler-VO 03 Bw-BND, S. war eine Zeit lang in der Bundestelle für Fernmeldestatistik beschäftigt und bearbeitete dort in der Abteilung "VO 03-Bw-BND "Angelegenheiten der FmEloAufkl. Unter anderem zeichnete er auch für die "Partnerkontaktmeldungen", die im Rahmen der "Sicherheitsbestimmungen für die Fernmeldeaufklärung" an die zu besuchenden Einheiten des Systems versandt wurden, verantwortlich. Üblicherweise enthielt die Namensangabe keine Zusätze, häufig wurden die Familiennamen der Besucher allerdings mit den Kürzeln: DN-Deckname, AN-Arbeitsname, KN-Klarname versehen, was bei den empfangenden Stellen nicht selten zur Verwunderung führte, da dieses Verfahren unüblich war. Siehe auch: Herbstritt/Müller-Enbergs a. a. O. S. 60. S. soll aus seinem Bereich insgesamt 457 Informationen an das MfS weitergegeben haben. Eine bedeutende Innenquelle des KGB im BND war H. Felfe, der von 1951 bis 1962 das KGB mit hochwichtigen Informationen, insbesondere zu Quellen des BND im damals kommunistischen Machtbereich versorgte. Vergleiche hierzu: Felfe, H. Im Dienst des Gegners -Autobiographie-, 2. Auflage, Berlin (Ost) 1988. Anmerkung: Ein Vertrieb dieses Werkes in der BRD, Berlin(West), Österreich und der Schweiz war damals nicht gestattet, wie ein Hinweis im Inneren des Werkes anzeigt.

Verbund mit der "Fernmelde- und Elektronischen Aufklärung" der Bundeswehr gelten. Zur damaligen Zeit genoss zumindest die Auswertung durch das "Amt für Nachrichtenwesen- ANBw, später Zentrum für Nachrichtenwesen – ZNBw auch in Kreisen der NATO höchste Anerkennung für ihre präzise und zeitgerechte militärische Meldeerstattung für den Bereich der Central Region. Das "Militärische Nachrichtenwesen G2/A2" der Bundeswehr selbst führte weder "Geheime Mitarbeiter" noch war es an "Nachrichtenbeschaffungsoperationen"[331] des BND, soweit bekannt, zu dieser Zeit direkt beteiligt. Der G2/A2-Dienst der Bundeswehr hatte nach den damals geltenden und in der ZDv 2/11[332] festgelegten Grundsätzen Erkenntnisse über die "Wehrlage fremder Staaten", die "Feindlage", die "Sicherheitslage" und die "Psychologische Lage" im eigenen Bereich zu gewinnen[333] und im Rahmen der G2/A2-Lage zu "beurteilen". Aufgabe der Nachrichtenbeschaffung, d.h. mit nachrichtendienstlichen Mitteln, war nach ZDv 2/ 11 Nr. 75 auch zu dieser Zeit bereits ausschließliche Aufgabe des Bundesnachrichtendienstes. Aufgabe des "Militärischen Abschirmdienstes – MAD" war der Schutz der Streitkräfte vor Spionage, Sabotage und Zersetzung. Die Nachrichtenbeschaffung im Ausland gehörte nicht zu den Aufgaben des MAD. Bei Operationen der "Gegenspionage/Spionageabwehr" waren durch den MAD die damals geltenden "Unkeler Richtlinien"[334] zu beachten. Hier galt, die Ermittlungen an die zuständigen zivilen Stellen abzugeben, wenn Zivilpersonen[335] erkennbar beteiligt waren. Soweit be-

---

[331] Einige militärische Fachleute, abgeordnet an das "Amt für Militärkunde-AMK" in München, waren offenbar u. a. in den Jahren zwischen 1970 und 1980 auch einem Joint Venture des BND mit Diensten der VR China zur Beschaffung von Informationen über die damals noch sowjetische Raketenentwicklung auf elektronischem Wege beteiligt.

[332] Der militärische Nachrichtendienst in Kommandobehörden und Stäben, ZDv 2/11 VS-NfD, BMVg Abt StrKr – II 2, Bonn 23. Februar 1966; ASBw, Sicherheitshinweis 1978/1979

[333] Gewinnen bedeutet in diesem Zusammenhang, dass Informationen mit offenen Mitteln und Methoden gewonnen wurden. Beschaffen von Informationen erfolgt mit verdeckten, d. h. nachrichtendienstlichen Mitteln und Methoden durch den BND.

[334] Schwagerl/Walther: Der Schutz der Verfassung, S. 81, Köln 1968

[335] Üblicherweise wurden Verdachtsfälle, die durch die Truppe an den MAD gemeldet wurden, im Rahmen der Anfangsbearbeitung durch den MAD bearbeitet. Häufig musste dieser jedoch die Fälle auf Grund der "Unkeler Richtlinien" an andere, örtlich zuständige Stellen abgeben. Dies führte in der Regel dazu, dass die meldende Stelle, meist der Sicherheitsoffizier/S2, über den Ausgang der Ermittlungen nicht unterrichtet wurde. Auch konnte häufig beobachtet werden, dass örtliche Polizeidienststellen in Verdachtsfällen wenig professionelle Erstermittlungen bei Verdachtspersonen durchführten, die dann in aller Regel ergebnislos abgebrochen werden mussten. In einem konkreten Fall wurde nach dem Aufkommen eines Erstverdachts nach Einvernahme der Verdachtsperson durch die Polizei mit der Durchsuchung der Wohnung des Verdächtigen zwei Tage gewartet. Dass die nun folgende Durchsuchung keine Beweismittel für eine nachrichtendienstliche

kannt, hat der MAD keine Quellen im Ausland geführt. Dies schloss jedoch "Gegnerverbindungen" im Rahmen von "Gegenspielen" wohl nicht prinzipiell aus. Spektakuläre Erfolge waren dem MAD, soweit öffentlich bekannt, in dieser Zeit nicht beschieden, da auch in diesem Dienst ein "Maulwurf" des Ministeriums für Staatssicherheit tätig war. Dies konnte auch für das Bundesamt für Verfassungsschutz gelten, das gleich von zwei hochrangigen Zuträgern[336] des Ministeriums für Staatssicherheit unterwandert war. Die Bundesluftwaffe[337] beteiligte sich ebenfalls an der Aufklärung entlang der innerdeutschen Grenze und der Grenze zur CSSR mit sogenannten "SLAR (Sidelooking Airborne Radar)-Seitensicht-Radar-Flügen" und setzte dem Vernehmen nach das Muster RF-4-F "PHANTOM" zu diesem Zwecke ein. Ob die Bundeswehr auch luftgestützte Erfassungseinsätze mit Hubschraubern durchführte, ist noch nicht schlüssig nachzuweisen. Frühe Versuche zur luftgestützten Erfassung durch die PEMBROKE Mk 5 und die DC-3 DAKOTA/C-47-SKYTRAIN der Flugvermessungsstaffel aus Lechfeld sind allerdings nachgewiesen, wurden aber wohl in den sechziger Jahren bereits wieder eingestellt. Flüge mit der HFB-320 waren wohl auch nicht erfolgreich. Später sollten Erfassungseinsätze mit speziell dafür ausgerüsteten C-160 TRANSALL der Luftwaffe erfolgen, dieses Vorhaben wurde, soweit bekannt, auch recht bald aus unbekannten Gründen abgebrochen. Durch die Wende und die damit erfolgende Truppenreduzierung,

---

Tätigkeit der Person erbrachte, war ein fast zwangsläufiges Ergebnis. In einem anderen Fall wurde die Verdachtsperson nach polizeilichen Vorermittlungen aus Anlass des Besuchs einer hochgestellten Persönlichkeit vor dem Grenzübertritt in die CSSR unter dem Vorbehalt, diese habe Verbindungen zum gegnerischen Nachrichtendienst, grenzpolizeilich vernommen, ihr jedoch danach die Ausreise gestattet. Später wurde festgestellt, dass diese Person sich nach Überschreiten der Grenze unverzüglich zur Anlaufstelle des gegnerischen Dienstes in der nahegelegenen Stadt Karlsbad (Karlovy Vary) begeben hatte. Eine erneute Einreise in das Bundesgebiet erfolgte danach nicht mehr.

[336] Im Bundesamt für Verfassungsschutz (BfV) verfügte das MfS, soweit heute bekannt, über zwei hochrangige Quellen: Kuron und Tiedge.
[337] Einen umfassenden Einblick in die Organisation des "Militärischen Nachrichtenwesens der Luftwaffe" der damaligen Zeit gewährt: Müller-Georgé, W. Major: Die Organisation des Militärischen Nachrichtendienstes der Luftwaffe, FüAkBw, Jahresarbeit, Hamburg 1974, herabgestuft auf "offen" am 26.02.1993. Die Jahresarbeit behandelt alle Aspekte des MilNwLw, wenngleich auch organisatorische Veränderungen bis Mitte der achtziger Jahre anfielen, die aber keinen grundsätzlichen Einfluss auf die Nachrichtenbearbeitung in der Luftwaffe hatten. Nicht minder aufschlussreiche Einblicke in die Geschichte der Bundesluftwaffe vermittelt das Werk: Luftwaffe intern, Stuttgart, 2008, aus der Feder von Heinz von Knobloch, der den Aufbau und die Einsatzplanung und die Entwicklungen in der Luftwaffe bis zur Wende und darüber hinaus aus eigenem Erleben als Pilot schildert. Ein fast lexikalisches Werk, das viel zum Verständnis der Hintergründe und Zusammenhänge der Entwicklungen in der Bundes-Luftwaffe beiträgt.

auch in der Bundeswehr, und dem Wegfall der Bedrohung, wurde die geplante Einführung des Aufklärungssystems LAPAS – Luftgestütztes Primäraufklärungssystem aufgegeben. Die grenznahen Erfassungsstellen des BND und der Bundeswehr wurden nach 1990 schrittweise stillgelegt, das Material zum großen Teil verwertet oder an befreundete Dienste (Ungarn) abgegeben. Es folgte die Kurzwellenerfassung der Luftwaffe, deren Standorte Feuchtwangen und Osnabrück auch stillgelegt wurden. Erst mit dem Beginn der Umgliederung der Bundeswehr in eine Einsatzarmee begannen die Überlegungen zum Einsatz der EloKa-Kräfte der Bundeswehr bei den damals geplanten Krisenreaktionskräften. Dieser Prozess ist auch heute noch längst nicht abgeschlossen.

4.6 Die Spezialeinsatzkräfte der West-Alliierten und der Bundeswehr in der Bundesrepublik

Soweit heute feststellbar, spielten die Spezialeinsatzkräfte der Westalliierten (Special Forces der US-Army, der britische Special Air Service (SAS), Special Boat Service (SBS), Royal Marines und französische Sondereinheiten[338]) keine wesentliche Rolle bei der Nachrichtengewinnung zu dieser Zeit in der Bundesrepublik. Verbürgt sind jedoch eine Reihe von gemeinsamen Übungen[339] auf west-deutschem Boden, an denen auch Fernspähkräfte[340] der Bundeswehr und der damalige Bundesgrenzschutz regelmäßig teilgenommen haben. Für den Fall einer Invasion des Warschauer Paktes errichteten eine Reihe von NATO- und andere bedrohte Nationen besondere Einheiten im Rahmen einer Stay-Behind-Organisation (SBO). Diese Einheiten hätten nach der Besetzung durch die Truppen des Warschauer Paktes den Kampf hinter den feindlichen Linien fortsetzen sollen, in dem sie Nachrichten sammelten, ver-

---

[338] Teile des 13eme Regiment du Dragons Parachutistes (13eme RDP) waren bis Ende der achtziger Jahre in Langenargen und Friedrichshafen am Bodensee stationiert, bis es nach Dieuze im Département Moselle verlegt wurde. In der Nachbarschaft befand sich die Peilzentrale Süd des Fernmelderegiments 72 der FmEloAufkl der Luftwaffe. Auch diese wurde später nach 1990 aufgegeben.

[339] Siehe hierzu auch: Falk, O.: Green Berets in Deutschland, International Special Operations Magazine – Kommando, S. 15, Ausgabe 6, Nürnberg 2009, sowie Schömer, A.: Unconventional Warfare – 10th Special Forces Group in Deutschland, International Special Operations Magazine – Kommando, S. 78, Ausgabe 11, Nürnberg 2010 sowie: Schmidt, H.-J.: Chronik des Bundesgrenzschutzes und der innerdeutschen Grenze 1951-1971, Band 1, S. 119, 2. Auflage, Coburg, 1995

[340] Die den damaligen drei deutschen Korpskommandos (I. Korps Münster, II. Korps Ulm, III. Korps Koblenz) unterstehenden FernSpähKp 100 Celle, FernspähKp 200 Weingarten und FernspähKp 300 Fritzlar.

sprengte Soldaten und abgeschossene Piloten unterstützten. Auch die Durchführung von Sabotageakten war geplant. Dem Vernehmen nach trugen diese Einheiten die NATO-interne Bezeichnung "GLADIO[341]". Auch schien der BND[342] für den Fall einer sowjetischen Besetzung der Bundesrepublik entsprechende Vorbereitungen getroffen zu haben. Soweit bekannt, wurden diese Einheiten zum großen Teil in den neunziger Jahren aufgelöst. Allerdings hatte die Hauptabteilung III des Ministeriums für Staatssicherheit bereits zu einem sehr frühen Zeitpunkt die Überwachung des westlichen Agentenführungsfunks aufgenommen. Im Jahre 1984 gelang es der HA III die Funkverbindungen der vom

---

[341] Vergleiche hierzu: Mecklenburg, J: GLADIO – Die geheime Terrororganisation der NATO, Berlin 1997. Auch bei Schmidt-Eenboom, von Bülow sowie Müller & Mueller finden sich Hinweise auf diese Organisation. Dies gilt auch für: Zolling/Höhne: Pullach Intern, Hamburg 1971, welche die Frühgeschichte der BND-SBO beleuchten. Neuere Erkenntnisse zu GLADIO vermittelt der Aufsatz von Ganser und Deland in: Ganser, D. & Deland, M: NATO'S SECRET ARMY IN NEUTRAL SWEDEN, JIPSS Vol. 4 No. 2/2010, S. 20 f., Graz 2010.

[342] Eine Innenquelle des MfS in dieser Abteilung des BND hat über einen längeren Zeitraum einen großen Teil der Vorbereitungen des BND an das MfS weitergeleitet und damit wertlos gemacht. Vergleiche hierzu auch: Juretzko, N./Dietl, W.: Im Visier, München, 2006. Bereits im Jahre 1976 betrieb der BND nach Angaben der HA III des MfS 99 geheime Funkverbindungen, 48 zweiseitige Führungsfunkverbindungen zu Residenturen und 80 Funkverbindungen zur Angehörigen seiner SBO-Organisation. (BStU – MfS HA III AR 3 Nr.: 15248 – Abt III Leiter STRENG GEHEIM–III zu GVS III/F /339/75 v. 18. 01. 1976). In späteren Jahren sollten der HA III Ausbildungsmängel der BND-SBO-Funker zu Kenntnis gelangen, die der HA III des MfS einen Einbruch in das Schlüsselsystem der BND-SBO-Funkverbindungen erlaubten. Juretzko, N./Dietl, W.: Bedingt Dienstbereit, Berlin 2004. Beide Werke vermitteln interessante Innenansichten der BND-Aktivitäten in der Nachwendezeit. Nicht unerwähnt bleiben soll auch das Werk von U. Ulfkotte: Verschlusssache BND, München/Berlin 1997, dass sich offenbar auch auf BND-interne Quellen stützen konnte und ebenfalls bisher wenig bekannte Details vermittelt. Daneben kann auch die deutsch/österreichische Fernsehdokumentation "TOP SECRET Teil 1 – 3 " (PHÖNIX 01. 06. 2010) höchst interessante und aufschlussreiche Einblicke in die Arbeit des BND vermitteln. In dieser Dokumentation äußern sich kompetente Zeitzeugen aus dem BND zu dessen Operationen. Vergleiche auch: Deutscher Bundestag, 12. Wahlperiode, Drucksache 12/890 v. 1. 7. 91: Antwort der Bundesregierung auf die Kleine Anfrage der Abgeordneten Ulla Jelpke und der Gruppe der PDS/Linke Liste – Drucksache 12/750 – Enthüllungen über Gladio. Nach Auskunft der Bundesregierung umfasste die Organisation Ende der fünfziger Jahre ca. 75 hauptamtliche Mitarbeiter. Der Bestand an nachrichtendienstlichen Verbindungen betrug zeitweise bis zu 500 Personen. Offenbar wurde das System "HARPUNE/HARPOON" erst 1990 eingeführt. Das Vorgängermodell trug die Bezeichnung FSS 20. Es wurde von 1978 bis 1990 eingesetzt. Die HA III des MfS hatte bereits frühzeitig Erkenntnisse zu den Kommunikationsverfahren der BND-SBO, wie aus dem Dokument: BStU 000086: Hauptabteilung III Leiter: Sachstandsbericht über eine spezielle Agentenart des BND vom 6.11.1984 ersichtlich wird. Der Bericht offenbart auch Defizite in der Ausbildung der SBO-Funker des BND, die zu diesem Zeitpunkt offenbar 15 bis 20 aktive Funkstellen umfasste, mit moderner Sendetechnik (800 Baud) ausgestattet waren und sich in den Räumen LOCCUM-WERTHEIM, MUDAU und FAHRENBACH bewegten. Die SBO des BND ist durch einen Prozess in Luxemburg wieder in das Blickfeld der Öffentlichkeit gerückt. Siehe hierzu Deutscher Bundestag, 17. Wahlperiode: Bundestagsdrucksache 17/13214, "Kleine Anfrage der Fraktion Die Linke" zu der Beteiligung des BND an Gladio-Operationen v. 23.04.2013.

Bundesnachrichtendienst rekrutierten "Überrollagenten" in der Bundesrepublik zu erfassen und den Funkverkehr, wenigstens zum Teil, mitzulesen. Aber auch die verdeckt operierenden Dienststellen des BND befanden sich unter ständiger Überwachung (Operative Zielkontrolle – OZK) durch die HA III, so zum Beispiel das BND-Objekt "ISAR" in München. Auch die in Berlin von den Alliierten betriebene Zweigstelle von "LIVE OAK" wurde permanent überwacht, wie sich aus der "Lageeinschätzung zur Jahresplanung 1990" der HA III[343] ergibt. Nicht minder rührig bei der Aufklärung westlicher Krypto-Systeme war das ZCO[344] des MfS, wie aus überkommenen Akten der BStU erschlossen werden kann. Offenbar fanden im Jahre 1990 bereits während der Wende Gespräche zwischen der ZSI[345] und dem ZCO über die Sicherheit der Übermittlung sensitiver Daten auf Regierungsebene zwischen der noch amtierenden Regierung der DDR und der Bundesregierung in Heimerzheim bei Bonn und in Berlin statt. Soweit bekannt, wurde für eine Übergangszeit das Verfahren "ARGON"[346] genutzt. Bei den in Bonn und Berlin geführten Gesprächen wurden offenbar auch die Weichen für die Weiterverwendung von qualifiziertem ZCO-Personal nach der Wiedervereinigung gestellt, wie dies aus einem Bericht des Spiegels[347] ersichtlich wird.

4.7 Erfolge der westlichen Nachrichtendienste bei der Gewinnung hochrangiger Quellen im ehemaligen Ostblock[348]

Wenig bekannt ist, in welchem Umfang es den westlichen Nachrichtendiensten in den Jahren bis 1995 gelang, hochrangige Quellen[349] im

---

[343] BStU HA III Nr.: 12481
[344] ZCO – Zentrales Chiffrierorgan der DDR, zu dieser Zeit bereits dem Ministerium des Innern der DDR unterstellt.
[345] Zentralstelle für die Sicherheit in der Informationstechnik (der Bundesrepublik)
[346] Schlüsselvorrichtung T 310 aus DDR-Produktion, weitere Einzelheiten siehe: .sczbplaced.net (Abgerufen Mai 2013)
[347] Rosenbach, M. & Stark, H.: Von Mielke zu Merkel, Der Spiegel, Hamburg, Ausgabe 39/2010
[348] Ausgewählte Biografien führender Persönlichkeiten in den Nachrichtendiensten beider deutscher Staaten enthält: Krüger/Wagner: Konspiration als Beruf, Berlin 2003
[349] Abelikow, A. Entwickler von Bio-Waffen, Lunev, S. GRU, Mitrokhin, V. KGB Jurtchenko, V, KGB, Zuyev, A, Sowjetische Luftwaffe, Phasentechnik V. Bio-Waffen-Entwickler, Kuklinski, R. Oberst i. G., Polen, Gordiewsk, O. KGB. Nicht vergessen werden soll allerdings auch die Bedeutung des sowjetischen Oberst O. Penkowski, der die westliche Seite über den Stand der sowjetischen Raketenrüstung informierte. Vergleiche hierzu auch: Wynne, G.: The Man from Odessa, London 1981. W. schildert hier die näheren Begleit-

damaligen Ostblock zu gewinnen. Der Übertritt Werner Stillers aus dem MfS im Januar 1979 versetzte die Abwehrbehörden der Bundesrepublik in die Lage, eine Reihe von Kontaktpersonen Stillers der Strafverfolgung zuzuführen. Offenbar gelang es danach dem BND im Rahmen des bis 1994 andauernden Truppenabzugs der ehemaligen sowjetischen Truppen aus der ehemaligen DDR einige Quellen[350] zu gewinnen. Ob andere befreundete Dienste ähnliche Erfolge verzeichnen konnten, ist nicht bekannt.

4.8 Die Aufklärung des NATO-Potenzials durch die Nachrichtendienste des Warschauer Paktes

Über die Nachrichtenbeschaffung mit nachrichtendienstlichen Mitteln und Methoden durch die Nachrichtendienste des Ostblocks im westlichen Operationsgebiet[351] liegen in der Fachliteratur nicht erst seit dem Ende des Warschauer Paktes umfassende Zeugnisse vor, so dass hier nicht weiter auf die Vielzahl der bekannt gewordenen Spionagefälle eingegangen werden soll. Vielmehr ist es die Absicht des Autors, an Hand der nun vorliegenden Ergebnisse die Aufklärungsbemühungen der Dienste des Warschauer Paktes[352] im Hinblick auf die Folgen für die NATO im Falle einer kriegerischen Auseinandersetzung in Mitteleuropa einer kritischen Würdigung zu unterziehen. Hauptträger des mit nachrichtendienstlichen Mitteln gegen die NATO selbst und die Staaten des Bündnisses und anderer Staaten geführten Kampfes waren die Nachrichtendienste der damaligen DDR, das Ministerium für Staatssicherheit

---

umstände der Affäre Penkowski und die Rolle des britischen Auslandsnachrichtendienstes MI-6 (SIS). Interessante Einblicke in die Methodik der CIA vermitteln auch: Schewtschenko, A. N.: Mein Bruch mit Moskau, Bergisch-Gladbach 1985 sowie: Mendez, A. J. & McConnell, M.: Master of Diguise – My Secret Life in the CIA, New York 1999 als auch: Johnson, L. K.: Bomben, Wanzen und Intrigen-Amerikas Geheimdienste, Düsseldorf, 2002

[350] Vergleiche hierzu: Juretzko/Dietl a. a. O. sowie Ebert. a. a. O. Das Werk von Ebert enthält, wenn auch romanhaft ausgeschmückt, sehr viele Details zur Agentenführungspraxis eines westlichen Partnerdienstes in der damaligen DDR. Soweit bekannt wird in diesem Werk erstmals über die Kommunikationspraxis des MfS, u. a. über eine telefongestützte Schnellgebeeinrichtung des MfS, wie sie auch Kuron im Gebrauch hatte, berichtet. Nicht zuletzt enthält das Werk zahlreiche Details über die Kurzwellenkommunikation des MfS.

[351] Eine umfassende Darstellung der westlichen Nachrichtendienste in der Bundesrepublik haben Charisius und Mader Ende der siebziger Jahre vorgelegt. Auch hier darf vermutet werden, dass die Autoren Zugang zu Erkenntnissen des MfS gehabt haben. Siehe dazu: Charisius, A. & Mader, J.: Nicht länger geheim, 3. Auflage, Berlin(Ost), 1976

[352] Zu den Zielen der nachrichtendienstlichen Aktivitäten der ND der DDR vergleiche auch: Herbstritt/Müller-Enbergs a. a. O. S. 76 – 83.

(MfS) mit seiner Hauptverwaltung Aufklärung (HVA)[353] und der militärische Nachrichtendienst der Nationalen Volksarmee, der Bereich Aufklärung (BA) des Ministeriums für Nationale Verteidigung. Auch das sowjetische Komitee für Staatssicherheit (KGB) und der militärische Nachrichtendienst (2. Verwaltung des Generalstabs – GRU) verfügten auf dem Territorium der DDR über entsprechende Diensteinheiten für die Nachrichtengewinnung und -beschaffung mit nachrichtendienstlichen Hilfsmitteln. Über die Aktivitäten des KGB und der GRU liegen allerdings aus naheliegenden Gründen auch heute noch wenig substantiierte Informationen vor. Daher sollen diese beiden Dienste nicht weiter betrachtet werden. Die 16. Verwaltung des KGB war an der "Technischen Aufklärung" durch die HA III des MfS beteiligt. Allerdings ergibt die Auswertung der in der BStU überkommenen Unterlagen zu diesem Komplex, dass wohl zwischen beiden Diensten eine Arbeitsteilung stattgefunden haben muss. Das KGB[354] schien sich bei der technischen Aufklärung in Deutschland vorwiegend auf die Potenzen der DDR-Dienste (MfS HA III – SFD) abzustützen, da das KGB auch in anderen Weltgegenden[355] Interessen zu verfolgen hatte. Auch die Nachrichtendienste Polens, der damaligen CSSR und Ungarns wie auch Bulgariens entfalteten nachrichtendienstliche Aktivitäten gegen die im Bündnis vereinigten Staaten Westeuropas und die Vereinigten Staaten sowie Kanada. Nicht nur die Mitgliedsstaaten der NATO, sondern auch die neutralen Staaten in Europa wurden wegen ihrer wirtschaftlichen und militärischen Bedeutung im Kriegsfall zu Zielobjekten der Nachrichtendienste des Warschauer Paktes. Auch das KGB verfügte mit seiner 16. Hauptverwaltung über ein Instrument der "Technischen Aufklärung", wie auch der militärische Nachrichtendienst der damaligen sowjeti-

---

[353] Auch die übrigen Gliederungen des MfS waren in die Aufklärungsbemühungen eingebunden. Vergleiche hierzu: Wiedmann, R.: Anatomie der Staatssicherheit – Geschichte-Struktur - Methoden: Die Organisationsstruktur des Ministeriums für Staatssicherheit, BStU Berlin1995. Siehe dazu auch: Schlomann, F. -W.: Die Ostblock Spionage gegen die Bundesrepublik Deutschland, München 1981, Schlomann, F. W.: Die Maulwürfe, Bonn 1993 und Großmann, W.: Bonn im Blick, Berlin 2001, Arnold, K. -H.: Schild und Schwert, Berlin 1995, Eltgen, H. Ohne Chance, Berlin 1995 und Bohnsack, G.: Die Legende stirbt, Berlin 1997. Einen umfassenden Überblick über die Aktivitäten des MfS im Operationsgebiet bietet auch: Knabe, H: West-Arbeit des MfS, Berlin, 1999.
[354] Vergleiche hierzu auch: Myagkov, A.: Inside the KGB, London 1977
[355] Zu den weltweiten sowjetischen SIGINT-Aktivitäten in den achtziger Jahren vergleiche: Andrew/Mitrokhin, The Sword and the Shield, S. 95, 96, 103, 118, 143, 178, 205-206, 218, 334, 337-354, 467 und 490.

schen Streitkräfte über entsprechende Elemente[356], auch in der DDR, verfügte. Das Innenministerium der damaligen Tschechoslowakei war ebenfalls in die Gewinnung von Informationen mit technischen Mitteln eingebunden. Auf die Aufklärungsbemühungen der östlichen Dienste in der übrigen Welt soll hier aus systematischen Gründen nicht weiter eingegangen werden. War das Ministerium für Staatssicherheit mit seiner Hauptverwaltung Aufklärung ein Nachrichtendienst, dem es oblag, vorrangig Informationen aus Politik, Wirtschaft, Forschung, den westlichen Nachrichten- und Abwehrdiensten und anderen die politische Führung der DDR und des übrigen Ostblocks interessierenden Lebensbereichen aus dem westlichen Ausland zu beschaffen, verfügte die Nationale Volksarmee auch über einen beschaffenden Nachrichtendienst, den Bereich Aufklärung (BA), der durch den Chef Aufklärung der NVA geführt wurde und der vorwiegend militärisch nutzbare Informationen beschaffte.

4.9 Die Hauptverwaltung Aufklärung (HVA) des Ministeriums für Staatssicherheit – MfS

Die NATO mit ihren hohen Kommandobehörden und Dienststellen stellte für die Nachrichtendienste des Warschauer Paktes ein Aufklärungsziel von ganz besonderer Bedeutung dar. Nicht zuletzt wegen der in den Kommandobehörden und -stäben verfügbaren Informationen von politischer, militärstrategischer und militärischer Bedeutung, wie dies Veröffentlichungen ehemals in den Diensten des Warschauer Paktes[357] Tätiger, die nach 1990 erschienen sind, belegen. Zur Beschaffung von Informationen aller Art aus der NATO, insbesondere jedoch Informationen aus den Bereichen Strategien, militärpolitische Konzeptionen, militärische Planungen, durch die Dienste des Warschauer Paktes, bei der sich das Ministerium für Staatssicherheit mit seiner Hauptverwaltung Aufklärung (HVA) besonders hervortat, setzten die Dienste vornehmlich menschliche Quellen ein. Offenbar gelang es auch dem "Militäri-

---

[356] Im Jahre 1989 verfügte die GSSD auf dem Territorium der damaligen DDR noch über folgende Fernmeldeverbände mit Bedeutung für die Fu-FuTechnAufkl. Es waren dies: 82. FuTechnBrig Torgau, 21, FmRgt Frankfurt/O., 19. FmRgt Schönewalde, 40. FuTechnBrig Wittstock, 45. FmTechnBrig. Merseburg, 3. SpezAufklBrig Neuthymen, 106. FmBtl Wittenberg, 908. FmBtl Wulkow, 254. FmRgt Dessau, 908. FmRgt Dessau, 194. FmRgt Weimar, 672. FmRgt Frankendorf, 51. FmRgt Eberswalde, 425. FmRgt Rüdersdorf. Die bis 1994 auf dem Brocken befindliche Einheit konnte bisher nicht zugeordnet werden. Der ZFD hat bis zu seiner Auflösung mit der 82. FuTechnBrig. in Torgau zusammengearbeitet.

[357] Eine entsprechende Bibliografie findet sich im Anhang dieses Buches

schen Nachrichtendienst der NVA" im Verbund mit der HVA des MfS Spitzenquellen[358] in der NATO zu gewinnen und bis zum Ende der DDR zu führen. Noch vor dem Ende der DDR wurden, soweit bekannt, alle Quellen durch die Dienste der DDR "abgeschaltet", soweit diese nicht bereits durch die westlichen Sicherheitsbehörden enttarnt waren. Wenige Informationen liegen über Quellen und Aktivitäten anderer nationaler Dienste des WP in der NATO vor. Nicht zuletzt die Funk- und Funktechnische Aufklärung, hier besonders die des Ministeriums für Staatssicherheit (MfS) mit seiner Hauptabteilung III (Spezialfunkdienste des MfS) unter Generalmajor Dr. Männchen[359] (†), als auch der Zentrale Funkdienst – ZFD der Nationalen Volksarmee, im Verbund mit anderen Spezialfunkdiensten des WP, hier besonders der Dienst der damaligen CSSR als auch die Funk- und funktechnischen Aufklärungseinheiten der Gruppe der Sowjetischen Truppen in Deutschland (GSTD), war in die Gewinnung[360] von Informationen über die Absichten der NATO eingebunden. Die agenturische Aufklärung durch das MfS sowie den "Bereich Aufklärung" der Nationalen Volksarmee in der Bundesrepublik und dem übrigen Europa wurde in den einschlägigen Veröffentlichungen[361] nach der damaligen Quellenlage bereits umfassend dargestellt. Über die Aktivitäten der damaligen sowjetischen Nachrichtendienste KGB und GRU in Westeuropa liegen demgegenüber nur wenige Informationen aus offenen Quellen vor. Soweit bekannt, führte der Bereich Aufklärung des Ministeriums für Nationale Verteidigung (MfNV) im Jahre 1990 etwa 138 agenturische[362] Quellen im Operationsgebiet. Diese Mitarbeiter wurden offenbar bis Juli 1990 alle abge-

---

[358] Soweit bekannt, wurden alle Informationen, die das Quellennetz der Militäraufklärung der NVA betrafen, auf Befehl des damaligen Ministers für Abrüstung und Verteidigung der DDR ausnahmslos vernichtet, so dass heute eine abschließende Bewertung der Fähigkeiten dieses Dienstes nur nach den wenigen nach Auflösung des BA verfügbaren Quellen möglich ist. Soweit bekannt, wurden jedoch wesentliche Ergebnisse der Militäraufklärung der NVA, die sich im Besitz der HA I/2 des MfS (Verwaltung 2000 – Abwehr) befanden, nicht befehlsgemäß vernichtet und konnten so durch die Bundesanwaltschaft ausgewertet werden. Vergleiche: Behling, a. a. O. S. 270.

[359] GM Dr. Männchen hat bereits im Jahre 1973 im Rahmen einer Dissertation eine überaus zukunftsweisende Konzeption für die Funk- und funktechnische Aufklärung des MfS entwickelt, siehe hierzu: MfS JHS21825 Dissertation/Forschungsauftrag "GM Männchen" 480 Seiten. Vergleiche zur HA III auch: Schmidt, A.: Hauptabteilung III: Funkaufklärung und Funkabwehr, S. 151 f., Berlin, 2010. Ein überaus umfassendes Werk über die HA III, das sicherlich künftig als Referenzwerk über die HA III gelten kann.

[361] Vergleiche hierzu die Veröffentlichungen von: Arnold, Auerbach, Behling, Bohnsack, Eltgen, Gieseke, Eichner/Dobbert, Großmann, Müller-Enbergs, Knopp, Kabus, Knabe, Nitz, Krieger/Weber, Schlomann.

[362] Ob diese Mitarbeiter allesamt Quellen des BA waren oder auch unterstützende Funktionen wahrnahmen, ist nicht ersichtlich (Behling a. a. O. S. 270).

schaltet. Die Hauptverwaltung Aufklärung und andere Diensteinheiten des Ministeriums für Staatssicherheit verfügten Ende 1990 vermutlich noch über 2.928 Mitarbeiter[363] im Operationsgebiet, gegen die der Bundesanwalt später Verfahren[364] eröffnet hat. Nach Angaben eines ehemaligen Angehörigen des MfS führte das MfS gleichbleibend über Jahre hinweg etwa 500 Quellen im Operationsgebiet[365]. Nach Angaben von Markus Wolf, dem ehemaligen Leiter der HVA, haben diese etwa 1.000 Quellen im Bundesgebiet, von denen allenfalls 50-100 Quellen wertvolle Informationen geliefert hätten, geführt. Dabei ist zu beachten, dass eine Reihe von anderen Diensteinheiten der HVA auch Quellen im Operationsgebiet geführt haben, so beispielsweise nach ihrer jeweiligen regionalen Zuständigkeit für das Operationsgebiet in der HVA:

- Abteilung I - Staatsapparat BRD
- Abteilung II – Politische Parteien
- Abteilung IV – Militärstrategische Aufklärung[366]
- Abteilung VII – Auswertung und Information der HVA[367]
- Abteilung IX – Gegnerische Nachrichtendienste (Äußere Spionageabwehr)[368]
- Abteilung X – Desinformation

---

[363] Vergleiche Großmann a. a. O. S. 293. Ob es sich hier ausschließlich um Innenquellen des MfS/BA gehandelt hat, oder ob sich darunter auch IM anderer Kategorien befanden, ist abschließend nicht mehr festzustellen.

[364] Gegen 2.928 Bundesbürger wurden Verfahren eingeleitet, aber in nur 388 Fällen erfolgte tatsächlich eine Anklage. In 252 Fällen erfolgte eine Verurteilung (Vergleiche: Lampe a. a. O. S. 10).

[365] Vergleiche hierzu: Lampe. a. a. O. S. 5. Nach Lampe (S. 15) enthielt die Teildatenbank 12 des Systems SIRA (System Information/Recherche/Auswertung) des MfS Angaben zu 4.715 Quellen der Jahre 1969–1987 des MfS im Operationsgebiet. In den Jahren 1984–1987 verzeichnet diese Datei noch 1.200 Quellen. Allein im Jahre 1987 waren noch rund 716 Quellen mit Lieferungen an das MfS aktiv. H. Knabe kommt allerdings in seinem Werk "West-Arbeit des MfS" bei einer Hochrechnung der Bundesbürger, die seit Bestehen des MfS als Quelle tätig waren, auf die Zahl von 17.000 bis zu 23.000 Bundesbürgern. Vergleiche: Knabe, West-Arbeit des MfS, S. 19. Die Intensität der nachrichtendienstlichen Aktivitäten des MfS im OG lässt sich auch an der konspirativen Reisetätigkeit von MA des MfS in das Operationsgebiet ableiten. Jährlich wurden etwa 7.500 Reisen in das OG durch die Reisestelle des MfS abgerechnet. Davon entfielen 2.300-2.500 Reisen auf wichtige Kontakte zu IM im OG. Zu dem Komplex "Rosenholz" vergleiche auch: Müller-Enbergs, H: Rosenholz – Eine Quellenkritik, BF informiert Nr. 28, BStU-Berlin, 2007.

[366] Hier kann angenommen werden, dass zwischen der HVA und dem BA der NVA eine institutionalisierte Zusammenarbeit bei der Gewinnung von Quellen und deren Führung stattgefunden haben mag.

[367] Für die Auswertung der HVA liegen für die Jahre 1969 bis 1987 mehr als 180.500 Datensätze vor, die insgesamt auf mehr als 4.500 Quellen der HVA im OG hinweisen.

[368] Für diesen Bereich liegen aus den Jahren 1988-1989 mehr als 1.050 Datensätze vor. Daraus kann auf das Quellennetz dieser HA geschlossen werden, das etwa 300 Mitarbeiter, sowohl im OG als auch auf dem Territorium der DDR, umfasst haben könnte.

- Abteilung XII – NATO
- SWT – Sektor Wissenschaft und Technik[369]

Daneben waren andere Diensteinheiten[370] des MfS in die Nachrichtenbeschaffung mit konspirativen Mitteln und Methoden eingebunden:
- Hauptabteilung II – Spionageabwehr[371]
- Hauptabteilung VIII – Ermittlung und Observation[372]

4.10 Der Bereich Aufklärung (BA) der Nationalen Volksarmee[373]

Den umfassenden Kenntnisstand des BA der Nationalen Volksarmee über die Gliederung, Dislozierung und Ausrüstung der NATO in der Central Region zu Mitte der Achtziger ist dem Werk "Die Streitkräfte der NATO auf dem Territorium der BRD[374]" zu entnehmen. Das Werk eines Autorenkollektivs: Weber, W., Handke, E., Werner, G., Mattes, H. im Militärverlag der DDR enthält auch Informationen, die vermutlich durch agenturische Quellen des Bereiches Aufklärung der NVA beschafft wurden, und entspricht weitgehend den damaligen Verhältnissen. Es zeigt auch, wie umfassend der BA des Ministeriums für Nationale Verteidigung der DDR über die NATO informiert war. In seiner Qualität stand es entsprechenden Veröffentlichungen der NATO nicht nach. Nicht minder umfassend sind die Angaben einer Aufklärungsmeldung des Chefs Aufklärung der NVA zur "Neuorganisation des NATO-Luftverteidigungssystems in Zentraleuropa und im Raum der Ostsee-

---

[369] Aus dem Bereich SWT sind allein aus den Jahren 1981 und 1988 insgesamt mehr als 21.000 Datensätze (ausgewertete Informationen) vorhanden und weisen auf mehr als 1.000 Quellen des SWT im Operationsgebiet hin.

[370] Die Bezirksverwaltungen (BV) und Kreisdienststellen (KD) auf dem Territorium der DDR hatten den Diensteinheiten in der Zentrale des MfS zuzuarbeiten. Die BV führten aber entsprechend ihrer regionalen Aufgabenzuweisung auch Quellen im Operationsgebiet.

[371] Zeitweise führte diese Abteilung von 1986 –1989 zwischen 230 und 132 so genannte "U -Mitarbeiter", die streng vom MfS abgeschottet und aufwändig legendiert hauptsächlich in den Bezirksverwaltungen des MfS Aufgaben der Spionageabwehr wahrzunehmen hatten. (Abwehr in der Spionageabwehr) Zu den Zielpersonen gehörten insbesondere MA des MfS. Vergleiche hierzu: MfS-Handbuch – Die hauptamtlichen Mitarbeiter des Ministeriums für Staatssicherheit, S. 26 ff., BStU Berlin, 1995

[372] Diese HA führte ein Netz von mehreren Hundert Observanten im Operationsgebiet. Daneben führte das MfS gesondert weitere 530 Kontaktpersonen (KP) im Operationsgebiet, die sicherlich agenturischen Status besaßen, offenbar aber nicht als IM geführt wurden.

[373] Umfassende Angaben zur Geschichte, Struktur und Aufgabendurchführung in der Militäraufklärung der NVA finden sich bei: Wegmann, B.: Die Militäraufklärung der NVA, Berlin, 2005. Ein fast lexikalisch zu bezeichnendes Werk mit Stand 2005.

[374] Weber, W. (Hrsg.): Die Streitkräfte der NATO auf dem Territorium der BRD, Berlin (Ost), 1984.

zugänge" mit Stand März 1989[375]. Diese Aufklärungsmeldung mit 59 Seiten stellt die Reorganisation der gesamten Luftverteidigung der NATO in der Central Region in einer umfassenden und genauen Analyse dar, die sich offenbar nicht nur auf offene Quellen, sondern auch auf durch agenturische Mitarbeiter beschaffte Informationen stützt. Nicht zuletzt dürfte auch die "Technische Aufklärung" der HA III und des ZFD der NVA nicht gänzlich unbeteiligt an der Gewinnung dieser umfassenden Informationen über die Luftverteidigung der NATO gewesen sein. Das Werk beschreibt umfassend das Einsatzspektrum und Führungsverfahren der integrierten NATO-LV sowie mögliche Einsatzoptionen gegen die Luftstreitkräfte der Warschauer-Pakt-Staaten sowie die Unterstützung der NATO-Landstreitkräfte bei deren Vorneverteidigung im Kriegsfalle. Einen beachtlichen Beitrag zur Lagefeststellung der Nationalen Volksarmee auf dem Gebiet der "Funk- und funktechnischen Aufklärung" der NATO-Fernmeldeverbindungen im Jahre 1989 stellt die Information des Chefs des Informationszentrums der Nationalen Volksarmee über "Zustand und Veränderungen in den Funknetzen undrichtungen sowie bei den funktechnischen Mitteln der NATO-Streitkräfte im Jahre 1989"[376] dar. Hier wird deutlich, wie tief die damalige Funk- und funktechnische Aufklärung der Nationalen Volksarmee in die Kommunikation der NATO eingedrungen[377] war. Aus der In-

---

[375] Ministerium für Nationale Verteidigung -Chef Aufklärung-: Neuorganisation des NATO-Luftverteidigungssystems in Zentraleuropa und im Raum der Ostseezugänge, GVS Nr.: A 654 377 v. 20.04.1989.

[376] Ministerrat der Deutschen Demokratischen Republik – Ministerium für Abrüstung und Verteidigung – Chef des Informationszentrums: Zustand und Veränderungen in den Funknetzen und -richtungen sowie bei den funktechnischen Mitteln der NATO-Streitkräfte im Jahre 1989: GVS Nr.: A1 002 088 ohne Datum, 62 Blatt. Diese Information stellt den umfassenden Erkenntnisstand über die Funkbeziehungen innerhalb der NATO und nationaler Kontingente mit Stand 1989 der politischen und militärischen Führung der DDR dar. Damit verfügte die DDR über umfassende Informationen über die Kommunikationsverfahren der NATO in der Central Region und hätte diese schon im Vorfeld krisenhafter Entwicklungen wichtige Kommunikationskanäle der NATO unter eigene Kontrolle bringen oder bei Beginn von Feindseligkeiten umfassend stören können. Aus den Funkbeziehungen konnten die Dienste der DDR auch Gliederung, Dislozierung und Unterstellung wichtiger NATO-Kräfte jederzeit feststellen bzw. auf Veränderungen reagieren. Nicht zuletzt die Überwachung der für die Alarmierung genutzten Fernmeldewege, erlaubte der NVA-Führung flexibel auf Veränderungen zu reagieren und aus deren Sicht mögliche, bedrohliche Entwicklungen frühzeitig zu erkennen.

[377] Der HVA war auch der Einbruch in das von der Bundeswehr damals genutzte Schlüsselsystem "ELCROTEL" gelungen und erlaubte so über einen längeren Zeitraum das Mitlesen verschlüsselter Fernschreiben im bestimmten Schlüsselkreisen (u. a. WBK VI München). Vergleiche auch: Behling, Der Nachrichtendienst der NVA S. 175. Nicht zuletzt die HA III des MfS verfügte bis 1990 über umfassende Zugangsmöglichkeiten zu Rechner- und

formation des Chefs des Informationszentrums wird auch der Stand des Wissens der damaligen Aufklärung der NVA über die Kommunikationsverfahren, auf Seiten der NATO eingesetzte Verschlüsselungstechnik sowie die Satellitennachrichtenverbindungen und die Fernmeldeunterstützung der Teilstreitkräfte der NATO in der Central Region ersichtlich, die auch heute noch erstaunlich ist und betroffen macht. Zumindest im Bereich der Funk- und funktechnischen Aufklärung hat sowohl die NVA mit ihrem ZFD als auch die HA III des MfS erstaunliche Leistungen erbracht, die nach der Wende eine nicht erwartete und wenig komfortable Überraschung für die westliche Seite darstellte. Ergänzt wurden die Erkenntnisse durch die häufig aktualisierte Dienstvorschrift der NVA mit dem Titel: Funk- und funktechnische Aufklärung[378], die Grundsätze, Organisation und Führung, Methoden, Informationsarbeit sowie Kräfte und Mittel und Organe sowie deren Möglichkeiten der Funk- und funktechnischen Aufklärung enthielt. Nicht zuletzt der Teil: Funk- und funktechnische Aufklärung im Frieden wie auch die Grundsätze für die Funk- und funktechnische Aufklärung der Verteidigungsoperationen und zu Beginn eines Krieges lassen die umfassenden Planungen auf diesem Gebiet erkennen. Die Vorschrift schließt mit Bestimmungen zur "Funk- und funktechnische Aufklärung im Interesse der Teilnahme an der Gegenoffensive in der Anfangsperiode eines Krieges". Eine überaus aufschlussreiche Lektüre, welche die damals in westlichen Fachkreisen angestellten Vermutungen noch nachträglich bestätigt. Die in Ergänzung zur DV 043/0/003 erlassenen Dienstvorschrift "Funkaufklärungsmerkmale[379]" stellt ein umfassendes Kompendium der technischen Grundlagen für den in der Erfassung und Auswertung eingesetzten Angehörigen der NVA dar. Insbesondere das umfassende Rufnamenverzeichnis von nationalen und NATO-Funkstellen als auch technisch-taktische Merkmale des Funkbetriebs innerhalb der NATO und der nationalen Kontingente erlauben den Schluss, dass die

---

Kommunikationssystemen in der Bundesrepublik Deutschland und zur Satellitenkommunikation in Mitteleuropa. Vergleiche hierzu: BStU, Normativen des ZCO.

[378] Ministerrat der Deutschen Demokratischen Republik-Ministerium für Nationale Verteidigung- DV 043/0/003, Funk- und funktechnische Aufklärung, GVS Nr.: A 965 003, 1990. Zur HA III vergleiche auch: Knabe, H. a. a. O. S. 205 f. und Schmidt, A.: Hauptabteilung III: Funkaufklärung und Funkabwehr, Berlin 2010. Dieses Werk dokumentiert die Erkenntnisse über die HA III aus den in den letzten 20 Jahren ausgewerteten Dokumenten dieser Hauptabteilung und stellt damit ein Standardwerk zur Funk- und funktechnischen Aufklärung der Spezialfunkdienste des MfS dar.

[379] Ministerrat der Deutschen Demokratischen Republik-Ministerium für Nationale Verteidigung-DV 043/1/005, Funkaufklärungsmerkmale, GVS Nr.: A 965 005, 1990

Funk- und funktechnische Aufklärung durch den Zentralen Funkdienst der NVA ein wichtiges Hilfsmittel für die Informationsgewinnung der Nationalen Volksarmee war. Nicht zuletzt die präzise Darstellung der technischen Parameter westlicher Kommunikations-, Erfassungs- und Führungssysteme macht auch heute noch überaus betroffen. Die Beschaffung militärisch verwertbarer Informationen aller Art oblag dem Militärischen Nachrichtendienst der NVA, dem Bereich Aufklärung (BA) des Ministeriums für Nationale Verteidigung (MfNV) der DDR. Allerdings arbeiteten sowohl das Ministerium für Staatssicherheit als auch der BA der NVA bei der Bewertung der beschafften und gewonnenen Informationen[380] zusammen. In Arbeitsteilung zwischen der DDR und der damaligen Sowjetunion und den übrigen Staaten des Warschauer Vertrages partizipierten die übrigen Nachrichtendienste des WP an dem Informationsaufkommen durch die HVA und den BA der NVA an der Nahtstelle der Blöcke in der Mitte Europas. Die Interessen der sowjetischen Nachrichtendienste zu dieser Zeit waren hauptsächlich auf die Beschaffung strategischer Informationen über Verteidigungsplanungen[381] der USA und deren Absichten[382] gerichtet. Nicht zuletzt auch die Gewinnung von Innenquellen in den technisch orientierten Nachrichtendiensten der USA und anderer westlicher Nachrichtendienste gehörten zu den primären Zielen der Ausforschungsbemühungen der sowjetischen Dienste. Durch die geografische Lage unmittelbar an der Grenze zum Westen und natürlich durch gemeinsame Sprache und den kulturellen Hintergrund fiel es den Diensten der DDR leichter, entsprechende Informanten in fast allen Lebensbereichen der Bundesrepublik und des westlichen Auslands zur Mitarbeit zu gewinnen. Diese Quellen verfügten meist über umfassende Zugangsmöglichkeiten zu sensitiven Informationen aus allen Lebensbereichen. Es ist hier nicht der Ort, über mögliche Motive der von den östlichen Diensten gewonnenen Mitarbeiter zu spekulieren. Gründe für eine Tätigkeit waren mannigfach, häufig wurden auch entsprechende Summen gezahlt. Das Ministerium

---

[380] Im letzten Jahr der DDR-Nachrichtendienste lassen sich folgende Aufklärungsschwerpunkte im Bereich der Militäraufklärung erkennen: Ausrüstung und Stärke der NATO/Bundeswehr: 55.5%, Mobilmachung und Alarmwesen 24.1%, Personenabklärung 13%, Manöverbeobachtung 1.74% sowie 5.66% auf Beschaffung von Vorschriften der Bundeswehr (Schlomann, F. -W.: Die Maulwürfe, S. 170, Bonn, 1993)
[381] Strategic Defense Initiative – SDI, vergleiche hierzu: SDI und USA-Militärstrategie, in: Mit MP und SPZ, S. 59, Berlin (Ost) 1988.
[382] Siehe hierzu auch das Projekt "RYAN" der damaligen sowjetischen Führung.

für Staatssicherheit konnte sich bei seiner Arbeit im westlichen Operationsgebiet auf eine Reihe geheimer Mitarbeiter, den so genannten IM[383], stützen. Zum Teil wurden die IM in der Bundesrepublik angeworben oder aus der damaligen DDR unter einer Legende in die Bundesrepublik oder über Drittstaaten eingeschleust. Daneben verfügten die DDR-Nachrichtendienste über so genannte "Legalisten", die unter einer entsprechenden Legende in Vertretungen der DDR in Drittländern, als Angehörige von Wirtschaftsunternehmen der DDR in vielen Staaten hochkonspirativ ihrer Tätigkeit nachgingen, allerdings nicht über einen diplomatischen Status verfügten. Auch der Bereich Aufklärung des MfNV der DDR verfügte über ein, wenn auch nicht so umfangreiches, Quellennetz wie das MfS im Operationsgebiet. Ergänzt wurde die Informationsbeschaffung des BA der NVA durch den Einsatz so genannter "Marschaufklärer", die meist bei Übungen der NATO-Streitkräfte legendiert in das Bundesgebiet einreisten und die Übungen beobachteten. Neben der "agenturischen" Aufklärung durch die HVA, andere Diensteinheiten des MfS und den BA der Nationalen Volksarmee stützte sich die Führung der DDR auch auf die Nachrichtengewinnung mit technischen Mitteln, der Funk- und funktechnischen Aufklärung durch die HA III des MfS und den ZFD der NVA sowie den Funkdienst 18 der Volksmarine ab. Auch die Grenztruppen der DDR verfügten über eine eigenständige Funk- und funktechnische Aufklärung, deren Schwerpunkt auf der Kommunikation der westlichen Dienste (Polizei, Bundesgrenzschutz, Zoll und andere Stellen im westlichen Grenzgebiet) lag. Daneben waren auch andere Stellen[384] in der DDR an der "Technischen Aufklärung" beteiligt, auf die hier aber nicht weiter eingegangen werden soll. Auch verfügte der BA der NVA über die Militärattachés der damaligen NVA, die im Rahmen ihrer Tätigkeit meist mili-

---

[383] Das MfS führte verschiedene Kategorien von "Informellen Mitarbeitern – IM". Diese sollen aus Gründen der Vereinfachung durchgängig als IM bezeichnet werden. Diese wurden häufig auch als "Agenturische Mitarbeiter – AM" bezeichnet. Operationen des MfS im Operationsgebiet wurden auch funktechnisch im Rahmen der "Operation Schutz" abgesichert. Vergleiche hierzu: Knabe a. a. O. S. 231.

[384] Es waren dies u. a.: Die Funkaufklärung der Grenztruppen, das Zentralamt für Funkkontroll- und Messdienst (ZFK), Frequenzbüro, Abteilung Nachrichten der Zollverwaltung. Siehe hierzu auch: Schmidt, A.: Hauptabteilung III: Funkaufklärung und Funkabwehr, S. 151 f., Berlin 2010.

tärische und wehrtechnische Informationen aus den Akkreditierungsstaaten beschafften[385].

4.11 Die funktechnische Aufklärung des Operationsgebietes durch die Hauptabteilung III (HA III – Spezialfunkdienste des SFD des MfS) und den Zentralen Funkdienst (ZFD) der Nationalen Volksarmee[386]

Eine nicht unbedeutende Rolle in der Nachrichtengewinnung mit "technischen" Mitteln durch die damalige DDR spielte auch die Hauptabteilung III (Spezialfunkdienste) des MfS bei der Aufklärung westlicher Kommunikationssysteme. Die Telefonüberwachung (Telefon, Fax- und Fernschreib- sowie Datenverbindungen), für die HA III als Quelle gleichwohl besonders bedeutend, soll hier nicht weiter betrachtet werden, da dies den Rahmen des Werkes sprengen würde. Dies gilt gleichermaßen für die Erfassung parasitärer Abstrahlungen (Aktion VORSTOSS) von Datenverarbeitungsanlagen[387], sowohl auf dem Territorium der DDR als auch im westlichen Ausland. Die HA III (Spezialfunkdienste) des MfS verfügte in der damaligen DDR, auf dem Gebiet der CSSR und im westlichen Ausland[388] über mindestens 259 bemannte und unbemannte Stützpunkte zur Erfassung elektromagnetischer Abstrahlungen aller Art, zur Überwachung kabelgebundener Kommunikation, zur Überwachung von Richtfunkstrecken aller Art sowie im Verbund mit dem ZFD der NVA über Anlagen zur Satellitenerfassung in Biesenthal bei Berlin, bei Karl-Marx-Stadt (Chemnitz) sowie in Dessau[389]. Daneben setzte die HA III im Verbund mit der GSSD Hub-

---

[385] Vergleiche hierzu auch: Biedermann, B.: Offizier, Diplomat und Aufklärer der NVA, Berlin, 2008

[386] Vergleiche: Fischer, B.: One of the biggest Ears in the World – East German SIGINT Operations, Office of the National Counterintelligence Office, Washington, D. C., 17 JAN 2001.

[387] Siehe hierzu: Nitz (Hrsg.): Lauschangriff, Berlin 1995. In dem Werk werden u. a Praktiken des MfS bei Lauschoperationen und Erfassung parasitärer Abstrahlungen beschrieben.

[388] Unter der Deckbezeichnung "Steuerung 1a-c, 2, 3 wurden unter legaler Abdeckung Erfassungsstützpunkte der HA III in Bonn, Köln, Düsseldorf, Wien und Brüssel betrieben. Unter der Bezeichnung "NETZWERK 3 und 4" betrieb die HA III Stützpunkte in Aden und anderen befreundeten Staaten in Afrika.

[389] Diese Anlagen wurden von der NVA an die Bundeswehr betriebsfähig übergeben, aber später auf Intervention des "Fernmeldetechnischen Zentralamts der Bundespost" wegen fehlender Betriebsgenehmigung stillgelegt. Es darf allerdings vermutet werden, dass "befreundete Mächte" hier interveniert haben, da diese damit rechnen mussten, dass ihre sat-gestützte Kommunikation weiterhin aus diesen Anlagen erfasst werden konnte.

schrauber zur luftgestützten Erfassung elektromagnetischer Abstrahlungen sowohl im Großraum Berlin als auch an der Innerdeutschen Grenze ein. Zusammen mit dem ZFD wurden luftgestützte Einsätze[390] mit der in Dresden-Klotsche stationierten Antonov AN-26 CURL der NVA/LSK auf festgelegten Flugrouten über der DDR durchgeführt, die damit die Erfassungsmöglichkeiten westlicher Systeme durch die HA III und den ZFD beträchtlich erweiterten. Daneben setzte die HA III im Verbund mit der Volksmarine (Funkdienst 18) das Mess-Boot "JASMUND" zur seegestützten Erfassung elektromagnetischer Ausstrahlungen ein. Das Informationsaufkommen[391] aus der Funk- und funktechnischen Aufklärung der HA III setzte sich im Jahr 1988 wie folgt zusammen:

4.12 Informationsquellen der HA III (SFD) des MfS

Informationsquelle	Anzahl der Informationen
SAPHIR A/2-1 Lichtwellenleiterkabel Berlin-Bundesgebiet	3.064
SAPHIR A/2-2 Digitaler Richtfunk	264

An digitalen und analogen Kommunikationskanälen konnte die HA III im September 1989 abschöpfen:

Quelle	Kanal analog/ Zugriff mögl.	Kanal analog/ unter Kontrolle	Kanal digital/ Zugriff mögl.	Kanal digital/ unter Kontrolle
TA 500 RiFu[392]	91.260	614	26.460	3
TA 500 Kabel	22.700	1.310	32.000	484
SATURN (SAT)	3.500	400	im Aufbau	
VHF-FuNetze[393]	583	219	im Aufbau	
VHF-FuNetze[394]	204	140	im Aufbau	
VHF-FuNetze[395]	1.568	25	im Aufbau	
INPOL-T	46	34	im Aufbau	
TA10C Mobilfunk	287	3.000	8	8

Unter der Bezeichnung "SCHUTZ" wurden durch die HA III, sowohl für das KGB und möglicherweise auch für den BA der NVA, Einsätze von Mitarbeitern im westlichen Operationsgebiet funktechnisch abgesichert.

---

[390] Operation "DISKANT/RELAIS/WINDROSE". Das Werk von Liebscher enthält eine umfassende Darstellung der Einsätze, so dass hier nicht weiter darauf eingegangen werden soll.
[391] Quelle: MfS-Handbuch: Schmidt, A.: Hauptabteilung III: Funkaufklärung und Funkabwehr, Berlin 2010
[392] Es handelt sich hierbei um Richtfunk (RiFu)/RV)-Verbindungen innerhalb der Bundesrepublik.
[393] Es handelt sich hierbei um VHF/UHF-Funknetze der Sicherheitsbehörden in der Bundesrepublik und Berlin-West.
[394] Grenzbehörden in der Bundesrepublik
[395] Alliierte in Berlin-West

Das System sollte später um einen Zugriff auf die EDV-Systeme westlicher Sicherheitsbehörden erweitert werden, um Observations- und Fahndungsmaßnahmen[396] westlicher Dienste gegen eigene, agenturische Mitarbeiter im Operationsgebiet frühzeitig zu entdecken und gegebenenfalls durch eigene Maßnahmen zu konterkarieren. Schleusungen von Mitarbeitern an der Innerdeutschen Grenze wurden unter den Bezeichnungen "ASTER, KIEFER und RITTER" funktechnisch abgesichert. Unter der Bezeichnung "PANORAMA" liefen Operationen zur Führung von agenturischen Mitarbeitern mit Hilfe des "EURO-Signalsystem (Pager)". Zugriffe auf westliche EDV-Systeme und deren Speicher (Speicherzugriff) wurden unter der Deckbezeichnung "LABYRINTH" realisiert. Der Zugriff auf das polizeiliche westliche Fahndungssystem (INPOL-System) gelang der HA III unter der Bezeichnung "Sachfahndung West". Hierbei konnten von Januar bis September 1989 insgesamt 2.556.601 Informationen aus dem System, offenbar ohne die Aufmerksamkeit westlicher Stellen zu erregen, auf elektronischem Wege abgezogen werden. Die Operation "WERTIGKEIT" stellte die Basis für ein elektronisches Nachweissystem zu Personen und Vorgängen des MfS dar.

4.13 Der Zugriff auf westliche Datensysteme durch die HA III des MfS 1989 im Rahmen des Projekts "Wertigkeit"[397]

Im Rahmen der Operation "Wertigkeit" hatte die Hauptabteilung III (Spezialfunkdienste) des MfS Zugriff auf die nachstehend aufgeführten Datensysteme in der damaligen Bundesrepublik und wohl auch in Österreich:

1. Zentrales Auskunfts- und Informationssystem-Personen- und Sachfahndungsdaten Bundeskriminalamt – Wiesbaden (BKA)[398] und aus

---

[396] Es ist bekannt, dass die HA III den Observationsfunk westlicher Sicherheitsbehörden überwachte und dadurch mögliche Anbahnungsoperationen westlicher Dienste, so beispielsweise im Großraum Bonn oder auch in Hamburg, überwachte. Die offenbar ungesicherte Autotelefonverbindung des Präsidenten des BND befand sich unter ständiger Überwachung der HA III.

[397] Quelle: Normativen des ZCO, BStU Berlin, Abruf 2010 und April 2013 (Stand der Arbeiten zur passiven bzw. aktiven Informationsgewinnung aus gegnerischen Datenübertragungsnetzen-GVS MfS o0026-1398/89)

[398] * = passive Abschöpfung von DFÜ; ** = indirektes aktives Eindringen über Personenabfrage; *** = aktives Eindringen über DFÜ-Anschlüsse, Speicher / System Dateninhalt Standort [Bearbeitungstechn.]

dem Fahndungsspeicher "INPOL" der Polizei "INPOL"-Personendaten nach Auskunftskriterien-Fahndungsspeicher des geschützten Grenzfahndungsbestandes für Dienststellen mit Grenzkontroll- und Überwachungsaufgaben [* ** ***]
INPOL – vergleichbare Ländersysteme: [* ** ***]
HEPOLIS Hessisches Polizeiliches Auskunftssystem – Hessen
IBP Informationssystem der Bayrischen Polizei, Bayern
PAD Personenauskunfts- und Falldatei Baden-Württemberg
POLAS Polizeiliches Informationssystem Hamburg, Niedersachsen
ISVD Informationssystem für die Verbrechensbekämpfung, Westberlin
PED Polizeiliche Erkennungsdatei Schleswig-Holstein
PIKAS Polizeiliches Informations-, Kommunikations- und Auswertesystem, Nordrhein-Westfalen
POLIS Polizeiliches Informationssystem Rheinland-Pfalz
2. Grenzschutzdirektion Koblenz – Angaben z. B. zu: "bemerkenswerten Personen und pol. Kennzeichen der [**] benutzten KfZ" (seit '63), Personen, die Notaufnahme begehren bzw. Asyl in der BRD nachsuchen, haftentlassenen und abgeschobenen Personen aus der DDR und der CSSR (seit '66), BRD-Seeleuten, die in soz. Staaten zurückgeblieben sind oder zurückgehalten wurden, in die DDR oder CSSR reisende Gastarbeiter, Personen, gegen die Fahndungs- oder Überwachungsersuchen eingingen, abgeschobenen, überstellten oder ausgelieferten Personen (seit '63), entlassene Personen der Fremdenlegion (seit '65), gestohlenen Blanko-BRD Reisepapieren (seit '66), Personen, die an den Grenzen wegen Urkundenfälschung oder Missbrauch von Ausweispapieren anfielen.
3. Bundeszentralregister BZR – Personenangaben zu Urteilen, Westberlin [*]
4. Kraftfahrtbundesamt, Flensburg, Daten aller Fahrzeughalter, zugelassener Kfz und erteilter Führerscheine in der BRD und Berlin-[**] West
5. Zentrales Verkehrsregister ZEVIS – bundesweites Verkehrs- und Informations-System analog den im KBA gespeicherten Informationen [***]
6. Luftfahrtbundesamt Braunschweig – Nachweis aller in der BRD und Berlin-West zugelassenen Flugmittel, -Lizenzen und deren Besitzer[**]

7. Ordnungsämter Verwaltungspolizeiliche Angaben bundesweit, z.B. Anmeldung von Veranstaltungen/[**] Demonstrationen
8. Siemens Personalinformationssystem, Einsatz in Rechnerverbund, Abrechnungs- und Betreiben der Informationssysteme der BRD und WB, Informationssystem Arbeitseinsatz und Arbeitsplanung [*]
9. Green Peace Umweltdaten über alle in der BRD, USA; International interner Informationsaustausch [*]
10. Schutzgemeinschaft Kreditsicherung e. V., Schufa, Nachweis über alle in der BRD und Berlin-West vergebenen Kredite. Berlin-West, Girokonten einschl. der zugehörigen Personaldaten [***]
11. Creditreform Nachweis über sämtliche Kleinkredite, gesamte BRD und Berlin-West über Mittelfirmen aller Branchen – Angaben zum Produktionsprofil, Umsatz usw. [**]
12. Einwohnermeldeämter-Personendaten bisher zu 138 Meldeämter in Orten der BRD, einschl. WB [**]
13. Passarchive Personendaten analog den Einwohnermeldeämtern [**]
14. Kfz-Zulassungsstellen, Personendaten und Angaben zu Kfz bisher zu 135 Stellen in Orten der BRD, einschl. WB [**]
15. Gewerbeaufsichtsämter-Angaben zu Firmen analog den Einwohnermeldeämtern [**]
16. Finanzämter Personenangaben, analog den Einwohnerämtern mit Hinweisen auf Verdienst usw., Kfz-Daten [***]
17. Bundesverwaltungsamt Köln, Staatsangehörigkeitsangelegenheiten z. B. Einbürgerungen, Feststellung der Staatsbürgerschaft, Auswanderer, Personenangaben zu Beamten, Ordensträger, Ausländische Vereine in der BRD [**]
18. Ausländerzentralregister – Angabe zu Ausländern, Verbindungen zu Auslandsämtern
19. Ausländer-Personendaten, einschl. Auflagen, gesamte BRD und Kontakte usw. Berlin-West [**]
20. DBP Berlin-West, Angaben zu Inhabern von Telefonen, Berlin-West: Anmeldestelle für Anschlüsse und Telefonanschlüsse und deren Dateien. [**]
21. Auskunft der DBP, Ermittlung eines Telefonanschlusses in allen Orten (auch über BTX) der BRD und in WB [***]

22. DBP Berlin-West, Angaben zu Sendefrequenzen, Senderstandorten – Berlin-West usw. [*]
23. Deutsches Patentamt, Patentnummern und Kurzbeschreibungsstelle – Berlin-West, Dienst-Berlin [*]
24. PAN AM Flugbuchungen Berlin-West, Fluggesellschaft [*]
25. Fernsprechbuch Verlag, Angaben zu Fernsprechteilnehmern, Nürnberg [*]
26. US-ARMY FORUM, Informationen zu militärhistorischen Fragen, Standorte der US-Streitkräfte, Informationsaustausch zu unterschiedlichen Sachverhalten (Mailbox)
27. Air Defense, Informationsaustausch zwischen Darmstadt System und Objekten der US-Luftverteidigung [****]
28. HOMAC, Informationen der US-Transportfliegerkräften, u.a. Ramstein [*]
29. POA USAREUR, Informationen der US-Landstreitkräfte – Heidelberg [****]
30. H/Z, TI, TAM, PAX, Logistikdaten der US-Streitkräfte, u.a. Grafenwöhr Mailbox- und Konferenzbetrieb [*]
31. CEO-POA, Interner Informationsaustausch im Konzern, Eschborn, Data Generalmanager Wiesbaden, Frankfurt u.a., Marktstrategien und technische Angaben zu militär. Entwicklg. [*].
32. Berliner Bank AG, Personen/Firmen, Geldtransfer Berlin-West [*]
33. DBV Versicherungsgesellschaft, Personendaten, Policen, Berlin-West [*]
34. INPO, Daten zu Kernkraftwerken Karlsruhe, München als [*] Teilnehmer des Zentralsystems in den USA
35. Komex, Informationen zu Forschungen des Zentrums für Künstliche Intelligenz München [*]
36. ESA-ESOC, Informationen der Deutschen Forschungs- und Versuchsanstalt – Darmstadt für Luft- und Raumfahrt [****]
37. DIMIDI, Daten aus dem Bereich Biomedizin, Köln [*]
38. CRAY, Programme und Projekte der Cray Rese-Weszlingach GmbH [*]
39. Gesellschaft für Programme und wissenschaftliche Projekte Bonn, Mathematik und Daten-Verarbeitung [*]
40. FIZ, Technische Daten, Patente, Forschungsberichte u. ähnliches, Karlsruhe, Frankfurt [*]

41. Max-Planck-Institut, Informationen zu Forschungsergebnissen der Strahlenchemie – Mühlheim, Physik, Garching u. a. [*]
42. Gesellschaft für Forschungsergebnisse, Karlsruhe, Schwerionenforschung [*]
43. Kernforschungszentrum – Forschungsergebnisse, Karlsruhe [*]
44. Gesellschaft für Forschungsergebnisse, Neuherberg, Strahlen- und Umweltforschung [*]
45. Kernforschungsanlage, Forschungsergebnisse, Jülich [*]
46. Europäisches Laboratorium f. Molekularbiologie, Forschungsergebnisse, Heidelberg [*]
47. Exxon Nuclear, interne Konzerninformationen, Lingen [*]
48. Deutsche Bundesbahn Rechenzentrum, interner Datenaustausch, Frankfurt [*]
49. Krupp GmbH, interne Konzerninformationen, Essen [*]
50. Institut für Forschungsergebnisse, Kiel, Weltwirtschaft [*]
51. Kraus-Maffei AG, interne Konzerninformationen, Weißenburg [*]
52. Bundesministerium des Inneren, Österreichs u. a., Fahndungsinformationen Wien, Südgrenze [*]
53. Stimme Amerikas, Journal, Vorhaben u. a., weltweit [*]

4.14 Die Erfassung des Amateurfunk- und CB-Funkverkehrs durch die HA III des MfS

Die Funkamateure wie auch die Teilnehmer am CB-Funk[399] wurden in den Vorgängen "Funkamateur" und "URWALD" durch die HA III bearbeitet.

4.14.1 Die Funkabwehr und Vorbereitungen der HA III des MfS für den Spannungsfall

Das Programm "SEDAT" diente der HA III zur Katalogisierung der Strahlungs- und Betriebs-Parameter bereits erfasster westlicher Systeme. Daneben betrieb die HA III ein weitgehend automatisiertes Funküberwachungssystem zur Funkabwehr auf dem Territorium der DDR. Im Apparat der Koordination – AdK verfügten die Spezial-Funkdienste der Warschauer-Pakt-Staaten über ein geeignetes Infor-

---

[399] CB-Citizen Band (Jedermann-Funk) im 11-Meter-Kurzwellenband (26. 965 – 27. 275 MHz), damals war nur die Nutzung von 32 Kanälen erlaubt. Vergleiche: Karamanolis, S.: CB-Funk, Ottobrunn, 1978

mations- und Koordinationsinstrument zur Funkaufklärung und Funkabwehr. Unter der Deckbezeichnung "Spannungsfall" wurde durch die HA III spätestens ab 1986 die umfassende "funktechnische Gegenwirkung"[400] gegen die gesamte Kommunikationsinfrastruktur der Bundesrepublik für den "Spannungsfall" geplant. Dabei sollten wichtige Fernmeldeeinrichtungen einschließlich der Erfassungsstellen der FmEloAufkl in ihrer Wirksamkeit beeinträchtigt werden. Dies lässt sich aus der umfangreichen Erkundung von Erfassungsstellen der FmEloAufkl der Bundeswehr und befreundeter Dienste und deren fotografischer Dokumentierung durch die HVA[401] belegen. Noch im November 1989 erprobte die HA III[402], offenbar in Zusammenarbeit mit dem Bereich Aufklärung der NVA, ein Kommunikationssystem für agenturische Mitarbeiter beider Dienste unter der Deckbezeichnung "NICHTRAUCHER[403]". Es handelte sich hierbei offenbar um den Sende- und Empfangskomplex "R 394", Frequenzbereich: 1.5 – 13.499 MHz mit einer Sendeleistung von 10 Watt aus der damaligen Sowjetunion. Das System verfügte über einen mechanischen Schnellgeber, der für eine Sendegeschwindigkeit von 100 Baud (167 Gruppen/Minute) ausgelegt war. Bei der Erprobung des Systems fällt auf, dass zu diesem Zeitpunkt (September 1989) für die Spruchübermittlung Frequenzen im Bereich zwischen 3.039 bis 4.250 kHz (80 m-Band, nach Einbruch der Dunkelheit sind europaweite Verbindungen möglich) genutzt wurden. Dies lässt darauf schließen, dass die Nutzung derartiger "Nachtfrequenzen"

---

[400] Ob die HA III auch an den Planungen direkt beteiligt war, kann nicht abschließend bewertet werden.
[401] Vergleiche: BStU TgbNr.: 026794/03 Z (MfS Abt XIII – Fo-1, Fo-2, 026794-03Z
[402] Zu diesem Zeitpunkt war das MfS bereits aufgelöst und firmierte unter der Bezeichnung "Amt für Nationale Sicherheit – AfNS". Offenbar trug die HA III noch ihre alte Bezeichnung, wie aus dem nachgelassenen Fernspruch des AFNS v. 24.11.1989 ersichtlich wird.
[403] Siehe hierzu: BStU Zentralarchiv – MfS HA III Nummer 6645. Zum Gerät vergleiche: Meulstee/Staritz a. a. O. – R 394 KM. Es handelt sich hierbei um ein in den sowjetischen Diensten zwischen 1986 und 1987 eingeführten Sende-/Empfänger mit Schnellsendeeinrichtung und der Möglichkeit, das Gerät abgesetzt und unbeaufsichtigt zu betreiben. Eingehende Sendungen konnten in einem elektronischen Speicher gespeichert und später abgerufen und in Klartext umgewandelt werden. Das zu dieser Zeit noch einzelne Diensteinheiten des MfS/NaSi durchaus aktiv waren, lassen die Ausführungen von Karl-Heinz Arnold in seinem Werk "Schild und Schwert – Das Ende von Stasi und Nasi" erkennen. Interessant sind auch seine Ausführungen zu den Aktivitäten des MfS in der turbulenten Wendezeit. Siehe hierzu auch: Eltgen, H.: Ohne Chance, Berlin 1995 und Bohnsack, G.: Die Legende stirbt, Berlin 1997. Eltgen beschreibt sehr einprägsam die Probleme eines "Kundschafters" des MfS im Operationsgebiet, wie auch Bohnsack die Verhältnisse in bestimmten Diensteinheiten des MfS vor und nach der Auflösung des MfS/AfNS und die darauf folgenden Strafverfolgungsmaßnahmen durch die Behörden der Bundesrepublik beschreibt.

für eine Übermittlung an weit entfernte Empfänger vorgesehen war. Die Auswertung der Sende- und Empfangsversuche durch die HA III, die offenbar bereits 1986 begonnen hatten, macht deutlich, dass zur Sicherheit des Senders gegen Erfassung die Sendegeschwindigkeit auf mindestens 500 Baud erhöht werden und die Sendedauer nicht länger als 2 Sekunden[404] betragen sollte. Nicht zuletzt wurde vorgeschlagen, die "Zentrale" möge im Einsatzfall mindestens mehrere Stunden ihren Sendebetrieb, auch durch "Füllsendungen" ohne Inhalt, aufrecht erhalten, damit Außenstehende – in diesem Falle westliche Stellen – keine Möglichkeit hätten, echte von "Blindsendungen" zu unterscheiden. Ob zu dieser Zeit das satellitengestützte Agentenführungssystem[405] der HVA noch in Betrieb war, kann heute noch nicht abschließend geklärt werden. Nicht zuletzt der zivile sowjetische Nachrichtendienst KGB[406] als auch die 2. Hauptverwaltung des sowjetischen Generalstabes, mit ihrem militärischen Nachrichtendienst GRU, waren maßgeblich an den Ausforschungsbemühungen gegen westliche Staaten beteiligt. Die Mitarbeiter der sowjetischen und anderer Nachrichtendienste des damaligen Ostblocks agierten im Westen meist unter diplomatischer Abdeckung. Auch nicht gänzlich ausgeschlossen werden kann, dass Trans-

---

[404] Zu dieser Zeit waren westliche Stellen bereits seit längerer Zeit in der Lage, derartige Kurzzeitsendungen zu erfassen. Bereits in den achtziger Jahren führten die HVA und möglicherweise auch der BA des MfNV agenturische Mitarbeiter mit Hilfe von Satellitenfunk. Es stellt sich daher die Frage, warum das Amt für Nationale Sicherheit (AfNS) Folgeorganisation des MfS, dass zu diesem Zeit bereits in Auflösung begriffen war, zu diesem Zeitpunkt noch Kurzwellenverbindungen erprobte.

[405] Offenbar verfügte das MfS über ein satellitengestütztes Führungssystem mit der Deckbezeichnung "STERN" im Frequenzbereich 128-143 MHz, das für zweiseitige Funkbeziehungen eingerichtet war und sich auf einen umlaufenden Satelliten abstützte. Kommuniziert werden konnte mit dem Satelliten offenbar nur in dem Zeitfenster, in dem er das Sende-/Empfangsgebiet zwischen 70 ⁰ Nord und 70 ⁰ Süd überquerte, meist zwei Mal täglich. Die Sendeeinrichtung erlaubte die Schnellübermittlung (Burst) von 180 Gruppen. Direkte Sicht zum Satelliten musste offenbar dabei sichergestellt sein. Ob der BA der NVA mit seinen agenturischen Mitarbeitern ebenfalls an diesem System partizipieren konnte, ist ungewiss. Daneben verfügten die Dienste der damaligen DDR zur Nachrichtenübermittlung über die Systeme: HVA 0.6-4.8 MHz mit Schnellsendeeinrichtung 900 Baud, FSK-Modulation. Typ 1-4: 3-10 MHz mit Schnellsendeeinrichtung. VVS B 307/TSS-2 340-410 MHz sowie über drahtgestützte Schnellsendegeräte (Fall Kuron) und Infrarot-Sprecheinrichtungen, die an den Grenzschleusen an der innerdeutschen Grenze und an der Grenze zu Westberlin (Wiechmann, S. 96) bei Sichtverbindung eingesetzt wurden. Offenbar wurden auch sowjetische Funkgeräte (R-350 M, 1.8-7.0 MHz mit Schnellsendeeinrichtung) eingesetzt, wie aus einem Realstück in der Sammlung des Traditionsvereins der FmEloAufklLw in Trier abgeleitet werden konnte. Vergleiche hierzu auch: Meulstee/Staritz a. a. O.

[406] Das KGB war in der DDR durch die Gruppe 16 Potsdam auf dem Gebiet der Funkaufklärung vertreten. Einzelheiten der Zusammenarbeit zwischen der HA III und der Gruppe 16 sind auch in den überkommenen Akten der HA III nur vereinzelt zu finden. Siehe hierzu auch: Knabe, H. a. a. O. S. S. 234

portunternehmen aus Ländern des Warschauer Paktes in die Aufklärungsbemühungen der östlichen Dienste eingebunden waren[407]. Für den Fall einer kriegerischen Auseinandersetzung hatten die sowjetischen Nachrichtendienste[408] als auch der Nachrichtendienst der dama-

---

[407] Ob das östliche Transportsystem (DEUTRANS, CSAD, SOVTRANS (Vergleiche hierzu: Quarrie, B.: a. a. O. S. 105) und HUNGARCAMION u. a.) in die Nachrichtengewinnung durch die Nachrichtendienste des WP eingebunden waren, lässt sich auch heute noch nicht mit letzter Sicherheit klären. Auffällig war aber, dass sich während großer NATO-Übungen die Fahrten derartiger Fahrzeuge im Manövergebiet häuften. Gelegentlich wurden auch Fahrzeuge der DEUTRANS auffällig lange vor Bundeswehr- und NATO-Liegenschaften beobachtet. Im niederländisch-deutschen Grenzraum wurden Lastwagenbesatzungen aus dem damaligen Ostblock dabei beobachtet, wie diese Brücken vermaßen und die Strömungsgeschwindigkeit an wichtigen Brücken feststellten. Die Bundesstraße 303, von Bayreuth an die deutsch-tschechoslowakische Grenze bei Schirnding führend, war in den achtziger Jahren eine wichtige Durchgangsroute für östliche Transportfahrzeuge. Auch hier konnten unmotivierte Halte, meist in der Nähe vorbereiteter Sprengstellen im Zuge der Straße festgestellt werden. Häufig wurde auch beobachtet, dass bei möglicherweise vorgeblichen Motorpannen der "zweite Mann" der Besatzung passiv blieb und sich meist nicht an der Behebung des Schadens beteiligte. Siehe auch: Welham/Quarrie: Operation Spetsnaz, a. a. O. S. 102. Demnach wurde im Jahre 1984 in einem Lastwagen der DEUTRANS, der vor einer US-Militäranlage bei Stuttgart abgestellt war, hochwertige Ausrüstung zur Erfassung von Computer-Abstrahlungen festgestellt.

[408] Das KGB plante für den Krisen- und Kriegsfall ebenfalls Einsätze verdeckt operierender Einsatzgruppen im westlichen Operationsgebiet. Für den Einsatz in einem TVD-Operationsgebiet waren für die ersten 5 Tage in der ersten Staffel 2-3 Einsatzgruppen in Stärke von 5-10 Kämpfern, in der zweiten Staffel bis zu 3 Wochen nach Kriegsbeginn 4-6 weitere Einsatzgruppen und in einer dritten Staffel zwischen 5 und 6 weitere Einsatzgruppen vorgesehen. (Vergleiche: Auerbach a. a. O. S. 123) Zu dieser Zeit gingen sowjetische Planer von drei Kriegsschauplätzen in Europa aus: TVD Nordwest – Skandinavien, TVD West – Zentraleuropa, TVD Südwest – Südwesteuropa (Soviet Military Power, S. 16-17, Washington 1987). Der militärische Nachrichtendienst der Sowjetarmee (Glawnoje Rasveditelnoe Upravlenie – GRU) verfügte für verdeckte Einsätze im Operationsgebiet der TVD über SPEZNAS – Kräfte in Stärke 27.000 Mann, die in 16 SPEZNAS-Brigaden mit jeweils 3-4 Bataillonen sowie in 3 zusätzlichen Regimenter mit jeweils 6-8 Mann starke Einsatzgruppen gegliedert waren. Siehe: IISS, The Military Balance 1988-1989, S. 34, London 1988. Daneben verfügten die sowjetischen Streitkräfte über 10 Fallschirmjägerbataillone, die pro Front 4 luftbewegliche Infanteriebataillone für Aufklärungs- und Kampfeinsätze zum Einsatz bringen konnten. Die sieben sowjetischen Luftlandedivisionen gegenüber ACE verfügten ebenfalls über eigenständige, sprungfähige Aufklärungskräfte, die hinter der Front eingesetzt werden konnten. Vergleiche hierzu: Kolecko, P., Oberst a. G.: Die sowjetischen Luftlandekräfte, Truppendienst, 25. Jahrg., Wien, 1986, S. 574 –581, 1987, S. 13 ff. sowie Wiener, F.: Die Armeen der Warschauer-Pakt-Staaten, Taschenbuch der Landstreitkräfte Band 2, S. 76 ff. München 1979, und Adams, J.: Secret Armies, Chapter 21 – Targetting the West, Vergleiche zu SPEZNAS auch: Schofield, C.: Inside the Soviet Army, Kapitel 10, hier besonders die Fernmeldeausstattung mit: R255-PP, R354M, R360, R361, R357, RR358, R148. Vergleiche hierzu auch: Handbuch für den Funker sowie Meulstee/Staritz und Fietsch a. a. O. Auch ist der Einsatz der SPETZNAS bei der Invasion der CSSR 1968 sicherlich bis heute unbestritten. Vergleiche hierzu: Adams, J. Secret Armies S. 65 ff, sowie: Zakoga/Loop: Soviet Bloc Elite Forces S. 13 ff. und Welham/Quarrie: Operation Spetsnaz S. 31. Eine interessante Darstellung der SPETZNAS enthält der Aufsatz von R. Kenner: Soviet Army Spetsnaz. The Elite from the Hysteria of the 1980 to the Present in: JIPSS Vol. 4 No. 1/2010, ACIPSS Graz 2010. Auch die den jeweiligen Flotten unterstellte Marineinfanterie verfügte ebenfalls über amphibische Spezialeinsatzkräfte. Vergleiche hierzu auch: Matourek, W. OTL: SPETZNAS – Die Sondertruppe für spezifische Aufgaben, Truppendienst, 25. Jahrg., Wien, 1986, S. 117-120. Ob

ligen CSSR so genannte "Schweigenetze" in Österreich, der Schweiz als auch in der Bundesrepublik[409] und anderen NATO-Staaten eingerichtet.

und inwieweit sowjetische Marine-SPETZNAS-Einheiten in Miniatur-Unterseebooten in den achtziger Jahren an Aufklärungsmissionen in schwedischen Territorialgewässern beteiligt waren, kann auch bis heute nicht gänzlich ausgeschlossen werden. Auch die Nationale Volksarmee verfügte mit dem Fallschirmjägerbataillon 40, später Luftsturmregiment 40 (LuftsturmBtl 40 – aktiv -, LuftsturmBtl 41 – gekadert – (Kopenhagen, W.: Die Landstreitkräfte der NVA S. 72 f.), sowie den Spezialaufklärungs-Bataillonen der Militärbezirke (Armeen) der NVA über entsprechende militärische Spezialeinsatzkräfte. Dabei soll sich auch ein mit Kampffahrzeugen der NATO (Pz M-48, MTW 113) aus Vietnam-Beute-Beständen ausgerüsteter Verband, deren Angehörige westliche Uniformen, Waffen und Ausrüstung trugen, befunden haben. Allerdings ist nicht klar, ob diese Einheit dem MfS oder dem MfNV unterstand. Vergleiche hierzu: Zaloga/ Loop, Soviet Bloc Elite Forces, S. 39. Auch soll die GSSD acht SPEZNATS – Bataillone in der damaligen DDR unterhalten haben. Offenbar lag der Stab dieses Regiments in den achtziger Jahren in Neuruppin. (Zaloga/Loop, Soviet Bloc Elite Forces, S. 26). Auch die tschechoslowakische Volksarmee (CVA) verfügte über einen Spezialeinsatzverband, dem Fallschirmjägerregiment 7 in Holešov bei Přerov, wie auch die polnischen Landstreitkräfte über einen Spezialeinsatzverband (Luftlandebrigade) in Krakau verfügten. In den siebziger Jahren sollen die Spezialeinsatzkräfte des Warschauer Paktes besonders in Uniformen und mit Waffen der Bundeswehr, der dänischen Armee, der britischen und der US-Armee geübt haben (Wiener, F.: Die Armeen der Warschauer-Pakt-Staaten, Taschenbuch der Landstreitkräfte Band 2, S. 79 ff., München 1979.) Vergleiche auch: Gegenüberstellung NATO-WP-Ausgabe 1990, Bad Neuenahr-Ahrweiler, 1990. Eine Vielzahl von Einzelheiten zu den Spezialkräften des Warschauer Paktes in den achtziger Jahren enthält das Werk von Welham & Quarrie: Operation Spetsnaz. Siehe hierzu auch das Literaturverzeichnis am Schluss des Werkes. Mit Beginn der neunziger Jahre erlebten die SPETSNAZ in der nun russischen Armee aus politischen und finanziellen Gründen einen Niedergang, von dem sich diese nur langsam erholen können. Offenbar bereitete sich die sowjetische Führung nun auf eine Reihe von lokalen Konflikten vor, die den Einsatz von Spezialeinsatzkräften erforderlich machen. Damit beginnt die Reorganisation der russischen Spezialkräfte, die wohl künftig in selbständigen Brigaden organisiert werden sollen. Vergleiche hierzu auch: http://www.strategypage.com/htmw/htsf/articles/20100913.aspx

[409] Das MfNV hatte offenkundig bereits Ende der fünfziger Jahre den Einsatz von Sabotagegruppen in wichtigen Objekten geplant. Allerdings fällt hierbei auf, dass die damaligen Sabotagegruppen darauf angewiesen waren, ihren Bedarf an Sprengstoffen durch "Selbstlaborate" zu decken. Ein nicht immer ungefährliches Unterfangen, wie Ereignisse in den fünfziger Jahren in Norddeutschland beweisen, als zwei Mitglieder einer Sabotagegruppe beim Mischen dieser Selbstlaborate ums Leben kamen. Siehe hierzu auch: Wiechmann, H.: Geheim – Wozu noch, S. 91. Die bereits im Jahre 1962 durch das MfS übernommene Verwaltung 15 des MfNV verfügte im Operationsgebiet Bundesrepublik zu diesem Zeitpunkt über 86 IM, in Berlin-West über 2 sowie in der DDR über 35 IM. Daneben konnte sich die damalige Verwaltung 15 des MfNV in der Bundesrepublik auf 5 Gebietsleiter, 3 Gruppenleiter, 6 Funker, 39 Kuriere, 3 Gelddepots und 21 Ermittler und Helfer abstützen. 13 KW (Konspirative Wohnungen) auf dem Gebiet der DDR sowie 19 konspirative Poststellen in der DDR ermöglichten die Ausbildung der Kämpfer und Aufrechterhaltung der Verbindung mit dem OG. Vergleiche hierzu: Fingerle, F./Gieseke, J.: BF informiert Nr. 14: Partisanen des kalten Krieges, BStU Berlin, 1996. Es ist anzunehmen, dass die AGM/S das damalige Netz der 15. Verwaltung, wenn auch in veränderter Form und besetzung, weitergeführt hat. Die AGM/S wurde im Jahre 1988 zur Abteilung XXII und mit der Abteilung XXII zur Hauptabteilung XXII umgegliedert (MfS-Handbuch – Die Hauptabteilung XXII Terrorabwehr, BStU Berlin 1995). Gelegentlich konnten in Erddepots verborgene, mit Sprengfallen gesicherte Funkgeräte geborgen werden. So auch in der Schweiz. Dort wurden Depots auf Grund von Hinweisen, die V. Mitrokhin gegeben hatte, durch die Sicherheitsbehörden geborgen. Auch die HVA hat im bayerischen Grenzraum und in Österreich derartige Depots angelegt. Offenbar hatte auch

Auch das Ministerium für Staatssicherheit verfügte mit seiner dem Minister unterstellten Arbeitsgruppe Mobilmachung/Sicherheit (AGM/S) (Sonderaufgaben?) über ein entsprechendes Planungs- und Führungsinstrument für den "verdeckten Kampf"[410] im Operationsgebiet. Bis zum Jahre 1984 soll die AGM/S über 3.500 Einzelkämpfer[411] ausgebildet haben. Wie viele der Einzelkämpfer für Einsätze ab 1984 tatsächlich zur Verfügung[412] gestanden hätten, ist nicht mehr zu ermitteln. Aufgabe der Angehörigen der Schweigenetze war unter anderem die mögliche Unterstützung von nachrichtendienstlichen und militärischen Spezialeinsatzkräften des Warschauer Paktes bei Erkundungs- und Aufklärungseinsätzen[413] im Rücken der NATO-Streitkräfte, möglicher-

---

der damalige tschechoslowakische Nachrichtendienst entsprechende Vorbereitungen für den Einsatzfall im Raum Sigmaringen getroffen. Dort wurde bei Waldarbeiten in den siebziger Jahren ebenfalls ein Erd-Depot mit Funkausrüstung entdeckt und sichergestellt. Dieser Raum hätte durch Kräfte der 4. tschechischen Armee im Kriegsfall besetzt werden sollen. Siehe auch: Herbstritt/Müller-Enbergs a. a. O. S. 224-238. Knabe, H. a. a. O. S. 255 f.

[410] In den siebziger Jahren beschäftigte sich der damalige Hauptmann der Bundeswehr H. -J. Müller-Borchert in seinem Werk: Guerilla im Industriestaat, Frankfurt 1973 mit den Erfolgsaussichten des verdeckten Kampfes und räumt diesen bei Vorliegen entsprechender Voraussetzungen, insbesondere in den westlichen Industriestaaten, gewisse Erfolgsaussichten ein. Diese Voraussetzungen wären unmittelbar vor einem Angriff des WP gegen die Bundesrepublik, wenn auch nur zeitlich und örtlich begrenzt, gegeben gewesen. Nach Knabe verfügte das MfS über etwa 3.500 ausgebildete Spezialisten für den verdeckten Kampf, die gegen 346 bedeutsame Ziele in der Bundesrepublik bei Beginn von Feindseligkeiten eingesetzt werden sollten. Knabe, H.: a. a. O. S. 259.

[411] Vergleiche hierzu: Auerbach, T.: Einsatzkommandos an der unsichtbaren Front, S. 36, Berlin1999. Offenbar verfügte das MfS mit seiner zeitweise auf dem Flugplatz "Rote Jane" bei Mörtitz/Eilenburg stationierten "Dynamo-Kette", bestehend aus vier An-2 TP COLT (Bordnummer: 863, 799, 800, 811) bis 1989/1990 über entsprechende Verbringungsmittel für verdeckte Einsätze. Vergleiche hierzu Kopenhagen, W.: Die Luftstreitkräfte der NVA, S. 30, Stuttgart 2002. Auf diesem Platz befand sich zur Wende ebenfalls eine Iljuschin IL-18 mit Markierungen der Interflug, deren Herkunft und weiterer Verbleib nicht geklärt werden konnte.

[412] Für das Jahr 1985 verfügte das MfS laut einer Übersicht über 3.497 Mitarbeiter, welche seit 1962 die Ausbildung zum "tschekistischen Einzelkämpfer" durchlaufen hatten. Da ein Teil dieser Kräfte wegen des Alters nicht mehr eingesetzt werden konnte, rechnete die Führung der AGM/S 1985 mit einem real verfügbaren Potenzial von 1.044 Mann für Einsätze im Operationsgebiet (OG) Dies hätte etwa 208 Einsatzgruppen in Stärke von fünf Kämpfern ergeben. Auf welche im Operationsgebiet (OG) bereits existierenden Strukturen (Schweigenetze) sich die Kämpfer hätten abstützen können, ist allerdings noch nicht restlos geklärt. (Auerbach a. a. O. S. 52) Nach einer Aufstellung aus dem MfS hatte die AGM/S mindestens 346 bedeutende Zielobjekte in der Bundesrepublik für Einsätze im Krisen-, Spannungs- oder Ernstfall unter Kontrolle. Siehe hierzu: Knabe, H. West-Arbeit des MfS. S. 259, Berlin 1999. Auch hatte die Führung der AGM/S offenbar auch verdeckte Einsätze in NATO-Uniformen geplant (Vergleiche: Auerbach a. a. O. S. 40-41 und Knabe, H. a. a. O. S. 259).

[413] Ob derartige verdeckte Einsätze zur Objekterkundung auch bereits in Friedenszeiten im Operationsgebiet durchgeführt wurden, ist ungewiss, aber nicht gänzlich auszuschließen. (Vergleiche hierzu auch die in BStU TgbNr.: 026794/03Z sowie die in TgbNr. 026794-03z v. 25.09.2009 enthaltene bildliche Darstellung ausgewählter Objekte der FmEloAufkl im

weise bereits vor Ausbruch von Feindseligkeiten. Auch war nicht auszuschließen, dass diese Schweigenetze als "Funkmeldeköpfe" bei Ausfall der normalen Fernmeldeverbindungen zur Übermittlung von Nachrichten an die Führungsstellen der jeweiligen Dienste fungieren sollten. Zu diesem Zweck wurden die Schweigenetze bereits im Frieden auf konspirativen Wegen mit hochmoderner Funktechnik[414], meist sowjetischen Ursprungs, ausgestattet und in mit Sprengfallen versehenen Erddepots gelagert. Gelegentlich erfolgten Zufallsfunde derartiger Geräte im Westen, diese waren aber meist nicht einem individuellen Schweigenetz[415] zuzuordnen. Aus Sicherheitsgründen sendeten diese Funkstellen, wenn überhaupt nur in ganz seltenen Fällen und in größeren Zeitabständen, um durch die westliche Funkabwehr[416] nicht erfasst

---

Operationsgebiet Bundesrepublik). Auch Welham & Quarrie geben in ihrem Werk "Operation Spetsnaz" entsprechende Hinweise auf die mögliche Aufklärungstätigkeit von östlichen Spezialkräften im westlichen Operationsgebiet. Offenbar stammen diese Informationen aus Kreisen des britischen Nachrichtendienstes. Noch nicht nachgewiesen sind jedoch bis heute derartige Unternehmungen durch Angehörige des Fallschirmjägerbataillons 40 der damaligen NVA. Jedoch einige Zeit nach der Invasion der damaligen CSSR im Jahre 1968 wurden bei Waldarbeiten in der Nähe der Einsatzstellung des damaligen zum Fm Rgt. 72 gehörenden FmSkt F auf dem Hohen Bogen Magazine mit Patronen des Kalibers 7.62x39, das damalige Handwaffen-Standard-Kaliber des WP, gefunden. Zuordnen ließen sich weder die Munition, die keinen Bodenstempel trug, noch die Magazine, die offenbar zum Waffensystem AK-47 gehörten. Nicht auszuschließen ist auch eine Zuordnung zu Waffen des tschechischen Systems VZOR-58, die das gleiche Kaliber besaßen. In Fachkreisen war bekannt, dass Kräfte der tschechoslowakischen PS (Grenzwacht) häufig die Grenze zu Bayern bewaffnet überschritten, um Flüchtlingen, die bereits bayerisches Gebiet erreicht hatten, wieder habhaft zu werden. Zu dieser Zeit war die Grenzüberwachung auf westlicher Seite nicht existent. Die gelegentlichen Streifen der bayerischen Grenzpolizei, des BGS oder des Zolls konnten keine lückenlose Grenzüberwachung garantieren. Dies galt auch für die meist mit Fahrzeugen durchgeführten Streifen der US-Border-Patrol. Zu den Schweigenetzen des MfS in den fünfziger und sechziger Jahren, vergleiche: Tolmein, H. G. Partisanen unter uns, Mainz 1972.

[414] Vergleiche hierzu Meulstee/Staritz a. a. O., Mittrokhin a. a. O.

[415] Über einschlägige Erfahrungen in der Aufstandsbekämpfung und die Rolle der britischen Armee dabei berichtet auch: Kitson, F. a. a. O. S. 177. Ob sich diese Erfahrungen auf einen Konflikt in der Central Region hätten angewandt werden können, steht dahin.

[416] Die Bundesrepublik Deutschland verfügte auch in den achtziger Jahren über eine überaus effiziente Funkabwehr. Vergleiche hierzu: FSAD, Radiomonitoring in grand style, 100 Hz-5 GHz)-Radio Monitoring and observation network for Deutsche Bundespost, News from Rohde & Schwarz, 1 34, 1991/III. Dies kann auch für die Schweiz gelten. Deren Funkabwehr gelang die Erfassung von Kurzaussendungen eines IM der HVA in der Schweiz. Später gingen die Dienste der DDR dazu über, ihre Mitarbeiter im Operationsgebiet ab 1988 mit frequenzagilen VHF-Funkgeräten auszustatten. System HORIZONT (MfS HA III- VVS B 307/TSS-2), frequenzagiles Sendesystem im Bereich 340-410 MHz mit 400 Kanälen. Das System konnte mit Hilfe des V24 Protokolls durch einen externen Rechner oder im System programmiert werden. Es verfügte über RAM-Speicher mit einer Kapazität von 6.000 Bytes. Im Burst Modus wurde der Inhalt des RAM mit 1200 Baud übermittelt, dabei wechselte die Sendefrequenz bis zu 400 Mal während der Sendung. Das System konnte auch mit Hilfe einer Zeitschaltung abgesetzt ohne Bediener betrieben werden (Vergleiche Meukstee/Staritz a. a. O.).

zu werden. Auf das umfangreiche Melde- und Verbindungswesen[417] der östlichen Nachrichtendienste in das Operationsgebiet soll hier nicht weiter eingegangen werden, da es den Rahmen der Arbeit sprengen würde. Hier muss auf die verfügbare umfangreiche Literatur zu diesem Komplex verwiesen werden.

4.15 Die Aufklärung des NATO-Fernmeldesystems durch den Zentralen Funkdienst der Nationalen Volksarmee (ZFD/FuAR 2) und die HA III des MfS

Die Funkaufklärungsmerkmale 1990[418] enthalten auf 128 Seiten den damaligen Kenntnisstand der Funk- und Funktechnischen Aufklärung der NVA über die NATO und wichtige Teile der Bundeswehr. Es werden u.a. behandelt:
- Grundlagen zur Identifizierung funkelektronischer Mittel
- Technische und taktische Identifizierung
- Identifizierung von Funkbeziehungen
- Regeln des Funkverkehrs
- Rufzeichen
- Rufnamen
- Leitwegkenngruppen
- Zusammensetzung von Rufzeichen
- Informationsübermittlung
- Funkgespräche
- Militärische Richtfunkgespräche
- Funksprüche
- Tarnverfahren
- Nationale Besonderheiten (im Fernmeldeverkehr)
- Maßnahmen zur Einschränkung der Funkverkehre (Minimize)
- Sendeverbot
- Funkbeziehungen der taktischen Fliegerkräfte
- Anforderungsverfahren für Luftunterstützung/Zusammenwirken
- Aufbau der Flugauftrags- und Luftanforderungsnummern
- Rufnamen und Indexe der Fliegerleitorgane

---

[417] Siehe: Müller-Enbergs: Inoffizielle Mitarbeiter des Ministeriums für Staatssicherheit, Teil 2, S. 65 ff., Berlin, 1998.
[418] A 043/1/005 – Funkaufklärungsmerkmale 1990, Ministerrat der Deutschen Demokratischen Republik Ministerium für Nationale Verteidigung (VVS-Nr.: A 965 005 v. 26.02.1990).

- Charakteristik von Funknetzen
- Rufnamenverzeichnisse
- Inhalte des "Inflight Reporting Systems" der NATO
- Beschreibung von Aufklärungsflugzeugen, Flugzeugen des funkelektronischen Kampfes, Hubschrauber
- Technische Aufklärungsmerkmale der von der NATO und nationalen Stellen angewandten Übertragungsverfahren

In der Anlage sind u.a. enthalten:
- Umfassender Rufnamenindex (mehr als 600 zu dieser Zeit (1990) in der NATO und nationalen Kontingenten angewandte Rufnamen)
- Kanalindex
- Nachrichtenverbindungen der NATO-Landstreitkräfte auf taktischer Ebene
- Technische Parameter der von der NATO eingesetzten Fernmeldegeräte und deren Übertragungsverfahren.

Der Inhalt dieser Dienstvorschrift lässt erkennen, wie tief und umfassend, aber auch höchst professionell der ZFD in die Funkbeziehungen der NATO und nationaler Kontingente[419] eingedrungen war. Dabei ist in Betracht zu ziehen, dass es dem ZFD trotz widriger Umstände bei der materiellen und technischen Ausstattung[420] bis zum Ende der DDR gelungen ist, außergewöhnliche Ergebnisse bei der Aufklärung der NATO zu erzielen. Aus politischen Gründen musste dieser Dienst nach der Herstellung der deutschen Einheit aufgelöst und sein Personal in eine ungewisse Zukunft entlassen werden. Das System der Funk- und Funktechnischen Aufklärung der Nationalen Volksarmee wurde letztmalig am 20.02.1990 durch die Ausgabe der DV 043/0/003 – Funk- und

---

[419] Wie umfassend die Dienste der damaligen DDR in das Kommunikationssystem der NATO und nationaler Streitkräfte mit Hilfe der "Funk- und funktechnischen Aufklärung", sowohl durch den Zentralen Funkdienst (ZFD) der NVA als auch der Hauptabteilung III (HA III SFD) des Ministeriums für Staatssicherheit (MfS) eingedrungen waren, wird durch den Inhalt der "Information – Zustand und Veränderungen in den Funknetzen und -richtungen sowie bei den funktechnischen Mitteln der NATO-Streitkräfte im Jahre 1989" (MINISTERRAT DER DEUTSCHEN DEMOKRATISCHEN REPUBLIK MINISTERIUM FÜR ABRÜSTUNG UND VERTEIDIGUNG – Chef des Informationszentrums – Geheime Verschlusssache, GVS-Nr.: A1 002 068,. Ausfertigung 62 Blatt) erschreckend deutlich. Eine Aufstellung der wichtigsten Funkverbindungen auf westlicher Seite, die durch den ZFD und die HA III erfasst und aufgeklärt werden konnten, findet sich bei: Weiße, G.: Geheime Funkaufklärung in Deutschland 1945-1989, S. 350 ff., Stuttgart, 2005.

[420] Soweit bekannt, wurde noch im Jahre 1988 im Zentralen Funkdienst – ZFD durch eine Arbeitsgruppe die Reorganisation und Intensivierung der Kurzwellenaufklärung durch den ZFD geplant, da trotz des vermehrten Anfalls von Ausstrahlungen im VHF-SHF-Bereich auf westlicher Seite auch der Funkbetrieb, insbesondere durch digitale Ausstrahlungen im Kurzwellenbereich auf westlicher Seite, zunahm.

funktechnische Aufklärung[421] den gewandelten Verhältnissen angepasst, kam aber auf Grund der Auflösung der NVA[422] nicht mehr zum Tragen. Dies kann auch für die "Anordnung 7/89 – Das Meldesystem der Aufklärungsergebnisse des ZFD/NVA" des Chefs Aufklärung der Nationalen Volksarmee vom 15.11.1989 (VVS A 533 593) gelten.

4.16 Die Aufklärung der NATO-Übungen WINTEX/CIMEX und ABLE ARCHER durch den Zentralen Funkdienst (ZFD) der NVA

Da die politische und militärische Führung der DDR trotz guter und ergiebiger "agenturischer" Innenquellen im Regierungsapparat der Bundesrepublik und bei der EU und NATO immer an zusätzlichen Informationen interessiert war, wurden nationale Übungen der Bundeswehr und Übungen der NATO funktechnisch aufgeklärt. Neben seinem Dauerauftrag erhielt der Zentrale Funkdienst (ZFD) der NVA mit Stab und Auswertung in Dessau den Auftrag, wichtige Übungen funktechnisch aufzuklären. Hierzu wurde zur Erfassung wichtiger westlicher Ausstrahlungen während der Übungen ABLE ARCHER/IRON HAMMER vom 24.08.1988 bis 26.11.1988 Spezialpersonal des ZFD unter der Deckbezeichnung "Herbstblume"[423] in die Entfaltungsräume (EFR) der HA III nach Völkershausen, Sonnenschein und Zella-Mehlis in Marsch gesetzt. Die operativen Ergebnisse der Erfassungsmaßnahmen aus Völkershausen und Sonnenschein lassen sich wie folgt zusammenfassen:

4.16.1 Die NATO-Übung ABLE ARCHER 1988: Erfassung im UKW-Bereich 20-80 MHz

- Anwachsen des TACFIRE-Verkehrs, Anwendung des digitalisierten Sprachschlüsselverfahrens DM16 durch US-Streitkräfte
- Erfassung im VHF-Bereich 200-500 MHz

---

[421] DV 043/0/003–Funk- und funktechnische Aufklärung – Ministerrat der Deutschen Demokratischen Republik, Ministerium für Nationale Verteidigung VVS-Nr.: A 956 003 v. 20.02.1990 sowie Ministerrat der Deutschen Demokratischen Republik, Ministerium für Nationale Verteidigung K043/3/002 Aufklärungsmittel der operativen Aufklärung, GVS A 372 735 v. 23.09.1988

[422] Dem Vernehmen nach hätten am Tag der deutschen Wiedervereinigung die Kurzwellenantennen der Zentrale des ZFD in Dessau ohne größeren Aufwand von der Hauptempfangsrichtung West in Richtung Ost umgeschaltet werden können und hätten so auch die HF-Aufklärung bis in den Raum des Schwarzen Meeres ermöglicht. (Auskunft N. N. 1991 in Dessau).

[423] BStU – Zentralarchiv MfS HA III Nr.: 7346 (VVS B 935 663 – G/014515/04/89/C2)

- Vermehrte Ausstrahlungen des Systems PCM 576 (bis zu 30 täglich)
- Erfassung im UHF-Bereich 500-2400 MHz
- Normalfunklage mit Ausstrahlungen von 10 PCM 576 sowie 1 FM 24

Bewertung durch den ZFD: Durch die Auswertung der technischen Parameter der Ausstrahlungen nach dem Muster eines durch die Funkaufklärung der CVA entwickelten Systems wurde die Zuordnung von aktiven Richtfunksystemen zu Stecken und Achsen möglich.

4.16.2 NATO-Übung IRON HAMMER 1988

Überwachung des Polizeifunks im Bereich 85-86 MHz, dabei Identifizierung von Kolonnenbewegungen und Handlungen der übenden Truppe. Überwachung des NATO-Truppenfunks (30-65 MHz), dabei Erkenntnisse über taktische Handlungen der übenden Truppe, offene Einheitsbezeichnung, offene Ortsangaben. Der belgische Anteil des Funkverkehrs der Übungstruppe konnte wegen fehlender Übersetzer für flämisch- und französischsprachige Sendungen nicht ausgewertet werden. In einer weiteren Phase der Übung trat das System "Ptarmigan" (britisches System) kurzzeitig in Erscheinung. Auch konnte auf einem Schiedsrichterfunknetz der Bundeswehr ein Störeinsatz durch ein frequenzagiles System im Bereich 40.0 bis 47.7 MHz beobachtet werden. Der Bericht schließt mit der Bewertung technischer Parameter der auf Seiten der NATO eingesetzten Systeme. Allerdings zeigte sich, dass die Entfaltungsräume Völkershausen und Sonnenschein für derartige Einsätze wegen Abschattung der Empfangsantennen nicht geeignet waren. Der Bericht enthält eine umfangreiche Anlage, in der technische Parameter der erfassten Systeme beschrieben werden, die aber heute nur noch für den Fachmann von Interesse sind.

4.16.3 NATO-Übung WINTEX/CIMEX 1989

Diese Übung wurde in der Zeit 16.02. bis 09.03.1989 aus den Entfaltungsräumen Brocken-Plateau und Zella-Mehlis aufgeklärt. Aus den erfassten Richtfunksendungen in der Bundesrepublik und angrenzenden Gebieten konnten folgende Erkenntnisse gewonnen werden:
- Tagesbefehl des Inspekteurs der Luftwaffe vom 03.03.1989
- Verlegung des Hauptgefechtsstandes des I. Deutschen Korps

- Einführung des III. US Corps in die Gefechtsordnung
- Angriffsbeginn des I. Deutschen Korps
- Zusammenwirken III. US Corps mit 7. PzDiv (DEU[424])
- Zusammenwirken III. US Corps mit (vermtl.) JaBoG 35[425]
- Einsätze chemische Kampfstoffe durch ORANGE
- Luftwaffeneinsätze auf Seiten ORANGE
- Luftlandungen durch ORANGE LLKr

Aufklärung der Standorte folgender Stäbe:
- OPZ[426] HQ FüH (Führungsstab des Heeres) Kastellaun
- Hauptgefechts- und Reservegefechtsstand I. Korps (DEU)
- Nachrichtenzentrale I. NL Korps
- OPZ TerrKdo (Territorialkommando) Nord (DEU)
- OPZ WBK II (Wehrbereichskommando) (DEU)
- OPZ VBK (Verteidigungsbezirkskommando) 25 (DEU)
- OPZ TMLD (Tiefflieger Melde- und Leitdienst) Faßberg

Übermittelte Luftwarnstufen konnten erfasst werden aus:
- Allied Tactical Operations Centre (ATOC) Kalkar
- Sector Operation Centre SOC-1 Brockzetel & SOC-2 Uedem
- Combat Reporting Centre (CRC) Auenhausen & Tactical Operations Centre (TOC) Borgenteich
- Air Defense Operation Liasion Team (ADOLT) III. US Corps
- Tactical Operations Centre (TOC) Meßstetten
- Taktische Auswertung Lw (TA) NORD Kalkar
- Rückwärtiger Gefechtsstand (REAR HQ) III. US Corps Maastricht
- Versorgungskommando 800 (DEU)
- Heimatschutzbrigade 52 (DEU)

Daneben konnten folgende Ergebnisse eingebracht werden:
- Übungsbeginn für das I. DEU-Korps
- Aktivitäten der Generalinspekteursgruppe[427] am Ausweichsitz der Bundesregierung in Marienthal/Ahrweiler

---

[424] Bis 1990 wurden die deutschen Streitkräfte innerhalb der NATO mit der Nationalitäts-Kurzbezeichnung (GE – für Germany) als GEA-German Army, GEAF-German Air Force, GEN-German Navy geführt. Seither lautet die Kurzbezeichnung DEU.
[425] Jagdbombergeschwader (JaBoG) 35 PFERDSFELD/SOBERNHEIM, F 4F II PHANTOM. Dieses Luftfahrzeug war in der Deutschen Luftwaffe nicht für Nukleareinsätze vorgesehen.
[426] Operationszentrale
[427] Generalinspekteur der Bundeswehr (GenInspBw), zu dieser Zeit: Admiral Dieter Wellershoff.

- Verlegungen und Standorte III. Korps (DEU)
- Angaben zum Ausrüstungsstand der deutschen Streitkräfte
- Hinweise auf französische und US-amerikanische Verstärkungstruppen in Saarbrücken
- Alarmbefehle

Folgende Anbindungen zu Richtfunkstrecken konnten, wenn auch nur teilweise, in Abhängigkeit von den Ausbreitungsbedingungen erfasst werden[428]:

- Sobernheim
- Meßstetten
- Rahmenleitgruppe FmRgt 72 Feuchtwagen[429]
- Alarmsprüche durch verschiedene Aufgeber
- Lageunterrichtungen – SECINTSUM VBK 67 Bayreuth
- Fernschreiben des Primary War Headquarters Commander Fourth Allied[430] Tactical Air Force (PWHQ COMFOURATAF) Ruppertsweiler

Die Leitwegs-Kenngruppen für die Übermittlung von Fernschreiben zu folgenden NATO- und nationalen Stäben konnten erfasst und aufgeklärt werden:

- Maastricht
- Karlsruhe
- III. Korps (DEU)
- VBK67 Bayreuth
- WBK VI München

---

[428] Dem ZFD gelangen in den Jahren 1988 und 1989 auch Einbrüche in Fernschreibverbindungen im Grundnetz der Bundeswehr, das zum großen Teil über Erdkabel lief, aber offenbar durch die Bundespost auch in Richtfunkverbindungen geführt wurde. Hier konnte während der Tagesstunden ein Großteil des Fernschreibverkehrs mitgelesen und ausgewertet werden. Auch mit dem System "ELCROTEL" verschlüsselter Fernschreibverkehr konnte mitgelesen werden, da die Tagesschlüssel durch Verrat im Wehrbereich VI an das Ministerium für Staatssicherheit (MfS) gelangt waren.

[429] Es handelt sich hierbei um ein Regiment der Luftwaffe für die Fernmelde- und elektronische Aufklärung (FmEloAufkl). Die Luftwaffe verfügte zu dieser Zeit noch über zwei Regimenter: FmRgt 71 OSNABRÜCK, FmRgt 72 FEUCHTWANGEN, denen jeweils grenznah dislozierte Erfassungssektoren unterstellt waren. Die Auswertung der erfassten Informationen aus dem Flugbetrieb des Warschauer Paktes (DDR-Luftstreitkräfte, 16. Frontluftarmee der sowjetischen Luftstreitkräfte in der DDR sowie die polnischen und tschechoslowakischen Luftstreitkräfte) erfolgte zu dieser Zeit beim Fernmeldebereich 70 in Trier.

[430] Selbst ein Fernschreiben des COMFOURATAF an AIG 5186 konnte erfasst werden. Einer der Adressaten, die Central Air Lift Division in Chievres, erhielt dieses Fernschreiben als ZEN-Kopie (ZEN-Betriebsabkürzung: Übermittlung erfolgt auf einem anderen Weg). In Chievres befand sich zu dieser Zeit das Ausweichkriegshauptquartier von SHAPE, es trug die Deckbezeichnung FASTBREAK.

- VBK 62 Regensburg
- MAD[431] Gruppe VI München
- VBK 63 Ansbach
- VBK 64 Würzburg
- MAD STELLE 61 Würzburg
- VKK 671 Bamberg
- VERBKDO Nürnberg
- VERBKDO Bayreuth
- VKK 642 Aschaffenburg
- Stäbe in Würzburg, Ebern, Essfeld
- sowie weitere Stäbe und Truppenteile

Folgende Teilnehmer in Sprachkanälen konnten erfasst und aufgeklärt werden:
- Gefechtsstand des Führungsstabes des Heeres (GefStFüH) Kastellaun
- Rechenzentrum HEROS Kastellaun
- Rechenzentrum HEROS Traben-Trarbach
- Fernmeldeamt Bw Rheinbach
- Allied Tactical Operations Centre - ATOC Meßstetten
- Rechenzentrum Meßstetten
- Territorialkommando (TerrKdo) Süd Mannheim
- Krypto-Vermittlung TerrKdo S Mannheim
- RückwGefSt TerrKdoS Bad Bergzabern
- GefSt II. DEU-Korps Dinkelsbühl
- Rückwärtiger GefSt II. DEU-Korps
- Stab III. DEU-Korps Koblenz
- GefSt III. DEU-Korps Montabaur
- Stab 5. PzDiv (DEU) Diez/Lahn
- Stab 12. PzDiv (DEU) Veitshöchheim
- Wehrbereichskommando (WBK) V Stuttgart
- Wehrbereichskommando (WBK) VI München
- Grundnetzschaltvermittlungen (GSV)

Mayen, Gießen, Siegen, Niederbrombach mit den Schaltstellen: Hallenberg, Rheinbach, Bad Kreuznach und den Vermittlungen: Marktheidenfeld, Weingarten, Kassel. Das komplette Melde-und Berichtswesen des

---

[431] MAD - Militärischer Abschirmdienst (Bundeswehr)

III. Korps (DEU) wurde über Traben-Trarbach und Kastellaun abgewickelt und konnte durch den ZFD mitgelesen werden. Folgende Funknetze konnten erfasst werden: YT 847 (12.DEU PzDiv), YZ 543 (FmKdo 900) sowie AGS- und CMC-Netz zur automatisierten Übermittlung von Funkfernschreiben. Aufgeklärt werden konnten auch die Alarmübungen "BUNTER FADEN" sowie "ACTIVE EDGE". Daneben gelang es aus dem EFR Zella Mehlis fast den gesamten Polizeifunkverkehr in Nordbayern einschließlich der Führungsstelle in München zu erfassen. Hierzu stellt der Autor des ZFD-Berichts zu den Erfassungsmöglichkeiten aus dem EFR ZELLA-MEHLIS fest: "Mit Aufklärung der Alarmmaßnahmen in Verbindung mit den nachfolgenden Erläuterungen war eine exakte Bestimmung des Grades der Anpassung bzw. des Übergangs der paramilitärischen Bereiche vom Friedens- zum Verteidigungszustand möglich."[432] Das Bayerische Staatsministerium des Innern übermittelte Alarmsprüche, die ebenfalls mitgelesen werden konnten. Nach diesem Bericht übermittelte auch das verbunkerte Luftschutzwarnamt IX Ansbach-Claffheim[433] die Alarmsprüche 01 bis 38 sowie die Sprüche 45 bis 48 und stellte damit die einzige Quelle zu den Alarmsprüchen der zivilen Seite in Bayern dar. So wurde beispielsweise mit dem Spruch 01 die Stufe "SIMPLE ALERT-Einfacher Alarm" des NATO-Alarmsystems, mit Spruch 8 der "Eintritt des Spannungsfalls", mit Spruch 19 die Auslösung der Stufe "REINFORCED ALERT – Verstärkter Alarm" und mit Spruch 25 die "Anwendung des Bundesleistungsgesetztes" für die Auswerter des ZFD erkennbar und stellten damit "eine äußerst wertvolle Quelle zur Aufklärung der Kommandostabsübung WINTEX/CIMEX 89 dar, um die Alarmmaßnahmen aufzuklären".[434] Vom Erfassungsraum Brocken-Plateau war es möglich, die über Richtfunkverbindungen geführten Kommunikationskanäle der Bundeswehr zu den Standortvermittlungen in Nordhessen aus Standorten der BRD (in der Praxis zwischen Münster und Sonthofen) aufzuklären. Der Informationsgehalt dieser Gespräche wurde mit Beginn der Kommandostabsübung deutlich

---

[432] Bericht über die Ergebnisse der Auswertegruppe Richtfunk zur strategischen Kommandostabsübung WINTEX/CIMEX 89 im Zeitraum 16.02. bis 09.03.1989 im Entfaltungsraum Brocken-Plateau (ZFD VVS B935 663, 2 A-6BI) S. 12, in: BStU MfS HA III Nr.: 7346
[433] Merkheft für die Warnstellen des Warn- und Alarmdienstes, Anlage 4, Bundesamt für den Zivilschutz, 53 Bonn-Bad Godesberg, 1976.
[434] Bericht über die Ergebnisse der Auswertegruppe Richtfunk zur strategischen Kommandostabsübung WINTEX/CIMEX 89 im Zeitraum 16.02. bis 09.03.1989 im Entfaltungsraum BROCKEN-Plateau (ZFD VVS B935 663, 2 A-6BI) S. 14, in: BStU MfS HA III Nr.: 7346)

geringer, da die daran beteiligten Angehörigen der Stäbe die genannten Kanäle nicht mehr nutzten[435]. Offenbar verfügte die HA III des MfS auf dem Brocken auch über Empfangseinrichtungen für sprachgeschlüsselte westliche Fernmeldeverbindungen, die dort erfassbar waren, da Mitarbeiter des MfS bis zur Wende entsprechende Systeme bedienten und offenbar auch die Schlüssel manuell in die Systeme einlasen[436]. Nähere Einzelheiten sind hierzu jedoch in den Aktenbeständen der HA III bisher noch nicht aufgetaucht.

4.17 Die Operation "РЯН - RYAN" des sowjetischen Nachrichtendienstes[437]

Die wohl wichtigste Operation des sowjetischen Nachrichtendienstes in den achtziger Jahren trug die Bezeichnung "РЯН - RYAN". Grund hierfür waren die Signale[438] der amerikanischen Regierung unter ihrem Präsidenten Ronald Reagan, die damals, aus sowjetischer Sicht, Konfrontationen, sowohl auf politischem wie auch militärischem Gebiet, erwarten ließen. Spätestens im Jahre 1980 begann der sowjetische Nachrichtendienst mit einer großangelegten Operation[439], die zum Ziele hatte, mögliche Vorbereitungen auf einen Ersteinsatz von Nuklearwaffen durch die USA bei einem Angriff gegen die Sowjetunion zu erkennen. Die Residenturen des KGB in aller Welt wurden angewiesen, verstärkt nach Anzeichen für Kriegsvorbereitungen durch die USA und die NATO zu suchen. Als besonders bedrohlich wurde die vorgesehene Teilnahme Präsident Reagans und anderer hochrangiger US-Regierungsmitglieder an dieser Übung, deren Beginn auf den 2. November 1983 festgelegt wurde, empfunden. Auch europäische Regierungen mit ihren Übungsstäben, die nationalen Streitkräfte und NATO-assignierte Stäbe sowie eine umfassende Rahmenorganisation der zivilen Verwaltung der NATO-Staaten waren an der geplanten Übung beteiligt. Im Vorlauf zu

---

[435] Bericht über die Ergebnisse der Auswertegruppe Richtfunk zur strategischen Kommandostabsübung WINTEX/CIMEX 89 im Zeitraum 16.02. bis 09.03.1989 im Entfaltungsraum Brocken-Plateau (ZFD VVS B935 663, 2 A-6Bl) S. 4, in: BStU MfS HA III Nr.: 7346
[436] Vertrauliche Mitteilung N. N. aus dem Jahre 2013
[437] РЯН – Ракетное Ядерное Нападение – Raketen – Nuklear – Angriff (Langenscheidt Taschenwörterbuch, 5. Auflage Berlin, S. 964). Auch die HA III (Spezialfunkdienste) des MfS war in die Aktivitäten zu RYAN/RJAN eingebunden, wie Unterlagen aus dem Bestand der BStU (HA III 13732 – IWT-Sammelvorgänge Band 2) zeigen.
[438] Allerdings kann nach heutigem Kenntnisstand eine "PsyOps" der US-Regierung nicht gänzlich ausgeschlossen werden.
[439] Vergleiche: Gordiewski/Andrew, KGB, S. 757 ff.

dieser Übung stieg der verschlüsselte transatlantische Fernmeldeverkehr[440] in einem Maße an, welcher der sowjetischen Führung damals als Anzeichen für ernsthafte Kriegsvorbereitungen der NATO erscheinen musste. Glücklicherweise verfügte der Westen in Gestalt von Oberst Oleg Gordiewski[441], einem in London stationierten KGB-Offizier, der wohl aus eigenem Antrieb Kontakt zum britischen Nachrichtendienst hergestellt hatte, über eine Quelle, welche die westlichen Regierungen auf die Gefährlichkeit dieser Übung und der sich möglicherweise daraus ergebenden Konsequenzen[442] hinwies. Darauf und auf den ernsten Rat seiner Umgebung verzichtete Präsident Reagan auf die Teilnahme an der Übung. Dies hat offensichtlich wesentlich zur Entschärfung der Situation beigetragen. Auch die Quelle "TOPAS"[443] der HVA des MfS aus Brüssel berichtete an die Zentrale in Ost-Berlin, dass es in Brüssel keine Anzeichen für Kriegsvorbereitungen auf Seiten der NATO gäbe. Offenbar wurden im weiteren Verlauf der Übung ABLE ARCHER 83 die "Nuclear Release Procedures" der NATO durchgespielt. Dabei wurden die Streitkräfte der NATO in einen fiktiven Alarmzustand – DEFCON 1 (Defence Condition 1) versetzt, der einem möglichen nuklearen Erstschlag der NATO als letzte Stufe des Verteidigungssystems vorangegangen wäre. Dies hatte zur Folge, dass nuklear bewaffnete Kampfflugzeuge der sowjetischen Luftstreitkräfte in der DDR und in Polen in Alarmbereitschaft[444] versetzt wurden. In die Überwachungsmaßnahmen waren mit Sicherheit auch die sowjetischen Militärmissionen in den ehemaligen westlichen Besatzungszonen Deutschlands eingebunden.

---

[440] Soweit bekannt, konnte die sowjetische Seite spätestens seit 1989, möglicherweise auch bereits schon ab 1985 den Schlüssel des US-Systems STU II, das auch bei der NATO eingeführt war, lösen und die Inhalte mithören. (Hufelschulte, J: Der Code ist geknackt, FOCUS 1997, Nummer 22). Auch die Abteilung XI des MfS (ZCO) war offenbar in viele sensitive westliche Kommunikationsverbindungen eingedrungen und konnte die Inhalte mitlesen. Vergleiche hierzu auch: Von Mielke zu Merkel, Der Spiegel Heft 39/2010 vom 27.09.2010.
[441] G. sollte später einen hohen britischen Orden erhalten und wurde auch vom damaligen Präsidenten R. Reagan empfangen.
[442] In einem "Post Mortem" hatte die Central Intelligence Agency die Begleitumstände und politischen Implikationen im Zusammenhang mit den politischen Initiativen des damaligen Präsidenten der USA, R. Reagan und der sowjetischen Reaktion untersucht. Siehe hierzu: TOP SECRET Special National Intelligence Estimate –SNIE 11-10-84 /JX, 18 May 1984 – CIA HISTORICAL REVIEW PROGRAM RELEASE AS SANITIZED. Zu Mielke vergleiche Lang, von, J.: Erich Mielke – eine deutsche Karriere: Berlin 1991
[443] Vergleiche hierzu auch: Großmann, W.: Bonn im Blick, S. 137, 139, 189, 199 und 291 f.
[444] Vergleiche hierzu: Fischer, B.: ABLE ARCHER 83, PHP-Project, ETH Zürich, 6. November 2003 und "Planspiel Atomkrieg " (PHOENIX, 02.05.2013, 20. 15 Uhr)

4.18 Die Bewertung der Aufklärungsbemühungen der östlichen Nachrichtendienste bis 1990

"Die Spionage des MfS hat in großer Zahl ganz empfindliche Informationen auf diesem Gebiet beschafft. Die Bundesrepublik hätte im Rahmen ihres Bündnisses – wegen der vielen Verratsfälle – eine außerordentlich stark reduzierte Chance gehabt, sich einem militärischen Angriff erfolgreich zu erwehren........wenn ein wirtschaftlich unterlegenes System den Entwicklungsrückstand von sieben bis acht Jahren durch Spionage auf drei bis vier reduziert, so ist das sicherlich ein Schaden – die Bewertung überlasse ich jedem selbst....... Mit Einflussagenten und Desinformation ist ein erheblicher Schaden an unserer Gesellschaft angerichtet"[445].

Dieser Bewertung ist in vollem Umfange zuzustimmen, insbesondere wenn die von TOPAS an das MfS übergebenen Materialien mit in die Bewertung einbezogen werden. Nicht minder gravierend war die Weitergabe eines großen Teiles der Bundeswehr-Alarm- und Mobilmachungsplanung[446] im Verratsfalle "P." an die HVA[447]. Dies gilt auch für die Weitergabe insbesondere der Unterlagen zur NATO-Übung "WINTEX/CIMEX", die einem möglichen Gegner tiefe Einblicke in den

---

[445] Zitiert nach: Lampe, J.: Juristische Aufarbeitung der Westspionage des MfS – Eine vorläufige Bilanz, BF informiert Nr. 24, S. 32-33, BStU Berlin, 1999, Siehe dazu auch: Gill/Schröter: Das Ministerium für Staatssicherheit, Berlin 1991. Das Werk enthält eine Vielzahl von Einzelinformationen mit Stand 1991.

[446] Eine entsprechende Aufstellung enthält: Richter, W.: Der Militärische Nachrichtendienst der Nationalen Volksarmee der DDR und seine Kontrolle durch das Ministerium für Staatssicherheit, S. 338 – 346, 2. Auflage, Peter Lang-Verlag, Frankfurt am Main, 2004

[447] Anmerkung des Autors: Wogen allein der Verrat des Alarmplans der Bundeswehr und des Alarmplans der Luftwaffe und seiner Änderungen/Ergänzungen (Stichworttafel der Bundeswehr - StiTaBw sowie Zifferncodes zum Alarmplan - ZiCoApl) über einen längeren Zeitraum besonders schwer, war die Weitergabe der "Umwandlung von Kennziffern in Kennbuchstaben" der auf dem Funkweg durch die Funkstelle des BMVg zu übermittelnden Alarmbefehle für die Anfangsphase einer Mobilmachung der NATO besonders schwerwiegend. Versetzte doch die Kenntnis des Umsetzungsverfahrens den Gegner in die Lage, die auf dem Funkwege (FuStBMVg - DHJ 49, Funknetz HZ 001, später YZ 001) ausgestrahlten Alarmbefehle und die damit ausgelösten Alarmmaßnahmen zeitgleich mitzulesen und in eigene Aktionen umzusetzen. (Vergleiche hierzu: A043/1/005 – Funkaufklärungsmerkmale 1990, Ministerrat der Deutschen Demokratischen Republik, Ministerium für Nationale Verteidigung, VVS.: A 965 005, O. U: 26.02.1990 sowie: DV 043/0/003 – Funk- und funktechnische Aufklärung 1990, Ministerrat der Deutschen Demokratischen Republik Ministerium für Nationale Verteidigung, VVS: A 965 008, Berlin 20.02.1990 sowie Information "Zustand und Veränderungen in den Funknetzen und -richtungen sowie bei den funktechnischen Mitteln der NATO-Streitkräfte im Jahre 1989" GVS A1 002 088, S. 22. Hier besonders das BMVg - FuNetz YZ001). Über dieses Funk-Netz wurden Alarmbefehle für die Übungen: ACTIVE EDGE (NATO-Alarmübung, früher QUICK TRAIN), BUNTER FADEN (Bw-interne Alarmübung) sowie Übungsalarmbefehle im Rahmen der Übung WINTEX/CIMEX abgesetzt. Im Ernstfall hätte diese Funkstelle auch die echten Alarmbefehle über Kurzwellenfunk abgesetzt. Dem Vernehmen nach soll die Führung der GSSD (WGT) spätestens nach zwei Stunden bereits Einzelheiten hierzu erfahren haben (Behling a. a. O. S. 93). Dies deckt sich auch mit Erkenntnissen aus der Fu-FuTechnAufkl durch den ZFD (Vergleiche auch: Chef des Informationszentrums, GVS A1 002 088).

Ablauf defensiver NATO-Operationen und die damit zusammenhängenden politischen und militärischen Abstimmungsmechanismen, sowohl im nationalen als auch im NATO-Bereich, erlaubten. Die überkommenen Unterlagen der HA III (Spezialfunkdienste des MfS) und die des Bereichs Aufklärung (BA) der Nationalen Volksarmee lassen erkennen, wie tief die "Technische Aufklärung" der damaligen Dienste der DDR in die nationalen Kommunikationsnetze der Streitkräfte und die der NATO eingedrungen waren. Die präzise Aufklärung der technischen und betrieblichen Parameter durch die HA III und den ZFD hätten möglicherweise im Ernstfall umfangreiche elektronische Störoperationen durch östliche Kräfte erlaubt, welche die Führungsfähigkeit[448] der nationalen und NATO-Verbände in der Central Region, insbesondere in der Anfangsphase eines Konflikts, nachhaltig beeinträchtigt hätten. Eine umfassende Bewertung der Ergebnisse der politischen und militärischen Aufklärung der westlichen Staaten von Interesse durch die Dienste des Warschauer Paktes enthält das Werk[449] von G. Herbstritt und H. Müller-Enbergs. Noch Anfang 1990 rechneten Sicherheitskreise in der Bundesrepublik, trotz der Auflösung des Ministeriums für Staatssicherheit, mit der Fortführung der Aufklärungstätigkeit in der Bundesrepublik durch dessen Nachfolgeorganisation, dem Amt für Nationale Sicherheit, wie dies aus einem Vortrag des damaligen Vizepräsidenten des Bundesamtes für Verfassungsschutz am 23./24.01.1990 in Bad Ems deutlich

---

[448] Allerdings muss hierzu bemerkt werden, dass auch die Fernmelde- und elektronische Aufklärung der Bundeswehr stets über umfassende und präzise Informationen zum Kommunikationssystem des Warschauer Paktes und der technischen Parameter der Waffen- und Betriebssysteme verfügt hat, die es auch den NATO- Partnern erlaubt hätte, schon in einer Anfangsphase einer kriegerischen Auseinandersetzung die östlichen Systeme nachhaltig in ihrer Wirksamkeit zu beeinträchtigen. Allerdings liegen bis heute keine Informationen über das Eindringen in östliche Krypto-Systeme durch westliche Dienste vor. Es ist nur bekannt, dass die NSA eine ihrer "Bomben" aus der Kriegszeit zur Lösung kryptierter Sprüche der Volkspolizei im Zusammenhang mit der Tunnel-Operation der CIA/NSA in Berlin, Operation GOLD, eingesetzt haben soll. Ergebnisse dieser Operation hingegen sind auch heute noch nicht öffentlich zugänglich. Auch die HA III intensivierte ab 1984 ihre Bemühungen, in geschützte westliche Übermittlungssysteme einzudringen und die Inhalte mitzulesen, wie dies aus einer Kostenschätzung der HA III für den Ausbau der Dekryptier-Fähigkeiten der HA III ersichtlich wird. Für 1985 war der Einsatz von zusätzlichen 40 Mitarbeitern gefordert. An finanziellen Mitteln sollten bereitgestellt werden: 800 Tsd. USD, 700 Tsd. Rubel sowie 200 Tsd. Mark der DDR (BStU HA III 11946, Leiter, Bericht zu Entwicklungstendenzen im Nachrichtensystem des Gegners, Streng geheim v. 27. Juni 1984)

[449] Herbstritt/Müller-Enbergs (Hrsg.): Das Gesicht dem Westen zu, S. 239–249, Bremen 2003. Vergleiche auch die Beiträge von Zöller und Wegmann im gleichen Werk, die Aufschluss über den Umfang und die Qualität der Ergebnisse der Aufklärung durch die HVA und den Militärischen Nachrichtendienst (MilND) Bereich Aufklärung (BA) der NVA geben.

wird. Dem Amt für Nationale Sicherheit der DDR war allerdings nur eine kurze Dauer beschieden, bis es auch aufgelöst und die noch verbliebenen Mitarbeiter entlassen wurden. Ob die noch bis zum endgültigen Abzug der russischen Truppen auf dem Territorium der DDR verbliebenen Elemente der russischen Nachrichtendienste KGB und GRU unter Abstützung auf "alte" Kontakte neue Quellennetze geschaffen oder bereits bestehende Netze den neuen Gegebenheiten angepasst haben, steht dahin. Allerdings bot sich hier den nun russischen Diensten[450] eine exzellente Möglichkeit, für eine ungewisse Zukunft entsprechende Vorsorge[451] zu treffen, wie sich später zeigen sollte. Offenbar haben sich auch noch anderswo in Deutschland Strukturen des ehemals sowjetischen Nachrichtendienstes und ihrer deutschen Helfer erhalten, wie der frühere Leiter[452] des Verfassungsschutzes in Thüringen zu berichten weiß.

---

[450] Die russischen Nachrichtendienste waren bis zum Abzug der russischen Truppen 1994 und möglicherweise noch darüber hinaus auf dem Territorium Deutschlands bei der "Rückführung" von Deserteuren der ehemaligen Westgruppe der Truppen (WGT) überaus aktiv, wie dies aus einer PHOENIX-Fernsehdokumentation deutlich wird (Deserteure, PHOENIX, 11.12.2010, 21:45 Uhr).

[451] Dass durch die nun russischen Diente Aufklärungsoperationen in Deutschland weitergeführt werden, wird durch den Prozess gegen ein Agentenpaar aus Marburg deutlich. Vergleiche hierzu: Hufelschulte, J: Agentenpoker um die Wunderkinder, Focus 19/2013 und Ungureanu, G.: Agenten-Prozess geht in die Endrunde, Schwarzwälder Bote, Oberndorf, Nummer 129 vom 07. Juni 2013.

[452] Roewer, H.: Nur für den Dienstgebrauch – Als Verfassungsschutz-Chef im Osten Deutschlands, Graz 2013.

5. Die politischen Gremien und die militärische Kommandostruktur der NATO zwischen 1985 und 1989

In den achtziger Jahren verfügte die NATO[453] über folgende politische Gremien und militärische Stäbe:

5.1 Der Nordatlantikrat – North Atlancic Council[454]

- Defence Planning Committee (DPC)[455]
- Nuclear Planning Group (NPG)

sowie folgende wichtige Komitees, die dem Nordatlantikrat (North Atlantic Council) nachgeordnet waren:

- Political Committees (Senior Level)[456]
- Defence Review Committee
- High Level Task Force on Conventional Arms Control
- Executive Working Group
- Economics Committee
- Committee on Information and Cultural Relations
- Conference of National Armament Directors

---

[453] Eine umfassende Darstellung der Entwicklung der NATO auf politischen und militärischem Gebiet enthält: Varwick, J. & Schreer, B.: 60 Jahre Nato - Ein Bündnis im Wandel, in: ÖMZ Nr. 4/2009, S. 403-412, Wien 2009 sowie ergänzend für den Zeitraum bis 1989: The North Atlantic Treaty Organisation – Facts and Figures, S. 326 ff., 11th Edn., Bruxelles, 1989.

[454] Dem North Atlantic Council gehörten zu dieser Zeit (1989) an: Luxemburg, Niederlande, Norwegen, Portugal, Spanien, Türkei, Großbritannien, Vereinigte Staaten von Amerika, Belgien, Kanada, Dänemark, Frankreich, Bundesrepublik Deutschland, Griechenland, Island, Italien.

[455] Dem DPC gehörten alle NATO-Mitgliedsstaaten mit Ausnahme Frankreichs an. Dies galt auch für die Nuclear Planning Group (NPG), die regelmäßige Treffen auf Botschafter- und Regierungsebene durchführte. In der NPG besaß Island allerdings nur Beobachterstatus. Aufgabe der NPG war die Durchführung von Planungen im Rahmen der Verteidigungspolitik der NATO und damit auch der nuklearen Einsatzmittel und deren möglichen Einsatz zur Abschreckung. Zu dieser Zeit verfügten nur die USA, Großbritannien und Frankreich über nukleare Einsatzmittel. Eine Reihe von NATO-Staaten hingegen verfügten über nukleare Trägermittel, so z. B. die Bundesrepublik u. a. über Lockheed F-104, deren Einsatzmittel auf deutschem Boden allerdings unter stringenter Verwahrung (Custody) der Vereinigten Staaten verblieben. Der Einsatz dieser Flugzeuge, die sich in Dauerbereitschaft befanden (Quick Reaction Alert – QRA-Status), konnte ausschließlich auf Befehl des Präsidenten der Vereinigten Staaten erfolgen. Dieses Trägermittel und ein europaweites Kommunikationssystem u. a. das CEMETERY- NETWORK der US-Custodian Elements wurde durch die Funkelektronische Aufklärung des Warschauer Paktes ständig unter Kontrolle gehalten.

[456] Meist aus besonderen Anlässen gebildete "ad hoc"-Komitees, deren Aufzählung hier zu weit führen würde.

- Senior Civil Emergency Planning Committee
- Senior NATO Logisticians Conference
- Science Committee
- Committee on the Challenge of Modern Society
- NATO Air Defence Committee
- NATO Standardization Group
- NATO Communications and Information Systems Committee
- NATO Pipeline Committee
- Council Operations and Exercise Committee
- Infrastructure Committee
- Committee for European Airspace Coordination
- Civil and Military Budget Committee
- NATO Security Committee

Der North Atlantic Council (NAC) wie auch das DPC und die NPG wurden durch den Generalsekretär (Secretary General) der NATO oder dessen Stellvertreter geführt. Daneben verfügte der Generalsekretär der NATO in Brüssel über den NATO International Staff, der wie folgt gegliedert war:

5.2 Der Generalsekretär der NATO und sein nachgeordneter Bereich

Generalsekretär der NATO [457]
- Stellvertretender Generalsekretär
- Private Office des Generalsekretärs
- Chairman Civil Budget Committee (CBC)
- Chairman Military Budget Committee (MBC)
- Chairman International Board of Auditors

Dem Generalsekretär der NATO waren direkt unterstellt:
- Assistant Secretary General for Political Affairs
- Assistant Secretary General for Defence Planning & Policy
- Assistant Secretary General for Defence Support
- Assistant Secretary General for Infrastructure, Logistics & Civil Emergency Planning
- Assistant Secretary General for Scientific & Environmental Affairs
- Director Information and Press

---

[457] Von 1985 bis 1988 bekleidete diesen Posten Lord Carrington. Ihm folgte im Herbst 1988 Manfred Wörner, der bis zu seinem unerwarteten Tod im Jahre 1994 amtierte.

- Financial Controller
- Executive Secretary
- Director of NATO Office of Security
- Director of Management

5.3 Der NATO International Staff in Brüssel

Der dem Generalsekretär der NATO unterstehende NATO International Staff war wie folgt gegliedert:
- Deputy Secretary General
- Private Office
- Office of the Secretary General
- Office of the Legal Adviser
- Press Service
- International Board of Auditors
- Civil Budget Committee (CBC)[458]
- Military Budget Committee (MBC)
- Office of the Financial Controller
- Budget Control, Treasury, Internal Control
- Executive Secretariat
- Council Operations Directorate
- NATO Situation Centre (NATO SITCEN)
- NATO Office of Security (NOS)
- Headquarters Security Service
- Office of Management and of Administration and Personnel

Die durch die Assistant Secretary General geführten Abteilungen (Divisions) des NATO International Staff[459] verfügten über folgenden administrativen Unterbau:
- Assistant Secretary General for Political Affairs (Division of Political Affairs)

---

[458] CBC/MBC wurden in dieser Zeit durch den Chairman of the Civil/Military Budget Committee beaufsichtigt.

[459] In der Gliederungsübersicht "ACE ORGANIZATIONAL CHARTS (NR) 1992" findet sich für den NATO International Military Staff in Brüssel weder ein "Allied Clandestine Committee" noch bei SHAPE ein "Clandestine Planning Committee". Beide Organisationen werden vielfach mit der NATO Stay Behind Organization – SBO in Verbindung gebracht. Auch "The North Atlantic Treaty Organisation – Fact and Figures", Brüssel, 1990 enthält keine diesbezüglichen Hinweise. Gänzlich auszuschließen ist jedoch nicht, dass derartige Probleme in einer der vielen Ad Hoc Working Groups/Committees/Sub Committees, möglicherweise unter einer unverfänglichen Bezeichnung unter dem Patronat des NATO Security Committees, behandelt wurden. Siehe jedoch: Mecklenburg, J. (Hrsg.): GLADIO – Die geheime Terrororganisation der NATO, S. 21, 49 und 64, Berlin 1997

- Political Directorate
- Economics Directorate
- Information Directorate
- Assistant Secretary General Defence Planning & Policy (Division of Planning and Policy)
- Force Planning Directorate
- Statistical Analysis Service
- Nuclear Planning Directorate
- Assistant Secretary General for Defence Support (Division of Defence Support)
- Armaments & Defence Research Directorate
- Cooperation and Standardization Directorate
- Command, Control & Communications Directorate (C^3)
- Air Defence Systems Directorate
- Assistant Secretary General for Infrastructure, Logistics & Civil Emergency Planning
- (Division of Infrastructure, Logistics & Civil Emergency Planning)
- Infrastructure Directorate
- Logistic Directorate
- Civil Emergency Planning Directorate
- Assistant Secretary General for Scientific & Environmental Affairs
- (Division of Scientific & Environmental Affairs)
- Advanced Research
- Science Fellowships
- Science for Stability
- Advanced Institutes
- Research Grants Programme
- Committee on the Challenge of Modern Society (CCMS)

Im NATO International Staff wurden alle politischen und militärpolitischen Problemstellungen des Nordatlantischen Bündnisses bearbeitet. Für die Führung der NATO-Streitkräfte verfügte der Generalsekretär der NATO zusätzlich über einen "Internationalen Militärstab – International Military Staff – IMS" in Brüssel, der in den Jahren 1985 bis 1989 wie folgt aufgebaut war:

5.4 Der "International Military Staff – IMS" der NATO in Brüssel

Der dem Generalsekretär – Secretary General – der NATO unterstehende Director International Military Staff[460] verfügte zwischen 1985 und 1989 über folgende Stabselemente:
- Office of the Director IMS
- Secretariat
- Public Information Adviser
- Deputy Financial Controller
- Intelligence Division
- Basic Branch
- Warning Branch
- Plans and Policy Division
- Strategic Planning Branch
- Nuclear Policy Branch
- Force Planning Branch
- Arms Control & Disarmament Branch
- Operations Division
- Joint Operations & Plans Branch
- Crisis Management, Exercise and Training Branch
- Electronic Warfare Branch
- Logistics and Resources Division
- Logistics Branch
- Resources Branch
- Manpower Branch
- Communications and Information Systems Division
- Policy and Requirements Branch
- Systems Interoperability Branch
- Communications and Computer Security Branch
- Long Lines Branch
- Radio Frequency Branch
- Armaments and Standardization Division
- Policy Branch
- Projects Branch

---

[460] Director IMS: GenLt. A. L. Moriau (Belgien) 1985 – 1988, GenLt. C. Mellilo (Italien) 1988-1992.

Der militärische Unterbau der NATO bestand zu dieser Zeit aus den Kommandobereichen: "Allied Command Europe – ACE" mit seinem Hauptquartier (Supreme Headquarters Allied Powers Europe – SHAPE) in Mons[461], südwestlich von Brüssel, das vom Supreme Allied Commander Europe – SACEUR geführt wurde und dem Kommandobereich "Allied Command Atlantic – ACLANT", das sich in Norfolk im Bundesstaat Virginia der USA befand und einem US-amerikanischen Oberbefehlshaber, dem Supreme Allied Commander Atlantic – SACLANT[462] unterstellt war. Die Gesamtgliederung und Aufgaben der beiden Kommandobereiche schildern zu wollen, würde den Rahmen dieser Arbeit sprengen. Im Folgenden soll daher nur der alliierte Kommandobereich Europa behandelt werden, da er dem Supreme Headquarters Allied Powers – SHAPE unterstand und dessen Darstellung zum Verständnis der internen Abläufe beim Hauptquartier unverzichtbar erscheint.

5.5 Die Befehlsbereiche der NATO in Europa

5.5.1 Der alliierte Kommandobereich Europa – Allied Command Europe – ACE

Dem Supreme Allied Commander Europe (SACEUR) stand für die Führung der ihm unterstellten und der NATO assignierten nationalen Truppen-Kontingente das Supreme Headquarters Allied Powers Europe – SHAPE[463] in Mons zur Verfügung. Dem SACEUR waren folgende NATO-Kommandobehörden[464] unterstellt:

- Commander United Kingdom Air Forces – CINCUKAIR
- High Wycombe/UK
- Commander NATO Airborne Early Warning Force – COMNAEWF Mons/Belgien
- Commander ACE – Mobile Force (Land) – COMAMF(L)- Heidelberg/Deutschland
- Commander in Chief Allied Forces Northern Europe – CINCNORTH – Kolsas/Norwegen

---

[461] Das Hauptquartier befindet sich noch heute in Mezieres-Casteau, einem nördlichen Ortsteil von Mons an der nach Brüssel führenden Straße.
[463] Das Hauptquartier SHAPE wird in Kapitel 5 des Buches behandelt.
[464] Hierbei sind die dem Allied Command Channel – ACCHAN unterstellten Kommandobehörden, da ACCHAN dem SACLANT unterstand.

- Commander Allied Forces North Norway – COMNON – Bodoe/Norwegen
- Commander Allied Forces South Norway – COMSONOR – Oslo/Norwegen
- Commander Allied Forces Baltic Approaches – COMBALTAP – Karup/Dänemark
- Commander in Chief Allied Forces Central Europe – CINCENT – Brunssum/Niederlande
- Commander Northern Army Group – NORTHAG – Mönchengladbach/Deutschland
- Commander Central Army Group-CENTAG – Heidelberg/Deutschland
- Commander Allied Air Forces Central Europe – COMAAFCE – Ramstein/Deutschland
- Commander Second Allied Tactical Air Force – COMTWOATAF – Mönchengladbach/Deutschland
- Commander Fourth Allied Tactical Air Force – COMFOURATAF – Ramstein/Deutschland
- Commander in Chief Allied Forces Southern Europe – CINCSOUTH – Neapel/Italien
- Commander Allied Land Forces Southern Europe – COMLANDSOUTH – Verona/Italien
- Commander Allied Land Forces Southeastern Europe – COMLANDSOUTHEAST – Izmir/Türkei
- Commander Allied Air Forces Southern Europe – COMAIRSOUTH – Neapel/Italien
- Commander Allied Naval Forces Southern Europe – COMNAVSOUTH – Neapel/Italien
- Commander Naval Striking and Support Forces Southern Europe – COMSTRIKFORSOUTH – Neapel/Italien

5.5.2 Allied Command Europe – ACE

Der Befehlsbereich des Allied Command Europe (ACE) reichte zu dieser Zeit vom nördlichen Norwegen an der Grenze zur damaligen Sowjetunion über Zentraleuropa, die Ostsee sowie mit der Grenze zur DDR und CSSR bis zur Türkei und ihren gemeinsamen Grenzen mit der Sowjetunion, des Irans, Syriens und des Iraks und umfasste mehr als 2 Mi-

0. Quadratmeter Land und mehr als 3 Millionen Quadratmeter Seegebiet und eine Bevölkerung von mehr als 320 Millionen Europäer. Die dem SACEUR zur Verfügung stehenden Streitkräfte verblieben im Frieden unter nationaler Unterstellung, erst im Kriegsfall sollte ein Unterstellungswechsel erfolgen. Die Luftverteidigung hingegen und die Fernmeldeverbindungen unterstanden bereits im Frieden dem Supreme Allied Commander Europe (SACEUR). Jedoch behielten sich die NATO-Nationen vor, einzelne Truppenkontingente nicht der NATO zu unterstellen, wie dies beispielsweise bei den Heimatschutzverbänden der Bundeswehr geplant war.

5.5.3 Die Central Army Group – CENTAG

In Zentraleuropa stützte sich die Verteidigung durch die NATO auf die in Deutschland stationierte Central Army Group – CENTAG und die Northern Army Group – NORTHAG ab, die durch den Commander in Chief Allied Forces Central Europe – COMAFCE aus dem Hauptquartier in Brunssum geführt wurde. Der Befehlsbereich NORTHAG umfasste das nordwestliche Gebiet der Bundesrepublik südwärts der Linie, die durch den Nord-Ostsee-Kanal gebildet wurde, bis in den Raum südwärts Kassel. NORTHAG wurde in Personalunion durch den Commander in Chief of the British Army on the Rhine (BAOR) aus dem Friedensstandort Mönchengladbach geführt und umfasste im Frieden etwa 200.000 Mann britischer, deutscher, niederländischer und belgischer Truppenkontingente. Der Befehlsbereich von CENTAG erstreckte sich von einer Linie südlich von Kassel bis an die Grenze zur Schweiz und wurde durch einen US-Viersterne-General aus dem Friedensstandort Heidelberg geführt. Im CENTAG-Befehlsbereich wurden Truppen der USA, Deutschlands sowie ein Kontingent kanadischer Truppen eingesetzt. Französische Truppen, die zu dieser Zeit ebenfalls in Südwestdeutschland stationiert waren, hätten entsprechend den deutsch-französischen Abmachungen im Kriegsfall zusätzlich in diesem Raum eingesetzt werden können. Die Nuklearkräfte (PLUTON und später auch HADES) des französischen Heeres waren grenznah im Osten/Südosten Frankreichs[465] stationiert und konnten auf Grund ihrer damaligen begrenzten Reichweite möglicherweise nur in Verzögerungsoperationen

---

[465] Siehe hierzu: Thelerie, M.: Initiation à la force de frappe française 1945- 2010, Paris, 1997

auf deutschem Boden eingesetzt werden. Auch diese Kräfte unterstanden ausschließlich nationalem französischem Kommando. Die Landstreitkräfte[466] der Vereinigten Staaten verfügten zu dieser Zeit ebenfalls über nukleare Einsatzmittel, die ausschließlich nationalem Kommando unterstellt waren. Die nuklearen Trägersysteme der Bundeswehr wurden der NATO unterstellt, die dazugehörigen nuklearen Einsatzmittel verblieben jedoch bis zu ihrer Außerdienststellung in US-amerikanischem Gewahrsam.

5.5.4 Das Northern European Command – NEC

Der Befehlsbereich des Northern European Command (NEC) mit seiner Kommandobehörde Allied Forces Northern Europa – AFNORTH erstreckte sich von Nordnorwegen über Dänemark bis in den Raum nördlich der Elbe sowie die Ostseezugänge und die Ostsee (Baltic Approaches – BALTAP) und wurde aus dem Hauptquartier in Oslo geführt. Dem CINCNORTH (einem britischen Viersterne-General) unterstanden Truppen aus der Bundesrepublik, Dänemark, Norwegen, Großbritannien und Kanada. Die Kräfte der NATO wurden aus drei Regionalkommandos geführt: Command Northern Norway – COMNON, Command Southern Norway – COMSONOR und Command Baltic Approaches – COMBALTAP.

5.5.5 Der Commander Alllied Air Forces Central Europe – COMAAFCE

Die Luftverteidigung der NATO in Europa oblag zu dieser Zeit dem Commander Allied Air Forces Central Europe – COMAAFCE in Ramstein, der über zwei taktische Luftflotten verfügte. Die 2nd Allied Tactical Air

---

[466] Bekannt war auch, dass die US-Streitkräfte beabsichtigten, in der Verzögerungszone entlang der Innerdeutschen Grenze – IDG zur Sperrung wichtiger Engstellen so bezeichnete Atomic Demolition Means – ADM einzusetzen. Allerdings war geplant, diese Ladungen erst im Bedarfsfall ausschließlich durch US-Pionierkräfte des jeweiligen US Corps (V. /VII US Corps) einzubauen. Vergleiche hierzu auch: GDP V. US Corps (BStU 000126). Die Auslösung hätte dann auch erst auf Befehl des US-Präsidenten erfolgen können. An allen wichtigen Straßen, Brückenbauwerken waren sowohl in der vorderen als auch in der rückwärtigen Kampfzone durch die deutsche Wallmeistertruppe entsprechende Sprengschächte für konventionelle Großladungen (Käseladungen) vorbereitet. Die Sprengmunition war in besonders gesicherten Sperrmittelhäusern in unmittelbarer Nähe der Sperrobjekte eingelagert und wurde durch die deutsche Wallmeistertruppe der Bundeswehr in Zivilkleidung betreut. Zu diesem Zwecke nutzten die Wallmeister grau lackierte neutrale Fahrzeuge, meist einen VW-Bus. Diese waren mit einer gelben Rundumrennleuchte ausgestattet und führten ein amtliches Kennzeichen, meist des Landkreises im Zuständigkeitsbereich, so z. B. BT- und eine vierstelligen Zahl.

Force – TWOATAF in Rheindalen (Mönchengladbach) und der 4th Allied Tactical Air Force – FOURATAF hatten zu dieser Zeit noch in Heidelberg ihr Hauptquartier. Später sollte der Stab von FOURATAF nach Ramstein verlegt werden. Der COMAAFCE verfügte über Luftangriffs- und Luftverteidigungsverbände aus der Bundesrepublik, den Niederlanden, Belgien, Großbritannien, den Vereinigten Staaten und Kanada. Die französischen Luftstreitkräfte waren zu dieser Zeit partiell in das System der NATO-Luftverteidigung eingebunden, verblieben aber unter nationalem französischem Kommando. Dies galt auch für die nukleare Abschreckungskomponente der französischen Luftwaffe – Force de Frappe –, die auch unter nationalem Kommando verblieb. Die nuklearen Trägersysteme der US-Luftwaffe waren auf Flugplätzen im Westen der Bundesrepublik stationiert und hielten abgestufte Bereitschaftsstände "Quick Reaction Alert – QRA". Auch die deutsche Luftwaffe unterhielt nuklearfähige Einsatzmittel wie die Lockheed F-104 G "Starfighter", später auch McDonnell Douglas F4 "Phantom II" im "QRA- Status[467]" bereit. Aber auch hier verblieben die nuklearen Einsatzmittel unter direkter Aufsicht der Vereinigten Staaten. Nuklearfähige Flugabwehrraketen der US Air Force wie "Nike-Zeus" und "Nike Hercules/Nike – Ajax" in Deutschland wurden in den siebziger Jahren aus dem Dienst genommen und durch andere Systeme ersetzt.

5.5.6 Der Commander in Chief Allied Forces Southern Europe – CINCSOUTH

Dem Commander in Chief Allied Forces Southern Europe – CINCSOUTH als ACE Major Subordinate Command (einem US-Viersterne-Admiral) unterstanden die bereits oben dargestellten Kommandobehörden (Principal Subordinate Commands – PSC), deren Zuständigkeitsbereich das gesamte Mittelmeer, das Ionische und Thyrrenische Meer, die Adria, die Ägäis sowie das Schwarze Meer und die angrenzenden Länder Italien, Griechenland und die Türkei mit mehr als vier Millionen Quadratmetern umfasste. Für Einsätze an den südlichen NATO-Flanken war der Einsatz der Southern European Task Force – SETAF geplant.

---

[467] QRA – Quick Reaction Alert – Alarmbereitschaft

5.5.7 Das Allied Command Channel – ACCHAN

Das Allied Command Channel – ACCHAN unterstand zwar nominell dem SACLANT, doch ergaben sich in vielfältiger Weise Berührungspunkte zwischen SHAPE und ACCHAN, da dieser Kommandobehörde die Sicherung der nordwärtigen maritimen Flanken der NATO im Seegebiet des Kanals und der Nordsee oblag. Das Allied Command Channel – ACCHAN unter der Führung des Allied Commander in Chief Channel – CHINCHAN mit Dienstsitz in Northwood verfügte zu dieser Zeit über folgende nachgeordnete Kommandobehörden:
- Commander BENELUX - Sub Area in Den Helder
- Commander NORE - Sub Area in Pitreavie
- Commander Allied Maritime Air Force Channel in Northwood
- Commander Plymouth – Sub Area in Plymouth
- Commander Standing Naval Force Channel – STANNAVFORCHAN auf See
- Commander Maritime Air NORE – Sub Area in Pitreavie
- Commander Maritime Air Plymouth – Sub Area in Plymouth
- Fragen von regionaler politischer und militärischer Bedeutung wurden damals durch das Channel Committee (CHANCOM) in London bearbeitet.

5.5.8 Die Verstärkungskräfte der Vereinigten Staaten für die Verteidigung Europas – Return for Germany – REFORGER[468]

Die Vereinigten Staaten planten für den Fall eines Angriffs gegen Westeuropa durch den Warschauer Pakt, ihre militärischen Kräfte durch umfassende Zuführung von Truppen auf dem Luftwege (Return to Germany – REFORGER) zu verstärken. Hierzu wurde die Ausrüstung für die nachzuführenden Truppen der USA in Lagern in den Niederlanden, Belgien und in Rheinland-Pfalz bereitgehalten. Im Rahmen des "Wartime Host Nation Support – WHNS" stellte die Bundesrepublik[469] Deutschland militärische Kräfte für die logistische Unterstützung und Sicherung des Aufmarsches der REFORGER-Kräfte bereit. Auch die Luftwaffe der Vereinigten Staaten plante für den Kriegsfall in Europa umfassende Zu-

---
[468] Siehe hierzu "Die strategische Ausgangslage in Europa zwischen 1985 und 1989"
[469] Auch die Niederlande und Belgien verfügten über entsprechende WHNS-Wartime Host Nation Support-Strukturen

führung zusätzlicher Luftangriffs- und Luftverteidigungskräfte für die Verteidigung Mitteleuropas. Die Marine der Vereinigten Staaten hatte den Auftrag, im Kriegsfall die Seewege nach Nordamerika (Sealines of Communication – SLOC) und im Mittelmeer gegen die Seestreitkräfte der Sowjetunion zu verteidigen, um damit auch den Nachschub der in Europa kämpfenden Truppen der NATO zu sichern. Das Seegebiet vor der Küste Norwegens sollte durch Kräfte der NATO-Seestreitkräfte gegen Angriffe gesichert werden. Für die Verteidigung Nordnorwegens war der Einsatz der Allied Mobile Force – Land – (AMF/L) vorgesehen, auf die aber hier nicht weiter eingegangen werden soll.

5.6 Auftrag und Gliederung des Supreme Headquarters Allied Powers Europe – SHAPE

Unter der Führung eines amerikanischen Viersterne-Generals mit der Bezeichnung Supreme Allied Commander Europe – SACEUR, vertreten durch den Deputy Supreme Allied Commander Europe – DSACEUR hatte der SACEUR den Auftrag, im Frieden den Einsatz der NATO-Streitkräfte zu planen und diese im Kriegsfall einzusetzen. Die Aufgabe des SACEUR bestand damals wie auch heute in der Bewertung von Risiken und Bedrohungen, militärischer Planung, Identifizierung und Anforderung von Streitkräften für die Auftragserfüllung der Allianz in seinem Befehlsbereich, in Beiträgen zum Krisenmanagement der Allianz und der effektiven Verteidigung der NATO-Staaten und ihrer Streitkräfte. Im Falle einer Aggression, oder wenn der NATO-Rat eine unmittelbare Aggression befürchtete, Durchführung aller militärischen Maßnahmen mit der Autorität und den Fähigkeiten seines Kommandos, um alliierte Solidarität und Bereitschaft zu demonstrieren und um die Integrität des Territoriums der Allianz sicherzustellen, die Freiheit der Meere und der Seeverbindungswege und des Handels zu gewährleisten, die Sicherheit der NATO-Mitgliedstaaten zu gewährleisten oder diese wiederherzustellen, wenn diese beeinträchtigt wäre. In den Folgejahren ab 1990 wurde der Auftrag von SHAPE erweitert. Dieser umfasste nun zusätzlich: *Sicherzustellen, dass alle der NATO unterstellten Streitkräfte effektiv durch kombinierte und gemeinsame militärische Hauptquartiere in die Lage versetzt werden, ihre Aufträge durchzuführen. In Konsultationen mit dem Alliierten Kommando Transformation sicherzustellen, dass operationelle Aktivitäten und Elemente der*

Kommandostruktur, die eine operationelle Rolle haben, synchronisiert werden. Zusätzlich erhielt der SACEUR den Auftrag: *Zur Stabilität in der Euro-Atlantischen Zone beizutragen durch: Entwicklung und Teilnahme an militärischen-militärischen Kontakten und anderer Kooperationsaktivitäten und Übungen im Rahmen des Partnerschaft für Frieden-Programme (Partnership for Peace – PfP), desgleichen Aktivitäten, welche die Bemühungen der NATO in Bezug auf ihr Verhältnis zu Russland, der Ukraine und den Ländern des Mittelmeer-Dialogs betreffen. Dazu gehörten: Durchführen von Analysen auf strategischer Ebene, um Mängel zu identifizieren und Prioritäten für deren Behebung festzulegen. Durchführen der vom Nordatlantikrat erteilten Aufträge und operationellen Missionen, Verwaltung der Ressourcen der NATO für Missionen und Übungen. In Zusammenarbeit mit dem Allied Command Transformation, Entwicklung und Durchführung von Ausbildungsprogrammen und Übungen in kombinierten und gemeinsamen Verfahren für die militärischen Hauptquartiere und Streitkräften der NATO und Partnerstaaten*[470].

5.6.1 Die Stabsabteilungen im Supreme Headquarters Allied Powers (SHAPE)

Eine so wichtige Organisation wie der Stab des Supreme Headquarters Allied Powers Europe war seit seiner Aufstellung einem ständigen Prozess der Veränderungen unterworfen, der hier nicht nachvollzogen werden soll. Maßgebend für Veränderungen im Stabe selbst waren die Änderungen in der Kommandostruktur der NATO und nicht zuletzt die Versuche der NATO-Mitgliedsstaaten, durch die Besetzung wichtiger Dienstposten im Stabe militärischen und politischen Einfluss zu gewinnen und diesen auch zu erhalten. Dies bezog sich nicht nur auf wichtige Spitzenstellen in der Hierarchie des Hauptquartiers. Entscheidend war auch die Besetzung von Schlüsselstellungen auf der Ebene der Stabsoffiziere[471] und den nachgeordneten höheren Unteroffizieren, die bei SHAPE teilweise wichtige Funktionen in den einzelnen Stabsabtei-

---

[470] www.nato.int./shape/about/mission.htm. vom 24.03.2009
[471] Da SHAPE die Aufgaben der operativen Vorbereitungen übernahm, hatte sich die deutsche Seite schon sehr frühzeitig entschlossen, wohl auch aus politischen Gründen, auf einen nationalen Generalstab zu verzichten. "Es wird keine Sorge bestehen, daß sich der deutsche Generalstab in politische Dinge mischt". Siehe hierzu: Von Himmerod bis Andernach: Adolf Heusinger: Probleme der deutschen Verteidigung, S. 125, Absatz 4, Quelle: BA/MA BW2/982. leicht gekürzt a. a. O.

lungen bekleideten. Im Jahre 1985 verfügte SHAPE[472] über folgende Stabsabteilungen[473]
- Supreme Allied Commander Europe (SACEUR)
- Special Assistant to SACEUR for International Affairs (INTAF/POLADSHAPE)
- SACEURS Represantative to Military Committee (SACEUREP)
- SACLANTREPEUR/CHINCHANREP[474]
    - Sonderstab "LIVE OAK"[475]
    - Deputy Supreme Allied Commander Europe (UK) (DSACEUR)
    - Deputy Supreme Allied Commander Europe (GE) (DSACEUR)
    - Office of the Scientific Advisor (OSCAD)
    - Office of the Legal Advisor
    - Chief of Staff (COFS)
    - Secretary of the Chief of Staff (SECCOS)
    - ACE Counter Intelligence Activity (ACE CI)
    - Executive Assistant to the Chief of Staff for the NMR[476] (EACOS NMR)
    - Public Information Office (PIO)
    - Protocol Office
    - Deputy Chief of Staff – Operations (DCSO)

---

[472] Vergleiche hierzu auch: Davis, B. L. Uniformen und Abzeichen der NATO, Stuttgart 1991. Ein Werk, das sich nicht nur an den uniformkundlich interessierten Leser wendet, enthält es doch eine Vielzahl von Abbildungen aus der Zeit ab 1985 bis 1991, die Personen zeigen, die sich zu dieser Zeit bei SHAPE aufgehalten haben und dem Autor des vorliegenden Werkes häufig im täglichen Dienstbetrieb begegnet sind. Außerdem beschreibt es anschaulich die Entstehungsgeschichte von SHAPE.
[473] SHAPE Staff Directory (NU), verschiedene Ausgaben von 1985-1989, allerdings enthalten diese Gliederungsübersichten von SHAPE keinerlei Hinweis auf ein "Clandestine Planning Committee" als Führungsstab der NATO-SBO-Organisation, wie oft in der Presse kolportiert. Jedoch ist in der Organisationsübersicht ein "Special Assistant to SACEUR for International Affairs" (INTAF/POLAD/SHAPE) aufgeführt. Dieses Organisationselement war ausschließlich mit US-Staatsangehörigen besetzt. Auch fehlt im SHAPE Staff Directory jeglicher Hinweis auf "LIVE OAK", gleichwohl das SHAPE-Telephone Directory entsprechende Hinweise auf diesen Stab enthielt.
[474] Repräsentanten des Oberkommandos Atlantik (Supreme Commander Allied Command Atlantic – SACLANT) und Commander in Chief Channel – Oberbefehlshaber Ärmelkanal (CINCHAN).
[475] Dieser dem SACEUR direkt unterstehende Sonderstab, dem neben US-amerikanischen auch britische, französische und deutsche Soldaten angehörten, hatte die Aufgabe, die Verteidigung Berlins im Rahmen der besonderen Verpflichtungen der West-Alliierten im Auftrag des SACEUR zu koordinieren.
[476] NMR – National Military Representative – Nationaler Militärischer Vertreter bei SHAPE.

- o Deputy Chief of Staff – Support (DCSS)
- o SHAPE Technical Centre (STC) Den Haag

Dem Deputy Chief of Staff – Operations waren unterstellt:
- Operations Division (OPS)
- Policy Division (POL)
- Intelligence Division (INTEL)

Dem Deputy Chief of Staff – Support waren unterstellt:
- Logistics and Manpower Division (LOGMAN)
- Communication and Information Systems Division (CIS)
- Allied Command Europe Communications Security (ACE COMSEC)
- SHAPE Automated Data Processing -ADP SUPPORT GROUP
- Regional Signal Group SHAPE (RSGS)
- NATO Programming Centre (NPC), Glons, Belgien
- Integrated System Support Centre (ISSC)
- Budget and Finance Division (BUDFIN)
- International Headquarters & Support Command (IHSC)

5.6.2 Die "Nationalen Militärischen Repräsentanten" und "Militärmissionen" bei SHAPE bis 1989 [477]

Zwischen 1985 und 1989 waren folgende Nationen mit einem National Military Repräsentative (NMR), meist im Range eines Generals, Obersten oder Oberstleutnant vertreten:
- Belgien: Oberst
- Kanada: Oberst
- Dänemark: Brigadegeneral
- Deutschland: Brigadegeneral
- Griechenland: Generalmajor
- Italien: Brigadegeneral
- Luxemburg: Oberstleutnant
- Niederlande: Brigadegeneral
- Norwegen: Generalmajor
- Portugal: Generalmajor
- Türkei: Generalmajor
- Großbritannien: Brigadegeneral

---

[477] Quelle: SUPREME HEADQUARTERS ALLIED POWERS EUROPE- Staff Directory – 1 Nov 1988 (NATO UNCLASSIFIED – NU). Aus systematischen Gründen soll die Folgeentwicklung, die im Rahmen des späteren "Partnership for Peace – PfP" zu weiteren Missionen bei SHAPE führte, hier nicht weiter betrachtet werden.

- Vereinigte Staaten: Oberst

Frankreich war auf Grund der politischen Entscheidung General de Gaulles im Jahre 1966 aus der militärischen Struktur der NATO ausgeschieden. Seine Interessen wurden durch eine beim SACEUR akkreditierte "French Military Mission – FMM" unter Führung eines französischen Generalmajors wahrgenommen. Auch Spanien sollte im Jahre 1989 unter Führung eines Brigadegenerals ebenfalls eine Militärmission zu SHAPE entsenden. Die belgische "Gendarmerie Nationale", die das "Hausrecht" auf SHAPE-Territorium wahrnahm, war mit einem "National Gendarmerie Representative" im Range eines Obersten vertreten. Zu den Aufgaben des NMR gehörte unter anderem die Wahrnehmung nationaler politischer und militärischer Interessen gegenüber dem Stab von SHAPE und die "Verwaltung" der in den Stab von SHAPE entsandten Soldaten ihrer jeweiligen Nation. Dabei traten die einzelnen NMR im Stabe selbst nur wenig in Erscheinung und führten meist ein gewisses Eigenleben, diktiert von den Zwängen des internationalen Stabes und nationalen Eigenheiten. Vielfach mangelte es insbesondere bei dem deutschen NMR[478] und seinem "nationalen" Stab, dem auch eine deutsche Stabs- und Versorgungskompanie angegliedert war, am Verständnis für die internationalen Forderungen, die an das 'nationale', im internationalen Stab eingesetzte Personal gestellt wurden. Da der Chef der deutschen Stabs- und Versorgungskompanie auch Disziplinarvorgesetzter der im internationalen Bereich eingesetzten deutschen Unteroffiziere und Mannschaftsdienstgrade war, ergaben sich hier zwangsläufig Spannungen, die häufig auf dem Rücken der Betroffenen ausgefochten wurden. Priorität im nationalen Bereich besaßen zu dieser Zeit die Sportausbildung, Bereitschafts- und Sonderdienste im nationalen Bereich, die neben den Diensten im internationalen Bereich zusätzlich zu leisten waren und das Personal in der ohnehin knapp bemessenen Freizeit zusätzlich belasteten. Da waren die so bezeichneten SHAPE-Holidays (internationale Dienstbefreiung an Brückentagen) ein

---

[478] Der Stab des deutschen NMR sollte auch bei der im Jahre 1983 entstehenden Krise um den damaligen Stellvertretenden NATO-Oberbefehlshaber General Kießling († 28.08.2009 in Rendsburg) eine nicht unbeträchtliche Rolle spielen. Die Fakten sind allgemein bekannt und sollen deshalb hier nicht weiter erörtert werden. Zu diesem Komplex siehe auch: Zur Sache 2/84 – Diskussion und Feststellungen des Deutschen Bundestages in Sachen Kießling, Bonn 1984. Einer der Beteiligten befand sich 1985 noch beim deutschen NMR im Dienst, wurde aber wenig später zum MilAttStab nach Pretoria versetzt. Umfassende Hintergrundinformationen zu diesem Komplex enthält: Reichardt, J. Hardthöhe Bonn im Strudel einer Affäre, Bonn 2008.

zwar wohlverdienter, aber nur geringer Ausgleich. Auch bei Veranstaltungen zu nationalen Anlässen, zum Beispiel "German Day" oder ähnlichen Veranstaltungen, wurde die Teilnahme befohlen. Die deutschen Offiziere hingegen waren ausschließlich dem NMR disziplinarisch unterstellt und verfügten damit über eine ungleich komfortablere Ausgangsbasis. Die Vertreter der Militärmissionen führten zu dieser Zeit auch ein gewisses Eigenleben, da ihren Mitgliedern aus nachzuvollziehenden Gründen vielfach der Zugang zu bestimmten, sensitiven Bereichen von SHAPE (z.B. EAU, SHOC u.a.) verwehrt war.

5.6.3 Die Zusammenarbeit im Stab und mit nachgeordneten Kommandobehörden in den Kommandobereichen Europa Nord, Mitte und Süd

Bei der Bearbeitung der in den Befehlsbereichen anstehenden Problemen ergaben sich eine Vielzahl von Kontakten zwischen den Angehörigen von SHAPE und den nachgeordneten Kommandobereichen, auf die hier umfassend eingehen zu wollen den Rahmen der Arbeit sprengen würde. Die Stabsarbeit bei SHAPE erforderte umfangreiche Korrespondenz[479], die meist über geschützte Fernmeldeverbindungen abgewickelt wurde. Auch waren telefonische Kontakte zwischen den beteiligten Offizieren aller Ebenen und Unteroffizieren in entsprechenden Dienststellungen, meist mit Hilfe des "Secure Phone", ein wichtiges Führungsmittel bei der Bewältigung der anstehenden Aufgaben. Die Stabsarbeit in SHAPE erforderte vom Neuankömmling die relativ zügige Einarbeitung[480] in das betreffende Sachgebiet, da der internationale Bereich davon ausging, dass die zu SHAPE zur Dienstleistung versetzten Soldaten aller Dienstgradgruppen über profunde Kenntnisse der englischen

---

[479] Die formale Korrespondenz innerhalb der NATO und insbesondere auch bei SHAPE erfolgte fast ausschließlich in englischer Sprache und folgte überaus komplexen Regelungen, die in einer eigenen Direktive (ACE DIRECTIVE 35-4, Preparation of Correspondence) festgelegt und durch lokale Ergänzungen, so genannten Amendements, erweitert wurden. Dies erforderte für die Bearbeitung der Korrespondenz umfassende Kenntnis der Feinheiten der englischen Sprache.

[480] Die Eingewöhnung bei SHAPE wurde durch die gut organisierte Unterstützung bei der Wohnungssuche durch den Supreme Headquarters Processing Point (SHIPPS) ungemein erleichtert. Allerdings galt es auch hier, die Feinheiten des belgischen Mietrechts zu beachten. Bei den Verhandlungen mit Vermietern erwies sich die Beherrschung der französischen Sprache als Vorteil, da diese einen ersten Kontakt sehr erleichterte. Auch später im alltäglichen Leben waren Grundkenntnisse dieser Sprache ungemein wichtig.

Sprache[481] und der Stabsarbeit in internationalen Stäben verfügen sollten. Es gab so gut wie keinen Bereich innerhalb der Stabsarbeit, der nicht durch eine entsprechende ACE – oder SHAPE Direktive[482] geregelt war. Zusätzliche bürokratische Hemmnisse für den Bearbeiter ergaben sich aus der Verwaltung des umfangreichen, meist klassifizierten Schrifttums, das in so genannten mit Kombinationsschloss versehenen Security-Containern aufbewahrt werden musste, wenn es nicht täglich an die jeweilige Abteilungsregistratur zurückzugeben war. Nicht zu vergessen die Behandlung des "klassifizierten" Abfalls, der in einem so genannten "Burn Bag" am Arbeitsplatz abzulegen und bei Dienstende in der Registratur abzugeben war. Ganz besonders wichtig war es, den Security-Container bei Arbeitsende richtig zu verschließen, da sowohl der abteilungsinterne "Double Checker" nach Dienstende den Verschluss zu kontrollieren und dies auf dem "Check-Sheet", das an jedem Container angebracht war, mit Uhrzeit und Namenszeichen zu bestätigen hatte. Auch hatte dieser die Papierkörbe in den Büros auf klassifizierten Inhalt zu überprüfen. Eine nicht immer angenehme Arbeit, da sich in den Papierkörben häufig auch andere Abfälle fanden. Dessen ungeachtet führte die SHAPE Police in allen Bereichen während der dienstfreien Stunden sogenannte "Spot-Security-Checks" durch, die sich auf den Verschluss von Security-Containern aller Art, den Verschluss der Schreibtische und den Inhalt der Papierkörbe erstreckte. Wurden Verstöße (Security Violations[483]) entdeckt, erfolgte Meldung an den SHAPE-Security Officer, der seinerseits den zuständigen Division-Security Officer informierte. War es schon schwierig für den Neuankömmling (Newcomer), sich an die administrativen Gegebenheiten in-

---

[481] Häufig wurden jedoch Soldaten, deren Muttersprache nicht die englische Sprache war, zu SHAPE versetzt, ohne dass diese über die erforderlichen Sprachkenntnisse verfügten. Dies führte häufig zu Kommunikationsproblemen bei der Stabsarbeit. Bei Neuankömmlingen in SHAPE, die die englische Sprache nicht als Muttersprache beherrschten, war ein "Language Proficiency Test" obligatorisch, der durch das SHAPE Language Centre nach NATO-Vorgaben und den Forderungen der internationalen Dienstpostenbeschreibung durchgeführt wurde. Je nach Prüfungsergebnis (Language Skill Level – gefordert war meist der Level 3) konnte zusätzlicher Sprachunterricht angeordnet werden.

[482] Der Index zu Allied Command Europe (ACE) Direktiven und Handbüchern umfasste im Jahre 1989 allein 28 Doppelseiten. Das SHAPE SUPPLEMENT zur ACE DIRECTIVE 35-4 umfasste 20 Seiten mit Bestimmungen, die bei Abfassung von offiziellen Schriftstücken zu beachten waren. Zusätzlich waren noch interne Abläufe und Regelungen der einzelnen Stabsabteilungen zu beachten.

[483] Die ACE Security Directive 70 – 1 und die dazu erlassenen Zusatzbestimmungen von SHAPE sahen für schwere Verstöße gegen die Sicherheitsbestimmungen oder Sicherheitsrisiken in der Person die Aufhebung der SHAPE Security Clearance (Ermächtigung) und damit Rückversetzung in die Heimat vor.

nerhalb des Stabes zu gewöhnen, war die Beachtung der rigiden Sicherheitsvorschriften bei SHAPE für diesen überlebenswichtig. Die ACE-Directive 70 -1 listete auf 294 Seiten die zu beachtenden Sicherheitsbestimmungen auf, die durch das 120-seitige SHAPE-Supplement nochmals präzisiert und ergänzt wurden. Hatte sich der Neuankömmling nun in seinen Arbeitsbereich eingearbeitet, eine Unterstützung durch den meist nationalen Vorgänger erfolgte in der Regel nicht, da dieser meist schon mit seinem nationalen und internationalen "Outprocessing", das mit beträchtlichem administrativen Aufwand verbunden war, beschäftigt war, konnte er mit der Wahrnehmung seiner eigentlichen Aufgabe beginnen. Hierbei kam es besonders auf die Unterstützung seiner Kameraden aus der jeweiligen Abteilung an. Stimmte die "Chemie" zwischen den Stabsangehörigen unterschiedlicher Nationen und Dienstgradgruppen, konnte dies eine große Hilfe sein. Auch hier war die gute Beherrschung der englischen Sprache auf allen Dienstgradebenen unabdingbar. Dies erleichterte auch die Kommunikation zwischen den Dienstgradgruppen, in denen schon auf die Dienstgradunterschiede geachtet wurde. Handelte es sich um einen Stabsoffizier, wurde dieser meist im informellen Verkehr von seinem Vorgesetzten mit seinem Vornamen, Subalternoffiziere und Unteroffiziere wurden in der Regel mit ihrem Dienstgrad angesprochen. Allerdings bestanden hier auch kleine Unterschiede. Britische und kanadische Warrant Officers[484] stellten im Prinzip, auch im Verständnis ihrer eigenen Streitkräfte, eine eigene Klasse dar. Der vergleichbare deutsche Dienstgrad Stabs-/Oberstabsfeldwebel hingegen rangierte nach nationalem deutschem Verständnis, obwohl auf der gleichen Dienstgrad-Ebene der

---

[484] Warrant Officers (WO) – vergleichbar dem deutschen Stabs- bzw. Oberstabsfeldwebel – wurden durch britische Vorgesetzte immer mit "Mister" angesprochen. Deutsche Stabs- und Oberstabsfeldwebel, obwohl im gleichen NATO-Rang, wurden durch US-amerikanische Vorgesetzte meist als "Chief", der Abkürzung des vergleichbaren Ranges in den US-Streitkräften, als "Chief Master Sergeant" angesprochen. Häufig wurden deutsche Haupt-, Stabs- und Oberstabsfeldwebel durch ihre deutschen Vorgesetzten mit der Anrede "Sergeant", auch in Gegenwart anderer Nationen, tituliert. Dies führte dann häufig, insbesondere bei britischen Offizieren zu Irritationen, da diese die Dienstgradebene nicht mehr abschätzen konnten. Siehe hierzu auch: Davis, B. L.: Uniformen und Abzeichen der NATO, Stuttgart 1991, sowie: NATO-Code, STANAG 2116. Da bedurfte es schon mancher Intervention der Betroffenen bei ihren nationalen Vorgesetzten, um Klarheit zu schaffen. In einem Fall stellte der nationale Vorgesetzte in der Abteilung, ein Oberst beim britischen Commodore, immerhin dem Deputy Force Commander klar, dass ein deutscher Hauptfeldwebel eben nicht auf der Ebene eines britischen Sergeanten angesiedelt ist. In diesem Fall bewies der Commodore Stil und entschuldigte sich formell in Gegenwart von Zeugen beim Betroffenen. Dies war besonders bemerkenswert und zeugt von Respekt, auch gegenüber Untergebenen.

NATO angesiedelt, unterhalb dieser Ebene. Unbestritten war auch die Stellung des italienischen "Maresciallo", der belgischen und französischen "Adjutanten", die im Verständnis ihrer Nation ebenfalls eine herausgehobene Klasse der Unteroffiziere bildeten. Dies galt umso mehr für den britischen "Sergeant Major"[485], der, meist mit einem Stöckchen (Swagger Stick) bewaffnet, seines Amtes waltete. Beeindruckend immer dann, wenn dieser einem Garderegiment angehörte und die entsprechenden Abzeichen trug und sich durch eine unnachahmliche Haltung auszeichnete. Für den dienstlichen Verkehr der Unteroffizierdienstgrade bei SHAPE hatte der Dienstgrad und nicht auch zuletzt die Dienststellung des Betreffenden oft entscheidende Bedeutung für die Akzeptanz im internationalen Bereich. Insbesondere britische und kanadische, aber auch belgische, französische und niederländische höhere Unteroffiziere verhandelten in aller Regel nur mit Ihresgleichen. Daher war der Blick auf den SHAPE Security Pass, der auch einen Hinweis auf die Dienstgradebene des Trägers nach NATO-Code (in derartigen Fällen OR8/OR9[486]) enthielt, beim ersten Kontakt die Regel. Später, bei näherer Bekanntschaft, sollte sich das etwas abschleifen. Dies galt auch für den Kontakt von höheren Unteroffizieren zu Offizieren anderer Nationen im Stab. Auch hier war von Bedeutung, welchen Dienstgrad, Dienststellung und Auftrag der Betreffende beim ersten Kontakt hatte. Auch hier sollten sich später bei häufigeren Kontakten die Umgangsformen etwas entspannen. Allerdings hatten besonders Offiziere einer bestimmten Nation aus dem Südosten der NATO ihre Probleme mit der Anrede ihrer internationalen Untergebenen, die meist unter Weglassung ihres Dienstgrades, nur mit ihrem Nachnamen angesprochen wurden. Auch hier bedurfte es häufig entsprechender Intervention, gegebenenfalls auch nationaler Vorgesetzter, um wieder geordnete Verhältnisse herzustellen. Hatte sich der Stabsoffizier in sein Arbeitsgebiet eingearbeitet, galt es bei der Bearbeitung von Schriftstücken, festgelegte Stabsprozeduren zu beachten, die im "Staff Officers Handbook" aufgeführt waren. Dazu gehörte das "International Correspondence Format – ICF", das hauptsächlich in der internen Kommunikation des

---

[485] Hier war auch die Dienststellung als Regimental-, Battalion- oder Company-Sergeant-Major von besonderer Bedeutung. Im britischen Umfeld wurden die Inhaber dieser Dienstgrade durch ihre Vorgesetzten nicht mit dem Dienstgrad, sondern als "Mister" angesprochen.
[486] OR – Other Ranks

Stabes verwendet wurde. Daher war es zu dieser Zeit eine stehende Redensart "Please send me a Memo", wenn ein Stabsproblem behandelt werden sollte. Innerhalb des Stabes sollte erst später eine Vernetzung der IT-Systeme erfolgen, so dass es sich in aller Regel um mit der Schreibmaschine erstellte Papiere handelte, die je nach Geheimhaltungsgrad mit einem "Cover Sheet" zu versehen waren. Auch hier waren die Details festgelegt. NATO-Restricted Cover Sheets (ACE Form 73 R) in gelber Farbe, NATO-Confidential in blassgrüner Farbe, NATO-Secret Cover Sheets waren in Blau gehalten. COSMIC-TOP Secret Cover Sheets waren in auffälligem Rot gehalten. Allerdings hatten nur wenige Stabsangehörige die Gelegenheit, derartig hoch eingestufte Papiere zu bearbeiten. Der Großteil der internen Korrespondenz war meist weniger hoch eingestuft. Wenn der Bearbeiter den internen Postgang abkürzen wollte, war es üblich, nachdem das Papier vom nächsten zuständigen Vorgesetzten abgesegnet worden war, dieses mit einem Coversheet zu versehen und, falls es nicht durch die Registratur zu registrieren war, sich selbst zu seinem Gegenüber zu begeben, um es dort zu erörtern. Gelegentlich kam es auch vor, wenn zunächst erst einmal die Einstellung der anderen Stabsabteilung zu diesem Stabsproblem zu sondieren war, das ein "Non Paper" mit den wichtigen Details erstellt wurde, das unter Umständen wieder ohne "Gesichtsverlust" zurückgezogen werden konnte. Für die Zeit zwischen 1985 bis 1989 konnte bei der Bearbeitung von Stabsangelegenheiten bei SHAPE gelten, dass anstehende und zu lösende Probleme zunächst auf der Arbeitsebene sowohl innerhalb SHAPE als auch, falls erforderlich, mit den beteiligten Nationen umfassend erörtert wurden, bis eine einvernehmliche Lösung durch die Bearbeiter gefunden wurde, die auch von deren Vorgesetzten mitgetragen werden konnte. Erst danach wurde in gegenseitiger Abstimmung das Papier erstellt und in den Geschäftsgang gegeben. Auch hier wurde sehr auf das "Wording"[487] geachtet. Viele der bei SHAPE zu lösenden Stabsprobleme hatten auch einen nicht unbeträchtlichen Einfluss auf politischem Gebiet und berührten häufig die politischen und militärischen Interessen[488] von NATO-Nationen und nicht zuletzt auch nachgeordneter NATO-Kommandobehörden, so dass hier bei ressort- und länderübergreifenden Prozessen auf die politi-

---

[487] Es galt der Grundsatz: Always Be Polite
[488] Beispielsweise mussten hier auch die besonderen Befindlichkeiten zweier NATO-Nationen im Mittelmeerraum angemessen berücksichtigt werden.

schen und militärischen Befindlichkeiten der beteiligten Nationen Rücksicht genommen werden musste. Auch die unterschiedliche Interessenlage beteiligter Nationen[489] musste unter allen Umständen beachtet werden. Damit benötigten Grundsatzentscheidungen einen beträchtlichen organisatorischen Koordinationsaufwand und zeitlichen Vorlauf. Dabei waren auch die Interessen des SACEUR und seines Stabes angemessen zu berücksichtigen. Zudem hatten die Bearbeiter auch die Interessen ihrer Stabsabteilung bei der Lösung von Stabsproblemen innerhalb SHAPE zu berücksichtigen. Nicht zuletzt hing auch das Prestige der Abteilungsleiter (Division Chiefs) von der Qualität der geleisteten Stabsarbeit im nachgeordneten Bereich ab. Jeder Bearbeiter bei SHAPE, gleich auf welcher Ebene, musste sich immer bewusst sein, dass seine Arbeit, mochte diese auch unwichtig erscheinen, Einfluss auf bestimmte Entscheidungen des Stabes haben konnte. Viele Stabsoffiziere[490], die später in den nationalen Streitkräften hohe Positionen erreichen sollten, haben sich bei SHAPE ihre ersten Sporen verdient. Hier kam es entscheidend darauf an, welchen Einfluss der Betreffende durch seine Persönlichkeit und die Qualität seiner Stabsarbeit gewinnen konnte. Verbunden damit war eine umfassende Reisetätigkeit der mit entsprechenden Aufgaben befassten Stabsoffiziere zu nahezu allen unterstellten Kommandobehörden und sonstigen nationalen Stäben, soweit dies zur Aufgabenerfüllung erforderlich war. Häufig wurde durch die verantwortliche Stabsabteilung bei SHAPE auch zu Konferenzen bei SHAPE eingeladen. Angehörige des Stabes nahmen auch oft an Konferenzen und Besprechungen im nachgeordneten Bereich teil. Dies bedingte eine umfangreiche Reisetätigkeit vieler Stabsangehöriger unterschiedlicher Dienstgrade. Das internationale Reisekostenrecht konnte auch seine Tücken haben, wie viele Dienstreisende bei SHAPE gelegentlich feststellen mussten. Allerdings im Vergleich zu den nationalen Reisekostenbestimmungen waren die internationalen Abfindungen und

---

[489] Allerdings konnte beobachtet werden, dass die Identifikation mit den Zielen der NATO durch die jeweils von den Nationen in den Stab entsandten Offiziere durchaus unterschiedlich ausgeprägt sein konnte. Verstanden sich ein Großteil der Offiziere aus dem angelsächsischen Raum und anderer Nationen vorrangig als Vertreter ihrer Nation im Stab, waren die Vertreter Deutschlands bei ihrer Stabsarbeit eher geneigt, vorrangig die Ziele der NATO zu verfolgen, ohne allerdings die nationale Zielsetzung gänzlich aus den Augen zu verlieren.

[490] So erreichte beispielsweise ein Major in der SHD-Cell der Intelligence Division den Dienstgrad Brigadegeneral und wurde später mit der Leitung des Militärischen Nachrichtendienstes seines Landes beauftragt.

Möglichkeiten der Reisedurchführung[491] bei Dienstreisen relativ großzügig bemessen. Für die Organisation von Dienstreisen verfügte SHAPE über ein eigenes Reisebüro, bei dem, sofern die Dienstreise genehmigt war, entsprechende Buchungen vorgenommen werden konnten. Allerdings hatte sich die nationale Hotellerie in der Nähe von NATO-Einrichtungen häufig auf einen Massenanfall von NATO-Dienstreisenden eingestellt. Dies führte häufig dazu, dass die örtlichen Hotels, um mehr Reisende unterbringen zu können, die Zimmer verkleinerten und diese damit eher begehbaren Kleiderschränken mit integrierter Duschecke und Toilette ähnelten. Der dafür geforderte Preis entsprach allerdings gehobenem NATO-Standard. Die Bundesrepublik Deutschland war im Stab von SHAPE[492] im Jahre 1989 mit mindestens 154 Offizieren, davon 149 Stabsoffizieren[493], in allen wichtigen Stabsabteilungen des

---

[491] Bei einer Dienstreise zur Überprüfung des Flugplatzes Oerland in Norwegen erbrachte der vorherige Vergleich der Reisekosten, dass die Anmietung eines kleineren Flugzeuges der belgischen Luftwaffe weniger Kosten verursachen würde, als wenn das Team (6 Reisende, darunter ein Oberst und Pilot) die kommerzielle Business-Klasse nutzen würde. Daher wurde eine Maschine der belgischen Luftwaffe mit zwei Piloten gechartert. Nach der Abfertigung in Brüssel National und dem Besteigen der Maschine, es handelte sich um eine zweimotorige Swearingen Merlin III A, stellten die Dienstreisenden fest, dass ein Großteil des im hinteren Teil des Luftfahrzeuges für Gepäck zur Verfügung stehenden Raumes bereits mit einer großen Zahl von Paletten mit belgischem Bier belegt war. Da der Flug auch über die Nordsee und entlang der norwegischen Küste über Wasser zum Platz Oerland führen sollte, erhob sich die Frage nach einer Seenotausrüstung, die allerdings von beiden Flugzeugführern negativ beschieden wurde. Der nun folgende Start gestaltete sich wegen des zusätzlichen Gewichts im Heck der Maschine etwas problematisch, gelang aber nach einer etwas längeren Rollstrecke. Die Raucher unter den Dienstreisenden (damals im Jahre 1988 durfte an Bord noch geraucht werden) wurden angewiesen, in der durch einen Vorhang abgeteilten Toilette im rückwärtigen Teil des Flugzeuges ihrem Laster, jedoch nur immer jeweils zwei Reisende zur gleichen Zeit, nachzugehen und dies dem Piloten vorher anzuzeigen. Dies wurde jedoch in einem Fall nicht beachtet. Die Folge davon war, dass sich der Schwerpunkt des Flugzeugs verschob, die Trimmung der Maschine beeinträchtige und damit die Maschine durchsackte. Die mitreisende Sekretärin des Obersten schenkte zu dieser Zeit gerade Kaffee aus, was zwangsläufig dazu führte, dass einem der Mitreisenden die Uniformhose mit Kaffee benetzt wurde. Nach einer Verwarnung durch den Oberst wurden nun die Regeln für das Rauchen eingehalten. Die Landung in Oerland erfolgte trotz gefährlichen Seitenwinds Dank der fliegerischen Fähigkeiten der belgischen Piloten ohne Probleme. Der Rückflug nach einer Woche gestaltete sich wegen der von den Dienstreisenden eingekauften größeren Vorräte an Räucherlachs und Rentierfellen ähnlich. Allerdings war der Biervorrat vollständig geschwunden, so dass sich die Rollstrecke beim Start erheblich verkürzte. Da Bier auch schon zu dieser Zeit in Norwegen extrem teuer war, darf vermutet werden, dass die Bierpaletten als Gastgeschenk an befreundete norwegische Kameraden gingen. In Brüssel angekommen, erfolgte die Abholung vom Platz. Die mitgebrachten Vorräte an Räucherlachs wurden an einem Freitagnachmittag im Rahmen eines "Social Events" dankbar von den anwesenden Stabsangehörigen angenommen.

[492] Zu dieser Zeit umfasste der Stab von SHAPE und nachgeordneter Einrichtungen in Casteau mehr als 2.750 Soldaten und zivile Mitarbeiter (Quelle: SHAPE Telephone Directory, NATO-Unclassified (NU))

[493] Quelle: GE NMR SHAPE –Telefonverzeichnis (NU), Stand: 28.09.1988

Hauptquartiers vertreten. Deutschland stellte zu dieser Zeit auch den Deputy SACEUR und besetzte wichtige Dienstposten[494] in der Policy-, Operations-, Intelligence- und Logistics-Division sowie beim NATO Airborne Early Warning Force Command Headquarters (NAEW FC HQ) und in der NATO E-3A Component in Geilenkirchen und anderen, SHAPE nachgeordneten Dienststellen. Nicht zuletzt auch die höheren Unteroffiziere in Schlüsselstellungen des Stabes hatten einen nicht unbeträchtlichen Einfluss, mochte ihre Dienststellung für einen Außenstehenden noch so unbedeutend erscheinen. Zur Jahresmitte 1989 waren folgende Dienstposten[495] bei SHAPE mit höheren Unteroffizieren unterschiedlicher Nationalität besetzt, wobei meist der Grundsatz galt, dass diese Dienstposten in Abhängigkeit von der Nationalität des Abteilungsleiters (Division Chiefs) durch die Nationen zu besetzen waren:

- SACEUR Admin NCO – SSG US
- SACEUR Trip Coordinator – SSG US
- DSACEUR (UK) Staff Assistant – WO UK
- DSACEUR (UK) Personal Assistant – FSGT UK
- DSACEUR (GE) Admin Assistant – OstFw DEU
- Office of the Scientific Advisor – TSGT UK

Secretary to the Chief of Staff (SECCOS)
- Chief Administrative Cell – Adj BE
- Case Control Cell – SFC US
- Distribution & Records Cell – HptFw DEU
- Secretariat Admin Cell – SSGT US
- Management Services Cell - WO 1 UK
- Chief Admin – SFC US
- Chief Supply – HptFw DEU
- Media Cell – SGT US
- Courier Section – SGM DA
- Chief Central Registry &Records – WO I UK
- Document Control Clerk – MSG IT
- Chief Message Distribution Centre – SFC NL

---

[494] Bei der Besetzung von Spitzenstellen im Stab galt die Regel, dass die entsendende Nation auf informellen Wege vorab anfragte, ob der in Aussicht genommene Kandidat durch den SACEUR akzeptiert werden würde. War dies der Fall, erfolgte die formelle Anfrage auf "quasi" diplomatischem Wege. Wurde dem Vorschlag stattgegeben, konnte der Kandidat offiziell nominiert werden.

[495] Quelle: SHAPE STAFF DIRECTORY effective: 1 August 1989 (NU)

- Chief Registry – HptFw DEU
- CTSA-Registry – SFC US
- Chief Admin Cell – Adj BE

SHAPE Protocol Office
- Non Commissioned Officer (NCO) in Charge – MSG US
- Admin Assistant – SSGT US
- Special Assistant to SACEUR
- Admin Assistant – SSGT US

SACEUREP To MC
- Admin NCO – MSGT DA
- Admin NCO – MSGT US
- Deputy Chief of Staff – Support (IT)
- Chief Admin Clerk – WO1 IT
- Deputy Chief of Staff (Ops)
- Chief Admin Clerk – HptFw DEU
- Operations Division
- Admin Officer – SMSGT US

Policy Division
- Admin Officer – SMSGT US

Intelligence Division
- Admin Officer – CWO CA
- Logistics and Manpower Division
- Admin Officer –WO UK

Communication and Informations Systems Division
- Admin Officer – OstBtsm DEU
- Budget and Finance Division
- Accounts – WO 1 UK

International Headquarters & Support Command
- NCOIC – SGM US

ACE Communications Security
- Crypto Security – PO UK
- Admin Assistant – CWO CA

NATO Information and Communications System – NICS
- Chief Admin Section – SFC US

Regional Signal Group SHAPE – RSGS
- Group Sergeant Major – SGM US

NAEW-FC HQ
- Deputy Chief Admin – Adj NL
- NCO Intel & Security – HptFw DEU
- Chief Ops Centre – HptFw DEU
- Chief Registry & Central Records – OFw DEU

Daneben waren in den einzelnen SHAPE Divisions höhere Unteroffiziere unterschiedlicher Nationalitäten, meist in der Dienstgradgruppe Oberfeldwebel/Hauptfeldwebel (OR7/8) eingesetzt, auf die hier aus Platzgründen nicht näher eingegangen werden kann. Auch verfügten die nationalen Unterstützungseinheiten (Support Units) über eine Reihe von höheren Unteroffizieren, über die allerdings keine weiteren Angaben vorliegen. Die SHAPE-Fahrbereitschaft (Motor-Pool) setzte vorwiegend Mannschaftsdienstgrade unterschiedlicher Nationalität als Kraftfahrer ein[496]. Eine besondere Herausforderung für alle Betroffenen stellten die "Internationalen Beurteilungen" durch den jeweils zuständigen internationalen Vorgesetzten dar, da diese einen nicht unbeträchtlichen Einfluss auf die spätere nationale Karriere des Beurteilten haben konnte. Bewertet wurden u.a.
- Übernahme von Verantwortung[497]
- Urteilsfähigkeit
- Fähigkeit, in einem Team zu arbeiten
- Kooperationsfähigkeit und Taktgefühl
- Verlässlichkeit
- Durchsetzungswille und -Fähigkeit
- Belastbarkeit
- Persönliche Erscheinung
- Entscheidungsfähigkeit

---

[496] Auch hier ergaben sich manche nationale Eigenheiten. Ein deutscher Brigadegeneral ließ in Gegenwart der übrigen anwesenden auf ihre hochgestellten Fahrgäste (ab 1-Sterne-General) wartenden Soldaten einen deutschen Militärkraftfahrer das Fahrzeug im Spurt umrunden, da ihm der Fahrer offenbar nicht schnell genug reagierte. Der General sollte später national als "General für Bildung und Erziehung" eingesetzt werden.

[497] Die Fähigkeiten wurden durch eine in fünf Stufen aufgebaute Skala bewertet, Zwischennoten waren nicht vorgesehen.

- Stand der professionellen Kenntnisse
- Fähigkeit zur Organisation
- Fähigkeit zur Kommunikation[498]

Festzustellen ist, dass die Bewertungen durch den internationalen Vorgesetzten (Rating Officer) sich in den meisten Fällen, soweit bekannt, an den Forderungen der Dienstpostenbeschreibung orientierten und dabei die Leistungen des Beurteilten korrekt bewertet wurden. Festzustellen ist auch, dass insbesondere Vorgesetzte aus dem angelsächsischen Bereich hohe Forderungen stellten, aber auch bereit waren, besondere Leistungen in der Beurteilung angemessen zu honorieren. Soweit damals feststellbar, war der nationale deutsche beurteilende Vorgesetze häufig nicht geneigt, positive Werturteile aus der internationalen Beurteilung in die nationale Beurteilung zu übernehmen, da die Auffassung bestand, der Beurteilte "habe seine Pflicht zu erfüllen". Die internationale Beurteilung wurde der national erstellten Beurteilung in Übersetzung beigefügt. Es kann heute nicht mehr nachvollzogen werden, mit welcher Gewichtung die internationale Beurteilung durch die deutsche, nationale Personalführung, insbesondere bei Förderentscheidungen[499], Berücksichtigung fand. Auch war der internationale Bereich eher geneigt, Anerkennung für besondere Leistungen in Form eines "Letter of Appreciation" (einer förmlichen Belobigung), meist unterzeichnet durch den Kommandierenden Offizier, zu erteilen. Diese Letter of Appreciation hatten insbesondere im angelsächsischen Bereich eine ungleich höhere Bedeutung als im nationalen, deutschen Bereich. Auch zeigte sich, dass andere Nationen einer Verwendung bei SHAPE einen hohen Stellenwert zubilligten und dieser auch bei der weiteren Förderung der Beurteilten im nationalen Bereich angemessen berücksichtigt wurde. Das rigorose Auswahl- und Beförderungssystem der US-Streitkräfte belastete die bei SHAPE eingesetzten Soldaten der US-Streitkräfte zu dieser Zeit besonders. Bei den US-Offizieren war die Be-

---

[498] Die Kommunikationsfähigkeit wurde an Hand der in der Dienstpostenbeschreibung (Job-Description) 5 Stufen bewertet, und zwar sowohl die mündliche als auch die schriftliche Ausdrucksfähigkeit.

[499] Zu dieser Zeit wurden die deutschen Soldaten ab Dienstgrad Hauptfeldwebel in so genannte Fördergruppen eingereiht, um eine Reihung für die künftige Besetzung von Oberstabsfeldwebel-Dienstposten aufzustellen. Das Ergebnis wurde jedem Soldaten durch den Personalführer der damaligen Stammdienststellen in einem Gespräch eröffnet. Danach sahen sich viele Hauptfeldwebel am Ende ihrer Karriere. Das Wort: EdeKa – Ende der Karriere machte damals die Runde, da die Einstufung in die Kategorien: Laufbahnziel Hauptfeldwebel, Laufbahnziel Stabsfeldwebel spät erfolgte und die Einstufung in die Kategorie Laufbahnziel Oberstabsfeldwebel nur wenigen zuteil wurde.

lastung besonders hoch, wenn die Tagungen der "Beförderungsausschüsse (Promotion Boards)" begannen. Insbesondere dann, wenn der Betroffene das "Schwellendienstalter[500]" für die nächste Beförderung erreicht hatte und nicht auf der "Selectee List", die öffentlich ausgehängt wurde, enthalten war. In derartigen Fällen wurde sehr schnell klar, dass eine Trennung[501] von den Streitkräften unumgänglich wurde. Die meisten der Betroffenen trugen die Entscheidung mit Fassung, gleichwohl ihnen das Mitgefühl der anderen, internationalen Mitglieder ihrer Stabsabteilung sicher war. Aber auch die Unteroffiziere der US-amerikanischen Streitkräfte waren gegen derartige Probleme nicht gefeit. Das Schwergewicht zu dieser Zeit lag auf Erhaltung der physischen und psychischen Leistungsfähigkeit der Unteroffiziere, die zu diesem Zweck einem rigiden Fitness-Test unterworfen wurden. Bestanden diese den Test auch nach entsprechender Wiederholung nicht, erfolgte in aller Regel die Rückversetzung in die Vereinigten Staaten. Bis auf wenige, verschwindend geringe Ausnahmen zeigte sich das Arbeitsklima bei SHAPE, auch zwischen den Dienstgradgruppen, als äußerst kooperativ[502], zwar auf Formen bedacht, aber umfassend vom Teamgeist geprägt. Hier machte sich besonders der angelsächsische Einfluss positiv bemerkbar. Gleichwohl wurde von den Stabsangehörigen erwartet, dass diese mit vollem persönlichem Einsatz ihren Dienst im internationalen Bereich verrichteten. Dies schloss auch die Unterstützung des jeweiligen Teamkameraden bei der Lösung von Stabsproblemen mit ein. Soweit aus persönlichem Erleben bekannt, waren zu dieser Zeit keine Animositäten zwischen den Angehörigen einzelner Nationen zu beobachten. Natürlich hatte jede Nation ihre spezifischen Eigenheiten und Befindlichkeiten, die es zu beachten galt. Auch war der Umgangston, zumindest im internationalen Bereich, auch zwischen den Dienstgradgruppen von gegenseitiger Achtung geprägt. An dieser Stelle sei auch ein Hinweis auf die vielen, meist britischen weiblichen zivilen Schreibkräfte (Secretaries) im Stabe angebracht, die wesentlich zur Kultur und dem gepflegten Umgangston in den Abteilungen beigetra-

---

[500] Nach deutschem Brauch auch als "Majorsecke" bezeichnet.
[501] Vergleiche: Bonn, K. (LTC rtd.), Army Officers Guide (45th Edn.), Appendix E-Retirement, Mechanicsburg 1994
[502] Deutsche Rückkehrer aus dem internationalen Bereich mussten sich nach ihrer Rückkehr in einen deutschen Stab meist erst wieder an die veränderten Kooperationsformen in der Heimat gewöhnen, was häufig mit einem militärischen Kulturschock, soweit die Umgangsformen betroffen, gleichzusetzen war.

gen haben. Diese hochqualifizierten Damen, meist jüngeren und mittleren Alters, waren die unentbehrliche Stütze des jeweiligen Abteilungsleiters und sorgten hinter den Kulissen für einen reibungslosen Ablauf der Stabsarbeit. Jedoch weit entfernt von jeglichem Anspruch einer "grauen Eminenz", waren sie die guten Geister und wirkten häufig bei kleineren Missverständnissen im Stabe ausgleichend, besaßen sie jedoch auch einen nicht zu unterschätzenden Einfluss. Die meisten "Social Events" in den Abteilungen wurden durch die Secretaries geplant und mit Erfolg durchgeführt. In den einzelnen Dienstgradgruppen entwickelten sich sehr enge und umfassende Arbeitsbeziehungen, die nicht selten in freundschaftliche Beziehungen zueinander mündeten. Hierbei waren aber Beziehungen zwischen dienstgradhöheren und dienstgradniedrigeren Stabsangehörigen meist auf die Zeit nach Dienst, auf den privaten Bereich, beschränkt. Allerdings bestätigten auch Ausnahmen die Regel, aber hier galt es, die Contenance zu wahren, um den im Dienstgrad höheren nicht bloßzustellen. Auf Abteilungsebene gestalteten sich die Sozialbeziehungen, insbesondere bei kleineren, internen "Social Events", von denen es bei SHAPE viele, insbesondere in den Nachmittagsstunden des Freitag gab, weniger problematisch, wenn alle Beteiligten die Grenzen der gebotenen militärischen "Schicklichkeit" beachteten. Die Gangfeste einer bestimmten Nation, die durch eine Militär-Mission bei SHAPE vertreten war, waren bekannt. Aber auch bei größeren, meist vom zuständigen NMR einer Nation ausgerichteten Social Events, beispielsweise einem informellen Fest zum Nationalfeiertag, waren die Angehörigen anderer Nationen stets willkommen. Als herausragendes Beispiel mögen hier die jeweiligen Nationalfeiertage, die auf unterschiedliche Art und Weise begangen wurden, dienen. Auch war der "Weihnachtsmarkt" der deutschen Gemeinschaft bei SHAPE einer der Höhepunkte im Jahreslauf und hat nicht wenig zum Ansehen Deutschlands[503] beigetragen. Dies galt natürlich auch für das von der "Deutschen Unteroffizier-Kameradschaft" (DUK) veranstaltete Oktoberfest, das sich bei allen Nationen besonders regen Zuspruchs erfreute. Nicht nur derartige Veranstaltungen trugen

---

[503] Auch hatte sich unter deutscher Führung ein internationaler Arbeitskreis für Militärgeschichte gebildet, dessen Veranstaltungen auch internationale Beachtung fanden. Nicht zuletzt die "Militärgeschichtlichen Exkursionen" unter fachkundiger Führung waren gut besucht. So wurde beispielsweise eine Exkursion in den Hürtgenwald bei Aachen durchgeführt.

zum spannungsfreien Miteinander bei SHAPE bei. Auch nutzten die Nationen häufig nationale Jahres- und Gedenktage zur Präsentation ihrer Nation. Hierzu traten häufig herausragende nationale Militärkapellen zu Konzerten und Vorführungen auf, die ihre Nation auf hervorragende Weise repräsentierten und nachhaltige Eindrücke hinterließen. Wenn beispielsweise höhere Offiziere verabschiedet wurden, war dies meist eine Gelegenheit der betroffenen Nation, ihre Bräuche in diesem Zusammenhang der Öffentlichkeit vorzustellen. So wurde beispielsweise ein britischer Oberst aus Anlass seiner Pensionierung auf einer britischen Kanone aus dem ersten Weltkrieg sitzend im "Mannschaftszug" vom Hauptgebäude unter zeremoniellem Antreten eines britischen Ehrenzuges und Hornsignalen in sein Quartier in SHAPE-Village verbracht. Unvergesslich war auch das Anschneiden des Kuchens mit einem Degen durch einen General des US-Marine Corps aus Anlass des Gründungstages des US-Marinekorps in der Vorhalle des Hauptgebäudes unter Beteiligung des anwesenden Publikums. Als ein Commodore[504] der Royal Navy in den Ruhestand trat, wurde beim Verlassen in Ermangelung eines Schiffes im unteren Gang der K-Wing unter Beteiligung des gesamten Stabes der Abteilung, der an den Gangseiten Aufstellung genommen hatte, von einem Bootsmann der Royal Navy, der im Stab von SHAPE eingesetzt war, "Seite" gepfiffen – eine traditionelle Ehrenerweisung in der Marine. Nicht zu vergessen die "Christmas Lighting Ceremony" durch den SACEUR aus Anlass der Aufstellung des Christbaumes vor dem Main Building unter Beteiligung der "SHAPE-Band", die dazu Weihnachtslieder spielte. So ergaben sich bei SHAPE eine Vielzahl von Gelegenheiten, die Sitten und Gebräuche anderer Nationen zwanglos kennenzulernen. Höhepunkte im Jahr bildeten meist die abteilungsinternen Christmas Parties[505], die von Party-Committees unter Beteiligung aller Dienstgradgruppen meist in zivilen Lokalitäten der näheren Umgebung abgehalten wurden. Da diese Committees meist "british ruled" waren, folgte die Veranstaltung in aller Regel briti-

---

[504] Commodore entspricht dem Rang eines Brigadegenerals (Brigadier) in der britischen Armee, er wird jedoch nicht als Flag-Officer geführt. Dies gilt auch für den Air Commodore der Royal Air Force oder den Brigadier der britischen Armee.
[505] Dies war eine gute Gelegenheit für die Unterwelt der Region Mons bei den "SHAPIANERN" relativ ungehindert auf Raubzug zu gehen. Nicht selten fanden die Rückkehrenden ihre Wohnung oder das Haus ausgeraubt vor. Selbst vor Gebissen mit Goldeinlagen hatten die Räuber keinen Respekt und nahmen diese auch mit. Die Täter wurden jedoch selten ermittelt.

schen Vorstellungen. Dies bedeutete ein mehr oder minder formelles Essen mit mehreren Gängen, eine Tischrede der höchsten anwesenden militärischen Autorität. Danach gemeinsames Singen von Weihnachtsliedern mit anschließendem Tanz. Ein nicht minder wichtiger Aspekt der Stabsarbeit bei SHAPE war der Erfahrungshorizont des im Stabe eingesetzten Personals. Im Stabe eingesetzte Angehörige der Gastgebernation Belgien verfügten häufig über lange Stehzeiten bei SHAPE. Dies konnte auch für die Angehörigen anderer Nationen, meist im Unteroffizier-Rang, gelten. Diese dienten teilweise schon seit etlichen Jahren im Stab. Andere Nationen wechselten ihr Personal meist nach einem Zeitraum von 2 bis 3 Jahren aus und besetzten danach die Dienstposten neu. Deutsche Offiziere wechselten meist nach 3 bis 4 Jahren wieder in den nationalen Bereich. Die deutschen Unteroffiziere wurden meist auch nach einer Tour von vier Jahren wieder auf Dienstposten in der Heimat verwendet. Jedoch waren auch Ausnahmen möglich. In einem Fall wurde einem deutschen Unteroffizier eine Verlängerung von 2 Jahren gewährt. In einem anderen Fall betrug die Dienstzeit eines Soldaten durch Versetzung auf einen anderen Dienstposten innerhalb des Stabes insgesamt acht Jahre bis zur Rückversetzung nach Deutschland. Soweit bekannt, waren Pensionierungen bei deutschen Soldaten wegen Erreichens der besonderen Altersgrenze in Belgien auf nur wenige Ausnahmefälle beschränkt. Dies bedeutete jedoch nicht, dass ein Soldat, dessen Tour nach vier Jahren ablief, nicht nach einer "Abkühlungsphase" in der Heimat von etwa zwei Jahren wieder auf einen neuen Dienstposten bei SHAPE versetzt werden konnte. Viele Soldaten unterschiedlicher Dienstgrade anderer Nationen nutzten die Gelegenheit, direkt aus ihrer militärischen Verwendung[506] bei SHAPE in ein ziviles Dienstverhältnis bei der NATO zu wechseln. Allerdings waren derartige Verträge meist auf einen Zeitraum von drei Jahren begrenzt, danach musste sich der nun zivile Dienstposteninhaber wieder neu bewerben. Meist erhielt der Betreffende auch diesen Dienstposten wieder. Deutsche Soldaten, die diesen Weg wählten und von der NATO akzeptiert wurden, konnten unter Wegfall der Geld- und Sachbezüge für die Dauer der Tätigkeit bei der NATO beurlaubt werden. Endete die Verwendung bei der NATO, wurden sie reaktiviert und traten eine neue Ver-

---

[506] Sie wurden hierbei von ihrer Nation umfassend unterstützt, da diese ein besonderes Interesse hatte, eigenes Personal auf derartige Stelle zu bringen. Nicht zuletzt auch, um nationalen Einfluss geltend machen zu können.

wendung in der Heimat an. Das nationale deutsche Auswahlverfahren für die Besetzung von Dienstposten für diesen Stab, insbesondere bei den Unteroffizieren, folgte einem nicht immer durchschaubaren Verfahren. Auffällig war nur, das viele Dienstposten der deutschen Unteroffiziere im internationalen Stab meist von Soldaten besetzt wurden, die vorwiegend bereits vorher in hohen nationalen Kommandobehörden im Großraum Köln und Bonn gedient hatten. Selten "verirrte" sich ein Angehöriger aus der Truppe in diese Gefilde. Auch hier konnte beobachtet werden, dass Anschlussverwendungen nach dem Einsatz bei SHAPE vorwiegend wieder in hohen nationalen Kommandobehörden erfolgten, die meist auch mit einer Beförderung verbunden waren. Häufig erfolgte bald danach wieder eine Verwendung bei SHAPE auf einem höherwertigen Dienstposten. Dies hatte natürlich den Vorteil, dass der Soldat die Verfahren und Verhältnisse bei SHAPE kannte und sich nicht wieder umfassend einarbeiten musste. Brauchte ein neu zu-versetzter Soldat ohne entsprechenden Vorlauf bei der NATO mindestens ein Jahr, um sich einzuarbeiten, hatte er im zweiten und dritten Jahr genügend Erfahrungen im Stab gesammelt, um sich im vierten Jahr auf seine Rückversetzung in die Heimat vorzubereiten. Dies war insbesondere bei den deutschen Unteroffizieren häufig mit ernsthaften Problemen verbunden, da die Rückkehrer aus Sicht der nationalen Personalführung als "Unterbringungsfälle" galten und für diese ein entsprechender Dienstposten im Inland gefunden werden musste. Auf persönliche Präferenzen[507] konnte durch die Personalführung nur in Ausnahmefällen, wenn eine besetzbare Planstelle vorhanden war, Rücksicht genommen werden. Auch waren die Rückkehrer in den aufnehmenden Einheiten häufig nicht sonderlich beliebt. In einem konkreten Fall[508] wurde dem Rückkehrer bei einem ersten Gespräch in der neuen Einheit bedeutet, dass

---

[507] Fairerweise muss aber festgestellt werden, dass der zur Rückversetzung Anstehende "drei Wünsche" bezüglich des künftigen Dienstortes frei hatte, welche die Personalführung meist auch in ihre Betrachtung mit einbezog.
[508] Hintergrund hierbei war, dass der Rückkehrer in der Einheit eine Planstelle besetzen sollte, deren Inhaber nun auf einen anderen Dienstposten bei einer weit entfernten Einheit versetzt werden sollte. Dies hätte einen Ortswechsel verbunden mit der Trennung von Familie und sozialen Umfeld für den Betroffenen bedeutet. Verständlich, dass die Führung der Einheit alles daran setzte, diesen Planstellenwechsel im Interesse ihres Soldaten zu verhindern. Die Hintergründe wurden aber erst in einem abendlichen Gespräch an der Bar deutlich. Der Rückkehrer zog es vor, die zuständige Personalführung um eine andere Lösung zu bitten. Diese konnte aber erst nach etlichen Umwegen, sowohl im Sinne der Personalführung als auch des Betroffenen, allerdings zunächst ohne Förderung realisiert werden.

er mit der Rückstufung seiner Beurteilungswerte bei der nächsten planmäßigen Beurteilung zu rechnen habe. Dies konnte für den Betroffenen schwerwiegende Folgen[509] haben. Nicht zuletzt bereitete die Wohnungssuche, sollte denn bereits frühzeitig eine Entscheidung über den künftigen Dienstort gefallen sein, große Probleme. Auch hier kam es gelegentlich vor, dass der Zu-Versetzende erst kurz vor dem Versetzungstermin über seinen neuen Standort unterrichtet wurde. Nachdem mit der Ablösung aus der Verwendung bei SHAPE auch die "Vorrechte und Befreiungen" nach dem "Status of Forces Agreement SHAPE - Belgium" wegfielen, bedurfte es eines neuen Antrages bei den belgischen Behörden, um für die zurückbleibenden Familienangehörigen den Status zumindest bis zum Wegzug zu erhalten. Wie auch bei anderen Gelegenheiten waren hier gute Beziehungen zu den belgischen Autoritäten ein nicht zu unterschätzender Vorteil für den Betroffenen. Allerdings muss auch angemerkt werden, dass die belgischen Stellen in aller Regel großzügig verfuhren. In derartigen und anderen Fällen gestaltete sich die Wohnungssuche in Deutschland aus dem Ausland meist sehr problematisch. Zwar unterstützte die zuständige Standortverwaltung im Rahmen der Wohnungsfürsorge und ihren Möglichkeiten den Wohnungssuchenden. Aber nicht immer waren geeignete Objekte zu angemessenen Preisen verfügbar, so dass der Rückkehrer auch Eigeninitiative entfalten musste. War eine passende Wohnung gefunden, musste der Umzug organisiert werden. Auch hier galt es Probleme zu meistern, gleichwohl zu dieser Zeit die Kosten für einen Umzug noch großzügig durch den Dienstherren übernommen wurden.

5.6.4 Der Sonderstab "LIVE OAK" bei SHAPE und die "Berlin-Contingencies der West-Alliierten bis 1990

Im täglichen Dienstbetrieb fiel das hinter dem Hauptgebäude befindliche zweistöckige Gebäude (Building 104) kaum auf. Allerdings war es,

---

[509] Zu dieser Zeit wurden die deutschen Unteroffiziere mit Portepee im Dienstgrad Hauptfeldwebel wegen der schwierigen haushaltsbedingten Beförderungslage durch die zentrale Personalführung in so genannte Fördergruppen (1-3) eingeteilt. Die Fördergrupeneinteilung basierte auf den Beurteilungsnoten. Fördergruppe 1 eröffnete die Laufbahnperspektive mit der frühen Beförderung zum Oberstabsfeldwebel, dem Spitzendienstgrad in der Dienstgradgruppe der Unteroffiziere mit Portepee. Fördergruppe 2 führte zu einer meist gegen Dienstzeitende zu erwartenden Beförderung zu diesem Dienstgrad. Die Fördergruppe 3 zeigte keine Laufbahnperspektive. Der Soldat konnte damit rechnen, mit dem erreichten Dienstgrad Hauptfeldwebel zur Ruhe gesetzt zu werden. Unter Kundigen wurde diese Fördergruppe auch mit der Bezeichnung EdeKa – Ende der Karriere apostrophiert.

obwohl in der bereits eingezäunten Sperrzone des Hauptquartiers gelegen, zusätzlich noch einmal von einem Maschendrahtzaun umgeben. Auf unbedarfte Fragen im Kameradenkreis nach dem Zweck des Gebäudes wurde nur darauf hingewiesen, dass es sich um "LIVE OAK", einen Sonderstab bei SHAPE handelte. Dieser Stab erschien auch nicht in dem meist halbjährlich neu herausgegebenen "SHAPE Staff Directory", einer nicht klassifizierten Gliederungsübersicht mit allen Stabselementen, meist im Format 40 x 50 cm. Auch die nationalen Telefonverzeichnisse der britischen, französischen, deutschen und US-amerikanischen Nationalen Militärischen Repräsentanten enthielten keinerlei Hinweis auf die Existenz dieses Stabes, der über ein eigenes Abzeichen verfügte. Soweit erinnerlich, wurde dieses Abzeichen von den Angehörigen dieses Stabes in der Öffentlichkeit üblicherweise nicht getragen. Die Gründe für die Errichtung dieses Stabes gehen auf die Ereignisse, die mit der Blockade Berlins in den Jahren 1948/1949 verbunden waren, zurück. Später, als am 17. Juni 1953[510] der Aufstand in der damaligen DDR losbrach, zeigte sich erneut, dass die Westalliierten[511], die für die Sicherheit in ihren Sektoren verantwortlich waren, handeln mussten. Die Ereignisse im Sommer und Herbst 1956 in Polen und der Aufstand in Ungarn[512] im November 1956 hingegen scheinen in der NATO keine besonderen Reaktionen ausgelöst zu haben. Ob dies auch für die Besetzung[513] der Suez-Kanalzone durch britische und französische Streitkräfte im November 1956 gelten kann, steht dahin. Nicht ohne Bedeutung für das Verhältnis der Vereinigten Staaten zur damaligen Sowjetunion war wohl der Abschuss der amerikanischen U-2 über Swerdlowsk am 01.05.1960. Dies führte wohl auch zum Abbruch der Gespräche in Paris. Als sich in der Folgezeit die Krisen[514] um Berlin

---

[510] Einblicke in das Verhältnis der USA zu Russland in dieser Zeit vermittelt das Werk von Admiral Stevens, der 1953 als US-Marine Attaché in Moskau amtierte. Vergleiche hierzu: Stevens, Leslie, C.: Gegenüber dem Kreml – Als Diplomat in Sowjetrussland, 1953

[511] Die westliche Seite beließ es wohl bei Protesten, als die neu gegründete Nationale Volksarmee am 1. Mai 1956 ihre erste Parade in Ost-Berlin durchführte.

[512] Dem Vernehmen waren jedoch zu dieser Zeit Angehörige westlicher Nachrichtendienste in Ungarn präsent. Wohl aber nur in beobachtender Funktion.

[513] Vergleiche hierzu: Nutting, a. a. O. S. 145. Zu den Reaktionen in Österreich siehe: Das Bundesheer der Zweiten Republik, Dokument 17: Tagebuchaufzeichnungen des späteren Generaltruppeninspektors, Oberst E. Fussenegger v. 24.10.1956, Wien 1980

[514] Die Ereignisse um Berlin sind in der Literatur umfassend beschrieben, so dass hier auf eine Schilderung der Abläufe verzichtet werden kann. Vergleiche auch: Murphy, D. Kondrashev S. A., Bailey, G.: Battleground Berlin, New Haven, 1997. Zum Verständnis der politischen und militärischen Hintergründe, insbesondere aus US-amerikanischer Sicht siehe: Halberstam, D. The Best and Brightest, S. 92 ff, Greenwich 1967 als auch: Stein-

häuften und zu befürchten stand, die damalige sowjetische Führung würde eine gewaltsame, möglicherweise auch militärische Lösung[515] suchen, mussten von westalliierter Seite entsprechende politische und militärische Vorbereitungen[516] getroffen werden. Auch die sich zwischen 1960 und 1962 entwickelnde Krise im Zusammenhang mit der Stationierung sowjetischer, nuklearfähiger Raketen auf Kuba[517] und der US-amerikanischen Reaktion mag einen Einfluss auf die Planungen der Alliierten in Bezug auf West-Berlin gehabt haben. Die Bundesrepublik Deutschland, obwohl keine Zuständigkeit für Berlin besitzend, wurde an den Planungen zur Verteidigung Berlins ab 9. August 1961 durch Entsendung eines deutschen Offiziers in den Stab von LIVE OAK beteiligt. Spätestens am 13. August 1961[518], dem Tag der Errichtung erster

---

hoff, J.: Wohin treibt die NATO?, Hamburg 1976, wie auch: Thoss, B.: Information, Persuasion or Consultation? The Western Powers during the Berlin Crisis 1958-1962, Centre for Security Studies (CSS), Zürich 2006. Vergleiche hierzu auch: Die Sowjetische Deutschlandpolitik 1917-1963 (Band 1&2), Bonn-Duisdorf 1968 und Lukacs, J. a. a. O. S. 201 ff. sowie: Speier, H.: Die Bedrohung Berlins, S. 39 ff. a. a. O., Zubok, V.: Der sowjetische Geheimdienst in Deutschland und die Berlinkrise 1958-1961, in: Krieger/Weber, Spionage für den Frieden S. 121, München/Landsberg, 1997

[515] Das Statement von W. Ulbricht vor der Presse am 15. Juni 1961, in dem er andeutete, dass "nicht die Absicht bestünde, eine Mauer zu errichten", wurde offenbar von den Spezialisten in den westlichen Nachrichtendiensten nicht beachtet (Zolling/Bahnsen a. a. O. S. 105). Allerdings hatte die Führung der NVA im Vorfeld bereits frühzeitig eine Nachrichtensperre verfügt. Entsprechende Befehle wurden ausschließlich über Draht abgesetzt.

[516] Die mit der Erarbeitung der Westalliierten befasste Washington Ambassadorial Group – WAG, bestehend aus dem britischen und französischen Botschafter in den USA und dem Stellvertretenden Unterstaatssekretär des US-Außenministeriums (State Department), stellte im April 1959 in Paris den Stab "LIVE OAK" auf, der dem Supreme Commander Allied Powers Europe (SACEUR), damals US-General Lauris Norstad, direkt unterstellt wurde. General Norstad bekleidete auch die Stellung des US-Commander in Chief Europe – USCINEUR. Mit dem Auszug der NATO aus Frankreich im Jahre 1967 wurde LIVE OAK zum US-Oberkommando Europa (US – European Command – USEUCOM) nach Stuttgart verlegt. Auf Wunsch des damaligen US-Außenministers Dean Rusk wurde LIVE OAK im August 1961 in die Stabsorganisation von SHAPE, allerdings als selbständiges Element, eingegliedert und von Stuttgart zu SHAPE nach Casteau verlegt. Damit war auch der räumliche Zusammenhang mit dem Stab von SHAPE hergestellt, was die Zusammenarbeit in kommenden Krisen ungemein erleichtern sollte.

[517] Zum Meldebild des Bundesnachrichtendienstes, der sicherlich eng mit den US-amerikanischen Nachrichtendiensten während der Kuba-Krise kooperiert hat, vergleiche: Mitteilungen der Forschungs- und Arbeitsgruppe "Geschichte des BND" Nummer 3 Band II 12. Oktober 2012 "Der Bundesnachrichtendienst und die Kuba-Krise". Auch kann angenommen werden, dass der Bundesnachrichtendienst den deutschen Repräsentanten bei LIVE OAK mit zusätzlichen aus nationalen Quellen stammenden Informationen über die Lage in Berlin und die DDR versorgte, die üblicherweise in der NATO-Intelligence Community nicht verfügbar waren.

[518] Auf östlicher Seite trug die Operation den Decknamen "OPERATION ROSE". Den damaligen Kenntnisstand zur Abriegelung West-Berlins reflektiert der Bericht der "Forschungs- und Arbeitsgruppe Geschichte des BND" Nr. 1, 1. August 2011, "Berlinkrise 1958 und Schließung der Sektorengrenzen in Berlin am 13. August 1961" in den Akten des Bundesnachrichtendienstes.

Grenzsperranlagen durch die Führung der DDR in Berlin, die zur vollständigen Abriegelung West-Berlins führte, wurde allen Beteiligten klar, dass hier ausschließlich die Rechte der Westalliierten tangiert waren. Es steht zu vermuten, dass die Westalliierten[519] auch über entsprechende diplomatische Kanäle durch die sowjetische Seite über die Absperrung Ost-Berlins vorab unterrichtet waren. Diese sahen jedoch auch auf Grund der damaligen außenpolitischen Lage keine Veranlassung zum Eingreifen. Dies wäre nach Lage der Dinge und der damaligen Stärke der in Berlin befindlichen westalliierten Truppen von vornherein aussichtslos gewesen. Nicht zuletzt hätte eine mögliche Abriegelung der Land- und Luftverbindungen West-Berlins zum Bundesgebiet durch die sowjetische Seite militärische Maßnahmen des Westens bald zum Erliegen gebracht. Einen vorläufigen Höhepunkt der Spannungen um Berlin war mit der direkten Konfrontation von US- und sowjetischen Truppen am Checkpoint "CHARLIE" am 27.10.1961 erreicht, als sich sowjetische und US-Panzer auf Schussweite gegenüberstanden. Bald darauf wurden jedoch die Panzer beider Seiten zurückgezogen. Die Spannungen hielten jedoch an und kulminierten in der Frage um die West-Berliner Exklave Steinstücken, die sich auf dem Gebiet der DDR befand und zu der die US-Streitkräfte ungehinderten Zugang forderten. LIVE OAK verfügte über ein "Operations Centre", das offenbar dem Chief of Staff (COFS) SHAPE direkt zuarbeitete. LIVE OAK hatte den Auftrag, die von den drei westalliierten Regierungen aufgestellten Pläne in Bezug auf Berlin mit den Planungen des SACEUR und damit der

---

[519] Vergleiche: Schlomann: Was wusste der Westen? S. 21, Aachen 2009. Es kann vermutet werden, dass die Vorbereitungen der DDR zur Abriegelung West-Berlins den Militärmissionen der Alliierten in Potsdam nicht entgangen waren. Auch das US State Department (Europaabteilung unter F. Kohler) hatte schon entsprechende Überlegungen angestellt und prognostizierte sowjetische Maßnahmen, aber erst für Herbst 1961 (Zolling, H./Bahnsen, U. a. a. O. S. 66). Auch hatte die NATO in den "Three Essentials" von Oslo ihr Desinteresse an der Berlin-Frage bekundet (Zolling, H./Bahnsen, U. a. a. O. S. 78). Die westlichen Militärverbindungsmissionen und der BND hatten bereits am 8. August Truppenbewegungen auf den Straßen und Schienen um Berlin gemeldet. (Zolling/Bahnsen a. a. O. S. 118) Für das Wochenende 12./13. August 1961 hatte der BND in seiner Lageeinschätzung (Gehlen, R. a. a. O. S. 285-286) wie auch das Bundesamt für Verfassungsschutz (BfV) keine besonderen Ereignisse angekündigt. (Zolling/Bahnsen, a. a. O. S. 135) Auch der sowjetische Marschall Konjew, der kurz zuvor zum Oberkommandierenden der GSTD ernannt wurde, deutete gegenüber den westlichen Stadtkommandanten in einem Gespräch anlässlich eines Empfangs in Karlshorst an, dass sich die Maßnahmen nicht gegen West-Berlin richten würden (Zolling/Bahnsen a. a. O. S. 120).

NATO[520] abzustimmen. Die politische und militärische Führung der Bundesrepublik Deutschland wurde nach dem Beitritt zur NATO im Jahre 1955 erst allmählich in die Planungen der Alliierten für Berlin auf konsultativer Ebene mit einbezogen. Auch die deutsche Seite entwickelte allmählich eine Reihe von nationalen Konzeptionen, die auch bald in flankierende nationale politische und militärische Planungen[521] umgesetzt wurden. Als exemplarisches Beispiel mögen hier die politischen und militärischen Konsultationen und Planungen[522] der drei Westalliierten als Folge der in den Jahren 1958[523] bis 1961 erfolgten sowjetischen Ultimaten zu Berlin gelten. Danach planten die drei Westalliierten im Rahmen des "Berlin Contingency Planning – BERCON[524]"

---

[520] Hier ergaben sich allerdings als Folge politischer und militärischer Entscheidungen der Vereinigten Staaten ernsthafte Probleme zwischen der politischen Spitze der NATO und den Vereinigten Staaten, über die der Chef-Historiker von SHAPE berichtet. Vergleiche hierzu: Pedlow, Gregory W., Dr.: NATO and the Berlin Crisis of 1961: Facing the Soviets While Maintaining Unity. Nur dem diplomatischen Geschick des damaligen SACEUR ist es zu verdanken, dass die politische und militärische Krise innerhalb der NATO als Folge einseitiger Entscheidungen der US-Regierung gelöst werden konnte.

[521] Zu diesen Plänen gehörte u. a. auch das unter der Bezeichnung "GRÜNES ROSENHOLZ/KLEINES KONZERT" laufende nationale militärische Teil-Konzept für nationale Unterstützungsmaßnahmen im Falle eines neuerlichen Berlin-Konflikts. Auch heute sind über derartige nationale Planungen noch keine Unterlagen verfügbar. Es kann sich jedoch nur um mit den Alliierten abgestimmte nationale Maßnahmen der Bundesregierung handeln. Allerdings wurden Berlin-Planungen nicht in den Alarmplan der Bundeswehr aufgenommen. Vereinzelt konnten in einzelnen Bereichen versteckte Hinweise auf gesonderte nationale Planungen im Zusammenhang mit Berlin gefunden werden. So beispielsweise die Aktivierung des Flugplatzes Faßberg, offenkundig als Versorgungsbasis für Flüge nach Berlin. Vergleiche: Behling, K.: Der Nachrichtendienst der NVA, S. 65, 2. Aufl. Berlin, 2005.

[522] Siehe hierzu auch: Thoss, B.: Information, Persuasion or Consultation? The Western Powers during the Berlin Crisis 1958-1962, Centre for Security Studies (CSS), Zürich 2006. Ergänzend hierzu siehe auch: Lukacs, J. Geschichte des Kalten Krieges, Kapitel V bis VIII, die eine exemplarische Zusammenstellung der Ereignisse der Jahre 1948 bis 1961 enthalten. Eine weitergehende Freigabe von Dokumenten um die Berlin-Planungen der Alliierten ist, soweit bekannt, bisher nicht erfolgt.

[523] Im Jahre 1958 hielten militärische Kreise in den Vereinigten Staaten einen auf die taktische Ebene zu begrenzenden Einsatz von Nuklearwaffen auch in Europa für möglich. Dies lässt sich unschwer aus dem Werk von Mataxis und Goldberg ableiten. Vergleiche: Mataxis, T. C. & Goldbergs: Nuclear Tactics, Weapons and Firepower in the Pentomic Division, Battle Group and Company, Harrisburg 1958. Auch die sowjetischen Streitkräfte gingen noch in den siebziger Jahren von der Führbarkeit eines nuklearen Schlagtauschs auf taktischer und operativer Ebene aus, wie dies aus dem Werk von Oberst W. J. Sawkin ersichtlich wird. (Sawkin, W. J.: Grundprinzipien der operativen Kunst und der Taktik, S. 319 ff. Berlin(Ost), 1974)

[524] Die Berlin-Contingencies-Planungen Phase I – IV der Alliierten schlossen auch nachrichtendienstlich gesteuerte "Covert Actions" mit ein. In Phase I waren Vorbereitungen für den Beginn von Covert Actions zu treffen. In Phase II waren Maßnahmen des "Passiven Widerstands" geplant. In Phase III waren wohl schon erste "Covert Actions" geplant. Dies wird aus einem "Briefing for Präsident Kennedy on Berlin" vom 02.08.1962 deutlich. Quelle: John C. Ausland, Oslo, 26. Mai 1991

unter den Bedingungen der damals geltenden NATO-Strategie des "Gegenschlags" erste Maßnahmen, die nach entsprechender Eskalation in einem nuklearen Schlagabtausch hätten enden können. Die drei beteiligten Regierungen einigten sich darauf, einen gesonderten militärischen Stab für die zu planenden Maßnahmen aufzustellen und diesen SACEUR zu unterstellen. Im Jahre 1959[525] wurde der Stab von LIVE OAK in Fontainebleau aufgestellt. Allerdings bestand zu dieser Zeit auf Seiten der drei Westalliierten zunächst nicht die Absicht[526], die Bundesrepublik an diesen Planungen zu beteiligen. Jedoch wurde der deutschen Seite Gelegenheit gegeben, auf Anforderung Spezialisten in diesen Stab zu entsenden. Soweit bekannt, erhielt der sowjetische Nachrichtendienst[527] bald Kenntnis von der Existenz dieses Stabes. Der Stab nahm nun seine Arbeit auf und erarbeitete eine Reihe von Stabsstudien. Die bei LIVE OAK eingesetzten Stabsoffiziere der drei Westmächte mussten allerdings nationale Weisungen in Bezug auf die zu verfolgenden Ziele strikt einhalten. Auf höchster politischer Ebene wurde als Lenkungsorgan für LIVE OAK die "Tripartite Ambassadorial Group of Western Powers" in Washington ins Leben gerufen. Besonderes Gewicht im Stab erhielt die britische Seite, da militärische Maßnahmen zu Lande zunächst den Befehlsbereich des britischen "Commander in Chief British Army on the Rhine – CinC BAOR", der auch die Funktion des "Commander Northern Army Group – NORTHAG" innehatte, berührten. Der damalige SACEUR, General Lauris Norstad, machte den Planern bei LIVE OAK in aller Deutlichkeit klar, dass diese bei ihren Planungen alle Aspekte militärischer Maßnahmen bis hin zum "General War" zu berücksichtigen hätten. Bei diesen Planungen war allerdings der Einsatz von Truppen der Bundeswehr noch nicht vorgesehen. Mittlerweile konnte die deutsche Seite auf Anforderung durch LIVE OAK auch einen Vertreter zum Stab LIVE OAK entsenden, der allerdings noch keinerlei Zugang zu schriftlichen Unterlagen erhielt. Im Herbst 1960 hatte LANDCENT, eine Kommandobehörde der NATO, die für die Verteidigung der "Central Region" verantwortlich war, eine eigene Studie zu Berlin

---

[525] Im Jahre 1958 hatte die NATO bereits in ihrem "Kommuniqué über Berlin" ihre Entschlossenheit bekräftigt, der durch die Sowjetunion geschaffenen Lage (Ankündigung eines Friedenvertrages mit der DDR) mit Entschlossenheit zu begegnen. Quelle: NATO - Tatsachen und Dokumente, S. 395, Brüssel 1971
[526] Der damalige Bundeskanzler K. Adenauer hatte in politischen Gesprächen auf die Bedeutung des ungehinderten Zuganges zu Berlin hingewiesen.
[527] Murphy, D., Kondrachew, S. A., Baily, G.: Battleground Berlin, S. 368

erstellt. Auf Grund dieser Studie erhielt der damalige Befehlshaber LANDCENT, General Hans Speidel[528], eine erste, mündliche Einweisung zum Auftrag von LIVE OAK. Nach Antritt der Regierung Kennedy erfolgte eine neuerliche Änderung der US-Strategie, die nun in einer möglichen Beteiligung der Bundeswehr an militärischen Operationen zur Freihaltung der Zugangswege nach Berlin mündete. Allerdings hatte der damalige SACEUR sehr große Vorbehalte für einen Einsatz der Bundeswehr, da er annahm, dass ein derartiger Einsatz krisenverschärfend wirken könnte. In der Folge des NATO-Manövers SHAPEX 61[529] hatte der damalige Generalinspekteur[530] der Bundeswehr warnend darauf hingewiesen, dass nach Auffassung des NATO-Generalsekretärs die Allianz nicht unvorbereitet in eine Krise um Berlin verwickelt werden dürfe. Auch der erste deutsche Vorsitzende des NATO Military Committees, General Adolf Heusinger, verlangte "eine klare Position des Westens" in dieser Frage. In militärischen Kreisen Bonns kamen zu dieser Zeit Zweifel an der Ernsthaftigkeit der Bemühungen[531] der NATO ob der Sicherung des freien Zugangs nach Berlin auf. Als Folge wurden im Herbst 1961 die Pläne[532] für Berlin nochmals überarbeitet und im Dezember der "Tripartite Ambassadorial Group", die nun um ein viertes, deutsches Mitglied erweitert war, in Washington präsentiert. Demnach waren zu dieser Zeit folgende Operationen in Planung[533]:

---

[528] General Speidel sollte später wohl auf Druck General de Gaulles von der Bundesregierung von seinem Dienstposten bei der NATO zurückgezogen werden. Siehe hierzu: Behling, K. Spione in Uniform, S. 51, Stuttgart 2004

[529] Offenbar waren die Erkenntnisse aus diesem Manöver später auch Anlass zu dem Bericht des Spiegel über die NATO-Übung "FALLEX 62", die letztlich zur Spiegel-Affäre führten. Siehe hierzu: Grosser, A & Seifert, J.: Die Spiegel-Affäre Band I, S. 235 ff. Olten 1966. Hatte doch der Bericht des Spiegel eklatante Defizite in der deutschen Landesverteidigung aufgezeigt.

[530] General Friedrich Foertsch (01. April 1961-31. Dezember 1963)

[531] Siehe hierzu auch: Thoss, B.: Information, Persuasion or Consultation? The Western Powers during the Berlin Crisis 1958 –1962, S. 90, Centre for Security Studies (CSS), Zürich 2006

[532] Siehe hierzu auch: MEMORANDUM FOR GENERAL MAXWELL TAYLOR, MILITARY REPRESENTATIVE TO THE PRESIDENT; Subject: Strategic Air Planning and Berlin, September 5, 1961 (Kaysen Study). Gen. Taylor wurde für diese Aufgabe reaktiviert. Der ebenfalls im Auftrag Präsident Kennedys in Berlin tätige General Clay wurde von der militärischen Führung der US-Armee in Europa wie auch durch den damaligen SACEUR, General Norstad nicht unterstützt. Wie stark die Politik der USA in dieser Zeit auch von anderen Krisenherden beeinflusst wurde, lässt sich am Werk "Die Pentagon-Papiere, Kapitel 3" für den Zeitraum 1961-1963 ableiten. Zu dieser Zeit verstärkten die USA ihr militärisches Engagement in Vietnam beträchtlich. Siehe hierzu auch: Lukacs, J. Konflikte der Weltpolitik nach 1945. a. a. O. S. 152 ff.

[533] Talking Paper for the JCS for SECDEF – General Norstad – JCS Meeting, 25. Jan. 1962, Subject: Status of Berlin Contingency Planning (U), Enclosure B – Status of LIVE OAK

West-Alliierte Berlin – Contingencies bis 1990

Name	Operation	Status
FREE STYLE BACK STROCKE	Vorstoß nach Berlin auf dem Boden in Zugstärke	Durchgeführt von West nach Ost, geplant Ost-West
TRADE WIND LUCKY STRIKE	Einsatz einer Bataillons-Kampfgruppe	Durchgeführt West-Ost, geplant Ost-West
JUNE BALL	Einsatz einer Formation in Divisionsgröße mit Luftunterstützung	In Vorbereitung
JACK PINE	a) Luftbrücke Zivil Garnison Evakuierung	Durchgeführt
TRIPLE PLAY	b) Luftwaffeneinsatz	Durchgeführt
	c) Taktische Luftwaffenoperationen	Durchgeführt mit Ausnahme neuer Bestimmungen für den Luftkampf. Vorgeschlagene neue Bestimmungen für den Erdeinsatz wurden der Tripartite Group vorgelegt.
CLOUD PAPER	Plan zum Austausch ziviler Luftfahrzeugbesatzungen bei Flügen nach Berlin	Vorgeschlagene neue Bestimmungen für den Erdeinsatz wurden der Tripartite Group vorgelegt.

Zu den von LIVE OAK im Jahre 1961 vorbereiteten Maßnahmen gehörten auch folgende "Berlin Contingency – BERCON – Plans"[534], die allerdings auf eine US-Initiative zurückgingen.

Luftkriegsoperationen – Air Operations:

BERCON ALPHA I	Großangelegte Begleitoperationen in den drei Korridoren mit 3 Kampfgruppen zu je drei Staffeln, dieser Plan hat einen nuklearen Anhang
BERCON ALPHA II	Nicht nukleare Luftkriegsoperationen zur Erringung der lokalen Luftüberlegenheit über Ost-Deutschland. Dieser Plan hat einen nuklearen Anhang
BERCON BRAVO	Vorbereitungen für eine nukleare Demonstration für 5 Ziele, die der Demonstration dienen und keine militärische Wirkung haben.

Boden – Operationen:

BERCON CHARLIE I	Angriff einer verstärkten Division entlang der Helmstedt-Berlin-Autobahn bis zu einer Tiefe von über 20 Meilen.

Planning (27 December 1961). Die Planungen wurden in der Tripartite Ambassadorial Group unter Beteiligung des damaligen "Deutschen Militärischen Vertreters beim Military Committee (DMV/MC)" am 17.01.1962 in Washington koordiniert. Siehe hierzu: Office of the Assistant Secretary of Defense, International Security Affairs, Refer to: I - 25097/62, dtd. 22 January 1962. Vergleiche auch zu LIVE OAK: Behling a. a. O. S. 269 f.

[534] Zu dieser Zeit hatten die Vereinigten Staaten bereits mehr als 150.000 Reservisten einberufen (Address by Roswell L. Gilpatrick, Deputy Secretary of Defense before the Business Council at the Homestead Hot Springs Virginia *Convention*, 21 October 1961, DOD Washington Press Release).

	Dieser Plan hat einen nuklearen Anhang.
BERCON CHARLIE II	Angriff mit 2 Divisionen aus dem Raum Kassel. Dieser Plan hat einen nuklearen Anhang.
BERCON CHARLIE III	Angriff in Stärke eines Korps entlang der Autobahn bis zur Elbe. Dieser Plan hat einen nuklearen Anhang.
BERCON CHARLIE IV	Angriff durch 3 Divisionen im Raum Thüringer Wald, um die Lage zu bereinigen. Dieser Plan hat einen nuklearen Anhang.
Maritime Operationen:	
BERCON DELTA I	Überwachung und Kontrolle in an Europa angrenzende Seegebiete und Meerengen, der Plan hat einen nuklearen Anhang.
BERCON DELTA II	*Im Ms. geschwärzt.* Plan hat einen nuklearen Anhang.
BERCON DELTA III	Stellt die Kontrolle...(*Rest im Ms. geschwärzt*). Der Plan hat einen nuklearen Anhang.
BERCON DELTA IV	Anhalten, Durchsuchen und Festhalten von Schiffen. Der Plan hat einen nuklearen Anhang.

Erst nach längeren Verhandlungen konnten sich die Parteien darauf verständigen, die Frage des einheitlichen Oberbefehls über die alliierten Truppen in Berlin im Anlassfalle durch eine "Unter-Arbeitsgruppe" diskutieren und eine politisch akzeptable Lösung erarbeiten zu lassen. Nach wie vor machte die französische Seite entsprechende Vorbehalte gegen eine Beteiligung deutscher Truppen (Bundeswehr)[535] an Operationen der Alliierten in Berlin geltend, so dass ein entsprechender Vorschlag den vier Repräsentanten in Paris vorgelegt werden sollte. Bei weiteren Diskussionen während dieser vorbereitenden Besprechung (17. Januar 1962) wurden die unterschiedlichen Positionen der Beteiligten deutlich. Insbesondere wenn es den Ablauf einer möglichen Krise um Berlin und die durch die Westalliierten zu treffenden Maßnahmen und deren Reihenfolge betraf. Der Vertreter der deutschen Regierung

---

[535] Am 15. September 1961 hatten zwei REPUBLIC F 84 F THUNDERSTREAK der Bundesluftwaffe (JaBoG 32 Lager Lechfeld) den Luftraum der DDR verletzt und waren bis nach Berlin-Tegel geflogen, ohne von der sowjetischen Luftraumüberwachung entdeckt zu werden. In der Folge suchte die sowjetische Luftwaffe, deren Funkverkehr durch die Funkerfassung der Bundesluftwaffe, damals Fernmeldesektor E/Fernmelderegiment 72 – Einsatzstellung Thurndorf, erfasst werden konnte, mit Aufklärungsflugzeugen nach den Maschinen, die offenbar erst bei der Aufgabe Tegels durch die französische Luftwaffe im Jahre 1991 wiedergefunden werden konnten. Ob dieser Flug mit den damaligen Berlin-Planungen der West-Alliierten in Zusammenhang gebracht werden kann, ist auch heute noch ungewiss und erscheint wenig wahrscheinlich.

machte deutlich, dass nach Auffassung der Bundesregierung die sowjetische Seite[536] bei Maßnahmen gegen West-Berlin vorrangig politische Ziele verfolgen könnte. Allerdings war aus Sicht der deutschen Regierung nicht auszuschließen, dass die sowjetische Seite am Willen der Westmächte, den Status von Berlin, notfalls auch mit militärischen Mitteln zu verteidigen, Zweifel haben könnte. In einem derartigen Falle und bei Gefährdung sowjetischer Interessen und der Ausweitung militärischer Maßnahmen der NATO sei zu befürchten, dass die geplanten konventionellen Maßnahmen (BERCON III s.o.) in Phase III des "LIVE OAK-Plans" schnell zu einer Ausweitung der Krise und dem Einsatz von nuklearen Waffen auf sowjetischer Seite bei Anlaufen der BERCON-Maßnahmen Phase IV führen könnten. In den nun folgenden Besprechungen der Ambassadorial Group unter wechselnder deutscher Beteiligung (30. Juli 1962, 30. August 1962, 22. Oktober 1962) wurde der Versuch unternommen, die von LIVE OAK erarbeiteten Pläne, insbesondere die geplanten Abläufe in den Phasen I – 4, auf politischer Ebene abzustimmen. Auch hier zeigte sich, wie schwierig die Abstimmung gegen die Widerstände, sowohl politischer als auch militärischer Art, der einzelnen Parteien war. Außerdem war die deutsche Position[537] in diesem Gremium nachgerade als nicht besonders vorteilhaft zu bewerten. Die Position der damaligen Bundesregierung lässt sich wie folgt zusammenfassen: Die Existenz der Bundesrepublik hängt davon ab, dass:

- sich im Falle eines Atomkrieges der Schlagabtausch nicht ausschließlich auf Deutschland konzentriert,
- der angreifende Gegner von vornherein an seinen empfindlichsten Stellen getroffen wird,
- militärische Planungen wegfallen, die einen langen konventionellem Kampf auf deutschem Gebiet vorsehen,
- der Einsatz taktischer Atomwaffen auf deutsche Städte vermieden wird.

Zusätzlich strebte die damalige Bundesregierung an, dass diese
- an der Auswahl von Nuklearzielen der Gegenseite, die von deutschem Boden bekämpft werden sollten, beteiligt werde,

---

[536] Siehe hierzu auch: Gromyko, A.: Erinnerungen S. 245 ff., Düsseldorf 1989
[537] Siehe hierzu: Obermann, E.: Verteidigung der Freiheit, S. 180, Stuttgart 1966 und Hassel v., K. U.: Verantwortung für die Freiheit, S. 80 ff, Boppard 1965.

- Beteiligung an der Festlegung der Prioritäten bei der nuklearen Zielbekämpfung,
- Beteiligung an der Bestimmung der Stärke und Art der Nuklearwaffen[538], die zur Abwehr einer feindlichen Aggression gegen Europa und damit zunächst gegen die "frontnahe" Bundesrepublik eingesetzt werden sollten.

Als schwierig erwies sich auch das Verhältnis zur Atommacht Frankreich, die eigene Planung für den Einsatz von Nuklearwaffen[539] verfolgte, auf die aber hier nicht weiter eingegangen werden soll. Militärische Kreise in der Bundesrepublik gingen bei der Bewertung möglicher sowjetischer Angriffsabsichten zu dieser Zeit von fünf möglichen Szenarien[540] aus:

- Überraschender begrenzter Angriff in Zentraleuropa
- Begrenzte konventionelle Aggression an den Flanken der NATO
- Massive konventionelle Aggression in Europa nach strategischem Aufmarsch

---

[538] Dies sollte sich bei der letzten NATO-Übung "WINTEX/CIMEX 89" im Frühjahr 1989 zeigen, als die NATO offenbar ohne Konsultation der Bundesregierung einen Einsatz taktischer nuklearer Gefechtsfeldwaffen an der innerdeutschen Grenze (IDG) simulierte. Siehe auch: Der Spiegel 48/1989 v. 27.11.1989, S. 76-86, Der Spiegel 52/1989 v. 25.12.1989, S. 14. Vergleiche zum Komplex WINTEX/CIMEX auch: Gablick, A. F.: Eine Strategie kann nicht zeitlos sein, München 2007. Die Ausgangslagen der Übungen WINTEX/CIMEX unterschieden sich in den achtziger Jahren nur graduell. Allerdings waren die Planungen für WINTEX/CIMEX 89 planerisch bereits abgeschlossen, als sich erste Anzeichen für eine Erosion des Warschauer Paktes abzeichneten. Im Frühjahr 1989, bei Übungsbeginn, herrschte auch bei SHAPE Intelligence "Business as usual", wie der Autor aus eigenem Erleben bezeugen kann.

[539] Siehe hierzu: Thelerie, M.: Initiation à la force de frappe française 1945-2010, Paris 1997

[540] Steinhoff, J.: Wohin treibt die NATO?, S. 66 ff. Hamburg 1976. General Steinhoff war von 1960 bis 1963 Deutscher Militärischer Vertreter (DMV/MC) beim NATO-Military Committee, später von 1965-1966, Chef des Stabes Allied Air Forces Central Europe – AAFCE. Von 1971-1974 amtierte General Steinhoff als Vorsitzender des NATO-Militärausschusses Brüssel. Vergleiche auch: Speidel, H. Dr., General: Die Verteidigung Mitteleuropas beginnt am Eisernen Vorhang, in: Köhlers Heeres-Kalender 1961, Minden 1960. In diesem Beitrag beschreibt General Speidel, der zu dieser Zeit Befehlshaber der NATO-Landstreitkräfte Zentral-Europa (COMCENTAG) war, die Überlegungen der NATO zur Verteidigung Mitteleuropas. Allerdings sind hier sicherlich auch deutsche Überlegungen mit eingeflossen, da es in deutschem Interesse lag, die Verteidigung gegen einen Angriff des Warschauer Paktes bereits weit vorne, an der Grenze zum Warschauer Pakt beginnen zu lassen, um so wenig als möglich deutsches Territorium preisgeben zu müssen. Der nuklearen Bedrohung der NATO-Streitkräfte durch den WP sollte dadurch begegnet werden, dass die NATO-Landstreitkräfte bereits zu einem sehr frühen Zeitpunkt die enge "Verzahnung" mit den WP-Kräften suchen sollten, die NATO-Angriffsverbände für den Gegenstoß weit abgesetzt bereit zu halten und Marschsäulen der NATO-Landstreitkräfte auf unterschiedlichen Bewegungslinien in den Einsatz zu führen waren. Bei längeren Halten war grundsätzliches "Eingraben" der Truppe vorgesehen, um diese der feindlichen Waffenwirkung zu entziehen.

- Angriff mit strategischen Nuklearwaffen gegen die Vereinigten Staaten und Europa
- Geographisch begrenzter Angriff mit Nuklearwaffen gegen Europa

Die aus Sicht der deutschen Verteidigungsplaner dargestellten sowjetischen Optionen für militärische Operationen in Mitteleuropa wurden bis auf die Optionen

- "Überraschender, begrenzter Angriff in Zentraleuropa" und
- "Begrenzte konventionelle Aggression an den Flanken"

als wenig wahrscheinlich betrachtet.

Bei einem überraschenden Angriff mit begrenzter Zielsetzung[541] der Warschauer-Pakt-Streitkräfte in Zentraleuropa bestand jedoch die Gefahr, dass die NATO-Militärs die möglichen, begrenzten Vorwarnzeiten nicht in Aktion umsetzen konnten, da es von der politischen Bereitschaft[542] der NATO-Mitgliedsländer abhing, mit welchen Befugnissen die NATO-Kommandeure[543] ausgestattet worden wären. Das NATO-

---

[541] Später sollte der Begriff des möglichen "Faustpfandes" (Gewinnen und Halten bestimmter Räume auf dem Territorium der Bundesrepublik durch Truppen des Warschauer Paktes) mit danach folgenden Verhandlungen in die Diskussionen eingeführt werden.

[542] Steinhoff a. a. O. S. 63, Absatz 1, letzter Satz. Der NATO-Vertrag, insbesondere Artikel V postulierte keine automatische Beistandsverpflichtung aller Mitgliedstaaten. Vielmehr hätte jeder Mitgliedstaat eine eigene Bewertung treffen und in militärische/politische Aktionen umsetzen müssen. Dabei war der Zeitfaktor für gemeinsame militärische Gegenmaßnahmen das entscheidende Moment für die militärische Organisation der NATO. Zu berücksichtigen hierbei war auch der Zeitbedarf für das Freigabeverfahren für nukleare Einsatzmittel auf US-amerikanischer Seite. Hier lagen entsprechende Planungen "Single Integrated Operations Plan-SIOP 62 und SIOP- 63" vor. Vergleiche auch: JCS Memorandum for General Taylor, Subject: Strategic Air Planning and Berlin, Oct. 11, 1961 (Kaysen Study), deren Verfasser zu dem Schluss kam, *"selbst bei milder Betrachtung, dass es sich bei den in SIOP- 62 geplanten Nukleareinsätzen gegen die Sowjetunion und China um ein extrem ungeeignetes Mittel handelt"*. Der Autor riet daher zur schnellstmöglichen Überarbeitung des SIOP-62 mit dem Ziel, künftig ausschließlich Ziele in der Sowjetunion in die Zielplanung der USA aufzunehmen. Zur Entstehungsgeschichte des SIOP-62 siehe auch: History and Research Division Headquarters Strategic Air Command – History of the Joint Strategic Target Planning Staff: Background and Preparation of SIOP-62, History of the Joint Strategic Target Planning Staff: Background and Preparation of SIOP-63, January 1964. (U): Beide Arbeiten lassen die damaligen Intentionen der nuklearen Zielplanung der Vereinigten Staaten erkennen, auf die hier aus systematischen Gründen verzichtet werden muss. Zu den "First Strike Options" siehe auch: First Strike Options and the Berlin Crisis, The National Security Archive, Electronic Briefing Book No 56, September 25, 2001

[543] Vergleiche hierzu: MC (61) 104, ein Verteidigungsplan der NATO, der Ende der fünfziger Jahre in Kraft gesetzt worden war. Ursprünglich hatten die USA geplant, West-Deutschland erst am Rhein zu verteidigen. Plan: PINCHER (1946), HALFMOON / OFF TACKLE (1949). Die Regionale Planungsgruppe (1950) sah eine Verteidigung an der Weser-Lech-Linie vor. Die mittelfristige "FORWARD STRATEGY" der WEU und der NATO ab 1950 sah eine "grenznahe "Verteidigung der Bundesrepublik vor. Vergleiche: 30 Jahre Bundeswehr. 1955-1985. Friedenssicherung im Bündnis, Abbildung S. 79, Mainz 1985. Eine

Alarmverfahren[544] erwies sich in diesem Zusammenhang als wenig flexibel, da es den einzelnen Regierungen der Mitgliedsstaaten überlies, welche Alarmmaßnahmen national ausgelöst und in Kraft gesetzt werden sollten. Die Aufträge für die Kommandobehörden und Truppenteile waren in so genannten "General Defence Plans – GDP"[545] auf der Basis von NATO-Beschlüssen festgelegt. Für den Fall eines überraschenden feindlichen Angriffs waren zusätzliche Bestimmungen, die in einem Emergency Defence Plan – EDP festgelegt waren, für jede NATO-Kommandobehörde und die ihr unterstellten Truppen vorbereitet. Mitte 1962 waren die Vorbereitungen für die "Berlin – Contingencies" auf politischer und militärischer Ebene soweit abgeschlossen, dass die "Military Sub-Group" für den durch die "Washington Ambassadorial Group" zu erstellenden Bericht abschließende Beiträge vorlegen konnte. In der für die Besprechung vorbereiteten Übersicht waren der Stand der Maßnahmen und die Zuständigkeiten dargestellt. Demnach wurde die "Berlin Coordination"[546] unter Federführung des Verteidigungsministers der USA durch Unter-Staatssekretär Nitze und Admiral Lee wahrgenommen. Der Vorsitzende der Joint Chiefs of Staff – JCS leitete eine Arbeitsgruppe mit der Bezeichnung "JSSC", die mit dem Joint Staff auf

---

Darstellung der verschiedenen Stufen der "Vorneverteidigung" durch die NATO findet sich in: Clement, R. & Jöris, P. E.: 50 Jahre Bundeswehr S. 27, Hamburg/Berlin/Bonn 2005

[544] Dieses System bestand aus drei Teilen, dem System "MILITARY VIGILANCE", dem "COUNTER SURPRISE SYSTEM" mit den Teilen COUNTER SURPRISE-STATE ORANGE/STATE SCARLET und dem "formalen" Alarmsystem mit den Stufen: SIMPLE ALERT/REINFORCED ALERT/GENERAL ALERT. In allen Stufen des Systems befanden sich sogenannte "Nationale Vorbehaltsmaßnahmen", im deutschen System mit dem Kennbuchstaben "Y" gekennzeichnet, deren Auslösung von bestimmten "nationalen" Entscheidungen abhängig war. Allerdings war auch eine automatische Auslösung vorgesehen, wenn durch das deutsche Parlament der "Verteidigungsfall" hätte nicht mehr erklärt werden können. Damit traten auch die Bestimmungen der deutschen Notstandsgesetze z. B. Arbeitssicherstellungsgesetz, Aufenthaltsgesetz, Bewirtschaftungsgesetze, Bundesleistungsgesetz sowie andere Bestimmungen in Kraft. Dem Ministerium für Staatssicherheit in Gestalt der Hauptverwaltung Aufklärung (HVA) war es gelungen, spätestens ab 1974 Zugang zu den gesamten Alarmunterlagen der Bundeswehr zu gewinnen, die in der Druckerei des Luftwaffenamtes in Köln-Wahn hergestellt wurden. Der dortige Leiter der Druckerei war durch das MfS angeworben worden. Die von ihm an die HVA weitergeleiteten Unterlagen sind im Werk von Richter enthalten. Vergleiche hierzu: Richter, W.: Der Militärische Nachrichtendienst der Nationalen Volksarmee der DDR und seine Kontrolle durch das Ministerium für Staatssicherheit, S. 197, Anlage S. 338 – 346, Frankfurt/Main, 2002

[545] Später im Jahre 1982 sollte das Ministerium für Staatssicherheit (Hauptverwaltung Aufklärung – HVA) über eine Kopie dieses als SECRET eingestuften Plans verfügen. Weitere Einzelheiten zu der Aufklärungstätigkeit des NATO und des Warschauer Paktes sind in Kapitel 2 dieses Buches enthalten. Abbildungen eines GDP wie auch der nuklearen Zielplanung enthält Neuberger, G. & Opperskalski, M.: CIA in Westeuropa, S. 93-145, Bornheim 1982

[546] Die Berlin Task Force wurde offenbar schon 1961 aufgestellt (Zolling/Bahnsen. a. a. O. S. 83)

Zusammenarbeit angewiesen war. Auf gleicher Ebene wurde eine "Berlin Contact Group" eingerichtet, welche über den Joint Chief of Staff – Representative und Liaison Officers Einfluss auf die Arbeit des Military Sub-Committees[547] nahmen. Auf der Seite des US-Außenministeriums (State Department) übernahm die Europaabteilung die Bearbeitung politischer Fragen. Eine "Berlin Task Force", bestehend aus hochrangigen Angehörigen des Außen- und Verteidigungsministeriums, Vertretern der "Joint Chief of Staff – JCS", des Schatzamtes, der US-Information Agency – USIA sowie der Central Intelligence Agency – CIA, übernahm die Lenkung aller Maßnahmen. Die Ambassadorial Group in Washington, die auf Zusammenarbeit mit dem Military Sub-Committee angewiesen war, erhielt ihre Weisungen offenbar direkt aus dem State Department. Bis zu diesem Zeitpunkt (Sommer 1962) ergab sich folgender Planungsstand für die "Berlin – Contingencies" des West-Alliierten:

Phase I:
1. NATO-Concept (National Security Action Memorandum – NSAM 109)
2. Zusammenarbeit der Liaison Officers mit der Nato
3. Bedrohungsszenarien (Harassment & Interferences) dabei:
   - Alliierte Konvoi-Prozeduren
   - Alliierte Checkpoint-Prozeduren
   - Zugang von Zivilpersonen (der drei Mächte) nach Berlin – Ost
   - Visa- und Passfragen, soweit die Alliierten betroffen
   - Zugang nach Berlin auf dem Luftwege (Air Access) der Alliierten
4. Contingency Plans LIVE OAK
   FREE STYLE – Konvoi-Operationen
   TRADE WIND – Maßnahmen auf Bataillonsebene
   JUNE BALL – Maßnahmen auf Divisionsebene mit Luftunterstützung
   JACK PINE – Airlift Operationen
   (a) Air Transport Options
   (b) Air Tactical Options

---

[547] Ob hier auch Maßnahmen der "Verdeckten Kampfführung" im Rahmen einer NATO-Stay Behind Organisation – SBO geplant wurden, kann nicht mit letzter Sicherheit ausgeschlossen werden. Eine interessante Zusammenstellung über die SBO-Organisation der NATO (GLADIO) enthält: Mecklenburg, J. (Hrsg.): GLADIO – Die geheime Terrororganisation der NATO, Berlin 1996

(c) Ground Suppression & Air Obstruction Plans
5. Alliierte Marinegegenmaßnahmen geringeren Umfanges
6. Alliierte Luftwaffengegenmaßnahmen geringeren Umfanges
7. Maßnahmen der Westalliierten für den Fall eines Friedensvertrags zwischen der Sowjetunion und der DDR

Phase II: (Nicht militärische Maßnahmen der drei Westalliierten)
- Ökonomische Gegenmaßnahmen gegen die Sowjetunion
- Mobilisierung

Phase III: (Militärische Maßnahmen der NATO ohne die Stufe "General War"
1. BERCON ALPHA 1, 1.5, ALPHA due, CHARLIE 1-4, DELTA
2. Maritime Contingencies (MARCON) in der Nordsee, Ostsee und deren Zugängen sowie im Atlantik[548]. Alliierte Planungen für den Fall eines Aufstandes in der DDR[549]

Phase IV: (Einsatz der NATO in der Stufe "GENERAL WAR")
- Lagegerechte Anwendung der im Emergency Defense Plan – EDP geplanten Maßnahmen im Rahmen der "Vorwärtsstrategie"[550] der NATO.
  - Durchführung der vorbereiteten Maßnahmen der Contingency Planung für "BERCON BRAVO"[551]. Für die in der "Berlin Contingency" geplanten Maßnahmen hatten die alliierten Planer einen

---

[548] Hier ergaben sich Probleme hinsichtlich Abstimmungen der mit den Maßnahmen zu beauftragenden Kommandobehörde (Norfolk oder Washington) sowie die Unterstellung der Marinekräfte für den Einsatz, da die deutsche Marine bereits in Friedenszeiten der NATO unterstellt war und die geplanten Operationen von den drei Westalliierten zunächst allein geführt werden sollten.
[549] Für diesen Fall sollten den Aufständischen nach dem USCINEUR OPLAN 200–16 logistische Unterstützung gewährt werden. Außerdem war geplant, US-Special Forces zu den Aufständischen zu entsenden. Im äußersten Fall sollten auch US-Truppen im Aufstandsgebiet intervenieren. Allerdings fehlten für diesen Fall gemeinsame Planungsgrundlagen der Westalliierten und der Bundesregierung. Die Regierungen Frankreichs, Großbritanniens und die Bundesregierung wurden aufgefordert, entsprechende Planungsgrundlagen zu erarbeiten (Quelle: XPDRB 3894 – 62 - Talking Paper on Berlin Planning, East German Uprising. Ohne Datum)
[550] Verteidigung des NATO-Territoriums direkt an der Grenze.
[551] Vorbereitungen für einen nuklearen Schlag auf 5 Ziele, die ausschließlich der Demonstration dienen und keine militärische Wirkung haben sollten. Anmerkung: Ein ähnliches Szenario ergab sich während WINTEX/CIMEX 89, als die NATO zur Demonstration einen fiktiven Nukleareinsatz gegen ein Ziel auf der Halbinsel Kola führte (Der Spiegel Nummer 48/1989 S. 76 –78). Auch die Szenarien früherer WINTEX/CIMEX Übungen unterschieden sich nur graduell voneinander.

Zeitbedarf von bis zu 270 Tagen berechnet. Für die Mobilisierung[552] der NATO-Kräfte wurde ein Zeitbedarf zwischen 30 und 60 Tagen ermittelt. In den ersten 30 Tagen sollte die Masse der Kräfte mobilisiert sein und den Aufmarsch beginnen. Zwischen dem 60. und dem 90. Tag sollten weitere Verstärkungskräfte zugeführt werden. Ab dem Tag 180 bis zum Tag 270 würden zusätzliche Kräfte nachgeführt und könnten dann ihre Einsatzräume beziehen.

Da sich die Vereinigten Staaten im Sommer 1962 auch durch die Stationierung sowjetischer Raketen auf Kuba[553] bedroht sahen, gewannen

---

[552] Es zeigte sich in allen Verhandlungen auf hoher Ebene, dass die Mobilmachungspläne der NATO den neuen Bedürfnissen angepasst werden mussten. Military Sub Group Proposal for the Washington Ambassadorial Group Report on: The Preferred Sequence of Military Actions in a Berlin Conflict (BDQ-M-29 dated July 30, 1962). Aus dem vorliegenden Dokument wird aber auch ersichtlich, dass nach Auffassung der Studiengruppe "Taktische Nuklearwaffen" als auch der Studiengruppe "Konventionelle Waffen" des US-Verteidigungsministeriums die sowjetischen Streitkräfte mit den verfügbaren Kräften in der DDR zu einem "Angriff aus dem Stand" nicht befähigt wären und weitere Mobilisierungsmaßnahmen auf sowjetischer Seite erforderlich sein würden. Das Anlaufen derartiger Maßnahmen könnte durch die NATO aufgeklärt werden.

[553] Zum Kuba-Konflikt vergleiche: Daniel, J. & Hubbell, J. G. Als der Westen schlief, Bern 1963. Aufschlussreiche Informationen zu den politischen Maßnahmen der US-Regierung enthält auch: CIA – Amerikas Geheime Macht, DVD-Dokumentation, Discovery Channel, 1998. Auch hatte sich im Verlaufe der Krise gezeigt, dass die US-amerikanischen Verfahren im Zusammenhang mit der Auslösung von Nukleareinsätzen verwundbar waren (Lee, C. a. a. O. S. 78). Durch den sowjetischen Oberst O. Penkowskij erhielten die USA zu dieser Zeit umfassende Informationen zu den sowjetischen militärischen Fähigkeiten und Absichten, die der Führung der USA eine entsprechende politische Bewertung erlaubte. Vergleiche hierzu: Gibney, F.: Oleg Penkowskij – Geheime Aufzeichnungen, S. 247 ff. München 1966 & Wynne, G.: Der Mann aus Moskau, München, 1967. Der ganze von der sowjetischen Seite geplante Umfang der Maßnahmen in Kuba und deren Gefährlichkeit wird erst heute deutlich, nachdem die Fachwelt Zugang zu einem, vom damaligen Marschall der Sowjetunion, Rodion Malinowski, und M. Sacharov am 24. Mai 1962 erstellten Memorandum erhalten hat, in dem Malinowski die Gesamtplanung für den Einsatz sowjetischer Raketentruppen im Rahmen einer "Gruppe der sowjetischen Streitkräfte in Kuba" in Stärke eine Raketendivision (43. Raketendivision), bestehend aus 5 Raketenregimentern mit 40 Abschussanlagen, 60 Raketen und 60 nuklearen (?) Gefechtsköpfen, 2 Luftverteidigungsdivisionen (24 Bataillone) mit 576 Flugabwehrraketen, ein Jagdfliegerregiment (40 MiG 21) sowie zwei (Radar) Jägerleitbataillone sowie mit Schiffsabwehrraketen ausgerüstete Küstenschutzkräfte in Stärke von drei Bataillonen, 12 Flugkörperschnellboote (SS-N-2 STYX) zum Küstenschutz, 33 ILUSHIN-28 Flugzeuge zum Minenlegen, 4 Motorisierte Schützen-Regimenter (7.300 Mann). Malinowski plante ferner den Einsatz einer Marinegruppe in Stärke von 2 Kreuzern, 4 Raketenzerstörern, 7 z. T. nuklear bewaffneten Unterseebooten. Für die Führung der "Gruppe der sowjetischen Truppen in Kuba" war ein Stab geplant, dem auch Vertreter der Marine und der Luftwaffe angehören sollten. Es folgte ein ausgearbeiteter Operationsplan mit der Bezeichnung "ANADYR", der auch die Stellenbesetzung und Truppenaufstellung enthält. Siehe hierzu National Security Archive Washington, http://www.gwu.edu/%7Ensarchiv/NSAEBB/NSAEBB14/.google-analytics.com/ga.js. Entgegen einer Weisung aus Moskau hatte der sowjetische Befehlshaber in Kuba die nuklearen Gefechtsköpfe der bereits auf kubanischem Boden befindlichen taktischen Boden-Boden-Raketen in die Nähe der Abschussstellungen bringen lassen, so dass

Planungen der US-Streitkräfte für einen Konflikt mit der Sowjetunion um Kuba zunehmend an Bedeutung. Dies wird aus einem "Memorandum for the President" zum Aufbau und zur Verlegung in Phase II einer Berlin Contingency[554] deutlich, da die für den Luftwaffeneinsatz in einer Krisensituation um Berlin vorgesehenen zehn Kampfgeschwader der US Air Force aus ihrem Einsatz um Kuba herausgelöst oder Reservegeschwader zusätzlich aktiviert werden mussten. Das Memorandum endet mit dem Vorschlag an den Präsidenten, die vorgeschlagenen Planungsgrundlagen zu genehmigen. Ferner wurde eine weitere Behandlung der Planungen in der "Quadripartite Military Sub-Group" mit dem Ziel, die anderen Alliierten zu weiteren Planungen zu ermutigen, angestoßen. Die Planungen sahen eine Abstimmung mit den Vorgaben des National Security Action Memorandum – NSAM 109 vor. Danach sollten die Planungen dem Komitee der Joint Chiefs of Staff der US-Streitkräfte zur Prüfung vorgelegt werden. Wohl gegen Ende des Jahres 1962 hatten die Joint Chiefs of Staffs die Berlin-Planungen überprüft. Der Chief of Staff US Air Force stellte in einer schriftlichen Stellungnahme[555] fest, dass der den JCS unter der Vorgangsnummer "JCS 1907/566" vorgelegte Vorschlag "weiterhin den bereits vorgelegten Vorschlägen entspricht und Passagen enthält, die nach seiner Bewertung militärisch fragwürdig sind". Insbesondere, da der Vorschlag die Möglichkeit eines Rückzuges[556] der Streitkräfte aus Berlin oder West-Deutschland enthält. Aus Sicht des Chief of Staff – COS USAF läuft dies der erklärten nationalen US-Politik und der Politik der Alliierten zuwider, die Streitkräfte sowohl in Berlin als auch in West-Deutschland stationiert sehen wollen. Die vom Joint Strategic Survey Council – JSSC vorgeschlagene Lösung könnte einen vernichtenden Einfluss auf die US- und NATO-Militärpolitik haben, deren Auswirkungen nicht abzuschätzen sind. In den vergangenen Jahren haben die NATO-Alliierten

---

diese in kürzester Zeit hätten einsatzbereit sein können, falls sich die US-Seite für einen Bodenangriff auf Kuba entschieden hätte. Vergleiche: Am Rande des Atomkriegs, ZDF-Neo, 26.06.2013, 20:15 Uhr.

[554] MEMORANDUM FOR THE PRESIDENT, Subject: Build Up and Deployment in Phase II of a Berlin Contingency (Case N° 98 – F – II 8 D, TS N° 98-FS - 047). Präsident Kennedy äußerte später, nach dem Ende der Spannungen um Berlin, "er sei schlecht beraten und lückenhaft informiert worden" (Zolling/Bahnsen, a. a. O. S. 54 Absatz 2).

[555] MEMORANDUM BY THE CHIEF OF STAFF US AIR FORCE for the Joint Chiefs of Staff on MEMORANDUM BY THE CHIEFS OF STAFF ON BERLIN PLANNING (U)-USAIRR TSC # 396 (065-62) ohne Datum

[556] Eine starke Gruppierung im US State Department war bereit, bestimmte Rechtspositionen in Berlin aufzugeben (Zolling/Bahnsen a. a. O. S. 173).

auf Druck der Vereinigten Staaten mehr Interesse an Berlin und dessen Schicksal entwickelt. Nun erwarten die NATO-Alliierten, dass die Vereinigten Staaten in einer Krise um Berlin die Führung übernehmen. Es könnte die Politik der Vereinigten Staaten und die der NATO beschädigen, wenn bekannt würde, dass die Vereinigten Staaten mit den Begriffen "Rückzug", "Disengagement" und "Nicht-Angriffs-Pakten"[557] operieren. Außerdem stellte er die Weisheit der Chiefs of Staff in Frage, wenn sich diese in politische Fragen einmischen. Die politischen Probleme um Berlin sind so kompliziert und tief verbunden mit bilateralen, multilateralen (Quadripartite) und internationalen Verhandlungen, dass eine Beteiligung der Chiefs of Staffs ohne umfassende Kenntnis der politischen, ökonomischen und sozialen Fragen und Probleme nicht wünschenswert sei. Aus den oben dargelegten Gründen konnte der Chief of Staff – der United States Air Force – COS USAF dem Vorschlag nicht zustimmen und schlug vor, die Studie zur erneuten Prüfung und Entwicklungen neuer Lösungen unter Beteiligung des Verteidigungsministeriums sowie des Außenministeriums für eine "Berlin Contingency" an die Joint Chiefs of Staff zurückzugeben. Die Behinderungen, insbesondere der US-Konvoys wie auch in den Luftkorridoren[558], setzte sich wohl bis Herbst 1963 fort und führte auch zur Erhöhung von Bereitschaftsständen in der NATO und der Bundeswehr[559], die auch die unteren Stufen der "Berlin Contingency"[560] umfasste. In den nun folgenden Jahren wurde es relativ ruhig um Berlin. Als die Bundesregierung beschloss, im April 1965 Plenarsitzungen des Bundestages in Berlin abzuhalten, führte dies zu Behinderungen[561] auf den Landwegen nach Berlin-West durch Maßnahmen der DDR-Regierung. Inwieweit hier auch die Rechte der Alliierten tangiert wurden, steht dahin. Daher kann angenommen werden, dass beim Stab von LIVE OAK zwar die Gescheh-

---

[557] Offenbar trug auch die Rede Senator Fulbrights zur Verunsicherung über die Absichten der Vereinigten Staaten bei (Zolling/Bahnsen a. a. O. S. 97 und Lukacs; J. a. a. O. S. 189).
[558] Die sowjetische Luftverteidigung hatte einen Gürtel von Fliegerabwehrstellungen um Berlin errichtet und versuchte, Flugzeuge der Westalliierten in Dessau und Berlin Schönefeld zur Landung zu zwingen (Zolling/Bahnsen a. a. O. S. 194).
[559] Zolling/Bahnsen a. a. O. S. 216
[560] Einen allgemeinen Überblick über die Geschehnisse um Berlin bis zum Jahre 1962 erlaubt die Dokumentation: Deutschland im Kalten Krieg (Der Kalte Krieg in Farbe –1945-1962), Spiegel-TV Nummer 14, Hamburg 2008.
[561] Auch die sowjetische Luftwaffe in der DDR und die Luftstreitkräfte der NVA beteiligten sich an Tiefflügen über West-Berlin, um die Bundestagssitzungen zu stören. Siehe hierzu: Die Höllenjäger von Zerbst (Aussagen eines an diesen Flügen beteiligten russischen Piloten), Sendung des MDR v. 13.05.2013.

nisse um Berlin[562] sehr genau beobachtet wurden, aber entsprechende Maßnahmen nicht zu ergreifen waren. Bereits zu dieser Zeit zeichnete sich ein Rückzug Frankreichs aus der Militärorganisation der NATO ab, der auch nicht ohne Folgen für LIVE OAK bleiben sollte. Die NATO-Stäbe und sonstigen Einrichtungen der NATO mussten Frankreich verlassen. Damit wurde auch der Stab von LIVE OAK zunächst zu USEUCOM nach Stuttgart verlegt, folgte aber später zu SHAPE. Ob der am 5. Juni 1967 beginnende "Sechstagekrieg" im Nahen Osten Einfluss auf die Planungen von LIVE OAK gehabt hat, ist auch heute noch nicht schlüssig nachzuweisen, gleichwohl auch hier Reaktionen der sowjetischen Seite erwartet werden konnten. Mit dem Ausscheiden Frankreichs aus der militärischen Organisation war offenbar die französische Beteiligung an LIVE OAK nie ernsthaft in Frage gestellt. Auch hatte Frankreich in Gestalt der "French Military Mission – FMM" bei SHAPE unter der Führung eines Generalmajors immer noch eine hochrangige Vertretung bei der NATO. Allerdings bereitete der Status der sich auf deutschem Boden befindlichen französischen Truppen sowohl der US-Regierung als auch den übrigen NATO-Partnern ernsthafte Sorgen, wie aus einem Memorandum der Central Intelligence Agency – CIA[563] aus dem Jahre 1966 ersichtlich wird. Nach französischer Auffassung, die im Memorandum dargelegt wird, behält Frankreich seine Truppen in Deutschland, damit die vorhandenen deutschen Truppen keine "Bedrohung für die Nachbarn" darstellen. Allerdings behält sich Frankreich auch vor, seine Truppen aus Deutschland abzuziehen, wenn eine zufriedenstellende Regelung nicht gefunden werden kann. Die Bundesregierung hat in dieser Angelegenheit, so das Memorandum, eine klare Position bezogen und stellt die im Jahre 1954[564] für die alliierten Trup-

---

[562] Mit Sicherheit gehörten zu den wichtigsten Informationsquellen von LIVE OAK die Berichte der Alliierten Militärmissionen, die beim Oberkommandierenden der sowjetischen Truppen in der damaligen DDR akkreditiert waren. Ob allerdings der Vertreter der Bundeswehr bei LIVE OAK umfassenden Zugriff auf diese Informationen erhielt, steht dahin.

[563] Intelligence Memorandum: The NATO Problem: French Forces in Germany, CIA – Directorate of Intelligence – Office of Current Intelligence, (OCI-No. 0805/56, 18 April 1966). Einen guten Überblick über die bis 1970 insbesondere auf wirtschaftlichem Gebiet erreichte Zusammenarbeit zwischen Frankreich und Deutschland erlaubt das Werk: La réalité quotidienne des échanges franco-allemands, Strasbourg 1970.

[564] Als Folge des deutschen NATO-Beitritts musste die Stationierung der West-Alliierten in der Bundesrepublik ab 1954/1955 auf eine neue rechtliche Basis gestellt werden. In einer Reihe von bilateralen Verträgen wurden die Rechte und Befugnisse der West-Alliierten neu geregelt. Siehe hierzu: Einigungsvertrag vom 18. September 1990, Kapitel I – Anlage I – Von der Geltung des Einigungsvertrages ausgenommene Regelung *in Bezug auf*

pen in Deutschland gefundene Regelung, soweit die französischen Truppen betroffen sind, in Frage. Auch werde hier die deutsche Souveränität[565] durch französische Truppen unter nationalem Kommando auf deutschem Hoheitsgebiet ernsthaft in Frage gestellt. Nicht zuletzt auch deutsch-französische Arrangements in Bezug auf den Betrieb deutscher logistischer Einrichtungen und Ausbildung deutscher Truppen in Frankreich, allerdings stets unter französischer Aufsicht, würden durch diese Frage tangiert. Als Hauptproblem erwiesen sich allerdings die französischen, nuklearfähigen Boden-Boden Raketen (Honest John), die nuklearfähigen Luftabwehrraketen (Nike-Hercules) und die für eine Nukleareinsatzrolle vorgesehenen französischen F-100 D (Super Sabre). Allerdings befanden sich die nuklearen Gefechtsköpfe bzw. Bomben immer unter US-amerikanischer Verwaltung und unterlagen dem nuklearen Freigabeverfahren durch den Präsidenten der Vereinigten Staaten. Daher erwartete Bonn in den nun zu führenden Verhandlungen mit Paris ein Signal der "Reziprozität". Die erste Gelegenheit sollte sich beim Besuch des französischen Außenministers Couve de Murville am 18. April 1966 in Bonn ergeben. Auch die übrigen NATO-Nationen waren an einer Fortführung der Bindung Frankreichs[566] an die NATO, wenn auch nur auf politischer Ebene, interessiert, insbesondere da sich auch der deutsch-französische Vertrag als Stabilisierungsfaktor in Mitteleuropa erwiesen hatte. Allerdings leitete Frankreich aus dem Stationierungsvertrag von 1954 auch Rechte als "Besatzungsmacht in Deutschland"[567]

---

die ehemaligen Stationierungsstreitkräfte. Diese Regelungen sollten später im "befristeten" Streitkräfteaufenthaltsgesetz vom 24. September 1990 neu gefasst werden.

[565] Im Jahre 1967 hatte die französische Luftwaffe im Rahmen ihrer Übung "FATEX 67" etwa 40 Nukleareinsätze über deutschem Staatsgebiet zur Abwehr einer sowjetischen Invasion simuliert. (Kahn, H. W.: Die Russen kommen nicht, S. 253 FN 127, München 1969).

[566] Die Sonderstellung Frankreichs im Bündnis wird auch ersichtlich aus dem Beitrag von Henri Ménudier: Frankreich, der unbequeme Partner, in: Meier-Walser, R. C. & Luther S. (Hrsg.): Europa und die USA, S. 105 ff., München 2002

[567] Auch die Sowjetunion leitete aus der "Feindstaatenklausel" der UN-Charta Interventionsrechte in Gesamtdeutschland ab. Ein Antrag der Bundesregierung beim NATO-Rat, das Bündnis möge feststellen, dass auch "alle kollektiven Interventionsansprüche der Siegermächte des Zweiten Weltkrieges *(in Bezug auf Deutschland als Ganzes)* inzwischen hinfälligen geworden sind", kam nicht zu Stande, da der französische Vertreter sein Veto einlegte. Damit hielt sich Frankreich den gemeinsamen Weg der Siegermächte zu einer Intervention in Deutschland offen. Siehe hierzu auch: Kahn, H. W.: Die Russen kommen nicht, S. 253 FN 247, München 1969. Auch galten die alliierten Vorbehaltsrechte in der Bundesrepublik uneingeschränkt weiter. Diese wurden erst nach der Wiederlangung der vollen Souveränität der Bundesrepublik aufgehoben. Allerdings geben Passagen des Einigungsvertrages und des Zusatzabkommens zum 2+4-Vertrag in Bezug auf fortbestehende Rechte der Alliierten Anlass zu Zweifeln. Einigungsvertrag vom 18. September 1990, Kapitel I – Anlage I – Von der Geltung des Einigungsvertrages ausgenommene Regelung

ab, die durch den Rückzug aus der militärischen Organisation der NATO in keinem Falle berührt würden. Dies galt umso mehr für den Status der französischen Truppen in Berlin, der aus der "bedingungslosen Kapitulation deutscher Streitkräfte" am 8. Mai 1945 abgeleitet wurde. Das Memorandum schließt mit der Feststellung, dass zum Zeitpunkt der Erstellung des Memorandums nicht ersichtlich wird, ob Frankreich Änderungen seiner Beziehungen zu SHAPE und damit auch zu LIVE OAK wünscht. Allerdings wird erwartet, dass Frankreich auf seinen erworbenen Rechten in Berlin bestehen und Änderungen zu seinen Gunsten nur auf dem Verhandlungswege erreichen will. In den Folgejahren schien sich der Stab von LIVE OAK auf die Beobachtung[568] der Situation in der damaligen DDR, insbesondere auch mit den Aktivitäten der sowjetischen Streitkräfte und der Nationalen Volksarmee, konzentriert zu haben. Aus dem Verhalten der Bereitschafts-Stände, sowohl der Gruppe der Sowjetischen Streitkräfte in Deutschland (GSSD)[569] als auch der Nationalen Volksarmee (NVA) der DDR, konnten entsprechende Indikationen für bedrohliche Absichten abgeleitet werden. Dies galt insbesondere für die häufigen Truppenübungen, Manöver und den regelmäßigen Truppenaustausch[570] bei den sowjetischen Streitkräften in der DDR, in Polen der CSSR und Ungarn. Ob LIVE OAK entsprechende Vorbereitun-

---

in Bezug auf die ehemaligen Stationierungsstreitkräfte. Diese Regelungen sollten später im "befristeten" Streitkräfteaufenthaltsgesetz vom 24. September 1990 neu gefasst werden.

[568] Die West-Alliierten verfügten zur Informationsgewinnung in der DDR über die Militärverbindungsmissionen, deren Aufgabe in der Beobachtung militärischer Aktivitäten, insbesondere der sowjetischen Truppen und der Nationalen Volksarmee bestand. Auch die damaligen sowjetischen Streitkräfte der GSTD verfügten über bei den jeweiligen alliierten Oberkommandierenden der früheren Besatzungszonen auf dem Territorium der Bundesrepublik akkreditierte Militär-Verbindungsmissionen, in Frankfurt, Bünde und Baden-Baden, die ebenfalls Informationen in ihrem Zuständigkeitsbereich gewannen.

[569] Gelegentlich auch als Gruppe der Sowjetischen Truppen in Deutschland – GSTD, später als Westgruppe der Truppen – WGT bezeichnet. Vergleiche auch: Diedrich, T., Ehlert, H., Wenzke, R.: Handbuch der bewaffneten Organe der DDR, S. 616, Berlin 1998, Raap, C.: Die Stationierung von Streitkräften in fremden Staaten unter besonderer Berücksichtigung Deutschlands, S. 70, in: Archiv des Völkerrechts = D= 29 (1991), 1-2 S. 53-84, (DOKFIZ Bw DOKNr. KK 4051). Siehe auch: Bonner Berichte aus Mittel- und Ostdeutschland – Die Militarisierung der Sowjetischen Besatzungszone Deutschlands-Bericht und Dokumentation, (Kabel, R.) Bonn/Berlin 1966

[570] Die so bezeichnete "Truppenrotation", der Austausch von Wehrpflichtigen, wurde in den achtziger Jahren vorwiegend durch sowjetische Lufttransportkräfte (VTA) im Frühjahr und Herbst durchgeführt. Dies war stets ein Anlass zur verstärkten Aufmerksamkeit auf Seiten der NATO, da auf diese Weise die Truppen der WGT, NGT, ZGT und SGT auf unauffällige Weise für einen möglichen Einsatz gegen die NATO hätten verstärkt werden können.

gen im Zusammenhang mit der Besetzung der Tschechoslowakei[571] durch Kräfte des Warschauer Paktes am 21. August 1968 und den Folgemonaten getroffen hat, ist noch nicht zu klären, scheint aber sehr wahrscheinlich. Der am 6. Oktober 1973 überraschend beginnende "Yom Kippur-Krieg"[572] zwischen Israel, Ägypten und Syrien scheint auch keine weiteren Maßnahmen bei oder durch LIVE OAK ausgelöst zu

---

[571] Einen umfassenden Überblick der Ereignisse in der damaligen CSSR enthält: Bertleff, E.: Mit bloßen Händen, Wien o. J., insbesondere zu den politischen Hintergründen auch: Horlacher, W.: Zwischen Prag und Moskau, Stuttgart 1968. Die Westmächte fürchteten spätestens seit Unruhen in Polen und dem Ungarnaufstand 1956, dass Staaten wie Polen, Ungarn, die CSSR oder die DDR mit politisch und militärisch nicht kalkulierbaren Folgen aus dem Verbund des Warschauer Paktes ausbrechen könnten. (Lee, C.: The Final Decade, S. 62, London 1982) Eine interessante Theorie über die politischen Hintergründe der Unruhen in Polen und Ungarn und eine Beteiligung der CIA vertritt Steven, S. in: Sprengsatz – Die Operation "Splinter Factor " der CIA. Über die Vorbereitungen zur Besetzung der CSSR durch die WP-Streitkräfte dürften die westlichen Dienste, insbesondere der BND (Spiegel 15/1969, S. 101 v. 07.04.1969), spätestens ab Juli 1968 sehr wohl informiert gewesen sein. Besonders die Aufmarschbewegungen der sowjetischen Truppen in der DDR als auch die Bereitstellung von Verbänden der NVA in der südlichen DDR wurden sicherlich auch von den alliierten Militärverbindungsmissionen erkannt. Siehe hierzu auch: Frommer, H.: Der Prager Frühling (aus eigener Sicht), Information 10, Trier 2001, Wünsche, Dr. W.: NVA und Prager Frühling, Buchbesprechung: Wenzke, R. Die NVA und der Prager Frühling, Berlin 1995 in: Arbeitsgruppe Geschichte der NVA, Berlin 1997. Auch die Vorbereitungen des Ministeriums für Staatssicherheit (MfS) der DDR dürften westlichen Diensten nicht verborgen geblieben sein. Siehe hierzu: Tantscher, M.: Maßnahme "Donau" und Einsatz "Genesung", Berlin 1998. Allerdings schienen die Westmächte aus übergeordneten politischen Gründen zu dieser Zeit nicht an einer Unterstützung der Prager Reformbewegung um A. Dubcek interessiert gewesen zu sein. Auch der BND hatte bereits im Juni 1968 das Manöver "BÖHMERWALD" der WP-Truppen aufgeklärt und festgestellt, dass es sich hierbei um eine "Vorübung" für eine mögliche spätere Intervention größerer Truppenverbände handeln könnte. (Kahn. H. W. a. a. O. S. 247 (FN: 42)) Diese Annahme wurde auch durch die Bereitstellung von 600 Eisenbahntiefladern und 60 Lokomotiven durch die Reichsbahn der DDR gestützt. Ähnliche Maßnahmen wurden auch in Polen beobachtet. Am 15. August 1968 gab der BND eine Vorwarnung aus, da die südliche DDR zur Sperrzone erklärt worden war. Die US-Nachrichtendienste bestätigten zu dieser Zeit den Aufmarsch von etwa 20 Divisionen des Warschauer Paktes. (Kahn. H. W. a. a. O. S. 247 (FN: 42)) Ab 20.08.1968 herrschte auf allen Funknetzen der WP-Truppen im Aufmarschraum Funkstille, eine klare Indikation für eine zu erwartende Militäraktion des WP. Über die Reaktionen in Österreich vergleiche "Operation URGESTEIN", in: Das Bundesheer der Zweiten Republik, S. 99 ff., Wien 1980. Anmerkung: In den Einsatzstellungen der vorderen Erfassung der FmEloAufkl der Luftwaffe erfolgte Routinebetrieb, auch waren keine Alarmmaßnahmen des militärischen Alarmsystems ausgelöst. Allerdings hatten die Verantwortlichen in der FmEloAufkl der Luftwaffe in ihre Melde- und Berichterstattung auf einen unmittelbar bevorstehenden Einmarsch der WP-Truppen immer wieder hingewiesen. (Bohr, K.: Vom Prager Frühling nahtlos zum eiskalten (politischen) Winter, in: Traditionsverein Information Nummer 10 S. 24-27, Trier 2001) Durch die Besetzung der CSSR war auch eine für die NATO bedrohliche Situation entstanden, da die Kräfte des Warschauer Paktes in der Lage waren, ohne größere Vorbereitungen innerhalb von 48 Stunden einen Angriff zu beginnen. Vergleiche hierzu: So entging Österreich dem Krieg, Kurier, S. 3, Wien, 17.08.1998.

[572] Allerdings war dieser Konflikt mit massiven militärischen Alarmierungs- und Verlegungsmaßnahmen beider Seiten verbunden, die leicht zu einem Konflikt zwischen der NATO und dem Warschauer Pakt hätten führen können. Vergleiche hierzu: Beck, M.: Das geopolitische Umfeld des Nahostkonflikts, MGFA Potsdam.

haben. Auch der sowjetische Einmarsch in Afghanistan im Jahre 1979 scheint keine bleibenden Spuren bei LIVE OAK hinterlassen zu haben. Dies mag auch für die Unruhen in Polen und der daraus folgenden Verhängung des Kriegsrechts durch den damaligen General W. Jaruzielski am 13. 12. 1981 gelten. Das Kriegsrecht sollte erst im Juli 1983 aufgehoben werden. Ob und inwieweit der Falklandkonflikt 1982 die Tätigkeit des LIVE OAK-Stabes berührt hat, ist nicht nachzuweisen. Ob und inwieweit der Stab von LIVE OAK Kenntnis von den Plänen der NVA zur schlagartigen militärischen Besetzung von West-Berlin hatte, ist auch heute noch nicht klar. Derartige Szenarien wurden durch die GSSD und NVA im Rahmen der Planungen zur "Operation Mitte/Stoß/Bordsteinkante/Zentrum"[573] spätestens seit 1985 regelmäßig, offenbar letztmalig im Jahr 1988, geübt. Dies kann auch für die Militäraktion der Vereinigten Staaten gegen Libyen, die am 15. April 1986[574] begann, gelten. Diese überraschte den nichtamerikanischen Teil des Stabes von SHAPE[575] offenbar vollständig, da die Aktion erst am 16. April 1986 in

---

[573] Keiderling, G.: Die Vier Mächte in Berlin 1961-1990 (http://www.luise-berlin.de/b ms/bmstxt01/0106prob.htm), siehe auch: Behling a. a. O. S. 266

[574] Der damalige SACEUR, General B. Rogers, hatte SHAPE bereits am Vorabend gegen 18:00 Uhr auf dem Luftwege mit einem Hubschrauber verlassen und führte die Militäraktion wohl aus politischen Gründen aus seinem Hauptquartier als USCINEUR in Stuttgart. Vermutlich nutzte der SACEUR einen Hubschrauber, obwohl ihm in Chievres eine VIP-Transportmaschine zur Verfügung stand, um nicht auf dem Flugplatz in Stuttgart landen zu müssen, da dies hätte auffallen können. Stattdessen konnte er mit dem Hubschrauber direkt in Stuttgart-Möhringen unauffällig und ohne lästige Zeugen landen.

[575] Das SHAPE INTEL völlig unvorbereitet war, lässt sich aus der Tatsache ableiten, dass über das libysche militärische Potenzial keine Informationen verfügbar waren. Dies wurde auf Anfrage auch durch den dafür zuständigen britischen Warrant Officer am gleichen Tag bestätigt. Glücklicherweise verfügte das NAEW-FC HQ über die aktuelle Ausgabe von "Military Balance" des International Institute for Strategic Studies (IISS) in London. Auf Basis der darin enthaltenen Angaben konnte eine Bedrohungsanalyse (Threat Envelope) für die über dem Mittelmeer eingesetzten NATO-E-3A erstellt werden. Daraus folgend wurde die Forward Operating Base – FOB Trapani nur noch zu Wartungsarbeiten angeflogen und die NATO-E-3A nach Goia del Colle bei Brindisi, später auch nach Villafranca verlegt. Dass die Situation ernst war, konnte auch aus der Verstärkung der französischen Luftabwehrkräfte an der südfranzösischen Küste ab 25. April 1986 abgeleitet werden. Da die 6. US-Flotte (Carrier Task Group CTG 67) im Mittelmeer unter nationalem US-Kommando eingesetzt war, bedurfte es entsprechender politischer Demarchen auf höchster NATO-Ebene, um diese in den Schutz durch die NATO-E-3A einbeziehen zu können. Zu dieser Zeit lief auch in der Central Region (AAFCE) die NATO – Luftwaffenübung "CRESTED EAGLE" an. Zu gleicher Zeit verstärkte die sowjetische Nordflotte im Rahmen einer Übung "NORTHERN FLEET EXERCISE" die im Mittelmeer operierende 5. Eskadra (SOVMEDRON). Die Beobachtung des Austauschs wurde durch die NATO unter der Bezeichnung "SPRINGEX/MEDEX" geführt. Zu dieser Zeit befanden sich sowohl sowjetische Schiffe der UDALOY- als auch der KRIVAK-Klasse und ein sowjetisches Aufklärungsschiff (AGI) im Seegebiet vor CAPE PASSERO vor Italien, zwei sowjetische Schiffe vor der israelischen Küste. Zu dieser Zeit flog auch eine sowjetische Aufklärungsmaschine An-12 CUB in den tunesischen Luftraum ein. Die sowjetische Marine konnte zu dieser Zeit Flugplätze und

den 06.00-Uhr-Nachrichten von AFN-SHAPE bekannt gegeben wurde. Hier hätten möglicherweise sowjetische, gegen Berlin gerichtete Reaktionen erwartet werden können. Auch die ab Anfang des Jahres 1989 erkennbare Entwicklung im Warschauer Pakt und in der damaligen DDR[576] wird von LIVE OAK aufmerksam beobachtet worden sein. Dies galt sicherlich auch für den endgültigen Abzug der sowjetischen Truppen aus Afghanistan, der am 15. Februar 1989 abgeschlossen wurde. Da dieser Stab aber streng abgeschottet von SHAPE seinem Auftrag nachging, drangen keine diesbezüglichen Informationen nach außen. Die ab Mitte des Jahres einsetzende Fluchtwelle von DDR-Bürgern[577] über die CSSR und Ungarn und die sich abzeichnende Entwicklung in der damaligen DDR[578], die ihren Höhepunkt im Fall der Mauer in der Nacht von 9./10. November 1989 fand, setzte einen vorläufigen Schlusspunkt für die Mission von LIVE OAK. Um die Jahreswende

---

Häfen in Libyen (meist Tripoli International) und Syrien (Flugplatz Latakia) nutzen. Sowjetische Seeaufklärer vom Typ Il -38 MAY konnten auch häufig bei Aufklärungsflügen über dem Mittelmeer erfasst werden. Die Einflüge erfolgten aus Ungarn kommend über Jugoslawien und gelangten, Flugkursen im internationalen Luftraum über dem Mittelmeer folgend, nach Libyen oder nach Syrien. Allerdings kann angenommen werden, dass die britischen Verbündeten der USA über die Operation unterrichtet waren, denn F-111 der USAF waren ja von Basen aus Südostengland (Lakenheath u. a.) gestartet.

[576] Am 12. Juni 1989 traf M. Gorbatschow zu einem Staatsbesuch in Bonn ein. Am gleichen Tag, noch vor Eintreffen Gorbatschows, löste die Emergency Action Unit (EAU) bei SHAPE einem NATO-weiten Alarm aus, der aber innerhalb kürzester Zeit wieder angehalten wurde. Soweit bekannt, soll dieser Alarm durch einen US-Captain der Emergency Action Unit-EAU versehentlich ausgelöst worden sein. Dies erscheint wenig stichhaltig, denn für einen derartigen Schritt in dieser speziellen Situation war zumindest die Zustimmung des damaligen DISACEUR, General Sir John Akehurst, oder des Chief of Staff SHAPE, General J. A. Shaud, US-Army erforderlich. Dass der damalige deutsche DISACEUR General Eimler an dieser Maßnahme beteiligt gewesen sein könnte, erscheint auf Grund der Bedeutung des Staatsbesuches für die deutsche Politik eher unwahrscheinlich. (SHAPE STAFF DIRECTORY AS OF 1 AUGUST 1989 NATO UNCLASSIFIED)

[577] Die britische Premierministerin M. Thatcher hatte wohl auch im Auftrag anderer westlicher Regierungen bei Gorbatschow darauf gedrungen, die deutsche Wiedervereinigung mit allen Mitteln zu verhindern. Auch die französische Regierung schien entsprechende Vorbehalte gehabt zu haben, wie aus den erst jetzt veröffentlichten Unterlagen des Kremls entnommen werden kann. Vergleiche hierzu: http://www.isn.ethz.ch/isn/Current-Affairs/Security-watch/Detail/?lng=en&id=105921 v. 16.09.2009

[578] Fortdauernde Demonstrationen in allen Teilen der DDR, insbesondere in Leipzig mit den Montagsdemonstrationen, die ihren Höhepunkt in der Ablösung von Erich Honecker am 18. Oktober 1989 erreichten. Vergleiche: Andert/Herzberg, Der Sturz, Berlin 1990. Dieses Werk erhellt die Hintergründe, die zum Rücktritt E. Honeckers führten, und beschreibt die Ereignisse aus Sicht des Betroffenen. Umfassende Informationen zu den Hintergründen und den Begleitumständen, die zum Sturz von E. Honecker führten, enthält die Fernsehdokumentation: Das Ende des Politbüros, Arte, 16.09.09, 21:00 Uhr, in der auch damals unmittelbar Beteiligte zu Wort kommen. Zur wirtschaftlichen Situation der damaligen DDR vergleiche: Wenzel, S.: Was war die DDR wert?, Berlin 2000. Das Werk enthält eine umfassende Bilanz der wirtschaftlichen Situation der DDR vor der Wende und schildert die spätere Privatisierung der DDR-Volkswirtschaft durch die Treuhand.

1988/1989[579] gehörten dem Stab von "LIVE OAK" noch mindestens sieben französische vier britische, zwei US- und vier deutsche Soldaten[580] an. Mit der Wiedererlangung der vollen Souveränität Deutschlands fand auch die Aufgabe von LIVE OAK ihr Ende. Der Stab stellte in der Folge der 2+4 Verhandlungen, spätestens jedoch mit der Auflösung der alliierten Militärverbindungsmissionen seine Arbeit wohl ein. Das von LIVE OAK genutzte Gebäude bei SHAPE wurde später für die Delegationen des "Partnership for Peace – PfP" Programms der NATO genutzt.

5.6.5 Das SHAPE-Kommunikationssystem

Das Rückgrat der Kommunikation in der NATO bestand aus einem vermaschten Netz (Draht- und Richtfunkverbindungen), dem "NATO Secure Voice Network ", mit einer Reihe von Knotenvermittlungen (Switchboard – SWBD): Die wichtigsten Vermittlungen zu dieser Zeit waren: Reitan, Holmenkollen, Kolsaas, Pitreavie, Northwood, Leiden, Karup, Ottawa, Norfolk, Lissabon, Evere, Casteau, Brunssum, Maastricht, Kindsbach, Erwin, Ruppertsweiler, Verona, Proto, Athen, Ankara und Izmir.

Die Vermittlungen in Verona, Ankara, Proto, Izmir, Athen, Maastricht, Brunssum, Kindsbach, Erwin, Ruppertsweiler, Northwood, Pitreavie, Leiden, Reitan, Karup, Holmenkollen und Kolsaas ihrerseits betrieben sternförmige Netze, an die die im jeweiligen Zuständigkeitsbereich gelegenen NATO-Kommandobehörden und nationale militärische Einrichtungen angebunden waren. Als Endstellen des Secure Network wurden damals eine Reihe von Systemen unterschiedlicher Konfiguration betrieben. So waren bei SHAPE hauptsächlich STU II/ELCROVOX/SPENDEX-40/SECURE INS SET/CCU-3[581] sowie bei den National Military Re-

---

[579] Quelle: SHAPE TELEPHONE DIRECTORY 1988. Anmerkung: Wohl aus Gründen der Sicherheit zogen es die übrigen beteiligten Nationen vor, die Angehörigen von "LIVE OAK" nicht im Telefonverzeichnis von SHAPE erscheinen zu lassen. Allerdings konnten die Anschlüsse von LIVE OAK leicht an den beiden Anfangsziffern der Rufnummer identifiziert werden, die mit 74 begann.

[580] In den Jahren 1985-1989 wurden die deutschen Interessen bei LIVE OAK durch einen Oberst des deutschen Heeres wahrgenommen.

[581] Soweit bekannt, gelang es der sowjetischen Seite spätestens ab 1985 in das System STU II einzudringen und die Inhalte mitzuhören (Hufelschulte, Der Code ist geknackt, FOCUS Nummer 22/1997). Auch die Abteilung XI, das spätere ZCO des MfS, war in zahlreiche Schlüsselverbindungen des Westens eingedrungen. In folgende Schlüsselverbindungen der NATO war offenbar der ZFD der NVA eingedrungen: OLC 50/75/15, FEC 100/101, SYN 50, SYN 75/ SCRAMBLER/HAVE QUICK/TAC FIRE /KUAZ, MEROD, PTARMIGAN. Fol-

presentatives (NMR) auch nationale Sprach- und Datenverschlüsselungssysteme im Gebrauch. Für administrative Gespräche unterhalb der Geheimhaltungsstufe NATO-CONFIDENTIAL verfügte die NATO über das "NATO Integrated Communications System", das von der "Central Operating Authority" betreut wurde. Das System stützte sich hauptsächlich auf das "Initial Voice Switched Network – IVSN", das sich NATO-weit computergestützt auf Kabel, Troppo-Scatter-Verbindungen, Richtfunkverbindungen sowie auf Satelliten-Kanäle (Transponder) abstützte. Das Netz galt ausdrücklich nicht als "abhörsicher". Dieses Netz verband Kommandostellen der NATO, nationale Regierungen und Verteidigungsministerien und erlaubte über nationale Knoten auch den Einstieg in nationale militärische[582] Netze. Das Netz verfügte bereits in den achtziger Jahren über zusätzliche Funktionen, die erst später in zivilen Netzen eingeführt werden sollten. So waren folgende Funktionen bereits Mitte der achtziger Jahre im NATO-IVSN-Netz verfügbar: Kurzwahl, Rufweiterleitung, Vorrangwahl, Rufumleitung, Konferenzschaltungen, Rufsperren für besondere Fälle (MINIMIZE). SHAPE verfügte zu dieser Zeit über ein großes Fernmeldezentrum, das auch die Fernschreibstelle betrieb. Aufgabe der Fernschreibstelle war die Bearbeitung ein- und ausgehender Fernschreiben und Fax-Sendungen, die auf unterschiedlichen Wegen bei SHAPE eintrafen. Fernschreiben und Fax-Sendungen ab der Stufe NATO-RESTRICTED wurden über verschlüsselte Fernmeldeverbindungen abgesetzt oder empfangen und im SHAPE Message Distribution Centre – SMDC administriert. Der übrige Verkehr wurde über nicht sichere Leitungen abgewickelt. Daneben betrieb SHAPE eine Satellitenstation sowie jeweils eine Funksende- und Empfangsstelle, die allerdings abgesetzt von SHAPE betrieben wurden (Troposcatter ACE HIGH – Casteau), Richtfunkverbindungen (CIP-67) und HF-Verbindungen: HF-Empfangsstelle Sars-la-Bruyere, HF-Sendestelle Rouveroy (Rufzeichen ONY-27/WILD TIGER). Der SACEUR verfügte in

---

gende von der NATO genutzte Satellitensysteme wurden ebenfalls überwacht und die Kommunikationsinhalte ausgewertet: FLEETSATCOM-ATL/INDOC, MARISAT-ATL/INDOC, LEASAT-ATL/INDOC. SDS des US Air Force Strategic Air Command (SAC), AFSATCOM, INTELSAT V. An wichtigen Netzen wurden aufgeklärt: FLAMMING ARROW /FAN (Führungsnetz der Nuklearraketenkräfte der USA). Ein wichtiges Führungsnetz mit der Bezeichnung "BRIGHT DAWN" wurde ebenfalls ständig überwacht. (Chef des Informationszentrums – GVS –Nr.: A1 002 088)

[582] Versierte Nutzer dieses Systems, die über entsprechende Kenntnisse verfügten, konnten auch über nationale Netzeinstiegsnummern in das zivile Netz, hauptsächlich in den USA und Kanada, kostenfrei telefonieren, wenn sie über eine "Direct-Network Subscriber-Nummer (DNS)" verfügten.

seiner Eigenschaft als US Commander in Chief Europe – USCINEUR über eine mit entsprechenden Kommunikationsmitteln ausgestattete Boeing B-707, Rufname: LATERAL CHAIR /FASTBREAK[583], die auf dem in der Nähe befindlichen Flugplatz CHIEVRES abgestellt war. Innerhalb von SHAPE stützte sich die Kommunikation auf das SHAPE-Telefonnetz ab, das, automatisch betrieben, auch handvermittelte Gespräche ermöglichte. Die Einwahl in das zivile belgische Netz war jederzeit möglich. Das NATO- IVSN-Netz ermöglichte weltweite Telefonverbindungen, die nicht selten von den "kundigen" Shapianern dazu genutzt wurden, transkontinentale private Telefongespräche in die USA und nach Kanada zu führen. Für Telefongespräche mit sensitivem Inhalt standen in den SHAPE-Divisions die "Blue Phones" zur Verfügung. Diese basierten meist auf der "STU II-Verschlüsselungstechnik ", die offenbar später vom sowjetischen/russischen Nachrichtendienst gelöst werden konnte. Die nationalen Repräsentanten nutzten meist nationale Verschlüsselungstechnik. Der deutsche NMR verfügte dazu über ELCROVOX-, ELCROTEL- und ELCOBIT-Schlüsselverbindungen. Auch verfügte SHAPE über gesicherte W-LAN-Verbindungen für IT-Systeme, die aber fast ausschließlich durch das damalige SHAPE Operations Centre – SHOC genutzt wurden. Als später das SHAPE Command Centre – SCC eingerichtet wurde, erfolgte auch dort eine gesicherte Anbindung der IT-Systeme an den IMS in Brüssel und andere Stellen. Viele Informationen liefen auch über geschlüsselte Fernschreibverbindungen im SHAPE Communications Centre ein und wurde im SHAPE Message Distribution Centre – SMDC[584] weiter bearbeitet.

---

[583] FASTBREAK war auch die Bezeichnung für den in Chievres eingerichteten Ausweichgefechtsstand des SACEUR (Alternate War Headquarters - AWHQ).
[584] Einem mit Maschendraht vergitterten Gelass im Erdgeschoss des nordwärtigen Teils des Main Building.

5.6.7 Die Nachrichtenbearbeitung in der SHAPE Intelligence Division – der Indication & Warning (I&W) Process der NATO bis 1990[585]

Während des Kalten Krieges stellte der Indication & Warning Process der NATO das wichtigste Element für die Bewertung der militärischen und politischen Bedrohung der NATO dar. Er bestand aus einer Sammlung von militärischen und politischen qualitativen und quantitativen Indikatoren, so zum Beispiel: Aktivierung von Führungsstellen im Warschauer Pakt. Besondere Bedeutung gewannen hierbei die Aktivitäten der luftgestützten Führungssysteme des Warschauer Paktes, Fernmeldeübungen, Aktivierung zusätzlicher Führungsstellen und Netze, Truppenübungen, großräumige Luftverteidigungsübungen, ungewöhnliche Aktivitäten der sowjetischen Flottenverbände, hier insbesondere der Nordflotte mit ihren Unterseebooten und den Marinefliegerkräften. Einflüge der sowjetischen Fernfliegerkräfte in den vorderen Raum des Warschauer Paktes, Einflüge von nuklearfähigen Luftfahrzeugen in den vorderen Raum, verstärkter Einsatz von luftgestützten Signals-Intelligence-Plattformen[586] an den Grenzen zur NATO. Vermehrtes Auftreten von seegestützten Aufklärungsplattformen[587] vor den Küsten der NATO-Staaten oder bei Übungen der NATO-Seestreitkräfte in deren Übungsgebieten. Besonderes Augenmerk verdiente auch die zwei Mal jährlich stattfindende Truppenrotation sowjetischer Truppen in die DDR, nach Polen, in die CSSR und nach Ungarn, die sowohl auf dem Luftwege als auch im Eisenbahntransport durchgeführt wurde. Besondere Aufmerksamkeit wurde auch den Aktivitäten der strategischen

---

[585] MC 119 TRANSMISSION OF WARNINGS OF ATTACK, MC 166/14 NATO INDICATIONS AND WARNING SYSTEM (I&W). Ab 1990 wurde das von den Vereinigten Staaten entwickelte System "Linked Operational Intelligente Centres – LOCE" mit den Teilsystemen BICES und CHRONOS schrittweise in der NATO implementiert. Bis zum Jahre 2000 waren bereits mehr als 500 Nutzer an das System angeschlossen. In LOCE, einem geschützten IT-Netzwerk auf Ebene NATO-SECRET, waren zeitverzugslos alle relevanten Daten für das Militärische Nachrichtenwesen (Intelligence) verfügbar. Im Jahre 2006 wurde in Molesworth, nördlich von London, das "Joint Analysis Centre - JAC " des US-European Command – USEUCOM aktiviert. Es ist mit dem "NATO Intelligente Fusion Centre – NIFC" kolloziert und versorgt die Dienststellen der NATO, bei Bedarf auch den EU-Military Staff (IMS) mit Intelligence-Informationen aller Art. In Kürze wird die US-Armee ihr neues "Consolidated Intelligence Centre" in Wiesbaden in Betrieb nehmen. Es wird wohl in den Austausch von Intelligence-Informationen eingebunden (Spiegel Nummer 28/2013 S. 17). Die bisher in Darmstadt befindliche Anlage (DAGGER-Compound) wird danach aufgegeben.
[586] Signals Intelligence – Fernmelde- und Elektronische Aufklärung
[587] Meist kleinere Aufklärungsschiffe in Trawler-Größe, im NATO-Sprachgebrauch als AGI (Auxillary General Intelligence) bezeichnet.

Raketentruppen und der Heimat-Luftverteidigung zuteil. Nicht zuletzt großangelegte Truppenübungen des Warschauer Paktes waren immer Anlass zu besonderen Beobachtungen der Kräfte des Warschauer Paktes durch die NATO, die selbst allerdings nicht über Fähigkeiten zur Nachrichtengewinnung und Aufklärung verfügte und daher auf die Unterstützung der Nationen angewiesen war. Auch das politische Umfeld wurde in die Überlegungen bei der Bewertung möglicher Bedrohungen mit einbezogen. Die Informationen zur Bedrohungsbewertung wurden der NATO durch die nationalen Nachrichtendienste im Rahmen bestehender Abmachungen zugeleitet, wobei zur damaligen Zeit nicht gänzlich ausgeschlossen werden konnte, dass Informationen, die Aufschluss über die Quellen, Fähigkeiten und Interessen der jeweiligen nationalen Nachrichtendienste der NATO-Staaten gaben, nur quellenbereinigt[588] oder gar nicht weitergegeben wurden. Dies galt besonders für Informationen aus SIGINT- und anderen Quellen. Diese Informationen wurden auf besonders geschützten Wegen (COMINT-Indoctrination) an die Special Handling Detachments (SHD) der wichtigen NATO-Stäbe weitergegeben. Eine zentrale Auswertung der Informationen erfolgte damals im International Military Staff – IMS der NATO im Hauptquartier in Brüssel bei der Intelligence Division des IMS, die auch eine Bewertung der Informationen vornahm. Seit Ende des Kalten Krieges hat die NATO erhebliche Anstrengungen unternommen, den Prozess der Indikationen und Warnung den neuen Herausforderungen[589] anzupassen.

5.7 Die Gliederung und Aufgaben der SHAPE Intelligence Division 1985 – 1989 [590]

Die dem Assistant Chief of Staff Intelligence (ACOS) unterstellte SHAPE Intelligence Division, zu dieser Zeit ein kanadischer Generalmajor, war im Rahmen ihrer Aufgaben verantwortlich für:

---

[588] Vergleiche hierzu: Daun, A.: Politische Rahmenbedingungen der internationalen Kooperation von Nachrichtendiensten und die deutsch-amerikanischen Beziehungen, in: Foertsch, V. & Lange, K.: Studies & Comments 10 - The Influence of Intelligence Services on Political Decision-making, Hanns-Seidel-Stiftung, München, 2010
[589] Vergleiche hierzu: Kriendler, J.: NATO Intelligence and Early Warning, Conflict Research Centre, Defence Academy of the UK, Watchfield/Swindon, March 2006
[590] Die Organisation des Hauptquartiers war ständigen Veränderungen unterworfen, so dass hier nur auf die Gliederung und Aufgaben der Intelligence- Division im Zeitraum 1985-1989 eingegangen werden soll. Dies kann auch für die übrigen Stabsabteilungen (Divisions) von SHAPE gelten.

- Erarbeitung von Informationen[591] zur Verteidigungsplanung, Durchführung (Policy) und Operationen[592],
- Bewertung der Bedrohung und Erstellung von Bedrohungseinschätzungen,
- Bewertung der Bedrohung durch Spionage und Erarbeitung der Grundlagen für Spionageabwehroperationen (Counterintelligence Operations) [593],
- Verbesserung der Planung zur Nachrichtenbearbeitung und deren Prozesse im alliierten Kommandobereich Allied Command Europe (ACE).

Die SHAPE Intelligence Division war im Jahre 1989 wie folgt gegliedert[594]:

- Assistant Chief of Staff Intelligence (ACOS INT): GenMaj, CA
- Deputy Assistant Chief of Staff Intelligence (DACOS INT): Oberst, US
- Executive Officer: Lieutenant Colonel[595], UK
- Administration Officer: Warrant Officer, UK A
- Special Handling[596]: Civilian Personnel (CIV)[597], US
- Special Handling Product Support: CIV, US
- Special Access Section: Lieutenant Colonel, UK

---

[591] In diesem Zusammenhang steht das Synonym "Intelligence" für die Gesamtheit aller Maßnahmen und Informationen zu einem möglichen Gegner und dessen aktuellen Fähigkeiten. (NATO – Military Agency for Standardization (MAS) - AIntP-1-Intelligence Doctrine – (NU), 5 Mar 1986

[592] Die Einzelaufgaben waren u. a. in der ACE Directive - AD 65-1 Intelligence Policy Allied Command Europe (IPACE) festgelegt.

[593] Gleichwohl die nationalen Zuständigkeiten für Gegenspionageoperationen in den NATO-Staaten nicht angetastet wurden. Hierzu entwickelte die NATO den "NATO Counter Intelligence Plan Allied Command Europe – CIPACE (AD 65-3 Counterintelligence Policy Allied Command Europe Peace and War (CIPACE)".

[594] Die Stellen waren national auf rotierender Basis besetzt. Besetzungswechsel erfolgte in der Regel nach 3-4 Jahren durch die entsprechende Nation, sofern diese nicht darauf verzichtete. In diesem Falle wurde die Stelle den Nationen neu zur Besetzung angeboten. Vergleiche: SHAPE STAFF DIRECTORY, 1 August 1989, (NU - NATOUNCLASSIFIED)

[595] Im internationalen Sprachgebrauch wurden Lieutenant Colonels (Oberstleutnant) als Colonel angesprochen.

[596] Sicherlich für die Bearbeitung der US Single Integrated Operation Plans – SIOP (Nukleareinsatz) durch NATO-assignierte Streitkräfte.

[597] Bei den mit Zivilpersonen besetzten Dienstposten bei SHAPE war zwischen NATO-Civilians, die durch die NATO besoldet, und Civilians, die national besoldet wurden, zu unterscheiden. Sensitive Dienstposten im Bereich des "Special Handling", ausgenommen SHD, wurden in der Regel national besetzt und besoldet.

5.7.1 Basic Branch: Oberst, UK

- Air/Maritime/Electronic Warfare Section: Captain (Kapitän z. S.), Großbritannien
- Land Section: Lieutenant Colonel, Türkei

Die Basic (Intelligence) Branch war verantwortlich für:
Die Bearbeitung der Grundlagen für Beiträge zu Studien und Bedrohungsbewertungen (Threat Asessments) der Fähigkeiten des Warschauer Paktes. Die Research Support Cell der Basic Intelligence Branch verfügte über einen Aktenbestand von mehr als 50.000 klassifizierten Dokumenten über den sowjetischen Block bzw. den Warschauer Pakt[598], der auch dem SHAPE-Stab bei Bedarf zur Verfügung stand.

5.7.2 Combat Applications Branch: Oberst, US

- Current Activities Section: Oberst, Deutschland
- Special Handling Detachment – SHD: Lieutenant Colonel, Dänemark[599]
- Requirements Section (CCIRM): Oberst, US
- Targets Section[600]: Lieutenant Colonel, US

Zu den Aufgaben der Combat Applications Branch[601] gehörte die laufende Bearbeitung der Lage und Erstellung der täglichen Lageberichte für den SACEUR und seinen Stab. Dabei musste sichergestellt werden, dass Anzeichen für feindselige Absichten eines möglichen Gegners rechtzeitig erkannt wurden und entsprechende Warnungen an den SACEUR ergingen. Daneben war die Current Branch verantwortlich für die zeitgerechte Erstellung von Lagezusammenfassungen (Intelligence Summaries) für den wöchentlichen Lagevortrag (COFS-Briefing) vor dem SHAPE Chief of Staff (COFS) am Freitag 09:00 Uhr im SHAPE

---

[598] Probleme ergaben sich dann, wenn es sich um Staaten handelte, die nicht dem Warschauer Pakt angehörten. Dies zeigte sich beim Libyen-Einsatz der US-Luftwaffe, als Informationen zur libyschen Luftverteidigung und Fähigkeiten zum Luftangriff durch Libyen benötigt wurden.

[599] Dieser Dienstposteninhaber sollte später noch Leiter des Danish Defence Intelligence Services (DDIS) werden.

[600] Die Targets Section der Intelligence Division war nicht verantwortlich für die Planung von Nukleareinsätzen bei SHAPE. Hierzu verfügte die Operations Division über die "Nuclear Operations/Plans Section" unter Führung eines Obersten der USAF. Die Diensträume befanden sich in einem gesonderten Bereich im SHAPE-Command Centre (SCC) auf der Ebene Level A.

[601] Siehe hierzu: SHAPE STAFF OFFICERS HANDBOOK, 1800/SHGS/90 (NU); DEC 1990

Command Centre (SCC). Der NATO-SECRET eingestufte SHAPE – INTSUM wurde, wenn sich keine gravierenden Abweichungen ergaben, nach dem freitäglichen Briefing an den nachgeordneten Bereich, meist per Fernschreiben, in den Umlauf gegeben. Die SHAPE-Divisions, einschließlich LIVE OAK und NAEW-FC HQ, erhielten ihn als Papierkopie durch das SHAPE Message Distribution Centre. Im Special Handling Detachment – SHD wurden die aus nationalen SIGINT[602]-Quellen eingehenden Informationen bearbeitet und in das SIGINT-Lagebild der SHAPE-INTEL-Division eingefügt, das schriftlich im "Blue Book" zusammengefasst und jeden Donnerstag in den Nachmittagsstunden durch den Leiter des SH-Detachments persönlich bei den Abteilungsleitern (Division Chiefs) des SHAPE-Stabes zur Einsichtnahme ausgehändigt wurde. Während der Einsichtnahme in das Blue Book durch den jeweiligen Division Chief verblieb der Leiter SHD im Vorzimmer und wartete auf dessen Rückgabe. Der betroffene Division Chief paraphierte die Kenntnisnahme des Inhalts auf einer dem "Blue Book"[603] beigefügten Liste. Die Erörterung der im Blue Book enthaltenen Informationen[604] mit

---

[602] Im nationalen deutschen Bereich: Fernmelde- und Elektronische Aufklärung (Fm-/EloAuflkl)

[603] Die NAEW-FC-HQ INTEL&SY Section erhielt nach entsprechenden Absprachen auf der Arbeitsebene ebenfalls vorab Zugriff auf die Inhalte des "Blue Book", so dass bei der Lagebearbeitung im NAEW-FC-HQ keine diesbezüglichen Überraschungen zu erwarten waren.

[604] Die Fragestellung des Deputy Force Commanders NAEW-FC, einem britischen RN- Commodore – entspricht dem Brigadegeneral –, zu einem bestimmten Ereignis im Zusammenhang mit der sowjetischen Marineluftwaffe auf der Halbinsel Kola während eines Briefings lies den Schluss zu, dass er zum Kreis der "Wissenden" gehörte. Daher bemühte sich die Intelligence & Security Cell bei NAEW-FC ebenfalls erfolgreich um den Zugang zu SHD-Informationen und war danach unter Beachtung der Geheimhaltungsbestimmungen ebenfalls auskunftsfähig. Zusätzlich waren in der SHD-Meldeerstattung frühzeitige Hinweise auf bestimmte Entwicklungen im Warschauer Pakt (Anzeichen für bevorstehende Übungen, Aktivierung besonderer Führungsnetze u. ä.) enthalten, die in der normalen Intelligence-Berichterstattung nicht verfügbar waren. Hier konnte dann bereits frühzeitig auf derartige zu erwartende Ereignisse reagiert werden. Dies war insbesondere bedeutsam für die Planung von Einsätzen der NATO-Frühwarnflotte, die einen entsprechenden Zeitvorlauf und gegebenenfalls auch politische Entscheidungen, so z. B. beim Einsatz der NATO-E-3A über Nordnorwegen, der Ägäis oder bei der Beobachtung von sowjetischen Flottenübungen im Nordmeer, der Ostsee oder dem Mittelmeer sowie über der Nordsee im Verbund mit anderen nationalen Aufklärungskräften, erforderlich machten. Auf die damaligen politischen Implikationen des Einsatzes der NATO-E-3A soll hier nicht weiter eingegangen werden. Auffällig war auch das plötzliche Versiegen des SHD-Meldeflusses aus einer bestimmten geografischen Region an den Flanken der NATO, was auf erhöhte Aktivitäten der damals sowjetischen Seite in diesem geografischen Bereich hindeutete. Es war anzunehmen, dass die dort zuständige nationale SIGINT-Organisation diese Informationen gezielt zurückhielt, um diese später gegen andere Informationen von Bedeutung auf dem "SIGINT-Markt" einzutauschen. Dies war meist beim Auftreten neuer Waffensysteme oder Verfahren sowie bei der Aktivierung von "High Le-

"nicht" indoktrinierten Personen war streng verboten und galt als ernster Sicherheitsverstoß, der im schlimmsten Falle zur Ablösung führen konnte.

5.7.3 CI & Security Branch: Oberst, Italien

- Counterintelligence – CI-Section: Lieutenant Colonel, US
- Security Section: Lieutenant Colonel, UK

Die Counter Intelligence & Security Branch hatte den Auftrag der Entwicklung von Vorgaben (Policies), Plänen und Prozeduren für die Gegenspionage/Spionageabwehr (Counterintelligence) und die Militärische Sicherheit (Security) im Allied Command Europe. Ausgenommen hiervon war der Bereich Kommunikationssicherheit (Communications Security – COMSEC). Daneben Entwicklung und Fortschreibung der Programme und Verfahren für Sicherheitsinspektionen im nachgeordneten Bereich. Zu den Aufgaben der Counter Intelligence & Security Branch gehörte auch die Bewertung terroristischer Aktivitäten im Kommandobereich. Während Krisen und im Krieg hätte die dann personell verstärkte Crisis Assessment-Section – CAS im SHAPE Command Centre (SCC) im Dauerdienst den Auftrag gehabt, die Lage über 24 Stunden zu beobachten, zu bewerten und bei erkennbaren Lageverschärfungen entsprechende Hinweise an die Führung zu geben. In Krisen und bei Ausbruch von Feindseligkeiten war ein Anwachsen der Meldeerstattung besonders in diesem Bereich zu erwarten.

5.7.4 Policy & Requirements Branch: Kpt. z. S. Deutschland

- Plans & Projects Section. Oberst, Niederlande
- Exercise & Training Section: OTL, Griechenland
- Architecture & Requirements Section: OTL, Vereinigte Staaten

Die Policy & Requirements Branch war daneben auch für die Erarbeitung der Grundlagen der Nachrichtengewinnung im Kommandobereich ACE[605] und die Erstellung von Übungsszenarien der NATO im Komman-

---

vel- oder Nuklearwaffen-Führungsnetzen" der Gegenseite der Fall. Das galt auch für erkennbare Vorbereitungen der damaligen sowjetischen Nordflotte auf großräumige Flottenoperationen im Nordmeer, dem Atlantik oder dem Mittelmeer.

[605] ACE – Allied Command Europe. Die Grundlagen der Nachrichtengewinnung und Bearbeitung im ACE waren u. a. in den meist klassifizierten Dokumenten: MC 67-4 ALERT/WARNING SYSTEMS WARNING, MC 101-6 NATO Signals Intelligence POLICY, MC 114-8 PROCEDURES FOR PRODUCTION AND MAINTENANCE OF NATO AGREED INTELLI-

dobereich ACE verantwortlich. Auch wurden in dieser Branch Grundsatzbestimmungen für die Intelligence-Architektur und die Erfordernisse der Intelligence-Bearbeitung im Kommandobereich ACE bearbeitet.

5.8 Die Informations-(Nachrichten)Quellen der SHAPE Intelligence Division

Die NATO verfügte Ende 1989 über ein äußerst komplexes und hochentwickeltes Meldewesen[606] für Frieden, Krisen und den Krieg[607], sodass zu dieser Zeit bereits zum Teil die automatisierte Übermittlung formatierter Meldungen, sowohl auf normalen Fernmeldewegen (Draht und Funk) als auch bereits in rechnergestützten Verbundsystemen, übermittelt werden konnten. Daher soll hier nur auf das Friedens-Intelligence-Meldewesen zu dieser Zeit eingegangen werden. Die Besonderheiten des SHAPE-Informationssystems sind in SHAPE War Headquarters Information Distribution System – WHIDDS[608] beschrieben. Grundsätzlich wurden Meldungen, sogenannte Intelligence-Reports (INTREPS), von der im Meldewesen dazu verpflichteten Stelle auf vorgeschriebenen Wegen, zum vorgeschriebenen Zeitpunkt und im vorgeschriebenen Format und der entsprechenden Vorrangstufe an die vorgeschriebenen Empfänger weitergegeben. Das nationale deutsche Meldewesen und seine Meldeverpflichtungen sollen hier nicht betrach-

---

GENCE, MC 128-2 GUIDANCE FOR INTELLIGENCE SUPPORT FOR NATO, MC 298-1 MUTUAL Signals Intelligence SUPPORT, AD 65-2 BI –MNC INTELLIGENCE POLICY, AD 65-3 COUNTERINTELLIGENCE POLICY, MC 119 TRANSMISSION OF WARNINGS OF ATTACK, MC 166/14 NATO INDICATIONS AND WARNING SYSTEM (I&W) und einer Vielzahl anderer Dokumente enthalten, die aus Platzgründen hier nicht weiter behandelt werden können und zum großen Teil noch nicht freigegeben sind.

[606] ACE Directive 80 – 5 – Allied Command Europe Reporting System (ACEREP) Vol. 2 Intelligence Reports, Vol. 3 Operations/Situation Reports, Vol. 5 A Nuclear Ops/NBC Reports, AD 80-51 Allied Command Europe Operations Situations Report (OPSITREP)

[607] Für Übungen galten die Bestimmungen des Übungsmeldewesens, die sich eng an das Kriegsmeldewesen anlehnten, aber Besonderheiten in den Übungsgliederungen, insbesondere auch den Leitungs- und Schiedsrichterdienst (Directing-Staff – DI-Staff) berücksichtigten. Die Formate der Meldungen blieben gleich. Allerdings wurden allen Meldungen der Präfix "EXERCISE – es folgte der zentral festgelegte Nickname der Übung, so z. B. EXERCISE AUTUM FORGE" vorangestellt und am Ende jeder Meldung der dreimalige Suffix "EXERCISE". Für Übungen wurden auch gesonderte Meldewege und Übungs- Address-Indication-Groups (EXERCISE AIG) festgelegt, um eine Vermischung des "Exercise-Verkehrs" mit dem "Real World-Traffic" zu vermeiden. Wurden Gefechtsstände gemeinsam für "Real World-Einsätze" und Übungen betrieben, konnte es schon vorkommen, dass sich die Gesprächsteilnehmer in Zweifelsfällen durch Rückfrage vergewissern mussten, ob es sich um einen "Live-No Play-Event" handelte oder um eine Übungseinlage. Dies war besonders bedeutsam für die Auslösung von Übungsalarmmaßnahmen, die keinesfalls zu Reaktionen aus den echten Alarmunterlagen der NATO führen durften.

[608] WHIDDS – War Headquarters Information Display and Distribution System

tet werden. Gleichwohl Meldungen nationaler Verbände, die der NATO assigniert oder direkt unterstellt waren, sowohl auf nationalen als auch auf NATO-Meldewegen weitergegeben wurden. Auf Basis der ACE Directive 80-5 wurden die eingehenden Meldungen, die im SHAPE Information Message Distribution System auf dem Fernschreibweg einliefen, anhand der in der Allied Procedures Publication (APP-3) festgelegten Subject Identifier Codes – SIC[609], die im Spruchkopf der Meldung enthalten waren, sortiert und an die Intelligence Division ausgeliefert. Die auf anderen Wegen eingehenden Meldungen wurden direkt in der Intelligence Division an die Bearbeiter (Action Officers), die jeweils ein festgelegten Bereich leiteten, so z.B. Air Desk, Naval Desk, Ground (Land) Forces Desk, weitergeleitet oder konnten in deren System[610] abgerufen werden. Daneben führten die einzelnen Desks entsprechende Handakten, die nach dem in der ACE Directive 25 – 1 ACE Records Administration enthaltenen Subject File Scheme der Reihe 3500 bis 3590 (Intelligence & Security) gegliedert waren. Zu dieser Zeit erhielt die Intelligence Division regelmäßig[611] eine Vielzahl von formatierten Meldungen, Intelligence Reports, so z.B.

- Intelligence Summaries – INTSUM
- Intelligence Report(s) – INTREP
- Supplementary Intelligence Report – SUPINTREP
- Surface to Air Missile Intelligence Report – SAMINTREP
- Intelligence Report Tactical Interrogation – INTREP – TIR [612]
- Intelligence Report Preliminary Report – INTREP-PTR
- Tactical Interrogation Report – TACINTEREP

---

[609] Der Subject Identifier Code – SIC bestand aus einer aus drei Großbuchstaben bestehenden Buchstabengruppe, der erste Buchstabe zeigte den Fachbereich (Subject Area) an, so z. B. U = Intelligence, der nun folgende Buchstabe indizierte den Fachbereich, so z. B. UL A = Electronic Warfare, der nun folgende dritte Buchstabe bezeichnete den (Subject Qualifier) UL = (UL) Electronic Warfare, A – Allgemeines. Damit war eine rasche Sortierung und Zuordnung nach Inhalt, ggf. auch in einem EDV-System möglich. Übungen der NATO konnten schon an ihren SIC identifiziert werden, so z. B. AQ-WINTEX/CIMEX, AW-ABLE ARCHER, AR-HILEX, AT-AUTUM FORGE: Bei Übungen wurden die Meldungen auch mit SIC nach BLUE, CONTROL, DISTAFF, ORANGE, PURPLE, UMPIRE und NO PLAY gekennzeichnet. So z. B. SIC AQB-WINTEX CIMEX Blue Forces

[610] WHIDS – SHAPE War Headquarters Information Distribution System

[611] Der Meldungseingang im Routinebetrieb war je nach NATO-Kommandobereich unterschiedlich. Bestimmte Regionen meldeten eher unregelmäßig. Im Routinebetrieb gingen täglich bis zu 200 Meldungen aus dem nachgeordneten Bereich bei SHAPE-INTEL auf dem Fernschreibweg ein. Bei krisenhaften Entwicklungen oder während Übungen konnten leicht die doppelte Anzahl erreicht werden.

[612] INTREP TIR, INTREP – PTR, TACINTERREP, COMTECHREP, DETECHREP nur im Falle von Feindseligkeiten bei Anfall von Gefangenen/Überläufern und Beutematerial

- Complimentary Technical Report – COMTECHREP
- Detailed Technical Report – DETECHREP
- Reconnaissance Exploitation Report – RECCEXREP [613]
- Mission Report – MISREP
- Radar Exploitation Report – RADAREXREP
- Security Intelligence Report – SECINTREP
- Security Intelligence Summary – SECINTSUM
- Situation Report – SITREP

Daneben wurden im Frieden durch die entsprechenden nationalen Kommandobehörden, NATO-Stäbe und höchste nationale Führungsstäbe oder Nachrichtenauswertezentralen eine Vielzahl von Meldungen generiert, die bei der SHAPE Intelligence Division eingingen und deren Informationen das Lagebild abrundete. Es waren dies unter anderem die folgenden.

5.8.1 Die tägliche Nachrichtenbearbeitung in der SHAPE Intelligence Division

Grundlage für die Nachrichtenbearbeitung waren neben lokalen, ergänzenden Anweisungen[614] der jeweiligen Nato-Kommandobehörden das NATO Standardization Agreement 2936 – Intelligence Doctrine – AintP-1, in dessen Kapitel 1 der Zweck, der Aufbau, die Terminologie, der Bedarf an Feindlageinformationen, die Zusammenarbeit in den Stäben sowie das Abhängigkeitsverhältnis zwischen Feindlageinformationen (Intelligence) und Informationen zur Sicherheitslage ausführlich beschrieben wurde und damit die Basis für eine einheitliche Nachrichtenbearbeitung in der NATO legte. Im nationalen Bereich galt als grundlegendes Dokument die Zentrale Dienstvorschrift 2/11[615]die, angelehnt an die Verfahren der NATO, die Nachrichtenbearbeitung in nationalen Stäben regelte. Zu den Grundprinzipien der Feindlagebearbeitung[616] in der NATO gehörten:

---

[613] RECCEXREP und MISREP üblicherweise nur dann, wenn bedeutsame Informationen vorlagen.
[614] So z. B. Central Region Air Intelligence Handbook, ähnliche Ergänzungen lagen auch für die übrigen Kommandobereiche vor, auf die hier aus systematischen Gründen aber nicht eingegangen werden soll.
[615] ZDv 2/11 Der Militärische Nachrichtendienst in Kommandobehörden und Stäben VS-NfD
[616] Der International Military Staff (IMS) in Brüssel verfügte zu dieser Zeit natürlich über eine Intelligence Division mit Basic Branch, Warning Branch, SHD-Branch, einer Communications Branch, ADP-Branch sowie über eine Registry. Die INTEL DIV des IMS bearbeitete die Gesamtlage für den NATO-Bereich. Zwischen der IMS – INTEL DIV und der SHA-

- Zentralisierte Kontrolle der Nachrichtengewinnung, um Doppelbearbeitung oder Mehrfachbestätigungen auszuschalten,
- Zeitverzugslose Meldeerstattung,
- Zeitnahe und systematische Auswertung und Bewertung der Meldeinhalte,
- Verfügbarkeit aller relevanten Feindlageinformationen,
- Berücksichtigung spezifischer Erfordernisse bei der Nachrichtengewinnung und Beschaffung,
- Quellenschutz[617]
- Ständige Überprüfung der Feststellungen an Hand neu eingegangener Informationen.

Die Gewinnung und Bearbeitung der Feindlageinformationen (Production of Intelligence) bestand aus einer Vielzahl sich ergänzender Arbeitsschritte[618], die nachfolgend beschrieben werden sollen:
- Auftrag der übergeordneten Führung und, daraus abgeleitet,
- Nachrichtengewinnungserfordernisse[619] .
- Bewertung der verfügbaren Feindlageinformationen, daraus folgend, Plan zur Nachrichtengewinnung.

PE INTEL DIV bestanden intensive Arbeitsbeziehungen, auf die aber hier nicht weiter eingegangen werden soll. Daneben verfügte der IMS über ein Lagezentrum (Situation Centre – NATO SITCEN)) mit Watch Staff Support Branch, Duty Officers (24-Std) Communications Branch, Communication Centre mit IVSN-Secure Service (24-Std) sowie einer Graphics Support Cell. Das SITCEN war für die aktuelle Lageführung der NATO verantwortlich. Zwischen SHAPE EMERGENCY ACTION UNIT-EAU und dem NATO SITCEN in Brüssel bestanden entsprechende Informations- und Arbeitsbeziehungen.

[617] Dies galt insbesondere für die mit Mitteln der "technischen" Aufklärung (SIGINT) gewonnenen Informationen. Ähnliche Prinzipien wurden auch beim Schutz der im Rahmen der Gegenspionage (Counterintelligence) anfallenden Informationen angewandt.

[618] Intelligence Cycle: Sammlung – Bewertung – Analyse – Integration – Interpretation der Einzelinformationen in das bereits vorhandene Lagebild.

[619] Der nachrichtendienstlich relevante Interessenbereich des Hauptquartiers lag mit Schwerpunkt auf "Current Intelligence", d.h. es wurden hauptsächlich Informationen über die Kräfte des WP und deren Möglichkeiten mit operativem Bezug benötigt, um im Rahmen des NATO-Indications & Warning Systems (I&W) angemessen auf entsprechenden Entwicklungen reagieren zu können. Gleichwohl auch Informationen mit strategischen Bezügen Eingang in die Lagebearbeitung bei SHAPE INTEL fanden. Auf der Ebene der NATO MAJOR SUBORDINATED COMMANDS-MSC/PRIMARY SUBORDINATED COMMANDS-PSC bestand allerdings, insbesondere wenn Feindseligkeiten ausgebrochen wären, besonderer Bedarf an operativen Informationen auf der Ebene Front des WP. Taktische Informationen wurden in diesem Fall auf der Ebene Kampftruppen der NATO benötigt. Andere Erfordernisse ergaben sich bei der integrierten Luftverteidigung der NATO, hier lag das Schwergewicht auf Operationen und Taktik eines möglichen Luftwaffeneinsatzes des Warschauer Paktes. Derartige Fragen wurden in den Stäben und Gefechtsständen der integrierten Luftverteidigung der NATO bearbeitet und sollen hier nicht weiter betrachtet werden.

- Aufträge zur Nachrichtengewinnung und Beschaffung an nachgeordnete Kommandobehörden und spezielle Dienste (SIGINT (FmEloAufkl), Counterintelligence – CI) u.a.
- Sammlung von Informationen.
- Bewertung der eingegangenen Informationen
- Analyse der Informationen
- Bewertung der Feindlageinformation(n)
- Integration der eingegangenen Informationen in das bereits bestehende Lagebild
- Interpretation des Lagebildes hinsichtlich möglicher Absichten eines Gegners
- Einschätzung der Lage und der möglichen Absichten eines Gegners
- Abschließende zusammenfassende Bewertung (Appraisal)
- Verteilung der Lageinformation an den nachgeordneten Bereich.

Der Nachrichtenbearbeitungszyklus war ein sich ständig wiederholender Prozess. Vorhandene Erkenntnisse[620] wurden ständig an Hand neu eingehender Informationen auf ihre Plausibilität hin überprüft. Einschätzungen mussten dann gegebenenfalls auf Grund neuerer Erkenntnisse korrigiert werden. Die Schwierigkeit bestand für den Bearbeiter darin, die Vielzahl der eingehenden Meldungen systematisch auszuwerten, dabei Veränderungen in der Dislozierung und Aktivitäten der in seiner Bearbeitung befindlichen Verbände der Gegenseite zu erkennen und die notwendigen Schlüsse daraus zu ziehen. Hierzu war es erforderlich, dass der Bearbeiter ständig "in der Lage" lebte. Beispielsweise musste der Bearbeiter der in der DDR stationierten Bodentruppen der Sowjetarmee allein 5 Armeen mit ihren Stäben, deren Führungsorganisation und mehr als 15 sowjetische Divisionen und deren nachgeordnete Einheiten im Auge behalten. Nicht zuletzt galt es auch, die Nationale Volksarmee und deren Truppenteile zu überwachen. Besonders zu beachten war das von bekannten Normen abweichende Verhalten der

---

[620] Basic Intelligence – Grundlagenmaterial, Current Intelligence – aktuelle Informationen. Zu dem Grundlagenmaterial gehörte das Dokument MC 161 – The General Intelligence Estimate Part A: Overview, B: Russia, C: Countries /Areas in NATO - Area of Intelligence Interest, D: Other Countries, in dem "NATO- agreed" Feindlageinformationen enthalten waren. Dieses Grundlagenwerk wurde jährlich in einer entsprechenden Konferenz durch die Nationen aktualisiert und stellte die grundlegenden Erkenntnisse der NATO über den Warschauer Pakt dar. Ergänzt wurde dieses Werk durch Military Intelligence Publications – MIP 221- Air Forces Order of Battle (AOB), MIP 211 – Ground Forces Order of Battle – GOB, MIP 230 – Naval Organization, MCM 023 – Force Data in the Atlantic to the Urals, sowie eine Vielzahl anderer Dokumente, die auch heute noch nicht verfügbar sind.

Truppen, das auf mögliche Übungsvorbereitungen hindeuten konnte, aus dem sich u.U. sehr schnell ein Aufmarsch[621] in Richtung Westen entwickeln konnte. Besondere Aufmerksamkeit verlangten die Führungsnetze, die meist als Funk- und RV-Führungsnetze geführt wurden. Hier zeichneten sich am frühesten entsprechende Übungsvorbereitungen ab. Nicht zuletzt die erhöhte Kommunikationstätigkeit in den Forward-Troposcatter-Verbindungen[622] der sowjetischen Streitkräfte in Richtung Moskau und das vorgeschobene Hauptquartier in Legnica (Liegnitz)/Polen ließ entsprechende Übungsaktivitäten erwarten. Wurden in solchen Lagen zusätzlich noch luftgestützte sowjetische Führungsstellen z.B. des Oberkommandos Moskau, möglicherweise zusammen mit dem luftgestützten Führungsgefechtsstand der Heimatluftverteidigung und der Raketentruppen, aktiviert, war dies allemal Anlass zu besonderer Aufmerksamkeit. Auch das Zusammenspiel der sowjetischen Luftstreitkräfte mit ihrer 16. Frontluftarmee in der damaligen DDR, verbündeten Luftwaffen im Vorfeld (NVA-LSK, polnische und tschechoslowakische LSK), der sowjetischen ZGT-LSK in der CSSR, der sowjetischen SGT in Ungarn, die Aktivierung von bisher nicht genutzten Ausweichflugplätzen im Vorfeld, Zuführung von Luftstreitkräften aus den westlichen Militärbezirken auf Flugplätze im Vorfeld und eine Vielzahl zusätzlicher logistischer Aktivitäten konnte das Lagebild abrunden und erlaubten eine relative klare Einschätzung der Lageentwicklung auf der Gegenseite. Besonders kritisch waren auch großangelegte Übungen der Landstreitkräfte mit Unterstützung durch die Luftstreitkräfte im vorderen Bereich, hier insbesondere in der DDR und der damaligen CSSR und in Polen. Nicht zuletzt auch die Aktivitäten der sowjetischen Flotte, hier insbesondere die der Nordflotte, musste ständig beobachtet und ihre Aktivitäten, insbesondere im Hinblick auf einen möglichen Flottenaufmarsch im Nordmeer, der Nordsee oder dem Atlantik im Verbund mit Übungen der Landstreitkräfte entsprechend be-

---

[621] Besonders aufmerksam wurde auch die halbjährliche Truppenrotation in den sowjetischen Streitkräften im Vorfeld verfolgt. Bot sich doch hier die Möglichkeit, zusätzliche Kräfte in den vorderen Raum zu verlegen und damit die Angriffsfähigkeit der sowjetischen Truppen zu erhöhen.

[622] Die sowjetischen Streitkräfte unterhielten in der DDR und in Polen Führungs-Funkstellen im VHF/UHF-Bereich, welche die Reflexionen der VHF/UHF-Abstrahlungen in der Troposphäre ausnutzten, um gewollte Abstrahlungen über eine weite Entfernung in vorgegebene Richtungen zu senden. Auch die NATO machte sich dieses Phänomen bei der Überbrückung großer Entfernungen zunutze, z. B. NATO-Troposcatter Verbindung Großer Feldberg – Norditalien. Mit entsprechendem technischen Aufwand konnten Streustrahlungen und Nebenkeulenstrahlung derartiger Verbindungen durch die Dienste beider Seiten erfasst und die Inhalte aufgeklärt werden.

wertet werden. Auch ergaben sich aus der Verstärkung der sowjetischen 5. Eskadra (SOVMEDRON)[623] durch Flottenkräfte der Nordflotte, darunter auch der Hubschrauberträger KIEW, oder den Austausch von Einheiten der SOVMEDRON gegen Einheiten der sowjetischen Schwarzmeerflotte durch die Dardanellen Ansätze für die Auswertung der Absichten der sowjetischen Marine im Mittelmeer. Die Kräfte der SOVMEDRON stellten eine direkte Bedrohung der 6. US-Flotte im Mittelmeer dar. Zu dieser Zeit konnte sich die SOVMEDRON auf Häfen in Libyen und Syrien zur Versorgung abstützen. Die sowjetische Luftwaffe verlegte zu dieser Zeit auch häufig Aufklärungsmaschinen durch den jugoslawischen Luftraum, internationalen Luftstraßen folgend, nach Libyen und Syrien. Auch ein Anwachsen der Langstreckenaufklärungseinsätze der Marineluftstreitkräfte der sowjetischen Nordflotte[624], die häufig bis vor die Küsten Kanadas und der USA führten, waren Indikationen für die Absichten der sowjetischen Führung. Besonders kritisch waren auch Übungen des Warschauer Paktes in der Ostsee, die meist in der westlichen Ostsee unter Beteiligung der Baltischen Rotbannerflotte, ihrer Marinefliegerkräften und Kräften der Volksmarine der DDR und den polnischen Seestreitkräften in unmittelbarer Nähe der Ostseezugänge (Baltic Approaches – BALTAP) stattfanden. Nicht zuletzt die Aufstellung von meist sowjetischen, als Trawler getarnten Aufklärungsschiffen in See-Übungsgebieten der NATO, vor den Häfen der nuklear bewaffneten Unterseeboote der Royal Navy und der US Navy in Großbritannien (Faslane und Rosyth), als auch vor den Häfen der französischen nuklear bewaffneten Unterseeboote in der Bretagne und im Mit-

---

[623] Am 31.12.1992 endete die Präsenz der SOVMEDRON im Mittelmeer, ihre Schiffe kehrten zur Nord- und Schwarzmeerflotte zurück. Ab 2015 kann wieder mit einem Einsatz, diesmal russischer Flottenkräfte, im Mittelmeer gerechnet werden. Auf welche Stützpunkte sich die Kampfschiffe künftig abstützen werden, ist noch ungewiss. Die frühere Flottenbasis Tartus in Syrien wurde aber bei einem kürzlichen Manöver von Teilen der Schwarzmeerflotte wieder genutzt. Siehe hierzu: Kohlweg, M., in ÖMZ Wien, Ausgabe 3/2013 S. 354-255. Bestätigt wird dies durch eine Meldung der russischen Nachrichtenagentur RIA Novosti vom 12. Mai 2013, die sich auf eine Erklärung des russischen Oberkommandierenden der Marine, Admiral Chirkov, bezieht, der hervorhebt, dass künftig zwischen 5-6 russische Marineeinheiten, darunter auch nuklearfähige Unterseeboote im Mittelmeer eingesetzt werden sollen. Die Flotteneinheiten werden auf Rotationsbasis von der Nordflotte, der Schwarzmeer-Flotte und der Pazifik-Flotte abgestellt und durch entsprechende Versorgungsschiffe unterstützt. Das Flaggschiff wird im Sommer 2013 seinen Dienst im Mittelmeer aufnehmen. Nach wie vor operiert die 6. US-Flotte, Hauptquartier Neapel, mit bis zu 40 Kampfschiffen im Mittelmeer. Auf See wird die sechste Flotte vom Flaggschiff derzeit (2013) Mount Whitney geführt.

[624] Häufig fanden auch Begegnungen zwischen der NATO E-3A, der auf Island stationierten E-3A der USAF und sowjetischen Marinelangstreckenaufklärern im Luftraum um Island statt.

telmeer, waren Indikationen für die Interessenlage der sowjetischen politischen und militärischen Führung. Routinemäßig wurde auch die norwegische Küste durch Aufklärungsmaschinen der sowjetischen Nordflotte, meist COOT, elektronisch überwacht. Gelegentlich wurden diese Missionen bis über die Nordsee vor die niederländische Küste ausgeweitet. Im Luftraum über der DDR führte die in Sperrenberg stationierte Aufklärungsstaffel der 16. Frontluftarmee regelmäßig Aufklärungsflüge mit COOT – ALFA (ILUSHIN-18) zur Fernmelde- und elektronischen Aufklärung durch. Ergänzt wurden diese Missionen[625] durch den Einsatz der Antonov AN-26 CURL der NVA/LSK aus Dresden, die als gemeinsame Aufklärungsmissionen der Hauptabteilung III (Spezialfunkdienste – SFD) des Ministeriums für Staatsicherheit und des Zentralen Funkdienstes (ZFD) der Nationalen Volksarmee unter dem Decknamen "RELAIS"[626] durchgeführt wurden. Zusätzlich sollten Aufklärungsmissionen mit sowjetischen Hubschraubern des Musters Mi-8 HIP, besetzt durch Personal der HA III des MfS, über Berlin durchgeführt werden. Ergänzt wurde die Aufklärung durch Hubschrauberflüge der Grenzfliegerkräfte des Kommandos Grenze der NVA entlang der Innerdeutschen Grenze. Auch wurde gelegentlich durch die Aufklärungskräfte der Westalliierten und der entlang der Innerdeutschen Grenze eingesetzten SIGINT-Kräfte der britischen, US-amerikanischen und französischen Streitkräfte die Aktivierung zusätzlicher Erfassungsstellen[627] auf der Gegenseite festgestellt. Die Bundeswehr und der Bundesnachrichtendienst unterhielten an der IDG und an der Grenze zur CSSR ein System von grenznahen, ortsfesten Erfassungsstellen, das bei Bedarf durch mobile Erfassung[628] ergänzt wurde. Auch die Erfassungsergebnisse dieser Stellen flossen in das nationale SIGINT-Meldewesen mit ein und waren, wenn auch nicht in vollem Umfang, meist im Special Handling Detachment der SHAPE Intelligence Division verfügbar. Der

---

[625] Häufig erfolgten auch Einflüge von MiG 25-FOXBAT, Tupolew TU-22 M BACKFIRE und TU-22 BLINDER aus dem Luftraum der westlichen Militärbezirke der UdSSR in den Luftraum über der DDR bis kurz vor die Innerdeutsche Grenze. Dies führte dann zu erhöhten Aktivitäten in der FmEloAufkl der Luftwaffe.

[626] Vergleiche hierzu auch: Liebscher a. a. O. Siehe auch: BStU MfS HA III14322, 11576, 15186, 10566, 15233: Funklage Abt 6, Konzeption zur Untersuchung und Erprobung luftgestützter Aufklärung, Studie für die Entwicklung des Funkkontroll- und Messdienstes, Sammelvorgang Technik, Verwaltung, RELAIS, TA 10A, Perspektivplanung RELAIS.

[627] Vergleiche hierzu auch: Lapp, P. J.: Frontdienst im Frieden – Die Grenztruppen der DDR, S. 156 ff. Koblenz, 1987. Die Grenztruppen unterhielten auch eine eigene Fu-/FuTechnische Aufklärung.

[628] Meist durch Zivilfahrzeuge der Bundesstelle für Fernmeldestatistik mit den amtlichen Kennzeichen KS bzw. BS und einer vierstelligen Folgezahl.

interne Bewertungsprozess der Informationen durch die Lagebearbeiter von SHAPE-INTEL war zu dieser Zeit geprägt von hohem Professionalismus, nicht zuletzt zurückzuführen auf die umfangreichen Erfahrungen[629] des eingesetzten Personals. Mit den durch die NATO-Nationen[630] zur Verfügung gestellten Lageinformationen war es der SHAPE Intelligence Division stets möglich, regelmäßig ein bis auf wenige Ausnahmen[631] umfassendes Lagebild zu erstellen und zeitgerecht an die nachgeordneten NATO Major Commands – MNC zu verteilen. Auch trafen die Lageeinschätzungen und die Bewertung möglicher künftige Entwicklungen, von geringen Abweichungen abgesehen, insgesamt meist zu. Da bei der SHAPE Intelligence keine Rohinformationen (Raw Intelligence), sondern von den NATO-Nationen[632] oder NATO-Kommando-

---

[629] Das Personal, hier insbesondere aus dem britischen, dänischen und niederländischen Bereich, verfügte über umfassende Erfahrungen und lange Stehzeiten in der Intelligence-Bearbeitung. Auch die deutsche Seite war beim Führungspersonal insgesamt mit hochqualifizierten Fachleuten vertreten. Mangelnde Erfahrungen auf dem Intelligence-Gebiet machte sich allerdings bei einem Teil der in diesem Bereich eingesetzten deutschen Unteroffiziere bemerkbar, von herausragenden, fachlich qualifizierten Ausnahmen abgesehen (ein deutscher Hauptfeldwebel des Heeres in der Current Intel Branch). Soweit dem Autor bekannt, war im SHD-Bereich der SHAPE-Intel-Division zu dieser Zeit kein deutscher Unteroffizier mit Erfahrungen aus dem Bereich der nationalen FmEloAufkl (SIGINT) eingesetzt. Auch in anderen Bereichen des Stabes konnte dieses Phänomen, insbesondere auf der Ebene der Unteroffiziere beobachtet werden. Häufig traten deutsche Unteroffiziere ihren Dienst mit mangelhaften Kenntnissen der englischen Sprache an. Dies führte häufig zu Irritationen im internationalen Bereich. Auch konnte bei der Stellenbesetzung durch nationale Stellen der Eindruck entstehen, dass hier "Fürsorgegründe" bei der Stellenbesetzung eine nicht unwesentliche Rolle gespielt haben mögen. Auch wurden häufig deutsche Unteroffiziere nach einer Frist von nur 1-2 Jahren in der Heimat erneut in Verwendungen bei SHAPE eingesetzt oder im Stab direkt "umgebettet". Dies hatte zur Folge, dass die Stehzeit neu rechnete. Auf diese Weise konnten gelegentlich auch individuelle Stehzeiten von 6-8 Jahren bei SHAPE erreicht werden.

[630] Auch wurden durch die Vereinigten Staaten sehr zeitnahe Informationen zu den Bewegungen der sowjetischen Unterseeboote, die im Nordatlantik operierten, beigesteuert (SOSUS-Linie). Auch eine Aufklärungsstelle der NATO im Bereich der Ostseezugänge (BALTAP) erfasste die unterseeischen akustischen Merkmale passierender Schiffe des Warschauer Paktes. Ein ähnliches System der US Navy im Pazifik erfasste die dortigen Schiffsbewegungen.

[631] Eine der wenigen dem Autor bekannten Ausnahmen ergab sich aus der nationalen Führung der US-Operationen "ELDORADO CANYON" gegen Libyen im April 1986. Da SHAPE in die Vorbereitungen nicht eingebunden war, waren auch keine Informationen über Libyen verfügbar. Der damalige SACEUR hatte SHAPE am Abend des 14. April 1986 per Hubschrauber verlassen und sich nach Stuttgart zu USEUCOM begeben, um die Operation in seiner Eigenschaft als Commander US Forces Europe von dort aus zu führen. Quelle: N. N. Augenzeuge des Abfluges am Abend des 14.04.1986. Vergleiche hierzu auch: Schäfer, B.: The U. S. Air Raid in April 1986 – A Confidential Soviet Account from the Stasi-Archives, Parallel History Project on Cooperative Security (PHP), 06.08.2009

[632] Die Meldeerstattung durch das ANBw (Federal Armed Forces Intelligence Office – FAFIO) der Bundeswehr über Erkenntnisse in der Central Region war eine der wichtigsten Quellen der SHAPE Intelligence Division. Ergänzt wurde diese umfassende Meldeerstattung durch Informationen, die durch die fernmeldeelektronische Aufklärung (FmEloAufkl) der Bundeswehr mit ihren grenznah dislozierten Erfassungsstellen gewonnen wurden und die

behörden bereitgestellte, zusammenfassende Intelligence Summaries – INTSUM und Einzelmeldungen (INTREP) verarbeitet wurden, entfiel der Arbeitsgang "Bewertung – Evaluation" bei den Einzelmeldungen. Allerdings enthielt der von SHAPE herausgegebene ACEREP INTSUM stets eine abschließende Bewertung.

5.8.2 Der ACEREP Weekly Intsum der SHAPE Intelligence Division

Der ACEREP Weekly Intsum stellte eine Zusammenfassung aller Erkenntnisse der SHAPE Intelligence zuarbeitenden Intelligence Divisions der NATO dar. Auch flossen in diesen Weekly Intsum die nationalen Erkenntnisse der jeweiligen militärischen Stellen, so beispielsweise des deutschen Amtes für Nachrichtenwesen der Bundeswehr (ANBw)[633], mit ein. Allerdings wurden Erkenntnisse aus dem Bereich der Fernmelde- und elektronischen Aufklärung nicht verwendet. Diese wurden in einem gesonderten Verfahren an die beteiligten Nationen verteilt. Der Weekly Intsum schloss mit einer abschließenden Bewertung, die vom SACEUR gebilligt werden musste und damit faktisch zur unumstößlichen Wahrheit wurde.

Der ACEREP Weekly Intsum war wie folgt gegliedert:
1. Warsaw Pact General and USSR
2. Warsaw Pact Military Situations and Operations
A. Facing Norther Region
(1) Ground
(2) Air Missile
(3) Navy
Atlantic
Baltic

---

einen beträchtlichen Anteil an der Erkenntnisgewinnung in der Central Region darstellte. Auch flossen auf diesem Wege Erkenntnisse der US-amerikanischen Signals Intelligence (SIGINT), der britischen und, wenn auch nur eingeschränkt, der französischen SIGINT, die ebenfalls Erfassungsstellen an der Innerdeutschen Grenze unterhielten, mit ein. Der deutsche Bundesnachrichtendienst (BND) erfasste mit seiner grenznahen "Technischen Aufklärung" vornehmlich Netze der Parteiorganisation in der DDR (Schmalbandrichtfunknetz), der Sicherheitsdienste (MfS) sowie strategische Troposphären-Richtfunkverbindungen der sowjetischen Streitkräfte in der DDR. Die Ergebnisse fanden ebenfalls ihren Niederschlag in der Meldeerstattung, meist jedoch nicht als solche aus der "Technischen Aufklärung – TA" des BND gewonnene Erkenntnisse erkennbar.

[633] Aus Gründen des Quellenschutzes wurden die vom Bundesnachrichtendienst (BND) beigesteuerten Informationen in den Lageunterrichtungen des ANBw an die NATO nicht gesondert gekennzeichnet. Auffällig waren auch die Informationen zur Lage in Ungarn, die offenbar von einem Partnerdienst des BND stammten.

B. Facing Central Region
Ground
(A) GDR
(B) CSSR
(C) Poland
(D) Western Military Districts
Air/Missile
C. Facing Southern Region
Ground
Air/Missile
Navy
3. Other Areas
4. Assessment
A. Ground
B. Air/Missile
C. Navy
D. Other Areas

5.8.3 Die Lageführung und Briefings der SHAPE Intelligence Division

Die Air/Maritime/Electronic Warfare und Land Section bearbeiteten zusammen mit der Current Activities Section der SHAPE Intelligence Division die Grundlagen für die wöchentlichen SHAPE Chief of Staff (COFS)-Briefings und die danach herausgegebenen Intelligence Summaries – INTSUMS der SHAPE Intelligence Division und stellte damit den wichtigsten Teil der SHAPE Intelligence Division dar. Die Lageoffiziere (Action Officers) der Current Activities Section, verantwortlich für die Teilbereiche Air, Maritime, Electronic Warfare sowie Land erarbeiteten für ihren jeweiligen Bereich, unterstützt durch Unteroffiziere, die aktuelle Lage und schrieben diese, entsprechend der aktuellen Erkenntnisse, fort. Die Lageoffiziere erstellten auch Teilbeiträge des Briefings für ihren jeweiligen Zuständigkeitsbereich, stimmten diese untereinander und mit dem Personal des Special Handling Detachments ab. Gleichwohl die im Special Handling Detachment verfügbaren hochgeheimen Informationen ausschließlich der Abrundung des Erkenntnisbildes dienten und keinesfalls als Quelle im INTSUM Verwendung fanden. In den Stunden vor der Briefing-Vorübung (Rehearsal) prüfte der

"Chief Current Activities Section", ein deutscher Oberst im Generalstab, die Zusammenfassung aller Informationen, stimmte diese nochmals innerhalb der Intelligence Division ab, bis diese Zusammenstellung, das fertige Briefing, dem Deputy Chief of Staff Intelligence oder dessen Vertreter zur Freigabe vorgelegt wurde. Danach konnte der Inhalt, zusammen mit entsprechenden erläuternden Folien, häufig auch Darstellungen von Aktivitäten auf der Gegenseite und Diapositiven, meist Abbildungen von Waffensystemen, Flugzeugen und Schiffen des Warschauer Paktes, in der Briefing-Vorübung vorgetragen werden. Der Lagevortrag (Chief of Staff – COS – Briefing) wurde jeden Donnerstag um 15:00 Uhr durch die entsprechenden Lageoffiziere im SHAPE Command Centre -SCC vorgeübt. Den Referenten (Action Officers)[634] der einzelnen Stabsabteilungen war die Teilnahme an der Vorübung (Rehearsal) erlaubt. Die Current Intelligence Branch war auch für die Gesamtkoordination der Nachrichtengewinnung im Kommandobereich Allied Command Europe – ACE verantwortlich und hatte Zielinformationen[635] bereitzustellen. Der Anteil[636] der Intelligence Division am Chief of Staff SHAPE -COFS - Briefing war in der Regel wie folgt aufgebaut:

- General Situation
  Allgemeine Beschreibung der politisch und militärisch bedeutsamen Vorgänge in der abgelaufenen Berichtswoche. Daneben Beschreibung signifikanter Vorgänge in Ungarn, Ost-Deutschland, Polen, Tschechoslowakei, Albanien, Jugoslawien
- Northern Region
  Beschreibung militärisch relevanter Ereignisse bei den Land-, Luft- und Seestreitkräften
- North Sea/Baltic Approaches
  Beschreibung militärisch relevanter Ereignisse bei den Land-, Luft- und Seestreitkräften

---

[634] Auf ausdrückliche Weisung des Commanders NAEW-Force nahm der Autor sowohl an den Vorübungen (Rehearsal), falls dies nicht möglich war, am folgenden Lagevortrag (COFS-Briefing) teil.

[635] Die Targets Section der Intelligence Division war nicht verantwortlich für die Planung von Nukleareinsätzen bei SHAPE. Hierzu verfügte die Operations Division über die "Nuclear Operations/Plans Section" unter Führung eines Obersten der USAF. Die Diensträume befanden sich in einem gesonderten Bereich im SHAPE Command Centre auf der Ebene Level A.

[636] Vorgetragen wurde meist durch den Chief Current Branch, der seine Darstellung der Ereignisse mit Folien und Diapositiven ergänzte, die durch den an der Rückseite der Projektionsfläche befindlichen Projektor an die Projektionsfläche projiziert wurde. Die Sequenz der zu zeigenden Folien musste mit dem Lagevortrag übereinstimmen.

- Central Region
  Beschreibung militärisch relevanter Ereignisse bei den Land- und Luftstreitkräften
- Southern Region
  Beschreibung militärisch relevanter Ereignisse bei den Land-, Luft- und Seestreitkräften
- Western Military Districts
  Beschreibung militärisch relevanter Ereignisse bei den Land- und Luftstreitkräften in den westlichen Militärbezirken der damaligen UdSSR.
- Special Interest Item (S)
  Hier wurden besondere Fragestellungen, die meist durch den SHAPE – COFS initiiert wurden, behandelt.
- Other Areas
  Hier wurde zu anderen regionalen Bereichen berichtet, so z.B. Entwicklungen ostwärts des URAL.

Assessment (Bewertung)
- Ground
  Kurzgefasste Bewertung der Ereignisse in der abgelaufenen Berichtswoche mit Ausblick auf die zu erwartende Entwicklung.
- Air
  Kurzgefasste Bewertung der Ereignisse in der abgelaufenen Berichtswoche mit Ausblick auf die zu erwartende Entwicklung.
- Maritime
  Kurzgefasste Bewertung der Ereignisse in der abgelaufenen Berichtswoche mit Ausblick auf die zu erwartende Entwicklung.
- Other Areas
  Kurzgefasste Bewertung der Ereignisse in der abgelaufenen Berichtswoche mit Ausblick auf die zu erwartende Entwicklung.

5.8.4 Die Zusammenarbeit der Intelligence Division mit anderen Stabselementen bei SHAPE[637]

Mit den übrigen Stabsabteilungen fanden bei Bedarf zwanglose Konsultationen[638], meist auf Arbeitsebene nach vorheriger telefonischer Ab-

---

[637] Die Zusammenarbeit mit anderen NATO-Organisationen soll hier nicht weiter betrachtet werden, da diese auf einer anderen, dem Autor zu dieser Zeit nicht zugänglichen Ebene geleistet wurde.

sprache der Beteiligten statt. Hierbei war, von Ausnahmen abgesehen, die Ebenen-Gleichheit der Beteiligten ein wichtiges Kriterium. Das bedeutete in der Praxis, dass ein Unteroffizier, wollte er einen Sachverhalt klären, sich an seinen meist gleichrangigen Partner in der entsprechenden Stabsabteilung wandte und telefonisch ein Treffen vereinbarte. Hatte ein Unteroffizier einen Auftrag eines höheren Vorgesetzten auszuführen, konnte er sich unter Hinweis auf seinen Auftrag und den Rang seines Auftraggebers durchaus auch an einen Offizier wenden, um die Angelegenheit zu klären. Nach einiger Zeit, wenn sich die unterschiedlichen Dienstgradgruppen angehörenden Partner besser kannten, waren auch Gespräche auf Augenhöhe möglich. In besonders geschützten Bereich wie der INTEL Division war es allerdings erforderlich, sich auf die Liste der Zutrittsberechtigten (Access-List) setzen zu lassen. Dies war in der Regel ohne Probleme nach Abstimmung mit dem für die Sicherheit der Division (Divisional Security Officer/Non Commissioned Officer) möglich. Auch wurden Sachverhalte in Staff- Meetings mit entsprechender Tagesordnung und Teilnehmerliste erörtert. Auch hier galt, dass ein im Rang niedrigerer durchaus, wenn er als offizieller Vertreter seiner Abteilung auftrat, sich im Rahmen seines Auftrages an den Gesprächen und Diskussionen beteiligen konnte. Üblicherweise fanden derartige Besprechungen meist auf der Ebene Stabsoffizier unter dem Vorsitz eines Obersten oder Oberstleutnants statt. An höherwertige Besprechungen unter Leitung eines Generals waren in der Regel nur Stabsoffiziere als Teilnehmer zugelassen. Es war üblich, dass

---

[638] Sicherlich haben auch Konsultationen zwischen den Angehörigen von LIVE OAK und der Intelligence Division bei SHAPE stattgefunden. Allerdings verfügte LIVE OAK auch über besonders sensitive Informationen aus der damaligen DDR, die durch die alliierten Militärverbindungsmissionen gewonnen wurden und das Lagebild bei LIVE OAK abgerundet haben mögen, aber nur in verschleierter Form in den SHAPE-INTSUMS reflektiert wurden. Dies musste überdies wohl auch für die Ergebnisse aus der Luftbild- und Satellitenaufklärung gelten. Die USAF hat bis zum Ende der DDR Luftbildaufklärung in den drei nach Berlin führenden Luftkorridoren betrieben. Ergänzt wurde diese Aufklärung durch mit Sidelooking Airborne Radar – SLAR ausgestattete Flugzeuge bei Flügen an der IDG und in den Korridoren nach Berlin. Auch die Bundesluftwaffe unternahm mit ihren RF-4 E-SLAR häufig Flüge in Grenznähe. Erkenntnisse aus den Luftbildern flossen offenbar auch in die Lageinformationen bei SHAPE INTEL ein. Soweit erinnerlich, kursierten bei SHAPE INTEL in einem eng begrenzten Empfängerkreis Luftaufnahmen aus dem Bereich der DDR, die den Schluss zuließen, das die USAF mit hochauflösenden Kameras auch in der Lage war, bei Tage "Übersetzunternehmen der sowjetischen Landstreitkräfte" mit Hilfe dieser Kameras aufzuklären. Aufnahmewinkel und Auflösung (selbst die Gesichter der sowjetischen Soldaten und deren Dienstgradabzeichen waren hier erkennbar) schienen diese Annahme zu begründen. Dass Konsultationen zwischen SHAPE INTEL und der SHAPE OPS Nuclear Targets Section stattgefunden haben, scheint möglich, ist aber auch bis heute nicht endgültig verifizierbar.

derartige Konsultationen auf Arbeitsebene meist unter Mitnahme einer gefüllten Kaffeetasse stattfanden. Daher war es kein ungewöhnliches Bild, dass auf den Wandelgängen des Main Building Soldaten und Zivilpersonen mit Kaffeetassen umherwanderten. Ausgenommen hiervon war nur die Etage vor dem SACEUR-Office, da dort der Fußboden mit einem Teppich ausgelegt war und Kaffee häufig beim Gehen durch die den Gang Passierenden verschüttet wurde, was zu Flecken auf dem Teppich führte und diesen bald unansehnlich machte. Daher erfolgte bald ein kategorisches Verbot des Kaffeetransports auf dieser Ebene. Im Übrigen war dieser Bereich nicht abgesperrt und konnte von jedem im Main Building Beschäftigen ungehindert passiert werden. Auch bewegte sich der SACEUR innerhalb des Main Buildings völlig frei, lediglich von seinem meist grimmig blickenden Personenschützer des US-SACEUR Security Detachments begleitet. Da dieser Zivilkleidung trug, beulte sich die rechte Seite seines Sakkos im hinteren Bereich aus, was darauf schließen ließ, dass dieser eine Waffe bei sich trug. Dass der SACEUR auch damals schon zu einem höchst gefährdeten Personenkreis gehörte, war unschwer aus dem Anschlag auf einen seiner Vorgänger, General Haigh, zu schließen. Dieser wurde auf seiner Fahrt von SHAPE zu seiner Residenz in der Nähe von Obourg, einem Vorort von Mons, von Terroristen angegriffen, die sein geschütztes Fahrzeug mit einer sowjetischen Panzerabwehrrakete beschossen. Glücklicherweise verlief der Angriff, vermutlich wegen eines Bedienungsfehlers durch den Terroristen, für General Haigh folgenlos. Daraufhin wurden auch die Sicherheitsmaßnahmen für den SACEUR verschärft. Die Arbeitsatmosphäre bei SHAPE war zu dieser Zeit, wie bereits früher ausgeführt, hauptsächlich angelsächsisch geprägt und bis auf geringe Ausnahmen, die allerdings meist bedingt durch die Persönlichkeit der Gegenüber waren, sehr angenehm und wohltuend und ähnelte mehr dem persönlichen Umgang in einem Club mit wohlerzogenen Mitgliedern. Beachtenswert war auch die kameradschaftliche gegenseitige Unterstützung bei der Bewältigung meist dienstlicher Probleme durch die "Shapians" unterschiedlicher Nationen und Dienstgradebenen. Abschließend bleibt rückblickend festzustellen, dass die SHAPE Intelligence Division in den Jahren 1985 bis 1989 die in sie gesetzten Erwartungen erfüllen konnte und den Stab stets mit aktuellen Lageinformationen versorgte und damit einen wesentlichen Beitrag für das Bündnis geleistet hat.

5.9 Die Spionageabwehr – Allied Command Europe Counter Intelligence – ACE-CI

Die NATO mit ihren hohen Kommandobehörden und Dienststellen stellte für die Nachrichtendienste des Warschauer Paktes ein Aufklärungsziel von ganz besonderer Bedeutung dar, nicht zuletzt wegen der in den Kommandobehörden und Stäben verfügbaren Informationen von politischer, militärstrategischer und militärischer Bedeutung, wie dies Veröffentlichungen ehemals in den Diensten des Warschauer Paktes[639] Tätiger, die nach 1990 erschienen sind, belegen. Die Aufklärungsschwerpunkte und Möglichkeiten der Nachrichtendienste des Warschauer Paktes sind bereits behandelt worden, deshalb soll im Folgenden nur auf die Spionageabwehr im Bereich des Supreme Headquarters Allied Powers Europe eingegangen werden, da auch nach dem damaligen Verständnis der NATO die Spionageabwehr in nationaler Verantwortung der NATO-Nationen verblieb. Dies schloss allerdings entsprechende Absprachen und Regelungen der NATO in Bezug auf Spionageabwehr mit den Gastgeberstaaten (Host Nations) nicht aus. Die von einem italienischen Oberst geführte CI & Security Branch der SHAPE Intelligence Division mit ihrer Counterintelligence-CI-Section und der Security Section war insbesondere für die Lageführung und Bearbeitung von Angelegenheiten der Gegenspionage im Kommandobereich Allied Command Europe – ACE verantwortlich. Für die Spionageabwehr im Hauptquartier (SHAPE) selbst war die dem International Headquarters and Support Command (IHSC)[640] unterstehende Provost Marshal Branch unter Führung eines Obersten der US- Army, der durch einen britischen Oberstleutnant vertreten wurde, zuständig. Diesem unterstand die internationale Military Police Company unter Führung eines italienischen Carabiniere-Hauptmanns für das Aufrechterhalten der militärischen Ordnung bei SHAPE, die aber hier nicht weiter betrachtet werden soll. Von besonderer Bedeutung für die Spionageabwehr war der Host Nation Counterintelligence Liaison Officer (HN-CI-LO), ein belgischer Oberstleutnant, dem die Koordination von Gegenspionageoperationen der NATO mit der Gastgebernation, in diesem Falle Belgiens, oblag. Daneben verfügte die Provost Marshal Branch über den

---

[639] Eine entsprechende Bibliografie findet sich im Anhang dieses Buches.
[640] SHAPE STAFF DIRECTORY (NATO UNCLASSIFIED), 1 August 1989. Die Dienststellen des SHAPE Provost Marshal befanden sich in Gebäude 102 im ersten Obergeschoss, vom Haupteingang aus gesehen auf der linken Seite.

SHAPE Security Officer (SSO), einem britischen Oberstleutnant, der die Sicherheitsmaßnahmen[641] im Hauptquartier zu koordinieren hatte und als der verantwortliche Sicherheitsoffizier für das Hauptquartier galt. Daneben verfügte die Provost Marshal Branch über eine "International Special Investigation Section" sowie über mehrere Security Operations Officers, die für die Bearbeitung von Sicherheitsvorkommnissen bei SHAPE verantwortlich waren. Zwar war auch das SACEUR Security Detachment der Provost Marshal Branch zugeordnet, unterstand aber ausschließlich nationalen Weisungen des "Officer in Charge – OIC", eines Hauptmanns der US-Army, der durch einen Chief Warrant Officer der US-Army vertreten wurde. Beide befanden sich in der "Chain of Command" des SACEUR. Eine nicht minder wichtige Rolle in der Spionageabwehr spielte der belgische "National Gendarmerie Representative – NGdR", ein Oberst der Gendarmerie. Die Zuständigkeit der belgischen Gendarmerie, einer dem belgischen Verteidigungsministerium unterstellten militärischen Polizeitruppe für polizeiliches Handeln, ergab sich aus den vertraglichen Regelungen und dem Status des Hauptquartiers.

5.10 Die Allied Command Europe Counterintelligence Activity – ACE CI ACTIVITY der US-Army Europe – USAREUR

Daneben unterhielten die Vereinigten Staaten im Hauptquartier die Führungsstelle der "Allied Command Europe Counterintelligence Activity – ACE CI ACTIVITY[642]" unter Führung eines Obersten der US-Army, dem weitere 5 Offiziere der US-Army unterstellt waren, die unterstüt-

---

[641] Die für das Hauptquartier geltenden Sicherheitsmaßnahmen waren in der ACE Security Directive 70 – 1 und im SHAPE Staff Supplement to AD 70-1 festgelegt. Für die Sicherheit im Fernmeldedienst und der Datenverarbeitung galten zusätzliche Bestimmungen (ACE-Communication Security – COMSEC sowie Automated Data Processing Security – ADP-SEC). Angelegenheiten im Zusammenhang mit der nuklearen Einsatzplanung waren meist mit der Einstufung "COSMIC TOP SECRET" versehen und unterlagen den Bestimmungen der NATO-Dokumente C-M (55) 15, C-M (64) sowie C-M (68) 41, auf die hier aus naheliegenden Gründen nicht eingegangen werden kann.

[642] SHAPE Staff Directory (NATO UNCLASSIFIED) 1 August 1989. Offenbar unterhalten die Streitkräfte der USA auch heute noch eine weitverzweigte nationale Organisation zur Terrorabwehr in Europa, deren Zentrale sich möglicherweise in Heidelberg befindet und die eng mit den nationalen Sicherheitsbehörden der Gastgeberländer zusammenarbeiten soll (Mitteilung N. N. im Dezember 2010). Allerdings dürfte auch diese Einheit nach der Aufgabe des Standortes Heidelberg durch die US-Armee nach Wiesbaden verlegt worden sein.

zende Aufgaben wahrzunehmen hatten. Die Führungsstelle der ACE-CI ACTIVITY Region V befand sich ebenfalls bei SHAPE und verfügte über einen Major der US-Army als Leiter der Region V, einem zivilen Liaison Officer (vermutlich zu den belgischen Behörden), einem Offizier als Leiter der Operations Branch sowie einem Offizier als Chief der Investigation Branch und einem Offizier als Leiter der Technical Branch[643] sowie weiterem Unterstützungspersonal, meist im Unteroffizier-Rang. Eine nicht minder wichtige Rolle bei der Spionageabwehr im Stab von SHAPE spielte die dem Deputy Chief of Staff Support (DCSS) unterstehende Communication and Information Systems Division (CIS) mit ihrer ACE-COMSEC (Communication Security Operations Section), die von einem Oberstleutnant der US-Army geführt wurde und dem ein Major der US-Armee als Deputy Commander zur Seite stand. Die ACE-COMSEC angegliederte Transmission Security Section mit dem nachgeordneten Transmission Security Detachment (TRANSECDET) befand sich in dem H-Flügel (H-Wing) des Hauptquartiers. Dem Detachment oblag die Überwachung des SHAPE-Telefonnetzes, sowohl intern als auch aller ankommenden und abgehenden Gespräche. Unter Leitung eines deutschen Hauptmanns schalteten sich die Angehörigen des Transsec Detachment in bestehende Fernsprechverbindungen auf offenen Leitungen ein und überwachten diese. Möglicherweise wurden auch gravierende Verstöße auf Tonband-Kassetten mitgeschnitten und damit für eine spätere Auswertung dokumentiert. Diese bildeten die Basis für die später insbesondere nach größeren Übungen für einen begrenzten Empfängerkreis herausgegebenen "Transmission Security Reports – TSAR", in denen Sicherheitsverstöße bei Gesprächen dokumentiert wurden. Soweit bekannt, führten derartige Verstöße[644] jedoch selten zu

---

[643] Die ACE-CI Technical Branch war auch für die Lauschabwehrüberprüfungen (Counterintelligence Technical Services) im Stab verantwortlich.

[644] Die Sicherheits-Disziplin bei der Gesprächsführung hing nicht zuletzt von der Nationalität der Gesprächspartner ab. Bei unterschiedlichen Nationalitäten der Gesprächsführenden wurde meist englisch gesprochen. Gehörten beide Gesprächspartner der gleichen Nationalität an, wurde sehr bald in das heimatliche Idiom gewechselt. Als besonders anfällig für die Aufklärung durch den Gegner galten über offene Richtfunkverbindungen geführte Gespräche. Nicht minder anfällig waren die so genannten "Phone Patches", die aus dem offenen NATO-Telefonnetz zu Teilnehmern an Funkstellen am Boden, auf Schiffen oder in Flugzeugen (meist im Kurzwellenbereich) übergeleitet wurden. Auf diese Weise ließ sich ein Chief of Staff mit seinem General, der sich auf einem Flug befand, verbinden und erörterte mit diesem Fragen eines Einsatzes, die auch für die Gegenseite sicherlich nicht uninteressant gewesen sein dürften. Dass dieses Verfahren nicht auf die NATO beschränkt war, zeigte sich zu dieser Zeit auch am Beispiel der USAF-HF-Global Network Station in Croughton bei London, die auf festen HF-Frequenzen (4724, 6712, 6739, 8968,

ernsthaften Konsequenzen. Ob ACE-COMSEC sich auch in geschlüsselte Sprachverbindungen einschalten konnte, bleibt ungewiss. Jedoch verfügte ACE-COMSEC auch über eine Stelle, die sich mit Kryptologie beschäftigte und das für Sprachschlüsselverbindungen benötigte Schlüsselmaterial verteilte. Offenbar betrieb auch der belgische Sicherheitsdienst[645] eine ähnliche Einrichtung in Brüssel. Allerdings sollen hier auch nach Angaben einer kompetenten belgischen Quelle vorwiegend Privatanschlüsse im Großraum Brüssel und Mons überwacht worden sein. Auf Initiative des SHAPE Assistant Chief of Staff Intelligence wurden im Jahre 1987 die Bestimmungen der ACE DIRECTIVE 65 – 3 "Counterintelligence Plan ACE – CIPACE" den gewandelten Bedürfnissen angepasst und neu gefasst. In dem als NATO-CONFIDENTIAL eingestuften Papier waren die Empfehlungen des "NATO Security/Special Committees" eingearbeitet. Dabei wurde festgestellt, dass der Aufgabenbereich "Counterintelligence (Gegenspionage)" nach wie vor als nationale Angelegenheit der jeweiligen Nation galt. Allerdings wurden den NATO-Kommandobehörden für ihren Bereich in Absprache mit den jeweiligen Gastgebernationen, auf deren Territorium sich die Kommandobehörden/Stäbe befanden, entsprechende Rechte zugestanden. Die Federführungen in allen Angelegenheiten der Gegenspionage oblag dem Director des NATO-Office of Security (NOS), der auch als Berater des NATO-Generalsekretärs auf dem Gebiet der Spionageabwehr fungierte. Die im "NATO Security/Special Committees" vertretenen Nationen bewerteten die Bedrohung durch Spionage, Subversion und Terrorismus in den halbjährlich in Brüssel stattfindenden Konferenzen des Special Committees. Bei SHAPE oblag dem Assistant Chief of Staff Intelligence (ACOS INTEL) die Bearbeitung aller Fragen im Zusammenhang mit Spionageabwehr, Gegenspionage, Abwehr der Subversion und des Terrors gegen Anlagen und Einrichtungen von Allied Command

---

[1] 11175, 13200, 15016, 17976 kHz) Funkgespräche in das jeweilige Festnetz, auch in den USA, vermittelte und auf Grund der HF-Ausbreitungsbedingungen auch in der damaligen DDR durch den Zentralen Funkdienst (ZFD) der NVA in Dessau relativ leicht zu erfassen war. Siehe hierzu auch: DOD FLIGHTINFORMATION PUBLICATION (FLIP) 1989. Nicht zuletzt konnten Bewegungen und Personalwechsel der 6. US-Flotte im Mittelmeer auf diesem Wege überwacht werden. Auch war es relativ einfach, den jeweiligen Einsatzort von NATO-AWACS-Maschinen festzustellen, wenn die entsprechenden HF-Frequenzen überwacht wurden, da sich die Besatzungen über HF-Funkfrequenzen bei ihrer Basis in Geilenkirchen bei Beendigung des Auftrages aus ihrem jeweiligen "Orbit" (Einsatzzone) abmeldeten.

[645] Sûreté de'Etat, 150 Boulevard Emile Jacquemain, Brüssel (Vergleiche: Baud, J.: Encyclopédie du Renseignement et des Services Secret, S. 58, Paris 1998)

Europäide Höheren NATO-Kommandobehörden – Major NATO Commands – MNC und deren nachgeordneten Kommandobehörden "Major Subordinate Commands –MSC" waren angewiesen, die Bestimmungen des CIPACE für ihren Bereich entsprechend umzusetzen. Für den Kommandobereich United Kingdom Air Defence Region – UKADR (UKAIR)[646] und die TWOATAF[647] galten gesonderte Bestimmungen, die auf die besonderen Bedingungen im Vereinigten Königreich abgestimmt waren. Die NATO-Nationen ihrerseits wurden gebeten, entsprechende Ansprechstellen für Belange der Spionageabwehr / Gegenspionage in ihrem Zuständigkeitsbereich einzurichten. Für die Spionageabwehr/Gegenspionage verfügte die ACE Counterintelligence Activity (ACE –CI) über folgende Gliederung:

Hauptquartier ACE – CI Activity, SHAPE/Belgien
Region I – Neapel/Italien
- Verona Detachment
- Vicenza Detachment
- Rom Detachment

Region II Kolsaas/Norwegen
- Karup Detachment

Region IV – Brunssum
- Den Haag Detachment
- Ramstein Detachment
- Heidelberg Detachment
- Geilenkirchen Detachment

Region V – SHAPE (Mons) /Belgien
- SHAPE Detachment
- Chievres Detachment[648]

Die ACE-CI-Regional Commanders waren auf Zusammenarbeit mit den Abwehrdiensten der Gastgebernationen in ihrem Zuständigkeitsbereich sowie auf die entsprechenden Stabselemente in den Major Subordinate

---

[646] Der UK Headquarters Provost and Security Services (UK) – HQ P&SS(UK) stellte die direkte Unterstützung für Spionage-/Gegenspionage – (CI-Operations) für UKAIR und TWOATAF sicher. Ein weiteres HQ P&SS(UK) war zu dieser Zeit in Gibraltar aktiv.

[647] Offenbar nahm das HQ P&SS(UK) im Bereich der TWOATAF nur nationale Aufgaben war, denn für die Spionageabwehr/Gegenspionage für den Bereich TWOATAF/NORTHAG wurde zusätzlich die NATO Inter Service Joint Counter Intelligence Unit (JCIS) in Mönchengladbach aufgestellt.

[648] Ob Chievres über ein eigenes Detachment verfügte oder organisatorisch an SHAPE angebunden war, ist auch heute noch nicht zu klären.

Commands (MSC) und den Primary Subordinate Commands (PSC) der NATO angewiesen. Darüber hinaus verfügte das US-Army Intelligence Command (INSCOM) in Europa, insbesondere aber in der Bundesrepublik Deutschland, über eine Reihe von Military Intelligence Battalions (MI-BN), zu deren Aufgaben auch die Spionageabwehr und Gegenspionage gehörte. Nicht zuletzt auch die US Air Force verfügte in ihrem Air Force Office of Special Investigations – AFOSI über ein entsprechendes Instrument zur Spionageabwehr/Gegenspionage in den jeweiligen Stationierungsländern. Auch die Central Intelligence Agency – CIA verfügte über entsprechende Kapazitäten in Europa, auf die aber hier nicht weiter eingegangen werden soll[649]. Die Nachrichtengewinnung im Bereich der Gegenspionage/Spionageabwehr erfolgte durch die regional zuständigen Elemente der ACE-CI Activity und des JCIS im Zuständigkeitsbereich in Zusammenarbeit mit den nationalen Sicherheitsbehörden. Auch die nationalen Sicherheitsbehörden waren aufgefordert, SHAPE INTEL mit entsprechenden Lageinformationen zu versorgen. In der Bundesrepublik war für die Zusammenarbeit mit der ACE-CI Activity/JCIS damals der Militärische Abschirmdienst (MAD) zuständig. Ihm oblag auch die Zusammenarbeit mit den Dienststellen des US-MI (Military Intelligence) und des OSI (Office of Special Investigations) der US Air Force in der Bundesrepublik. Ob die nationalen Sicherheitsbehörden in der Bundesrepublik damals tatsächlich an allen Operationen der Sicherheitsorganisationen der jeweiligen Stationierungskräfte umfassend beteiligt wurden, muss allerdings bezweifelt werden. Dies mag auch für die übrigen Staaten der NATO gelten, in denen zu dieser Zeit Truppen der Vereinigten Staaten stationiert waren. Auch mag bezweifelt werden, dass die nationalen Sicherheitsbehörden zu dieser Zeit alle ihre eigenen Erkenntnisse immer mit der ACE-CI Activity oder den Diensten des US-INSCOM geteilt haben. Basierend auf den Forderungen des Intelligente Plan Allied Command Europe – IPACE wurden folgende Ziele bei der Gewinnung von Informationen zur Gegenspionage/Spionageabwehr (Counterintelligence) festgelegt.

Gewinnung von Informationen zu:
- Aktivitäten der Spezial-Einsatzkräfte (Special Forces) des Warschauer Paktes,

---

[649] Vergleiche auch: Eichner/Dobbert: Headquarters Germany, S. 148 f.

- Verhalten der Ostblock-Lastwagen, die sich im Rahmen des TIR-Abkommens in NATO-Gebiet aufhielten oder es in Transit durchquerten,
- Aufklärungsaktivitäten von Ostblockdiplomaten und der Sowjetischen Militär-Verbindungsmissionen in der Bundesrepublik,
- Nachrichtengewinnungsaktivitäten durch Handelsschiffe des Ostblocks,
- Technologietransfer von West nach Ost,
- Überwachung westlicher Übungen durch Kräfte aus dem Ostblock,
- Individuelle Fälle von Spionageaktivitäten[650],
- Entwicklungen im Bereich des Terrorismus,
- Spezifische Bedrohungsbewertungen für die Bereiche:
  o Spezialeinsatzkräfte der NATO, NATO Airborne Early Warning Force, Allied Mobile Force Land (AMF-L)
  o Nukleareinsatzkräfte der NATO und deren Einrichtungen
  o Hauptquartiere der NATO und Fernmeldeeinrichtungen
  o Treibstoffversorgungssysteme der NATO
  o Häfen, hier insbesondere diejenigen, die für die Anlandung von Verstärkungskräften (REFORGER) geeignet waren,

---

[650] Da zu diesem Bereich umfassende Literatur vorliegt, wurde in diesem Buch nur auf exemplarische Fälle der Spionage, insbesondere im Bereich der NATO verwiesen. Soweit bekannt, traten bei SHAPE in den Jahren 1985 bis 1989 keine Spionagefälle auf. Allerdings gibt Kabus in seinem Werk einen Hinweis auf eine mögliche Innenquelle bei SHAPE, welche die Vorbereitungen und den Angriffstermin der US Air Force im Rahmen der Operation "ELDORADO CANYON" gegen Libyen an den Bereich Aufklärung (BA) der NVA nach Berlin gemeldet haben soll. Auch Quellen in Stuttgart – US EUCOM (?) und im Bonner Raum sollen hierzu Hinweise gegeben haben. Da es sich um eine rein nationale Operation der Vereinigten Staaten gehandelt hat und die NATO mit SHAPE an der Operation bekanntermaßen nicht beteiligt war, liegt der Schluss nahe, dass es sich bei der durch A3-Funk geführten Quelle des BA aus Jurbise, etwa 5 km von SHAPE an der Route de Ath nach Chievres gelegen, um eine Quelle im nationalen US-Bereich bei SHAPE oder im IMS Brüssel gehandelt haben dürfte. Operationen wie diese gegen Libyen wurden als "National Business" geführt und die Kenntnis durch Non-US-Nationals war fast ausgeschlossen. Zudem verfügten alle Nationen bei SHAPE über nationale, verschlüsselte Fernmeldeverbindungen, auf die SHAPE COMSEC keinen Zugriff hatte. Auch hier liegt nahe, dass die US-Streitkräfte ihre Einsatzbefehle über nationale, verschlüsselte Fernmeldeverbindungen nach Stuttgart und Großbritannien übermittelt haben. Vergleiche hierzu auch: Kabus, A.: Auftrag Windrose – Der militärische Geheimdienst der DDR, S. 105, Berlin 1993. Anmerkung des Autors: Möglicherweise stammt diese Information aus den geschlüsselten Informationskanälen z. B. STU II der US-Streitkräfte in Stuttgart, Großbritannien oder SHAPE, auf die damals der sowjetische Nachrichtendienst schon seit 1985 Zugriff gehabt haben soll. Vergleiche hierzu: Hufelschulte, J.: Der Code ist geknackt, FOCUS No 22/97. Allein SHAPE verfügte damals über mehr als 34 STU II-Anschlüsse. Daneben war eine Reihe von CCU-1/CCU-3/SPENDEX-Anschlüssen geschaltet. Das NATO-HQ in Brüssel verfügte zu dieser Zeit über mehr als 26, der IMS und die nationalen Delegationen über mehr als 195 verschlüsselte Verbindungen unterschiedlicher Typen, die nicht ausschließlich in Erdkabelstrecken geführt wurden.

o Flugplätze, hier insbesondere diese mit nuklearen Einsatzmittel (QRA[651]).

Erkenntnisse aus dem Bereich der Spionageabwehr/Gegenspionage, die der SHAPE Intelligence Division vorlagen, wurden in Analogie zum ACE Reporting System als
- Counterintelligence Report – CI INTREP
- Counterintelligence Summary – CI SUMMARY
- Counterintelligence Supplementary Report – CI SUPINTREP

an den entsprechenden Empfängerkreis verteilt. Diese Meldungen enthielten Hinweise auf:
- Spionage- und Aufklärungsaktivitäten der Dienste des Warschauer Paktes
- Zersetzungsaktivitäten,
- Mögliche Indikationen für Angriffsabsichten durch gegnerische Nachrichtendienste (Hostile Intelligence Services – HIS),
- Auftreten von Sabotage oder terroristische Aktivitäten,
- Demonstrationen oder andere Akte mit Gewaltanwendung

Diese Meldungen schlossen immer mit einer Bewertung durch den Herausgeber ab. In Krisenzeiten mussten derartige Meldungen bis spätestens 04:00 Uhr ZULU-(Sommerzeit) bei SHAPE vorliegen. Zum Schluss eines jeden Jahres gab SHAPE INTEL einen "Yearly CI-SUPINTREP" heraus, der eine Zusammenfassende Bewertung und Bemerkungen zu den folgenden Teilgebieten enthielt:
- Spionage
- Subversion
- Sabotage
- Terrorismus
- Bewertung
- Rechtsgerichteter Terrorismus
- Linksgerichteter Terrorismus
- Nationalistisch ausgerichteter Terrorismus
- Internationaler Terrorismus

---

[651] QRA – Quick Reaction Alert bei nuklearen Einsatzmitteln der Luftwaffe mit ständiger Bereitschaft. Dazu zählten auch die PERSHING-Verbände der Bundesluftwaffe und im QRA befindliche Teile von fliegenden Verbänden der Luftwaffe (z. B. Memmingen, Büchel u. a.), deren Funkkommunikation ständig durch den ZFD der NVA in Dessau überwacht wurde (Vergleiche hierzu: Information: Chef des Informationszentrums, GVS-Nr.: A1 002 088)

Überdies enthielt der "Yearly SUPINTREP-CI eine zusammenfassende Bewertung sowie einen Ausblick und zu erwartende Entwicklungen auf diesem Gebiet.

5.11 Das Sicherheitssystem des Allied Command Europe – ACE

Grundlage bei den in SHAPE getroffenen Sicherheitsmaßnahmen zur Abwehr von Spionage, Sabotage, Zersetzung und Terrorismus war die ACE-Directive 70 –1"ACE Security Directive", die im Jahre 1989 als "NATO RESTRICTED" eingestuft war und auf 211 Seiten die wesentlichsten Bestimmungen für das Allied Command Europe enthielt. Diese Direktive war für den gesamten Bereich des "Allied Command Europe" verbindlich und wurde durch sogenannte lokale "Supplements[652]", die weniger umfangreich auf die örtlichen Erfordernisse eingingen, ergänzt. Die AD 70 – 1 war wie folgt gegliedert:

Kapitel I: Allgemeines
Dieses Kapitel enthielt allgemeine Angaben zum Zweck der Direktive, den Zuständigkeiten für deren Erlass, Definitionen, Anwendbarkeit sowie Aufbau und Gliederung der Sicherheitsorganisation. Zusätzlich wurden die individuelle Verantwortlichkeit, interne Sicherheitsinspektionen, Ausnahmen und die Unterstützung in Spionageabwehr-Operationen behandelt.

Kapitel II: Das ACE-COSMIC- UND ATOMAL-Registratursystem
Das Kapitel II beschreibt den Aufbau des COSMIC- und ATOMAL-Registratursystems innerhalb ACE[653] sowie die Verantwortung der Kommandeure, die Aufgaben der COSMIC- und ATOMAL-Control Officers (CACO), den zeitweiligen Zugang[654] zu derartigen Dokumenten

---

[652] SHAPE SECURITY SUPPLEMENT TO AD 70-1 (NATO UNCLASSIFIED) dtd 1989
[653] Ergänzt wurde diese Direktive durch nationale Vorschriften für die Verwaltung von COSMIC- und COSMIC ATOMAL/ATOMIC – SECRET/TOP SECRET Verschluss-Sachen (Arbeitsanweisung für COSMIC- und ATOMAL-Kontrolloffiziere, COSMIC- und ATOMAL- Anweisung), auf die aber hier aus auch heute noch naheliegenden Gründen nicht weiter eingegangen werden soll.
[654] Zugang zu CT/CTSA-Dokumenten war nur aus unabwendbaren dienstlichen Gründen nach positivem Abschluss eines rigiden Überprüfungsverfahrens durch die nationale Sicherheitsbehörde(n) – für Deutschland durch den MAD (Soldaten)/das BMWi (Zivilpersonen) – mit Erteilung eines Sicherheitsbescheides Stufe II (1988) und der entsprechenden Ermächtigung zum Zu- und Umgang mit Verschlusssachen des Geheimhaltungsgrades CTS/CTS-A durch den entsprechenden Vorgesetzten möglich. CTS und CTS-A Verschluss-Sachen wurden ausschließlich in sogenannten "Comic-Registraturen" durch entsprechend

und die persönliche Verantwortung bei der Verwaltung vom COSMIC- und COSMIC-ATOMAL-Dokumenten.

Kapitel III: Klassifizierung und Kennzeichnung von Dokumenten
Im Kapitel III wurden die grundsätzlichen Bestimmungen für die Einstufung von klassifizierten Dokumenten behandelt und deren Kennzeichnung festgelegt. Auch enthält dieses Kapitel besondere Beispiele für die Kennzeichnung von COSMIC-TOP-SECRET und ATOMAL-Verschlusssachen, wie auch den Gebrauch des Präfixes NATO bei der Kennzeichnung von Verschlusssachen. Daneben werden auch die Vorschriften für die Herabstufung von Verschlusssachen behandelt.

Kapitel IV: Herstellung, Verwaltung, Reproduktion und Übermittlung von Dokumenten
Ein nicht unwesentlicher Teil dieses Kapitels umfasst die geschäftsmäßige Behandlung und den Nachweis von Verschlusssachen und ihre Weitergabe an andere Stellen. Besonderes Augenmerk wird auf die Verwaltung von COSMIC/COSMIC-ATOMAL und Verschlusssachen mit der Kennzeichnung "Single Integrated Operation Plans – SIOP" der Vereinigten Staaten gelegt, da diese zu den geheimsten Verschlusssachen innerhalb der NATO gehörten.

Kapitel V: Zuständigkeiten und Verfahren für den Austausch und die Verteilung von klassifiziertem Material
Dieses wichtige Kapitel enthielt Bestimmungen zur Behandlung nationaler Verschlusssachen und deren Weitergabe innerhalb der NATO-Organisation. Ein besonderer Schwerpunkt dieses Kapitels lag auch auf der Verteilung und Weitergabe der höchst sensitiven Verschlusssachen mit der Einstufung COSMIC/COSMIC-TOP SECRET-ATOMAL innerhalb der NATO und deren Regierungsorganisationen[655].

---

ermächtigtes Personal verwaltet. Derartige Dokumente durften nicht aus der COSMIC-Registratur entfernt und nur unter Aufsicht gelesen werden. Darüber war ein Nachweis zu führen. Offenbar wurden jedoch die Vorschriften in der COSMIC-Registratur in Brüssel nicht so eng ausgelegt, wie sonst ist es erklärbar, dass TOPAS, die Spitzenquelle des MfS bei der NATO in Brüssel, so viele Dokumente an sich bringen und fotografieren konnte.

[655] Die COSMIC/ATOMAL-Zentralregistratur (CAZ) für die Bundesrepublik befand sich damals (1988/1989) in Bonn beim Bundesministerium der Verteidigung. Diese sollte später nach Berlin verlegt werden. CTS- und CTS-A-Dokumente durften ausschließlich durch bewaffnete Kuriere befördert werden, die über eine entsprechende Ermächtigung verfügen mussten.

Kapitel VI: Vernichtung und Nachweis von Dokumenten
Nicht minder wichtig waren die Bestimmungen des Kapitels VI, die klare Regelungen für den Nachweis von Verschlusssachen aller Art und deren Vernichtung[656] enthielten.

Kapitel VII: Personelle Sicherheit
Ein wesentlicher Teil der Sicherheitsvorsorge in der NATO betraf den Bereich der "Personellen Sicherheit". Grundvoraussetzung für den Zugang zu Räumen, in denen Verschlusssachen bearbeitet wurden, war die abgeschlossene nationale Sicherheitsüberprüfung (Security Clearance) und eine entsprechende Ermächtigung durch SHAPE. Dieses Kapitel enthielt auch Hinweise, wie bei Ansprachen durch gegnerische Nachrichtendienste vorzugehen war, oder welche Konsequenzen für den Betroffenen bei erkannten Risiken (Adverse Personal Matters) zu gewärtigen waren. Nicht zuletzt enthielt dieses Kapitel auch Bestim-

---

[656] Beispielsweise mussten bei SHAPE alle Papierabfälle (Notizen u. ä.), die während der täglichen Arbeit anfielen, in so genannten "Waste-Paper-Bags", die sich neben dem Arbeitsplatz befanden, gesammelt werden und waren bei Dienstschluss in der Registratur unter Verschluss zu nehmen. Diese Paper-Bags wurden später im "SHAPE INCINERATOR", der sich hinter dem Gebäude von LIVE OAK befand, unter Aufsicht durch Feuer vernichtet. Außerdem herrschte in den Abteilungen bei SHAPE eine so genannte "Clean Desk Policy". Dies bedeutete, dass sich bei Dienstschluss keinerlei Papiere auf dem Schreibtisch befinden durften und dieser abzuschließen war. Desgleichen mussten die Farbbänder von Schreibmaschinen unter Verschluss genommen werden. Verschlusssachen, die sich im persönlichen Gewahrsam befanden, mussten bei Abwesenheit oder Dienstschluss in einem mit Zahlenkombinationsschloss versehenen "Security Container" gelagert werden. Der Verschluss des Security Containers war durch den Inhaber auf dem "Security Check Sheet", das sich an jedem Container befand, durch Unterschrift zu bestätigen. Nach Dienstschluss war es die Aufgabe des "Double Checkers", alle Arbeitsplätze und die Security Container auf Einhaltung der Bestimmungen zu kontrollieren und dies durch seine Unterschrift auf jedem "Check- Sheet" zu bestätigen. Wurde in der Abteilung nach Dienstschluss noch gearbeitet, musste der Double Checken in der Regel warten, bis alle noch Anwesenden ihre Arbeit beendet hatten. Dies konnte u. U. sehr lange dauern, es sei denn, einer der noch Anwesenden übernahm es, den "Double Check" selbst durchzuführen. Da die Diensträume innerhalb des Main Buildings in der Regel nach Dienstschluss nicht abgeschlossen wurden, bestand für die SHAPE Police und die SHAPE Security immer die Möglichkeit, die Räume auf Verstöße zu kontrollieren. Im Rahmen einer Operation, möglicherweise mit dem Namen "NUTCRACKER", soll die SHAPE Security auch versucht haben, mit Hilfe von Glasfaseroptiken bei den Hängekombinationsschlösser einer bestimmten Marke, die bei SHAPE verwendet wurden, an der Hinterseite über die Öffnung des Umstellschlüssels die Kombination auszulesen und den Security Container öffnen, um dessen Inhalt überprüfen zu können. Zugelassen waren diese Container meist nur bis zum Geheimhaltungsgrad NATO CONFIDENTIAL. Gelegentlich bewahrten die Nutzer aber auch höher klassifizierte Verschluss-Sachen verbotswidrig in diesen Containern, meist Hängeregalschränke, deren Griffe mit Hilfe eines T-förmigen, an der Ober- und Unterseite zu befestigenden Metallstabes gegen Herausziehen gesichert waren. Festgestellte Verstöße gegen die Sicherheitsbestimmungen galten als "Sicherheitsverstoß – Security Violation", der im Wiederholungsfalle durchaus Konsequenzen nach sich ziehen konnte.

mungen über Reisen in Staaten mit besonderen Risiken – zu dieser Zeit der kommunistische Machtbereich.

Kapitel VIII: Sicherheitsausbildung, Unterweisung und Weiterbildung
In diesem Kapitel wurden die Bestimmungen zur Sicherheitsausbildung und Weiterbildung behandelt.

Kapitel IX: Sicherheit im materiellen Bereich
Dieses Kapitel behandelt die wichtigen Einzelmaßnahmen für die Erhaltung der Sicherheit im materiellen Bereich. Dazu gehörten u.a.: Aufbewahrungsvorschriften für Verschlusssachen (VS), offene Lagerung von VS und deren Darstellung, Absicherungsmaßnahmen innerhalb geschützter Anlagen (Bunker), Klassifizierung von VS-Aufbewahrungsbehältern, Einstellen und Wechsel der Zahlenkombinationen. Arten der Sperrzonenausweise (Security Passes), die Kontrolle von Besuchern. Sicherheit in den Sperrzonen und Sicherheitskontrollen (Security Checks), Kontrolle von Schlüsseln. Nicht minder wichtig waren die Richtlinien für die Sicherheit bei Konferenzen und Besprechungen. Breiten Raum nahmen auch die Maßnahmen zur Lauschabwehr und Verhinderung ungewollter elektromagnetischer Abstrahlungen ein. Die Einzelaufgaben und Vorgehensweise zur Lauschabwehr und Abstrahlüberprüfung waren in einer gesonderten Direktive[657] durch SHAPE geregelt.

Kapitel X: Schutz der ACE-Einrichtungen gegen Sabotage und andere feindliche Akte
Dieser Teil der Bestimmungen legte die Verantwortlichkeiten für den Schutz der Allied Command Europe (ACE)-Einrichtungen fest. Hierbei wurde unterschieden zwischen der Verantwortung der Gastgebernation (Host Nation), den Verantwortlichkeiten des jeweiligen Kommandeurs und dem Umfang der Sicherheitsmaßnahmen, die zum Schutze der Einrichtung zu treffen waren. Das Kapitel enthielt auch eine Risikobewertung sowie Anhalte für die Planung von Absicherungs- und Schutzmaßnahmen. Geregelt wurde auch der Umfang der durchzuführenden Sicherheitsinspektionen und der zu planenden Schutzmaßnahmen gegen Angriffe.

---

[657] SHAPE Terminal Area Security Officer Handbook (NATO UNCLASSIFIED) vom Juni 1986.

Kapitel XI: Sicherheit der "Automatischen Datenverarbeitungsanlagen" und Netzwerke

Ein wichtiger Aspekt, auch bereits zu dieser Zeit, war der Schutz der "Automatischen Datenverarbeitungsanlagen – Automated Data Processing" (ADP), die das gesamte Spektrum der Überwachungs- und Schutzmaßnahmen gegen damals bekannte Bedrohungen aller Art enthielt. Dabei wurden die Zuständigkeiten für die allgemeine Absicherung als auch die Verantwortlichkeiten für die ADP-Sicherheit festgelegt. Dazu gehörte auch die Hard- und Softwareabsicherung, Informationssicherheit, Sicherheit in der Kommunikation und eine Vielzahl von Einzelaspekten, auf die hier aus Platzgründen nicht weiter eingegangen werden kann.

Kapitel XII: Sicherheitsinspektionen und Überprüfungen

Ein wichtiges Kapitel stellten die Vorschriften für die routinemäßigen und außerplanmäßigen Sicherheitsinspektionen mit einer Vielzahl von Prüflisten (Check-Lists) dar. Bei der Durchsicht der Checklisten war festzustellen, dass hier minutiös eine Vielzahl von Einzelaspekten im Bereich der personellen, materiellen und Sicherheit im ADP-Bereich überprüft und bewertet wurden.

Kapitel XIII: Sicherheitsverstöße

Das wohl bedeutendste Kapitel enthielt die Definition von Sicherheitsverstößen aller Art, deren Bewertung und Sanktionsmaßnahmen, die durchaus Bedeutung für den Betroffenen haben konnte und auch die Verantwortlichkeiten der Vorgesetzten aller Stufen offen legte. Dabei wurde zwischen "administrativen" und "tatsächlichen" Sicherheitsverstößen unterschieden. In einem überaus bürokratischen Verfahren konnte der Betroffene nach dem dritten Sicherheitsverstoß zum Zugang zum Hauptquartier ausgeschlossen werden. Dies hatte in der Regel die Versetzung in den Heimatstaat des Betroffenen zur Folge.

Kapitel XIV: Industrielle Sicherheit

Das Kapitel XIV enthielt Bestimmungen zur Industrie[658] und Vorschriften für das internationale Besucherkontrollverfahren[659] sowie zur Vergabe von klassifizierten Verträgen an die Industrie und Forschung.

Kapitel XV: Terrorismusabwehr

Das auch zu dieser Zeit besonders wichtige Kapitel beschrieb die mögliche Bedrohung von ACE-Einrichtungen und die Verantwortlichkeiten zur Terrorabwehr. Nicht zuletzt umfassende Richtlinien zur Planung von Terrorabwehrmaßnahmen und deren Überwachung beschlossen dieses Kapitel.

Kapitel XVI: Bezugsdokumente

In der Anlage wurden 34 Anlagen und Beilagen, darunter auch technische Standards, aufgeführt, die für die Absicherung von SHAPE verbindlich waren.

5.11.1 Das SHAPE Security Supplement zur ACE-DIRECTIVE 70-1

Diese Ergänzung der AD 70 –1 enthielt auf 132 Seiten ergänzende Regelungen, die im Hauptquartier zu beachten waren, und galt auch für die nationalen militärischen Repräsentanten (NMR) bei SHAPE sowie für das Hauptquartier des NATO Airborne Early Warning Force Command (NAEW-FC HQ).

5.12 Die personelle und materielle Ausstattung des SHAPE-Kriegshauptquartiers (SHAPE Primary War Headquarters)

In den Jahren von 1985 bis 1989 verfügte das "SHAPE Primary War Headquarters", das bis zur Fertigstellung des "SHAPE Command Centres"[660] in unterschiedlichen Räumen des Main Building (101) untergebracht war, über folgende Gliederung:
- SACEUR mit Duty Officer und Assistant Duty Officer

---

[658] Für den nationalen Bereich wurden diese Vorschriften in der Zentralen Dienstvorschrift 2/36 – Sicherheit in der Nordatlantik-Vertragsorganisation (CM (55) 15 (Final) – in nationales Recht umgesetzt.

[659] Siehe hierzu auch: Handbuch für den Geheimschutz in der Wirtschaft (BMWI), Ausgabe 1984, das auf den Bestimmungen der CM(55) 15 (Final) basiert.

[660] SHAPE Command Centre – Ein dreigeschossiger Tiefbunker nordwärts des Main Building (Gebäude 101).

- Executive Assistant Chief of Staff to NMR (National Military Representatives)
    - Chief Operations/Intelligence Centre
    - Assessment
    - Assessment Group
    - Planning Group
- SHAPE Command Centre (SCC) – Support Centre
- Logistic Readiness Centre (LRC)
- Communications Information Systems Centre (CISC)
    - Headquarters Signals Officer – HSO
    - Computer Centre
- Director of Operations Policy Staff (DOS)
- Emergency Action Centre – EAC
- Special Projects Centre – SPC
- Public Information Policy/Planning Centre – PIP/PC
- Executive Officer
    - War Headquarters Administrative Cell
    - Cosmic Top Secret Cell
    - ACE Courier
- Information Management Cell
- Special Assistant to SACEUR
- **Current Operations Section (COS)** mit
    - Air Cell + French Air Defence Officer – ADO
    - Land Cell
    - Navy Cell
    - Nuclear, Biological, Chemical Warfare (NBC) Cell
    - Meteorological Cell
    - NATO Airborne Early Warning Cell + NAEW Force Allotment Group – NAEW-FAG (Force Allotment Group)
- **Intelligence Section** mit
    - Air Cell
    - Land Cell
    - Navy Cell
    - Counterintelligence – CI - Cell
    - Special Handling Detachment – SHD[661]

---

[661] In der SHD-Cell wurden die Erkenntnisse aus den von den Nationen bereitgestellten Informationen der SIGNALS-Intelligence (SIGINT – Fernmelde- und Elektronische Aufklärung) bearbeitet und zu "Special Briefings" für die Führung aufbereitet.

- o Collection, Coordination and Intelligence Requirements Management (CCIRM)
- o Joint Target Development Cell
- Nuclear and Chemical Operations Planning Section – NUCOP [662] mit
  - o Nuclear Weapons Release Procedures Controls (NWRP) – Administration Team
  - o Writer Team
  - o Applications Separation Team
  - o Assets/Systems Team
  - o Chemical Warfare (CW) – Cell
- Conventional Operations Planning and Liaison Section – COPLS
  - o Alerts Cell – ALC
  - o ontingency Plans (Land/Air/Amph/Navy) and Reinforcements Cell
  - o Civil – Military Cooperation (CIMIC) – Cell
  - o Strategic Air Command Adivsor (ADVON)
  - o Electronic Warfare (EW) – Cell
  - o Liaison Cell/SACLANT/CHINCHAN/SACEUREP
- Board for Coordination of Civil Aviation
- Allied Long Lines Agency
- International Headquarters Service Command – IHSC – Centre
- Directing Staff – DI-Staff
- Exercise Message Analysis
- UK-Nuclear Cell (Nationale Einrichtung)
- US-Nuclear Cell (Nationale Einrichtung)

Der Bunker selbst, ein beeindruckendes Bauwerk, befand sich nordwärts des SHAPE-Main-Buildings und war mit diesem durch einen begehbaren Kabeltunnel, der auch durch die Bunkerbesatzung benutzt werden konnte, verbunden. Der Zugang zu diesem Kabeltunnel im Main Building befand sich an der nordwärtigen Seite des Gebäudes 101 in der Nähe des SMDC im Erdgeschoss, führte leicht geneigt zum Haupteingang des Bunkers. Dort befand sich die mit einer drucksicheren Tür geschützte Eingangsschleuse zum Bunker. Dem Vernehmen nach war in diesem Bereich eine Vorrichtung installiert, die durch ein

---

[662] Die Einsatzbefehle für den Nukleareinsatz und deren Auslösung erfolgten über unterschiedliche, getrennte Fernmeldewege. Die US-Streitkräfte (USCINEUR) in Europa betrieben zu diesem Zweck u. a. das "CEMETERY"- HF-Funknetz. Dieses Netz wurde durch den Zentralen Funkdienst der NVA (ZFD) permanent Überwacht (GVS: A69 431 S. 8/3).

intensives Magnetfeld alle Datenträger, die aus dem Bunker gebracht wurden, löschte. Der Bunker selbst war in drei Geschosse unterteilt und befand sich mit Masse im umgebenden Erdreich. Die Bunkeroberseite war mit einer Erdschicht abgedeckt. Die einzelnen Geschosse waren über eine breite Stahltreppe in Gitterrost-Technik zugänglich und gegenüber dem Treppenflur mit massiven Türen abgeschlossen. Im untersten Geschoss ALFA befanden sich die Current Operations Section (COS), Intelligence Section, Nuclear and Chemicals Operations Planning Section (NUCOPS), Conventional Operations Planning and Liaison Section (COPLS), Planning Group, Assessment Group, Information Management Cell, Special Assistant to SACEUR, Executive Cell, War Headquarters Admin Cell, COSMIC TOP SECRET Cell, ACE Courier, HQ Signals Officer, Chief Ops/Intel Centre, Communications Information Systems Centre (CISC) und der EACOS NMR wie auch der Vertreter der Allied Long Lines Agency – ALLA und die Force Allotment Group des NAEWFCHQ mit ihrer NAEW-Cell. Auf der Ebene B (Level B) befand sich das Büro des SACEUR, das Logistic Readiness Centre, der Director of Operations Policy Staff, das Emergency Action Centre (EAC), Special Project Centre (SPC), Public Information Policy/Planning Centre (PIP/PC) und das Computer Centre. Daneben befanden sich auf Ebene B das Board for Coordination of Civil Aviation (BOCCA), Joint Target Development Cell, das International Headquarters Support Centre, die UK-Nuclear Cell und die US-Nuclear Cell. Auf Ebene C (Level C) befanden sich neben Versorgungsräumen der Directing Staff – DISTAFF für Übungen und die Exercise Management Analysis Cell. Insgesamt verfügten die Ebenen A und B des SCC über mehr als 40 Räume unterschiedlicher Größe, ähnlich aufgeteilt wie Großraumbüros. In der Regel verfügte jeder Lagebearbeiter über eine Supreme Headquarters Information Management Work Station, die über einen Server betrieben und vernetzt war. Das "SHAPE Primary War Headquarters" wurde nach entsprechendem Vorlauf, meist bei großen NATO-Übungen wie "WINTEX/CIMEX" oder "EXERCISE ABLE ARCHER", aktiviert und ging dann in den Zwei-Schicht-Betrieb über. Die Stärke der jeweiligen Ablösung ergab sich aus der Anzahl der während der Schicht zu besetzenden Dienstposten[663]. Zeitgleich damit erfolgte die Aktivierung des Aus-

---

[663] Später betrug die durchschnittliche Schichtstärke im SCC etwa 200 Soldatinnen/Soldaten und entsprechendem zivilen Unterstützungspersonal.

weich-Hauptquartiers "FASTBREAK" in Chievres, das über entsprechende personelle Redundanzen verfügte. Bis zur Errichtung des "SHAPE Command Centres (SCC)" wurden die Aufgaben der einzelnen Teile des Primary War Headquarters-Stabes aus ihren "Friedens-Dienststellen", die sich meist in den Teilen A, B und C des Main Building (101) befanden, wahrgenommen. Die täglichen[664] Lagevorträge meist gegen 09:00 und 20:00 Uhr für den SACEUR und seinen Stab wurden im großen Briefingraum, der sich im Raum A-302 befand, abgehalten. Der Raum vermittelte den Eindruck eines Kino-Saals mit absteigenden Reihen und bestand aus dem Raum A-301, in dem sich die Projektionseinrichtungen befanden. Daran anschließend, getrennt durch eine etwa 8 x 6 Meter große Leinwand, befand sich der Briefingraum A-302 mit zwei Sprecherpulten[665], die links und rechts von der Leinwand angeordnet waren. Es folgten 10 aufsteigende Sesselreihen. Die erste Reihe der Sessel bestand aus wuchtigen, für den SACEUR und seinen Stab reservierten Sesseln. Die folgenden neun Reihen bestanden aus normaler Kino-Bestuhlung. Auf dieser Ebene erfolgte auch der Zugang zum Briefingraum, dem sich der Raum A-303 mit einer Verstärkeranlage und dem Arbeitsbereich für Übersetzer anschloss. Diese wurden jedoch bei Lagevorträgen meist nicht benötigt, da die Lagevorträge ausschließlich in englischer Sprache gehalten wurden. Der Raum[666] galt dem Ver-

---

[664] Im Routinebetrieb erfolgte in der Regel nur am Freitag am Morgen das wöchentliche SACEUR-Briefing, das meist vom Chief of Staff – COS wahrgenommen wurde. Ein Briefing-Rehearsal fand in der Regel am vorhergehenden Donnerstag in den Nachmittagsstunden statt. Dies war eine gute Gelegenheit für die jeweiligen Bearbeiter im Stab, sofern diese zur Teilnahme am Rehearsal zugelassen waren, sich über die Inhalte und Problemstellungen, die am nächsten Tage möglicherweise im Auditorium durch den COFS erörtert werden konnten, zu informieren und den eigenen Vorgesetzten über derartige Fragen zu unterrichten. Dieser konnte nun seinerseits seinen Abteilungsleiter (Division Chief) unterrichten und entsprechende Antworten für das SACEUR/COFS-Briefing vorbereiten.

[665] Die Sprecherpulte waren mit dem Projektionsraum (Projection Booth) durch eine Sprechleitung verbunden. Die Bediener der Projektionseinrichtungen hörten die Vorträge mit und legten auf Anforderung des Vortragenden "next please" die folgende Folie (Power-Point-Präsentationen gab es zu dieser Zeit noch nicht) oder das nächste Dia auf. Auch bestand die Möglichkeit, 8/16-mm-Filme vorzuführen. Auch verfügte die Projection Booth über ein Tonbandgerät, so dass auch Tonsequenzen vorgeführt werden konnten. Probleme traten meist auf, wenn einer der ranghohen Offiziere eine bereits vorgeführte Folie nochmals sehen wollte. Dann musste das Projektionsteam schnell reagieren und die Folie nochmals auflegen, was nicht selten zu hektischer Betriebsamkeit führte.

[666] Für diesen Raum galten stringente Sicherheitsbestimmungen. So durften beispielsweise Einrichtungsgegenstände nur nach vorheriger "Technischer Untersuchung" in den Raum gebracht werden. Die Reinigung des Raumes erfolgte grundsätzlich durch überprüftes Personal und unter ständiger Aufsicht. Der Raum war bei Nichtgebrauch durch eine Alarmanlage gesichert und ständig verschlossen.

nehmen nach als "abhörsicher". Daher konnten dort auch Lagevorträge bis zum Geheimhaltungsgrad "TOP SECRET" vorgetragen werden. Allerdings war die Mitnahme von Tonaufzeichnungsgeräten oder Fotoapparaten in den Briefingraum nicht gestattet. Für diesen Raum galten sehr spezielle Sicherheitsvorkehrungen.

5.13 Vorbereitung der Lagevorträge

Die Lagevorträge wurden durch die entsprechenden Lageoffiziere in den Arbeitsbereichen an Hand der auf dem Fernschreibweg verschlüsselt eingehenden Meldungen[667] aus dem nachgeordneten Bereich der NATO im jeweiligen Arbeitsbereich erarbeitet[668].

5.13.1 Ablauf und Gliederung der Lagevorträge

Die Lagevorträge für den SACEUR[669] folgten einem festgelegten Ablauf: Zunächst trug der SHAPE-Meteorologe das Wetter für einen bestimmten Zeitraum, meist für die folgenden drei Tage und, falls ein Wochenende folgte, auch das Wetter für das Wochenende[670], vor. Ihm folgte der "Chief Intelligence Division"[671] mit seinem Lagevortrag, der wie folgt gegliedert war.

---

[667] Die eingehenden Meldungen wurden im SHAPE Message Distribution Centre – SMDC ausgedruckt und entsprechend des im Spruchkopf enthaltenen dreistelligen Buchstabencodes (Subject Identification Code – SIC (AAP-3) an die jeweiligen Empfänger verteilt, die ihre Meldungen in dem ihrer Dienststelle zugeordneten Postfach (Pigeon Hole) abholen konnten. Übungsmeldungen (EXERCISE TRAFFIC) konnten beispielsweise an dem Präfix "AWD – ABLE ARCHER DISTAFF" identifiziert werden. Klassifizierte Meldungen wurden nur gegen Quittung an die Empfänger abgegeben.

[668] Siehe hierzu "Lageführung und Briefings"

[669] War der SACEUR nicht anwesend, wurde er meist durch den DISACEUR oder den Chief of Staff (COFS) vertreten. Zu den Teilnehmern der Lagevorträge gehörten auch die Abteilungsleiter (Division Chiefs) von SHAPE und der Commander NAEW-Force sowie deren wichtigste Mitarbeiter, die für Rückfragen des SACEUR während des Lagevortrages zur Verfügung stehen mussten.

[670] Gehörte der SACEUR zu den Anhängern des Golfsports, war das Wochenend-Wetter ein wichtiges Faktum und wurde gleich zu Beginn des Briefings durch den Meteorologen erörtert.

[671] Hier soll besonders auf das Intelligence Briefing eingegangen werden. Wenngleich auch andere Stabsabteilungen von SHAPE ihre Lagebeiträge vortrugen. Meist trug der entsprechende Abteilungsleiter (Division Chief) selbst vor. Er konnte aber auch nach vorheriger Abstimmung mit dem COFS einen Stabsoffizier mit dem Lagevortrag beauftragen, da der Lagevortrag vor dem SACEUR gemeinhin als besondere Auszeichnung für den Briefer galt. Allerdings waren hier sowohl exzellente Sprachkenntnisse als auch umfassendes Fach- und Hintergrundwissen unabdingbar, da immer damit zu rechnen war, das der SACEUR oder einer seiner hochrangigen Mitarbeiter Fragen stellte, die "on the spot" zu beantworten waren.

1. Militärische Situation und Operationen im Sowjetblock[672]
    A. Nördliche Region (Northern Region)
        (1) Landstreitkräfte
        (2) Luftstreitkräfte/Raketenstreitkräfte
            (A) Aktivitäten westlich des 30. Längengrades
            (B) Aktivitäten östlich des 30. Längengrades
        (3) Aktivitäten der sowjetischen Marine im Bereich
            - Atlantik
            - Ostsee
    B. Zentrale Region (Central Region)
        (1) Landstreitkräfte
            (A) DDR
            (B) CSSR
            (C) UdSSR
        (2) Luftstreitkräfte
    C. Südliche Region (Southern Region)
        (1) Landstreitkräfte
        (2) Luftstreitkräfte/Raketenstreitkräfte
        (3) Aktivitäten der sowjetischen Marine
            (A) Mittelmeer
            (B) Schwarzes Meer
2. Bewertung (Assessment)
    A. Landstreitkräfte
    B. Luft- und Raketenstreitkräfte (Nord-, Zentral- und Südregion)
    C. Marinestreitkräfte (Nord- und Südregion)
    D. Andere Bereiche

Häufig folgte dem Lagevortrag auf Wunsch des SACEUR oder seines Stabes noch ein "Special Interest Briefing" zu einem vorher festgelegten Thema, dem sich meist noch eine kurze Diskussion anschloss. Meist dauerte das "Briefing" durch den SHAPE Chief Intel Division etwa 15 Minuten. Anschließend trug der Chief Operations Division zu Themen aus seinem Bereich vor. Je nach Erfordernissen trugen danach die übrigen Abteilungsleiter (Division Chiefs) zu Themen aus ihrem jeweiligen Bereich vor. Zum Schluss bewertete meist der Chief of Staff –

---

[672] Aus politischen Gründen wurde der Sowjetblock zu dieser Zeit im Rahmen von Übungen ausschließlich als "ORANGE-Block" bezeichnet.

COFS die Lage und erteilte neue Aufträge an die Division Chiefs, die bis zum nächsten Briefing abzuarbeiten waren. Auch Lob und Tadel waren nicht selten. Als besonders prägnant erschien damals (1986) das Abschneiden eines deutschen Flugabwehrraketenverbandes bei einer "Taktischen Überprüfung – Tactical Evaluation (TACEVAL)" durch ein Team der NATO, dessen Ergebnis offenbar nicht den Beifall des SACEUR fand. Dem Vernehmen nach soll sich der SACEUR danach im Bundesministerium der Verteidigung in Bonn auf Staatssekretärsebene nach den Gründen erkundigt haben. Dies dürfte entsprechende Folgen auf nationaler Ebene nach sich gezogen haben.

5.14 Die Informationsverarbeitung bei NATO-Großübungen

Die Stabsrahmenübungen[673] (Command Post Exercises – CPX) der NATO unter festgelegten Bezeichnungen wie: WINTEX - CIMEX, ABLE ARCHER, SHAPEX und anderes, wurden unter Beteiligung unterschiedlicher nationaler und internationaler Kommandoebenen und ziviler Behörden nach einem festgelegten Drehbuch durchgeführt. Dabei wurden die Meldewege, die auch für das Meldewesen im Kriege galten, erprobt. Dort wo erforderlich, wurden zusätzliche Stromkreise, sowohl national als auch im Bereich der NATO, zur Informationsversorgung der beteiligten Übungsteilnehmer geschaltet. Basierte das Meldewesen der NATO und, darauf aufbauend, auch das nationale Meldewesen in den Jahren 1985 – 1989 auf formatierten Meldungen (Reporting Formats – REPFORM), die eine schnelle Übermittlung auf dem Fernschreibweg und daraus folgend eine relativ schnelle Auswertung der Meldeinhalte durch den Bearbeiter zuließen, war zu Ende der achtziger Jahre nach Einführung IT-gestützter Verfahren eine Wende erkennbar. Die Meldeinhalte konnten nun durch IT-Systeme erfasst und ausgewertet werden. Dies stellte eine große Erleichterung für die Lagebearbeitung auf allen Ebenen dar. Schwierig war nur die Verknüpfung unterschiedlicher nationaler Systeme mit den Systemen der NATO und die Vereinheitlichung der Meldeformate[674]. In den achtziger Jahren hatte allein der Bereich Intelligence bei SHAPE mit einer täglichen Meldeflut unterschiedlicher Meldungen mit unterschiedlichen Prioritätsgraden, so z.B. "FLASH"

---

[673] Siehe hierzu "Die NATO Stabsrahmenübungen"
[674] Siehe hierzu: Die Nachrichtenbearbeitung in der SHPAE Intelligence Division

(unverzüglich zu bearbeiten), zu kämpfen. Allein die Intelligence Sektion von NAEW-FC HQ hatte im Routinebetrieb täglich Intelligence-Meldungen im Umfang von bis zu 100 und mehr Meldungen zu verarbeiten. Bei außergewöhnlichen Ereignissen oder Einsätzen erhöhte sich die Anzahl der täglich auszuwertenden Meldungen, deren Inhalte im Hinblick auf den eigenen Auftrag auch zu bewerten waren, beträchtlich. Liefen Übungen parallel zum Tagesgeschäft, war das Meldeaufkommen in "Real World" und "Exercise" auch geistig zu separieren. Hier konnte nur ein Kunstgriff helfen. In der Regel erfolgte dann die Bearbeitung der "Real World"-Ereignisse[675] am Vormittag. Nach einer kurzen Mittagspause wurden dann die Übungsmeldungen bearbeitet. Dabei musste der Bearbeiter darauf achten, reale Vorgänge nicht mit dem Übungsszenario zu verknüpfen, denn dies hätte fatale Folgen haben können. Daneben mussten in derartigen Fällen zwei unterschiedliche Lagekarten "Real World" und "Exercise" geführt werden. Auch das Grundlagenmaterial unterschied sich nicht wesentlich. Waren für die tägliche Informationsverarbeitung die entsprechenden NATO- Dokumente (u.a. MC 161, Air Order of Battle – AOB, Ground Order of Battle – GOB, Missile Order of Battle – MOB, Naval Order of Battle – NOB, Electronic Order of Battle – EOB) heranzuziehen, galten für die Übungsbearbeitung die Grundlagen, die im "Major NATO Commanders Generic Enemy Forces Catalogue – GEFC (NR)" festgelegt waren. Der GEFC[676] enthielt auf Basis entsprechender NATO-Dokumente auf mehr als 100 Seiten Angaben zur Gliederung und Ausrüstung möglicher generischer Streitkräfte und deren konventionelle und nuklearen Fähigkeiten sowie Zeitnormen, zu dieser Zeit bereits in maschinenlesbarer Form, und unterschied sich nur in Nuancen von den echten Unterlagen

---

[675] Die Nachrichtenbearbeitung wurde auch durch das wichtige "Indicator and Warning- System – I&W" der NATO, in dem Indikationen für bedrohliche Entwicklungen auf politischer und militärischer Ebene für die NATO verbreitet wurden, beeinflusst. Derartige Indikatoren flossen auch in die Lagebewertung, insbesondere durch die INTEL-Division, ein.

[676] Allerdings hatte der SACEUR bereits sehr früh im Hinblick auf mögliche politische Implikationen bei der Anlage von Übungen der NATO in seinen *"Guidelines for the Conduct of ACE-Exercises"* verfügt: Anpassung von militärischen Aktivitäten in Übereinstimmung mit der "Right Mix Study", Beobachtung der politischen Entwicklung und Anlässe, um militärische Aktivitäten, die für Nationen zeitlich und räumlich sensitiv sein könnten, Überprüfung der Öffentlichkeitsarbeit für spezifische Übungen. Eine passive Öffentlichkeitsarbeit ist wenn immer möglich anzuwenden. Politische Szenarien sollten nicht genutzt werden. Einführungsszenarien sind auf ein Minimum zu begrenzen. Bei den "Generic Enemy Forces" sind alle Bezüge zu realen Nationen, politischen Institutionen oder militärischen Allianzen zu vermeiden. Die politische Geografie, die während Übungen angewendet wird, sollte angepasst oder erfunden werden, um jegliche politische Implikation zu vermeiden.

der NATO. Daneben waren auch die Übungseinlagen des "Übungsszenarios" zu beachten, da diese den Verlauf der Übung und die Entschlussfassung durch die jeweilige NATO- und nationale Kommandoebene nachhaltig beeinflussten. Geleitet wurden derartige Übungen von einem neutralen "Directing Staff – DI-Staff", meist in unmittelbarer Nähe des "Primary War Headquarters" eingerichtet, der mit Schiedsrichtern, so genannten "Umpires", die Einlagen einspielte. Meist fanden in den Abendstunden sogenannte "How Goes It"-Besprechungen des DI-Staff statt, der die Entwicklung des Übungsverlaufes bewertete und gegebenenfalls Korrekturen einspielte, falls der tatsächliche Verlauf der Übung vom "gedachten Verlauf" abwich. Als sich im Jahre 1987 die Fertigstellung des SHAPE Command Centres – SCC abzeichnete, war das neue, computergestützte "War Headquarters Information Dissemination and Display System – WHIDDS (Version 2.0)[677]" bereits soweit erprobt, dass es ab 1988 in den Betrieb gehen konnte und damit das bisher bei SHAPE hauptsächlich verwendete System "TIDE" und andere Informationsverarbeitung-Systeme ersetzen sollte.

5.15 Das "War Headquarters Information Dissemination and Display System – WHIDDS" bei SHAPE

Das WHIDDS-System verfügte in seiner Ausgangskonfiguration, die sicherlich in den Folgejahren an neue, erweiterte Forderungen adaptiert wurde, über zwei WHIDDS-Hosts (DEC VAX 11/750) mit 16 Interactive Workstations (IWS) und 51 Read-Only(RWS)-Workstations, die über ein internes Ethernet-LAN angebunden waren. Soweit bekannt, wurden dabei damals schon Glasfaserkabel zur Anbindung der Workstations eingesetzt. Innerhalb des Hauptquartiers erfolgte eine weitere Anbindung an andere bei SHAPE im SHAPE Command Centre – SCC eingesetzte Systeme, wie: Supreme Headquarters Emergency Warning System – SHEWS und das Supreme Headquarters Information Management System – SHIMS, auf die aber hier nicht weiter eingegangen werden soll. Die Anbindung des WHIDDS an andere Systeme der NATO außerhalb des Hauptquartiers war in einem weiteren Ausbauschritt vorgesehen. So sollte das "Alternate War Headquarters – AWH (FAST-BREAK)" als auch das SHAPE Peace Headquarters – PHQ mit anderen

---

[677] Die Entwicklung des WHIDDS begann bereits im Jahre 1985 und wurde durch das SHAPE Technical Centre – STC in Den Haag getragen.

kollozierten Elementen, z.B. NAEWFC-HQ, in einer späteren Ausbaustufe an WHIDDS angeschlossen werden. In einem weiteren Schritt war die Anbindung weiterer NATO-Kommandobehörden, u.a. des NATO-HQ, in Brüssel geplant. Ob zu diesem Zeitpunkt auch eine Anbindung des SACLANT an das System beabsichtigt oder geplant war, konnte nicht geklärt werden, scheint aber wahrscheinlich. Nach der Inbetriebnahme des SHAPE-SCC (Initial Operational Capability – IOC), etwa Herbst 1988, sollten weitere Systeme im SCC zum Einsatz kommen, so z.B. das Honeywell-Command-Communication-Information-System – CCIS, das Alternate War Headquarters Allied-Command-Control-Information-System – ACCIS sowie das AMHS-WHIDDS verfügte bei seiner Indienststellung über folgende Funktionalitäten: REAL WORLD-, EXERCISE- und TRAINING-DATABASE, die zur Verfügung stehenden Datenbanken, die identische Software nutzten, unterschieden sich lediglich in ihrem Datenbestand. Die Datenbanken verfügten über einen modularen Aufbau, dem Man-Machine Interface. Um die Einarbeitung zu vereinfachen, waren die Module der Datenbanken weitgehend identisch aufgebaut, was den Einstieg für den Nutzer ungemein vereinfachte. An Anwendungen im WHIDDS (Real World-, Exercise- und Trainings-Mode) standen folgende Applikationen im SHAPE-SCC zur Verfügung:

- Graphics- und Alphanumeric Package,
- Significant Events und Director of Operations (DO) Taskers[678] Package,
- Electronic-Mail,
- Videoconferencing
- Spread Sheets,
- Hardcopy Printouts,
- Alerters[679]
- Automatische, sich ständig wiederholende Briefing-Sequenzen,
- Manuell abrufbare Briefings, auch mit graphischen Darstellungen (Karten, Übersichten u.a.)

---

[678] Als Task wurden in dieser Zeit nach dem NATO-Sprachgebrauch "Aufträge" aller Art bezeichnet. Der "Tasker" war demnach der Auftrags-Bearbeiter im Stab, meist ein Stabsoffizier. Als DutyOfficer wurde der "Diensthabende Offizier" eines Arbeitsbereiches bezeichnet. Der Director of Operations – DO war der die Operation leitende Offizier, meist im Range eines Generals.

[679] Alerters wiesen durch ein entsprechendes Signal auf vordefinierte Ereignisse hin, die auf dem Monitor des jeweiligen Bearbeiters angezeigt wurden.

- Ungesicherte Telefonverbindung zwischen den IWS. Diese Applikationen[680] konnten sowohl von Workstations als auch von "Read Only Workstations – RWS" abgerufen werden, bei den RWS war eine Update-Funktion allerdings nicht verfügbar.

Das Alternate War Headquarters sollte im Endzustand an WHIDDS angeschlossen werden und über die gleichen synchronisierten Funktionalitäten und Inhalte verfügen, um bei Ausfall des SHAPE PWHQ – SCC verzugslos die Führung aus dem AWHQ (FASTBERAK) übernehmen zu können. Bei Briefings wurden die bisher verwendeten Kartendarstellungen durch die SHAPE Graphics Cell in zeitraubender Handarbeit erstellt. Dies führte auch häufig zu zeitraubenden Verzögerungen vor der Auslieferung an die Besteller, konnte nun mit WHIDDS auf die Graphic Suite zurückgegriffen werden, die eine Vielzahl (mehr als 50) sofort abrufbarer identischer farbiger (Real World-, Exercise- und Training-Szenario) Karten enthielt. Zusätzlich enthielt die Graphic Suite eine Vielzahl von graphischen taktischen Symbolen, die zur Ergänzung der Lagedarstellung eingesetzt werden konnten. Im heutigen Vergleich war dies eine Frühform der Power-Point-Präsentation, da auch Bilder und Text mit einem Editor in diese Präsentation eingebunden werden konnten. Eine Animation bestimmter Inhalte war in Form von 5 Alerter-Boxen innerhalb der Präsentation möglich, die auch als "Rolling Briefing" s.o. eingesetzt werden konnte. Aus Sicherheitsgründen war dieses System bereits durch Passwort und Eingabe der User-ID beim Einloggen geschützt. Daneben wurden durch die entsprechenden Stellen im System auf elektronischem Wege regelmäßig "Access-Audits" durchgeführt, um das System auf unberechtigte Eindringversuche hin zu überprüfen.

---

[680] WHIDDS verfügte über folgende Peripherie: Farb-Video-Display (Monitor), RWS-Selector Box (Fernbedienung zum Abruf von Seiten), alphanumerische Tastatur (Keyboard) sowie graphische Maus und Drucker (Inkjet) für Endlospapier. Der Host (Microvax) verfügte über: SIGMEX Graphic Generator, System Power Indicator, In- und Out-Ports, LAN-Connections. Siehe hierzu auch: Sutherland, G. A.: CR-WHIDDS-16: WAR HEADQUARTERS INFORMATION DISSEMINATION AND DISPLAY SYSTEM (WHIDDS) – IWS USER MANUAL-Version 2. 0, INFORMATION SYSTEMS DIV, STC, The Hague, 17 th June 1988 (NATO UNCLASSIFIED)

5.16 Die Fernmeldesicherheit (Allied Command Europe Communications Security – ACE COMSEC) bei Übungen

Da SHAPE über eine Vielzahl von Kommunikationsverbindungen, insbesondere Anbindung an das Fernsprech- und Fernschreibnetz der NATO, in nationale Netze sowie über eine Anbindung an das Richtfunkverbindungsnetz der NATO (CIP) und in nationale RV-Netze verfügte, war die Beachtung der Sicherheitsvorschriften für den Schutz der Netze unabdingbar. Daneben verfügte SHAPE auch über eine Anbindung an die Satellitenkommunikation und einen eigenen Funk-Rundstrahldienst im Kurzwellenbereich (ACE-HIGH[681]), der während normaler Zeiten nur sporadisch mit Testsendungen auftrat, aber bei Beginn von Übungen und im möglichen Ernstfall unverzüglich aktiviert wurde. Auch stellte die vermehrte Einführung von "Automated Data-Processing – ADP"-Systemen und deren Einsatz im Routinebetrieb und während Übungen die Sicherheitsverantwortlichen bei SHAPE vor eine Reihe von Problemen. Basis für die Fernmeldesicherheit waren neben den sehr speziellen Vorschriften der NATO[682] auch die Bestimmungen der ACE-COMSEC-Abteilung, auf die aber hier nicht näher eingegangen werden soll. Für den täglichen Dienstbetrieb im Hauptquartier galten die Bestimmungen der "ACE Security Directive" (AD 70–1). In dieser Direktive waren die Forderungen zum Schutz der Kommunikationsverbindungen und Datenverarbeitungssysteme festgelegt. Diese enthielten u.a. Regelungen zu: Zuständigkeiten und Verantwortung, Sicherheitsorganisation, Aufgaben der System- und Netzwerksicherheitsoffiziere. Materielle und personelle Sicherheit, Sicherheit der Informationstechnik, Sicherheit der Kommunikation[683] sowie weitere Einzelheiten, die hier nicht

---

[681] Der Sender (TX-Site) des ACE-HIGH-Kurzwellennetzes befand sich in Rouveroy (Rufzeichen: ONY 27, Frequenzen: 3745, 4581. 5, 5045. 5738, 7693, 7880, 9025, 9871. 5, 13937 kHz), die Empfangsstelle (RX-Site) befand sich in Sars-la-Bruyere in der näheren Umgebung von Mons. Eine mobile HF-Funksende- und Empfangsanlage wurde ebenfalls bereitgehalten. Daneben befand sich auch eine Sende- und Empfangsstelle für Satellitenverbindungen in der Nähe des Hauptquartiers. Die Endstelle (Terminal) dieser Verbindung war im SHAPE-SCC auf dem A-Level im Bunker geschützt untergebracht.
[682] Allied Communication Publication(s) – ACP
[683] Die NATO verfügte über eine Vielzahl von "offenen "Fernsprechverbindungen, die über unterschiedliche Netze, u. a. auch über Mikrowellen-RV-Netze, geführt wurden und der Überwachung durch das Ministerium für Staatssicherheit (Hauptabteilung III) bzw. dem Ministerium für Nationale Verteidigung (Zentraler Funkdienst- ZFD) unterlagen. Siehe auch: Weiße, G.: Geheime Funkaufklärung in Deutschland 1945-1989, Stuttgart, 2005 sowie: Wegmann, B.: Die Militäraufklärung der NVA, Berlin, 2005 sowie A 043/1/005

erörtert werden sollen. Für die Übermittlung schützenswerter Informationen wurden auch verschlüsselte Fernschreibverbindungen eingesetzt, die sowohl in drahtgebundenen als auch in RV-Netzen geführt wurden, in die das MfS oder der ZFD partiell eindrangen, wenn die entsprechenden Schlüssel auf konspirativem Wege beschafft werden konnten. Daneben enthielt das Kapitel IX, Physische Sicherheit, der AD 70-1 entsprechende Hinweise zur Durchführung von "Counterintelligence Technical Services", die im deutschen Sprachgebrauch auch als "Lauschabwehr" bezeichnet werden. Dem bei SHAPE eingesetztem Personal war bekannt, dass die offenen zu- und abgehenden Telefonleitungen sporadisch durch ACE-Comsec[684] überwacht wurden. Schutzbedürftige Angelegenheiten konnten über verschlüsselte Fernsprechleitungen[685] mit Hilfe der bei der NATO und den Nationen (Indirect NICS[686]-Subscriber Sets für IVSN/ National Network Interfaces) eingeführten Sprachschlüsselsystemen, vorwiegend STU II, ELCROVOX und SPENDEX 40, aber auch CCU-1, CCU-3 meist aus "Secure Telephone Booths", die sich innerhalb der Sperrzonen befanden, geführt werden. Hier standen sprachverschlüsselte Verbindungen, die meist manuell durch den Teilnehmer aufgebaut werden mussten, zu allen wichtigen NATO-Kommandobehörden und -stäben, aber auch zu den nationalen Führungsstäben, Kriegshauptquartieren der Regierungen und zu den Verteidigungsministerien, so zum Beispiel zum BMVg Bonn allein 11, zur Bundesregierung, Bundeskanzleramt bzw. in der geschützten Anlage Mariental bei Ahrweiler 1, zu verschiedenen Ressorts der Bundesregierung 8 sprachgeschlüsselte Verbindungen zur Verfügung. In einigen Abteilungen des Hauptquartiers waren auch transportable Abschirmbo-

---

Funkaufklärungsmerkmale, Ministerrat der Deutschen Demokratischen Republik, Ministerium für Nationale Verteidigung, VVS: 956006, 1990, und DV 043/0/003 Funk- und funktechnische Aufklärung, Ministerrat der Deutschen Demokratischen Republik, Ministerium für Nationale Verteidigung, VVS: 956003, 1990

[684] Die Ergebnisse der Telefonüberwachung wurden in den so bezeichneten "Transmission Security Reports – TSR", meist nach größeren Übungen oder periodisch im Routinebetrieb, den Sicherheitsverantwortlichen des Hauptquartiers zur Kenntnis gebracht. Auch kann nicht gänzlich ausgeschlossen werden, dass die Host-Nation für den Großraum Brüssel und Mons für private Telefonanschlüsse ähnliche Maßnahmen durchgeführt hat (Mitteilung einer sachkundigen Gewährsperson im Sommer 1986 in Mons).

[685] Für den Gesprächsführenden war es nicht ersichtlich, ob seine Verbindung über Draht- oder Richtfunkverbindungen geführt wurden.

[686] NICS – NATO Information and Communication System, IVSN – Initial Voice Switched Network

xen[687] verfügbar, in die sich der Gesprächsführende zum Schutz gegen Umgebungsgeräusche und klassifizierte Gesprächsfetzen zurückziehen konnte. Neben den bei der NATO eingeführten Sprachschlüsselverfahren nutzten die bei SHAPE eingesetzten nationalen militärischen Repräsentanten (NMR) eigene Sprach- und Datenverschlüsselungssysteme, die im Rahmen des "National Business"[688] betrieben wurden. Auch verfügte SHAPE im SCC und SMDC zu dieser Zeit (1985–1989)[689] über eine Anbindung an das "Secure NATO Fax Network" mit Endstellen im NATO-HQ, bei SACEUREP TO MC, SACLANT REP, NACISA, UKAIR, SACLANT, CHINCHAN, AFSOUTH, AFCENT und AFSOUTH, in dem kurze Mitteilungen bis zum Geheimhaltungsgrad NATO-SECRET elektronisch übermittelt werden konnten.

---

[687] Während einer langandauernden Übung führte ein Teilnehmer zu später Nachtstunde ein Gespräch mit klassifiziertem Inhalt. Da die Sprache bei Gesprächen mit Sprachschlüsseleinrichtungen erheblich verzerrt werden konnte und sehr langsam gesprochen werden musste, um die Gegenstelle zu verstehen, übermannte ihn während des Gesprächs offenbar die Müdigkeit, so dass er unter dem Gespräch einschlief und sehr verwundert war, als er von einem befreundeten Offizier geweckt wurde. Eine "Erhöhung" der Übermittlungssicherheit konnte dann erreicht werden, wenn beide Gesprächsteilnehmer sich in der Sprache ihres Heimatlandes über diese Sprachschlüsselverbindung austauschten, da nicht anzunehmen war, dass die Gegenseite über Erfasser für z. B. Türkisch oder Griechisch verfügte. Dieses Verfahren wurde von Eingeweihten als "Double Secure" apostrophiert.

[688] National Business bedeutete in diesem Zusammenhang, dass die NATO auf derartige Vorgänge keinen Zugriff hatte. Dies galt auch für den gesamten ein- und ausgehenden Schriftverkehr, der in verschlossenem Umschlag und mit "NATIONAL BUSINESS" gekennzeichnet ohne Kontrolle den Posten der SHAPE Police am Eingang der Sperrzone zum Gebäude 101 passieren konnte.

[689] SMDC – SHAPE Message Distribution Centre

5.17 Die Kommunikationsverfahren im Frieden und bei Übungen[690]

Die NATO verfügte in ihrem Kommunikationssystem[691] in der Central Region über vier große drahtgebundene Knotenvermittlungen: NORTHAG – Maastricht, AFCENT – Brunssum, ERWIN – Boerfink, CENTAG – Ruppertsweiler, FOURATAF – Kindsbach. Im Norden: COMNON – Reitan, COMSONOR – Holmenkollen, AFNORTH – Kolsaas, BALTAP – Karup. Im Süden über: LANDSOUTH – Verona, AFSOUTH – Proto, LANDSOUTHEAST – Izmir, TGS (Turkish General Staff) –

---

[690] Die Kommunikationsverfahren bei Übungen unterschieden sich nicht wesentlich vom Routinebetrieb. Allerdings wurden häufig für den Übungsbetrieb zusätzliche Stromwege geschaltet, die den Übungsverkehr kanalisierten und vom Routineverkehr trennten. Vermehrt traten im Übungsbetrieb auch Funkstellen aller Art auf, die allerdings ihren Betrieb auf Übungsfrequenzen abwickelten, da die Frequenzen für den Ernstfall zu diesem Zweck nicht freigegeben wurden. Hier traten nationale und NATO-Funkstellen vermehrt auf, die durch die Fernmelde- und Elektronische Aufklärung des Warschauer Paktes erfasst und aufgeklärt werden konnten. Während der NATO-Alarmübungen "ACTIVE EDGE" wurde das SHAPE War Headquarters, soweit bekannt, nicht aktiviert. Die NATO-Alarmierungsübungen liefen bis Ende der siebziger Jahre unter der Bezeichnung "QUICK TRAIN", basierten damals aber auf der Ausgangslage eines unmittelbar bevorstehenden Nuklearangriffs durch den Warschauer Pakt. Ziel dieser Übung war die schnelle Alarmierung und Durchführung der Übungsmaßnahmen der Alarmstufen "COUNTER SURPRISE STATE ORANGE/STATE SCARLET" zur schnellen Herstellung der Überlebensfähigkeit der Streitkräfte. Bei "ACTIVE EDGE" hingegen wurde auf Seiten der NATO von einer sich langsam entwickelnden krisenhaften Entwicklung ausgegangen, auf die im Übungsszenario abgestuft reagiert werden konnte. Dabei wurden vorwiegend Übungsmaßnahmen des "Formalen Alarmsystems" der Stufe "MILITARY VIGILANCE" ausgelöst. Je nach Übungszweck konnten weitere Übungs-Maßnahmen den Stufen "SIMPLE ALERT, REINFORCED ALERT und GENERAL ALERT" ausgelöst werden. Die Alarmübungen dauerten im Regelfall nicht länger als drei Tage. Truppenbewegungen auf Seiten der NATO waren üblicherweise nicht vorgesehen.

[691] Die Knotenvermittlungen versorgten alle in ihrem Zuständigkeitsbereich gelegenen NATO- und nationalen Kommandobehörden. Unabhängig hiervon waren Netzübergänge von den nationalen Systemen in das NATO-System geschaltet, so beispielsweise befand sich einer der deutschen Netzübergänge in Ruppertsweiler. Das gesamte Netz verfügte über Redundanzen, so dass bei Ausfällen sehr schnell Umwegschaltungen vorgenommen werden konnten. Das Netz stützte sich nicht nur auf Vierdraht-Leitungen ab, auch wurden Stromwege in RV-Verbindungen und Troposcatter-Verbindungen (so z. B. auf dem Feldberg im Schwarzwald im "direkten Schuss" nach Italien) geführt. Auch bestanden Troposcatter-Verbindungen von Großbritannien nach Norwegen über See. Häufig fanden sich auf See im Bereich der Troposcatter-Stationen sowjetische Aufklärungsschiffe "AGI", die offenbar versuchten, die Streustrahlungen der Troposcatter-Verbindungen parasitär zu erfassen. Ähnliches wurde vom Feldberg im Schwarzwald berichtet. Als die Unterkunftshütte in der Nähe der Station zum Verkauf stand, interessierte sich eine damals große östliche Nation für das Objekt und versuchte, es zu erwerben. Die Bundesvermögensstelle fand allerdings einen genehmen Käufer. Später wurde die Station abgebaut und aufgegeben. Auch befanden sich im Harz und weiter nördlich davon entsprechende Troposcatter-Anlagen, die eine militärische Einbindung der Alliierten in Berlin in das NATO-Fernmeldenetz erlaubte. Daneben verfügten die US-Streitkräfte in Berlin über eine eigene Satellitenanbindung. Zivile RV- Kanäle von und nach Berlin wurden in Anlagen der Deutschen Bundespost geführt, so z. B. über die Sende-/Empfangsstelle Torfhaus.

Ankara, MEDEAST – Athen. Im Großraum Brüssel/Mons befanden sich die Knotenvermittlungen: NATO-HQ-Brüssel – Evere, SHAPE – Casteau. In Großbritannien waren folgende Knotenvermittlungen im Betrieb, die über Evere an das NATO-Netz angebunden waren: NORLAND-Pitreavie, CHINCHAN – Northwood. Zusätzliche Stromkreise waren auf die Knotenvermittlung Brüssel – Evere geschaltet: NDHQ Canada – Ottawa, SACLANT – Norfolk/VA., IBERLANT – Lissabon, MOD NL – Leiden. Daneben betrieb die NATO ein umfangreiches HF-Funknetz (BRIGHT DAWN), an das die wichtigsten Kommandobehörden mit ihren Gefechtsständen angeschlossen waren. NATO-assignierte nationale Verbände verfügten ebenfalls über entsprechende Funknetze mit Haupt- und Unterfunkstellen, die allerdings auf unterschiedlichen Frequenzen miteinander kommunizierten. Überlagert wurden die Draht- und Funknetze durch Trägerfrequenz-Richtfunkverbindungen (CIP-67) und Troposphären-Scatter-Verbindungen (ACE HIGH). Im Falle einer Alarmierung konnten über das HF-Funknetz sowohl nationale[692] als auch NATO-Alarmbefehle verzugslos abgesetzt werden. Das dem SACEUR durch die USAF auf dem Fliegerhorst Chievres, nördlich von Mons bereitgestellte Flugzeug (Militärversion der Boeing 707) war vermutlich auch als fliegender Gefechtsstand (Rufname: SPAR 76[693]) ausgestattet und verfügte daher über entsprechende Kommunikationseinrichtungen. Daneben verfügte der SACEUR auch über Hubschrauber der Muster Bell UH1D. Das Pendant bei AFSOUTH führte den Decknamen "CAT BIRD". Der mobile Gefechtsstand von CENTAG wurde unter der Bezeichnung "CREST HIGH"[694] geführt. Soweit bekannt, verfügte der IMS der NATO in Brüssel nicht über einen Ausweichgefechtsstand für den Ernstfall. Auch sind für das NATO-HQ in Brüssel – Evere keine Schutzräume nachgewiesen. Die während der Übung eingehenden formatierten Meldungen enthielten immer in der

---

[692] Das Bundesministerium der Verteidigung in Bonn betrieb eine Funkstelle (Rufzeichen: DHJ 49 im Rundstrahldienst "HZ 01"), die mit Alarm-/Übungsalarmauslösung den Funkbetrieb im Kurzwellenbereich aufnahm. Die "Alarmkalenderführenden Dienststellen der Bundeswehr" konnten, sofern diese im System eingebunden waren, über das Sammelrufzeichen "DHJ 82" im Kurzwellenbereich funktechnisch erreicht werden. Siehe hierzu auch: Funkaufklärungsmerkmale, A043/1/005, Nationale Volksarmee, GVS: 69431, S. 93. Diese Unterlage enthält eine umfassende Zusammenstellung von Rufnamen, Rufzeichen und anderen Informationen zum Fernmeldewesen der NATO mit Stand 1973, ergänzt im Jahre 1990 durch VVS: A 965 005 mit Stand 1990.
[693] Siehe hierzu auch: Funkaufklärungsmerkmale, A043/1/005, Nationale Volksarmee, GVS: 965 005, Seite(n) 78, 86, 1990
[694] Siehe hierzu: SHAPE TELEPHONE DIRECTORY (NU) 1985 S. E-5-3

entsprechenden Verfahrenszeile des Meldeformats den Hinweis "EXERCISE" und den Nicknamen der betreffenden Übung, so dass dieser Verkehr relativ leicht vom Routineverkehr unterschieden werden konnte. Am Schluss der Meldung erschien nochmals der dreifache Hinweis "ECERCISE". Anweisungen an den "Directing Staff" enthielten zusätzlich den Hinweis "DI STAFF ONLY". Üblicherweise wurde der Übungsfernmeldeverkehr vom Routinefernmeldeverkehr getrennt, soweit es die Führung und Meldeerstattung betraf. Gleichwohl wurden Übungs- und Routinefernmeldeverkehre in den bereits geschalteten Stromkreisen geführt, soweit nicht zusätzliche Fernmeldeverbindungen geschaltet waren. Ob bei derartigen Übungen allerdings Reservestromkreise für den Kriegsfall (P- und X-Stromkreise) geschaltet wurden, kann heute nicht mehr geklärt werden.

6. Das NATO Airbone Early Warning Force Command Headquarters - NAEW-FC HQ, 1985 bis 1989

Die Konzeption der NATO aus dem Jahre 1978 sah vor, zur Unterstützung der integrierten NATO-Luftverteidigung in Europa nach dem Vorbild der US-amerikanischen Luftwaffe, luftgestützte Sensoren einzusetzen. Die USAF hatte 1977, nach einer Entwicklungs- und Erprobungsphase von etwa 10 Jahren, das luftgestützte Frühwarn- und Führungssystem "Boeing E-3 Airborne Warning and Control System (AWACS)[695]" in Betrieb genommen. Nach Verhandlungen innerhalb der NATO entschlossen sich 15 Nationen[696], das System zu beschaffen und auch gemeinsam zu betreiben. Hierzu wurde eigens eine multinational besetzte Agentur der NATO mit der Bezeichnung "NATO Airborne Early Warning and Control Systeme Programme Management Agency – NAPMA" in Brunssum gegründet, die den Auftrag hatte, das System bei der NATO einzuführen und es im laufenden Betrieb zu betreuen. Es würde zu weit führen, hier auf die gesamte Entwicklung dieser Betreuungsorganisation, die heute noch besteht, eingehen zu wollen. Für die NATO Airbone Early Warning Force (NAEWF) wurde ab 1980 bei SHAPE ein NATO Airbone Early Warning Force Command Headquarters eingerichtet, dessen Aufstellung 1982 begann und im Jahre 1985 nahezu beendet war. Zeitgleich wurde die NATO Airborne Early Warning Force Component (NATO AEW-Force Component auf dem ehemaligen britischen Flugplatz in Geilenkirchen – Teveren aufgestellt und nahm den Stabsbetrieb auf. Mit dem Zulauf der ersten NATO E-3A im Jahre 1982 begann der Ausbildungsflugbetrieb in Geilenkirchen. Im gleichen Jahr wurde der Simulator in Betrieb genommen und erlaubte damit die Einweisung des fliegenden Personals in das System. Am 28. Juni 1982

---

[695] Es handelt sich hierbei um ein modifiziertes Muster der Boeing 707 mit einem RADOM auf der Oberseite des Luftfahrzeuges und entsprechender Radar- und Führungsausrüstung. Vergleiche hierzu auch: Hirst, M.: Airborne Early Warning, London 1983. Mittlerweile wurden die Radar- und Führungseinrichtungen der E-3A umfassend nachgerüstet. Entsprechende Hinweise auf deren Leistungsfähigkeit finden sich in entsprechenden Fachpublikationen, so dass hier aus systematischen Gründen nicht weiter darauf eingegangen werden soll.

[696] Die Leitung der Aufbauorganisation übernahm das NATO AWACS PROGRAM OFFICE unter BrigGen Boy (Januar-März 1978). BG Boy wurde auch erster Generalmanager der NAPMA. Am Programm nahmen zu dieser Zeit (1982) teil: Belgien, Dänemark, Deutschland, Griechenland, Großbritannien, Italien, Luxemburg, Niederlande, Norwegen, Portugal, Türkei, Vereinigte Staaten. Mittlerweile, 2013, sind auch Spanien, Ungarn, Polen, Rumänien und die Tschechische Republik dem Programm beigetreten.

wurde die NATO E-3A-Component offiziell in Geilenkirchen in Dienst gestellt. Im gleichen Jahr wurden drei weitere NATO E-3A zugeführt und in den Flugbetrieb integriert. Im Jahre 1983 erfolgte der Zulauf von fünf weiteren NATO E-3A sowie die Aktivierung der ersten Forward Operating Base[697] im türkischen Konya. Zum Ende des Jahres 1983 wurde die Forward Operating Location in Norwegen auf dem Flugplatz Oerland errichtet. Im Jahre 1984 wurden weitere fünf NATO E-3A zugeführt (NATO 10 bis NATO 15). Im Rahmen einer Übergabezeremonie übernahm im Sommer 1984 Brigadegeneral Hugh L. Cox III (USAF) das Kommando über die NATO E-3A Component vom deutschen Brigadegeneral K.W. Rimmek, der das Kommando über das NAEW-FC[698] HQ bei SHAPE in Mons übernahm. Wenig später wurde BG Rimmek zum Generalmajor befördert. Im Jahre 1984 konnte die NATO E-3A Component bereits auf den eintausendsten Einsatz zurückblicken. Im Jahre 1985 wurden die letzten NE-3A zugeführt. Damit verfügte die NATO Airborne Early Warning Force über insgesamt 17 NATO E-3A. Mit der ersten Übung "FRISBEE SCRAMBLE" sollte im Jahre 1985 die Einsatzbereitschaft der NATO E-3A Component überprüft werden. Die Überprüfung erbrachte das erwartete Ergebnis. Die NATO E-3A Component wurde nun als "einsatzbereit" eingestuft und erreichte damit den IOC-Status[699]. Ein wichtiger Meilenstein für die gesamte NATO-E-3A-Flotte. In diesem Jahr stattete auch der damalige NATO Generalsekretär, Lord Peter Carrington[700], der Component einen offiziellen Besuch ab. Wie sich im Laufe des Besuches herausstellen sollte, war der Generalsekretär ein völlig unprätentiöser und freundlicher Herr, der offenbar auf Äußerlichkeiten verzichten konnte. In diesem Jahr konnte die NE-3A auf insgesamt 13.500 Flugstunden, 250 Verlegungen und Teilnahme an rund 30 nationalen und NATO-Übungen zurückblicken. Im Jahre 1986 wurde die zweite Forward Operation Base in Preveza (Akion) in Griechenland in den Dienst gestellt. Im gleichen Jahr wurde auch die FOB in Trapani auf Sizilien endgültig ihrer Bestimmung übergeben und stand damit der AWACS-Flotte uneingeschränkt zur Verfügung. Einen

---

[697] Die Führung der FOB/FOL erfolgte durch das NAEW-Force Command, nominell werden die Basen jedoch von der Gastgebernation (Host Nation) betrieben.
[698] Die NATO E-3A Component wie auch das NAEWFC-HQ wurden im dreijährigen Wechsel mit vorausgegangener Führung der NATO E-3A Component jeweils durch einen deutschen oder US-amerikanischen Brigade-General geführt.
[699] Initial Operational Capability
[700] Ein früherer Offizier der Grenadier Guards mit Kriegserfahrung (Military Cross – MC)

wichtigen Meilenstein bildete für die AWACS-Flotte die Durchführung der ersten NATO Tactical Evalution (NATEVAL) im Jahre 1987, die mit Bravour bestanden wurde. Im gleichen Jahr konnten 50.000 unfallfreie Flugstunden durch die Besatzungen der AWACS-Flotte abgeschlossen werden. Im Jahre 1988 wurde der AWACS-Flotte das erste von drei Trainer/Cargo Aircraft (TCA)[701] zugeführt. Dies vereinfachte die Ersatzteilversorgung auf den FOB/FOL ungemein, da diese nun den FOB/FOL bei Bedarf schnell zugeführt werden konnten. Insgesamt sollte die NATO E-3A Component noch zwei weitere Trainer Cargo Aircraft-TCA erhalten. Zwischen 1988 und 1989 fiel auf britischer Seite die Entscheidung, zugunsten der NATO E-3A auf die Einführung eines eigenen Systems zur Luftüberwachung zu verzichten. Damit wurde das britische Programm zur Einführung der NIMROD endgültig eingestellt. Später sollte die Schwesterbasis der NATO E-3A in Waddington Heimatbasis der britischen E3D werden. Die britische Component (N° 5, 8, 51 und 54 (R) Squadron RAF) untersteht seit ihrer Indienststellung im Jahre 1991 ebenfalls dem NAEW FC-HQ und wird durch diese geführt. Im Jahre 1988 verfügte die Component in Geilenkirchen über insgesamt mehr als 3.100 militärische und zivile Dienstposten, die multinational besetzt sind. In Analogie zu SHAPE werden die im Programm vertretenen Nationen bei der NATO E-3A Component ebenfalls durch nationale Vertreter, die über eine nationale Unterstützungsorganisation verfügen, repräsentiert. Im Jahre 1985 war das NAEW FORCE COMMAND HEADQUARTERS bei SHAPE wie folgt gegliedert:

Office of the Force Commander (FCC)[702]
- Force Commander GenMaj. K.W. Rimmek (GEAF)
- Deputy Force Commander Commodore R.J. Northard (UKN)[703]
- Executive Officer, Lieutenant Colonel, CACF
- Executive Assistant, Captain GEAF
- Secretary

---

[701] Transportversion der Boeing 707
[702] Hierbei handelt es sich um das Office Symbol, das im internen Schriftverkehr benutzt wurde.
[703] Nachfolger ab 1988: Air Commodore Bonnor, Royal Air Force (UKAF). Cdre N. hielt sich häufig, wenn es seine Zeit zuließ, zu Gesprächen und einer Tasse Kaffee im Ops Centre auf. Dabei erwies er sich als ein fürsorglicher Vorgesetzter, der auch Interesse am Wohlergehen seiner Untergebenen zeigte. Die mit ihm geführten Gespräche haben allen, die daran teilhaben konnten, interessante Einblicke vermittelt. Seine Pensionierung wurde von allen aufrichtig bedauert. Ein wahrer Gentleman.

Office of the Chief of Staff (FCD)
- Commodore R.J. Northard (UKN)
- Secretary

Advisors
- BUDFIN (Budget and Finances), vier multinational besetzte Dienstposten.
- SHAPE NAEW-OPS (Operationszelle im SHAPE Hauptquartier), sechs multinational mit Stabsoffizieren besetzte Dienstposten.
- Logman Manpower (NAEW-Desk), zwei multinational besetzte Dienstposten.
- Logman Civilian Manpower, ein zivil besetzter Dienstposten
- SHAPE Legal Branch – Rechtsberater, zivil besetzter Dienstposten
- Logman MedicalL – Medizinische Berater, zwei multinational besetzte Dienstposten.

Daneben verfügte das NAEW-FC HQ über drei Abteilungen (Divisions), die von einem Offizier im Range eines Oberst geführt wurden und ebenfalls multinational besetzt waren, sowie über das Safety Office (FCCS), das für Fragen der Flugsicherheit verantwortlich war. Die Verwaltung des Stabes oblag unter kanadischer Führung der Administrative Services Group (FCAS).

Operations Division (FCO)
Division Chief: Colonel (GEAF)
Zwei Sekretärinnen (UK)
- Operations, Plans and Requirements Branch (Col. ITAF)
- Plans/Programmes & Combat Readiness Section (Maj.NL/Maj. TU)
- Flight Operations & Exercise Section (Maj. NOAF/Capt. GRAF, Flt. Lt. UKAF/Capt. NOAF, LT USN)
- Current Operations, Intelligence & Security Section (Capt. CACF, SMS GEAF, SMS GEAF, MCPL CACF, SNRA USAF)
- Training, Procedures & Analysis Branch (LTC USAF)
- Flight Safety & Training Section (LTC ITAF, Maj. USAF, SMS USAF)
- Procedures & Mission Analysis Section (S/L UKAF, Capt. NLAF, SMS USAF)
- FOT & E Section (Capt. GEAF/MSGT USAF/ OS1 USN)
- Communications & Electronics Branch (FCOC) (S/L UKAF, Capt. GEAF, Capt. NLAF, MWO CAAF)

Logistics & Support Division (FCLI)
Division Chief: Colonel (USAF)
Associate Division Chief: LTC GEAF
Zwei Sekretärinnen (UK)
- System Management Branch (LTC GEAF/2 Majore USAF/Maj. DAAF/Capt. USAF/SMS GEAF)
- Resources & Support Management Branch (LTC USAF/Capt. USAF, S/L UKAF, Capt. NOAF, Maj. NOAF, Capt. GEAF)
- Maintenance Engineering Branch (LTC ITAF/LTC GEAF/Maj. TUAF/WO CACF/MSGT USAF/TSGT USAF)
- Configuration Management Branch (Maj. CACF/Capt. GEAF/WO 2 ITAF, SMS GEAF)
- Weapons Systems Liaison Office (US CIV)
- Logistics Administrative Support & Technical Order Library (SMS GEAF/SGT USAF/CPL BEAF/TYPIST BE CIV)
- NATO Liaison Office Tinker AFB (LTC GEAF)
- NAMSA Detachment (Drei NATO CIV)
- TCG (Trainer & Cargo Aircraft) Detachment (Vier NATO CIV)
- Dornier Representative (GE CIV)

Plans, Policy & Requirements Division (FCP)
Division Chief: Lieutenant Colonel (CACF)
Zwei Sekretärinnen (UK CIV)
- Plan, Policies & Requirements Branch (LTC USAF/MAJ GEAF/S/L UKAF/MAJ USAF/CAPT USAF/MAJ POAF/UK CIV)
- Requirements Policy & Requirements Analysis Branch (LTC GEAF)

Safety Office (FCCS)
Flight Safety Officer (LTC ITAF)

ADMINISTRATIVE SERVICES GROUP (FCAS)
Chief: Major (Canadian Combined Forces)
Administrative Supervisor: WO NLAF
- Central Library (MSGT GEAF/CPL UKAF/SAC UKAF)
- Central Administrative Office (SSGT USAF/SAC UKAF/CPL DAAF)

Die Arbeit in diesem Hauptquartier war geprägt von seiner Internationalität, wobei sich vorwiegend britischer Einfluss geltend machte. Nicht zuletzt der fachliche Hintergrund der höheren Stabsangehörigen, die bis auf wenige Ausnahmen aktive Piloten waren, prägte auch die Umgangsformen im Stab auf einer mehr kollegialen Basis. Für ein wenig südliches Flair sorgten die italienischen, griechischen und portugiesischen Stabsangehörigen. Das Verhältnis zwischen den Stabsoffizieren und den im Hauptquartier eingesetzten Unteroffizieren war entspannt und von gegenseitiger Achtung geprägt. Allerdings mussten sich "Newcomer" im Unteroffizier-Rang erst die Sporen verdienen, um im Stab Anerkennung zu finden. Der dienstliche Alltag war geprägt von der Erfüllung der Aufgaben, die mit dem Betrieb des AWACS-System im Zusammenhang standen. Später, als die ersten Übungen anstanden, waren die Stabsabteilungen, zu deren Aufgaben auch die Einsatzsteuerung gehörte, besonders gefordert. Mitte der achtziger Jahre, als die AWACS-Flotte langsam Fahrt aufnahm und ständig weitere Aufgaben innerhalb der NATO wahrzunehmen waren, so z.B. Seeüberwachungsmissionen, großangelegte Luftverteidigungsübungen im gesamten Bereich der NATO, Überwachung von sowjetischen Flotten-Großmanövern im Bereich des Nordatlantik, der Norwegensee, vor der britischen Nordküste und im Mittelmeer und die Beobachtung großer Luftangriffs- und Verteidigungsübungen des Warschauer Paktes gegenüber der Central Region, machte sich dies auch in der Arbeitsbelastung der einzelnen Stabstabteilungen (Divisionen) bemerkbar. Auch die Übungen innerhalb SHAPES (WINTEX/CIMEX, ABLE ARCHER, SHAPEX) belasteten das Personal, soweit es im Gefechtsstand der NAEW-Force (Operations Centre) im der K-Wing gegenüber dem NAEW-Force Commander, im SHAPE Command Centre (SCC) Aufgaben im Ablösungsdienst wahrzunehmen hatte. Es mutet auch heute noch archaisch an, wie damals der Stabsbetrieb bei NAEW-FC HQ noch weitgehend ohne Computer bewältigt werden konnte. Die Sekretärinnen verfügten zwar schon über ein computerisiertes Schreibsystem mit 5-Zoll-Disketten. Die Stabsarbeit in den Divisions und Branches wurde aber noch weitgehend auf Papier bewältigt. Gleichwohl als Schreibsystem bereits IBM-Schreibmaschinen mit Kugelkopf verfügbar waren. Für Kopierarbeiten standen bereits leistungsfähige Kopierer zur Verfügung. Auch das Ablagesystem der Central Registry, in dem Verschlusssachen verwaltet wurden, verriet britischen Einfluss. Die Akten, hier als Files bezeichnet, bestanden aus einem Umschlag, der farblich dem Inhalt entsprach, so z.B. NATO-SECRET – rot, NATO-Confidential –blau, NATO-Restricted –

gelb, und in denen die Blätter der Akten, einfach in der linken oberen Ecke gelocht, mittels eines Fadens einzuziehen waren. Diese Files konnten natürlich nicht aufrecht stehend aufbewahrt werden. Daher mussten diese in Filing Cabinets (Aktenrollschränken) aufbewahrt werden. Ein äußerst umständliches Verfahren. Probleme ergaben sich, wenn dieses Aktenkonvolut zu Boden fiel, da sich dann häufig die Seiten vom Faden lösten und neu eingeordnet werden mussten. Daneben wurden natürlich auch Stehordner nach US-amerikanischem Standard benutzt, deren Format allerdings dem in Europa gebräuchlichen DIN A4 Format nicht entsprachen und diese auch anders gelocht wurden.

6.1 Das Social Life beim NAEW-Force Command

Allerdings, wenn die dienstlichen Belastungen nachgelassen hatten, kam auch die Geselligkeit (Social Life) zu ihrem Recht. Besonders am Freitagnachmittag, ab etwa 14:00 Uhr, der Dienst im Hauptquartier endete auch am Freitag erst um 17:00 Uhr, fand in der Communication & Electronics Branch unter Beteiligung fast aller Stabsabteilungen das "Darts Match" statt, zu dem der Genuss von alkoholischen und nichtalkoholischen Getränken sowie kleinen Snacks, die von den Sekretärinnen zubereitet wurden, gehörte. Die Sekretärinnen waren der gute Geist des Hauptquartiers, die wesentlich zum positiven Umgangston im Stab beigetragen haben und häufig als vermittelndes Element bei kleineren Zwistigkeiten auftraten. Auch wurde aus anderen Anlässen das Social Life im Stab gepflegt. Dazu gehörten die sogenannten Farewell Dinners für "outgoing Staff Members", die meist innerhalb der Abteilung (Division) an unterschiedlichen Orten abgehalten wurden und für alle Teilnehmer (Offiziere, Unteroffiziere, Mannschaften und zivile Angehörige[704]) offen waren. Als Kleidervorschrift galt dabei der Dresscode "Casual", also meist Straßenanzug. US-amerikanischen Stabsbräuchen folgend standen die Kaffeemaschinen im Stab nicht still. Diese wurden meist von den Sekretärinnen bei Dienstbeginn das erste Mal befüllt. Waren diese leer, wurde von den Stabsangehörigen in der Abteilung

---

[704] Zu den männlichen Zivilangestellten gehörten auch häufig bereits ausgeschiedene Soldaten, meist höhere Offizier- und Unteroffizier-Ränge aus unterschiedlichen NATO- Nationen, meist aber aus den USA und Großbritannien. Deutsche Soldaten konnten für einen begrenzten Zeitraum verabschiedet werden, in der Regel für drei Jahre, und hatten dann die Möglichkeit, sich nach Ablauf des Vertrages erneut auf diese Stelle der NATO zu bewerben. Wurde der Vertrag nicht verlängert, kehrten die Soldaten in ihr normales Dienstverhältnis zurück.

erwartet, gleichgültig ob Offizier, Unteroffizier oder Mannschaftsdienstgrad, dass der nächste Kaffeeaspirant die Kaffeemaschine auffüllte. So konnte es auch schon vorkommen, dass ein Oberst als Divisions Chief die Kaffeemaschine bediente. Höhepunkt des Social Life im Hauptquartier war das jährliche "Force Command Picnic", das im Sommer stattfand und an dem alle Stabsangehörigen und deren Familien teilnahmen. Es war ausgefüllt mit allerlei Spielen, sowohl für Erwachsene als auch die Kinder der Stabsangehörigen und dem obligaten Barbecue. Hier fand sich die Möglichkeit, sich auch außerhalb des Dienstes über Abteilungsgrenzen hinweg näher zu kommen. Ein wahrer Mikrokosmos innerhalb des Stabes. Höhepunkt im Jahreslauf des "Social Life" war die "Force Command Christmas Party", die, meist durch die Administrative Services Group organisiert, in Lokalen der näheren Umgebung stattfand. Auch diese Veranstaltung war für alle Stabsangehörigen und deren Angehörige offen. Auch hier galt als Dresscode "Casual". Der gesamte Stab versammelte sich zur angegebenen Zeit im Lokal, das meist über eine exzellente Küche verfügte. Nach dem Welcome Drink, der zu Small Talk im Stehen eingenommen wurde, strebten die Teilnehmer den Tischen zu. Dabei war die ausgelegte Tischordnung eine gute Hilfe. Auch hier war interessant, wer welchen Platz in der Nähe der "Dignitaries" erhalten hatte. Nach einer Ansprache des Force Commanders folgte das opulente Essen, meist aus drei bis vier Gängen belgischer Küche bestehend. Danach folgte der Digestiv und der obligate Kaffee. Nach Ende des Diners übernahm der Zeremonienmeister das Kommando über die Festgesellschaft. Meist wurden von der Festgesellschaft weihnachtliche Lieder angestimmt, deren Texte der Zeremonienmeister auf die Tische verteilt hatte. Danach wurden, britischem Brauche bei solchen Veranstaltungen folgend, durch die Festgäste kleine Hütchen aus Papier aufgesetzt und sich am Tische reihum zugetrunken. Dies war das Zeichen für die kleine 3-Mann-Band, meist aus ortsansässigen Musikern, zum Tanze aufzuspielen. Der Tanz wurde offiziell durch den Force Commander mit seiner Gattin eröffnet, es folgten die Festgäste in lockerer Reihe in einer Polonaise. Danach folgten unterschiedliche Musikstücke, auf die getanzt wurde. Die Christmas Party endete meist offiziell gegen 24:00 Uhr, als die Festgäste auf der Tanzfläche einen Kreis bildeten, sich an den Händen fassten und gemeinsam das Lied "Auld Lang Syne" sangen. Damit endete die Christmas

Party des Force Command. Da auch zur damaligen Zeit sehr strenge Bestimmungen in Bezug auf Alkoholgenuss durch Autofahrer in Belgien galten und immer wieder Alkoholkontrollen durch die belgische Polizei und Gendarmerie durchgeführt wurden, übernahmen meist die Ehefrauen der männlichen Festgäste das Steuer für die Heimfahrt, da der "bevorrechtigte Status" der internationalen Hauptquartieren eingesetzten Soldaten und NATO-Zivilisten diese nicht vor einer möglichen Strafverfolgung schützte[705]. Einer der Höhepunkte im "gesellschaftlichen Leben" bei SHAPE war das von der "Deutschen Unteroffizierkameradschaft" bei SHAPE ausgerichtete "German Oktoberfest" mit deutschem Bier, das, über drei Tage dauernd, sich allergrößtem internationalen Zuspruchs erfreute und von einer deutschen Blaskapelle begleitet wurde. Die Weihnachtszeit eröffnete für die Ehefrauen aller in SHAPE Eingesetzten eine Vielzahl von Möglichkeiten, sich sozial zu betätigen. Die deutsche Gemeinde bei SHAPE verfügte über einen Frauenkreis, der für die Ehefrauen aller Dienstgradgruppen offen stand und durch die deutschen Militärgeistlichen am Standort besonders tatkräftig gefördert wurde. Auch verfügten beide Militärgeistliche gemeinsam über das "Deutsche Gemeindezentrum", dem geselligen Mittelpunkt der deutschen Gemeinschaft. Hier wurden vielfältige Aktivitäten unterstützt. Höhepunkt der Vorweihnachtszeit war der "Deutsche Weihnachtsmarkt", der vom deutschen Frauenkreis ausgerichtet wurde und sich großem internationalen Zuspruchs erfreuen konnte. Daneben entwickelten die Damen eine Vielzahl von Aktivitäten, auf die hier aus Platzgründen nicht näher eingegangen werden kann. Ein weiterer Höhepunkt im Jahreslauf war der "German National Day", meist um den 17. Juni gelegt. Dort repräsentierte der deutsche nationale militärische Repräsentant die Bundesrepublik Deutschland auf internationalem Parkett mit einer Reihe von Veranstaltungen. Die Vorbereitungen zum National Day belasteten naturgemäß das Personal der Deutschen Stabs- und Versorgungskompanie besonders, da diese Soldaten in die Vorbe-

---

[705] Auch die belgischen Behörden überwachten die Einhaltung der Geschwindigkeitsbegrenzung auf Autobahnen (130 km/h) sehr streng. Insbesondere vor und nach Wochenenden wurden die Kontrollen auf der Autobahn in Höhe Charleroi in beiden Richtungen intensiviert, da viele Shapianer diese Autobahn in Richtung Aachen oder aus Aachen kommend nutzten. Das übliche Verwarnungsgeld für eine Geschwindigkeitsübertretung bis zu 10 km/h betrug damals 6.745 Belgische Franken, nach damaligem Umrechnungskurs mehr als DM 350.00. (Tribunal de police séant à Charleroi, N° 5658, AUDIENCE PUBLIQUE DE. 1 Juin 1988, N° JUGT 4883)

reitungen eingebunden waren. Aber auch die übrigen deutschen Soldaten, die im internationalen Bereich eingesetzt waren, wurden mit herangezogen. Unter deutschem Patronat hatte sich bei SHAPE auch ein kriegsgeschichtlicher Arbeitskreis gebildet, in dem von den Mitgliedern militärgeschichtliche Fragen, meist der jüngsten Militärgeschichte, behandelt wurden. Dem Arbeitskreis stand in den Jahren 1986 bis 1988 ein deutscher Brigadegeneral vor, der später noch "Beauftragter für Erziehung und Bildung" in der Bundeswehr werden sollte. Nachhaltige Eindrücke hinterließ auch eine Exkursion in den Hürtgenwald bei Aachen. Dort übernahm ein Nachkomme eines hohen Offiziers in der "Windhund-Division" der Wehrmacht, die in diesem Raum 1944/1945 eingesetzt war, die Führung. Die sozialen Aktivitäten zwischen den Angehörigen der einzelnen Nationen bewegten sich mehr im privaten Umfeld. Von den Ehefrauen der Offiziere, hier besonders aus den Vereinigten Staaten und Großbritannien, wurde erwartet, dass sich diese auch sozial, meist im nationalen Umfeld, betätigten. Hier spielten die Officers Wives Clubs[706] eine nicht zu unterschätzende Rolle bei der Einbindung der Ehefrauen. Auch eine Vereinigung für die höheren Unteroffiziere im internationalen Bereich entfaltete entsprechende Aktivitäten, meist sozialer Art. Es war zu beobachten, dass sich abseits offizieller Kontakte über Nationengrenzen hinweg private Freundschaften zwischen den Angehörigen einzelner Nationen bildeten, die auch nach dem Ende der Verwendung bei SHAPE häufig andauerten. Nicht zuletzt die Nationalfeiertage anderer bei SHAPE vertretener Nationen wurden meist festlich durch entsprechende Veranstaltungen begangen. Auch entsandten die Nationen während des Jahres herausragende Einheiten, die sich bei SHAPE international präsentieren konnten. So veranstaltete beispielsweise die "Band der Royal Marines" ein Platzkonzert, die italienische Truppe der "Bersagliere " trat mit ihren Kapelle bei SHAPE auf. Nicht zuletzt das "Carousel des Lances" der Garde Republicaine (2eme Regiment de Hussards) aus Paris mit seiner Kapelle beeindruckte die Zuschauer ungemein. Auch boten Besuche hoher Gäste bei SHAPE immer wieder Anlass zum Auftritt der "SHAPE Honour Guard" und der SHAPE-Band. Die Vorweihnachtszeit bei SHAPE wurde eingeläutet durch die "Christmas Three Lighting Ceremony", dabei wurde meist vor

---

[706] Das soziale Engagement der Ehefrau hatte insbesondere bei Offizieren der US-Streitkräfte einen besonders hohen Stellenwert, da diese Aktivitäten auch für den Ehemann besondere Relevanz für die Beurteilung besaßen.

dem ersten Advent die Beleuchtung des Christbaumes, der vor dem Main Building aufgestellt war und aus den Ardennen stammte, durch den SACEUR und seine Ehefrau in Anwesenheit aller nationaler militärischer Vertreter und vieler Zuschauer aus der SHAPE Community angeschaltet. Die SHAPE-Band intonierte dazu Weihnachtslieder. Die Band spielte auch in den nun folgenden Wochen jeweils am späten Freitagnachmittag bei Einbruch der Dunkelheit Weihnachtslieder im Eingangsbereich zum Main Building. Auch der amerikanische Soldatensender AFN, der bei SHAPE einen eigenen Rundfunk- und Fernsehsender betrieb, sendete nun verstärkt Weihnachtslieder. So war sichergestellt, dass jeder "Shapian" an das kommende Weihnachtsfest erinnert wurde. Nicht minder wichtig war für das Social Life der sonntägliche Besuch auf dem Flohmarkt von Mons, einer Institution, die von vielen SHAPIANERN gerne genutzt wurde. Der Flohmarkt befand sich in einer Nebenstraße, unweit der ehemaligen Zitadelle von Mons. Er bot unerschöpfliche Möglichkeiten des Stöberns[707] nach Antiquitäten aller Art zu relativ moderaten Preisen. Hingegen wurde der Blumenmarkt in Mons, der im Sommer stattfand, ungleich weniger frequentiert. Dazu kamen in den Sommermonaten eine Vielzahl von Stadtfesten und dörflichen Veranstaltungen aller Art, die von den Familien der Soldaten aus SHAPE gerne angenommen wurden. Auch die nähere Umgebung lud zu Ausflügen ein. Wenn sich der Besucher in ländlichen Regionen aufhielt, konnte man häufig das Gefühl haben, die Zeit sei stehen geblieben. Auch die alte Festungsstadt Maubeuge mit ihren Wehranlagen bot dem militärhistorisch Interessierten viele Möglichkeiten für Entdeckungen. Nicht zuletzt das "Musée du Guerre[708]" in Mons hinter dem Rathaus mit seiner umfassenden Sammlung von Waffen und Uniformen der Neuzeit war ein Anziehungspunkt besonderer Art. Nicht zu vergessen, der Bronzekopf eines Affen (Singe de la Grande-Garde) am Eingang des

---

[707] Hier wurden häufig auch Hinterlassenschaften aus der deutschen Besatzungszeit, die von ihren Besitzern bei der fluchtartigen Räumung von Mons im Herbst 1944 zurückgelassen wurden, angeboten.

[708] Es hatte sich auf Anregung des belgischen NMR eine Gruppe von Soldaten verschiedener Nationen gefunden, die dem Museum auf ehrenamtlicher Basis bei der Reinigung und Katalogisierung der Waffen und Ausrüstung behilflich waren. Gelegentlich kam es vor, dass die zur Reinigung bestimmten Waffen vor der Reinigung erst entladen werden mussten. Allerdings erstarb das Interesse der übrigen Teilnehmer recht bald, so dass sich der noch verbliebene deutsche Soldat bald allein der Aufgabe widmen konnte. Allein die Möglichkeit, mit belgischen Zeitzeugen Gespräche über die deutsche Besatzungszeit führen zu können, entschädigte den zeitgeschichtlich Interessierten. Außerdem war es eine willkommene Gelegenheit, die Französischkenntnisse aufzufrischen.

"Hôtel de Ville" von Mons, dessen Berührung der Sage nach reichen Kindersegen nach sich ziehen sollte. Dies traf auch in einigen, dem Autor bekannten Fällen tatsächlich zu.

6.2 Die Intelligence & Security Section des NAEW-FC HQ

Im Juli 1985 verfügte die Operations Division über ein im Erdgeschossgang[709] der K-Wing befindliches fensterloses Operations-Centre im Raum 118, das als Vault[710] eingerichtet war. Es verfügte über eine Belüftungsanlage, aber kein Tageslicht. Es war zu dieser Zeit mit zwei deutschen Soldaten (Hauptfeldwebel, Luftwaffe), einem Corporal[711] (Kanadische Luftwaffe) und einem Senior Air Man (USAF)[712] besetzt. Für jeden Bearbeiter im Ops Centre war ein Schreibtisch verfügbar. An Fernmeldeanbindung verfügte das Ops Centre über vier Anschlüsse zum IVSN-Netz der NATO[713] und ein SECURE PHONE STU II (das Blue Phone). Die Einrichtung wurde vervollständigt durch eine IBM-Kugelkopfschreibmaschine und eine Kaffeemaschine. An der Stirnseite des Ops Centres befand sich eine Anlage mit farbigen Fenstern, die, wenn beleuchtet, den Status der NE-3A-Flotte und den Alarmstatus anzeigen sollte. Darunter war das Statusbord (Daily Mission Bord) angeordnet, auf dem alle im Einsatz befindlichen Flugzeuge mit ihrer Nummer (Tail Number), der Auftragsnummer (Mission-Number) und sonsti-

---

[709] Das Ops Centre befand sich direkt gegenüber dem Eingang zur Command Group, in der der Force Commander, der Deputy Force Commander, der Executive Officer, der Executive Officer und die Schreibkraft der Command Group residierte.

[710] Begehbarer Panzerschrank mit den Abmessungen von etwa 8 x 8 m, verschlossen durch eine mit einem Kombinationsschloss versehene Stahltür. Das Ops Centre galt als Sperrzone und durfte nur von einem speziell ermächtigten Personenkreis, dessen Liste an der Innenseite der Tür hing, betreten werden.

[711] Maurice B., ein Frankokanadier, der später noch zum Master Corporal befördert werden sollte.

[712] Jeff M., eine junger Soldat der US Air Force aus dem Mittleren Westen, der zunächst Probleme mit der Korrekturflüssigkeit für Druckerzeugnisse hatte, aber sich später als verlässlicher Mitarbeiter und Kamerad erweisen sollte. Dies galt auch für Maurice B., dessen prononciertes kanadisches Altfranzösisch häufig zu Missverständnissen führte. Auch er erwies sich als ein zuverlässiger Kamerad und guter Freund.

[713] Über eine IVSN-Verbindung zum Ops/Communications Centre in Geilenkirchen war es möglich, eine Verbindung aus dem IVSN-Netz zu der im Flug befindlichen E-3A auf Kurzwellenfrequenzen (Phone Patch) herzustellen. Allerdings war diese Verbindung nicht gegen Abhören gesichert. Diese Verbindung wurde später häufig genutzt und wurde wohl auch vom ZFD der NVA erfasst, wie aus überkommenen Unterlagen des ZFD nachweisbar ist. Anlässlich eines Starts von der FOL Oerland meldete sich der Pilot der E-3A auf der Platzfrequenz mit der Bemerkung: "Ich gehe zum Orbit Nummer ..." beim Tower ab. Wenngleich es sich nur um einen Friedens-Orbit handelte, konnte nun die Gegenseite den Orbit anhand der Nummer endgültig zuordnen.

gen betrieblichen Einzelheiten mit Fettstift notiert wurden. Daneben war eine Übersicht mit dem Base-Status der NE-3A-Component Geilenkirchen und der FOB/FOL angebracht, aus dem die Verfügbarkeit und Status des jeweiligen Platzes ersichtlich war. Dazu kamen das "Exercise Board", aus dem der Status von Übungen ersichtlich war. Hinzu kam die Übersicht über die monatlichen Flugstunden (Monthly Flying Schedule). Zusätzlich wurde ein "Maintenance Board" geführt, aus dem der Klarstand jeder E-3A ersichtlich sein sollte. Bald wurde klar, dass die Konfiguration des Operations-Centres den Erfordernissen einer Klarstands- und Missions-Verfolgung der E-3A-Flotte nicht gerecht werden konnte. Die Soldaten waren ständig damit beschäftigt, Daten zu den Flugzeugen, den Mission-Status, dem Klarstand, dem verfügbaren Missions-Personal (Besatzungen) der E-3A per Telefon einzuholen und Unstimmigkeiten mit dem Gefechtsstand der Component, der Wartungsstaffel, anderen Stellen bei der Component und bei den einzelnen FOB/FOL einzuholen. Erschwerend kam hinzu, dass die Component bei der Berechnung der Flugzeiten Zellenstunden nutzte, das Ops Centre aber die Gesamtdauer der aktuellen Missionen vom Start bis zur Landung erfassten. Daher konnten die Zahlen, die auch Grundlage für das wöchentliche Briefing im Force Command darstellten, nicht mit denen der Component übereinstimmen. Neben diesen Arbeiten stellten die Mission-Orders, die im Ops Centre einliefen und natürlich ausgewertet und auf die Boards übertragen werden mussten, eine zusätzliche Belastung für das Personal im Ops Centre dar, da sich häufig Missions änderten und diese Änderungen bei der "Buchführung" berücksichtigt werden mussten. An Karten war zu dieser Zeit nur eine Europa-Karte verfügbar, auf der die Missionen "geplottet" wurden. Zu den Hauptinformationen für die Führung der Einsatzlage im Operations-Centre gehörten die Mission Reports (MISREPS), welche das Ops Centre erst nach Auswertung der Mission in der Component auf dem Fernschreibweg mit Verzögerungen erreichten. Dazu gehörten auch "Daily Activity Reports – DAR" sowie "Schedule Changes", die entsprechend berücksichtigt werden mussten. Unter diesen Umständen war eine aktuelle Lageunterrichtung des Force Commanders, seines Vertreters oder des Chiefs Operations – Division nur eingeschränkt möglich. Daneben verfügte das Operations-Centre nicht über eine Aktenablage und Nachweis eingegangener Fernschreiben oder sonstiger Unterlagen, die für die aktuelle Lageführung unbedingt erforderlich waren. Das Ops Centre wurde in aller Regel im verlängerten Tagesdienst, d.h. von etwa 07:00 Uhr lokaler Zeit bis 18:00 Uhr besetzt gehalten. Mit Anwachsen des Einsatzbetriebes der E-3A zeigte sich bald, dass die Organisation des Ops Centres den geänderten Verhältnissen angepasst werden musste, nicht zuletzt auch, um die Kontrolle der E-3A-Component durch das Force Command nachdrücklich zu unterstreichen, denn der Force Commander war auch gegenüber dem SACEUR zu jeder Zeit zur Auskunft über den Einsatzstand der E-3A-Flotte verpflichtet. Mittlerweile hatte auch die Führung in Gestalt des Division- Chiefs den Handlungsbedarf erkannt und einen jungen, angehenden kanadischen Stabsoffizier, Captain Dave B., der erst vor kurzem zu SHAPE versetzt wurde, mit der Reorganisation des Ops Centres beauftragt. Capt. B. verfügte über einen fachlichen Hintergrund als Anti- Submarine-Warfare (ASW) Officer, hatte allerdings noch keine Erfahrungen in der NATO und in Europa sammeln können. Vom deutschen Division Chief kam die Weisung, diesen Kameraden umfassend bei der Reorganisation zu unterstützen. Dieser Weisung wurde gerne nachgekommen, da es sich bei Capt. B. um einen sehr sympathischen Offizier handelte, der im Gespräch offen erkennen ließ, dass er noch nicht über viel Erfahrung in so einem großen NATO-Stab verfügte. In der Folge gestaltete sich die Zusammenarbeit angenehm und reibungslos, da es das Ziel der "Inmates[714]" des Ops Centres war, ihn nach bestem Wissen zu unterstützen. Basierend auf Vorschlägen des Senior-NCO[715] im Operations-Centre, wurde die Reorganisation in Angriff genommen. Hierzu wurden erstellt:

- Dienstanweisung (Standing Operation Procedures – SOP)
- Dienstpostenbeschreibungen (Job Descriptions)

Daraus ergab sich nun folgende Aufgabenverteilung:
- Officer in Charge (OIC) NAEWFC – Ops Centre

---

[714] So bezeichnet in einem offiziellen Papier eines britischen FlightLt, das zu einem Hinweis durch einen britischen Squadron Leader führt, dass es sich bei der Besetzung des Ops Centres nicht um "Insassen einer Strafanstalt – Inmates", wie im britischen Sprachgebrauch Gefangene bezeichnet werden, sondern um Soldaten handelt. Der FltLt hat sich später offiziell für diese Entgleisung entschuldigt.

[715] Hier ergaben sich Probleme der Seniorität zwischen den Inhabern der OR-9 Dienstposten im Ops Centre, die aber durch eine Entscheidung des Chief Ops-Division abschließend gelöst wurde, da einer der Dienstposteninhaber kurz vor der Rückversetzung nach Deutschland stand.

- Noncommissioned Officer in Charge Intelligence/Security (NCOIC INTEL/SECURITY[716])
- Noncommissioned Officer in Charge Operations (NCOIC OPS)
- Noncommissioned Officer Operations/Analysis (NCOOPS/ANALYSIS)
- Clerk Operations Centre

Der NCOIC INTEL/SECURITY) hatte folgende Aufgaben:

- Bearbeiten aller einsatzrelevanten Intelligence-Informationen,
- Bearbeiten aller sicherheitsrelevanten Informationen,
- Zusammenstellung der Briefing-Informationen in Bezug auf Intelligence und Security für den OIC Operations Centre
- Führen der Lagekarten Intelligence/Security
- Verwaltung der Intelligence/Security-Aktenbestände
- Herstellen und Halten von Kontakten zu SHAPE Intelligence[717] und SHAPE Security.

Während der nun folgenden Monate stellte sich bald heraus, dass die Reorganisation des Operations Centre fortgeführt werden musste, da immer mehr Forderungen hinsichtlich Informationen zu den täglichen Operationen der E-3A-Flotte durch den Stab des Force Command und der SHAPE-Operations Division wie auch der NE-3A-Force Allotment (FAG) erhoben wurden. Nach Vorarbeiten, die sich bis Anfang 1986 hinzogen, wurde ein "Concept of Operations"[718] für das Force Com-

---

[716] Die Einrichtung dieses Dienstpostens, trotz Widerstandes aus der Führung des Force Commands, war notwendig geworden, da im NAEWFC-HQ sich damals niemand für die Feind- und Sicherheitslagebearbeitung verantwortlich fühlte, da das "NAEWFC-HQ ohnehin durch SHAPE INTEL mit Informationen versorgt würde", so die Begründung. Dies stellte sich bald als Irrtum heraus, da auch beim SHAPE Air Intelligence Desk missionsspezifische Informationen für die E-3A weder gewonnen noch bearbeitet wurden. Der bisherige Security Officer des Hauptquartiers wurde nach Geilenkirchen versetzt, da er über keinerlei Erfahrungen im Nachrichtenwesen verfügte. Er wurde dort später Chief der Base Security Branch. Auch stellte sich bald heraus, dass regelmäßig in den Nachmittagsstunden des Donnerstag Unklarheiten in Bezug auf die über das Wochenende zu erwartenden Aktivitäten der Luftstreitkräfte des Warschauer Paktes, besonders der 16. sowjetischen Frontluftarmee und den Fliegerkräften der Nationalen Volksarmee der DDR, herrschten. Nicht zuletzt waren auch die Einsatzräume der NATO E-3A in Nordnorwegen wegen der Nähe zu sowjetischen Flotten- und Luftwaffenbasen auf der Kola-Halbinsel nicht ohne Bedeutung für die Führung der NATO E-3A-Flotte.

[717] Auf besondere Initiative mit Billigung des Force Commanders konnte später für das Force Command auch der Zugang zum Special Handling Detachment (SHD) der SHAPE INTEL DIV zur Teilhabe an SIGINT-Informationen, die bei SHD verfügbar waren, erreicht werden.

[718] DETAILED OVERVIEW OF NAEW-FC OPS Centre ACTIVITIES DURING PEACE, CRISIS AND TENSION, NAEW-FC – FCOOO, NR, dtd: 4 Feb 1986: CONCEPT FOR THE MANAGEMENT OF NAEW-FC OPERATIONS Centre DURING PEACETIME, CRISIS AND TENSION, FCOOO1, NR, datd 10 Feb 1986. Bei der Bearbeitung des Operations-Centre- Konzepts wurde allerdings festgestellt, dass sich die damaligen Aufgaben des Ops Centres ausschließlich

mand Operations Centre in Kraft gesetzt. Danach hatte das Ops Centre im Rahmen der "Täglichen Operationen" (Current Operations) u.a. folgende Aufträge zu erfüllen:
- Bearbeiten des Daily Activity Reports,
- Erfassen der Operationsbefehle (Operations Generations – OPGEN),
- Bearbeiten von Allotment Reports (Zuordnungsmeldungen),
- Auswerten von NAEW-Missions Reports (MISREPS), soweit das Ops Centre betroffen,
- Aktualisierung des Flugplanes (Flying Schedule Update),
- Bearbeiten von Fluganträgen (Flight Approvals),
- Bearbeiten von Einsatzanforderungen (Air Request),
- Vorbereitung und Durchführung von Missionsabbrüchen (Mission Cancellations),
- Bearbeiten des Operations Status (OPSTAT) und des Basis Status (BASESTAT),
- Bearbeiten von Luftbetankungsanforderungen (Air to Air Refueling Requests – AAR),
- Bearbeiten von: Air Task Messages (Aufträge), Orbit-Requests[719], Verlegung von Luftfahrzeugen (Deployment) und Besatzungen,
- Lufttransportanforderungen – Air Transportation Request,
- Personalstatus, Verlust an Besatzungen und Luftfahrzeugen,
- Abstimmung der NE-3A-Einsätze in der Island-Zone mit der USAF,
- Bearbeitung von Übungsmeldungen (Live Exercise Mission Report)
- Überwachung und Lageführung bei Übungen nach den Vorgaben des Force Command,
- Koordination der Diplomatic Clearances (Diplo-Clearances – Überfluggenehmigungen) im NATO-Luftraum. Besonders kritisch war immer der Transit durch den französischen Luftraum, da die franzö-

---

am Friedensflugbetrieb orientierten und zeitkritische Informationen für die Führung der E-3A-Flotte das Ops Centre nicht rechtzeitig erreichten oder nicht verfügbar waren. Dies beeinträchtigte auch die Koordination der Einsätze durch die zuständigen Stabsabteilungen (Divisions) des FCHQ. Für den Friedensbetrieb erschien die Ansprechbarkeit des Ops Centres von 07:00-17:00 Uhr Ortszeit ausreichend, jedoch war bei 24-Stunden-Betrieb nicht genügend Personal verfügbar. Später sollten "Augmentees" zur Verstärkung aus dem übrigen Stabspersonal das Operations-Centre verstärken. Allerdings mussten die Augmentees auch erst in den laufenden Betrieb eingewiesen werden, was sich sehr personalintensiv und zeitaufwändig gestaltete.

[719] Die E-3A flog ihre Einsätze in vorher festgelegten Friedensräumen, als Orbit bezeichnet, in bestimmter Konfiguration (Rennbahn-Racetrack, Ziffer 8, Abfolge-Figure Eight Pattern). Die jeweilige Flughöhe (Flight Level) wurde durch den Auftrag bestimmt.

sischen Behörden peinlich auf die Beachtung der Vorgaben in Bezug auf Überflugzeit (SLOT) und Route achteten.
- Überwachung der Vorgaben zum Plan "GOLDEN EAGLE"[720]. Daneben war eine Vielzahl von Übersichten (Boards) zu führen. Dazu gehörten u.a.
- Einsatz – (Mission) – Board,
- BASE/OPSTAT- Board
- Einsatzübersicht mit Deployment Board
- Führen der "Orbit-Map"
- Überwachung des Alarmstatus der NE-3A-Flotte (Quick Reaction Alert – QRA Status). Unterstützung bei der Planung von Missionen zur Vermeidung von einsatzbezogenen Konflikten (Deconfliction), sowie Unterstützung der Planung bei verstärktem Einsatz der NE-3A-Flotte.

Nicht zuletzt hatte das Ops Centre den Auftrag, die Führung bei der Bewertung der Einsatzbereitschaft (Sustainability) bei erhöhtem Einsatz der NE-3A-Flotte zu unterstützen. Der für die Analyse verantwortliche deutsche Unteroffizier[721] im Ops Centre hatte u.a. folgende Aufgaben: Erfassung der gesamten Flugstunden, Analyse der Flugaktivitäten der NE-3A-Flotte nach Vorgaben durch die Führung. Überwachung operationeller Details wie Anzahl der Link-Stunden[722]. Daneben hatte der Unteroffizier die Flugstundenzahl getrennt nach täglichen, monatlichen, vierteljährlichen, halbjährlichen und jährlichen Flugstunden zu ermitteln. Daneben war auch die Effektivitätsrate der Flugeinsätze nach Einsatzstunden zu bewerten. Für die Alarmierung des Hauptquartiers und der nachgeordneten NE-3A-Component waren entsprechende Vorschriften erlassen, die durch das Operations-Centre ohne Zeitverzug umzusetzen waren. Neben diesen Aufgaben waren die Vorbereitungen

---

[720] Soweit erinnerlich, handelte sich hierbei um den Luftbetankungsplan für Zeiten erhöhter Einsätze.
[721] Zu dieser Zeit im Dienstgrad Hauptfeldwebel
[722] Es handelte sich hierbei um Systeme zur drahtlosen Übermittlung (LINK 11, LINK 14, JTDS) der Luftlagedaten an Bodenstationen und im Flug befindliche andere Flugzeuge durch die NE-3A. In der Regel wurde das komplette Luftlagebild an Sector Operations Centres (SOC) oder andere Gefechtsstände übermittelt, die ihrerseits den Einsatz der Abfangjäger und der Flugabwehrkräfte koordinierten. Allerdings war auch die Besatzung der E-3A unter ihrem Technical Direktor (TD) mit ihren Jägerleitoffizieren (Weapon Control/Surveillance Officers) in der Lage, Luftkriegsoperationen zu führen. Dies galt auch für See-Überwachungsmissionen (Sea Surveillance). In diesem Falle erhielten die Führungszentralen das aktuelle Luftlagebild und konnten damit den Einsatz eigener Abwehrwaffen und zugeordneter Flugzeuge zur Abwehr von Angriffen steuern.

für das wöchentliche Briefing[723] eine zusätzliche Belastung für das Personal, da die Zahlen aufbereitet werden mussten und sich dabei keine Fehler einschleichen durften. Zusätzlich wurden durch die Führung Einzelfragen zu besonderen Aspekten gestellt, die im Briefing erschöpfend behandelt werden sollten. Hierzu waren zusätzliche, teilweise sehr zeitaufwändige Recherchen notwendig. Der Intelligence and Security NCO[724] im Operations Centre hatte folgende Aufträge: Bearbeiten der Intelligence-Lage mit besonderem Bezug auf die Einsätze der NATO E-3A. Hierbei war auszuwerten: SHAPE Weekly Intsum, SHAPE Daily Intsum, SHAPE I&W (Information & Warning)-Reports, SHAPE Counterintelligence (CI) Reports, SHAPE CI Intsum sowie eine Vielzahl anderer, täglich bei SHAPE einlaufender Meldungen, die auf ihre Relevanz zu Einsätzen der NE-3A zu untersuchen, zu bewerten und in das Lagebild einzufügen waren. Übersicht über die zwischen 1985 und 1989 einlaufenden INTELLIGENCE-Meldungen, die durch die Intel &Security Section des NAEW-FC HQ zu bearbeiten waren.

AIG	Originator	Descriptive Title
5011	MOD UK	Counterintelligence INTREP/INSTSUM
5012	SHAPE	Indicators and Warnings (I&W)
5016	SHAPE	ACEREP INTSUM
5027	USCINEUR/EUDAC	DASRJS
5028	USCIINEUR/EUDAC	CHANGES OF EUCOM ELECTRONIC ORDER OF BATTLE –EOB EUROPE
5048	CINCNORTH	WEEKLY INTSUM
5050	CINCNORTH/COMBALTAP	ASSESSREPS
5051	FOD/FOG/ COMGERNORSEA	MARINTSUM/NAVINTSUM
5052	CINCNORT	MARINTREP/MARINTSUM
5054	CINCNORTH	DAILY INTSUM NON NATO AIR ACTIVITY
5056	CINCNORTH	SITREP
5057	CINCNORT	ASSESSREP
5059	CINCNORTH	PEACTIME INTEL CURRENT SURVEILLANCE
5061	CINCNORTH	INTREP/SUPINTREP
5062	CINCNORTH	LANDINTSUM/LANDINTREP
5064	COMBALTAP	INTSUM
5067	CINCNORTH	MARINTSUM/NAVINTSUM (Tension/War)
5072	CINCNORT	INTSUM FORM BLACK/RED
5074	CINCNORT	NORTH MERINSUM (Merchant)
5079	FOG	JAMMING WARNING MESSAGE
5083	COMNON	MARINTSUM/MARINTERP
5086	CINCENT ERWIN	INTREP/INTSUM (Other than Peace)

---

[723] Lagevortrag vor dem Force Commander, dem Deputy Force Commander und den Division Chiefs sowie hochrangigen Besuchern aus der NE-3A-Component oder SHAPE sowie anderen nationalen und internationalen Kommandobehörden. Das Briefing fand meist am Donnerstag statt und begann um 14:00 Uhr.
[724] Zu dieser Zeit ein Hauptfeldwebel der deutschen Luftwaffe

5087	CINCENT ERWIN	INTSUM/INTREP
5091	CINCENT	ASSESSREP/LANDSITREP
5104	COMNORTHAG	ACE REP WEEKLY INTSUM
5105	NORTHAG	INTSUM/INTREP (Non Formatted)
5111	COMCENTAG	LANDSITREP/ASSESSREP/OPREP
5113	COMCENTAG	INTSUM/INTREP/LANDINTREP
5116	COMCENTAG	INTSUM
5118	COMAAFCE ERWIN	PEACE INTSUM/INTREP/SUPINTREP/AIRINTSUM/AIRINTREP
5119	COMTWOATAF	JAMMING WARNING MESSAGE
5128	COMFOURATAF	SOC 3 DAILY INTSUM ON NON NATO AIR ACTIVITY
5130	COMFOURATAF	JAMMING WARNING MESSAGE
5142	UNITS AT SEA	MEDSURVOPS REPS RED/ BLACK/ PURPLE
5152	COMCENTAG	CI-INTREP/CI-INTSUM
5153	COMCENTAG	CIMICREPORT
5156	CINCSOUTH	INTELLIGENCE
5157	CINCSOUTH	SOUTH INTSUM (Peace)
5119	COMNAVSOUTH	TO PROMULGATE NAVSITSUM
5160	COMNAVSOUTH	WEEKLY INTSUM
5162	COMNAVSOUTH	MARINTSUM/MARINTREP
5165	COMSTRIKFORSOUTH	INTREP/INTSUM/SUPINTREP
5167	COMLANDSOUTH	LANDSOUTH INTSUM
5172	COMGIBMED	SOUTHREP INSTUM/INTREP
5184	COMNAVSOUTH	WEEKLY SURVEILLANCE INFORMATION
5192	COMAIRSOUTH	AIRINTSUM
5197	COMFIVEATAF	INTSUM/INTREP/SUPINTREP
5211	CHINCHAN	PEACETIME INTELLIGENCE MOVEMENT REPORT
5308	MOD NL NAVY	PEACETIME INTELLIGENCE MOVEMENT REPORT
5309	MARINE PARIS	PEACETIME INTELLIGENCE MOVEMENT REPORT
5310	MOD BELGIUM	PEACETIME INTELLIGENCE MOVEMENT REPORT
5315	COMBENECHAN	NAVSITSUM FORM WHITE
5338	COMPLYCHAN/COMCENTLANT	INTSUM/OPSUM
5995	CECLANT	MARINTREP
5396	CECLANT	NAVSITREP/NAVSITSUM
5422	SACLANT	LANTINTSUM/ITREP/LANTSUPINTREP
5434	SACLANT	SACLANT EMITTER DATA BASE
5455	CINCWESTLANT	NAVSITSUM/NAVSITREP
5461	CINCWESTLANT	MARINTSUM/MARINTREP/INTREP/INTSUM/SUPINTREP
5570	CINCEASTLANT	NAVSITSUM/NAVSITREP
5585	COMNORLANT	DAILY INTSUM
5588	COMNORLANT	INTSUM/OPSUM
5622	CINCIBERLANT	MARINTSUM
5623	CINCIBERLANT	IBERLANT SCC[725] ADVISORY
5686	CECLANT	INTSUM/SUPINTREP/PODREP
5687	CECLANT	INTREP
5688	CECLANT	OPSUM
5716	COMFOURATAF	WARSAW PACT AIR VIOLATION REPORT

---

[725] SHAPE Command Centre

5717	CINCUKAIR	ACEREP INTSUM TO SACEUR
5741	COMAIRBALTAP	ELECTRONIC WARFARE REPORTING
5742	COMAIRBALTAP	INTELLIGENCE REPORTING
5743	CINCNORTH	INTELLIGENCE REPORTING
5754	CINCNORTH	CI-INTSUM/CI-INTREP
5770	COMAIRSOUTH	AIRSOUTH AIR INTSUM

Das nachfolgend aufgeführte Grundlagenmaterial war bei der Lagebearbeitung durch die Int & Sy Section des NAEW-FCHQ ebenfalls zu berücksichtigen.

Bezeichnung	Inhalt
MC 64	NATO Electronic Warfare Policy
MC 90/ 3	Movement of NON-NATO Forces in Maritime Areas
MC 101	NATO Communications Intelligence and Electronic Intelligence Policy
MC 114	Preparation of Intelligence Estimates
MC 119	Transmission of Warning of Attack
MC 128	Military Intelligence Organization of NATO
MC 161	Warsaw Pact Strength and Capabilities
MC 166	Indications of Attack
MC 200	Logistic Guide to Warsaw Pact Forces
MC 224	(WP) Ground Forces Organization and Equipment
MC 260	WP Aircraft and Armaments
MC 261 A	WP-Missiles (Shipborne)
MC 261 B	WP-Missiles (Airborne)
MC 261 C	WP-Missiles (Landbased)
MC 262 A	WP Electronic Equipment (Shipborne)
MC 262 B	WP Electronic Equipment (Airborne)
MC 262 C	WP Electronic Equipment (Landbased)
ACE Directive 65-2	Intelligence Policy
ACE Directive 80-50	Volume II, Intelligence Reporting
SHAPE Publications	Ground Order of Battle (GROBAT)
	Air Order of Battle (AOB)
	Soviet Bloc Missile Order of Battle(MOB)
	Electronic Warfare Handbook of Warsaw Pact
	Studies of Countries bordering Allied Command Europe (ACE)
	SHAPE Indicator and Warning System (SHAPE I&W)

Daneben musste sich die INT/SY-Section des NAEW-FCHQ bei der Bewertung bestimmter Sachverhalte mit den Bearbeitern bei SHAPE INTEL abstimmen. Gelegentlich traten hier Probleme auf, da Sachverhalte unterschiedlich bewertet wurden. Ergänzt wurden diese Erkenntnisse durch zusätzliche Informationen zu Aktivitäten auf der Gegenseite aus dem "Special Handling Detachment – SHD" bei SHAPE INTEL, zu dem der Intelligence & Security NCO zu Jahresbeginn 1986 eine Verbindung aufbauen konnte. Die Zusammenarbeit gestaltete sich sehr vertrauensvoll, nicht zuletzt wegen des nationalen SIGINT-Hintergrunds des damaligen Int & Sy NCO des FC-HQ. So konnte bald auf Augenhöhe verhandelt werden. Das SHD verfügte über Erkenntnisse[726] aus der nationalen SIGINT-Meldeerstattung, die von den Nationen der NATO zur Verfügung gestellt wurden und damit das Lagebild abrundeten. Insbesondere die Möglichkeit, den kurzfristigen Aufbau entsprechender Strukturen im vorderen Bereich des Warschauer Paktes vor Beginn großer Übungen oder die Aktivierung luftgestützter Gefechtsstände, besonders der damaligen sowjetischen Streitkräfte, erlaubten, frühzeitig Maßnahmen auf Seiten der NATO-Frühwarnflotte zu treffen. Dies war besonders bei großen Flottenmanövern der sowjetischen Nordflotte oder dem Austausch von Einheiten der Nordflotte gegen Einheiten der 5. sowjetischen Eskadra (Soviet Mediterranean Squadron – SOVMEDRON) im Mittelmeer von Bedeutung, da die NATO-E-3A-Flotte im Verbund mit den alliierten Partnern die Flottenbewegungen der Nordflotte zu beobachten hatte. Neuralgische Punkte waren hierbei bestimmte Seegebiete, welche Kräfte der Nordflotte auf ihrem Weg passieren musste. Es waren dies das Seegebiet vor Malin Head in der Irischen See, das Seegebiet nordwärts der Färöer-Inseln, die Shetland-Inseln, wo meist auch Versorgungsoperationen mit Wasser und Treibstoff (Replenishment at Sea – RAS) stattfanden, die von der NATO sehr genau beobachtet wurden. Auch war es das Seegebiet zwischen Grönland und Großbritannien (Greenland – UK – GIUK – Gap)[727]. Bedeutsam für das frühzeitige Erkennen von Vorbereitungen für großräumige sowjetische Flottenoperationen im Atlantik war der vorgestaffelte Einsatz sow-

---

[726] Auch hier waren die Ergebnisse meist "quellenbereinigt" und erlaubten keine Rückschlüsse auf die Systeme, mit denen derartige Informationen aufgeklärt werden konnten. Meist wurden auch keine weiteren Einzelheiten zu den gemeldeten Sachverhalten mitgeteilt. Die Verbindung zu SHD bewies ihren Wert, als am 15. April 1986 die US Air Force einen Angriff auf Libyen flog und nur bei SHAPE Intel SHD entsprechende Informationen verfügbar waren, die für den Schutz der E-3A-Flotte schnell umgesetzt werden konnten. Zur Überwachung des Seegebietes vor Libyen wurde kurz darauf von der NATO die Operation "MEDEX" ins Leben gerufen. Kompliziert wurde die Situation durch eine Meldung von AFN am 25.04.86, dass Libyen beabsichtige, dem Warschauer Pakt beizutreten. Auf Grund der Lage wurden die auf Sizilien befindlichen NE-3A auf Plätze weiter nördlich verlegt. Frankreich verstärkte seine Luftabwehr an der südfranzösischen Küste. Am 30. April 1986 geriet eine aus Oerland kommende NE-3A möglicherweise in eine radioaktiv kontaminierte Wolke, die auf den Reaktorunfall in Tschernobyl zurückzuführen war. Das Luftfahrzeug wurde nach der Landung in Geilenkirchen untersucht, aber offiziell keine Kontaminierung festgestellt.
[727] Auch im Mittelmeer verfügte die SOVMEDRON über Ankerplätze vor der Küste: u. a. BIZERTA, MELLILA und KAP PASSERO als auch vor der libyschen und syrischen Küste. In Libyen und Syrien verfügte die sowjetische Luftwaffe zusätzlich über Landerechte für ihre Seeaufklärer. Nach einer fast über 20-jährigen Pause wird die nun russische Flotte ihre Präsenz ab Sommer 2013 im Mittelmeer wieder verstärken.

jetischer U-Boote[728] in der Norwegensee und im Nordatlantik, der Einsatz sowjetischer Marineflieger zur Aufklärung der Eisgrenzen (Ice Edge Recce) und der Einsatz sowjetischer SIGINT-Flugzeuge über der Norwegensee und entlang der norwegischen Küste, deren Kurse teilweise bis über die Nordsee[729] führen konnten. Sowjetische Aufklärungsflugzeuge passierten bei derartigen Gelegenheiten auch die Grenzen des isländischen Luftraums und wurden dabei von Abfangjägern der US Air Force eskortiert. Die in Keflavik beheimateten US-E3 konnten die sowjetischen Aufklärer, meist BEAR, bereits sehr früh erfassen. Zu Unterstützung wurden auch NATO E-3A[730] herangezogen. Auch führte die sowjetische strategische Luftwaffe von Basen auf der Halbinsel Kola startend Übungsflüge mit den Mustern BEAR und BISON bis vor die Ostküste der Vereinigten Staaten und Kanadas durch, von denen anzunehmen war, dass diese der Simulation von Stand Off Waffen[731]- Einsätzen gegen die USA und Kanada dienten. Aus der Position der sowjetischen SIGINT-Aufklärungsschiffe[732] leicht mit zivilen Fischereifahrzeugen zu verwechseln, häufig vor den Küsten Norwegens, Großbritanniens und Frankreichs, konnte auch auf die Ausdehnung des Manövergebietes geschlossen werden. Übungen der Seestreitkräfte der NATO wurden routinemäßig von den sowjetischen Aufklärungsschiffen beobachtet. Auch der Austausch von Marinekräften der sowjetischen Schwarzmeerflotte wurde entsprechend beobachtet. Allerdings war hier die NATO bereits vorgewarnt, da Schiffspassagen durch den Bosporus nach den Bestimmungen der Montreux-Deklaration den türkischen Behörden angezeigt werden mussten und nur bei Tageslicht erfolgen durften. Für die Aktivierung fliegender Gefechtsstände auf sowjetischer

---

[728] Die Bewegungen der sowjetischen U-Boote wie auch die der Überwasserkräfte wurden durch das von der US-Marine und der Royal Navy betriebene SOSUS-System permanent überwacht. Es handelt sich hierbei um ein System von Unterwassergeophonen, die Schrauben- und andere Geräusche erfassen und an eine Auswertezentrale melden können. In der Ostsee befand sich eine ähnliche Einrichtung, die von der Bundesmarine betrieben wurde. Mit dem System lassen sich die Geräusche klassifizieren und einem individuellen Wasserfahrzeug zuordnen. Damit ist eine Identifizierung jederzeit möglich.

[729] Mitte der achtziger Jahre flog eine sowjetische Aufklärungsmaschine, von der Halbinsel Kola kommend bis kurz vor die Grenze der Flight Information (FIR) – Amsterdam und kehrte danach um.

[730] Bei einem Einsatz der NE-3A auf einem Flug von Geilenkirchen nach Oerland wurden zwei von Osten einfliegende Aufklärer vom Typ Tupolew-26 BEAR durch die E-3A erfasst. Leider war es der Flight Deck Crew nicht möglich, einen Empfänger für UHF-Frequenzen freizumachen, um die sowjetischen Flugfunkfrequenzen abhören zu können.

[731] Es handelt sich bei Stand Off Waffen um nukleare, abstandsfähige Flugkörper, die gegen Boden- und Schiffsziele eingesetzt werden können.

[732] In der NATO-Fachterminologie als AGI – Auxillary General Intelligence bezeichnet.

Seite waren immer die kurzzeitigen "Werkstattflüge", die aber nicht im vorderen Bereich stattfanden, eine klare Indikation für die Vorbereitungen für Übungen unterschiedlicher Art. Wurde der Fliegende Gefechtsstand beispielsweise der Luftarmee LEGNICA aktiviert, konnte auf eine größere Kommando- oder Stabsübung im vorderen Bereich geschlossen werden. Dies galt auch für das luftgestützte Führungssystem – LGF (Airborne Command Post – ABNCP) der GSTD in der DDR. Wurde hingegen der LGF der Heimatluftverteidigung oder gar der der strategischen Raketentruppen im Raum Moskau aktiviert, bestand schon eher Grund zur Besorgnis. Bei Großübungen wurde häufig eine Reihe von LGF aktiviert, aus deren Einsatz auch auf den Ablauf und den Umfang der Übung geschlossen werden konnte. Nicht zuletzt der Einsatz der sowjetischen Gegenstücke zum System AWACS, das Frühwarnsystem MOSS und IL76 – MAINSTAY im vorderen Bereich gegenüber der NATO erfolgte meist bei großen Luftwaffenübungen des Warschauer Paktes. Nicht zuletzt die Möglichkeit, die Flugbewegungen auf der Gegenseite technisch zu dokumentieren, erlaubte den Auswertern auch Aussagen zu den angewandten Taktiken der Gegenseite, gleichwohl die NATO E-3A nicht als Aufklärungsplattform konzipiert und nach dem Willen der NATO auch nicht als solche eingesetzt werden sollte. Bald sollte sich auch zeigen, dass der Bearbeitung der "Intelligence-Lage" mehr Beachtung geschenkt werden musste. Daher wurde am 7. Mai 1986 ein Konzept für das Management der NAEWFC-HQ Intelligence & Security Funktionen[733] vorgelegt. Darin enthalten war eine Bewertung der damaligen Intelligence-Lagebearbeitung sowie Vorschläge für eine Reorganisation der gesamten Intelligence-Lagebearbeitung für das NAEW-Force Command HQ. Zu dieser Zeit hing das NAEW-FCHQ bei der Versorgung mit Intelligence Informationen ausschließlich von der SHAPE Intelligence Division ab. Meldungen von SHAPE INTEL waren bis zu drei Tage alt, teilweise noch älter. NAEW-FC HQ Intel verfügt über kein Grundlagenmaterial einschließlich offener Quellen (Janes und andere). Wichtige Intelligence-Informationen erreichten das FC HQ nur mit Verzögerungen. Es war kein Meldewesen zu Intelligence relevanten Vorfällen im Gesamtunterstellungsbereich der NAEW-Force implementiert. Auch wurde festgestellt, dass das Ops Centre der NAEW-Force zu die-

---

[733] Concept for the Management of NAEW-FC HQ's Intelligence and Security Functions, NAEW-FC, FCOOO1, NR, dtd: 07 May 1986

ser Zeit nur in der Lage war, die aktuelle operationelle Lage zu führen. Vorausschauende Reaktionen auf künftige Lageentwicklungen aus operationeller Sicht waren daher nur eingeschränkt möglich. Dies galt ebenfalls für die zu erwartende Entwicklung der Intelligence-Lage bei möglichen Lageveränderungen (Krisen- und Spannungszeiten). Daher wurde für den Bereich Intelligence vorgeschlagen:
- Anstrengungen zu unternehmen, um im Rahmen des Intelligence-Meldewesens Zugriff auf weitere NATO-weite Intelligence-Informationen[734] zu gewinnen.
- Die Verbindung zum Special Handling Detachment – SHD der SHAPE INTEL DIVISION zu vertiefen und auszubauen.
- Überprüfung, Aktualisierung und Neuherausgabe eines NAEW-Force weiten Meldesystems.
- Implementierung von Maßnahmen bei der Auftragsbearbeitung (Tasking Circle) für NE-3A-Einsätze, um die zuständigen Intelligence- Dienststellen der an der Einsatzplanung beteiligten Kommandobehörden mit in die Bereitstellung einsatzrelevanter Intelligence-Informationen einzubinden. Am 30. April 1986 verfügte der Force Commander eine Änderung der Organisation innerhalb des NAEW- Force Command Headquarters. Davon blieb auch das Operations Centre nicht gänzlich unbelastet. In einer "Erprobungs-Phase" sollte die neue Struktur des Force Command im täglichen Dienstbetrieb erprobt werden. Mit Schreiben vom 21. Mai 1986 an den Deputy Division Chief Operations Division, einem italienischen Oberst, konnten erste Erfahrungen gemeldet werden. Demnach bestand für das Ops Centre akuter Handlungsbedarf in folgenden Bereichen:
- Nach wie vor war der Auftrag des Ops Centres nicht klar definiert.
- Die Arbeitsbelastung zwischen den einzelnen Arbeitsbereichen im Ops Centre war nicht ausgeglichen.
- Die im Ops Centre anzuwendenden Vorschriften entsprachen nicht den Anforderungen des Betriebes im Frieden-, Krisen- und Spannungszeiten.
- Die Aufgabenfülle für den "Officer in Charge" im Ops Centre beeinträchtigte, insbesondere bei längerem Betrieb, seine Möglichkeiten,

---

[734] Zu dieser Zeit umfasste das NATO-Intelligence-Meldewesen mehr als 41 Meldeformate, die per Fernschreiber an die Empfänger mittels Adress-Indication-Group (AIG) periodisch übermittelt wurden.

das Ops Centre zu managen. Es war kein ebenen-gerechter Vertreter verfügbar.
- Die Aufgaben der übrigen Unteroffiziere im Ops Centre waren nicht klar abgegrenzt, dies führte zu vermeidbarer Doppelbelastung.

Während der Erprobungsphase der neuen Struktur im NAEW-FC HQ konnten, soweit das Ops Centre betroffen war, folgende zusätzliche Beobachtungen gemacht werden:
- Die personellen Ressourcen reichten allenfalls für den Friedensbetrieb während normaler Dienststunden, bei Dauerbetrieb würde das Personal innerhalb kürzester Zeit an seine Leistungsgrenzen gelangen. Daher war die Einplanung von Verstärkungspersonal erforderlich.
- Bei verschieden Anlässen zeigte sich ein signifikanter Mangel an operationsrelevanten Informationen. Insbesondere wurden Meldungen aus dem unterstellten Bereich gar nicht oder nur auf Anforderung vorgelegt. Das Personal des Ops Centres wurde häufig mit zusätzlichen Forderungen zu einsatzrelevanten Informationen konfrontiert, die nur unter großer Mühe und unverhältnismäßigem Aufwand gewonnen werden konnten.
- Die Fernmeldeanbindung des Ops Centres verfügte nicht über Redundanzen, insbesondere bei Ausfall des Secure Voice Systems oder des IVSN-Systems.
- Die Auslieferung von einsatzwichtigen Meldungen durch das SHAPE Message Distribution Centre System (SMDC) war nur während der normalen Dienststunden des SMDC sichergestellt, nach Dienstschluss war eine Auslieferung von einsatzwichtigen Meldungen durch das SHAPE COMMUNICATIONS Centre aus organisatorischen Gründen beim ComCen nicht möglich. Meldungen mussten dann bei der SHAPE EMERGENCY ACTION UNIT (EAU) empfangen werden. Hierfür waren noch keine administrativen Vorbereitungen getroffen. Auf Grund der gemachten Erfahrungen wurden folgende Ergänzungen des Konzepts[735] vorgeschlagen:
    o Ausweitung der Stellenbesetzung
        - Officer in Charge – OF2/OF3, später OF 4 [736]

---

[735] Subject: NAEW Force Command Reorganization, Reference: 1110. 09. 02/FCD/86 dtd: 30 April, FCOO2, NU, dtd: 21 May 1986. In seinen handschriftlichen Randbemerkungen stimmte der Deputy Chief Ops Div, ein italienischer Oberst, diesem Vorschlag zu.
[736] OF 4 – Oberstleutnant

- NCOIC – OR 8 (Non Commissioned Officer in Charge)
- Ops NCO – OR 5
- Ops Technician – OR 4
- Vier zusätzliche Ops-NCO's

Überarbeitung sämtlicher Prozeduren im Ops Centre, soweit operationelle Aspekte betroffen waren. Überarbeitung des Ablagesystems und Einführung von Datenverarbeitungssystemen. Im Bereich des Melde- und Berichtswesens sollten die Prozeduren bezüglich:

- Operationelles Melde- und Berichtswesen,
- Intelligence-Meldewesen,
- Alarmsystem und Zuständigkeiten des Codewort-Action-Officers (CWAO),
- Logistisches Meldewesen,
- Nukleares, biologisches und chemisches Meldewesen (NBC),
- Besonderen Vorkommnissen/Ereignissen mit Auswirkungen auf den Einsatz,
- Zivile Angelegenheiten,
- Wetterbeobachtung und Vorhersagen

überarbeitet und den operationellen Forderungen angeglichen werden. Vollzug der Trennung von operationeller Lageführung und Intelligence- & Security-Lageführung durch Schaffung einer eigenständigen "Intelligence-/Security Branch"[737] innerhalb der Operations Division. Damit wurde die Trennung von Operations- und Intelligence/Security-Aufgaben zunächst für eine Probezeit vollzogen. Der Intel-/Security NCO blieb aber weiterhin dem Officer in Charge (OIC) Operations Centre unterstellt, erhielt aber einen eigenen Arbeitsraum neben dem Operations-Centre. Als Folge der Errichtung der eigenständigen Intel & Security Branch war es erforderlich geworden, die Nachrichtenbearbeitung im Force Command auf eine neue, den Forderungen des NATO-weiten Einsatzes der E-3A-Flotte genügende Basis zu stellen. Mit Schreiben vom 01.07.1986 wurde dem Deputy Chief Operations Division ein erweiterter Vorschlag zur Organisation der Intelligence & Security-Lagebearbeitung bei NAEW-FC HQ vorgelegt. Danach waren durch

---

[737] In seinen handschriftlichen Randbemerkungen zum Vorschlag vom 21. Mai 1986 stimmte der Deputy Chief Ops Div diesem Vorschlag zu. Jedoch sollte diese neue Gliederung zunächst nur probeweise eingenommen werden, da der Stellenplan (Peace Time Establishment – PE) erst in Verhandlungen mit den Nationen abgestimmt werden musste, da im Force Command keine zusätzlichen Planstellen (Slots) verfügbar waren.

die Führung des Force Command folgende Forderungen an die Intel & Security Section festzulegen:
- Forderungen hinsichtlich der Versorgung mit einsatzrelevanten Intelligence-Informationen nach Umfang und Priorität,
- Auftrag der Intel & Security Section
- Festlegung eines Planes zur Nachrichtengewinnung,
- Festlegung des Umfangs der Versorgung mit Intelligence-Informationen des nachgeordneten Bereiches NE-3A-Component sowie der FOB/FOL. Damit sollte die spätere Intelligence & Security Section des Force Command die Verantwortung für die Bearbeitung von allen mit Intelligence und Security zusammenhängenden Fragen übernehmen und das Force Command bei Bedarf auch gegenüber der SHAPE Intelligence Division vertreten. Zur Erfüllung des künftigen Auftrages der Intelligence & Security Section wurden die Forderungen an die Nachrichtenbearbeitung-Intelligence Requirements erarbeitet. Diese umfassten folgende Aspekte:
- Strategisch-operative Forderungen
    o Veränderungen in der fremden Luftwaffenlage (Air Order of Battle – AOB)
    o Veränderungen in der Stationierung möglicher feindlicher Streitkräfte – Ground Order of Battle – GOB)
    o Auswertung von Übungen im vorderen Bereich des Warschauer Paktes mit Schwerpunkt auf Übungen der Luftstreitkräfte,
    o Auswertung von Kommunikations- sowie Kommando- und Stabsübungen des WP im vorderen Bereich.
    o Mögliche Aktivitäten des Warschauer Paktes auf dem Gebiet der Elektronischen Kampfführung,
    o Mit der Gewinnung von Nachrichten zusammenhängende Aktivitäten der Dienst des WP im vorderen Bereich,
    o Hintergrundinformationen zu politisch-militärischen Ereignissen,
    o Unübliche, von der Norm abweichende Aktivitäten der Marinekräfte in Bereichen, in denen die NATO-E-3A-Flotte zum Einsatz kommen würde.
    o Indikationen für die Gefährdung der NATO-E-3A-Basis und der FOB/FOL durch Aktivitäten gegnerischer Nachrichtendienste und/oder Spezialeinsatzkräfte

- Operationelle/taktische Forderungen für die Intelligence-Lageführung
    - Die Lageveränderungen bei fremden und neutralen Luftstreitkräften soweit das Einsatzgebiet der NATO E-3A betreffend (Air Order of Battle –A OB),
    - Veränderungen in der Lage der Elektronischen Kampfführung (Electronic Order of Battle – EOB),
    - Lageveränderungen bei den Raketentruppen und Kräften der Raketen-Luftabwehr des WP (Missile Order of Battle – MOB),
    - Im Konfliktfalle, vordere Grenzen der eigenen Kräfte (Forward Line of Own Troops – FLOT), vordere Begrenzung feindlicher Truppen (Forward Line of Enemy Troops – FLET),
    - Lage bei den Luftabwehrkräften (Anti Aircraft Weapons Order of Battle – AAOB)
    - In Krisen und im Krieg: Intentionen eigener Kräfte
    - Lage der Marinekräfte (eigene und fremde – Naval Order of Battle)
    - Lage der Fernmeldekräfte (Communications Order of Battle)
    - Sicherheitsstatus des Haupteinsatzplatzes Geilenkirchen (Main Operating Base – MOB), der Ausweichplätze (Wartime Contingency Bases – WCB und Nuclear Contingency Deployment Bases NCB).
    - ABC-Lage
    - Sicherheitslage auf der Main Operating Basis – MOB und den WCB/NCB.

Damit sollte die Intel & Security Section in die Lage versetzt werden, die aktuelle Lage zu führen, soweit für die E-3A-Flotte relevant, aber auch vorausschauend mögliche Entwicklungen mit Auswirkung auf den Einsatz der NE-3A-Flotte zu bewerten. Analog zum Vorschlag der "Intelligence Requirements" wurde am 4. Juli 1986 die "Checklist for the preparation of the Weekly Intelligence and Security Briefing[738]" vorgelegt und wenig später durch den Chief Operations Division abgesegnet.

---

[738] Checklist for the preparation of the "Weekly Intelligence and Security Briefing, NAEW-FC, FCOOO-Intel, NU, dtd: 4 July 1986. Danach folgend, wurde auch die interne Organisation in der Int&Sy Section nochmals überprüft und mit einem Memorandum unter dem Titel: NATO EARLY WARNING FORCE COMMAND HEADQUARTERS INTELLIGENCE/SECURITY TASK AND FUNCTIONS am 13. August 1986 dem Chief Ops Division zur Entscheidung vorgelegt.

Danach wurde der als NATO-SECRET eingestufte Briefingbeitrag[739] der NAEW-FC Int & Sy Section für das wöchentliche "Command Group Briefing" wie folgt gegliedert:
- Northern Region: Air-, Ground- und Naval-Forces Activities (Air Order of Battle – AOB/Ground Order of Battle – GOB/Naval Order of Battle – NOB/Electronic Order of Battle – EOB)
- Central Region/Baltic Approaches: Air-, Ground- und Naval-Forces Activities (Air Order of Battle – AOB/Ground Order of Battle – GOB/Naval Order of Battle – NOB/Electronic Order of Battle - EOB)
- Southern Region: Air-, Ground- und Naval-Forces Activities (Air Order of Battle – AOB/Ground Order of Battle – GOB/Naval Order of Battle – NOB/Electronic Order of Battle – EOB)
- Assessment
- Security Part of the Weekly Briefing: General Situation, Significant Events, Assessment
- Special Interest Items.

Mittlerweile hatte auch der NCOIC Operations-Centre durch Versetzung eines Hauptfeldwebels aus Deutschland, der über große Erfahrungen aus einem Einsatzverband der Luftwaffe verfügte, gewechselt. Die Zusammenarbeit mit dem Neuankömmling gestaltete sich nach einigen sprachlich bedingten Anlaufproblemen vertrauensvoll und überaus kameradschaftlich. Dem Diensposteninhaber sollte eine Gesamtdienstzeit von fast 7 Jahren beim Force Command beschieden sein. Soweit

---

[739] Zum Briefingbeitrag waren entsprechende Folien, zumindest für jede Region, welche die Aktivitäten reflektierten, zu erstellen. Besonderheiten wie Großübungen, Verlegung von Luftwaffenkräften in den vorderen Raum, Aufklärungseinsätze u. ä. wurden auf gesonderten Folien dargestellt. Die Folien wurden durch Personal im hinter der Projektionsfläche befindlichen Projektorraum der Briefing-Sequenz folgend seitenverkehrt aufgelegt. Für den Briefingbeitrag der Intel&Sy Section, die das Briefing einleitete, wurde maximal 8-10 Minuten Vortragszeit zugestanden. In Ausnahmefällen, bei Special Interest-Themen, auch entsprechend länger. Danach folgten die übrigen Abteilungen (Divisions) des FC-HQ, meist vertreten durch ihre Divisions Chiefs oder besonders beauftragte Offiziere. Häufig stellte der Deputy Force Commander im Zusammenhang mit der vorgetragenen Thematik Zwischenfragen, auf die der "Briefer" tunlichst vorbereitet zu sein hatte. Dies erforderte neben der üblichen Briefingvorbereitungen eine intensive Durchdringung des Stoffes, um mögliche Fragestellungen schon im Ansatz erkennen zu können und eine den Umständen angemessene Antwort parat zu haben. Meist bewertete der Deputy Force Commander das Gesamtbriefing, dem sich der Force Commander meist anschloss. Bei Einzelproblemen erfolgte meist ein Folgeauftrag an den Briefer (Vortragenden), den Sachverhalt zu klären und im nächsten Briefing vorzutragen. Über die Briefinginhalte wurde Protokoll, so genannte "Briefing Minutes", geführt.

bekannt, wurde er auch bei NAEW-FC wegen Erreichens der besonderen Altersgrenze zur Ruhe gesetzt. Danach verzog er nach Bayern. Während des Sommers 1986 nahm die NATO-E-3A-Flotte an einer Vielzahl von Übungen teil, die eine fortlaufende Lageführung im Operations Centre erforderlich machte. Daraus folgend wurden die Prozeduren im Ops Centre einer kritischen Überprüfung unterzogen, die dann in einen Verbesserungsvorschlag zu der neu herausgegebenen Force Command Staff Directive 80–100[740] vom 9. September 1986 mündeten. Durch die Vielzahl von Übungen, u.a. Kommando-Stabsübungen des Force Command oder SHAPE, und tatsächlichen Einsätzen der NAEW-Flotte wurde bald klar, dass der Übungsmeldeverkehr (Exercise) vom Einsatz-Meldeverkehr (Real World) getrennt werden musste, um Konflikte zu vermeiden. Hierzu wurden auf Weisung der Administrative Support Group des Force Command entsprechende Richtlinien erarbeitet, die eine Trennung und entsprechende Kennzeichnung der ein- und ausgehenden Meldungen vorsah. Die nun folgenden Wintermonate verliefen bis auf gelegentliche Übungen und Einsätze der NATO-E-3A-Flotte ohne besondere Belastungen. Zu dieser Zeit wurde auch von Seiten des NAEW-FC HQ der Versuch unternommen, ausgewähltem, sicherheitsüberprüftem Personal aus dem FC-HQ und der NATO E-3A Component die Einweisung in einen Sektor der vorderen Erfassung der Fernmelde- und elektronischen Aufklärung der deutschen Luftwaffe zu ermöglichen. Der Antrag wurde durch den Commander NAEW-Force, damals GenMaj. Rimmek, entsprechend befürwortet. Offenbar hatte die deutsche Seite Bedenken, denn der Antrag wurde durch den damaligen Führungsstab der Luftwaffe, FüL III 5 ohne nähere Begründung abgelehnt. Ein ähnlicher Versuch, Kontakt zum damaligen Fernmeldebereich 70 in Trier zu erhalten, wurde von deutscher Seite ebenfalls abschlägig beschieden. Auch aus heutiger Sicht eine bedauerliche Unterlassung. Allerdings konnte später für Personal aus Trier Mitfluggenehmigungen in der NATO-E-3A erwirkt werden. Auch Personal aus einem vorderen Sektor der Erfassung der FmEloAufkl der Luftwaffe erhielt so die Gelegenheit zu einem Besuch der NATO E-3A Component Geilenkirchen und einem Mitflug bei einer operationellen Mission der NE-3A. Nachdem das Force Command im Mai 1987 an der Übung "WINTEX/CIMEX" teilge-

---

[740] Es handelte sich hierbei um eine Force-interne Direktive zur Regelung des Meldewesens, die erforderlich geworden war.

nommen hatte, zeigten sich ernsthafte Mängel[741], insbesondere im Bereich der Zusammenarbeit auf dem Gebiet des Nachrichtenwesens (Intelligence) zwischen der NE-3A-Component und der Intel & Sy Section des Force Command. Auch war die Personaldecke der Intel & Sy Section nicht ausreichend, da während der Übung 2177 INTELLIGENCE-Meldungen eingingen, die für die zwei Mal am Tage stattfindenden Briefings ausgewertet und bearbeitet werden mussten. Diese Aufgabe konnte durch den verfügbaren Intelligence & Security NCO des FC-HQ nur dank der umfassenden Unterstützung durch die SHAPE Intelligence Division und das ihr angeschlossene Special Handling Detachment (SHD) bewältigt werden. Allerdings machte sich hier der Mangel an Informationen auf taktischer/operationeller Ebene bemerkbar, die für die Einsatzplanung der NATO-E-3A-Flotte von essentieller Bedeutung gewesen wäre. In Einzelfällen wurden für die Beschaffung taktisch verwertbarer Intelligence-Informationen mehr als 4 Stunden benötigt. Das wichtige SACEUR-Briefing erhielt die NAEW-FC Int & Sy Section meist erst kurz vor dem eigenen Briefing zur Unterrichtung des Force Commanders, so dass hier Informationsdefizite nicht auszuschließen waren. Der Bericht des Int & Sy NCO schloss mit Empfehlungen für die künftige Organisation bei Übungen dieser Art. Nicht zuletzt machte sich auch das Fehlen eines direkten Zugriffs auf das damals bereits im SHAPE Command Centre (SCC) im Aufbau begriffene "War Headquarters Information Distribution System – WHIDDS" besonders bemerkbar. Im Sommer 1987 wurde die NAEW-FC HQ Intelligence & Security Section endgültig etatisiert und erhielt auch einen eigenen, größeren Arbeitsraum[742] im Obergeschoss der K-Wing. Da die Section nach außen durch einen Stabsoffizier repräsentiert werden sollte, wurde ein deutscher Fregattenkapitän[743], der als Marineflieger (F 104) eingesetzt gewesen war und bisher in der NE-3A-Component den Posten eines Technical Directors (TD) in einer E-3A Besatzung bekleidet hatte, mit dieser Aufgabe betraut. Nach einigen Reibungsverlusten zwischen dem neuen

---

[741] NAEW-FC FCIS 1, EXERCISE WINTEX CIMEX – Conduct of Intelligence Functions (NR), dtd 22 May 1987
[742] Der Arbeitsraum der Int&Sy Section verfügte entgegen der "SHAPE Regel – One Person - One Window" über vier Fenster, was einen britischen Stabsoffizier zu einem entsprechenden Kommentar veranlasste, da das Büro nur mit zwei Personen besetzt war.
[743] FK B. gehörte zur Typenbegleitmannschaft der NATO-E-3A und war in die technischen Abläufe der Übernahme der NATO E-3A im Boeing-Stammwerk Seattle im US-Bundesstaat Washington eingebunden, bevor er in der NATO E-3A-Component den Posten eines "Technical Directors" übernahm.

Leiter der Section und dem NAEW-FC HQ Intel & Sy NCO, der die Aufgaben bisher selbständig[744] wahrgenommen hatte, entwickelte sich in der Folgezeit eine von gegenseitiger Achtung getragene enge und vertrauensvolle Zusammenarbeit. Die nun folgende Aufgabenverteilung brachte es naturgemäß mit sich, dass der Section-Chief auch den Intelligence & Security-Teil des wöchentlichen Force Commanders/Command Group Briefings vorzutragen hatte. Da noch nicht längst alle Probleme der Intelligence-Lageführung, insbesondere die zeitgerechte Versorgung des Force Command Headquarters mit einsatzrelevanten Intelligence-Informationen, gelöst waren, wurden neue Ansätze zur Organisation erprobt und in entsprechenden Vorschlägen der Führung des Force Command vorgetragen. Auch beeinträchtigte das umständliche und zeitaufwendige Verfahren der Verwaltung von Verschlusssachen durch die Central Registry des Force Command den Arbeitsfluss in der Int & Sy Section nachhaltig. Daher konnte die Int & Sy Section erst nach langen und zähen Verhandlung mit der Administrative Services Group mit der Errichtung einer eigenen "Unter-Registratur (Sub-Registry)" beginnen, welche die Verwaltung der nun in der Int & Sy Section direkt aufbewahrten Verschlusssachen der Geheimhaltungsgrade NATO SECRET/CONFIDENTIAL beträchtlich erleichterte. Als Folge wurde auch das Registriersystem der Int & Sy Section angepasst und entsprechende Verschlusssachenbehälter angefordert. Im Rahmen der sich nun mehr und mehr steigernden Einsätze der E-3A-Flotte wurde die Frage der Bedrohung der NATO-E-3A bei Einsätzen im vorderen Bereich zum einer wichtigen Frage, die geklärt werden musste. Zur Bedrohung der E-3A gehörten nicht nur das Potential der WP-Luftstreitkräfte insbesondere gegenüber der Central Region, sondern auch das nun zunehmend im vorderen Raum des WP zu Einsatz kommende Fliegerabwehrraketensystem SA-5 GAMMON[745] und die Fä-

---

[744] Bezeichnend für den Geist der nationalen Truppe war auch die Bemerkung eines deutschen Obersten aus dem Stab des NAEW-FC HQ, der in diesem Zusammenhang darauf hinwies, dass "der Ausbilder im Unteroffizierrang nach erfülltem Auftrag in das Glied zurückzutreten habe, um dem Offizier den ihm nach Rang zukommenden Platz zu überlassen". Dies galt umso mehr, als der internationale Anteil des Stabes diesbezügliche Reibereien erwartete, die natürlich, auch um das nationale Ansehen nicht zu beschädigen, ausblieben.

[745] Das System SA-5 (Wega S-200 WÄ) besaß eine horizontale Reichweite von 250 km, mit ihm konnten Luftziele bis zu einer Höhe von 29.000 m bekämpft werden. Die SA-5, grenznah eingesetzt, konnte durchaus zu einer Gefahr für die E-3A bei grenznahen Orbits über der Central Region werden. Offenbar war für dieses System kein Nukleargefechts-

higkeiten des WP auf dem Gebiet der elektronischen Kampfführung. Da die NATO E-3A-Flotte zum Schutz ihrer Systeme gegen Maßnahmen der elektronischen Kampfführung[746] vorzubereiten war, wurde von Seiten der Int & Sy Section der Versuch unternommen, die NATO-E-3A Force an den Erkenntnissen, die durch nationale Kräfte der Fm /EloAufkl (Signals Intelligence – SIGINT) gewonnen wurden, teilhaben zu lassen. Zu dieser Zeit verfügte die E-3A auch noch nicht über Systeme zum Selbstschutz[747]. Die vorgeschlagene Einbindung der NATO-E-3A-Flotte in die Meldeerstattung der Fm /EloAufkl hat, soweit bekannt, nicht stattgefunden. Die Gründe hierfür sind sicherlich im fehlenden Verständnis auf Seiten der NATO E-3A-Component und nationalen Vorbehalten der Nationen zur Weitergabe von SIGINT-Informationen zu suchen. Später, zuletzt im Sommer 2010, sollten die E-3A der NATO wie auch französische E3E an der NATO-weiten ELOKA-Übung "ELITE [748]" im Luftraum über dem Truppenübungsplatz Heuberg bei Stetten am kalten Markt teilnehmen. Bereits am Jahresende 1986 zeichnete sich ab, dass die NATO E-3A-Component im darauf folgenden Jahr 1987 einer NATO Tactical Evaluation[749] unterzogen werden sollte, um

---

kopf vorgesehen, wie ursprünglich in der NATO angenommen. Vergleiche hierzu auch: Kopenhagen, W.: Die Luftstreitkräfte der NVA, S. 161, Stuttgart 2002

[746] Es würde den Rahmen dieses Buches sprengen, sollten alle Aspekte des elektronischen Kampfes, die möglicherweise Bedeutung für die E-3A haben konnten, hier geschildert werden. Daher muss auf die zu diesem Thema verfügbare Fachliteratur verwiesen werden.

[747] Das "Self Protection Set", erkennbar an den Ausbuchtungen (Blister) an der Außenseite der Zelle in Höhe Cockpit der NATO E-3A, wurde erst in den neunziger Jahren eingeführt. Das Self Protection Set ist in der Lage, entsprechende elektromagnetische Emissionen zu erfassen und mit Hilfe des Systems zu klassifizieren und gegnerischen Systemen zuzuordnen.

[748] Electronic Warfare Live Training Exercise

[749] In Vorbereitung auf ein lokales NATEVAL wurde im Januar 1987 eine Beobachtergruppe des NAEW-FC unter Führung des Chief Ops Divison auf dem Luftwege nach OERLAND entsandt. Unvergesslich hierbei war der Flug in einer "MERLIN" der belgischen Luftwaffe entlang der norwegischen Küste bei Tageslicht und die gastfreundliche Aufnahme durch das Personal der Forward Operating Location in Oerland. Die Unterbringung erfolgte in einem örtlichen Hotel. Einziger Wehrmutstropfen, die relativ hohen Preise für Bier zu dieser Zeit in Norwegen, die zwischen 10 und 12.00 DM für eine Halbliter-Flasche betrugen. Aber die belgischen Piloten der MERLIN hatten vorgesorgt und den verfügbaren Raum der Merlin mit Bier-Paletten vollgestellt. Offenbar war aber kein Platz mehr für eine Seenot-Ausrüstung verfügbar. Auch war es ratsam, bei Reisen nach Norwegen zu dieser Zeit mindestens ein Gastgeschenk in Form von "steuerbefreitem Whisky" mitzuführen. Auffällig war bei der FOL die Besetzung von Dienstposten. Die norwegische Luftwaffe hatte alle Dienstposten ausschließlich mit Offizieren besetzt, die für alle möglichen Bereiche zuständig waren. Da gab es einen Offizier, der neben seinen eigentlichen Aufgaben den Verkauf von Räucherlachs übernommen hatte. Ein anderer Offizier war für den Verkauf von Rentierfellen und Lappenmessern zuständig. Die Beobachtergruppe des NAEW-FC HQ sorgte ordentlich für Umsatz bei dem Räucherlachs, einer echten Delikatesse. Beim Rück-

deren Einsatzfähigkeit offiziell feststellen zu können. Hierzu wurde sowohl bei Force Command als auch in der NATO E-3A Component ein Vorbereitungsstab gebildet, der diese Übung vorbereiten sollte. Die Force Command Intel & Security Section wurde mit der Erarbeitung des Intelligence-Szenarios nach den Vorgaben der Vorbereitungsgruppe beauftragt. Die mit dem NATEVAL verbundene Übung trug die Bezeichnung "ARDENT GAMBIT". Da das Szenario bei Übungsbeginn Anfang April 1987 fertiggestellt sein musste, blieb für die Erarbeitung wenig Zeit. Problematisch war auch, das der Bearbeiter der Intel & Sy Section, der Intel & Sy NCO neben seinen Pflichten der Lageführung in der realen Welt (Real World) und der Vorbereitungen für die wöchentlichen Briefings der Command Group (Real World) nun auch das Szenario eines fiktiven Konflikts zu erarbeiten hatte. Um Konflikte und gedankliche Überschneidungen zwischen der realen Welt und der Fiktion des Szenarios zu vermeiden, wurde die Bearbeitung der "realen Welt" auf den Vormittag eines jeden Tages gelegt. Nach einer Mittagspause, auch um aus der realen Welt "auszusteigen", wurde das Übungs-Szenario bearbeitet. Gelegentlich konnte es schon vorkommen, das sich Erkenntnisse aus der realen Welt mit Erkenntnissen des fiktiven Szenarios mischte. Bei der Bearbeitung des Übungs-Szenarios wurden

---

flug nach Belgien bestand die Befürchtung, die Maschine könnte überladen sein. Da der Biervorrat, auch unter tätiger norwegischer Mithilfe, nicht mehr existent war, ergab sich aus der Frage der möglichen Überladung der Maschine kein Problem. Die Maschine landete sicher in Brüssel, auch der belgische Zoll hatte kein Interesse an der Durchsuchung der Maschine. Später, vor Beginn des eigentlichen NATEVALS, wurde die Beobachtergruppe im Rahmen einer regulären Sea Surveillance Mission der E-3A nochmals nach Oerland verlegt. Auch hier beeindruckend die technische Ausstattung der E-3A, die im Rahmen einer Luftbetankung (Air to Air Refueling – AAR) nordwärts Schottlands über der offenen See durch einen Tanker der USAF aus Keflavik betankt wurde. Während der Mission näherten sich zwei sowjetische Fernaufklärer Tupolew Tu-20 BEAR-H dem isländischen Luftraum. Die Maschinen wurden von der NE-3A erfasst und die Daten an die Bodenstelle weitergegeben. Die spätere Landung in Oerland gestaltete sich wegen des dort von See kommenden Seitenwindes (Crosswind) für die NE-3A mit ihrem großen Random problematisch. Erkennbar dem Ungeübten auch daran, dass die Besatzung unmittelbar vor der Landung ihre feuerfesten Nomex-Handschuhe anzog. Die Rückführung der Beobachtergruppe erfolgte von Oerland per Schiff in einer stürmischen, aber unvergesslichen Fahrt nach Trondheim. Von dort erfolgte der Flug mit der lokalen Luftlinie nach Oslo. In Oslo wurde die Maschine gewechselt. Beim Aufenthalt im Transitbereich fiel den Angehörigen der NATO-Reisgruppe, die alle in Zivilkleidung reisten, ein älterer Herr mit Hund in Begleitung einer jungen Dame auf. Bei näherem Hinsehen stellte es sich heraus, dass es sich bei dem Herren um den damaligen norwegischen König Olav V. (1903 - 1991) handelte, der sich völlig ohne Aufsehen in der Öffentlichkeit bewegte. Natürlich erhoben sich die Angehörigen der Reisegruppe, was der König mit einem freundlichen Lächeln quittierte.

die Vorgaben des Vorläufers des "Generic Enemy Forces Catalogue – GEFC") umgesetzt. Das Szenario selbst bestand aus vier Teilen:
- Phase I – Preparation Phase (Fiktiver Ablauf der 21 letzten Tage vor Beginn der Übung)
- Phase II – Pre Reaction Phase (Fiktiver Ablauf der letzten 7 Tage vor Übungsbeginn)
- Phase III – Action Phase (Übungsbeginn)
- Phase IV – Reaction Phase (Übungseinlagen für 6 Tage).

Da das Szenario den gesamten Einsatzbereich der E-3A-Flotte abdeckte, mussten die Regionen (Northern, Central und Southern Region) mit entsprechenden Einlagen berücksichtigt werden. Dies bedeutete, ein realistisches, in sich geschlossenes und schlüssiges Szenario ohne Übungskünstlichkeiten. Die Kräfte von ORANGE mussten also tatsächlich existent sein, ihre angewandten Verfahren mussten sich mit denen der realen Welt decken. Insgesamt wurden dabei mehr als 17 Intelligence-Einlagen erarbeitet, die den in der Übung gewünschten Verlauf und entsprechende Reaktionen bei den Übungsteilnehmern, insbesondere der Intelligence Branch der NATO E-3A Component, hervorrufen sollten. Daneben waren die Einlagen mit den übrigen Einlagen aus den Abteilungen (Divisions) des Force Command abzustimmen. Eine nicht immer leichte Aufgabe. Der Umfang des Intelligence-Teils des Szenarios betrug 150 DINA4-Seiten, darunter auch Lagekarten für jeden Tag des Übungsszenarios aus denen die Entwicklung der Lage dargestellt wurde. Das NATEVAL konnte durch die NE-3A-Component erfolgreich absolviert werden. Nach langwierigen Vorarbeiten durch die Intel & Security Section konnte am 12. Juni 1987 endlich die grundlegende Bestimmung[750] für die Intelligence- und Security-Lagebearbeitung im Force Command durch den Deputy Force Commander in Kraft gesetzt werden. Auch hier war eine Reihe von Widerständen innerhalb des Force Command zu überwinden gewesen. Mit Inkrafttreten der Direktive wurden bei Force Command eingerichtet:
- NAEW FC HQ Operations Division Intelligence and Security Section

---

[750] NAEW FORCE COMMAND INTELLIGENCE AND SECURITY DIRECTIVE, NAEW FORCE DIRECTIVE 65 -100 (NR), dtd 12 June 1987

- NAEW Force Command Intelligence Security Committee[751]
- NAEW Force Command Security Working Group[752]
- NAEW Force Command Intelligence Working Group
- NAEW Force Command Internal Security Working Group

Erstmals wurden auch die Aufgaben und Zuständigkeiten der Intel & Security Section, die weiterhin nominell dem Chief Operations Division unterstand, aber weitgehend unabhängig agieren konnte, schriftlich festgelegt. In der Direktive waren auch enthalten die Dienstanweisungen für die in der NAEW-Cell im SHAPE Command Centre bei Übungen eingesetzten Angehörigen des Force Command. Im Zuge der Inkraftsetzung der FC Direktive 65-100 waren auch die Tätigkeitsbeschreibungen (Job Descriptions) für die Intel & Sy Section überarbeitet worden. Allerdings war es nicht gelungen, den Dienstposten des Intel & Sy NCO auf die Stufe OR 9 zu heben. Hier waren wahrscheinlich nationale, deutsche Widerstände der Grund, gleichwohl das Force Command eine Anhebung befürwortet hatte. Im Herbst des Jahres 1988 hatte das NAEW Force Command Headquarters mit seiner NAEW-Cell an der Übung "ABLE ARCHER 87"[753] teilgenommen. Mit einem Memorandum vom 14. Oktober 1987 wurden die Teilnehmer der Übung zur Abgabe von Erfahrungsberichten aufgefordert. Mit Schreiben vom 22. Oktober 1987 meldete die Intel & Sy Section ihre während der Übung gemachter Erfahrung. Im Verlaufe der Übung stellte sich heraus, dass die Intel & Sy Section keinen direkten Zugriff auf die im WHIDDS-System verfügbaren Intelligence-Informationen hatte. Außerdem stand der NAEW-CELL nur ein WHIDDS-Terminal zur Verfügung. Das automatisierte Supreme Headquarters Internal Message System – SHIMS erlaubte keinen Zugriff auf die für den Einsatz der E-3A-Flotte einsatzrelevanten Informationen aus allen Regionen, die individuell durch Passwort geschützt wurden. Die Informationsversorgung durch SHAPE-Intel entsprach während dieser Übung nicht den Bedürfnissen des NATO-E-3A -Einsatzes. In Vorbereitung für die im Herbst 1988 geplante neuerliche

---

[751] Dieses mit den Divisions Chiefs unter Vorsitz des Force Commanders besetzte Komitee hatte den Auftrag, grundsätzliche Weisungen für die Bearbeitung von Intelligence- und Security-Fragen zu erlassen.
[752] Die Working Groups wurden auf der Arbeitsebene eingerichtet und sollten aktuelle Fragen bearbeiten und Lösungsmöglichkeiten für das Intelligence und Security Committee vorbereiten. Später vertrat der Intel&Sy NCO das Force Command auch bei Besprechung der SHAPE Security Working Group, die monatlich unter britischem Vorsitz tagte.
[753] Meist wurden bei dieser Übung die "Nuclear Release Procedures" der NATO durchgespielt.

Überprüfung der NATO E-3A-Component wurde die Intel & Sy Section mit der Ausarbeitung eines Intelligence Szenarios beauftragt. Für die Übung "ARDENT GAMBIT/STAFF ASSISTANCE VISIT" wurde nach den Vorgaben des Leistungsstabs ein völlig neues, den gewandelten Bedingungen angepasstes Szenario erarbeitet, das allein 85 Intelligence-Einlagen mit 144 Seiten umfasste. Bei der Bearbeitung traten, wie bereits vorher, die gleichen Probleme bei der gedanklichen Separierung von realer Welt und dem fiktivem Play auf. Das Problem wurde auf altbewährte Art gelöst, in dem die reale Lagebearbeitung in den Vormittagsstunden erfolgte und nach einer kurzen Pause das Übungsszenario in den Nachmittagsstunden bearbeitet wurde. Die Übung fand in der Zeit von 21. bis 25. November 1988 statt, beteiligt waren die NATO E-3A-Component und die Forward Operating Bases und Locations. Auch hier zeigte sich das Personal in Geilenkirchen den Anforderungen gewachsen. Die Intelligence Branch in Geilenkirchen hatte wohl die Erfahrungen der letzten Übung umgesetzt und konnte ihren Auftrag erfüllen. Bereits zum Jahresende 1988 warf die für den Monat April des kommenden Jahres bei der NATO E-3A-Component geplante "NATEVAL" mit der Bezeichnung "Exercise ARDENT GAMBIT" seine Schatten. In einer Reihe von Vorbesprechungen wurden die Rahmenbedingungen festgelegt. Vor dieser Übung stand jedoch die Teilnahme an der großen NATO-Übung "WINTEX/CIMEX". Deren Ergebnisse sind bekannt und führten zu erheblichen politischen Irritationen in der deutschen Regierung.

6.3 Die NATO E-3A-Component Geilenkirchen, Auftrag und Gliederung

Die in den Jahren 1982 bis 1984 auf dem ehemals britischen Flugplatz Teveren aufgestellte multinationale NATO-E-3A-Component hatte den Auftrag, den Betrieb und Einsatz der NATO-E-3A-Flotte vorzubereiten und nach Erreichen der Anfangs-Einsatzfähigkeit (Initial Operational Capability – IOC) den Einsatz der E-3A-Flotte sicherzustellen. Der Dienstposten des Component Commanders wurde jeweils in dreijährigem Wechsel entweder durch einen Brigadegeneral der deutschen Luftwaffe oder der US Air Force besetzt. In der Regel wurde der Component Commander nach Ablauf seiner Tour als Force Commander unter Beförderung zum Generalmajor eingesetzt. Der Chief of Staff der

NATO E-3A-Component amtierte nominell als Deputy Component Commander, ohne als solcher formal eingesetzt zu sein[754]. Die National Support Units (NSU) vertraten die Interessen ihrer Nation in der Component und führten auch das Personal. Die Operations-Wing, damals geführt von einem kanadischen Obristen, der später als Executive Officer in das NAEW – Force Command wechseln sollte, stellte den operationellen Teil der NATO-E-3A-Flotte. Das von einem Oberstleutnant der deutschen Luftwaffe geführte Operations-Centre der Component war der Dreh- und Angelpunkt für Fragen des Einsatzes der NATO E-3A Component. Für die Int & Sy Section des Force Command war die zu diesem Zeitpunkt von einem Major der königlich norwegischen Luftwaffe geführte Intelligence Division der Operations Wing der zentrale Ansprechpartner. Die Intelligence Division, multinational besetzt, führte ihr Eigenleben und war erst sehr spät bereit, mit der Intel & Sy Section des Force Command Headquarters zu kooperieren. Nach den ersten Übungen unter Beteiligung der NATO E-3A und Federführung des Force Command stellte sich aber bald heraus, dass erheblicher Koordinationsbedarf im Bereich der Intelligence erforderlich war. Mitte 1986 wurde die nun freigewordene Stelle des "Chief Intelligence Division" der Component durch einen weiblichen Major der US Air Force nachbesetzt. Auch hier ergaben sich erhebliche Koordinationsprobleme zwischen der Intel & Sy Section des Force Command und der Intel-Division der Component, die nach wie vor nicht bereit war, möglicherweise auch auf höhere Weisung[755], mit der Force Command Intel & Sy Section zu kooperieren. Spätestens jedoch nach dem ersten NATEVAL, in dem die Component im Jahre 1986 unter Beteiligung der Int & Sy Section des Force Command überprüft wurde, wurden die Fronten zwischen der Force Command Int & Sy Section und der Intel Division der Component endgültig geklärt. Gleichwohl auch in der Folgezeit immer wieder von Seiten der Intel Division der Component Obstruktion in der Zusammenarbeit, nun aber weniger deutlich, wahrzunehmen war. Da die Intelligence Division der Component ebenfalls an das NATO-Meldewesen angeschlossen war, erübrigte sich eine Weitergabe von Intelligence In-

---

[754] Später, in den neunziger Jahren, sollte der Dienstposten des Deputy Component Commander – Chief of Staff endgültig eingerichtet werden.
[755] Diese Selbständigkeit wurde offenbar durch Kräfte in der Component gefördert, wie dies auch in operationellen Angelegenheiten zwischen der Ops-Division des Force Command und der Führung der Component häufig zu beobachten war.

formationen durch die Int & Sy Section des Force Commands an die Intelligence Division der Component. Gleichwohl häufig Intelligence-Informationen aus dem nachgeordneten Bereich der Component (FOB/FOL und Host Nation (Gastgebernation)), die für die Lageführung bei Force Command wichtig waren, nicht oder nicht zeitgerecht bei der Int & Sy Section eintrafen. Dies war möglicherweise auch auf Verzögerungen in der nationalen Meldeerstattung zurückzuführen, da sich die in den FOB und der FOL eingesetzten Nachrichtenoffiziere auf die vor Ort verfügbaren Informationen aus nationalen Quellen abstützen mussten. Diese nationale Zurückhaltung war häufig dann zu beobachten, wenn eigene, nationale Kräfte in der Nachrichtengewinnung eingesetzt waren und die Ergebnisse der nationalen Nachrichtengewinnung zuerst Partnerdiensten angeboten werden sollten. Besonders signifikant traten derartige Erscheinungen im SIGINT/COMINT-Meldewesen auf. Ob dies auf den Quellenschutz eigener Fähigkeiten zurückzuführen war, steht auch heute noch dahin.

6.4 Die Forward Operating Bases – FOB der NAEW-Force

Die FOB Waddington, Preveza, Konya und die FOL in Oerland unterstanden für den Einsatz dem NAEW-Force Command. Die eigentliche operationelle Führung der FOB/FOL wurde aber durch die Component in Geilenkirchen wahrgenommen. Die Gastgebernation (Host Nation) war für den gesamten Betrieb der Forward Operating Base beziehungsweise der Forward Operation Location verantwortlich. Insoweit ergaben sich hier so gut wie keine Einflussmöglichkeiten für die Component. Das Intelligence-Personal auf den FOB und der FOL wurde ausschließlich durch die Gastgebernation gestellt. Die auf den Basen befindliche, vorwiegend national ausgerichtete Organisation führte ein hauptsächlich durch nationale Eigenheiten bestimmtes Eigenleben, wenn man von operationell bestimmten Entscheidungen des Force Command und der NATO E-3A Component absieht. Auch hier verfügte die Int & Sy Section des Force Command über wenige Einflussmöglichkeiten. Dies schloss aber bei persönlicher Bekanntschaft der Handelnden keineswegs häufige fernmündliche Kontakte aus. Kannte man sich "Face to Face", konnten kleine, nicht politisch motivierte Unstimmigkeiten relativ schnell bereinigt werden. Viele der Fragen in der Zusammenarbeit, die gelöst werden mussten, bedurften aber der Entscheidung auf höherer politischer Ebene. Dies galt insbesondere für Einsätze der NATO-E-3A im politisch sensitiven Luftraum, insbesondere über der Ostsee, dem Mittelmeer und im Bereich Nordnorwegens. Die Forward Operation Bases und die Forward Operating Location spielten eine wesentliche Rolle für die E-3A Flotte. Ohne diese Basen wäre ein umfassender Einsatz der NATO-E-3A zum Schutze des NATO-Luft- und Seeraums nicht möglich gewesen. Zusammenfassend bleibt festzustellen, dass die NATO E-3A-Flotte dank der internationalen Zusammensetzung und dem multinationalen Teamwork auf allen Ebenen immer ihren Auftrag erfüllen konnte. Glücklicherweise ist es nie zu einer ernsthaften Bewährungsprobe gekommen, deren Ausgang auch heute noch im Bereich der Spekulationen liegen würde. Nicht zuletzt auch die Verlegung der "doppelbasierten (Dual based)" Verstärkungskräfte aus den Vereinigten Staaten wurde im Rahmen der Übung "REFORGER – Return for Germany" umfassend geübt. Dabei wurde in NATO-Großübungen (Major Named Exercises)[756], NATO-Bereichsübungen (NATO Regional Exercises) und nationale Übungen (National Exercises) sowie NATO- und nationale Alarmierungsübungen[757] unterschieden. Auch die Seestreitkräfte der NATO führten umfangreiche Übungen in der Nordsee, dem Atlantik, vor der norwegischen Küste und im Bereich der Ostseezugänge und im Mittelmeer durch, auf die aber hier nicht weiter eingegangen werden kann. Derartige Übungen boten den Nachrichtendiensten[758] und Aufklärungskräften des Warschauer Paktes immer wieder Anlass für umfangreiche Aufklärungsaktivitäten aller Art. Beispielhaft sollen nachfolgend Teile der Übung "CONFIDENT ENTERPRISE" aus dem Jahre 1983 beschrieben werden.

---

[756] Zum Beispiel: ABLE ARCHER, TEAMWORK, NORTHERN WEDDING, WINTEX/CIMEX, CRISIS MANAGEMENT EXERCISE-CMX, OCEAN SAFARI, AUTUM FORGE, DISPLAY DETERMINATION, SAFE PASS, ABLE ARCHER, TRADE DAGGER, GATE, BOLD GUARD u. a., wie auch die Luftverteidigungsübung COLD FIRE des COMAAFCE.

[757] Beispielsweise trugen die NATO-Alarmierungsübungen bis in die siebziger Jahre die Bezeichnung "QUICK TRAIN". Ihr Ziel war die schnelle Herstellung der Einsatzbereitschaft und Überlebensfähigkeit der NATO für den Fall eines überraschenden Nuklearangriffs durch den Warschauer Pakt. Diese Übung sollte später den Namen "ACTIVE EDGE" erhalten. (Behling, Spione in Uniform, S. 93, Stuttgart/Leipzig 2004) Es folgten weitere nationale Alarmierungsübungen unter der Bezeichnung "BUNTER FADEN" oder "ROTE VOGELBEERE" mit ähnlicher Zielsetzung.

[758] Das Ministerium für Staatssicherheit mit seiner HVA verfügte über eine Reihe von Quellen in der NATO, die in der Lage waren, die wesentlichsten Teile der Übung an die Zentrale in Berlin zu übermitteln. Nicht zuletzt die Quelle in der Druckerei des Luftwaffenamtes in Köln-Wahn versorgte das MfS mit entsprechenden Unterlagen. Siehe hierzu: Richter, a. a. O. & Wegmann, B.: Die Militäraufklärung der NVA, S. 216, Berlin 2005. Hilfreich in diesem Zusammenhang sind auch die "Findbücher" des Nationalen Verteidigungsrates der ehemaligen DDR, hier lassen sich auch Hinweise zu den großen NATO-Übungen und deren Auswertung durch die Dienste der DDR finden.

7. NATO-Übungen 1983-1989

7.1 Die NATO-Großübung "CONFIDENT ENTERPRISE" der Übungsreihe "AUTUM FORGE" im Jahre 1983

In der Zeit vom 19. bis 23. September 1983 führte das V. US Corps (Frankfurt)[759] unter Beteiligung von mehr als 61.000 allliierten Soldaten und dem Einsatz von mehr als 16.500 Rad- und Kettenfahrzeugen sowie 600 Hubschraubern eine Großübung im Raum Südhessen und im Rhein-Lahn-Kreis durch. Die Bundeswehr unterstützte diese Übung unter der Bezeichnung "Vertrauensvolles Unternehmen[760]" mit nationalen Kräften. Die Übung stand unter dem Kommando des V. US Corps. An US-Kräften waren an der Übung beteiligt: 3. US-Panzerdivision, 8. US-Infanteriedivision, 11. US-Panzeraufklärungsregiment (11th US ACR), 22. US-Fernmeldebrigade, 130. US-Pionierbrigade, 3. US-Versorgungskommando, die 12. US-Heeresfliegergruppe (12th Army Aviation Group), 205. US-Nachrichtengruppe (205th Military Intelligence Group (MI-GP) sowie Teile der Korpsartillerie des V. US- Korps. Die Bundeswehr war an der Übung mit der dem III. Deutschen Korps (Koblenz) unterstellten Panzerbrigade 15 der Bundeswehr aus Koblenz mit mehr als 3.000 Soldaten beteiligt. Die alliierten Luftstreitkräfte AAFCE unterstützten die Übung im Rahmen der Luftwaffenübung "COLD FIRE" durch den Einsatz taktischer Luftstreitkräfte. Zusätzlich wurden RE-FORGER-Kräfte der US-Army (3. US-Panzeraufklärungsregiment (3rd US ACR), 1. US – Bn (25th Rangers)[761] und weitere Einheiten der US-Army-Reserve der Nationalgarde auf dem Luft- und Seeweg herangeführt. Der Verlauf der Übung stellte sich, soweit in der Öffentlichkeit[762]

---

[759] Zu diesem Zeitpunkt lag der General Defence Plan – GDP des V. US Corps bereits der Hauptverwaltung Aufklärung (HVA) des MfS in ausgewerteter Übersetzung vor. Der Minister für Staatssicherheit der damaligen DDR, Erich Mielke, und weitere wichtige Amtsträger der HVA hatten Kenntnis vom Inhalt. Es steht zu vermuten, dass auch der sowjetische Nachrichtendienst an der Auswertung des GDP beteiligt war. Quelle: PHP-Projekt ETH-Zürich, BStU 000126: Ministerium für Staatssicherheit-Streng Geheim, Nr.: 626/82, Expl.: 5 Bl.: 114: Information über militärische Planungen der USA und der NATO für den Einsatz des V. Armeekorps/USA in Spannungszeiten und im Krieg Teil I (1. Hoff (Kurzf.), 2. Strel *(letz?)*, 3. Krause *(BA MinfNV?)*, AGM *(Arbeitsgruppe des Ministers?)*, 5. Abl, Berlin, den 16. Dez 1982

[760] Vermutlich wurden hier auch nationale Maßnahmen des "Wartime Host Nation Support – WHNS" geübt.

[761] Es steht zu vermuten, dass die 25th Rangers damals als Aufklärungskräfte im Rücken des Übungsgegners eingesetzt werden sollten.

[762] Truppendienst, 23. Jahrgang 1984, S. 48-50, Rietzler, S. Dr.: AUTUM FORGE 1983 III, Wien 1984

bekannt, wie folgt dar: Unter der Annahme einer sich zuspitzenden internationalen Spannung überschritt der ORANGE[763] Angreifer (8. US-InfDiv, 3. US-PzAufklRgt, PzBrig 15 – DEU) aus Osten antretend die gedachte "Staatsgrenze" im Raum ostwärts Fulda[764]. ORANGE versuchte in einem schnellen Stoß den Rhein zu erreichen. Die blauen (NATO) Kräfte führten in den ersten Tagen das Verzögerungsgefecht[765], um nach Zuführung von Reserven zum Angriff[766] überzugehen und den gedachten Grenzverlauf wieder herzustellen. Es kann angenommen werden, dass der Verlauf dieser und anderer Übungen im SHAPE Operations Centre (SHOC) mit verfolgt wurde. Auch hatte die SHAPE Intelligence DIVISON ein waches Auge auf Reaktionen der Gegenseite, wenn NATO-Übungen dieser Größenordnung durchgeführt wurden.

7.2 Stabsrahmenübungen bei SHAPE: SHAPE EXCERCISE - SHAPEX/HILEX[767]

Bei SHAPEX handelte es sich meist um eine Verfahrensübung unter Beteiligung aller im SHAPE Command Centre, später SHAPE WAR HEADQUARTERS, während einer Übung eingesetzten Beteiligten. Hauptsächliches Ziel dieser Übung war, da das Personal auf Grund von Versetzungen häufig wechselte, die eingeteilten Übungsteilnehmer mit den dort vorhandenen Hilfsmitteln und Verfahren vertraut zu machen. Dabei wurden ausschließlich die Verfahren der Lagebearbeitung im Hauptquartier geübt.

7.3 Übung ABLE ARCHER 1985 bei SHAPE

An dieser Übung nahm das NAEW-FC HQ erstmals mit einer Rahmenleitgruppe teil. Hierbei zeigte sich, dass die Organisation innerhalb der

---

[763] Der mögliche Gegner in Übungen wurde in der NATO und national immer mit "ORANGE" bezeichnet.
[764] In allen Planungen gingen die militärischen Planer der NATO von einem möglichen Angriff der WP-Truppen im Raum der Fulda-Senke (Fulda Gap) aus.
[765] Dies entsprach auch dem tatsächlichen Auftrag des V. US Corps im GDP für den Kriegsfall.
[766] Ob diese Übung auch einen nuklearen Teil hatte, wurde nicht bekannt, steht aber durch den Einsatz der 130. US-Pionierbrigade, die auch für den Einsatz von Atomic Demolition Means (ADM) verantwortlich war, zu vermuten. Insbesondere dann, wenn das Verzögerungsgefecht geführt wurde.
[767] Gelegentlich wurden auch so bezeichnete "HIGH LEVEL ECERCISES – HILEX" mit unterschiedlicher Beteiligung und Zielsetzung, sowohl bei SHAPE als auch bei anderen, unterstellten Kommandobehörden durchgeführt. Die Übungsinhalte waren meist klassifiziert und nur den unmittelbar beteiligten Teilnehmern bekannt.

Rahmenleitgruppe den Anforderungen noch nicht genügte. Insbesondere bei der Versorgung mit Lageinformationen zeigten sich Mängel, die nicht nur auf interne Organisationsdefizite, sondern auch auf den Informationsfluss innerhalb der SHAPE Intelligence Division zurückzuführen waren. Zu den zwei Mal täglich stattfindenden Lagebesprechungen wurde durch den Ops Centre Intel – NCO[768] vorgetragen:

Synopsis Air /Ground Activities
    Northern Region
    Central Region/BALTAPS
    Southern Region
Synopsis of Maritime Activities
    Northern Region
    North Sea/BALTAPS
    Mediterranean Region
    Atlantic
Synopsis of the Security Status
    NAEW Force Command HQ – NAEW FCHQ
    NAEW War Headquarters – NAEW WHQ
    NAEW Alternate War Headquarters – AWHQ
    Main Operating Base – MOB
    Forward Operating Base – FOB
    Forward Operation Location – FOL
    Deployment Operation Base – DOB
    Wartime Contingency Base – WCB

7.3 Übung ABLE ARCHER 1987 bei SHAPE

Die als Fortsetzung der Übung WINTEX CIMEX stattfindende Übung Exercise ABLE ARCHER – EX AA hatte die Überprüfung der "Nuclear Release Procedures" der NATO zum Ziel. Auch hier nahmen die SHAPE-Divisions mit Rahmenpersonal im SHAPE Command Centre an der Übung teil. Diese Übung führte wie auch die Übungen ABLE ARCHER in den Vorjahren zu erhöhten Aufklärungsaktivitäten auf Seiten des Warschauer Paktes. Die Führung des WP fürchtete, dass die NATO diese Übung in Vorbereitung auf einen tatsächlichen nuklearen Angriff auf

---

[768] Das Briefing-Format entsprach dem NAEW-Component – Ops Wing- Int Div (SOP) Nov 1985-Format.

den Warschauer Pakt[769] hätte nutzen können. die Beteiligung an diesen Übungen stellte auch die Teilnehmer[770] selbst vor gewisse Probleme. Nicht allein die Tatsache der 12-Stunden-Schichten in einer eher unwirklichen, von Kunstlicht und Spannung erfüllten Atmosphäre in einem Bunker, vielmehr auch die Thematik der Übung verlangte ein zweigleisiges, in Real World und in Play getrenntes Denken und Handeln. Nicht zuletzt die Kenntnis möglicher Abläufe in einem damals und auch heute nicht zu wünschenden Konflikt und deren Bedeutung für die Menschen in Europa macht doch auch heute noch betroffen. Der Umfang der wenn auch nur auf dem Papier getroffenen Entscheidungen und ihre Folgen für die Menschen in Europa machte die meisten an der Übung Beteiligten doch sehr nachdenklich. Allerdings wurde, soweit erinnerlich, darüber unter den Übungsteilnehmern nicht gesprochen. In fast schizophrener Weise wurde in "Real World" und "Play" unterschieden, waren doch die Übungsteilnehmer in aller Regel für mindestens zwölf Stunden vom normalen Leben und der Außenwelt abgeschnitten. Eine willkommene Abwechslung boten die wenn auch auf Grund des Übungsbetriebes eher spärlichen Rauchpausen im Eingangsbereich des Bunkers oder die Einnahme einer Mahlzeit im "Greasy Spoon", der auch auf 24-Stunden-Betrieb umgestellt hatte. Allerdings benötigten die meisten Teilnehmer nach dem Ende ihrer Schicht doch einige Zeit, um sich in der realen Welt wiederzufinden. Hätten diese Planungen unter dem Zwang der Ereignisse Realität erlangt, würde es niemanden

---

[769] Vergleiche hierzu: Fischer, B. F.: ABLE ARCHER 83, PHP ETH Zürich, 6. November 2003

[770] Das NAEW-FC HQ nahm an dieser Übung mit zwei Ablösungen (0630-1900Z und 1830Z – 0700Z) mit jeweils einem Vertreter Force Command Group (FCC), drei Vertretern Task Allotment Group (TAG), Operations Officer, Senior Logistics Officer, Senior Locs Non Commissioned Officer, Operations Officer Intelligence, Senior Non Commissioned Officer Communications und als Reserve ein OpsOff, ein LogsOff sowie einem Senior Noncommisioned Officer Communications im SHAPE Command Centre (SCC) unter Führung des Force Commanders (US Air Force 2 Sterne General) teil. Das NAEAW-FCHQ besetzte auch einen Reservegefechtsstand im verbunkerten Alternate War Headquarters – AWHQ in Northwood südwestlich von London, wo sich auch der Gefechtsstand der United Kingdom Air Defence Region – UKADR befand unter Führung des Deputy Force Commanders (Britischer Air Commodore) mit acht Stabsoffizieren (Operations Officer, Logistics Officer und drei Senior Operations/Logistics Non Commissioned Officers (Höhere Unteroffiziere)). Daneben entsandte das NAEW-FCHQ Verbindungsoffiziere zum Hauptquartier Allied Air Forces Central Europe nach Ramstein, zur TWOATAF nach Rheindahlen, zur FOURATAF nach Ramstein und zwei Stabsoffiziere in den SHAPE Directing Staff (DIStaff) nach Mons. Bei dieser Übung ging das WAR HEADQUARTERS INFORMATION DISTRIBUTION SYSTEM – WHIDDS im SCC mit Honeywell 610, 7705 und DPS 8/70 Terminals erstmals in den Wirkbetrieb.

mehr gegeben haben, der darüber zu berichten in der Lage gewesen wäre.

7.4 Übung WINTEX CIMEX 1987 bei SHAPE

Die von den sechziger Jahren bis 1989 in ungeraden Jahren stattfindenden Übungen, zunächst unter der Bezeichnung "FALLEX", ab 1971 wurde die Bezeichnung in "WINTEX/CIMEX[771]" geändert, hatten zum Ziel, Verfahren für die Verteidigung der NATO gegen einen großangelegten Angriff des Warschauer Paktes zu erproben. Es handelte sich hierbei um eine Stabsrahmenübung unter Beteiligung fast aller Stäbe im Kommandobereich Allied Command Europe – ACE, einschließlich des IMS in Brüssel, nationaler militärischer Kommandobehörden, den nationalen zivilen Führungsstäben als Rahmenleitgruppen unter Beteiligung fast aller Ressorts. Die Bundesrepublik Deutschland aktivierte für diese Übung den Regierungsbunker in Marienthal bei Ahrweiler und setzte ein "Übungsparlament" mit einem "Bundeskanzler Üb." ein. Ausgewählte Landesregierungen und sonstige Behörden, einschließlich der Wehrverwaltung, nahmen mit Rahmenleitgruppen ebenfalls an dieser Übung teil. Für die Übung wurden zusätzliche Stromkreise aller Art sowie Funkverbindungen entsprechend den für den Kriegsfall geltenden Vorbereitungen bereitgestellt. Die Truppe nahm, bis auf Fernmeldeverbände, die Leistungen zu erbringen hatten, an dieser Übung nicht teil. Derartige Übungen waren als reine Kommandostabsübungen aufgebaut und wurden ausschließlich auf dem Papier geführt. Diese Übungen basierten auf einer Reihe unterschiedlicher Szenarien[772], die auf dem aktuellen Stand der NATO-Doktrin[773] beruhten. Die Übung lief meist in zwei Phasen ab. An dieser Übung nahm das NAEW-FC Headquarters nur mit einer kleinen Rahmenleitgruppe teil. Nach Ende der Übung, in der durch die NAEW-Intel-Cell mehr als 2.177 Intelligence-Meldungen

---

[771] **WINT**ER **EX**ERCISE/**CI**VILIAN **M**EASURES **EX**ERCISE
[772] Einen guten Anhalt für ein Szenario in den achtziger Jahren bietet Hackett in seinen Werken: Hackett, J., Sir: The Third World War – August 1985 - A Future History, London Soweit bekannt, lagen die Übungsunterlagen für die Übungen WINTEX/CIMEX der Jahre 1981 bis 1986 dem Ministerium für Staatssicherheit (MfS) der DDR im Original vor. In: Richter, W.: Der Militärische Nachrichtendienst der DDR., S. 346, 2. Aufl. Frankfurt 2004 & Hackett, J., Sir: The Third World War - The Untold Story, London 1978, 1982
[773] Zu den Intentionen der Übungsplanungen WINTEX/CIMEX vergleiche: Gablik, A. F.: Eine Strategie kann nicht zeitlos sein in: Die Bundeswehr 1955-2005, München 2007

verarbeitet wurden, zeigten sich eine Reihe von Problemen[774] in der Informationsversorgung und Koordination innerhalb des Arbeitsgebietes und bei der Zusammenarbeit mit der SHAPE Intelligence Division als auch mit der NATO E-3A Component, auf die hier nicht weiter eingegangen werden soll.

7.5 Die Übung WINTEX/CIMEX 1989 bei SHAPE:WINTEX – CIMEX 1989 Phase I (April 1989)

Das Übungsziel der Phase I (7-9 Tage) bestand in der Herstellung der Einsatzbereitschaft der NATO-Streitkräfte aus dem Friedensstand und umfasste einen Großteil der bereits vorgeplanten Übungs-Maßnahmen aus der Stufe "Military Vigilance"[775] des NATO-Alarmsystems. Die Übung begann üblicherweise mit der Ausgabe der Ausgangslage, meist in Form eines zusammenfassenden INTSUM. Die Lagefortschreibung erfolgte durch die weitere Auslösung von Übungsalarmmaßnahmen für die einzelnen Führungsgrundgebiete (G-1 Personal, G-2 Militärisches Nachrichtenwesen, G-3 Operationen, G-4 Logistik, G-6 Fernmeldewesen), die in ihrer Kriegsbesetzung meist im Zwei-Schichtbetrieb den Übungsstab zu betreiben hatten. Das Übungsszenario wurde durch die so bezeichneten "Übungseinlagen[776]" mit Leben erfüllt und zwang die teilnehmenden Stäbe, darauf zu reagieren. Ergänzt wurden die Übungseinlagen durch weitere Informationen zum Übungsgeschehen, die in Form von Meldungen des NATO-Meldewesens für jedes Führungsgrundgebiet einliefen. Jedes Führungsgrundgebiet bearbeitete die eingehenden Informationen und erstellte daraus ein für sein Führungsgebiet aktuelles Lagebild. Hier musste, wenn sich neue Erkenntnisse aus der Lageentwicklung ergaben, mit den übrigen Führungsgebieten koordiniert werden, insbesondere dann, wenn sich Auswirkungen für

---

[774] NAEW-FC-FCIS 1, Exercise WINTEX/CIMEX 1987 – Conduct of Intelligence Functions (NR), dtd 22 May 1987

[775] Parallel zum echten Alarmkalender waren so bezeichnete "Übungsalarmkalender" erstellt worden, die auf der Basis des "scharfen" Alarmkalenders alle übbaren Maßnahmen enthielten. Allerdings entfaltete die Auslösung derartiger Übungsmaßnahmen keinerlei Außenwirkung.

[776] Der "Directing Staff – DI-Staff" verfügte über ein Gesamt-Drehbuch, dessen Inhalt den übrigen Übungsteilnehmern nicht bekannt war. Zu festgesetzten Zeiten, meist in den Abendstunden, trat der DI-Staff zusammen und verglich den gedachten Verlauf mit den tatsächlichen Ereignissen im zu kontrollierenden Stab. Traten größere Abweichungen vom gedachten Verlauf auf, konnte der DI-Staff durch die so bezeichneten "Injections" den übenden Stab wieder auf den gedachten Verlauf zurück bringen.

den Einsatz eigener Kräfte ergaben. Zu festgesetzten Zeiten fassten die Führungsgrundgebiete ihre Informationen zusammen, bewerteten diese und trugen diese in der Lagebesprechung (Briefing), meist 20:00 Uhr und 08:00 Uhr des folgenden Tages, dem Stab vor. Zeichneten sich auf Grund der fiktiven Lage kritische Situationen ab, die sofortiges Handeln erforderlich machten, wurde ein so genanntes "Ad hoc Briefing" einberufen, um die Situation zu bereinigen. Der Umfang der eingehenden Lageinformationen, Meldungen und Berichte war sehr umfangreich. Allein im Bereich der Nachrichtenbearbeitung (Intelligence) waren während der Übung WINTEX/CIMEX 87 im Bereich NAEW-FC HQ mehr als 2.176 Meldungseingänge in Papierform unterschiedlichen Umfanges zu bearbeiten. Diese Meldungen waren auszuwerten, in das Lagebild einzufügen und für den Einsatz eigener Kräfte zu bewerten. Daneben waren für die täglichen Lagevorträge entsprechende Beiträge zu erarbeiten und mit den übrigen Bearbeitern aus den Führungsgrundgebieten abzustimmen. Der Lagebeitrag von NAEW-FC Intel & Security umfasste meist 2 DIN-A4-Seiten und die dazu gehörigen Folien für die Präsentation. Die Schwierigkeit für jeden Bearbeiter bestand darin, die eingehenden Informationen so zu bewerten und in das Lagebild einzufügen, dass es der Entwicklung des "gedachten Verlaufs" entsprach. Zum Ende eines jeden Lagevortrags stellte der jeweilige "Befehlshaber" die Frage nach der zu erwartenden Entwicklung der kommenden 24 Stunden. Auch der SACEUR, General Galvin, nahm regelmäßig an den Lagevorträgen während der Übung WINTEX/CIMEX 1989 im SHAPE Command Centre teil. Bei seinem Rundgang im SCC – SHAPE Command Centre wurde er von einem Aide de Camp (AdC) begleitet. Gelegentlich wurde dazu auch ein jüngerer weiblicher Captain der US Army eingeteilt. General Galvin besuchte dabei die einzelnen Zellen im War Headquarters[777] und ließ sich vom Bearbeiter in die Lage einweisen und folgte mit sichtbarem Interesse den Ausführungen. Auch die jeweiligen Divisions Chiefs der SHAPE-Abteilungen (Divisions) wurden häufig vor dem SACEURS-Briefing durch ihre Division über die Lage unterrichtet. Vom allgemeinen Gefechtsstandbetrieb abgesondert arbeiteten die US

---

[777] Bei großen Übungen wurde das SHAPE PRIMARY WAR HEADQUARTERS (PWHQ) im SCC aktiviert. Es umfasste 57 Einheiten unterschiedlicher Größe und war vollständig in dem Mitte der achtziger Jahre fertiggestellten dreigeschossigen Bunker untergebracht. Ein Alternate Primary War Headquarters (APWHQ) mit der Bezeichnung FASTBREAK war auf dem nahegelegenen Flugplatz Chievres eingerichtet.

und UK NUCLEAR CELL, zu der aber Angehörige anderer Nationen keinen Zugang hatten.

7.6 WINTEX/CIMEX 1989 Phase II

Die Phase II der Übung (7-9 Tage) begann mit der Auslösung von Übungseinzelmaßnahmen aus dem Bereich COUNTER SURPRISE STATE ORANGE (Schnelles Herstellen der Überlebensfähigkeit)[778]. Ihr folgten weitere Maßnahmen des defensiven Aufmarsches der NATO-Streitkräfte in der Central Region und der fiktiven Zuführung von Verstärkungskräften im Rahmen der Planungen für REFORGER. Im letzten Drittel der Phase II wurden meist Maßnahmen aus dem Bereich COUNTER SURPRISE STATE SCARLET (Unmittelbar bevorstehender Nuklearangriff)[779] ausgelöst. Danach wurden meist Einzelmaßnahmen aus der Stufe GENERAL ALERT (Allgemeiner Krieg) ausgelöst, da die fiktiven ORANGE-Truppen unter starker Luftunterstützung die Grenze überschritten hatten. Es erfolgte auf Seiten der NATO der Einsatz von Verzögerungskräften in der Central Region. Während der Übung WINTEX CIMEX 89 erfolgte ein fiktiver, nicht mit der damaligen Bundesregierung abgestimmter Ersteinsatz von taktischen Nuklearwaffen im Grenzgebiet zur DDR[780]. Danach endete die Übung am 09.03.1989 gegen 13:00 Uhr.

7.7 Die Taktischen Überprüfungen (Tactical Evaluations) bei assignierten Truppenteilen der NATO

Einen besonderen Schwerpunkt nahmen bei der NATO die "Taktischen Überprüfungen/Tactical Evaluations – TACEVAL" zur Bewertung des Ausbildungsstandes und der Fähigkeiten zur Auftragserfüllung ausgewählter Einheiten unter den Bedingungen eines konventionell beginnenden und in einen nuklear mündenden Konflikt ein. Sowohl assignierte als auch "earmarked" Einheiten des Feldheeres, aber besonders die Kräfte der "integrierten Luftverteidigung", die ja bereits im Frieden der NATO unterstellt waren, wurden einem rigiden Überprüfungsverfahren unterzogen, das nachstehend in seinen Grundzügen beschrieben werden soll. Hauptziel der Überlegungen in der NATO war die Sicher-

---

[778] Erwarteter feindlicher Angriff innerhalb der nächsten 36 Stunden.
[779] Erwarteter feindlicher Angriff innerhalb der folgenden Stunde
[780] Vergleiche hierzu: Der Spiegel Nummer 29/1989 v. 17.07.89

stellung der Überlebensfähigkeit der NATO-Streitkräfte nach einem Erstangriff durch den Warschauer Pakt. Hierzu wurden bei den taktischen Überprüfungen u.a. die Fähigkeit der Truppe, einen Erstschlag zu überleben und danach weiterhin einsatzfähig[781] zu sein, überprüft. Im Rahmen der Taktischen Überprüfungen durch die NATO wurden überprüft: Einsatzflugplätze der NATO, Einsatzstellungen des Raketenabwehrsystems, der NATO assignierte Kräfte und Verstärkungskräfte für den Einsatz in der Central Region und nicht zuletzt das integrierte Luftverteidigungssystem in der Central Region[782]. Dabei wurden überprüft: Führungseinrichtungen, Einrichtungen zur Nahverteidigungen von Einrichtungen, Schutzmaßnahmen für Personal, wichtige Einrichtungen und Ausrüstung. Ein wichtiger Aspekt war die Überprüfung der Vorbereitungen für die Bodenverteidigung, die Wirksamkeit der Tieffliegerabwehr, sowie Tarnungs- und Auflockerungsmaßnahmen. Die Ausstattung mit ABC-Schutzausrüstung und Maßnahmen zur Dekontaminierung und die spezifische ABC-Schutzausrüstung wurden ebenfalls überprüft. Besonderes Augenmerk wurde auch auf die Feststellung und Beseitigung nicht zur Wirkung gelangter Kampfmittel[783] gelegt. Von nicht minderer Bedeutung waren die Ausstattung und Fertigkeiten in den Messtrupps der ABC-Abwehr, der Feuerbekämpfung und dem Sanitätswesen. Bei der Bewertung der Vorbereitungen wurde zusätzlich in aktive und passive Verteidigung sowie nach den Fähigkeiten der Einheit, die Kampffähigkeit nach Angriffen wieder schnell herzustellen, unterschieden. Die taktischen Überprüfungen waren vorgeplant. Dies bedeutete, dass sich die Einheiten auf diese Überprüfungen einstellen konnten. Häufig erfolgten in nationaler Verantwortung Vorübungen für das TACEVAL. Hier wurde nach NATO-Kriterien durch nationale Prüfer das gesamte Spektrum abgeprüft. Derartige Überprüfungen begannen meist mit einem Alarm zur Herstellung der Einsatzbereitschaft. Je nach Auftrag der überprüften Einheit wurde an Hand eines nationalen Szenarios, das sich unter Umständen grundsätzlich von einem NATO-

---

[781] Die Maßnahmen wurden anhand sehr komplexer Szenarien nach einheitlichen Grundsätzen durch die so genannten international zusammengesetzten "TACEVAL-Teams" anhand vorgegebener Kriterien überprüft: SHAPE – SURVIVAL TO OPERATE (STO) TACTICAL EVALUATION GUIDELINES (NR), SHAPE TACTICAL EVALUATION MANUAL (STEM). (NR)
[782] Auch in anderen Kommandobereichen der NATO fanden TACEVALS statt, die aber hier nicht weiter betrachtet werden sollen. Allerdings entsandte SHAPE als auch NAEWFC-HQ eigenes Personal als Prüfer zu derartigen Überprüfungen.
[783] Explosive Ordnance Reconnaissance – EOR/Explosive Ordnance Disposal – EOD, UXO – Unexploded Ordnance

Szenario unterscheiden konnte, der Ablauf des TACEVALS geübt. Derartige Übungen konnten bis zu 7 Tagen dauern. Als nationale Prüfer wurden meist Soldaten eingesetzt, die bereits Erfahrungen aus NATO-TACEVALS mitbrachten. Häufig zeigten diese nationalen Vorübungen Schwächen in der Ablauforganisation der überprüften Einheit, die später abgestellt werden mussten. Für die Führung der überprüften Einheit hatten auch der Ausgang der nationalen Überprüfung und die Bewertung der Einsatzbereitschaft besondere Bedeutung, da die Bewertung der Übung für den Kommandeur Beurteilungsrelevanz hatte. Nach Beendigung der nationalen Vorübung mussten meist "Wunden geleckt werden", da häufig bei der Überprüfung Schwachstellen unterschiedlicher Bedeutung festgestellt wurden, die unverzüglich abgestellt werden mussten. War der nationale Überprüfungszyklus abgeschlossen, war mit dem baldigen Beginn des TACEVALS durch die NATO zu rechnen. Dies bedeutete für den zu überprüfenden Verband eine nicht geringe Belastung, da ja alle Bereiche (Teileinheiten) an der Überprüfung teilzunehmen hatten. Die multinationale TACEVAL-Gruppe, in Abhängigkeit vom Umfang der taktischen Überprüfung, konnte schon einmal einen Umfang von 50 Offizieren und Unteroffizieren erreichen, die meist in umliegenden Hotels einquartiert wurden und über einen Tross von eigenen Fahrzeugen verfügten. Das Überprüfungspersonal wurde in zwei Gruppen aufgeteilt, die im 12-stündigen Wechsel den Ablauf der Überprüfung zu beobachten und zu bewerten hatten. Der Leitungsstab des TACEVALS nahm nicht an der Überprüfung teil, sondern steuerte durch Einlagen (Injects) den Ablauf der Überprüfung an Hand des im Szenario festgelegten Verlaufs. Das Szenario war der zu überprüfenden Einheit nicht bekannt. Die Einlagen wurden an Hand eines Einlagenplanes zeitgerecht eingespielt. Gelegentlich wurden durch den Leitungsstab zusätzliche Einlagen eingespielt, um die Überprüfung wieder näher an den gedachten Verlauf zu bringen, da derartige Überprüfungen, soweit es die Reaktionen der Betroffenen betraf, gelegentlich ein Eigenleben entwickelten. Die Übung begann meist im Gefechtsstand mit Bekanntgabe der Ausgangslage und der ersten Einlagen, auf die der zu überprüfende Verband zu reagieren hatte. Wichtigstes Element im Szenario einer solchen Überprüfung war der Teil "Feindlage". Hier war der Intelligence-Offizier gefordert, da er die Führung seines Verbandes über die zu erwartende Entwicklung zu unterrichten hatte. Die Lage-

feststellung durch den Kommandeur des überprüften Verbandes umfasste in der Regel die Teile: Feindlage, eigene Lage, Auftrag, Durchführung, Logistik und Personal, Führung und Fernmeldewesen. Bei NATO-assignierten Verbänden war die Befehlssprache Englisch, so dass alle Führungsvorgänge in dieser Sprache erfolgen mussten. Das TACEVAL-Prüfteam war auch international besetzt. Hier zeigten sich aber gelegentlich Probleme in der Kommunikation zwischen Prüfer und Überprüftem, die auf den manchmal unterschiedlichen Grad der Sprachbeherrschung zurückzuführen waren. Der Intelligence-Offizier wie auch die Leiter anderer Führungsgrundgebiete führten im Gefechtsstand ihre eigenen Lagen an Hand der nun ständig einlaufenden Einlagen, die als Meldungen oder mündliche und schriftliche Informationen eingingen. Hier musste der Bearbeiter frühzeitig erkennen, welche Konsequenzen sich aus den einzelnen Einlagen für die Auftragsdurchführung des Verbandes ergaben. Es würde den Rahmen des Buches sprengen, sollten alle Einzelaspekte einer derartigen taktischen Überprüfung behandeln zu wollen. Für den überprüften Verband kam es entscheidend darauf an, die Prüfer davon zu überzeugen, dass die Auftragserfüllung immer sichergestellt war. Im weiteren Verlauf der Überprüfungen wurden Lageverschärfungen eingespielt, die den überprüften Verband zu Reaktionen zwangen, die ihrerseits wieder durch die Prüfer bewertet wurden. Meist in den Abendstunden trafen sich die Prüfer vor der Ablösung zu einer Lagebesprechung mit dem Leitungsstab, auch als "How Goes It" bekannt, in der die Ergebnisse der vorangegangenen Überprüfung besprochen wurden. Hier wurden aber auch Absprachen getroffen, welche zusätzlichen Einlagen einzuspielen waren, um den gewünschten Verlauf des Szenarios sicherzustellen. Jeder Prüfer war angehalten, an Hand eines Fragenkatalogs die Reaktionen der Überprüften in seinem Bereich minutiös festzuhalten, da nicht selten von Seiten des Überprüften Protest wegen einer nachteiligen Bewertung angemeldet wurde. Auch hier hatte der Prüfer einen gewissen Spielraum bei der Bewertung. Allerdings konnten eklatante Fehler auf Seiten des überprüften Verbandes nicht negiert werden. Am Ende einer Bewertung durch den Prüfer stand das "Grading". Für den Bereich "Survival to Operate" waren folgende Bewertung "Ratings" vorgesehen:
- **Excellent:** Wenn alle Forderungen hinsichtlich Einsatzdurchführung erfüllt wurden.

- **Satisfactory:** Wenn alle wichtigen Forderungen erfüllt, sich aber in Teilbereichen Mängel zeigten.
- **Marginal:** Wenn nicht alle Forderungen erfüllt wurden und in Teilbereichen größere Mängel erkennbar wurden.

Die Summe der Bewertung in den einzelnen Teilbereichen führte zu einer Gesamtbewertung der Einsatzbereitschaft und der Fähigkeiten zur Auftragsdurchführung der überprüften Einheit. Mängel, welche die überprüfte Einheit nicht zu vertreten hatte, z.B. fehlendes Personal und Material, wurden gesondert festgestellt und flossen in die Bewertung mit ein. Beispielhaft sei hier der Ablauf einer derartigen Überprüfung bei der NATO Airborne Early Warning & Control Force beschrieben.

7.8 Die Übung "ARDENT GAMBIT" des NATO Airbone Early Warning Force Headquarters im Jahre 1988[784]

Als exemplarisch für einen wichtigen Teil der integrierten NATO-Luftverteidigung in Europa soll hier der Verlauf der Übung "ARDENT GAMBIT" der gesamten NAEW-Force der NATO[785] geschildert werden. Grundlage für die Übung[786], die gleichzeitig auch als taktische Überprüfung der NAEW-Force angelegt wurde, war neben den einzelnen Vorschriften der NATO für die integrierte Luftverteidigung das 44 Seiten umfassende Tri – MNC-NATEM[787]. Es enthielt die grundsätzlichen Bestimmungen für die Planung, Durchführung und das Berichtswesen für taktische Überprüfungen der NAEW-Force und galt für alle an Operationen der NAEW-Force beteiligten nationalen Verbände und Einheiten der NATO. Im Rahmen dieser Übung wurden folgende Bereiche überprüft und bewertet:

- Einsatzbereitschaft: Bereitschaftsstände im Frieden, Übergang zu erhöhter Bereitschaft, im Frieden verfügbare Kräfte, Nachrich-

---

[784] Dieser Übung sollte eine weitere, umfangreichere Übung im Jahre 1989 (17. -23. April) folgen.
[785] Einen guten Eindruck vom Einsatz der NATO-AWACS-Flotte vermittelt die Video-Dokumentation der NAPMA/NATO E3 A Component: 24 Hours for Peace - NATO AWACS -, NAPMA Brunssum/NATO E-3A Component Geilenkirchen- Schurig Film, Bonn (o. J, vermutlich 1995, Archiv Weiße).
[786] Bereits im Jahre 1987 wurde die NATO-E-3A Component einer erfolgreichen taktischen Überprüfung (TACEVAL) unterzogen.
[787] Tri-Major NATO Commands "NATO Airbone Early Warning Force Tactical Evaluation Manual – NATEM (NU)". Es handelt sich hierbei um das unter Verantwortung von SHAPE für ACCHAN, SACLANT und SHAPE erlassene Grundsatzdokument für die Planung und Durchführung von taktischen Überprüfungen der NAEW-Force.

tenwesen (Intelligence), Aufbau der Bodenverteidigung, Vorbereitungen für Verlegungen der NE-3A-Flotte,
- Operationen: Operationelle Ressourcen
- Bodenorganisation: Führungsstab und Gefechtsstand, Führung durch höhere Kommandobehörden (nicht bewertet), Wetterdienst, Flugsicherung, Flugbewegungskontrolle, Nachrichtenwesen (Intelligence), militärische Sicherheit (Absicherung/Security), Operationsführung nachgeordneter Bereiche.
- Mobilität/Verlegefähigkeit: Führungsstab und Gefechtsstand
- Materialeinsatz, Personaleinsatz, militärische Absicherung der Verlegung (Base Security)
- Einsatz der NAEW-Flotte: Einsatzvorbereitungen, Einsatzdurchführung, Unterstützung von Luftverteidigungsoperationen, Unterstützung von maritimen Operationen, Unterstützung anderer Luftoperationen, Befragung der Besatzungen nach dem Einsatz, Einsatzergebnisauswertung.
- Unterstützungsleistungen: Unterstützungsressourcen, Führung von Unterstützungsoperationen, Status der einsatzwichtigen Ausrüstung, technische Wartung und Unterstützung auf der Einsatzbasis, Versorgung, Führung und Fernmeldewesen, Wartung von Einrichtungen zur Einsatzunterstützung, Wartung von Ausrüstung sowie Datenverwaltung und Software-Management (für die Systeme der NE-3A).
- Erhaltung der Überlebens- und Einsatzfähigkeit (Survive to Operate – STO)
- Personaleinsatz, Personalersatz, Einrichtungen, Ausrüstung und Material, Führung, aktive Bodenverteidigung, Einsatzdurchführung unter atomarer, biologischer oder chemischer Bedrohung, Schadensbehebung (Damage Repair), allgemeine Reaktionen auf Bedrohungen.

Das Szenario[788] der Übung wurde durch das NAEW-FCHQ in Mons unter Beteiligung der SHAPE EXERCISE Branch erarbeitet. Das TACEVAL-

---

[788] Grundlage für die Kräfteordnung und Ausrüstung sowie Dislozierung beim angenommenen Gegner war der Major NATO Commanders GENERIC ENEMY FORCES CATALOGUE (GEFC), (NATO RESTRICTED-NR), der jährlich überarbeitet wurde und auch Zeitnormen enthielt. Die deutsche Seite verwendete zu dieser Zeit die Bezeichnung "Übungsgliederung Rosa" für Kräfte des Warschauer Paktes und die Bezeichnung "Übungsgliederung Grün" für die Kräfte der NATO. Im Jahre 1987 trug die Übungsgliederung des WP im nationalen Bereich noch die Bezeichnung "Rot", nationale Kräfte im WP wurden in der

Team für die Überprüfung der Main Operating Base (MOB) Geilenkirchen bestand aus 26 Prüfern, darunter Teilnehmer von SHAPE[789], CINCIBERLANT, MODUKAIR, TGS, COMAAFCE, MODNLAIR, NLTAC, NAEWFC-HQ, GAFTAC. Bei den Forward Operating Bases (FOB) Trapani (Sizilien) und der FOL Oerland (Norwegen) wurden insgesamt 15 Prüfer eingesetzt. Die Leitung der Übung lag in den Händen des Deputy Commanders NAEW-Force, eines britischen Air Commodore[790], der sich auch während der Übung in Geilenkirchen aufhielt. Die NATO E-3A Component in Geilenkirchen wurde zu dieser Zeit durch einen deutschen Brigadegeneral der Luftwaffe geführt.

7.9 Der Ablauf der Übung "ARDENT GAMBIT 1988"[791]

Die Übung begann bereits am 31. Oktober 1988 mit dem Eingang des "Weekly Intsum # 01", der den frühzeitigen Einstieg in das Szenario erlauben sollte. Ihm folgte am 7. November 1988 der "Weekly Intsum # 02", der bereits eine Lageverschärfung auf Seiten "ORANGES"[792] erkennen ließ. Am 14. November 1988 folgte der "Weekly Intsum # 03", dessen Inhalt bereits eindeutige Indikationen für den Beginn einer alle westlichen Militärbezirke von ORANGE umfassenden Kommando- und Stabsübung enthielt. Dies entsprach der damaligen Auffassung der NATO vom möglichen Beginn eines Truppenaufmarsches auf Seiten des Warschauer Paktes (in der Übung als ORANGE BLOC – ORBLOC) bezeichnet. Mit diesen drei Weekly Intsums war es dem Intelligence Officer der NATO E-3A-Component – zu dieser Zeit war der Dienstposten mit einem weiblichen Major der US Air Force

---

Übungsgliederung "ORANGE" erfasst. Derartige Szenarien waren meist als NATO CONFIDENTIAL eingestuft.

[789] SHAPE – Supreme Headquarters Allied Powers Europe, CINCIBERLANT – Commander in Chief Iberian-Atlantic Area, MOD UKAIR – Ministry of Defense United Kingdom Air Staff, TGS – Turkish General Staff, COMAAFCE – Commander Allied Air Forces Central Europe, MODNLAIR – Ministry of Defence Netherlands Air Staff, NLTAC – Netherlands Tactical Air Force Staff, NAEWFC – NATO Airborne Early Warning Force Command, GAFTAC – German Air Forces Tactical Command

[790] Entspricht dem Ein-Sterne-General (Brigadier) des britischen Heeres.

[791] Außenwirkung entfaltete diese Übung nur in der LIVE FLYING PHASE der NATO E-3A, die unter Friedensbedingungen in ihren Einsatzräumen (Orbits) über der Central Region, Südnorwegen und Sizilien eingesetzt wurde. Alle übrigen Einlagen wurden, mit Ausnahme der Bodenverteidigungsmaßnahmen und übbaren anderen Tätigkeiten, auf dem Papier durchgespielt (PAPER PLAY).

[792] Zu dieser Zeit wurde der mögliche Gegner auf Seiten der NATO immer mit "ORANGE" bezeichnet. Der Warschauer Pakt trug die Bezeichnung "ORANGE BLOC". Die NATO wurde als BLUE ALLIANCE bezeichnet.

besetzt – möglich, die Ausgangslage für die nun folgende Hauptphase der Übung vorzubereiten. Die Hauptphase der Übung begann am 20. November 1988 um 18:00 Uhr lokaler Zeit mit dem "In Briefing" der NATEVAL[793]-Teams in Geilenkirchen, Oerland und Trapani. Am 20. November 1988 ging gegen 21:00 der Weekly Intsum # 04 bei der Intelligence Branch der NE-3A-Component ein. Gegen 21:20 Uhr des gleichen Tages wurden dem diensthabenden Offizier (Duty Officer) im Gefechtsstand[794] der Component in Geilenkirchen die ersten Instruktionen für den Beginn der Übung ausgehändigt. Zeitgleich trafen die NATEVAL-Teams in Geilenkirchen, Oerland und Trapani in den Gefechtsständen ein. Um 21:25 Uhr gingen die ersten Alarmbefehle an die FOL[795] (Forward Operating Location) Oerland und die FOB Trapani heraus. Um 22:00 Uhr erhielt der Gefechtsstand der Component die erste Lagebewertung des Commanders NAEW-Force (ASSESSREP). Hierauf musste der Lageoffizier im Gefechtsstand entsprechend reagieren. Der Ablauf der Übung wurde über eine Vielzahl von Einlagen (Injects) gesteuert. Die Einlagenübersicht umfasste für die Zeit von 20. November 1988 bis 25. November, 12:00 Z über 150 Einlagen zur Steuerung der Übung. Dabei sind die von den NATEVAL-Prüfern vor Ort in den einzelnen Bereichen eingespielten "ad hoc injects" noch nicht berücksichtigt. Die Übung entfaltete nur in der "Flug-Einsatzphase der NE-3A" entsprechende Auswirkungen nach außen. Alle anderen Reaktionen, soweit diese nicht die Absicherung und Bodenverteidigung

---

[793] NATEVAL – NATO Tactical Evaluation – Taktische Überprüfung der NATO.
[794] Der Haupt-Gefechtsstand der NE-3A-Component war verbunkert und bestand aus zwei Räumen, die durch eine Plexiglaswand getrennt waren. Im größeren Teil des Bunkers hatten die jeweiligen Lageoffiziere mit ihren Gehilfen ihren Arbeitsplatz. Der hintere, kleinere Teil war der Führung der NE-3A-Component vorbehalten. Der Gefechtsstand verfügte über einen hochwertige IT-Ausstattung nach damaligem Standard. Die vorgesehenen Basen (FOB/FOL) konnten sowohl über Draht als auch per Funk erreicht werden. Die im Einsatz befindlichen Boeing NE-3A "SENTRY" konnten sowohl über VHF/UHF-Funkverbindungen, wenn diese sich über Deutschland befanden, erreicht werden. Waren diese nicht mehr über VHF/UHF-Verbindungen erreichbar, wurden HF (Kurzwellenverbindungen), Telefonie oder Funkfernschreiben eingesetzt. Aus der Zeit als britische vorgeschobene Basis für die Luftverteidigung stand auch noch ein Reservegefechtsstand, der ebenerdig errichtet und von einem Splitterschutzwall umgeben war, zur Verfügung. Er wurde, da er über Tageslicht verfügte, nur bei kleineren, lokalen Übungen in Betrieb genommen.
[795] Aus politischen Gründen, wegen der gemeinsamen Grenze mit der damaligen Sowjetunion, musste die Basis Oerland in Mittelnorwegen als Forward Operating Location bezeichnet werden, da sich Norwegen gegenüber der Sowjetunion verpflichtet hatte, keine fremden Truppen dauerhaft auf norwegischem Territorium zu stationieren. Alle übrigen Basen der NE-3A-Flotte konnten hingegen als Forward Operating Base – FOB bezeichnet werden.

Geilenkirchens betrafen, waren simulierte Reaktionen, gemeinhin als "Paper Play" bezeichnet. Nicht so die Lagevorträge der einzelnen Lageoffiziere, die bei ihren Vorträgen die erhaltenen Lageinformationen, z.B. Ausfälle von einsatzwichtigem Gerät oder, in einer späteren Phase, Angriffe durch gegnerische Special Forces, berücksichtigen mussten. Auch waren für die Einsatzplanung Anforderungen anderer NATO-Kommandobehörden zu berücksichtigen. Dies galt auch für lagebedingte Einschränkungen des simulierten Flugbetriebs in einer späteren Phase der Übung. Treibendes Element dieser Übung waren die Intelligence-Meldungen und Lagebewertungen (Assessments) durch "Höhere Kommandobehörden der NATO" sowie Anforderungen von Einsätzen der NE-3A durch andere Kommandobehörden der NATO, denen je nach Lageentwicklung verfügbare (fiktive) Einsätze zur Verfügung gestellt wurden. Für derartige Einsätze wurde der gesamte administrative, technische und logistische Vorlauf (Mission Planning) entsprechend vorbereitet und die Maschine beim fiktiven Start und folgendem Einsatz geführt. Nach Beendigung der fiktiven Mission erfolgte das Mission Debriefing und die entsprechende Nachbereitung, bis die Besatzungen und Maschine(n) wieder eingesetzt werden konnten. Entsprechende Alarmsprüche der NATO gaben der Übung weitere Impulse, auf die der Stab der Component reagieren musste. Am 21. November trat eine Lageverschärfung ein, auf welche die NATO mit der Erhöhung des Einsatzbereitschaftsstandes reagierte und entsprechende Maßnahmen aus dem Alarmsystem "Military Vigilance" auslöste. Auch darauf hatte die Führung der NE-3A-Component entsprechend zu reagieren. Am 21. November gegen 0500Z wurde die erste "Activation Warning" ausgelöst. Dies hatte zur Folge, dass 3 NE-3A-Maschinen für einen bis zu 21 Tagen dauernden Einsatz in Norwegen, Italien und der Türkei (fiktiv) vorbereitet werden mussten. Am 21. November gegen 0700Z erfolgte der erste Einsatzauftrag für die südliche Region, um 0715Z erfolgte eine Anforderung für die nördliche Region. In der Nacht von 21. auf 22. November 1988 versuchten Unbekannte, auf die Basis Geilenkirchen zu gelangen. Am 21. November gegen 1630Z wurden durch die NATO weitere Alarmmaßnahmen aus "MILITARY VIGILANCE" ausgelöst. Noch am 21. November zeichnete sich ein möglicher Einsatz für die NE-3A über der Central Region ab, der am 22. November gegen 0530Z angefordert wurde. Im Laufe des 22. November häuften sich Störungen in den Kommunikationsnetzen, die allerdings die Einsatzfähigkeit der Component noch nicht beeinträchtigen konnten. In der Folge des 22./23. November häuften sich Sicherheitsvorkommnisse, die Angriffe auf die Rollbahn, den Tower, den Gefechtsstand und das Computerzentrum zum Ziele hatten. Am 22. November gegen 1600Z verlegten die ersten Maschinen (fiktiv) nach Norwegen, Italien und die Türkei. In den Abendstunden des 22. November wurden weitere Maßnahmen aus dem Military-Vigilance-System ausgelöst. Ab 23. November wurde der Aufbau von Führungseinrichtungen für den Einsatz von Luftstreitkräften von ORANGE an der Innerdeutschen Grenze gemeldet. In den nun folgenden Stunden des 23. November häuften sich Störungen im Kommunikationsnetz. Damit waren wichtige Gefechtsstände der integrierten NATO-Luftverteidigung nicht mehr erreichbar. Gegen 1800Z dieses Tages erging der Befehl, die Vorbereitungen zur Aktivierung des "Kriegs-Ausweichflugplatzes – Wartime Contingency Base – WCB" beschleunigt abzuschließen. Am 24. November wurde die kommerzielle Stromversorgung des Platzes Geilenkirchen erheblich gestört und fiel danach aus. Die Notstromversorgung wichtiger Teile des Flugplatzes wurde aktiviert. Der Ausfall der verschlüsselten Fernmeldeverbindungen zwischen 1200 und 1300Z erforderte den Einsatz von mobilen Ersatzgeräten. Am 24. November wurden durch die NATO erstmals Alarmmaßnahmen aus dem formalen Alarmsystem "SIMPLE ALERT" ausgelöst. Dies war eine Reaktion der NATO auf die sich durch den Truppenaufmarsch von ORANGE an der innerdeutschen Grenzen abzeichnende Lageverschärfung. Am gleichen Tage wurden die Kommunikationsmöglichkeiten der Component auf Kurzwelle durch Sabotage an der logarithmisch-periodischen Sende- und Empfangsantenne für mindestens 2 Stunden lahmgelegt. Mit der Auslösung weiterer Alarmmaßnahmen aus "SIMPLE ALERT" deutete sich eine neuerliche Lageverschärfung an. Am späten Nachmittag wurde eine im Landeanflug auf Geilenkirchen befindliche NATO E-3A vom Boden aus mit einer schultergestützten Luftabwehrrakete, vermutlich SA-7 GRAIL, angegriffen. In den Morgenstunden des 25. November wurden durch die NATO erstmals Alarmmaßnahmen aus "REINFORCED ALERT" ausgelöst. In der Norwegensee begann der Aufmarsch der ORANGE-Nordflotte. Die ORANGE-Mediterranean Squadron-ORMEDRON im

Mittelmeer begann mit der Überwachung der BLUE SIXTH-Fleet im Seegebiet westlich Siziliens. Am 25. November wurde durch den leitenden Air Commodore gegen 1200Z die Beendigung der Übung befohlen. Nun waren die Prüfer gefordert, zunächst ihre Berichte zu erarbeiten und innerhalb ihrer jeweiligen Gruppe abzustimmen, bevor diese dem jeweiligen Area Chief, meist ein Stabsoffizier, zur Prüfung vorgelegt wurden. Dabei waren die Bestimmungen des "NATO Airbone Early Warning Force Tactical Evaluation Team Folder", der umfassende Richtlinien für die Bewertung der zu überprüfenden Bereiche enthielt. Die Erstellung der Berichte verlief Dank der umfassenden Erfahrungen und des an den Tag gelegten Fingerspitzengefühls – Always be polite – der Prüfer verhältnismäßig reibungslos, auch wenn man die unterschiedliche Herkunft der Prüfer in Rechnung stellt. Marginale Unstimmigkeiten konnten sehr schnell geklärt werden. Da die NAEW-Force zu diesem Zeitpunkt über gut ausgebildetes Personal, über eine überdurchschnittliche Ausrüstung verfügte und über einen hohen Klarstand einsatzbereiter Maschinen verfügte, bestand die Component und die in den FOB/FOL eingesetzten Besatzungen und die dortige Unterstützungsorganisation das NATEVAL[796] mit Bravour. Beindruckend für den im Mittelpunkt des Geschehens stehenden Prüfer war die reibungslose Zusammenarbeit der nach heutigem Sprachgebrauch "multikulturell" zusammengesetzten internationalen Mannschaft der NATO E-3A Component, von gelegentlichen Sprachproblemen abgesehen. Allerdings machte sich auch hier der Einfluss einer großen, befreundeten Nation deutlich bemerkbar. Nahezu alle Verfahren, soweit diese den Flugbetrieb und den Einsatz, auch der Technik, betrafen, waren auf deren nationale Regelungen zurückzuführen. Allerdings gewannen nach und nach auch andere am NATO-E-3A beteiligte Nationen entsprechenden Einfluss. Soweit aus Sicht des Autors heute bewertbar, haben diese Übungen wesentlich zum Zusammenhalt und dem Selbstverständnis der NAEW-Force in einer Zeit nicht zu vernachlässigender Bedrohung durch den Warschauer Pakt beigetragen.

---

[796] Das im folgenden Jahr 1989 durchgeführte NATEVAL bei der NE-3A-Component in Geilenkirchen verlief nach einem ähnlichen Szenario und erbrachte ein ähnlich positives Ergebnis. Später sollte die NATO-E-3A-Flotte in echten Einsätzen an den NATO-Flanken, über dem Balkan, den Vereinigten Staaten und anderen Weltgegenden eingesetzt werden und sich dabei auch unter schwierigen Umständen bewähren. Auch heute, im Jahre 2013, kann auf den Einsatz der NATO-E-3A nicht verzichtet werden.

7.10 Die Übung NAEW-FC-HQ – EXERCISE ARDEN GAMBIT 1989

Basis für die Bearbeitung des Szenarios dieser Übung, die für den Zeitraum vom 17. April bis 23. April 1989 geplant war, waren die Vorgaben, die in den entsprechenden NATO-Vorschriften für den Einsatz der NATO-E-3A-Flotte festgelegt waren. U.a. gehörte dazu das TRI – MNC's Concept of Operation for the NAEW Mixed Force. Die Ausgangslage ging von sich innerhalb des ORANGE-Blocks verschärfenden Spannungen aus, die in einer Mobilmachung der ORANGE-Streitkräfte gegenüber der Central Region kulminierten, was in einen Aufmarsch der ORANGE–Truppen mündete. Das Intelligence-Szenario[797] umfasste allein mehr als 150 Einlagen. Das Gesamt-Szenario enthielt insgesamt mehr als 230 Einlagen[798] aus allen Gebieten. Die Übung endete mit einer fiktiven Angriffswarnung. Dies führte dazu, dass auch der Gefechtsstand in Geilenkirchen vollständig geräumt, dass das Gefechtsstandpersonal das Trainer-Cargo-Aircraft bestieg und die Maschine zum Startpunkt rollte, um das Gefechtsstandpersonal zur Wartime Contingency Base (WCB) nach Waddington /UK zu bringen. Kurz vor Erreichen der Startposition befahl der die Übung leitende Deputy Force Commander, Air Commodore Bonnor mit dem Befehl "ENDEX" das Ende der Übung. Die Auswertung der Übungsergebnisse nahm einige Tage in Anspruch. In der abschließenden Besprechung konnte festgestellt werden, dass die NATO E-3A-Component alle Vorgaben erfüllt hatte und damit "Full Operational Capability" erreicht hatte. Für Übungsvorhaben der NATO-E-3A-Flotte und auch zur Unterstützung bei Missionen in der Southern Region der NATO wurden Absprachen mit der Intelligence Branch der 5th Allied Tactical Air Force (FIVEATAF) in Vicenza erforderlich. Die Intel & Sy Branch des FC flog zu diesem Zweck mit SABENA von Brüssel nach Venedig. Auch hier ein unvergessliches Erlebnis bei der Landung am späten Abend und einer mit Wasser bestandener Rollbahn. Die Besprechung bei der Intelligence Division FIVEATAF verlief in einer freundlichen und heiteren Atmosphäre, typisch für die italienischen Kameraden, brachte aber nur ein mageres Ergebnis, da viele Fragen

---

[797] Das Szenario wurde neben der täglichen "Real-World-Intelligence"-Bearbeitung durch die Intel&Sy Section der NAEW-FC-Ops Division erarbeitet.
[798] Als Beobachter und Bewerter dieser Übung waren mehr als 52 Soldaten (Stabsoffiziere, Offiziere und höhere Unteroffiziere) aus der NATO eingesetzt.

auf dieser Ebene nicht geklärt werden konnten. Die Intel-Division war am Rande Vicenzas in einem imposanten, aus der Mussolini-Zeit stammenden Bau[799] untergebracht. Einige italienische Soldaten, die vorher bei SHAPE gedient hatten, fanden sich dort wieder, die Bekanntschaft mit ihnen gab Anlass zu angeregten Gesprächen. Der Rückflug von Venedig nach Brüssel verlief ohne besondere Ereignisse, wenn man davon absah, das wegen eines Streiks des belgischen Flugsicherungspersonals an diesem Abend mit der Umleitung der Maschine nach Paris gerechnet werden musste. Leider besannen sich die Belgier auf ihre Pflichten und die Maschine konnte doch noch in Brüssel landen.

---

[799] Der Autor sollte später im Jahre 1995 anlässlich einer Reise im Auftrag des damaligen Luftwaffenkommandos Süd nochmals die Gelegenheit erhalten, den Stab zu besuchen. Es hatte sich dort, bis auf die Aktivitäten im Zusammenhang mit dem NATO-Einsatz über dem Balkan, nicht viel verändert.

8. Resümee

"Die Furchtsamkeit der Menschen wird zur neuen Kraft der Lüge und Unwahrheit. In der Regel ist jeder geneigt, das Schlimmste eher zu glauben als das Gute. Der Eindruck der Sinne ist stärker als die Vorstellungen des überlegenden Kalküls, und dies geht soweit, dass wohl noch nie eine einigermaßen wichtige Unternehmung ausgeführt worden ist, wo der Befehlshaber nicht in den ersten Momenten der Ausführung neue Zweifel bei sich zu besiegen gehabt hätte[800]". Dank glücklicher Umstände ist Europa eine kriegerische Auseinandersetzung mit ihren unabsehbaren Folgen erspart geblieben. Die Staaten in Europa hätten, nach all dem, was wir jetzt wissen, diesen Konflikt[801] nicht überleben können. Möglicherweise haben auch die verfügbaren militärischen Potenziale beider Seiten die Politik zur Einsicht gebracht. Nicht zuletzt die Bevölkerung[802] der damaligen DDR hat mit ihren

---

[800] Zitiert nach: Stamp, G.: Clausewitz im Atomzeitalter, S. 75-76, Wiesbaden o. J.

[801] Vergleiche hierzu: Feinde im Manöver – Die großen Übungen der NVA-Bundeswehr. Breucom Berlin, 2010. Beide Dokumentationen, basierend auf Original-Filmmaterial der Bundeswehr und NVA, geben eine gute Vorstellung von dem, was in der Anfangsphase eines, wenn auch noch nicht nuklear geführten Krieges, in der "Central Region" an Zerstörungen zu erwarten gewesen wäre. Nicht minder erschreckend ist die Vorstellung, die militärische Planer der damaligen Volksarmee der CSSR im Jahre 1964 für die Anfangsphase eines Krieges gegen die NATO in ihrem Gefechtsstreifen vorgesehen hatten. Die CSSR-Strategen rechneten in der Anfangsphase der Operationen gegen das VII. US Corps und das II. Deutsche Korps in Südwestdeutschland mit einem unmittelbaren Einsatz von 44 operativ-taktischen Nuklearwaffen. Offenbar unterhielt der militärische Nachrichtendienst der CVA auch Schweigenetze im vorgesehenen Operationsgebiet, da später in der Nähe Sigmaringens bei Forstarbeiten ein Funkgerät, vermutlich sowjetischer Herkunft, entdeckt wurde. Für die Folgeoperationen in der Tiefe des NATO-Operationsraumes (NATO Rear Area) war der Einsatz von weiteren 42 operativ-taktischen Nuklearwaffen sowie 10 weiteren Nuklearwaffen für Gelegenheitsziele (Targets of Opportunity) geplant. Für den Tag 7 nach Angriffsbeginn hatten die Planer der CSSR das Erreichen des Rheins, unterstützt durch die operative Luftlandung von CSSR-Luftlandekräften im Raum Kehl-Straßburg zur Sicherung der Übergangsstelle, vorgesehen. Am Tag 8 nach Operationsbeginn war die Besetzung des Raumes um Langres-Besançon-Epinal sowie darauf folgend der Vorstoß auf Lyon geplant. (Quelle: Taking Lyon on the Ninth Day? The Warsaw Pact Plan for a Nuclear War in Europe and Related Documents, PHP Publication Series, Washington D. C. /Zurich, May 2000) Dieser Plan war vom damals amtierenden Staatspräsidenten A. Novotný als Oberbefehlshaber der CVA im Jahre 1964 abgezeichnet worden. Im Zuge der geplanten Operationen des Warschauer Paktes war auch die schnelle Inbesitznahme West-Berlins geplant: Operation Vorstoß. Diese Operation wurde offenkundig letztmalig allerdings offenbar ohne Beteiligung des MfS im Jahre 1988 geübt. Vergleiche hierzu auch: Kellerhoff, S. V, Der Drei-Tage-Krieg. Die Dokumentation zeigt auf atemberaubende Weise, wie die DDR blitzartig West-Berlin erobern wollte, "Die Welt " vom 12. Aug. 2010 und die TV-Dokumentation des RBB, 22:45 Uhr am 12.08.2010.

[802] Vergleiche: Das Wunder von Leipzig, PHOENIX-TV-Dokumentation v. 09.10.2010, 22:35 Uhr. Hier wird deutlich, welche Rolle die Demonstranten und nicht zuletzt auch die Kirchen bei der friedlichen Revolution in der damaligen DDR gespielt haben. Gleichwohl es durch den Einsatz von bewaffneten Kräften (Bereitschaftspolizei, Betriebskampfgruppen

Demonstrationen einen der wesentlichsten Beiträge zur späteren Einheit unseres Landes geleistet. Angebracht ist aber auch ein Hinweis auf die unerwartete Disziplin der bewaffneten Kräfte in der damaligen DDR, deren Eingreifen gegen die Demonstranten zu unabsehbaren Konsequenzen hätte führen können. Daher gebührt auch den damals militärisch und politisch Verantwortlichen nachträglich Dank für ihre Haltung in dieser sicherlich kritischen Situation. In der sich ab Sommer 1989 abzeichnenden Agonie des Ostblocks haben weitsichtige Politiker beider Seiten glücklicherweise bereits frühzeitig die Weichen für einen friedlichen Übergang gestellt, gleichwohl das Verhalten einiger westlicher Regierungen in dieser Frage eher Zweifel an deren Aufrichtigkeit in Beziehung zur deutschen Einheit, auch heute noch, aufkommen lässt. Inwieweit auch die aufklärenden Dienste beider Seiten zu einer Konfliktverhütung beigetragen haben, werden erst kommende Generationen abschließend beurteilen können, wenn die Archive eines Tages vollständig geöffnet werden. Dass die kommenden Zeiten keineswegs friedlicher sein würden, war nach der Herstellung der vollen staatlichen Souveränität Deutschlands noch nicht vollständig erkennbar. Die nun folgenden Konflikte in Südeuropa und anderswo stellten die politische und militärische Führung Deutschlands vor nicht erwartete Entscheidungen. Die auf die Verteidigung in Zentraleuropa eingestellten Streitkräfte der Bundesrepublik stellten sich völlig neue Probleme, auf die diese nicht vorbereitet waren. Aus politischen Gründen wird eine Reform der Bundeswehr vorangetrieben, die von einer langfristig erkennbaren Bedrohung ausgeht und damit Zeit für entsprechende vorbereitende politische[803] und militärische Maßnahmen

---

und Teilen des Luftsturmregiments 40) durchaus zu einem Blutbad mit unabsehbaren Folgen hätte kommen können. Nicht zuletzt haben die "Leipziger Sechs" und wohl einzelne Mitglieder der SED-Bezirksparteileitung der SED maßgeblich für eine Entspannung der Situation sorgen können. Nicht unerheblich war auch die Berichterstattung der "Westmedien", die für eine weltweite Verbreitung der Vorgänge sorgen konnte. Betroffen ob der, glücklicherweise fiktiven Folgen, macht auch noch heute das in der ZDF-Dokumentation "Der Dritte Weltkrieg" entwickelte Szenario eines Konflikts in Mitteleuropa. Hier wurde von einem raumgreifenden Angriff des Warschauer Paktes gegen die Central Region ausgegangen, der erst durch Angriffe der NATO gegen die in Westpolen befindliche 2. Staffel der WP-Streitkräfte und Führungszentren (u. a. TVD West Gefechtsstand Legnica) durch die NATO zum Stehen gebracht werden konnte und mit der "Befreiung" Berlins durch die NATO und die Bundeswehr endete. Vergl. Dokumentation: Der Dritte Weltkrieg, ZDF, 02.12.98.

[803] Dass die Erkenntnisse des Nachrichtendienstes auf hoher Ebene häufig nicht oder nur unwillig wahrgenommen wurden, da diese nicht in das politische Wunschbild der politischen und möglicherweise auch der militärischen Führung passten, ist nicht neu und scheint sich auch in jüngster Zeit noch fortzusetzen. Vergleiche hierzu auch: Wagner &

ermöglichen würde. Die Folgen dieser Politik sind bekannt und müssen daher hier nicht weiter behandelt werden. Nicht minder wichtig ist die Erhaltung und Steigerung der Fähigkeiten in der nationalen Nachrichtengewinnung und Aufklärung (NG&A)[804] für die politische und militärische Lagebewertung, die auch in kommenden Krisen von erheblicher Bedeutung sein werden. Hier ist die Schaffung klarer Strukturen und Verantwortlichkeiten und entsprechende materielle Ausstattung im Nachrichtenwesen entscheidend. Dies schließt eine Zusammenarbeit auf reziproker Basis mit Alliierten und Partnern nicht grundsätzlich aus. Voraussetzungen hierzu sind allerdings gegenseitiger Respekt und die Beachtung nationaler Rechtsnormen durch alle Beteiligten.

Uhl, BND contra Sowjetarmee – Westdeutsche Militärspionage in der DDR, S. 193 und Fußnote 35 auf dieser Seite. Die häufig kolportierte Unfähigkeit, im Besonderen des deutschen Auslandsnachrichtendienstes BND, im Hinblick auf die Nachrichtenbeschaffung in der Vorwende-Zeit trifft nicht zu, wie dies eine überaus sachkundige Quelle festgestellt hat. Vergleiche: Foertsch, V.: Nachrichtendienste als Faktoren in politischen Entscheidungsprozessen – eine Zusammenfassung in: Studies & Comments 10, Hanns-Seidel-Stiftung, München, 2010.

[804] Mit der Neu-Aufstellung am 17.01.2013 des bereits seit 2008 als Sensorkommando bestehenden Kommandos Strategische Aufklärung (KSA) in Gelsdorf bei Bonn in ein künftig dem BMVG, Abteilung Strategie und Einsatz I – Militärisches Nachrichtenwesen - fachlich unterstehendes Fähigkeitskommando werden die militärischen Fähigkeiten in der Nachrichtengewinnung und Aufklärung (NG&A) der Streitkräfte gebündelt. Als Folge des Abbruchs des Projekts "EUROHAWK" im Mai 2013 durch den Bundesminister für Verteidigung, dessen Einsatz als fliegende Sensorplattform zur Fernmelde- und elektronischen Aufklärung geplant war, wird das KSA zumindest für absehbare Zeit über die mit dieses System zu gewinnenden Informationen aus der elektromagnetischen Umwelt in Krisen- und Interessenregionen Deutschlands nicht verfügen können. Auch erscheint fraglich, ob damit nicht auch die Beschaffung des im Rahmen des NATO-Programms "Allied Ground Sensor – AGS" geplanten Teilsystems "GLOBAL HAWK" gefährdet ist, da beide Systeme nur mit unverhältnismäßig hohen Kosten mit einem Kollisionswarnsystem nachgerüstet werden können, dessen Verfügbarkeit und Funktion für die Musterzulassung als Fluggerät im europäischen Luftraum unabdingbar ist. Die als Folge der Ereignisse um die rechtsextreme Terroristengruppe "Nationalsozialistischer Untergrund" und den Ergebnissen aus dem Ermittlungen des Bundestagsausschuss zu diesem Komplex erkennbaren Defizite in den Verfassungs- und Staatsschutzbehörden Deutschlands werden möglicherweise zu einer grundlegenden Strukturreform in diesen Diensten führen, die nicht ohne Auswirkungen auch auf das Militärische Nachrichtenwesen (NG&A) und den Auslandsnachrichtendienst BND Deutschlands bleiben werden. Die wachsenden Gefahren aus dem Cyber-Raum haben sowohl nationale Behörden als auch die NATO bewogen, entsprechende Schutz- und Gegenmaßnahmen zu planen. Die NATO hat zu diesem Zweck das "NATO COOPERATIVE CYBER DEFENCE CENTRE OF EXCELLENCE – CCDCOE" in Talinn ins Leben gerufen, dass bereits entsprechende rechtliche Rahmenbedingungen für die Cyber-Abwehr durch die NATO erarbeitet (TALINN MANUAL) und veröffentlicht hat.

Dank

Besonderen Dank schulde ich der Leitung des *ibidem*-Verlags für ihre verlegerische Weitsicht, dieses Werk zu veröffentlichen. Frau Valerie Lange vom *ibidem*-Verlag gebührt mein besonderer Dank für ihre überaus freundliche und höchst professionelle Unterstützung bei diesem Projekt. Dankbar bin ich auch Herrn Dr. Bodo Wegmann, Berlin, der mich mit Anregungen bei der Entstehung des Werkes stets unterstützt hat. Herrn Dipl.-Ing. R. Staritz in Bamberg gilt mein besonderer Dank für dessen wertvolle Unterstützung. Herrn M. Benz, MA, Ditzingen, und Herrn Dr. F. W. Schlomann, Königswinter, gilt mein Dank für ihre wertvollen Anregungen bei der Entstehung des Werkes. Herrn Louis Meulstee, Ottersum, NL danke ich besonders für die freundliche Überlassung seines umfangreichen Werkes (Wireless for the Warrior Band 1-5) zum militärischen Fernmeldewesen. Nicht zuletzt war sein in Zusammenarbeit mit Dipl.-Ing. R. Staritz, Bamberg, verfasstes Werk "Clandestine Radio" eine schier unerschöpfliche Quelle von Informationen zur Funkausrüstung der Nachrichtendienste beider Seiten im Kalten Krieg. Danken möchte ich auch Herrn Hans-Peter Schwenke, Dresden, dem ich wertvolle Hinweise auf das Schmalband-Richtfunknetz der damaligen DDR verdanke. Für den überaus kameradschaftlichen Gedankenaustausch und die wertvollen Anregungen danke ich auch Herrn Bernd Rothe, Dessau, ganz besonders. Mein Dank gilt auch Frau Simone Külow, die mich im Auftrag des Bundesbeauftragten für die Unterlagen des Staatssicherheitsdienstes der ehemaligen Deutschen Demokratischen Republik durch Überlassung von Kopien aus dem Bestand der BStU zum Komplex Hauptabteilung III (Spezialfunkdienste des MfS) umfassend unterstützt hat. Herrn Erich Schmidt-Eenboom darf ich für die Überlassung von Unterlagen zur Frühgeschichte der Funkaufklärung des Bundesnachrichtendienstes, zu dieser Zeit noch Organisation Gehlen, ganz besonders herzlich danken. Herrn Claus Gerber, Leiter des Bereiches Unternehmensschutz im Verlag Richard Boorberg Stuttgart danke ich für die freundliche Unterstützung. Meiner Frau Elfriede danke ich besonders für ihr stetes Verständnis und die nicht endende Geduld bei der Abfassung des Manuskripts. Das Manuskript wurde redaktionell Mitte Juli 2013 abgeschlossen.

Register

1150 BREGUET ATLANTIC SIGINT 135
16. Frontluftarmee 80, 81, 172, 251
23rd SAS 38
37. Frontluftarmee Legnica 78
3rd US Corps 34
5. Eskadra 126, 235, 252
8. Britische Armee 19

A

A3-Funk 267
ABLE ARCHER 88, 169, 176, 277, 281, 297, 327, 335, 336
Abteilung 2 des BND 133
ACE Counter Intelligence Activity (ACE CI) 194
ACE HIGH 238, 290
ACE Reporting System 268
ACE-COSMIC- UND ATOMAL-Registratursystem 269
ACTIVE EDGE 174, 177, 289, 331
AD 65-3 242, 246
Adenauer, K. 218
Afghanistan 16, 22, 37, 77, 235
AFSOUTH 53, 288, 289
AGM/S 164, 165
AIG – Address Indicator Groups 363
Air Defence Operations Centre – ADOC 47
AIR Defense and Identification Zone - ADIZ 48
Airborne Warning and Control System (AWACS) 292
Allied Command Channel – ACCHAN 191
Allied Command Europe – ACE 186, 187, 198, 242, 245, 257, 261, 269, 338
Allied Command Europe Communications Security (ACE COMSEC) 195
Allied Mobile Force – Land – (AMF/L) 192
Allied Tactical Operations Centres – ATOC 47
Alternate War Headquarters – AWHQ 27, 336, 337
Amigo, Hotel, Casteau 20
ANBw 67, 133, 139, 254, 255, 364
Apparat der Koordination – AdK 160
Armored Cavalry Regiments 122, 123
ASTER 156
ASTRA 98
Atomic Demolition Munitions (ADM) 38
AUTUM FORGE 90, 92, 93, 95, 246, 247, 331, 334
Auxillary General Intelligence – AGI 58, 240, 313

B

BAE NIMROD 45
Baltic Approaches – BALTAP 78, 252

Bayerische Grenzpolizei 33, 122, 132
Bedrohung durch den Warschauer Pakt 68, 72, 351
BERCON 217, 220, 222, 227
Bereich Aufklärung (BA) 115, 145, 149, 152, 178, 267
Bericht der Ad-hoc Arbeitsgruppe EURO HAWK, Berlin, 5. Juni 2013, S. 60-61 135
Berlin Task Force 225, 226
BLACKBIRD 122, 126
Blue Book 244
Blue Phone 239, 303
BMVg 48, 287
BMVG, Abteilung Strategie und Einsatz I 356
BND 32, 39, 41, 42, 43, 107, 117, 127, 129, 130, 131, 132, 133, 134, 135, 136, 137, 138, 139, 141, 142, 143, 144, 156, 216, 234, 255, 356, 364
Bonnor
Air Cdre RAF 352
Border Post 122
Border Residents 122
British Army on the Rhine (BAOR) 188
British Frontier Service – BFS 121
BRIXMIS 38
Brocken-Plateau 170, 174
Bundesamt für Verfassungsschutz – BfV 132, 140, 216
Bundeskriminalamt (BKA) 156
Bundesstelle für Fernmeldestatistik (BFST) 133
BUNTER FADEN 174, 177, 331

C

Canadian Mechanised Battle Group (CMBG) 36
CANOPY WING 119
Casteau 20, 22, 25, 45, 186, 203, 215, 237, 238, 290
Central Army Group – CENTAG 35, 78, 188
Central Intelligence Agency – CIA 226, 231, 266
Chateau Gendebien 27
Chief British Army on the Rhine – CinC BAOR 218
Chief of Staff (COFS) SHAPE 216
Chievres 26, 172, 235, 239, 265, 267, 278, 290, 340
Clandestine Planning Commmittee – CPC 41, 183
CLIPEUS 34
Close-Bericht 71
Combined Air Operation Centre – CAOC 54

357

Commander Allied Forces North Norway – COMNON 187
Commander in Chief Allied Forces Central Europe – COMAFCE 188
Commander in Chief Allied Forces Northern Europe – CINCNORTH 186
Commander in Chief Allied Forces Southern Europe – CINCSOUTH 187, 190
Communications Security – COMSEC 245
CONFIDENT ENTERPRISE 332, 334
COSMIC/ATOMAL-Zentralregistratur (CAZ) 270
Counterintelligence 154, 242, 245, 249, 261, 262, 263, 266, 287, 309, 371, 375
Counterintelligence Plan ACE – CIPACE 264
Cox, H. L. (Brigadegeneral USAF) 293
CRESTED EAGLE 235
Current Intelligence Group - CIG 89

D

DA (Dalnaja Aviatsia) 59
de Gaulle, C. 20, 44, 196, 219
de Maizière, U. 66
Defence Planning Committee (DPC) 181
Deployment Operation Base – DOB 336
Deputy Supreme Allied Commander Europe – DSACEUR 192
Deutsche Unteroffizier-Kameradschaft (DUK) 209
Diensthabendes Systems – DHS 60, 61, 83, 84, 85
Directing Staff – DI-Staff 276, 283, 339
Duty Officer 274, 348
Dynamo-Kette 165

E

Ebeling-Bericht 72
Eisenhower, D. D. 18, 19, 27
ELCROBIT 118
ELCROTEL 118, 150, 172, 239
ELCROVOX 118, 237, 287
ELINT 62, 81
ELITE 324
Emergency Action Unit – EAU 21
Emergency Defense Plan – EDP 227
EUROHAWK 50, 135, 356

F

FALLEX 219, 338
FASTBREAK 27, 172, 239, 278, 283, 340
Faustpfandtheorie 67
Federal Armed Forces Intelligence Office – FAFIO 254
Field Manual 30-31 B – Stability Operations 42
Flugkörpergeschwader der Luftwaffe 51
FmEloAufkl der Bundeswehr 133, 161

Follow On Forces Attack – FOFA 105
Force de Frappe 36, 190
Forward Operating Base – FOB 235, 336, 348
Forward Operation Location – FOL 336
Fourth Tactical Air Force – FOURATAF 47
François-Szenario 70
FRISBEE SCRAMBLE 293
Fulda Gap 335
Funkbeobachtungsdienst des BGS 42

G

G2/A2-Dienst 139
Galvin, J. (General) 23, 27, 95, 96, 340
Gehlen 64, 74, 357
General Defense Plan – GDP 35
German Air Force Combat Support Centre – GAFCSC 51
GIUK-Gap 128
GLADIO 40, 43, 44, 142, 183, 226
GOLDEN EAGLE 308
Gorbatschow, M 96, 114, 236, 372
Government Communications Headquarters – GCHQ 125
Greasy Spoon, Cafeteria im SHAPE Main Building 21, 337
Grenzsicherungserlass 132
Grundlagenmaterial 250, 282, 311, 314
GRÜNES ROSENHOLZ 217
Gruppe der Sowjetischen Streitkräfte in Deutschland (GSSD) 233
Gruppe der Sowjetischen Truppen in Deutschland – GSTD 38, 233

H

HA III 33, 39, 42, 118, 119, 120, 129, 131, 133, 134, 142, 143, 145, 147, 150, 151, 154, 155, 156, 160, 161, 162, 166, 167, 168, 169, 174, 175, 178, 253
Hackett-Szenario 68
Hauptverwaltung Aufklärung (HVA) des Ministeriums für Staatssicherheit – MfS 146
Heusinger, A. (General) 64, 74, 193, 219, 369
High Altitude, High Speed Recce Missions 87
HILEX 247, 335
Himmerod 64
Himmeroder Denkschrift 64
Honest John 232

I

Initial Operational Capability – IOC 284, 328
innerdeutsche Grenze (IDG) 48, 122, 223
Intelligence Division SHAPE 120, 185, 202, 241, 242, 243, 246, 247, 248, 254,

255, 256, 257, 258, 259, 260, 279, 281, 314, 318, 322, 329, 330, 336, 339, 352
Intelligence-Meldungen 282, 309, 322, 349
Intermediate Nuclear Forces – INF 59
International Military Staff – IMS 185, 241
International SHAPE Police 26

J

Jertz, W. (Brigadegeneral) 54
Job Descriptions 305, 327
Joint Air Power Competence Centre 53
Joint Chiefs of Staff – JCS 225
Joint Strategic Survey Council – JSSC 229

K

KGB 42, 66, 88, 89, 119, 137, 138, 143, 145, 147, 155, 162, 163, 175, 179, 368, 370, 372, 376
KIEFER 156
Kielmannsegg, J. A. 13
Kießling, G. (General) 196, 370
KIEW 56, 252
Kirst-Szenario 64
KLEINES KONZERT 217
Kommando Strategische Aufklärung 135, 364
KSK 40
Kuba 33, 38, 87, 215, 228

L

LANDJUT 34
LAPAS – Luftgestütztes Primäraufklärungssystem 50, 141
Leitweganzeiger in Fernschreiben 363
LENINGRAD 57
Letter of Appreciation 207
Lidell Hart 65
LIVE OAK 23, 143, 194, 213, 214, 215, 219, 220, 222, 226, 230, 231, 237, 244, 259, 271
Luftwaffenunterstützungsgefechtsstand – LwUGefSt 51

M

MAD – Militärischer Abschirmdienst 173
Main Operating Base – MOB 45, 319, 336
Major NATO Commanders 346
Major NATO Commanders Generic Enemy Forces Catalogue – GEFC (NR) 282, 326
Männchen, H. (General) (DDR) 147
Marly, Bois de 19
MASZOWSZE 97
Maubeuge 21, 302
MC 161 89
MEDEX 235, 312

MfS - Ministerium für Staatssicherheit (DDR) 33, 35, 82, 88, 89, 107, 108, 112, 115, 129, 138, 144, 146, 153, 165, 172, 177, 225, 286, 331, 334, 338, 372, 377
Militärverbindungsmissionen, alliierte 87, 122, 130, 131, 216, 233, 234, 237, 259
Military Committees (MC) 20
Military Intelligence Corps – MIC 32
Military Vigilance 32, 339
Montgomery, B., Viscount of Alamain (Field Marshal) (UK) 18, 19, 375
MOSKWA 56, 57

N

NAEW-FC HQ 18, 206, 235, 244, 274, 282, 292, 295, 297, 303, 309, 314, 316, 317, 321, 323, 324, 335, 337, 340
NATEVAL – NATO Tactical Evaluation 348
National Security Agency (NSA) 122, 123, 124, 127
Nationale US-Übungen/Übungen mit NATO-Beteiligung 364
NATO Air Defense Ground Environment - NADGE 48
NATO Airborne Early Warning & Control Force 345
NATO E-3A Component Geilenkirchen 204, 293, 294, 321, 325, 326, 329, 330, 339, 347, 351
NATO Inter Service Joint Counter Intelligence Unit (JCIS) 265
NATO International Staff, Brüssel 182, 183, 184
NATO Office of Security (NOS) 183
NATO Security Committee 182
NATO Security/Special Committees 264
NATO Situation Centre (NATO SITCEN) 183, 249
NATO Special Operations Headquarters (NSHQ) 22, 38
NATO-E-3A 50
NATO-Übungen 93, 103, 163, 169, 277, 293, 331, 335
NICHTRAUCHER 161
Nordflotte 56, 58, 63, 87, 126, 235, 240, 245, 251, 252, 312, 350
Nordgruppe der Truppen – NGT 79
Norstad, L. (General) (SACEUR) 19, 215, 218, 219
Northard R.J.
Cdre UKN 294, 295
Northern Army Group – NORTHAG 34, 187, 188
Northern European Command – NEC 189

O

One Time Pad 124
Operation Mitte 112, 235

Operation Stoß 112
Operation Zentrum 112
OSTE/TRAVE 135

P

P-26 42
PANORAMA 156
Partnership for Peace – PfP 193
Plan "POLJARKA" 72
PRO (Protivno Raketnaja Obrana) Voiska 59
PVO (Protiv Vosduschnaja Oborona Strany) 60
PYRAMIDE/KEGEL 130

Q

Quadripartite Military Sub-Group 229
Quick Reaction Alert – QRA 181, 190, 308
QUICK TRAIN 177, 289, 331

R

Region V 263
RELAIS 62, 82, 155, 253
Ridgeway, M. B. (General) (USA) 19
Rimmek, K. W. (Brigadegeneral) 293, 294, 321
RITTER 156
Rocquencourt 19
Rogers, B. (General) (SACEUR) 235
ROTE VOGELBEERE 331
Royal Air Force Germany – RAFG 47
RUBIN 88, 104, 119
RYAN 88, 120, 152, 175

S

SACEUR 19, 22, 27, 45, 46, 71, 90, 91, 95, 186, 188, 192, 194, 196, 202, 204, 205, 210, 215, 216, 217, 219, 235, 238, 239, 243, 254, 255, 260, 262, 274, 275, 277, 278, 279, 280, 282, 290, 302, 305, 311, 322, 340, 364
SACLANT 186, 191, 194, 276, 284, 288, 290, 310, 345, 364
SAPHIR 88, 119, 155
SBO-Organisation 39, 41, 42, 43, 142, 194, 226
SHAPE Command Centre – SCC 22, 239
SHAPE Intelligence Division 253, 254, 261, 268
SHAPE Message Distribution Centre – SMDC 239
SHAPE Operations Centre – SHOC 239
SHAPE OPS Nuclear Targets Section 259
SHAPE Primary War Headquarters 274, 277
SHAPE Security Officer (SSO) 262
SHAPEX 281
Signals Intelligence – SIGINT 324

Single Integrated Operation Plans – SIOP 270
SLAR - Sidelooking Airborne Radar 140
SMDC – SHAPE Message Distribution Centre 288
Social Event 209
SOSUS-Linie 128, 254
Southern European Task Force – SETAF 190
Soviet Mediterranean Squadron – SOVMEDRON 312, 363
Spannungsfall 33, 160, 161
Special Air Service (SAS) 141
Special Boat Squadron – SBS 39, 141
Special Handling Detachment – SHD 243, 244, 275, 311, 315
Speidel, H. (Generalmajor) 19, 219, 223
SPENDEX 237, 267, 287
SPETZNAS 136, 163
Spezialfunkdienste (SFD) des Ministeriums für Staatssicherheit 253
Spionagefall "Frucht" 65
SPRINGEX 91, 235
Standing Operation Procedures – SOP 305
Stay Behind Organisation - SBO 41
Strategic Air Command (SAC) 238
Subject Identifier Codes – SIC 247
Support Operations Task Force – SOTFE 35
Supreme Allied Commander Europe – SACEUR 27, 186, 192
Supreme Headquarters Allied Powers Europe (SHAPE) 13
Supreme Headquarters Information Management System – SHIMS 283
SWT – Sektor Wissenschaft und Technik 149

T

Tactical Evaluations 341
TARCZA 94, 99
TOPAS 88, 89, 119, 176, 177, 270
Tripartite Ambassadorial Group of Western Powers 218

U

UDAR 67
Unkeler Richtlinien 139
URWALD 160
US Army European Commander – USEUCOM 37

V

Valenciennes 21
VTA - Vosduschniy Transport Aviatsia 63
VVF - Voenno Vosduchnikh Flot 62
VVO Voenno Vosduschnaja Oborona 60

W

Wallmeistertruppe 133, 189
War Headquarters Information Dissemination and Display System – WHIDDS 283
Warschauer Vertragsorganisation (WVO) 96
Wartime Contingency Base – WCB 336, 350
Wartime Host Nation Support – WHNS 191, 334
Westgruppe der Truppen – WGT 62, 75, 81, 233

Y

Yom Kippur-Krieg 234

Z

Zentrale für das Chiffrierwesen – ZFChi 137
Zentraler Funkdienst – ZFD 95
ZNBw 139
Zollgrenzdienst 132

AIG – Address Indicator Groups – Leitweganzeiger in Fernschreiben der NATO

AIG ([805])	Originator (Absender)	Descriptive Title /Beschreibender Titel
5011	MOD UK	CI-INTREP/CI-INTSUM
5012	SHAPE	INDICATORS & WARNING (I&W)
5016	SHAPE	ACEREP INTSUM
5027	USCINEUR/EUDAC	DASRJS
5028	USCINEUR/EUDAC	CHANGES OF US EUCOM EOB EUROPE
5048	CINCNORTH	CINCNORTH WEEKLY INTSUM
5050	CINCNORT/COMBALTAP	COMBALTAP ASSESSREPS
5051	FOD/FOG/COMGERNORSEA[806]	NAVINTSUM/MARINTSUM
5052	CINCNORTH	MARINTSUM/MARINTREP
5054	CINCNORTH	DAILYINTSUM NON NATO - AIR ACTIVITY
5056	CINCNORTH	SITREP
5057	CINCNORTH	ASSESSREP
5059	CINCNORTH	CURRENT SURVEILLANCE REPORTS
5061	CINCNORTH	INTREP/SUPINTREP
5062	CINCNORTH	LANDINSTUM/LANDINTREP
5064	COMBALTAP	INSTSUM
5067	CINCNORTH	MARINTSUM/NAVINTSUM
5072	CINCNORTH	FORM BLACK/RED INTSUM
5074	CINCNORTH	NORTH MERINSTSUM[807]
5079	FOG[808]	JAMMING WARNING MESSAGE
5083	COMNON	MARINTSUM/MARINTREP
5086	CINCENT-ERWIN[809]	INTREP/INTSUM (WAR)
5087	CINCENT-ERWIN	INTSUM/INTREP (PEACE)
5091	CINCENT	ASSESSREP/LANDSITREP
5014	COMNORTHAG	ACEREP WEEKLY INTSUM
5015	COMNORTHAG	INTSUM/INTREP (NON FORMATTED)
5111	COMCENTAG	LANDSITREP/ASESSREP/OPREP
5113	COMCENTAG	INTSUM/INTREP/LANDSITREP
5116	COMCENTAG	INTSUM
5111	COMAAFCEERWIN	INTSUM/INTREP/SUPINTREP/AIRINTSUM AIRINTREP
5119	COMTWOATAF	JAMMING WARNING MESSAGE
5130	COMFOURATAF	JAMMING WARNING MESSAGE
5142	UNITS AT SEA	MEDSURV[810] OPS REPORTS RED/BLACK/PURPLE
5152	COMCENTAG	CI-INTREP/CI-INTSUM
5153	COMCENTAG	CIMICREPORT
5156	CINCSOUTH	INTELLIGENCE REPORTS
5157	CINCSOUTH	INSTUM SOUTH (Peace)
5119	COMNAVSOUTH	NAVSITSUM
5160	COMNAVSOUTH	WEEKLY INTSUM
5162	COMNAVSOUTH	MARINTSUM/MARINTREP
5165	COMSTRIKFORSOUTH	INTREP/INTSUM/DUPINTREP
5167	COMLANDSOUTH	LANDSOUTH INTSUM

---

[805] Address Indicating Groups – AIG – Leitweganzeiger enthielt die Empfänger dieser meist auf dem Fernschreibweg übermittelten Meldungen. Die AIG erfasste alle Empfänger dieser Meldungen.
[806] FOD – Flagofficer Danmark, COMGERNORSEA – Deutscher Befehlshaber Nordsee
[807] MERINTSUM – Merchant Marine INTSUM – Handelsschiffsbewegungen
[808] FOG – Flag Officer Germany – Bundesmarine (Führungsstab Marine – FüM)
[809] Gefechtsstand AFCENT in Boerfink
[810] Mediterranean Surveillance Operations (Überwachung der 5. Sowjetischen Eskadra (Soviet Mediterranean Squadron – SOVMEDRON) im Mittelmeer.

5172	COMGIBMED	SOUTHREP INSTUM/INTREP
5184	COMNAVSOUTH	WEEKLY SURVEILLANCE INFORMATION
5192	COMAIRSOUTH	AIRINTSUM
5197	COMFIVEATAF	INTREP/INTSUM/SUPINTREP
5211	CINCHAN	INTELLIGENCE MOVEMENT REPORTS
5308	MOD NL NAVY	INTELLIGENCE MOVEMENT REPORTS
5309	MARINE PARIS	INTELLIGENCE MOVEMENT REPORTS
5310	MOD BELGIUM	INTELLIGENCE MOVEMENT REPORTS
5315	COMBENECHAN	NAVSITSUM FORMS WHITE
5338	COMPLYCHAN/CENTLANT	INTSUM/OPSUM
5395	CECLANT	MARINTREP
5396	CECLANT	NAVSITREP/NAVSITSUM
5422	SACLANT	LANTINTSUM/INTREP/LANTSUPINTREP
5434	SACLANT	SACLANT EMITTER DATA BASE
5455	CINCWESTLANT	NAVSITSUM/NAVSITREP
5461	CINCWESTLANT	MARINTSUM/MARINTREP/INTREP/INTSUM/ SUPINTREP
5570	CINCEASTLANT	NAVSITSUM/NAVSITREP
5585	COMNORLANT	DAILY INTSUM
5588	COMNORLANT	INTSUM/OPSUM
5622	CINCIBERLANT	MARINTSUM
5623	CINCIBERLANT	IBERLANT SCC[811] - ADVISORY
5686	CECLANT	INTSUM/SUPINTREP/PODREP
5687	CECLANT	INTREP
5688	CECLANT	OPSUM
5716	COMFOURATAF	WP AIR VIOLATION REPORT
5717	CINCUKAIR	ACEREP INTSUM TO SACEUR
5741	COMAIRBALTAP	ELECTRONIC WARFARE REPORTING
5742	COMAIRBALTAP	INTELLIGENCE REPORTING
5754	CINCNORTH	CI-INTSUM/CI-INTREP
5770	COMAIRSOUTH	AIRINTSUM
10	FOCCEUR LONDON	NAVAL FORCES LOCATOR
	FAFIO [812]	INTSUM, INTERP, SUPINTREP

Nationale US-Übungen/Übungen mit NATO-Beteiligung in den Jahren 1984 bis 1986[813], die Aufstellung ist nicht vollständig.

Military Exercise] - Spanish Phiblex
[Military Exercise] - Cope Max V
[Military Exercise] - Sling Dolorose III
[Military Exercise] - Port Call
[Military Exercise] - Port Call, Date: 11/12/1985-11/22/1985
[Military Exercise] - Reforger 86
[Military Exercise] - African Falcon
[Military Exercise] - Present Arms
[Military Exercise] - Blazing Trails
[Military Exercise] - Archway Express [85]

---

[811] SCC - SHAPE Command Centre
[812] FAFIO - Federal Armed Forces Intelligence Office - Amt für Nachrichtenwesen der Bundeswehr (ANBw) in Bad Neuenahr-Ahrweiler, das später zum Nachrichtenzentrum der Bundeswehr (NZBw) in Gelsdorf bei Bonn erweitert werden sollte. Das NZBw ging nach Abgabe der Auswertefähigkeiten an den BND, im Kommando Strategische Aufklärung (KSA) am gleichen Ort, allerdings ohne Auswertekomponente, auf.
[813] Quelle: CRISIS MANAGEMENT Centre (CMC), NSC: RECORDS, 1981 ... Box 90933 02.05.2013, 15:58

[Military Exercise] - Juniper Control
[Military Exercise] - Vigilant Overview 86-1, Dates: 11/22/1985-11/24/1985
[Military Exercise] - King's Guard 86-1, Date: 12/02/1985-12/16/1985
[Military Exercise] - Foal Eagle, Dates: 10/21/1985-11/08/1985
[Military Exercise] - King's Guard 86-1, Date: 12/02/1985-12/16/1985
[Military Exercise] - Sling Dolorose, Date: 11/06/1985
[Military Exercise] - Cope Max V, Date: 11/19/1985
[Military Exercise] - Upward Key, Date: 11/06/1985-11/22/1985
[Military Exercise] - Natural River 86, Date: 10/18/1985-11/15/1985
[Military Exercise] - Upward Key 86, Dates: 11/06/1985-11/22/1985
[Military Exercise] - Coral Sea
[Military Exercise] - Amalgam Chief / Snowtime
[Military Exercise] - Present Arms
[Military Exercise] - Flank Thrust Aferdou 1985
[Military Exercise] - Bold Eagle]
[Military Exercise] - Cold Fire 85-2, Dates: 09/09/1985-09/20/1985
[Military Exercise] - Northern Viking 85, Dates: 09/05/1985-09/14/1985
[Military Exercise] - Ocean Safari 85, Dates: 08/28/1985-09/20/1985
[Military Exercise] - Crested Cap I and II, Dates: 08/26/1985-09/26/1985
[Military Exercise] - Display Determination 85, Dates: 09/15/1985-10/23/1985
[Military Exercise] - Cold Fire 85-2, Dates: 09/09/1985-09/20/1985
[Military Exercise] - Flank Thrust-Oatigui 85, Dates: 09/03/1985-10/04/1985
[Military Exercise] - Tandem Orbit 85, Dates: 09/01/1985-09/30/1985
[Military Exercise] - Ulchi-Focus Lens 85
[Military Exercise] - Moroccan Phiblex 9-85, Dates: 07/19/1985-07/24/1985
[Military Exercise] - King's Guard 85, Dates: 07/15/1985-07/29/1985
[Military Exercise] - Bright Star 85, Dates: 07/15/1985-08/26/1985
[Military Exercise] - Iron Cobra 85, Dates: 07/13/1985-07/24/1985
[Military Exercise] - Norpac 85, Dates: 07/09/1985-08/27/1985
[Military Exercise] - Shadow Hawk 85, Dates: 07/01/1985-07/15/1985
[Military Exercise] - Poopdeck
[Military Exercise] - Cabanas 85, Date: 06/07/1985-09/07/1985
[Military Exercise] - Cobra Gold 85, Date: 06/13/1985-07/16/1985
[Military Exercise] - Effective Team 85, Date: July 1985-August 1985
[Military Exercise] - Amalgam Chief 85-3, Date: 06/16/1985
[Military Exercise] - Unitas XXVI/85, Date: 06/15/1985-11/09/1985
[Military Exercise] - Global Shield 85, Date 06/12/1985-06/21/1985
[Military Exercise] - Vigilant Overview 85-2, Date: 06/10/1985-06/14/1985
[Military Exercise] - Franchise 85, Date: 05/20/1985-05/24/1985
[Military Exercise] - Distant Hammer, Date: 05/06/1985-05/17/1985
[Military Exercise] - Solid Shield 85, Date: 04/30/1985-05/16/1985
[Military Exercise] - Theater Force Deployment Exercise IV, Date: 04/24/1985
[Military Exercise] - Baliktan 85, Date: 04/16/1985-05/17/1985
[Military Exercise] - Flintlock 85, Date: 04/15/1985-05/30/1985
[Military Exercise] - Universal Trek 85, Date: 04/12/1985-04/28/1985
[Military Exercise] - Forest Blade 85, Date: 03/25/1985-03/29/1985
[Military Exercise] - Border Star 85, Date: 03/20/1985-03/31/1985
[Military Exercise] - Cold Winter, Date: 03/15/1985-03/21/1985
[Military Exercise] - Eagle Claw 85, Date: 03/12/1985-04/03/1985

[Military Exercise] - Infantry Deployment for TRNG in Honduras, Date: 04/15/1985-04/27/1985
[Military Exercise] - Ahuas Tara III, Date: 02/11/1985-05/03/1985
[Military Exercise] - Premier Task 85, Date: 02/06/1985-02/07/1985
[Military Exercise] - Team Spirit 85, Date: 01/31/1985-04/30/1985
[Military Exercise] - Moroccan Phiblex 85, Date: 01/29/1985-02/02/1985
[Military Exercise] - Brim Frost 85, Date: 01/24/1985-02/05/1985
[Military Exercise] - African Fox 85, Date: 01/23/1985-02/22/1985
[Military Exercise] - Kindle Liberty 85, Date: 01/23/1985-02/20/1985
[Military Exercise] - Cold Fire 85, Date 01/21/1985-01/31/1985
[Military Exercise] - Pan II, Date: 01/23/1985
[Military Exercise] - Full Plate 84, Date: 12/10/1984-12/14/1984/01/14/1985-01/18/1985
[Military Exercise] - Vigilant Overview 85-1, Date: 12/04/1984-12/07/1984
[Military Exercise] - Theater Force Employment Ex, Date 11/27/1984
[Military Exercise] - Gonfolan 84, Date: 11/17/1984-12/17/1984
[Military Exercise] - Moroccan Airex, Date: 11/03/1984-11/04/1984
[Military Exercise] - Narrow Passage 85, Date: 11/01/1984-11/30/1984
[Military Exercise] - Foal Eagle 84, Date: 10/29/1984-11/30/1984
[Military Exercise] - Fleetex 85 (7236), Date: 10/18/1984-12/01/1984
[Military Exercise] - Power River 85 (7237), Dates: 10/15/1984-10/26/1984
[Military Exercise] - Amalgam Chief / Snowtime 85-1, Date: 10/03/1985-10/04/1984
[Military Exercise] - Powder River, Date: October 1984 [Military Exercise] - Iron Cobra 84, Date: 09/25/1984-10/05/1984
[Military Exercise] - Determination 84, Date: 09/17/1984-10/15/1984
[Military Exercise] - Valiant Usher 84-10KE, Date: 09/09/1984-09/18/1984
[Military Exercise] - Amalgam Chief / Snowtime 84-3, Date: 08/21/1984-08/23/1984
[Military Exercise] - Blue Blade 84, Date: 08/20/1984-09/30/1984
[Military Exercise] - Aferdou 84, Date: 08/20/1984-09/12/1984
[Military Exercise] - Bigger Focus 84, Date: 08/18/1984-12/15/1984
[Military Exercise] - Ulchi-Focus Lens, Date: 08/17/1984-08/28/1984
[Military Exercise] - Vector South 84, Date: 08/17/1984-08/24/1984
[Military Exercise] - King's Guard 84-II, Date: 08/13/1984-08/20/1984
[Military Exercise] - Gallant Eagle 84, Date: 08/10/1984-10/03/1984
[Military Exercise] - Reforger 84
[Military Exercise] - Beach Guard 84-2, Date 07/15/1984-07/16/1984
[Military Exercise] - Shadow Hawk 84, Date: 07/10/1984-07/25/1984
[Military Exercise] - Cobra Gold 84, Date: 07/02/1984-08/02/1984
[Military Exercise] - Navigation and Over flight Rights at Sea 84, Date: 07/01/1984-09/30/1984
[Military Exercise] - Vigilant Overview 84-2, Date: 06/25/1984-06/28/1984
[Military Exercise] - Unitas XXV/84, Date: 06/15/1984-November 1984
[Military Exercise] - Torch Light III, Date: 06/15/1984
[Military Exercise] - Amalgam Chief 84-2, Date: 06/13/1984-06/14/1984
[Military Exercise] - Elder Widow, Date: 05/30/1984-05/31/1984
[Military Exercise] - Crested Cap 84, 05/22/1984-06/19/1984
[Military Exercise] - Baliktan 84, Date: 05/19/1984-06/13/1984
[Military Exercise] - Distant Hammer
NATO EXERCISE WINTEX CIMEX 1989

NATO EXERCISE WINTEX CIMEX 1987
NATO EXERCISE ABLE ARCHER 1987
NATO EXERCISE ABLE ARCHER 1985
NAEW EXERCISE ARDENT GAMBIT

Literaturverzeichnis [Auswahl]

50 Years German Armed Forces in NATO, Bonn, 2005

ACE SECURITY DIRECTIVE, AD 70-1 (NU)[814], SHAPE, 1989

Acronyms, Abbreviations, Annex C, ALLIED COMMAND EUROPE (ACE) DIRECTIVE 86-1 (NU), SHAPE, o.J.

Arbeitsanweisung für COSMIC- und ATOMAL-Kontrolloffiziere (COSMIC- und ATOMAL-Anweisung), Bonn,1974

A 043/1/005 Funkaufklärungsmerkmale, Ministerrat der Deutschen Demokratischen Republik Ministerium für Nationale Verteidigung, Berlin (Ost),1990

Adams, J.: Secret Armies, London, 1987

Agranovsky, V.: Les Confessions d'Espion Russe, Paris 1990

Albrecht, G. (Hrsg.): Flottentaschenbuch/Warships of the World, 56. Jahrgang, Annapolis, MD, 1981

Albrecht, G.: Die Flotten der Welt – Weyers Flottentaschenbuch, 58. Jahrgang,

Allgemeine Schweizerische Militärzeitschrift: Luftverteidigung in den 80er und 90er Jahren, Frauenfeld, 1981

Arnold, K- H.: Schild und Schwert, das Ende von Stasi und Nasi, Berlin, 1995

Assessing the NATO/Warsaw Pact Military Balance, Congressional Budget Office, Congress of the United States, Washington DC, 1978

Aldrige, R.J.: Intelligence within BAOR and NATO's Northern Army Group, The Journal of Strategic Studies, Vol.31 No 1, 89-122, Februar 2008

Andert, R. & Herzberg, W.: Der Sturz, Honecker im Kreuzverhör, Berlin, 1990

Andrew, C. /Mitrokhin, V.: The Sword and the Shield – The Mitrokhin Archive, London, 1999

Anweiler, K., Pahlkötter, M.: Artillerie-Panzer- und Luftabwehrsysteme der Bundeswehr, Stuttgart, 2010

Arbeitsheft Ost, LwAusbKdo, Porz-Wahn, 1972

Arnold, K.-H., Schild und Schwert, Berlin, 1995

Auerbach, T.: Einsatzkommandos an der unsichtbaren Front, Berlin, 1999

Aufklärungsmeldung: Neuorganisation des NATO-Luftverteidigungssystems in Zentraleuropa und im Raum der Ostseezugänge, Stand: März 1989, Ministerium für Nationale Verteidigung – Chef Aufklärung, GVS – Nr.: A 654 377, Berlin-Ost, 1989

Am Abgrund: Der Krieg nach dem Krieg, Amerikaner gegen Sowjets: Das gefährlichste Kapitel in der Geschichte der Menschheit, Spiegel Nummer 25/2008, Hamburg, 2008

Autorenkollektiv Brühl, R., Eisert, W., Glaser, G., Greese, K., Hanisch, W., Höhn, H., Meißner, K-P., Oeckel, H.: Armee für Frieden und Sozialismus-Geschichte der Nationalen Volksarmee der DDR, Berlin-Ost, 1987

Barron, J.: KGB - The Secret Work of Soviet Secret Agents, New York, 1974

Baud, J.: Encyclopédie du Renseignement et des Services Secrets, Paris, 1998

Beaufre, General: Abschreckung und Strategie, Berlin, 1964

---

[814] NU – NATO UNCLASSIFIED (OFFEN)

Beaufre, General: Die Suez-Expedition, Frauenfeld, 1967

Behling, K.: Der Nachrichtendienst der NVA, 2. Auflage, Berlin, 2005

Behling, K.: Spione in Uniform, Stuttgart, 2004

Bellmann, M.: Handbuch für Übung und Einsatz, Regensburg, 1985

Berger, U. & Wünsche, W.: Jugendlexikon Militärwesen, Berlin (Ost), 1984

Bertleff, E.: Mit bloßen Händen, Wien o. J.

Best, S.: Geheime Bunkeranlagen der DDR, Stuttgart, 2003

Bestandsaufnahme – Die Bundeswehr an der Schwelle zum 21.Jahrhundert, Bonn, 2010

Biedermann, B.: Offizier, Diplomat und Aufklärer der NVA, Berlin, 2008

Biedermann, B., Schreyer, H., Wegmann, B. (Hrsg.): Die Militäraufklärung der NVA - ehemalige Aufklärer berichten, Berlin, 2007

BMVg FüS I 3, Adolf Heusinger - Ein deutscher Soldat im 20. Jahrhundert, Bonn, 1987

Bohnsack, G.: Die Legende stirbt, Berlin, 1997

Bonn, K. E.: Army Officers Guide, Mechanicsburg, 1994

Bonner Berichte aus Mittel- und Ostdeutschland - Die Militarisierung der Sowjetischen Besatzungszone Deutschlands - Bericht und Dokumentation, (Kabel, R.) Bonn/Berlin, 1966

Borgert, H.-L., Stürm, W., Wiggershaus, N.: Dienstgruppen und westdeutscher Verteidigungsbeitrag, Boppard, 1982

Brannolte, R./Siebel, W.: Spezialfrequenzliste 1988/1989, Meckenheim, 1989

Brannolte, R./Siebel, W.: Spezialfrequenzliste 1991/1992, Meckenheim, 1991

Brannolte, R./Siebel, W.: Spezialfrequenzliste, 2000/2001, Meckenheim, 2000

Brannolte, R./Siebel, W.: Spezialfrequenzliste, 2003/2004, Meckenheim, 2003

Brühl, R., GM, Prof. Dr.: Armee für Frieden und Sozialismus, Berlin - Ost, 1987

Bülow, von A.: Im Namen des Staates, München, 1998

Campell, E.E., Capt. USAF: The Soviet Spetsnaz Threat to NATO, Airpower Journal, Summer 1988, Wake Forest University, Naval Postgraduate School, Monterey, CA, USA

Cécile, J.-J.: Le Renseignement Français a L'Aube du XXIe Siècle, Paris, 1998

Charisius, A., Mader, J.: Nicht länger geheim, Berlin (Ost), 1978

Critchfield, J.H.: Auftrag Pullach - Die Organisation Gehlen, Hamburg, 2005

Chayes, A., Wiesner, J. B.(Hrsg.): Raketenkrieg, Berlin, 1969

Clark, D.M.J.: Landung in Suez, Preetz, 1964

Clement, R. & Jöris, P.E.: 50 Jahre Bundeswehr – 1955-2005, Hamburg/Berlin/Bonn, 2005

CENTRAL REGION AIR INTELLIGENCE HANDBOOK, HQ AAFCE, NR

Close, R., General: Das Ungleichgewicht des Schreckens, Wien, 1982

Combat Intelligence, Field Manual 30 – 5, Washington, 1973

Community Life, IHSC SHAPE, verschiedene Ausgaben, Mons 1985 –1994

Coombs, R.E.B.: Before Endeavours Fade, London, 1983

Dahm, H.: Abschreckung oder Volkskrieg, Olten, 1968

Daniel, J. & Hubbell, J. G.: Als der Westen schlief, Bern, 1963

Das Schattenreich – Die weltweiten Operationen des US-Geheimdienstes, Der Spiegel Nummer 50 v.12.12.2005, Hamburg, 2005

Davis, B., L: Uniformen und Abzeichen der NATO-Geschichte und Organisation, Stuttgart, 1991

De Maizière, U., General a.d.: Verteidigung in Europa Mitte, München, 1975

Deacon, R.: The Silent War – A History of Western Naval Intelligence, London, 1988

Der Militärische Nachrichtendienst in Kommandobehörden und Stäben, ZDv 2/11, Bonn, 1966

Deim, H.-W., Kampe, H.G., Kampf, J., Schubert, W.: Die Militärische Sicherheit der DDR im Kalten Krieg, Hoppegarten, 2008

Deriabin, P. & Gibney, F.: KGB - The Secret World, New York, 1959

Deutscher Bundeswehrkalender – Grundwerk, Regensburg 1985-1989

Deutsches Panzermuseum Munster, Museumsführer, 6. Auflage, Munster, o.J.

Die neue Struktur der Bundeswehr, BMVg-Führungsstab der Streitkräfte, Bonn, 1974

Die Organisationsstruktur des Ministeriums für Staatssicherheit, MfS-Handbuch, Berlin, 1995

Die Sowjetische Deutschlandpolitik 1917-1963, 1960-1963, Staatspolitische Schriftenreihe, Studiengesellschaft für Zeitprobleme, Bonn-Duisdorf, 1968

Dietrich, T, Ehlert, H. Wenzke, R.: Handbuch der bewaffneten Organe der DDR, Augsburg, 2007

Diskussionen und Feststellungen des Deutschen Bundestages in Sachen Kießling, Zur Sache 2/84, Themen Parlamentarischer Beratung, Deutscher Bundestag, Presse- und Informationszentrum, Bonn, 1984

Dreißig Jahre Bundeswehr, 1955-1985, Friedenssicherung im Bündnis, Frankfurt/Main, 1985

Dumont, G.H.: Belgique, Bruxelles et Pays Wallons, Paris, 1958

DV 040/0/014, Berlin-Ost, 1981

E-3A COMPONENT FLYING MANUAL 80-101-10 (NU), 1986

Earley, P.: Confessions of a Spy – The Real Story of Aldrich Ames, New York, 1997

Ebeling, W. BG a.D.: Schlachtfeld Deutschland?, Friedberg, 1986

Ebert, O.: Spionage-Karussell Ost – West – Einsatzberichte eines Geheimdienst-Offiziers, Bergisch-Gladbach, 1984

Eichner, K., Dobbert, A.: Headquarters Germany, Berlin, 1997

Eisenberg, D., Dan, U., Landau, E.: Mossad, Katwijk aan Zee, 1978

Elektronik in der Luftverteidigung, Koblenz, 1984

Eltgen, H.: Ohne Chance, Berlin, 1995

Engineer Handbook, US Army Infantry School (U)[815], Fort Benning, 1971

Erfolgsaussichten, Hamburg, 1973

Europäische Politische Zusammenarbeit (EPZ) auf dem Weg zu einer gemeinsamen Außen- und Sicherheitspolitik (GASP), Auswärtiges Amt, Referat Öffentlichkeitsarbeit, 9. überarbeitete Auflage, Bonn, 1992

Evasion and Escape, DOD, FM 21-77, Washington, 1965

Felddienstvorschrift der Stäbe- DV 30/5,Nationale Volksarmee, Berlin-Ost, 1971

Felfe, H.: Im Dienst des Gegners, Berlin (Ost), 1989

Fisher, B.: A Cold War Conundrum: The Soviet War Scare, Central Intelligence Agency Washington, 2011

Fischer, B.: One of the biggest East in the World- East German SIGINT Operations, Office of the National Counterintelligence Office, Washington, D.C., 17 JAN 2001

Fietsch, G.: Nachrichtentechnik der Nationalen Volksarmee, Baden-Baden, 1993

Fingerle, S. & Gieseke, J.: Partisanen des Kalten Krieges, Berlin, 1996

Fischer, B.F.: Able Archer 83, PHP, ETH Zürich, 2003

FM 40-40 Handbook on Soviet Ground Forces (FM 30-40), HQ Department of the Army, Washington, 1975

FM 100-2-1 THE SOVIET ARMY: Operations and Tactics, Headquarters Department of the Army Washington, DC, 16 July 1984

FM 100-2-2: The Soviet Army: Specialized Warfare and Rear Area Support, HQ Department of the Army, Washington, D.C., 1984

FM 100-2-3: The Soviet Army: Troops, Organization and Equipment, HQ Department of the Army, Washington, D.C., 1991

Forster, T.M.: NVA, Köln, 1979

Forster, T.M.: NVA, Köln, 1983

Foertsch, V., Lange, K. (Hrs.): The Influence of Intelligence Services on Political Decision-making (Studies & Comments 10), München, 2010

François: Wenn die Russen angreifen, Stuttgart, 1980

Fremde Streitkräfte – Dienstgradabzeichen des Sowjetblocks und Jugoslawiens, Bonn, 1969

Fremde Streitkräfte – Uniformen der Sowjetstreitkräfte, ZDv 2/62, BMVg, Bonn, 1960

Friedag, B.: Führer durch Heer und Flotte, Elfter Jahrgang 1914, (Reprint), Krefeld, 1974

Froh, K.: Chronik der NVA, Berlin, 2010

Frommer, H.: Der Prager Frühling (aus eigener Sicht), Information 10, Traditionsverein der FmEloAufklLw, Trier, 2001

Führung und Kampf der sowjetischen Landstreitkräfte, Merkblatt Nr. 10 des Heeres, Bonn, 1963

Führungsfähigkeit und Entscheidungsverantwortung in den Streitkräften, BMVg, Bonn, 1979

Funk- und Funktechnische Aufklärung, DV 043/0/003, Berlin-Ost, 1990

Funkaufklärungsmerkmale, A 043/1/005,Berlin – Ost, 1973

Funkaufklärungsmerkmale, A 043/1/005,Berlin – Ost, 1990

Funkerfassung, Funkortung, Rohde & Schwarz, München o.J.

Gablik A.F.: Eine Strategie kann nicht zeitlos sein, in: Die Bundeswehr 1955-2005, München, 2007

Ganser, D. & Deland, M: NATO'S SECRET ARMY IN NEUTRAL SWEDEN, JIPSS Vo. 4 No. 2/2010, S. 20 f., Graz, 2010

GE/US COMBINED AIR DEFENSE STUDY ANALYSIS PLAN (U), IABG München, 1989

Gedeckte Truppenführung bei der Nutzung technischer Nachrichtenmittel, MfNV, Berlin-Ost, 1981

Gehlen, R.: Der Dienst, Mainz-Wiesbaden, 1971

Gehlen, R.: Zeichen der Zeit, Mainz, 1973

Geißel, L.: Unterhändler der Menschlichkeit, Stuttgart, 1991

Gibney, F. (Hrsg.): Oleg Penkowskij - Geheime Aufzeichnungen, München, 1966

Giesecke, J.: Die DDR-Staatssicherheit - Schild und Schwert der Partei, Bonn, 2000

Giesecke, J.: Die hauptamtlichen Mitarbeiter der Staatssicherheit, Berlin, 2000

Gill, D., Schröter, U.: Das Ministerium für Staatssicherheit, Berlin, 1991

Göbel, D.: Ist Westdeutschland zu verteidigen? Düsseldorf, 1966

Gorbatschow, M.: Perestroika, München, 1987

Godson, R. (Hrsg.): Intelligence Requirements for the 1980's: Analysis and Estimates, Consortium for the Study of Intelligence - National Strategy Information Centre -, Washington, 1980

Godson, R. (Hrsg.): Intelligence Requirements for the 1980 – Covert Action, Consortium for the Study of Intelligence - National Strategy Information Centre -, Washington, 1980

Gordiewski O. & Andrew, C.: KGB, Die Geschichte seiner Auslandsoperationen von Lenin bis Gorbatschow, München, 1990

Gordon, S.: 1997 Reserve Forces Alamanc, Falls Church, V.A., 1996

Gosztony, P.: Die Rote Armee, München, 1983

Grabau, R.: Die materielle Ausstattung der Fernmeldetruppe EloKa des Heeres in den Jahren 1976 bis 1990, Much, 1997

Green, W.: Flugzeuge der Welt, Zürich, 1978

Gromyko, A.: Erinnerungen, Düsseldorf, 1989

Grosser, A./Seifert, J.: Die Spiegel-Affäre, Band 1 & 2, Olten, 1966

Großmann, W., Schwanitz, W.(Hrsg.): Fragen an das MfS, Berlin,2010

Großmann, W.: Bonn im Blick, 2. korrigierte Auflage, Berlin, 2001

Hackett, J., Sir: The Third World War – The Untold Story, London, 1982

Hackett, J., Sir: The Third World War – August 1985 - A Future History, London, 1978

Halberstam, D.: The Best and Brightest, Greenwich, 1969

Handbuch der Bundeswehr und Verteidigungsindustrie 1982/1983, München, 1982

Handbuch für Funker, Militärverlag der Deutschen Demokratischen Republik, Berlin (Ost), 1976

Handbuch für Kommandeure der Kampfgruppen der Arbeiterklasse, Berlin-Ost, 1980

Handbuch Militärisches Grundwissen, Berlin (Ost), 1980

Harris, R. & Paxman J.: Eine höhere Form des Tötens, München, 1983

Hartwich/Horn/Grosser/Scheffler: Politik im 20. Jahrhundert, 4. Auflage, Braunschweig, 1974

Hassel, von K.U.: Verantwortung für die Freiheit, Boppard, 1965

Hastings, M. & Jenkins, S.: The Battle for the Falklands, London, 1983

Hauschild, R. (Redaktion): Jahrbuch des Heeres 1967/1968, Darmstadt, 1967

Hauschild, R. (Redaktion): Jahrbuch des Heeres Folge 3, Darmstadt, 1971

Hauschild, R.: Jahrbuch der Bundeswehr 1958, Wiesbaden, 1957

Hauptverwaltung A (HV A) – Aufgaben – Strukturen – Quellen, Anatomie der Staatssicherheit, MfS-Handbuch, BStU, Berlin, 2008

Heath, L.J., AN ANALYSIS OF THE SYTEMIC SECURITY WEAKNESS OF THE U.S.NAVY FLEET BROADCASTING SYSTEM, 1967-1974, AS EXPLOITED BY CWO JOHN WALKER, Fort Leavenworth, 2005

Heilbrunn, O.: Die Partisanen in der modernen Kriegsführung, Frankfurt/M., 1963

Heilbrunn, O.: Konventionelle Kriegsführung im Nuklearen Zeitalter, Frankfurt/M., 1967

Herbstritt, G. & Müller-Eenbergs, H. (Hrsg.): Das Gesicht dem Westen zu, Bremen, 2003

Heymann, C.: The British Army, a Pocket Guide, Barnsley, 1995

Hirst, M.: Airborne Early Warning, London, 1983

Horlacher, W.: Zwischen Prag und Moskau, Stuttgart, 1968

Hubatschek & Farwick: Entscheidung in Deutschland, Warschauer Pakt contra NATO, eine militärpolitische Analyse, Berg am See, 1978

Identification Guide (Ordnance Equipment), Warsaw Pact Countries, 7th Rev.Edn USAREUR PAM N° 30-60-1, HQ USAREUR and 7th Army, Heidelberg, 1968

Iljin, S.K.: Der moralische Faktor im modernen Krieg, Berlin (Ost), 1981

Information: Zustand und Veränderungen in den Funknetzen und -Richtungen sowie bei den funktechnischen Mitteln der NATO-Streitkräfte im Jahre 1989, Ministerrat der Deutschen Demokratischen Republik - Ministerium für Abrüstung und Verteidigung - Chef des Informationszentrums, GVS -Nr.: A1 002 088, Berlin (Ost), 1989

Innere Sicherheit, BMI, Mannheim, 1977

Intelligence Doctrine, AINTP-1, (STANAG 2936), NU, Bruxelles, 1984

Johnson, L. K.: Bomben, Wanzen und Intrigen, Düsseldorf, 2002

Jones, N. & Harper, L.: The 1983 War Scare: The Last Paroxysm of the Cold War, National Security Archive, Washington, 21. Mai 2013

Johnson, A.: NATO ORDER OF BATTLE – 1989

Juretzko, N./Dietl, W.: Im Visier, München, 2006

Juretzko, N./Dietl, W.: Bedingt Dienstbereit, Berlin, 2004

Kabus, A.: Auftrag Windrose, Berlin, 1993

Kahl, W.: Spionage in Deutschland, München, 1986

Kahn, H. W.: Die Russen kommen nicht, München, 1969

Kenner, Ron[816]: Ein DDR-Agent im Allerheiligsten der NATO, in: JIPSS Vol.3 No.1/2009 Seite 133, ACIPSS, Graz, 2009

King, T.: The Mitrokhin Inquiry Report – Presented to Parliament by the Prime Minister by Command of Her Majesty, London, 2000

Kirst, H. H.: Keiner kommt davon, Berlin, 1962

Kitson, F.: Im Vorfeld des Krieges - Abwehr von Subversion und Aufruhr, Stuttgart, 1974

---

[816] Pseudonym

Knabe, H. (Hrsg.): West-Arbeit des MfS, Berlin, 1999

Knobloch, von H.: Bundesluftwaffe intern, 1. Auflage, Stuttgart, 2008

Knopp, G.: Top Spione, München, 1994

Korte, G. (Hrsg.): Aspekte nachrichtendienstlicher Sicherheitsarchitektur, Brühl, 2005

Kobe, G.: Der Wind kam von Westen, Würzburg, 1974

Kopenhagen, W.: Die Landstreitkräfte der NVA, Stuttgart, 2003

Kopenhagen, W.: Die Luftstreitkräfte der NVA, Stuttgart, 2002

Kremer, B.: Die Kunst zu überleben, München, 1966

Krieger, W. & Weber, J. (Hrsg.): Spionage für den Frieden?, München/Landsberg, 1997

Krieger, W.: Geschichte der Geheimdienste, München, 2009

Kriegsmaterial der Landstreitkräfte der Warschauer Paktes, ZDv 2/61, Bonn, 1984

Krivinyi, N.: Taschenbuch der Luftflotten 1983/84, Koblenz, 1983

Krivinyi, N.: Taschenbuch der Luftflotten 1983/84, München, 1976

Krivinyi, N.: Taschenbuch der Luftflotten 1994/95, Bonn, 1994

Krüger, D./Wagner, A.: Konspiration als Beruf, Berlin, 2003

Krüger, D.: Das Amt Blank, Freiburg, 1993

Kuhl, H./Siebel, W.: Zusatzgeräte für den Funkempfang, Meckenheim, 2000

La réalité quotidienne des échanges franco-allemands, Strasbourg, 1970.

Labrenz-Weiß, H.: Die Hauptabteilung II: Spionageabwehr, MfS-Handbuch, Teil III, Berlin, 2001

Lampe, J.: Juristische Aufarbeitung der Westspionage des MfS, Eine vorläufige Bilanz, BF informiert Nr. 24, 2. Auflage, BStU, Berlin, 2000

Lang, v. J.: Erich Mielke – Eine deutsche Karriere, Berlin, 1991

Lapp, P. J.: Frontdienst im Frieden, (Arbeitskreis für Wehrforschung), Koblenz, 1987

Lapp, R. E.: Kultur auf Waffen gebaut, Bern & München, 1969

Lee, C.: The Final Decade - Will we survive in the 1980s?, London, 1981

Lidell Hart, B. H.: Abschreckung oder Abwehr, Wiesbaden, 1960

Linklater, Eddy, P., Gillman, P.: The Falklands War, London, 1982

Lisitschko, F. F.: Die Taktik der sowjetischen unteren Führung, Darmstadt, 1965

Luftverteidigung in den 80er und 90er Jahren, Frauenfeld, 1981

Location Indicators, ICAO, Genf, DOC 7910/62

Lukacs, J.: Geschichte des kalten Krieges, Gütersloh, 1962

Lukacs, J.: Konflikte der Weltpolitik nach 1945, Lausanne, 1970

Mader, J.: Die graue Hand, Berlin (Ost), 1965/1966

Mannstein von, E.: Aus einem Soldatenleben, Bonn, 1958

Marten, M./Siebel, W.: UKW-Sprechfunk – Handbuch, Meckenheim, 2002

Markus, U. & Rudolph, R.: Schlachtfeld Deutschland, Berlin, 2011

Marten/Siebel: Spezialfrequenzliste (verschiedene Ausgaben), Meckenheim

Mataxis, T. C. & Goldberg, S. L.: Nuclear Tactics, Weapons and Firepower in the Pentomic Division, Battle Group and Company, Harrisburg, 1958

McDonnell: Orden und Abzeichen im Zweiten Weltkrieg, Wien, 1999

Mecklenburg, J. (Hrsg.): Gladio Terrororganisation der NATO, Berlin, 1997

Meier-Walser, R. & Luther, S.(Hrsg.): Europa und die USA, München, 2002

Melton, H.K.: Der perfekte Spion, Augsburg, 2003

Menaul, S.W.B. & Bonds, R.: Die Sowjetische Militärmacht, Bayreuth, 1979

Mendez, A./Mc Connell, M.: The Master of Disguise, New York, 1999

Methodik für die Taktikausbildung der Aufklärungseinheiten' Berlin (Ost), 1973

Meulstee, L./Staritz, R. F.: Wireless for the Warrior, Vol. 4, Clandestine Radio, Ferndown/UK, 2004.

Meulstee, L.: Wireless for the Warrior Band 1-5, BT Groenlo /NL, 2009

MfS-Handbuch – Die Hauptabteilung II: Spionageabwehr, BStU Berlin, 1995

MfS-Handbuch – Die hauptamtlichen Mitarbeiter des Ministeriums für Staatssicherheit, Berlin, 1995

Micksche, F.O.: Rüstungswettlauf, Stuttgart, 1972

Militärischer Experten-Ausschuss: DENKSCHRIFT über die Aufstellung eines deutschen Kontingents im Rahmen einer übernationalen Streitmacht zur Verteidigung Westeuropas, 09.10.1950, 4. Ausfertigung, herabgestuft auf VS-NfD (Verschlusssache nur für den Dienstgebrauch), 27.08.1968 durch BMVgFüS VII.

Military Intelligence Battalion, FM 43-23 (CEWI – Counterintelligence Interrogation, Electronic Warfare), DOD, Washington, 1985

Miller, D.: Die Seestreitkräfte der Welt, Zürich, 1993

Möglichkeiten der Luftverteidigung im Vorfeld des Sowjetblocks Hamburg, 1969

Montgomery, B.L., Marschall (Field-Marshal): Memoiren, München 1958

Morisse-Schilbach, M. & Peine, A. (Hrsg.): Demokratische Außenpolitik und Geheimdienste, Berlin, 2009

Müller-Georgé, W. Major: Die Organisation des Militärischen Nachrichtendienstes der Luftwaffe, FüAkBw, Jahresarbeit, Hamburg 1974, herabgestuft auf "offen" am 26.02.1993

Müller, P.F. & Mueller, M.: Gegen Freund und Feind, Hamburg, 2002

Müller-Borchert, H.- J.: Guerilla im Industriestaat, Hamburg, 1973

Müller-Enbergs (Hrsg.): Inoffizielle Mitarbeiter des Ministeriums für Staatssicherheit – Anleitungen für die Arbeit mit Agenten, Kundschaftern und Spionen in der Bundesrepublik Deutschland, Berlin, 1998

Müller-Enbergs (Hrsg.): Inoffizielle Mitarbeiter des Ministeriums für Staatssicherheit – Richtlinien und Durchführungsbestimmungen, 2. Aufl., Berlin, 1996

Müller-Enbergs (Hrsg.): Rosenholz, Eine Quellenkritik, BF informiert Nr. 28, Berlin, 2009

Müller-Enbergs, H.: Hauptverwaltung A (HV A) - Aufgaben-Strukturen-Quellen, BStU Berlin, 2011

Murphy, D.E., Kondrashev, S.A., Bailey, G.: Battleground Berlin, Harrisonburg/New Haven, 1997

Mut, MPi und SPz, Ausgabe 1988, Berlin (Ost), 1988

Myagkov, A.: Inside the KGB, London, 1977

NAEW FORCE COMMAND INTELLIGENCE AND SECURITY DIRECTIVE 65-100 (NU), 1987

NATO GLOSSARY OF ABBREVIATIONS USED IN NATO DOCUMENTS AND PUBLICATIONS, GLOSSAIRE OTAN DES ABRÉVIATIONS UTILISÉES DANS LES DOCUMENTS ET PUBLICATIONS OTAN, AAP-15 (2005)

NATO-Handbuch 1978, Brüssel, 1978

NATO-Handbook, Bruxelles, 1998

NATO-Handbook, Bruxelles, 2001

NATO-Review No 1, February 1988, Bruxelles

NATO-Chronology, Bruxelles, 1998

NATO AIRBORNE EARLY WARNING FORCE TACTICAL EVALUATION MANUAL (NATEM), (NU) 1101/SHOEE /89, SHAPE, 1989

NATO Military Map Symbols Handbook, Janes IDR, London, 1996

NATO-Documentation, Bruxelles, 1999

NATO- Handbook, Bruxelles, 1995

NATO-Tatsachen und Dokumente, Brüssel, 1971

NATO-Tatsachen und Dokumente, Brüssel, 1976

Nawrocki, J.: Bewaffnete Organe in der DDR, Berlin, 1979

ND-Fachwörterverzeichnis Deutsch-Englisch, IV/SBND/GrpSpr, München, 1978

Nelles, T., Eisert, W., Keubke, U., Wenzke, R., Willisch, J.: Zeittafel zur Militärgeschichte der Deutschen Demokratischen Republik 1949-1984, Berlin (Ost), 1985

Neuberger, G. & Opperskaski, M.: CIA in Westeuropa, Bornheim-Merten, 1982

Niccoli, R.: Flugzeuge, Klagenfurt, 2005

Nitz, J. (Hrsg.): Lauschangriff, Berlin, 1995

Nutting, A.: Die Suez-Verschwörung 1956, Wien, 1967

NVA-Kalender 1977, Berlin-Ost, 1976

Obermann, E. (Hrsg.): Verteidigung der Freiheit, Stuttgart, 1966

Obermann, E. (Hrsg.): Verteidigung – Ein Handbuch, Stuttgart, 1970

Orientierung L Teil B 2 Fla-Rohrwaffen, Bordwaffen, Bordwaffenmunition, Bomben und Einrichtungen des Sowjetblocks, LwA Abtnwlw, Porz-Wahn, 1975

Orientierung L Teil C Radar- und Fm-Gerät, LwA AbtNwLw, Porz-Wahn, 1978

Orientierung L, Sowjetische Flugzeuge, LwA AbtNwLw, Porz-Wahn, 1973

Pahl, M.: Fremde Heere Ost. Hitlers militärische Feindaufklärung, Berlin, 2012

Peacock, L.: Die Luftstreitkräfte der Welt, Zürich, 1992

Perdelwitz, W.: Wollen die Russen den Krieg?, Hamburg, 1980

Personal Security Handbook for British Forces Germany and their Families, BFG B 27 Rheindalen o. J.

PREPARATION OF CORRESPONDENCE, ACE DIRECTIVE 35-4, SHAPE SUPPLEMENT (NU), o.J.

Programm für die Gefechtsausbildung Teil III /b Nachrichteneinheiten des FuAR-2 Dessau, 1981

Quarrie, B.: Special Forces –The élite military units of the world, London, 1990

Rauchensteiner, M.: Das Bundesheer der Zweiten Republik, Wien, 1980

Rauchensteiner (Hrsg.): Sorry guys, no gold, HGM, Wien, 1985

Reese, M.E.: Organisation Gehlen, Berlin, 1992

Reibert 1, Hamburg, 1964

Reibert, das Handbuch für den deutschen Soldaten, Hamburg, 1994

Reibert, das Handbuch für den deutschen Soldaten, Hamburg, 1999

Reichert, J.: Hardthöhe Bonn im Strudel einer Affäre, Bonn, 2008

Richardson, D.: Techniques and Equipment of Electronic Warfare, London, 1985

Richter, W.: Der Militärische Nachrichtendienst der Nationalen Volksarmee der DDR und seine Kontrolle durch das Ministerium für Staatssicherheit, Frankfurt/Main, 2004

Rolbant, S.: Der israelische Soldat - Profil einer Armee, Frankfurt/Main, 1970

Röttgen, N. & Wolff, H.A. (Hrsg.): Parlamentarische Kontrolle der Nachrichtendienste im modernen Rechtsstaat, St. Augustin/Berlin, 2008

Rufnamenliste, Auszug BesAnFmBw, Bonn, 16, o.J.

Rupp, R., Rehbaum, K., Eichner, K.: Militärspionage – Die DDR-Aufklärung in NATO und Bundeswehr, Berlin, 2011

Eryka, N.: Weltgeschichte der Kryptologie, HNF, 2006

Sawkin, W.J.: Grundprinzipien der operativen Kunst und der Taktik, Berlin (Ost), 1974

Schell, M., Calina, W.: STASI und keine Ende, Frankfurt/Main/Berlin, 1991

Schewtschenko, A.N.: Mein Bruch mit Moskau, Bergisch-Gladbach, 1985

Schiffhauer, N.: Weltempfänger-Testbuch Nummer 10, Meckenheim, 2001

Schlomann, F.-W.: Die Maulwürfe, Bonn, 1993

Schlomann, F.-W.: Die Ostblock-Spionage gegen die Bundesrepublik, Poing, 1981

Schlomann, F.-W.: Operationsgebiet Bundesrepublik, Bonn, 1986

Schlomann, F.-W.: Was wusste der Westen?, Aachen, 2009

Schmid, H.: Eine Strategie für den Westen, Berlin, 1986

Schmidt, H -J.: An der Grenze der Freiheit, Coburg, 1999

Schmidt-Eenboom, E.: Schnüffler ohne Nase - Der BND, Düsseldorf, 1993

Schmidt-Eenboom, E.: Der BND, Düsseldorf, 1993

Schmidt-Eenboom, E: Empfänglich für Geheimes - Die (west)deutschen Nachrichtendienste im Äther, o.J.

Schmidt, A.: Hauptabteilung III: Funkaufklärung und Funkabwehr - MfS-Handbuch BStU, Berlin, 2008

Scholzen, R.: Der BGS-Geschichte der Bundespolizei, Stuttgart, 2006

Schmole, A.: Abteilung 26, Telefonkontrolle, Abhörmaßnahmen und Videoüberwachung, Berlin, 2009

Schmückle, G.: Ohne Pauken und Trompeten, München, 1982

Schofield, C.: Inside the Soviet Army, London, 1991

Schulte, L.: Verteidigung im Frieden, Frankfurt/Main, 1968

Schutz rückwärtiger Gebiete, AnwFE 100/500 (Weisung R), Bonn, 1977

Schutz von Luftwaffenanlagen, LDv 187/1 Bonn, 1975

Schwagerl, H.J./Walther, R.: Der Schutz der Verfassung, Köln, 1968

Ségur-Cabanac, A., Oberst d.G.: Kleinkrieg-Kampf ohne Fronten, Wien, 1970

Selbstschutz im Verteidigungsfall, Bundesverband für den Selbstschutz, Bonn, 1981

Sheehan, N. (Hrsg.): Die Pentagon-Papiere, München/Zürich, 1971

Shilling, P.A., Brühl, R., Sobzcak, K.: NATO-Staaten und militärische Konflikte, Berlin(Ost), 1988

Sicherheitsbestimmungen für die Fernmelde- und Elektronische Aufklärung der Bundeswehr (SichhBestFmAufklBw), AU 122, Bonn, 1983

Sicherheitshinweis 1978/1979, ASBw, Köln, 1978

Siebel, W.: UKW-Sprechfunk-Handbuch, Meckenheim, 1984

Smidt, W.K. & Poppe, U. (Hrsg.): Fehlbare Staatsgewalt, Berlin, 2009

Soviet Command, Control, Communications, SIGNAL, Washington, 1985

Soviet Military Power 1987, DOD, Washington, 1987

Speier, H.: Die Bedrohung Berlins, Köln/Berlin, 1961

Spiegel, Der: Sie kamen in der Nacht, 50 Jahre Spiegel Affäre - Dokumente zur Spiegel-Affäre 1962/1963, Hamburg, 2012

Staff Officers Handbook 1991 (NU), SHAPE, Mons, 1991

Stamp, G. (Hrsg.): Clausewitz im Atomzeitalter, Wiesbaden, o.J.

Steer, A. BG, Noack, P., Oberst i.G.: Jahrbuch des Heeres, Folge 9, München, 1982

Steinhoff, J.: Wohin treibt die NATO?, Hamburg, 1976

Steven, S.: Sprengsatz – Die Operation Splinte Factor der CIA, Stuttgart, 1975

Stevens, Leslie, C.: Gegenüber dem Kreml - Als Diplomat in Sowjetrussland, Würzburg, 1953

Stiller, W.: Im Zentrum der Spionage, Mainz, 1986

Streitkräftevergleich 1984 NATO – Warschauer Pakt, BMVg -IP- Stab, Bonn, 1984

Summers, H.G.: A Critical Analysis of the Gulf War, New York, 1992

Suvorov, V.: Inside the Soviet Army, New York, 1982

Svensk Soldat, Stockholm, 1994

Tantscher, M.: Maßnahme "Donau" und Einsatz "Genesung", 2. Auflage, Berlin, 1998

Terminologie E-D-F, SNBw, Bad Ems o. J.

Technical Manual 30 – 536: Glossary of Soviet Military Terms and related Abbreviations, HQ Department of the Army, Washington, 1957

Terms of Reference of HQ TWO ATAF POSTS, (NU) Mönchengladbach, 1990

Teuber, R.: Die Bundeswehr 1955-1995, Norderstedt, 1996

The Military Balance 1988-1989, IISS, London, 1988

The North Atlantic Treaty Organization, Facts and Figures, Bruxelles, 1989

The Sunday Times Insight Team: Der Wüstenkrieg, Frankfurt/M., 1974

Thelerie, M.: Initiation à la force de frappe française 1945-2010, Paris, 1997

Thomer, E. (Schriftleitung): Köhlers Heereskalender 1961, Minden, 1961

Thoss, B.: Information, Persuasion, or Consultation? The Western Powers and NATO during the Berlin-Crisis 1958-1962, Centre for Security Studies, Zürich, 2006

Tolmein, H.G.: Aufmarsch gegen die Bundesrepublik Deutschland - Die militärische Feindlage zwischen Ost und West, Landshut, 1976

Tolmein, H. G.: Partisanen unter uns - Der Kommunismus probt den Aufstand, Mainz, 1972

Uhl, M.: Krieg um Berlin?, München, 2008

Über Grenzen, DDR-Weg nach Deutschland, Information für die Truppe, Beiheft 1/90, Bonn, 1990

Ulfkotte, U.: Verschlusssache BND, München, 1997

Unser Heer, BMVg, Bonn, 1971

Unsere Flotte, BMVg, Bonn, 1974

Unsere Luftwaffe, BMVg, Bonn, 1972

Unsere Luftwaffe, BMVg, Bonn o.J.

Varwick, J. & Schreer,B.: 60 Jahre Nato. Ein Bündnis im Wandel, in: ÖMZ Nr. 4/2009, S. 403-412, Wien, 2009

Vasari, E.: Die ungarische Revolution 1956, Stuttgart, 1981

Von Himmerod bis Andernach, Beiheft 4/85 zur Information für die Truppe, Bonn, 1985

Wagner, A., Uhl, M.: BND contra Sowjetarmee, westdeutsche Militärspionage in der DDR, 3. Auflage, Berlin, 2010

Walmer, M.: Modern Elite Forces, London, 1984

Waltensperger, M.: Thesis on limited War, Escalation Control and Command, Control and Communications, Naval Postgraduate School, (U), Monterey, 1986

War in the Falklands, Sunday Express Magazine Team, London, 1982

Watson, B., George, P., Tsouras, P., Cyr, B.L.: Military Lessons of the Gulf War, London, 1991

Weber, W., Handke, E., Werner, G., Mattes, H.: Die Streitkräfte der NATO auf dem Territorium der BRD, Berlin(Ost), 1984

Wegmann, B.: Die Militäraufklärung der NVA, Berlin, 2005

Wegmann, B., Tantzscher, M.: SOUD – Das geheimdienstliche Datennetz des östlichen Bündnissystems, BStU, Berlin, 1996

Werther, M. & Schmidt, R.: 50 Jahre Einsatzführungsdienst der Luftwaffe, München, 2010

Weiße, G.: Geheime Funkaufklärung in Deutschland 1945-1989, Stuttgart, 2005

Weiße, G.: Informationskrieg + Cyber War, Stuttgart, 2007

Weiße, G.: Totale Überwachung, Graz, 2011

Weißbuch zur zivilen Verteidigung der Bundesrepublik Deutschland, BMI Bonn, 1972

Welham, M .G. & Quarrie, B.: Operation Spetsnaz, Wellingborough, 1989

Wels, P., Beumer, D.A.A.: NATO-Insignia, Peter A. Wels, EG Weesp, 1993

WESTERN EUROPEAN UNION SECURITY REGULATIONS, RS 100, (WEU UNCLASSIFIED), BRUXELLES, 1996

Westhorp, C.: Die Landstreitkräfte der Welt, Zürich, 1992

Wettig, G.: Alternativen der Sicherheit. Konzepte und Modelle, BMVg FüS I 3, Bonn, 1986

Wiechmann, H.: Geheim - Wozu noch?, München, 1977

Wieck, H.-G.: BND contra Sowjetarmee – Präsentation und Rezension, Berlin, 2007

Wiener, F.: Die Armeen der NATO-Staaten, Taschenbuch der Landstreitkräfte, München, 1984

Wiener, F.: Die Armeen der Neutralen und Blockfreien Staaten Europas, Truppendienst Taschenbuch, München, 1972

Wiener, F.: Die Armeen der Neutralen und Blockfreien Staaten Europas, Taschenbuch der Landstreitkräfte Band 3, München, 1978

Wiener, F.: Die Armeen der Warschauer Pakt Staaten, Taschenbuch der Landstreitkräfte Band 2, München, 1978

Wiener, F.: Fremde Heere, Die Armeen der NATO- Staaten, Truppendienst Taschenbuch Band 1, München, 1973

Wolf, S.: Hauptabteilung I: NVA und Grenztruppen, MfS- Handbuch, Teil III/13,BStU, Berlin, 2005

Woodward, B.: Die Befehlshaber, Köln, 1991

Wünsche, Dr. W.: NVA und Prager Frühling, Buchbesprechung: Wenzke, R. Die NVA und der Prager Frühling, Berlin, 1995, in: Arbeitsgruppe Geschichte der NVA, Berlin, o.J.

Wynne, G.: Der Mann aus Moskau, München, 1967

Wynne, G.: The Man from Odessa, London, 1981

Zaloga, S. J., Loop, K.: Soviet Bloc Elite Forces, London, 1985

ZDv 2/11 – Der militärische Nachrichtendienst in Kommandobehörden und Stäben, Bonn, 1965

Zastrow von H.: Bibliographie zum Staatssicherheitsdienst der DDR, Bf informiert 15/1996, BStU, Berlin, 1996

Zolling, H., Bahnsen, U.: Kalter Winter im August, Oldenburg, 1967

Zolling, H./Höhne. H.: Pullach Intern, Hamburg, 1971

---

[i] (Funk- und Funktechnische Aufklärungseinheiten) Deutsche Demokratische Republik, Nationale Volksarmee, Kommando der Landstreitkräfte,

Dokumentationen

Verzeichnis der Ausgangsinformationen der HVA des Ministeriums für Staatssicherheit der DDR, Februar 2011, BStU, Berlin, 2011

Bundesarchiv-Militärarchiv – Nationale Volksarmee – Bestand DVW 1, Ministerium für Nationale Verteidigung, Band: Verwaltung Aufklärung, Bearbeitet von Heinz Marzluff, Freiburg, 2004

50 Jahre Spiegel-Affäre – Sie kamen in der Nacht (Dokumente zur Spiegel-Affäre), Hamburg, 2012

90.022 VORKOMMNISSE IM EMD BERICHT DER PARLAMENTARISCHEN UNTERSUCHUNGSKOMMISSION
(PUK EMD) VOM 17. NOVEMBER 1990
(Stay Behind Organisation P-26 des schweizerischen Nachrichtendienstes)

NATO – Military Planning for Berlin Emergency (1961-1968)

1961-1 Section 01	Annexes to the Record of the Private Council Meeting held on August 8, 1961 – Delegations' Statements at NAC Meeting held on August 8, 1961
1961-1 Section 02	Press Release « NATO and the Berlin Question »
1961-1 Section 03	Letters and Notes sent and received by Mr. Stikker
1961-1 Section 04	Documents by SACEUR, SHAPE 167/61 « Plan of Action NATO Europe »
1961-1 Section 05	Council's Discussions on Military Measures to be taken in face of the Berlin Crisis
1961-1 Section 06	Memoranda by Standing Group Representative on NATO Military Build-up
1961-1 Section 07	Draft Instructions delivered to General Norstad by the Four Powers
1961-1 Section 08	Measures announced by some NATO Countries in their Statements at the Council Meeting on September 4, 1961
1961-1 Section 09	Countries' Replies to SHAPE Plan [SHAPE 167/61] summarised in PO/61/720 and Annexes
1961-1 Section 10	SACLANT and CINCHAN Plans of Action in Face of Berlin Crisis [PO/61/722] and Supplementary Requirements [PO/61/730]
<u>1961-2 Section 01</u>	Analysis by the Commanders [SHAPE 188/61] of the replies by the Countries to the "Plan of Action: NATO Europe"
1961-2 Section 02	Countries' Replies [PO/61/764] to SACLANT and CINCHAN Plans of Action in Face of a Berlin Crisis [PO/61/722] and Supplementary Requirements [PO/61/730]
1961-2 Section 03	SACEUR's [PO/61/747], SACLANT's [PO/61/816] Analysis of Countries Responses
1961-2 Section 04	NATO Planning for the Berlin Emergency: Relationship between the Council and the 4 Power Ambassadorial Steering Group in Washington – Three Western Powers Proposal to conclude a Treaty with the Federal Republic of Germany
1961-2 Section 05	Relationship between the Contingency Planning and the Exercise "LIVE OAK" - Tripartite Instructions [PO/61/765] and Instructions by the Council to the Military Authorities [C-M(61)104]
1961-2 Section 06	Relationship between the Build-up of NATO Defence in Connection with the Berlin Crisis and the 1961 Interim Review [C-M(61)87]
1961-2 Section 07	SACLANT and CINCHAN Overall Evaluation of NATO Military build-up as Counterpart to SHAPE 188/61

1961-2 Section 08	SHAPE's Second Evaluation of the Country Responses to "Plan of Action: NATO Europe" [SHAPE/188B/61]
1961-2 Section 09	NAC Meetings on Berlin Crisis and on the Review of the International Situation
1962-1 Section 01	Records of Private Meetings held on the 30th and 31st January, 1962
1962-1 Section 02	Secretary General's Proposal to invite General Nostad to give a briefing to the Council on LIVE OAK and NATO Military Planning regarding Berlin [Record of a Private Meeting held on 1st February 1962 – Point I]
1962-1 Section 03	Secretary's General Meeting with the Three Powers Working Group in Washington, 7th of February, 1962 – Recommendations by the Three Powers in the Planning and Control of Berlin Contingency Operations [BQD-M-22 + modified]
1962-1 Section 04	Council's discussions on the Three Powers Document BQD-M-22 (Briefs for the Secretary General) – Summary Records of Private Meetings held on 5th and 12th March, 1962 – Exchange of letters between Secretary General and the Four Powers
1962-1 Section 05	NATO Maritime Contingency Plan (MARCON) in form proposed for submission to NAC pursuant to the Instructions in paragraph 7 of MC(61)104 – CINCHAN's Appraisal
1962-1 Section 06	SHAPE's Plans for Berlin Contingency Planning (BERCON)
1962-1 Section 07	Review of the International Situation: Berlin Situation and East-West Relations
1962-1 Section 08	Return to United States of certain US Units from the Area of Allied Command Europe
1962-1 Section 09	Standing Group Appraisal of Berlin Contingency Plans as a Basis for Consultation with the Military Committee
1962-1 Section 10	Analysis and Comments by the International Staff on the Standing Group Appraisal of the BERCON Plan
1963-1967 Section 01	East-West Relations: Council Meetings and Summary Record of the Private Meeting of the Council held on 23rd January, 1963
1963-1967 Section 02	Political Contingency Plans for Berlin – Summary Records of Private Meetings held on 31st January and 13th February 1963
1963-1967 Section 03	Legal Problems involved in the Implementation of the MARCON and BERCON DELTA Plans
1963-1967 Section 04	Berlin Situation – Secretary General's Annual Political Appraisal – Review of International Situation
1963-1967 Section 05	Revision of the Document SGM-593-62(Revised) on Alert Measures in Support of Berlin Contingency Plans
1963-1967 Section 06	Summing-up by the Standing Group of the Historical Background of Berlin Contingency Planning, including Tripartite LIVE OAK Planning

1963-1967 Section 07		French Withdrawal from NATO Command and Implications for the Contingency Plans for Berlin – Notes prepared for the Secretary General on the Historical Background and the Actual Situation of the BERCON Plans
1963-1967 Section 08		Amendment to Berlin Contingency Plans (BERCON CHARLIE TWO) Proposed by the Military Committee for Council's Approval: Concerning the Replacement of German Command Responsabilities by those of the United States in the Access to Berlin (Autobahn)
1968-1987 Section 01		Council Meetings on the subject of Access to Berlin

Last updated: 09-May-2011 17:24

Quelle: http://www.acus.org/natosource/nato-releases-top-secret-contingency-plans-berlin-crisis-1961 (abgerufen: 20. Mai 2013)

NATO-RECORDS

DECLASSIFIED – PUBLIC DISCLOSURE/DECLASSIFIE – MISE EN LECTURE PUBLIQUEDES (94)2- XI MILITARY ORGANIZATION RECORDS, 1949-1958

National Security Archive - Declassified National Security Archive Electronic Briefing Book No. 427

The 1983 War Scare: "The Last Paroxysm" of the Cold War Part II: "Blue's use of nuclear weapons did not stop Orange's aggression."

Able Archer 83 PART 2 OF 3 POSTINGS Posted – May 21, 2013 Edited by Nate Jones Assisted by Lauren Harper For more information contact: Nate Jones 202/994-7000 or foiadesk@gwu.edu

The 1983 War Scare, Part I By Nate Jones, May 16,2013

Launch on Warning: The Development of U.S. Capabilities, Washington, D.C., May 21, 2013 – 1959-1979 By William Burr, April 2001

Thirtieth Anniversary of NATO's Dual-Track Decision By William Burr, December 10, 2009

The 3 A.M. Phone Call By William Burr, March 1, 2012 "One Misstep Could Trigger a Great War": Operation RYAN, Able Archer 83, and the 1983 War Scare By Nate Jones, May 17, 2009

Autumn Forge 83 – Comalf [commander airlift forces] Briefing," September 9, 1983, Unclassified. Source: History of the 322nd Airlift Division, January 1982 - December 1983, Volume VII Supporting Documents, Prepared by Edgar P. Sneed, Division Historian, Unclassified. Released under the Freedom of Information Act (FOIA).

WINTEX 83 Senior Level First Impressions Conference, 22 Mar 1983" and related Documents. Source: US Air Force FOIA release.

Autumn Forge 83 – COMALF [Commander Airlift Forces] Briefing, September 9, 1983, Unclassified. Source: History of the 322nd Airlift Division, January 1982 - December 1983, Volume VII Supporting Documents, Prepared by Edgar P. Sneed, Division Historian, Unclassified. Released under the Freedom of Information Act (FOIA).

Autumn Forge 83 – Final After Action Report, "February 1, 1984, For Official Use Only. Source: 437 Military Airlift Wing Charleston A.F.B., S.C. History: 1 January-31 March 1984 Vol 2. Supporting documents, released under FOIA.

US Air Force 7th Air Division telegram, "Exercise Able Archer 83 Participation," 23 December 1982 and related "exhibits," Secret. Source: History of the Headquarters, 7th Air Division 1 October 1983 - 31 March 1984, Secret released under FOIA.

Exercise Able Archer 83: Information from SHAPE Historical Files, March 28, 2013, and Document 6b: "Exercise Scenario," Undated, NATO Unclassified Source: Kindly provided by SHAPE chief historian Gregory Pedlow.

US Air Force Seventh Air Division, Ramstein Air Force Base, "Exercise Able Archer 83, SAC ADVON, After Action Report," December 1, 1983, Secret NOFORN. Source: US Air Force FOIA release.

KGB Headquarters Moscow to the London KGB Residency, "Ref no. 1673/PR of 24.10.83," November 5, 1983, Top Secret. Source: Christopher Andrew and Oleg Gordievsky, Comrade Kryuchkov's Instructions: Top Secret Files on KGB Foreign Operations, 1975-1985, (Stanford: Stanford University Press 1991) 86-87:

US Air Force Military Airlift Command "Reforger 83\Crested Cap 83\Display Determination 83\Autumn Forge 83 After Act Report," December 8, 1983, Confidential. Source: History of Military Airlift Command: 1 January - 31December 1983: Supporting Documents Volume IX, Confidential. Released under FOIA.

Commander in Chief, United States Army, Europe (CINCUSAREUR) "Reforger 83 After Action Report," March 6, 1984, Confidential. Source: Department of Defense, Washington Headquarters Services, Mandatory Declassification Review release.

US Air Force History of the Headquarters, Seventh Air Division 1 October 1983 - 31 March 1984, Narrative, by Charles E. Arnold, TSgt, USAF Historian, September 20, 1984, (Excerpt) Secret. Source: US Air Force FOIA release.

History of the Tactical Air Command, Langley Air Force Base, Virginia: 1January - 31 December 1983, Volume I Narrative, May 1985, Secret. Source: US Air Force FOIA release.

U.S Congress, House of Representatives, Hearing before the Defense Subcommittee of the Committee on Appropriations, Department of Defense Appropriations for 1986, Ninety-Ninth Congress, First Session, March 27, 1985, Unclassified. Source: Congressional Record.

Unpublished Interview with former Soviet Head of General Staff Marshal Sergei Akhromeyev, January 10, 1990. Source: Princeton University, Mudd Manuscript Library, Don Oberdorfer Papers 1983-1990, Series 1, Soviet Interviews, 1990.

Unpublished Interview with former Secretary of Defense Caspar Weinberger, October 18, 1989. Source: Princeton University, Mudd Manuscript Library, Don Oberdorfer Papers 1983-1990, Series 3, Research Documents Files.

Unpublished Interview with former National Security Advisor Robert McFarlane, undated but in 1989 or 1990. Source: Princeton University, Mudd Manuscript Library, Don Oberdorfer Papers 1983-1990, Series 3, Research Documents Files.

Office of the Secretary of Defense, Memorandum from Deputy Assistant to the President for National Security Affairs, "Subject: Significant Military Exercise NIGHT TRAIN 84," December 8, 1983, Secret. Source: Reagan Presidential Library, Jack Matlock Files, b. 2 [90888], f: "Matlock Chron Dec 1983 (1 of 2) .(Abgerufen Mai 2013)

Quelle: NATIONAL SECURITY ARCHIVE http://www.gwu.edu/~nsarchiv/NSAEBB/NSAEBB426/ abgerufen am 22.05.2013

Bundesnachrichtendienst (BND)

Forschungs- und Arbeitsgruppe "Geschichte des BND" Nr. 1, Berlinkrise 1958 und Schließung der Sektorengrenzen in Berlin am 13. August 1961 in den Akten des Bundesnachrichtendienstes, Berlin, 1. August 2011

Mitteilungen der Forschungs- und Arbeitsgruppe "Geschichte des BND" Nummer 3 Band 1 – Der Bundesnachrichtendienst und die Kuka-Krise, Berlin, 12. Oktober 2012

Sonstige Dokumentationen

Geschichte des militärischen Fernmeldewesens in Deutschland, Teil VII, Kampe, H.G. Oberst a.D. (NVA), Projekt-Verlag Dr. E. Meißler, Hönow bei Berlin, 2003 (CD-Edition)

Die Nachrichtentruppen der Landstreitkräfte der Nationalen Volksarmee 1952 –1990, Kampe, H.G. Oberst a.D. (NVA), Projekt-Verlag Dr. E.Meißler, Hönow bei Berlin, 2003

Chronik Fernmeldebereich 70, 30 Jahre Fernmeldebereich 70, 1971 – 2001,Trier,2001 (CD-Edition)

Der 250kW-Mittelwellensender Wilsdruff, ein technisches Denkmal (Archiv Schwenke Dresden) (CD-Edition)

SM6-Störsender gegen den Rias (Archiv Schwenke Dresden) (CD-Edition)

Schmidt-Eenboom, Nachrichtendienste in Nordamerika, Europa und Japan, CD-ROM, Stöppel-Verlag, Weilheim, 1995 (CD-Edition)

Ward, P.: Mortar and Stone, Det.J1 Schneeberg 1951 – 2004, www.schneebergvets.org (CD-Edition)

WOSTOK mit Bunkerrundgang – Die Nachrichtenzentrale im Zentrum der militärischen Macht der DDR, Kampe, J. Oberst a.D. (NVA), Projekt +Verlag Dr.E. Meißler, Hönow bei Berlin, 2004 (DVD-Edition)

FuAR-2 (1962-1974), Dessau, Archiv Oberst a.D. (NVA) Enderlein, Dresden 2005 (CD-Edition)

50 Jahre Technische Aufklärung Flensburg, FmBer 91 Flensburg, 2006 (CD-Edition)

Film – und Fernsehdokumentationen [Auswahl]

Achtung, wir rufen Kräuterhexe (*DFS 904,DSS 935,MfS*) RBB

Am atomaren Abgrund (Able Archer 1983), ARD

Atomkrieg, Planspiel, ARD

Am Rande des Atomkriegs, ZDF-Neo, 26.06.2013, 20.15 Uhr

Atomwaffen in der DDR, MDR, 2010

Bad Saarow, Geheimnisvolle Orte, MDR

Beatty, P.: Hitlers Superspy (General Gehlen)

BND, Dokumentation, ARD

BND, Kalte Krieger und Terroristenjäger, ARD

Bunker im Kalten Krieg, RBB

Bünte, Die letzten Tage des Zentralen Funkdienstes der Nationalen Volksarmee in Dessau, September 1991 (Archiv E. Klopp, Trier 2005)

CIA, Amerikas geheime Macht, ARD

Das Spinnennetz, Spionage der DDR im Westen, ARD

Das Wunder von Leipzig, PHOENIX TV -Dokumentation, 22.35 Uhr, 09.10.2010

Deserteure, Dokumentation, PHOENIX, 11.12.2010, 21.45 Uhr

DDR-Geheim Teil 1 & 2, ARD

DDR-Geheim-Kampfschwimmer/Fallschirmjäger, ARD

Der geheime Luftkrieg über Deutschland, ARD

Der Dritte Weltkrieg, Dokumentation 1998, ZDF

Der geheime U-Boot-Krieg im Kalten Krieg, ARD

Der Kalte Krieg, ARD

Der Mann der die NATO verriet, ARD

Deutschland im Kalten Krieg (Der Kalte Krieg in Farbe –1945-1962), Spiegel-TV Nummer 14, Hamburg, 2008

Die Geheimpläne des Kalten Krieges, PHOENIX, 03.06.2013, 20.15 Uhr

Die Abteilung OTS des MfS, ARD

Die Stasi-Zentrale, Geheimnisvolle Orte, RBB

Farewell, Agent der Rache, ARD

Feinde im Manöver - Die großen Übungen der NVA - Bundeswehr, Breucom, Berlin, 2010

Führungsbunker der 4. NVA-Armee, BR

Gegen Freund und Feind, ARD

Geheimer Luftkrieg im Kalten Krieg, ARD

Gehlen, BND ARD

Kalte Krieger rüsten ab, ARD

Kalter Krieg, die heißesten Momente, G. Knoop, ZDF

KGB in Deutschland Teil 1&2, ARD

Krieg über den Wolken (Luftaufklärung über der DDR), RBB

Operation GOLD (Abhörtunnel der CIA in Berlin), ARD

Operation SCORPION, ARD

Schwedtler, B.: Zentraler Funkdienst der Nationalen Volksarmee, Dessau September 1990 (Archiv E. Klopp, Trier 2005) VHS

Still Secret (Bletchley Park), BBC, VHS

Streng Geheim – TOP SECRET Teil 1 – 3, ARD, 2012

Tausche Ostagenten, ARD

Teufelsberg, Geheimnisvolle Orte, RBB

USS Virginia, Spezialunterseeboot der US Navy, N-24

Vier Tage im August (Die Kuba-Krise), ARD

War Games, Dokumentation, Oberst Kuklisnki, ARD

Weltkrieg 3, Vision des Schreckens, US-Spielfilm aus den achtziger Jahren.

24 Hours for Peace - NATO AWACS -, NAPMA Brunssum/NATO E-3A Component Geilenkirchen - Schurig Film, Bonn (o. J, vermutlich 1995)

Sonstige Periodika [Auswahl]

Truppendienst, Wien

Betrifft	Land	Seite (n)	Jahr/
Abschreckung, differenzierte	WP/NATO	325	1988
Afghanistan,Straßenkrieg in	USR	50	1989
Afghanistan, sowjetische Besetzung	WP	393,581	1986
Afghanistan, sowjetische Besetzung	WP	37	1987
Aktuelle Kurzmeldungen • Streitkräftevergleich 1987 • 23 sowjetische Lw- Regimenter in der DDR • Stützpunkte sowj. Atom-U-Boote auf der Halbinsel-Kola	WP/NATO	232	1988
AUTUM FORGE 1983/84	NATO	48,631	1984
Bodengestützte LV in West und Ost (I)	WP/ NATO	117,253	1988
EG-Beitritt Österreichs	OES	500	1989
Elektronische Kampfführung in einem Luftraumüberwachungssystem	OES/ NATO	511	1988
Elektronische Kampfführung, sowjetische	WP	137	1989
Elektronische Kampfführung, luftfahrzeuggestützte	NATO/OES	349	1986
Follow On Forces Attack (FOFA-Konzept)	NATO/WP	69	1986
Frankreichs Verteidigungspolitik	FRA/NATO	24	1988
Frontnachrichtenverbände (INTEL)	USA	461	1989
General Galvin	NATO/SHAPE	404	1987
Luftlandekräfte,die sowjetischen	WP	574	1987
Luftlandekräfte der USA (I/II)	USA	313,450	1987
Luftlandekräfte, sowjetische	WP	574	1986
Luftlandekräfte, sowjetische	WP	13	1987
Luftlandekräfte, sowjetische (II)	WP	13	1987
Luftraumüberwachung Die Bedeutung der für Österreich	OES/ NATO/ WP	469	1984
Luftverteidigung in Ost und West (I/II)	NATO/WP	117,253	1988
MAINSTAY, sowjetische, IDR 1/1988 Geneve	WP	19	1988
Massive Aufrüstung der sowjetischen Atomstreitkräfte	WP	670	1984
MiG 29-FULCRUM	WP	432	1987
NATO baut neue Befehlszentrale am Niederrhein (Linnich)	NATO	345	1988
NATO-Offizier kritisiert österreichische Luftverteidigung	OES/NATO	676	1988
Operationsplanung des WP "POLJARKA"	WP/NATO	191	1985
Radarleitdienst im LRÜ- System	OES	581	1986
Resistance, Die	NATO	457	1986
Soviet Military Power 1987	WP	284	1987
Soviet Military Power 1988	USA/WP	436	1988
Sowjetische Streitkräfte in den westlichen Teilen der Sowjetunion	WP	432	1987

Special Forces, US-Army (I-II)	USA/NATO	233,358,487	1986
SPEZNAS- Sondertruppe für Spezifische Aufgaben	USR	117	1987
Streitkräftevergleich NATO-WP	USR/NATO	366	1989
Streitkräftevergleich NATO-WP	NATO/WP	203	1987
Streitkräftevergleich NATO-WP	NATO/WP	669	1984
Su-15, Su-21, Su-27, MiG-31,Tu-28P,Tu-128	WP	351	1989
Tu-16, Tu-22, Tu-26, Tu-160	WP	529	1989
Verlust eines sowjetischen- Unterseebootes vor Norwegen	USR	369	1989

Internet-Quellen [Auswahl]

ZCO -Normativen des ZCO – scz.bplaced.net/mfs_zco.htm
LOCE - www.globalsecurity.org/intell/systems/loce.htm.
NIFC Molesworth - http://web.ifc.bices.org/index.htm
NIFC Molesworth - http://web.ifc.bices.org/about.htm
NIFC Molesworth - http://web.ifc.bices.org/ops.htm
NIFC Molesworth - http://web.ifc.bices.org/links.htm
NIFC Molesworth - http://web.ifc.bices.org/owa.htm
NATO - http://www.nato.int/
ALLIED COMMAND OPERATIONS - http://www.aco.nato.int/ACO
SHAPE - http://www.aco.nato.int/shape.aspx
NATO SOF HQ - http://www.nshq.nato.int/
US EUCOM - http://www.eucom.mil/forum/photos
Signals Intelligence - www.manfred-bischoff.de

ibidem-Verlag

Melchiorstr. 15

D-70439 Stuttgart

info@ibidem-verlag.de

www.ibidem-verlag.de
www.ibidem.eu
www.edition-noema.de
www.autorenbetreuung.de

www.ingramcontent.com/pod-product-compliance
Lightning Source LLC
Chambersburg PA
CBHW051803230426
43672CB00012B/2613